罗彤华　著

唐代官方放贷之研究

GUANGXI NORMAL UNIVERSITY PRESS
广西师范大学出版社
·桂林·

本书中文简体字版权由稻乡出版社授权出版发行
著作权合同登记号桂图登字：20-2012-077 号

图书在版编目（CIP）数据

唐代官方放贷之研究 / 罗彤华著． —桂林：广西
师范大学出版社，2013.2
　ISBN 978-7-5495-3186-8

　Ⅰ．唐… Ⅱ．罗… Ⅲ．财政史－研究－中国－
唐代 Ⅳ．F812.942

中国版本图书馆 CIP 数据核字（2012）第 313371 号

广西师范大学出版社出版发行
（ 广西桂林市中华路 22 号　邮政编码：541001 ）
（ 网址：http://www.bbtpress.com ）
出版人：何林夏
全国新华书店经销
广西民族语文印刷厂印刷
（广西南宁市望州路 251 号　邮政编码：530001）
开本：787 mm × 1 092 mm　1/16
印张：29.5　　字数：500 千字
2013 年 2 月第 1 版　　2013 年 2 月第 1 次印刷
印数：0 001~1 600 册　　定价：68.00 元

如发现印装质量问题，影响阅读，请与印刷厂联系调换。

谨以此书祝贺母亲

罗 谢 桢 女士

八秩晋九寿诞

　　我从来没想到会做财政史的研究。人生的一切即使不都是状况外，也经常不在自己的预料中。读博士之前，修过一些法律系的课程，对债权法很感兴趣，原本打算走法制史研究的路径，可是当时竟然找不出一位愿意为我的博士资格考命题的老师，于是只好调整方向，走回较传统的社会经济史，而只在其中加了一点法制史的元素，遂定下博士论文的题目《唐代民间借贷之研究》。命运就是这样的让人捉摸不定，一年多后，唐史学界开始酝酿读唐律，几位法史学界的老师也相继投入，可是我已为自己的博士论文定调，就此与债权法史之研究擦身而过。

　　我其实很讨厌枯燥的财政史，总觉得那是堆叠数字，没有人味的学问，并会让自己成为剥削民脂民膏的帮凶。然而，自己究竟还是逃脱不了命运的摆布，种什么因，欠什么债，冥冥之中似乎早有定数。在写博士论文的时候，因为感到借贷问题很复杂，有公有私，有官有民，心中犹如一团乱丝，理也理不清，于是就想一刀切下，就此了断官民公私缠结不清的是非根。那时只庆幸找到一个借口，可以减轻负担，谁知博士才刚毕业，还没尝到轻松的滋味，就已为"国科会"的计划不知写什么好，开始烦恼，在急就章之下，勉强挤出了一个官方放贷的题目，纯粹是为了应付，根本没什么整体性的构想。却不料就此背起了这个包袱，而且一背就是十年，直到现在，才终于可以放下了。

　　在没写相关的文章之前，我从没把官方放贷看成是一个具有开创性的课题。写了一两篇文章之后，有了较深入的认识，才发现其中饶有兴味，潜藏了许多有意思、值得深究的议题，于是开始构思一部专书，设计布局，铺陈篇章，并把官方放贷纳入二千年来的历史脉络中思考。说实在，这部专书是在难产中诞生的，不单因为我对家族史很感兴趣，常会分心去做那方面的研究;更是因为我原先的想法不尽得当,绕了一大圈,厘清了一些观念,才又找到正路,但竟也就此累积了几许与官方放贷无关的业绩。回首来时路,才惊觉人生有那么多事是自己无法掌握的,曾经想做的研究,因缘浅而错失机会;无意走的路向,却偏偏被牵引了来。从博士阶段到现在,我一直在借贷的轮回中打转,先是民间借贷,继之官方放贷,如今这部书完成,总算了却宿债。但是没有前因,岂有后果,这两本书可说是姊妹作吧!

　　台湾的唐史研究,财经史本就很冷门,而官方放贷这个课题,更是冷门中的冷门,可以想见这段研究时日,是如何的孤寂,如何的独学而无友了。要不是我对自己的眼光与能力有十足的信心,知道自己一定可以得出具突破性的论点,否则很难坚持下来。不过,好在台湾的学术环境相当不错,无论什么资料,大致都可透过馆际合作而取得,期间还因"国科会"提供经费,政治大学许可我休假研究,让我得摆脱忙碌的教学工作,有机会到北京、兰州、东京等地收集资料,并向学者们请益,所以这本书虽然在闭门造车的情况下完成,是象牙塔中的成果,但我实与各地先进、同好神交已久,那一长串的感谢名单,已深深刻在我心底。

　　研究工作的压力很大,常让我怠于家事,或借故偷懒,妈妈总是无止尽地包容我,无悔地付出关爱。每当我情绪低落,失意彷徨时,妈妈会鼓励我、宽解我,让我重拾自信,面对困境;而当我意气风发,口沫横飞地讲述自己的得意事迹时,妈妈也会兴高采烈地分享我的快乐。多少年来,妈妈一直是我的精神支柱,这本书仍然献给平凡而又伟大的母亲。

罗彤华　谨志

2007 年 12 月 15 日

目录

表格目录

为了保证国家机器的运转,维系官僚体系的机能,提供皇室妃主的费用,政府需有庞大的财政收入。然赋税征自于民,又不能无限需索,历代政府常为财源不足与民生困弊,而深深困扰着。在解决财政问题上,唐朝政府表现了它的创意,它以预算外收入的方式,减轻课税于民的压力,也同时弥补了部分财务缺口。虽然预算外收入占国家财税总量的比例实不算大,用于军政支出的数量也不如赋税来得多,①但预算外收入毕竟有其财政效益,并显示唐人的理性规划能力。

唐朝的预算外收入大体分为两类,②一是公田出佃之地租所得,是一种农业收益,如职田、公廨田、屯田、营田等;另一是以放贷或商业之营利手段,获取的财政收入,如各式官本钱。严格说,这两大类都不始于唐朝,职

---

① 据李锦绣的推估,唐前期国家收入有三大来源,公产公业这种预算外收入,约只占总收入的12.53%,远不如赋税收入的83.51%来得多。而预算外项目在支出中所占的比例,供御费用中完全没有,供国费用中有30.4%,供军费用中有25.5%,都不如赋税所占的比例高。虽然这只是唐前期的略估,许多收支费用也难以计算,但依然可以看出预算外项目在财政收支上的地位。见:李锦绣,《唐代财政史稿》(上卷)(北京:北京大学出版社,1995),800、1140—1142、1176、1271—1273页。

② 预算外收入的项目,陈明光与李锦绣所列大同小异,不外农业收益与营利所得两类。见:陈明光,《唐代财政史新编》(北京:中国财政经济出版社,1991),112—136页;李锦绣,《唐代财政史稿》(上卷),683—802页。

田源起于东晋南北朝的禄田,①公廨田在隋开皇十四年(594)才真正创设,②屯垦政策则早自汉代已实施,至于官本钱似在北魏官商与南朝公邸的基础上形成的。③唐朝即使不是这些措施的原创者,却善于发挥,并扩大、延伸其功能,使之成为财政项目中不可或缺的一环。尤其是本书的主题—各式官本钱,从原本的单一项目、单纯用途,演变为多元形式、多样作用,充分展现唐人不受高利贷或卖官批评的影响,有着客观实务的处事态度,权衡利弊得失的判断力,以及化危机为转机的应变力。虽然唐人官本的经营一直兼用商贸法,但自高宗以后主要采取的是放贷法,而所收的商利,亦依利率核算如息利,故本书仍以官方放贷为名。

唐朝是中国历史上第一个大规模运用官方放贷法,筹集财源的政权。它酝酿出成熟完备的运作制度,也暴露了此法的种种缺失。就政府财源而言,理论上,它只要一次赐本或拨款,便可循环取利,用之不绝,是最节省国家资源的一种方式,也对财源困乏的政府很具吸引力。然而,这种异于常税的置本生利法,能否为耻于兴利的儒家官僚,或自视甚高的门第士族所接受,其实是它的一大考验,因此如何说服官僚士大夫,使它的存在更具正当性,如何让官人感受捉钱之利,而避开所鄙视的捉钱手法,成为首先要面对并克服的问题。用官本息利或商利作为国家财源,本身就具有高度的不确定性,虽然赋税输纳也常见欠失,但那终究是按照预算收支计划,从事定量的、常态性的征课,不像官本取利的时而列为财政项目,时而本利散失无所取给,其营运规模既因时因地而异,中央与地方也各有不同的名目,故其变异性大、特殊性强,个别性明显,是财政体系中的一项变数。

唐政府对官方放贷的坚持是历代少有的,尽管它明知官本生息所得的数量不多,只是补充性财源而已,但依然对它有高度兴趣,且未因诸多弊端而就此停废,显然其着眼点在于各式官本的政务效能。国家的支出项目纷繁复杂,沈既济曾曰:“天下财赋耗斁之大者,唯二事焉,最多者兵资,次多者官俸。其余杂费,十不当二事之一。”④大自军费、官费甚或皇室费用,小至添修、纸笔、香油蜡烛等,无不需编列经费,才能推动或执行。然而,正赋常税不足于用,唐政府只能盱衡各支出项目的轻重缓急,列出支用的先后

①　陈仲安、王素,《汉唐职官制度研究》(北京:中华书局,1993),370—375页。

②　公廨田的始设时代,见:堀敏一著,韩升等译,《均田制研究》(福建:福建人民出版社,1984),206—207页。

③　陈仲安、王素,《汉唐职官制度研究》,380—381页;韩国磐,《南北朝经济史略》(厦门:厦门大学出版社,1990),316—317页;陈明光,《六朝财政史》(北京:中国财政经济出版社,1997),190页。

④　《旧唐书》(台北:鼎文书局,新校标点本,1976),卷一四九《沈既济传》,1651页。

顺序，凡愈重要而经常性者，优先以固定税收支给；凡属琐碎而无迫切性者，当视情况而定，其不能以税余充填者，则以官佃地租或官营本利等支应。再者，有些支出项目虽以常税给付，但供需之间犹有落差，其不足者亦需仰赖他种财源。由于国家的支出费用大于正赋收入，唐政府自然要想办法广开财源，而官本息利法就成为考虑对象之一。由于官本之营利方式争议性较大，很难取代赋税而为国家主要财源，也因此除了特殊情况外，息利收入通常用于较零细化的支出项目。

唐政府最先设的官本是公廨本钱，初用于供京官料钱，稍后外官月料也继之跟进。官俸原为国家重大支出项目，因武德、贞观之间府库尚虚，才不得不用非常之法以应急。然因贾易收息有同卖官，又有因缘求利之嫌，所以朝廷审酌再三，多次置废，而终以常税代替之，或陆续降低利钱的比例。目前可知唐代官本有十余种，其用途很少像京、外官俸那样，指向国家重大支出项目，特别值得注意的是，即使官本先后从官俸供给中撤出，却让唐政府在这段不短的试用期间，发现本钱息利法的妙处，因为它不必向全民课税，只需动用高户、典吏等少数人力；它以利钱取代税钱，不会增加百姓的负担；它只要支出一次本钱，就用之无穷，最不耗费国家库藏；它的机动性强，随时设置或停止，不影响预算之编列。这些可贵的经验，益增唐政府对本钱息利法的信心，故于公廨本钱之外，持续新增食利本、馆驿本、陆运本、病坊本、宴设本等十数种，其中有的自公廨本钱中分出，有的单独设置；其营运或属全国性，或仅地区性，未必皆有一致的需求与能力；在行使时间上，或长或短，或早或晚，各随客观情势而异其决定；至于实施目的，或纯粹单一，或多元复杂，有时不同名目间还可互相支援。正因为官本的经营深具弹性，变化多端，故它虽然在财政收入中的比例不高，支出项目一般而言颇为零细琐碎，却依然受政府的重视，常以添赐本钱或检点财务的方式，保持其活力，让政务运作更顺畅。

唐政府对官方放贷确实有些偏爱，但官本的地位始终不如赋税，其重要性也不宜过度解读，此因官贷本身有着难以解决的问题，使其发展受到很大的限制。本钱息利法原本最引以自豪的，其实是一次拨款，用之不绝，最不必让政府担心财源枯竭，也最不耗费民脂民膏。然而，事实上的状况远不如所预期，许多未曾意料到的弊病纷纷出现，使本钱息利法的价值大打折扣，这其中最让人诟病的就是本利耗散与逼债贫民。由于贫民捉钱、利率太高、官吏侵占等因素，导致非惟积利不纳，亦且兼本破除。而本利散失的后果，不是经费无着、公务有缺，就是捉钱人破家，官债犹虚系钱数。唐政府就像染了毒瘾的患者，贪婪地吸吮着高额的利润，享受着瞬间让人精神百倍的快感，麻醉于公务可执行的迷幻中，殊不知不仅是捉钱人常深陷于债务的无底洞,就连政府所最期待的行政效能,有时竟也如镜花水月,虚空一场。理想与现实间的差距,高利贷的恶名昭彰,终使唐政府就算不能放弃所爱,也不敢喧宾夺主,取代赋税,率然扩大实施,故官方放贷始终只能盘据在财政体系的角落里,很难光明正大地成为历史舞台上的主角,这就是它的定位,也是它的宿命。

唐朝官方放贷的名目不少,有些规模也还不算太小,官府会在某些个特定时间,释出一些资金,让人捉钱。如拙著《唐代民间借贷之研究》所见,当时社会上存在着庞大的借贷需求,从原因上说,有消费性、投资性或政治性等;从对象上说,自贫无立锥的小民,到富室豪商都有。但是政府释出的资金,能否及时应和民间的需求? 能否在数量上准许百姓有咨商的空间? 能否让民众自由选择所要的物种? 能否不以官方权势压榨逼迫捉钱人? 唐政府在释出资金时,除了念兹在兹的财政目的外,它可否也视其为民间的融资管道? 如果唐政府能够以民为念,那么对申借百姓而言,就是一个让其脱困或助其发展的良机;否则,政府若一意站在本位立场,不将心比心地考量民众需求,那么为官捉钱,就有可能如掉入政府设好的陷阱中,愈是贫困的捉钱人,就愈难翻身。因此官方的放贷目的与民间的借贷需求,能相互配合到什么程度,不仅攸关着民生经济状况,也代表着政府对民间疾苦的认知。

为了增加为官捉钱的诱因,不被看成单纯的服劳役,唐政府难免给予捉钱人一些好处。在讲究身分的门第社会里,既然官人不屑捉钱,捉钱者无非典吏与百姓,对他们来说,最好的奖赏莫过于入流为官。要入流为官,其实还有一些条件与历程的限制,大概也只有少数捉钱人能符合这样的资格。在唐朝庞大的官僚体系中,少数人入流为官又算得了什么,然而这个承诺严重冲击着唐人的流品观念,挑战着"工商之家不得预于士"的禁令,也反映出唐政府为了获取财政利益,不惜撒守某些重要的政治底限。诚如褚遂良所担心的:"此人习以性成,惯于求利,苟得无耻,莫蹈廉隅,使其居职,从何而可?"①当然,唐朝的吏治败坏不能都算在捉钱入流者头上,但自唐初它所引领的这股因利入仕的风潮,势必对其时的吏治与身分界限,产生某种程度的影响,而且这种影响将如滚雪球般地持续增大,并扩及其他层面。唐朝有愈来愈多的商人阶层入仕,未尝不是由捉钱入流者肇其端绪,故官方放贷政策即使只是财政体系中的一个小环节,却已挑动唐人的政商关系,并预告着士族政治将面临危机。

① 《唐会要》(台北:世界书局,1974),卷九一《内外官料钱上》,1651页。

官方放贷至迟于周代已出现，《周礼·地官·泉府》："凡赊者，祭祀无过旬日，丧纪无过三月。凡民之贷者，与其有司辨而授之，以国服为之息。"泉府是专门收购市场上的滞销物，以待不时而买者，并以所得钱货，赊、贷予民的机构。[1] 所以泉府既有通有无、平物价的作用，也通过赊、贷与利息收取，纾解民困，并增加政府收入。[2] 泉府所经营的赊与贷是不同的，前者因祭祀、丧纪事大，从官赊买物，不取利，具有商业信用性质；[3]后者据郑司农云："贷者，谓从官借本贾也，故有息，使民弗利。"郑玄云："以其于国服事之税为息也，于国事受园廛之田而贷万泉者，则期出息五百。"此乃民向官贷以为经营用之本钱，出年息 5％，[4]有点类似本书所言之官方放贷，唯唐朝政府为了取得财政利益，主动将本钱科配于人，二者在贷与之目的与方式上颇有差异。《周礼》中还有一种名为"取予"的官贷，《天官·小宰》："听取予以书契"，贾公彦疏云："此谓于官直贷不出子者，故云取予。"这是官府的无息借贷。由于注疏简略，不明官方何以无息贷出，以唐朝情形言之，仓粮之赈恤是救济而不回收，赈贷则还本而不付息，或许"取予"就是灾荒时，政府将仓粮无息赈恤或赈贷给百姓之类。

《周礼》的官贷法在王莽新制中颇有进展，王莽定下三种放款法，[5]一是供祭祀丧纪的赊贷，《汉书》卷二四下《食货志》："民欲祭祀丧纪而无用者，钱府以所入工商之贡但赊之。祭祀毋过旬日，丧纪毋过三月。"钱府是市中的管理机构，收取工商税，以之无息贷与无力祭祀、丧纪者，唯期限甚短，到期应还本。二是供投资治产用的生产性放款，同前书志："民或乏绝，欲贷以治产业者，均授之，除其费，计所得受息，毋过岁什一。"这与《周礼》

① 叶孝信，《中国民法史》（上海：上海人民出版社，1993），69 页；胡留元、冯卓慧，《西周法制史》（西安：陕西人民出版社，1988），222 页。

② 彭信威以为泉府是近代的财政部和国家银行的混合体，见：《中国货币史》（上海：上海人民出版社，1988），104 页。

③ 姜锡东，《宋代商业信用研究》（石家庄：河北教育出版社，1993），12 页；彭信威，《中国货币史》，104 页。

④ 叶孝信，《中国民法史》69 页；胡留元、冯卓慧，《西周法制史》，221—222 页。

⑤ 王莽时代的放贷问题，各家说法颇有差异，如彭信威认为一种是月息 3％，专供祭祀丧纪用的赊贷，另种是治产业，年息一分的放款。王曾瑜、吕思勉等则认为祭祀丧纪不取息，但贷民治产业有年息一分或月息 3％二说。鄙意以为，王莽时代的放款并非只两大类。彭信威将文中一、三两种视同一体，但二者的主管单位、资金来源显然有别。王曾瑜、吕思勉将文中后二者归于一类，而不能分清其用途与计息方式之不同。有关三人论点见：彭信威，《中国货币史》，211 页；王曾瑜，《从市易法看中国中古的官府商业和借贷资本》，《大陆杂志》85：1（1992），21 页；吕思勉，《读史札记》（台北：木铎出版社，1983），1157 页。

的有息官贷很相似,所不同者如贾公彦疏曰:"周时不计其赢所得多少,据本征利。王莽时虽计本多少为定,及其征科,唯据所赢多少。"(《周礼·地官·泉府》)王莽设定生产性放款的计息方式,是扣除必要费用后,计净所得,即赢利,收年息一分。三是改良自常平敛散法的消费性放款,《汉书》卷九九中《王莽传》:"又令市官收贱卖贵,赊贷予民,收息百月三。"如淳注:"出百钱与民用者,月收其息三钱也。"相对于前述的"贷以治产业","计所得受息",此法的"收贱卖贵",是市官以敛散之所得贷出,由其取较高的月息,判断这里的贷款具有短期的、小额的、用于生活消费的特色。王莽这些措施可能还来不及实施,便随其政权之瓦解而烟消云散,但吾人不能不高度肯定其所怀抱之理想,因为他期望新莽政权发挥国家银行的功能,扮演金融体系的角色,一方面以极优惠的方式,奖励产业的发展,促进整体经济的提升,再方面也兼顾生活困顿或有特殊需要的民众,愿意及时提供必要的协助,解决个别家庭的问题,为社会安定与人民福祉尽一分心力。王莽的官方放贷政策,完全站在民生经济上来考虑,而不以财政利益为目的,无论其能否有机会真实运作,仅从这分以民为念的心意,就已很令人感动了!

　　如《周礼》或王莽规划的官方放贷法,唐以前的历代政府鲜能意识到其重要性,顶多只知灾荒时赈贷灾民而已。唐代的官方放贷法大抵承袭自北朝与隋,是在另一套思维模式下酝酿出来的。北魏前期官吏没有俸禄,靠赏赐维生既不稳定,也严重不均,[1]于是出现各种贪赃枉法与经商聚敛手法,其中,给与官商本钱,取利供官府或官吏之用,衍生出另种不同于《周礼》与王莽模式的放贷法。在太和八年(484)行俸禄制之前,本已分九品,征户调,但在此之外"又入帛一匹二丈,委之州库,以供调外之费。"(《魏书》卷一一〇《食货志》)学者认为这可能就是官商之本,[2]因为文成帝和平二年(461)诏谓诸刺史:"自顷每因发调,逼民假贷,大商富贾,要射时利,……上下通同,分以润屋。"(《魏书》卷五《高宗纪》)看来调外之费并向商、民贷出,只是官商相互勾结,因此取利,为害甚大。太和八年(484)班禄诏曰:"罢诸商人,以简民事"(《魏书》卷七上《高祖纪上》),就显示不拟再靠商人发调射利供官禄,而欲以俸禄取代之。然官商未必自此全都罢去,只是供给对象似乎稍有转变,该诏又曰:"均预调为二匹之赋,即兼商用。"既已罢去调外之费,当然不可能再以预调之费供官人,故此商业资本最有可能地

---

　　①　黄惠贤等主编,《中国俸禄制度史》(武汉:武汉大学出版社,1996),117—122页。

　　②　黄惠贤等主编,《中国俸禄制度史》,123页;韩国磐,《南北朝经济史略》,317页;吉田虎雄,《魏晋南北朝租税の研究》(東京:大阪屋號書店,1966),77—78页。

是充官府公用，这从隋代情况就可看出端倪，《隋书》卷二四《食货志》："先是京官及诸州，并给公廨钱，回易生利，以给公用。"开皇十四年（594）以前公廨钱的主要功能在供官府公用，而苏孝慈以为这是"因循往昔"，①这个"往昔"或可推源到太和八年（484）的预调之赋；至于"兼商用"，大概是指用"工商世业之户"来回易取利。② 北魏官商不因太和班禄而罢去，既成为"工商世业之户"，其身分与功能的延续性便很令人瞩目，难保北齐北周不有类似的官方放贷，甚至隋代"以给公用"的公廨钱制度，就由其传承、演变而来。

开皇前期的公廨钱收入用于官府开支，开皇十四年（594）因苏孝慈等批评，方始罢废公廨钱，公卿以下给职田，并给公廨田。③ 但三年后似乎又因官司给用不足，再诏："在京及在外诸司公廨，在市回易，及诸处兴生，并听之。唯禁出举收利云。"（《隋书》卷二四《食货志》）虽说公廨钱主要供官府公用，不过在官人用度不足或贪念趋使下，有时也不免会取为私用，④《隋书》卷八〇《列女·郑善果母传》："善果历任州郡，唯内自出馔，于衙中食之，公廨所供，皆不许受，悉用于修治廨宇及分给僚佐。"公廨费用充作修治与僚佐厨料，对唐代公廨钱的用途有不小的启发。郑善果馔食不受公廨所供，人以清吏称之，由此可见时人视公廨所供为常事，公廨钱已有些公私不分了。

隋唐的公廨钱源自北魏的官商射利，以充公用，但在经营方式与用途上与公廨钱相近的，还有南朝公邸的公润，⑤《南齐书》卷二二《豫章王嶷传》："府州郡邸舍，非臣私有，今巨细所资，皆是公润。"邸舍除了寄宿或储存物资外，也从事商业活动，不少私家设置的邸就经营商业或高利贷。⑥如萧嶷所言，地方官府也置邸，也营利，且其收入不应为官吏个人所有，则所谓"公润"就是供官府支用的公费。

无论是北魏官商经营的调外之费或预调之赋，也无论是隋代的公廨钱，或南朝公邸的公润，其设置的目的，都不是为了民生经济，也不做赈贷

① 《隋书》（台北：鼎文书局，新校标点本，1979），卷二四《食货志》，456 页。

② 《魏书》（台北：鼎文书局，新校标点本，1975），卷一九中《任城王澄传》，475 页。

③ 有学者以为开皇十四年给公廨田后，公廨钱并未罢废，两种制度并存，与唐代情形相似。见：黄惠贤等主编，《中国俸禄制度史》，171 页。然唐初的公廨钱也历经几次罢废，其与公廨田未必需并存。

④ 黄惠贤等主编，《中国俸禄制度史》，170 页。

⑤ 陈仲安、王素，《汉唐职官制度研究》，380—381 页。

⑥ 关于邸舍的意义、性质、设置、作用等问题，唐长孺有精细的研究，见：《南朝的屯、邸、别墅及山泽占领》，收入：《山居存稿》（北京：中华书局，1989），4—6 页。

之用,而是从财政利益的角度,添补官人,尤其是官府的经费。源自南北朝的官方放贷法,与《周礼》、王莽系统的思维方式迥然不同,但却为唐代承继下来,并大幅扩展运用之。唐人言及官方放贷,所用的概括性名称极多,如官本、官本钱、官息钱、公廨本钱、息利本钱、诸色本钱、公廨诸色本利钱等,不一而足。如果从置本的用途来区分,则有公廨本、食利本、馆驿本、车坊本、长行坊本、陆运本、病坊本、常平本、宴设本、祭祀本、牧监本、供顿本、和雇本、课役本等,名目繁杂,不下十余种。唐代各式本钱中,最早设置的是公廨本钱,其与隋代的公廨钱作用不同,初期以供官员俸料为主,但后来亦用于官府开支。南北朝的官方放贷,顶多知道官本来源与功能、经营机构与方式,似无固定专名称呼这个特种收入,直到隋代才以公廨钱名之,唐代亦延续下来。唯唐代的官本种类甚多,有些还由公廨本钱中分出,而公廨本钱的意涵也颇有变化,故公廨本钱一名虽然源自隋代,其在唐朝已渐发展出广、狭二义,狭义的公廨本钱是指有某种特定用途者,如前期供内外官月料之公廨本钱即是;广义的公廨本钱则泛指各官司放贷的诸色本钱,如元和年间御史中丞萧俛奏:"诸司诸军诸使公廨诸色本利钱",①就是其例。但为何公廨本钱可以是专称,又可以是泛称,或许该从"公廨"一词来理解。

"公廨"一词唐人用得相当普遍,《唐令拾遗》卷一六《军防令》二十二:"防人在防,守固之外,唯得修理军器城隍公廨屋宇。"《唐律疏议》卷二七《杂律》"官廨仓库失火"(总431条)疏议:"若有人于内外官府、公廨院宇之中及仓库内失火者,徒二年。"这里的"公廨",指的都是官舍。同书卷一五《厩库律》"官私畜损食物"(总209条)疏议曰:"若官畜损食官物,坐而不偿。公廨畜产损食当司公廨,既不同私物,亦坐而不偿;若损食余司公廨,并得罪仍备。"损食官物与公廨物分开论,可见官物与公廨物性质不同,②大抵官物是指国家财物,举凡贮于库藏,征课于民,应供官人,或守掌在官者,皆为官物;③而公廨物是指某个特定官署所有之财物。二者相较,官物包罗甚广,公廨物亦属于官物,④但官物却未必是某特定官署之物。不过

---

① 《唐会要》卷九三《诸司诸色本钱下》,1683 页。

② 中村裕一解释本条时认为公廨即官府,此意尚可通,但他认为"官畜"即"公廨畜产",此乃唐律之修辞,愚意则不尽同意。盖"公廨畜产"乃隶属于该廨署之财物,而"官畜"则为公家之财物,却未必隶属于该廨署。中村说法见:律令研究会编,《譯註日本律令》六《唐律疏議譯注篇二》(東京:東京堂,1984),356 页。

③ 《唐律疏议》(北京:中华书局,1993),卷一五《厩库律》"官物之例"(总 223 条)。

④ 同注③,"官物之例"(总 223 条)疏议曰:"或公廨物及官人月俸,应供官人之物,……皆为官物之例。"

由唐律该条可知,这里的"公廨"不仅指官舍,已引申为官府或政府机构之意,甚至还可由所属财物的互相侵损,知其可以拥有财产。因此"公廨"除了是负责公务的行政官署,还是具有财产权的权利主体。① 另外,同书卷一一《职制律》"役使所监临"(总 143 条):"营公廨借使者,计庸赁坐赃论减二等。即因市易、剩利及悬欠者亦如之。"又,卷一五《厩库律》"监主贷官物"(总 212 条):"及充公廨及用公廨物,若出付市易而私用者,各减一等坐之。"显然,作为财产权主体的公廨,可以经营市易、借贷等业务,但若处理不当,有剩利不还、私用或悬欠等情形,都要计赃论罪。唐代以公廨为名,供官府经费的项目有"公廨田"与"公廨钱",前者按官府等级配田,采取借民佃植方式经营;②后者除了一般市易、出纳之钱物外,应有一部分用做放贷之本钱。然而,各司公廨未必只专有一种本钱,官府会因需要,因时因事而设,故公廨钱由初时专称专用的公廨本钱,逐渐扩大漫衍而品类益多益杂,前引萧俛所言之"公廨诸色本利钱",多少可反映时代推移中公廨钱的变化。当公廨钱不限于公廨本钱一种时,公廨本钱的狭义化便开始了,其与各式官本并列,失去了唯一代表公廨钱的特质。由于公廨钱下名目甚多,公廨本钱只是其中的一个品类,因此本书在论各式官本时,只以狭义的观点看待公廨本钱。

关于唐代官方放贷之研究,学者们很早就已注意到,如鞠清远、陶希圣、恍然、吕思勉、李剑农、王仲荦、胡如雷等,③已将这种官府高利贷事业的渊源、特色、功能、利率、演变、经营方式等问题,做了概括性的论述。在诸色官本中最被重视,也做得最细致的是前期的公廨本钱,一来因为利钱收入与内外官俸息息相关,官俸又是财政中的重要项目,公廨本钱自然成为各方瞩目的焦点;二来因为敦煌地志写本中有丰富的州县公廨本钱的资料,可以补充并比较传统史料之所述。运用传统史料分析公廨本钱,以李

---

① 奥村郁三,《唐代公廨の法と制度》,《大阪市立大學法學雜誌》9:3、4(1963),38—43 页。

② 宋家钰,《唐朝户籍法与均田制研究》(郑州:中州古籍出版社,1988),197—199 页。

③ 鞠清远,《唐代财政史》(台北:食货出版社,1978),126—132 页;陶希圣,《唐代官私贷借与利息限制法》,《食货月刊》复刊 7:11(1978),529—536 页;恍然,《唐代官民借贷考略》,《清华周刊》43:7、8(1935),82—90 页;吕思勉,《隋唐五代史》(台北:九思出版社,1977),733—740 页;李剑农,《魏晋南北朝隋唐经济史稿》(台北:华世出版社,1981),248—250 页;王仲荦,《隋唐五代史》(上海:上海人民出版社,1984),428—431页;胡如雷,《中国封建社会形态研究》(北京:三联书店,1979),297—316 页。

春润、横山裕男的研究较深入,①除了注意公廨本钱的成立、用途与发展、本数的变化外,也对捉钱户的类型、获得的好处,以及高利贷所产生的危害,提出看法。此外,大津透指出公廨本钱有自律营运的特质;②曾我部静雄、田名网宏则比较唐日出举的异同。③ 可惜的是,各研究者对公廨本钱的义涵未做分疏,有些史料明明写的是食利本钱、诸色本钱等,却完全未交代其与公廨本钱的关系,让人对其引证感觉有些突兀。对公廨本钱的考察,陈仲安、王素提示了一些颇重要的研究方向,④一则认为公廨本钱的经营有三种方式,即高利贷、质库与贸易;再则推断捉钱可能有两步骤,捉钱令史的营利活动更值得探讨。不过,作者认为兴生就是经营质库,似欠缺史料证明,即使捉钱者亦可借由质库收取利息,但兴生与质库之间还未便贸然画上等号。再者,本钱的运作相当复杂,捉钱令史可能只是诸多捉钱人之一,而捉钱人与本钱管理者间是否还有其他中介层级,也是可考虑的。谈到公廨本钱的管理,李锦绣提出了一个崭新的论点,⑤她认为比部及京外各司勾官不但是财务审计机构,也同时是公廨本钱的行政管理机构,这是财务行政与财务勾检未完全分离的表现。李氏的论据主要来自《唐六典》卷六《比部郎中员外郎》条的错简,以及勾官给纸笔的职能。然愚意以为,错简的论证似乎有误,给纸笔之官未必就主管公廨本钱,公廨本钱的主管官司有必要重新研究。

出土文书中也有不少关于公廨本钱的资料,尤其是敦博076号(敦博58号)天宝初年的地志残卷。⑥ 从向达开始介绍这批资料后,薛英群、吴

---

① 李春润,《唐代的捉钱制》,《中南民族学院学报》1982:4,48—53 页;横山裕男,《唐代の捉錢戶について》,《東洋史研究》17:2(1958),73—78 页。

② 大津透,《唐日律令地方財政管見——館驛.驛傳制を手がかりに一》,收入:《日唐律令制の財政構造》(東京:岩波書店,2006),271—272 页。

③ 曾我部静雄,《孟子の稱貸と唐日の出舉》,《日本歷史》87(1955),2—9 页;田名網宏,《日唐雜令の出舉條文について》,《日本歷史》303(1973),1—12 页。

④ 陈仲安、王素,《汉唐职官制度研究》,382—385 页。

⑤ 李锦绣,《唐前期公廨本钱的管理制度》,《文献》50(1991),98—109 页。

⑥ 该件原藏于敦煌县博物馆,标为"敦博58号",但《甘肃藏敦煌文献》第六卷改为收藏于敦煌市博物馆,编号为"敦博076"。

震、王仲荦、马世长等就展开一连串的订补与研究工作。① 诸位先生除了就文书的真伪、性质、年代做考校外，还就所记之郡县道里等第本数等，与传统史料做比对；马世长更进而对地志中的"本"与唐代公廨本钱的关系，以及公廨本钱的源流、诸司本数、用途、利率、出举与管理等议题，做了精辟的分析。地志残卷的保存，开拓了公廨本钱的研究视野，至少可以确知这是一个普遍行于全国的制度，而没有本钱的地方，或以井课代替；不依外官俸例之处，准京官例支给，故其在研究本钱与官俸问题上，可以校补传统史料之不足与缺失。

官本钱的研究做得最深入的，当属陈明光与李锦绣。陈明光最大的贡献，是将公廨本钱与别借食本置于预算外概念中来讨论，并明显分别这两种本钱，而未如许多学者的混杂在一起。② 不过在官本问题上能集大成的仍属李锦绣，她注意区分官本的类型，对各本的渊源、流变细加追溯，于本数、财源、功能、利率变化也详加分析，她不仅熟稔地运用传世文献与出土文书，也清楚地掌握前后期官本变动的趋势，还眼光独到地究论晚唐五代官本渐形没落的原因。③ 然而作为一个读者，或许会好奇地想知道，既然公廨本钱攸关官俸，那么所收利钱如何分配给各级官人？再说，政府将官本分配给捉钱人营运，担任捉钱的是什么身分的人？具有哪些特质？此外，当人们不断批评官方放贷时，唐政府为何还要坚持？本钱制度最诱人的地方是什么？还有，官本的利率太高是人尽皆知的最大弊病，但捉钱人不乏高户、富户，他们对利率的承受度如何？是否也为此所困？或能否借力使力，因此获益？

官方放贷虽然是唐代财政体系中一个不起眼的小问题，但我们不应只把它放在财政脉络中来考量，从某个角度来说，它更代表着政府威信与社会正义，故欲理解唐代的官方放贷，最好做多向度、多层次的分析，方能掌握其精义，找到问题的症结，发现它扩大运用的原因，也寻索出制度本身的

---

① 向达，《西征小记》，收入：《唐代长安与西域文明》（石家庄：河北教育出版社，2001）337—372页；薛英群，《略谈敦煌地志文书中的公廨本钱》，《敦煌学辑刊》1980：1，98—100页；薛英群、徐乐尧，《唐写本地志残卷浅考》，《敦煌学辑刊》1982：2，23—47页；吴震，《敦煌石室写本唐天宝初年〈郡县公廨本钱簿〉校注并跋》，《文史》13（1982），89—145页，《文史》14（1983），89—122页；王仲荦，《唐天宝初年地志残卷考释》，收入：《敦煌石室地志残卷考释》（上海：上海古籍出版社，1993），1—75页；马世长，《敦煌县博物馆藏地志残卷——敦博第五八号卷子研究之一》、《地志中的"本"和唐代公廨本钱》，收入：《敦煌吐鲁番文献研究论集》（北京：中华书局，1982），265—428、429—476页。

② 陈明光，《唐代财政史新编》，112—120页。

③ 李锦绣，《唐代财政史稿》（上卷），721—741、753—757页；又，《唐代财政史稿》（下卷）（北京：北京大学出版社，2001），1096—1101、1161—1166页。

局限性。本书在研究架构上,分为放贷实况篇与营运管理篇两大部分,前篇细究个别官本的特色,并对其性质做总体归纳;后篇则处理官本的运作方式、管理制度、考核与惩处问题,使读者能理解官本的整个流程。本书兼综微观与宏观两种研究方式,为官方放贷问题做了最好的透视。

在各篇章方面,放贷实况篇的前三章依时代、重要性与类别,逐一讨论各官本的设置、功能、财源与变迁,尤其将重点放在第一章前期的公廨本钱,与第二章后期的食利本钱上。一般研究者论公廨本钱,常混淆不分京本与州县本,而且也从未想到过利钱如何配给官人为月料,本书在这些方面着力甚深。食利本钱的脱颖而出,意味着公廨本钱的式微与转型,然食本与公廨本之间的微妙关系意味着什么?京司的多次检勘食本,能从其中观察出什么官本设置的新趋向?这也是本书极力欲探索的。第三章则分类论述诸色官本,由此体认唐政府对官本的需求,与官本的普遍化、多元化。本篇的第四章拟从官本的时空特色、钱物形态、资金来源与数量、设置原因与意义,对唐政府钟情于官本的原因及其施行背景做个总检讨,以了解唐政府对这个具有高度争议性政策的态度。

营运管理篇共分三章,第一章的议题是放贷机构与经营方式,本章分三部分来讨论,首先要厘清官本的主掌官司,推究唐朝是否有统筹管理官本的机构;次则分析本钱如何配给捉钱人,以及捉钱人的类型与身分特征;再则检视官本的经营方式,捉钱人与捉钱数的规模,官本利率与欠利问题,使官本营运的每个细节,能清楚、精微地呈现出来。第二章要从财务检查的角度,看出唐政府如何、或能否保证官方放贷的绩效。书中先从官本账簿的作成谈起,再论官本的财务审计与一般勾检制是否有所不同,特别是唐后期比部功能弱化以后,官本的财务检查如何进行,意义何在,都很有必要去了解。尤其当官本财物如查出有欠失,则勾征的成效,或可视为衡量官本成败的指标。第三章拟逐项分析官本放贷的弊端及其影响,同时论述捉钱人与主司所该负的法律责任,及其是否依法处置,这对追查官本何以难以为继,评估法律能有多大的吓阻作用,都是很重要的。

唐代的官本钱以财政利益为目的,各司主要以放贷法来经营,虽然史料中也有不少以本、利为名的官方事业,但因性质或营运方式不同,排除在本书讨论之列,如贵卖贱买的常平法,加减时价的和籴,即使也有本、利,然其所谓的本只是买卖时的本钱,其所谓的利只是价差,并非息利。唐政府于灾荒时常实行赈贷措施,虽说受贷者要照数填还,但因具济助民生之意,非以获利为目标,且不关财政用途,所以书中不做申论,除非是具投资性的请贷。在填补财政空缺上有相当大帮助的盐利、茶利、酒利、铸钱等,或由国家专司经营,或招商贩鬻运销,所获权利与课额,亦与放贷出息无关,在此自然略过不论。另外,官司之间常因财务窘缺而互相调借、挪用钱物,即使似有借贷之性质,也因不以生息取利为目的,终与本书之主旨不符。唐政府曾因国用不足而率贷或借商,唯其本质是豪夺,商人非正常贷予政府,书中亦不做述论。

本书所用史籍文献,除了传世之刊本外,也多用学者之点校本。至于出土文书,除了参考近年新编之敦煌吐鲁番文献之图版外,学者们的释录与辑校,对本研究的帮助也极大。唐代的官方放贷虽然是一个小议题,但因有十几种官本,也就牵涉十几个面向、十几个问题,再加上政府对官本的各种监督、管理办法,使官方放贷研究远比预期的要复杂许多,可以说这是一个结合了财政、经济、行政、吏治、司法、社会之复合式研究。

甲篇 · 放贷实况篇

 唐前期的公廨本钱及其演变

　　唐代官本的种类杂多,施行的时间与功能各异,本篇既要从宏观的角度,探究唐政府仰赖此制度的原因,并替它在唐代财政史上定位;同时还要透过微观的分析,深入理解个别官本的财源、作用、性质、执行、演变等问题,使本钱运作的实际状况,能如实呈现出来。

　　如序章所论,公廨钱有广、狭二义,广义者包含政府官署所设之诸色本钱,狭义者则仅指为某种特定用途而行之本钱。本章所论之公廨本钱为后者,虽然其至唐后期已有所变化。

　　史书上最早确言置公廨钱,以放贷生息法,给百僚供费不足者,在隋文帝开皇年间,①然其时公廨钱的运用除了出举收利外,还有在市商贩货卖,这从开皇十四年(594)苏孝慈奏请一切禁止时可知,《隋书》卷二四《食货志》:“苏孝慈等以为所在官司,因循往者,以公廨钱物,出举兴生,为利是求,烦扰百姓,败损风俗,莫斯之甚。”唯开皇十七年(597)复置公廨钱时,只许京、外诸司行市易兴生之法,而不许其出举收利。② 因此自开皇十四年

---

　　① 《通典》卷三五《职官·禄秩》:“隋文帝开皇中,以百僚供费不足,咸置廨钱,收息取利。”

　　② 《隋书》卷二四《食货志》:“(开皇)十七年十一月,诏在京及外诸官公廨,在市回易,及诸处兴生,并听之,唯禁出举收利云。”

(594)以后,官府已不再行公廨钱的放贷。

隋唐诸体制相承,唐初政府也看准了公廨钱可筹措国家财源,故建立政权后不久,即开始酝酿兴复、扩大此制。本章即论述唐代诸色官本中,最早实施的公廨本钱,如何在争议声中多次置、废,唐政府如何规划制度并推展于全国各地,如何分配本钱与运用利钱,以及其在往后的演变中如何转型。

第一节　京司公廨本钱的置废

唐代公廨本钱创设于何时,学者说法颇为分歧,认为京司公廨本钱起自武德元年(618)或武德初者有马世长、李锦绣、陈明光、筑山治三郎、曾我部静雄等。① 李春润、横山裕男则以于时天下未定,而认为实际施行年代是社会渐趋安定的贞观二年(628)。② 另外,铃木俊也怀疑贞观以前有公廨本钱,判断此制初始于贞观元年(627)。③ 至于州县公廨本钱的设置,李锦绣认其可能始于武德初,李春润则大胆推定贞观之世并无其例。④

京司与州县形势不同,轻重有别,公廨本钱异时而行,是非常可能的。本节先从京司公廨本钱论起。京本初置于何时,诸史记载颇不一致。《唐会要》卷九三《诸司诸色本钱上》:

> 武德元年十二月置公廨本钱,以诸州令史主之,号捉钱令史,每司九人,补于吏部。

---

① 马世长,《地志中的"本"和唐代公廨本钱》,收入:《敦煌吐鲁番文献研究论集》,(北京:中华书局,1982),447 页;李锦绣,《唐代财政史稿》(上卷),(北京:北京大学出版社,1995)721—722 页;陈明光,《唐代财政史新编》,(北京:中国财政经济出版社,1991),112 页;筑山治三郎,《官僚の俸禄と生活》,收入:《唐代政治制度の研究》(大阪:創元社,1967),554 页;曾我部静雄,《孟子の稱貸と日唐の出舉》,《日本歷史》87 號(1955),5 页。

② 李春润,《唐代的捉钱制》,《中南民族学院学报》1982:4,49 页;横山裕男,《唐代の捉錢戶について》,《東洋史研究》17:2(1958),74 页、77 页注1。

③ 铃木俊,《唐の均田、租庸調制の矛盾、崩壞過程の一考察》,收入:《均田、租庸調制度の研究》,(東京:刀水書房,1980),155—157 页。

④ 李锦绣,《唐代财政史稿》(上卷),721—722 页;李春润,《唐代的捉钱制》,49 页。

《册府元龟》卷五〇五《邦计部·俸禄一》武德元年(618)十二月条：

> 京司诸官初置公廨，令行署及番官兴易，以充俸。

这两条资料都肯定公廨本钱始于武德元年(618)，且后者仅言及兴易生利，未提及出举之法，似仿效开皇十七年(597)之制。唯施行者，《唐会要》该条说是："诸州令史"，同书卷九一《内外官料钱上》则为"当司令史"。由《册府元龟》明记初行于京司，以及《唐会要》卷九三的"每司九人"推证，"诸州令史"应为误载，当如卷九一的"当司令史"才是，并非州县公廨本钱亦出现在武德元年(618)。

京司公廨本钱的设置时间，还有在贞观初者，《通典》卷三五《职官·禄秩》：

> 贞观二年制，有上考者及给禄。其后遂定禄俸之制。……其俸钱之制，京司诸官初置公廨，令行署及番官兴易，以充其俸。

《唐会要》卷九三《诸司诸色本钱上》：

> 贞观元年，京师及州县皆有公廨田，以供公私之费。其后以用度不足，京官有俸赐而已，诸司置公廨本钱，以番官贸易取息，计员多少为月料。

公廨本钱原为补充官俸而来。武德初承陵夷之后，国家用度不足，故欲沿袭隋公廨本钱之法，以给百僚之费。隋开皇中尚称富庶安定，国库要筹集一笔庞大资金以为本钱，或许并不困难，但武德元年(618)战事犹未歇止，制度纪纲百废待举，能否如预期地全面在京司设置公廨本钱，令人怀疑。贞观初则不然，于时天下艾安，元年京师及州县有公廨田，以供公私之费，二年遂定禄俸之制，以民租充之，其不足者，则京司置公廨本钱，贸易兴生以充俸钱。由唐初官俸的发放，与社会经济的发展形势看，武德元年(618)议置京司公廨本钱，甚至局部性、暂时性地曾在某司、某时段里实行过，是很有可能的，但该种办法大概直到贞观二年(628)以后，方得凝聚足够的条件，具体而持续地运作，成为一项定制。《通典》将"京司诸官初置公廨"置于贞观二年(628)条，可能即从此角度着眼。而《唐会要》的"其后以用度不足，京官有俸赐而已，诸司置公廨本钱"，指的应该就是置公廨田之后，贞观二年(628)的俸钱之制，故适可与《通典》所载，相互印证。

唐前期的京司公廨本钱置废无常，而且由于史料舛误或记载不清，引起许多争议。京司公廨本钱自贞观初确定后,至贞观中晚期历经多次的废置震荡,《通典》与《新唐书》都指出贞观十二年(638)罢京司公廨本钱,十五年(641)因府库尚虚,敕依旧置本纳利,以充官人俸,但因谏议大夫褚遂良的上疏谏止,遂停罢诸司捉钱。① 此期间之京本废置,《唐会要》与《册府元龟》所载稍有出入,《唐会要》于贞观十一年(637)罢京本,十二年(638)复置时因褚遂良之故又罢。《册府元龟》则仅录贞观十二年(638)褚遂良请罢京本事。由于褚遂良于贞观十五年(641)迁谏议大夫,按理《通典》与《新唐书》所述较符实情。此后诸书皆言至贞观二十一年(647)又令在京诸司置公廨本钱,直到永徽元年(650)才又废止,但唯独《新唐书》将贞观二十一年(647)事记为贞观二十二年(648)。② 京司公廨本钱是为充官人俸而设置,其纳利生息方式,或由行署、番官等兴易,或由令史、府史、胥士等捉钱。③ 而当政府罢废京本时,太宗命以胥士课分给之。④

京本何时才真正废止,改由国家编列预算发给京官俸,时间断限不易确切掌握,《唐会要》卷九三《诸司诸色本钱上》:

> 至永徽元年,废之,以天下租脚直为京官俸料。其后又薄敛一岁税,以高户主之,月收息给俸。寻颛以税钱给之,总十五万二千七百三十缗。(《新唐书》卷五五《食货志》略同)

《通典》卷三五《职官·禄秩》:

> 永徽元年,悉废胥士等,更以诸州租庸脚直充之。其后又令薄赋百姓一年税钱,依旧令高户及典正等掌之,每月收息,以充官俸。其后

---

① 褚遂良上疏时间,《通典》卷三五《职官·禄秩》与《新唐书》卷五五《食货志》皆置于贞观十五年,而《册府元龟》卷五〇五《邦计部·俸禄一》与《唐会要》卷九一《内外官料钱上》、卷九三《诸司诸色本钱上》皆置于贞观十二年。考《两唐书》本传,褚遂良于贞观十五年迁谏议大夫,故《通典》与《新唐书》说法为是。

② 诸书资料见:《通典》卷三五《职官·禄秩》,《新唐书》卷五五《食货志》,《唐会要》卷九一《内外官料钱上》与卷九三《诸司诸色本钱上》,《册府元龟》卷五〇五《邦计部·俸禄一》。

③ 如《通典》卷三五《职官·禄秩》:"(贞观二年)其俸钱之制,京司诸官初置公廨,令行署及番官兴易,以充其俸。……贞观十五年,以府库尚虚,敕在京诸司依旧置公廨给钱充本,置令史、府史、胥士等,令回易纳利,以充官人俸。……(贞观)二十一年,复依故制置公廨,给钱为之本,置令史、府史、胥士等职,贾易收息,以充官俸。"

④ 如《通典》卷三五《职官·禄秩》:"贞观十二年,罢公廨,置胥士七千人,取诸州上户为之。准防阁例而收其课,三岁一更,计员少多而分给之。"

又以税钱为之,而罢其息利。凡京文武正官每岁供给俸食等钱,总一十五万三千七百二十贯。外官则以公廨田收及息钱等,常食公用之外,分充月料。

永徽元年(650)以后,京官俸有数次变动,先是废胥士等捉钱,改以租脚直充俸。其后以税钱为本,令高户等掌之,收息给俸。再后则直接以税钱给俸,不再息利。问题是,租脚直充俸持续多久?税钱充本或专以税钱给之,分别在什么时候?有学者认为,租脚充俸由永徽元年(650)一直延续到仪凤三年(678)。[①] 按脚钱是为漕运而征之于民,要省下租脚充俸,或许只有在高宗行幸洛阳时。但永徽元年(650)高宗并未至洛阳,而在仪凤三年(678)以前的二十八年间,也只有不到八年的时间留住洛阳。[②] 即使租脚直能充京官俸,也只能偶然为之,很难想象其能延续这么久的时间,于负担运输费用之外,还要再充官俸。

永徽元年(650)后以税钱充本的一段,不少学者认即开元十八年(730)李朝隐籍民税钱充本,供官人料钱一事。而专以税钱给俸的一段,则显示开元十八年(730)以后官俸来源确实是户税,不再用公廨本钱。[③] 这样的论断是否合理,有待商榷。首先,自永徽元年(650)至开元十八年(730)有八十年的光景,其间至少经历开元六年(718)崔沔的批评置本息利,开元十年(722)张嘉贞的请废公廨本钱,为何这些事件皆不载,唯于即将废公廨本钱时,临去秋波地将籍民税钱充本一事归给李朝隐,岂不显得突兀?其次,李朝隐的建议其实是针对外官俸,《唐会要》卷九三《诸司诸色本钱上》于其

① 李锦绣,《唐代财政史稿》(上卷),837—839 页。

② 此据全汉昇论证的行幸时间估算出来。见《唐宋帝国与运河》,收入《中国经济史研究》(台北:稻乡出版社,2003),284 页。

③ 学者对这两段文的解释意见分歧,刘海峰、陈明光、横山裕男等认为是乾封元年制或高宗朝制。阎守诚、王珠文、李锦绣、清木场东、古贺登等认为是开元十八年以后制或开元十年前制。各说见:刘海峰,《论唐代官员俸料钱的变动》,《中国社会经济史研究》1985:2,19 页;又《再析唐代官员俸料钱的财政来源》,《中国经济史研究》1987:4,86—87 页;陈明光,《试论唐前期官员俸料钱与国家财政的关系》,《史林》1992:1,23—24 页;横山裕男,《唐代月俸制の成立について——唐官僚俸祿攷の一一》,《東洋史研究》27:3(1968),3—4 页;阎守诚,《唐代官吏的俸料钱》,《晋阳学刊》1982:2,27—28 页;王珠文,《关于唐代官吏俸料钱的几点意见》,《晋阳学刊》1985:4,57—58 页;李锦绣,《唐代财政史稿》(上卷),835—841 页;清木场東,《隋唐祿俸制の研究 IV——俸料編 2—》,《產業經濟研究》27 卷 1 號(1986),7—20 页;古賀登,《新唐書食貨志内外官祿・月俸記事弁正》,收入《中國正史の基礎的研究》(東京:早稻田大學出版部,1984),275—279 页。

奏言末有"并取情愿自捉,不得令州县牵捉"之语,且紧接着言及唐政府采纳其意,实施"州县籍一岁税钱为本……月收赢以给外官",可知李朝隐的建议与京官俸无关,自不宜与永徽元年(650)及其后的整段有任何牵扯。再者,从《通典》的行文次序看,凡京文武正官税总十五余万贯以前的部分,其实讲的都是京官俸,其下才述及外官情形。京官每岁总俸数,《册府元龟》卷五〇五《邦计部·俸禄一》置于乾封元年(666)八月,《册府元龟》依年记事,井然有序,如十五余万贯是开元十八年(730)后京官总岁俸数,显然该书排列次序不该是像现在所看到的那样。亦即京俸专以税钱给之,以及十五余万贯的京俸总数,应系于乾封元年(666)。而薄敛一岁税,月收息给俸的一段,则是永徽元年(650)至乾封元年(666)间的某一年。复次,《册府元龟》所引乾封元年(666)八月诏:"京文武官,应给防阁、庶仆、俸料,始依职事品,其课及赐各依本品。……外官则以公廨田收及息钱等,尝食公用之外,充月料。"诏书清楚对比京官与外官当时的俸给方式,京官俸料依职事品给,全然不提息钱等事,也不再是"计员多少为俸料",[1]这意味着京官俸料制自此迈入新的纪元,终于摆脱本钱息利充俸的几度缠扰,成为国家年度预算内的项目,而且此后再也未见其走回生息法的旧路。

最后要谈到京官俸的财源。乾封元年(666)起,京官俸既由国家税钱支给,亦即京官俸的财源来自户税。户税可能在唐初定户等后不久即出现,[2]只是实施层级未必高至王公百官,各户次也未必有一定数额或固定课征法。前引史料的"薄敛一岁税"、"薄赋百姓一年税钱",约略透露出税

---

① 唐初的本钱息利法不是依品给俸,而是计员多少给之,如《唐会要》卷九三《诸司诸色本钱上》贞观元年条:"其后以用度不足,……诸司置公廨本钱,以番官贸易取息,计员多少为月俸。"

② 《唐会要》卷八五《定户等第》:"武德六年三月,令天下户量其赀产,定为三等。至九年三月二十四日诏,天下户三等,未尽升降,依为九等。"此处之九年三月诏,指的应是贞观九年,《旧唐书》卷三《太宗纪下》贞观九年春三月庚寅:"敕天下户立三等,未尽升降,置为九等。"至于户税出现时间,陶希圣、鞠清远与李锦绣认为在永徽元年以前已有;卢开万、铃木俊、曾我部静雄认为创立于永徽元年到乾封元年间;周藤吉之则根据大谷文书,认为户税在仪凤二年前后停收,到仪凤三年又下令口出钱,充官人俸料。诸说见:陶希圣、鞠清远,《唐代经济史》,(台北:商务印书馆,1979),146页;李锦绣,《唐代财政史稿》(上卷),470—471页;卢开万,《唐代户税若干具体问题探讨》,《魏晋南北朝隋唐史资料》11(1991),179—181页;铃木俊,《唐の均田、租庸調制の矛盾、崩壊過程の一考察》,155—157页;曽我部静雄,《唐代の戸税と地頭銭と青苗銭の本質》,收入:《中國律令史の研究》(東京:吉川弘文館,1971),276—279页;周藤吉之,《唐代中期における戸税の研究——吐魯番出土文書を中心として—》,收入:《唐宋社會經濟史研究》,(東京:東京大學出版社,1965),534—535页。

钱似尚待制度化。户税的整顿,仪凤三年(678)八月二日诏是个重要关键,①《唐会要》卷九一《内外官料钱上》:

> 廪食之费,同资于上农,岁俸所颁,并课于编户。因地出赋,则沃瘠未均;据丁收物,则劳逸不等。……如文武内外官应给俸料课钱,及公廨料度,封户租调等,远近不均,贵贱有异。……运送脚钱,损费实广;公廨出举回易,典吏因此侵渔。……宜令王公已下百姓已上,率口出钱,以充防阁庶仆胥士白直折冲府仗身,并封户内,官人俸食等料。既依户次,贫富有殊,……率钱给用,须有等差。宜具条例,并各逐便。(《册府元龟》卷五〇五《邦计部·俸禄一》略同)

同样内容,《新唐书》卷五五《食货志》改写成:

> 百官俸出于租调,运送之费甚广。公廨出举,典史有彻垣墉、鬻田宅以免责者。杂职供薪炭,纳直倍于正丁。仪凤三年王公以下率口出钱,以充百官俸食、防阁、庶仆、邑士、仗身、封户。

仪凤三年(678)诏论及京、外官俸料所出,如《新唐书》的改写,"百官俸出于租调"指的正是京官俸的财源,也正是仪凤诏所谓"岁俸所颁,并课于编户"。但无论"因地出赋"或"据丁收物",百姓负担都不轻,而且运送之费亦广,所以才考虑将户税制推广于全国,无分身分等级,收钱以给官俸。这样看来,乾封元年(666)专以税钱给京官俸,未必真能确实遵行,国家主要还是靠租调给俸,仪凤三年(678)的整顿户税,或许才是京官俸真正源自户税的一个转机。至于仪凤诏的"公廨出举回易"则是外官的给俸方式,与京官无关。易言之,京、外官的俸料来源,自乾封元年(666)已正式分道殊途,各行其是,即使京官俸于一时之间无法有稳定的户税支持,但依然可确定的是,自此国家积极地把它列入预算项目,不欲再以生息法来给俸。

本钱生息以给官俸,其实是唐政府很不得已的权宜之计,褚遂良曾严厉抨击此法曰:"然有国家者,常笑汉代卖官,今开此路,颇类于彼。"又鄙视捉钱者曰:"此人习与性成,惯于求利,苟得无耻,岂蹈廉隅,使其居职,何向而可。"(《通典》卷三五《职官·禄秩》)然从前述的几次废而复置来看,皆因国家府库空虚,用度不足,为了免于卖官之讥,又为了照顾官人生活,唐政府只要能想到筹措财源的办法,便不再坚持置公廨本钱。京官俸既代表国

---

① 《通典》卷三五《职官·禄秩》是仪凤二年。

家观瞻体面,自然比外官俸优先考虑废止本钱生利法,像贞观十二年(638)与永徽元年(650)罢公廨本钱时,就分别以胥士收课与租庸脚直来临时替代,而一旦能筹到较稳定的税钱,尤其是仪凤三年(678)整顿户税后,京官俸应无理由再用本钱息利了。

第二节　地方公廨本钱的进展与变革

地方公廨本钱始于何时,史料中并无确证,学者推断在武德初,或贞观以后。① 以唐初重内轻外之局思之,武德年间京司行公廨本钱已难,而贞观二年(628)俸钱之制,也只言及京司初置公廨,则地方公廨本钱施行时间,似不应早于贞观二年(628)。目前所知,敦煌写卷里有一篇《黄仕强传》,故事背景是永徽三年(652)十一月,述说其游阴曹地府之事,其中有"一弟捉安州公廨本钱"句。② 然据学者考证,该文书写成于高宗显庆末或武后执政之前,③且其为宣扬佛教的还魂故事,故还很难说是地方最早行公廨本钱的实证。不过从时间上比对,这篇入冥记言及永徽年捉钱,可能也不是全然无据。唐政府曾于高宗永徽六年(655),整顿过地方公廨本钱,《旧唐书》卷四《高宗纪上》:

　　(七月)乙酉,均天下州县公廨。

由贞观十五年(641)谏议大夫褚遂良请停京司本钱疏可知,唐初诸司无分大小、闲剧,皆置9人捉钱,人捉40—50贯,即每司置本400贯上下。京司本钱通常由国库拨给,贞观中各司本数约略相当。如公廨本钱制亦推行于天下,其初期阶段仿京司方式实施,当是情理中事。永徽六年(655)的"均天下州县公廨",不仅说明各州县公廨本数应比照京司办理,无高下等级之分,而且本数似乎源自国家赋税,由州县正库拨给,④故这一年有可能

---

① 详本章 18 页注 4。

② 原文及校注见:柴剑虹,《读敦煌写卷〈黄仕强传〉札记》,收入:《敦煌吐鲁番学论稿》(杭州:浙江教育出版社,2000),85—90 页。

③ 《敦煌吐鲁番学论稿》,94 页;又,戴密微著,耿昇译,《唐代入冥故事——黄仕强传》,收入:《敦煌译丛》(兰州:甘肃人民出版社,1985),143 页。

④ 葛承雍,《唐代国库制度》,(西安:三秦出版社,1990),54—55、98 页。

唐代官方放贷之研究

24

就是地方公廨本钱纳入体制规范,正式在国家监督下运作的一年。只是永徽六年(655)既在"均"天下州县公廨,似亦隐含在此之前,州县本因地而异,未必有一致的标准,若如此,则各州县本数原本未必均一,且可能已先后陆续自行筹集本钱,生息取利。贞观二年(628)虽定禄俸之制,但外官禄降京官一等,政府又未许给本钱,生息充俸,贞观八年(634),中书舍人高季辅上言曰:"外官卑品,犹未得禄,饥寒切身,难保清白。"(《通鉴》卷一九四)外官生活窘迫,国家又无补贴,或许逼得其不得不依仿京司本钱,另辟财源。褚遂良谏止公廨本钱曰:"京师庶僚,爰及外官,异口同辞,咸言不便。"(《通典》卷三五《职官·禄秩》)大概其时部分州县已仿照京师,置本息利,以给官俸。

京司置本,依褚遂良所言,每司约只有固定本数 400 贯左右。如以月息 8 分计,[1]每司每月官员的总俸数也不过 30 余贯。如此的微薄官俸,复以各司一律的本钱配置,在在都突显出旧有置本息利法的不足与不合理。大致也就在乾封元年(666)改以税钱充京官俸的前后,高宗对地方公廨本钱做了两项重要的规划,一是按州县等级分配本数,一是计职官分数分给月料。《新唐书》卷五五《食货志》列出各等第之设置标准为:

> 天下置公廨本钱,以典史主之,收赢十之七,以供佐史以下不赋粟者常食,余为百官俸料。京兆、河南府钱三百八十万,太原及四大都督府二百七十五万,中都督府、上州二百四十二万,下都督府、中州一百五十四万,下州八十八万;京兆、河南府京县一百四十三万,太原府京县九十一万三千,京兆、河南府畿县八十二万五千,太原府畿县、诸州上县七十七万,中县五十五万,中下县、下县三十八万五千;折冲府上府二十万,中府减四之一,下府十万。

此处之"天下置公廨本钱",其实仅指府州县而言,不包括京司在内,而所谓"百官俸料",也仅指外官料钱,不含京官俸。高宗对府州县本数做了大幅调整,原本每司 360～450 贯的标准,只比中下县、下县或各折冲府高,而这次调升最多达到约 10 倍,相当可观。高宗的这项规划全不及京本,或许不是意味着京本全然被废,而可能系因京官俸另有来源,京本只供其他杂用,遂不再引人注意。

---

① 唐代利率的计算单位多用"分","分"指的是百分为率,一分代表的是百分之一。见:黄向阳,《关于唐宋借贷利率的计算问题》,《中国社会经济史研究》1994:4,33—35 页。

《食货志》所录的这段文字没有纪年,有学者据太原府、四大都督府出现的时间,及七分生利之时限,判断其为开元十一年(623)至十六年(628)间事。[1] 但州县公廨本钱一度于开元十年(722)罢废,十八年(730)才复置,故另有学者倾向于认为这是开元七年(719)前令。[2] 然而,地方公廨本钱方才在永徽六年(655)正式纳入国家体制,只要唐政府在财政上有拨充本数的能力,自有必要对府州县本数做个符合实情,切合需要的规划才是,则《食货志》初论"天下置公廨本钱"的时间,应该在永徽六年(655)后不太久,不致牵扯到六、七十年后的开元年代才初定此制。何况《食货志》此段文字录于永徽之后,麟德、乾封、仪凤等年号之前,属高宗朝记事之可能性相当大,直接将开元制度提前移录于此的理由相当小。即使其中如三府、大都督府之名称与等级,确与开元时期有关,[3]但也不排除是《新志》作者径自以盛唐通用的制度校改,才让人误以为混入开元制度。

《食货志》所载,与同样登录府州县本数的敦博 76 号地志残卷,[4]有两个很不一样的地方,前者记入折冲府本数,而无都护府本数;后者则反是。学者们判断地志残卷的年代,最可能是据开元晚期至天宝初年的底本写成。[5] 其时折冲府尚未停止上下鱼书,[6]然地志残卷只附载都护府本数,

---

① 马世长,《地志中的"本"和唐代公廨本钱》,433—434 页。

② 李锦绣,《唐代财政史稿》(上卷),722—724 页。

③ 关于三府与都督府的沿革与名称的演变,可参考:程志、韩滨娜,《唐代的州和道》(西安:三秦出版社,1987),53、60 页。

④ 学者们校注与研究该地志残卷时,都认为收藏于敦煌县博物馆,标为"敦博 58号",但该件在《甘肃藏敦煌文献》第六卷中,改为收藏于敦煌市博物馆,编号为"敦博076",本书改从《甘肃藏敦煌文献》。

⑤ 地志残卷的年代,各家说法虽然略有出入,但大致皆认为代表开元中期以后,尤其是开元晚期至天宝初年的情形。如最早注意本残卷的向达,定为天宝初年物;吴震认为写于天宝元、二年间,但据开元十六—二十六年资料编成;薛英群、徐乐尧认为地志的书写年代在天宝初期,但所据底本可能年代稍早;马世长推定残卷主要据开元、天宝两件不同年代的地志底本,但辑录和抄写年代在晚唐或五代初;布目潮沨与大野仁将残卷资料限定在开元晚期;日比野丈夫则考证地志年代包含开元期与天宝年间二种。各说法分别见:向达,《西征小记》,收入:《唐代长安与西域文明》(台北:明文书局,1988),371 页;吴震,《敦煌石室写本唐天宝初年〈郡县公廨本钱簿〉校注并跋》,《文史》14(1983),91—99 页;薛英群、徐乐尧,《唐写本地志残卷浅考》,《敦煌学辑刊》1982:2,25—27 页;马世长,《敦煌县博物馆藏地志残卷》,收入:《敦煌吐鲁番文献研究论集》,398—427 页;日比野丈夫,《地理書》,收入:《講座敦煌》5《敦煌漢文文獻》(東京:大東出版社,1992),339—341 页。

⑥ 《新唐书》卷五〇《兵志》:"自天宝以后,彍骑之法又稍变废,士皆失拊循。八载,折冲诸府至无兵可交,李林甫遂停上下鱼书。"由是可知,折冲诸府停上下鱼书的年代,晚于地志残卷写成的年代。

却未将系属该地的折冲府本数也登记上去,这或许是因为开元初府兵法已寝坏,折冲府正处于濒临废除之际,其地位既不能与州县等同视之,公廨本钱亦由是耗散,故地志残卷宁愿细致地载入都护府本数,却独缺折冲府本数。至于都护府设置公廨本钱,可能时间较晚,为时亦不会太久,因这种管理边疆民族的特别行政机构,初时只有最高长官都护由唐人出任,其下羁縻府州之长官分由各部落酋长任之,并授予高度自治权。① 唐政府若非国力极盛,在该地之组织日趋严密,恐怕不会想到把内地州县放贷生息之经验,扩及于少数民族区来执行。高宗时都护府设置未久,分合未定,实施公廨本钱的机会相当低,而这个制度到开元天宝期,才具备成熟的客观条件,地志残卷录有都护府本钱数,想来就是在这个背景下出现的。

总之,《食货志》本钱数代表的年代,应该是折冲府尚能推行,都护府犹未稳定的高宗时期。地志残卷所属的年代,则是折冲府已失功能,都护府普遍设置的玄宗时期。至于唐前期的府州县公廨本钱,确切地说,是在高宗朝立下了制度规模,而玄宗朝在此既有基础上做了增修。

公廨本钱按府州县等级分配,打破唐初以来不分大小闲剧,齐头式平等的状态,使各府州县可依所在之地理环境,与社会经济条件,合理、适切地运用本钱,按官品高低、官数多少,以供官人俸料。不过这个制度的推动,需要政府在短期内筹集一大笔钱,才能陆续执行这个政策。就以《新志》所载各府州县及折冲府本数来推估,全国总本数约需 160 余万贯。② 永徽元年(650)全国有 380 万户,③每户税钱依杜佑通记的 250 文为率,④一年即可筹得 95 万贯,二、三年内便可筹足所需总数,换言之,这项政策不消数载,就可推行于各地,全面实施。高宗朝初承贞观之致理,永淳以前国用尚能自给,⑤故要筹集这笔款项,应该尚非难事。

地方公廨本钱既然主供外官俸料,则各官分给方式,不能不在定本钱数时,相应地做适当的调配,《通典》卷三五《职官·禄秩》述各官分配情况为:

> 外官则以公廨田收及息钱等,常食公用之外,分充月料。先以长

① 程志、韩滨娜,《唐代的州和道》,62—74 页;刘统,《唐代羁縻府州研究》(西安:西北大学出版社,1998),31—47 页。

② 高宗朝初行之公廨本钱制,可能是有折冲府而无都护府,其数量据表二算出。

③ 《通典》(北京:中华书局,1988),卷七《食货·历代盛衰户口》,148 页。

④ 《通典》卷六《食货·赋税下》,110 页。

⑤ 《新唐书》(台北:鼎文书局,新校标点本,1976),卷五一《食货志》,1344—1345 页。

官定数,其州县少尹、长史、司马及丞,各减长官之半。尹、大都督府长史、副都督、别驾及判司准二佐,以职田数为加减。其参军及博士减判司,主簿县尉减县丞各三分之一。

《通典》所载各官分配比例,与《新唐书》卷五五《食货志》、《册府元龟》卷五〇五《邦计部·俸禄一》略异,而《册府元龟》此段置于乾封元年(666)八月。大抵该年前后,唐政府对内外官俸的给付方式做了一个通盘考量,京司俸钱十五余万贯,为数不算多,国家尚能编列固定预算支给,但外官员数众多,国家无力负担庞大的料钱数,只好用预算外方式,置本生利,让地方官自行处理,自行解决。至于外官月料的给付方式,唐政府不采取定额给付法,而以级数比例法为基准,再依职田数为加减,故外官月料的发给,是先设定几个俸级,同俸级内不同品的官,再据职田多少来调整,另方面,月料既靠公廨本钱收入而分给,利钱丰薄,自会影响官吏月料,而各地同级官吏的料钱数也因此未必一致。

在外官公廨本钱的用途方面,前引《新志》、《通典》两段文字除了各自说明府州县本数与官吏料钱配额外,都指出置本的目的,还在供佐史以下常食或公廨杂用。《算经十书》所收《夏侯阳算经》卷中《分禄料》亦言:

> 今有官本钱八百八十贯文,每贯月别收息六十,计息五十二贯八百文,内六百文充公廨食料,五十二贯文逐官高卑共分。

52.8 贯利钱中,只 600 文,即不足 1.14% 充公廨与食料费用。下州佐史 24 人,每人每月从利钱中分得的常食料,可能仅一、二十文,其他公廨杂用,似也少得可怜,或许如前引《通典》所示,都另需仰赖公廨田园收入才成。① 如果《算经》所言之比例无大差误,则公廨本钱几乎就可说是专为官吏料钱而设,而其他两种用途,不过是零星点缀而已。

外官俸料源自公廨本钱息利,虽然在高宗朝有明显进展,但是否就此成为定制,则犹有疑问。仪凤三年(678)八月诏:“公廨出举回易,典吏因此侵渔”,外官之收息给俸,显然弊端不少,该诏提出“率口出钱”给用的办法(见前节引文),似有意改变息利分给之旧制,也仿效京官用税钱给俸。就两种不同俸制而言,以预算内收入供给俸料的户税制,税源稳定,名目严正,自是正途,然能否维持赋税的公平性,让户高多丁者不逃税、避税,却令

① 李锦绣,《唐代财政史稿》(上卷),707—708 页。

人怀疑;靠预算外收入供给外官俸料的公廨本钱,虽不免于举贷求利之讥,但无需年年征税,不扰及全民,只由少数人任捉钱之职,亦有其简便处。外官给俸制在仪凤三年(678)提出"率口出钱"后,置本息利与税钱给俸二法,自此展开长期竞争,交替互易的态势。则天长安元年(701)十月诏曰:

> 天下诸州,王公以下,宜准往例税户。(《通典》卷六《食货·赋税下》)

既曰"准往例",似乎仪凤三年(678)的税钱给俸法未能有效执行,外官料钱又恢复置本息利法,至长安元年(701)才又拟准仪凤例,复税户制。①毕竟全国一律地"率口出钱",在征集上或运用上都远比京司一地要繁杂许多,因此全面性地改弦易辙,废弃息利给俸法,并非易事。

仪凤三年(678)与长安元年(701)的两度声明税户,只意味着唐政府希望以更名正言顺的方式,供给外官料钱,避开高利贷之嫌,但这个想法似未能轻易如愿,景龙二年(708)侍中苏瓌上封事曰:

> 州县先有定科,官寮禄俸不加,公廨利钱更令分给员外。若妻子不赡,理即侵渔,望请省员以救时弊。(《唐会要》卷六七《员外官》)

这里的禄俸,可能是指向正仓领取的定额禄米,②而利钱收入是很难固定不变的。景龙二年(708)此条显示,公廨利钱还在持续运作,甚至扩大照顾层面至员外官。吐鲁番文书《唐神龙三年(707)张甲爽入利钱抄》,③亦证明当时地方确在收取公廨利钱。或许正因为公廨本钱一次置本,辗转生利的筹钱法,可使政府不必增加国库负担,不劳费心向广大百姓征税,即轻松解决为数庞大的外官月料,故能充分展现其韧性,主导外官俸料来源。

本钱息利法不加节制的滥用,为害日深,甚为有识者所不满,开元六年(718)秘书少监崔沔的《议州县官月料钱状》就切中要害地疾呼废止,并提

---

① 关于长安元年户税制的讨论,也可参看:Denis Twitchett, "A Confucian's View of the Taxation of Commerce: Ts'ui Jung's Memorial of 703," *Bulletin of the School of Oriental and African Studies*, Vol. 36, No. 2, 1973, pp.7—8.

② 外官给禄的方式,可参考:李锦绣,《唐代财政史稿》(上卷),816—818页。

③ 《吐鲁番出土文书》(简)八/37;(图)肆/17。(简)指简编本,(图)指图录本,其下为册/页。以下同。

出改革办法：①

> 顷以州县典吏，并捉官钱，收利数多，破产者众。……富户既免其
> 徭，贫户则受其弊。……未若大率群官，通计众户，据官定料，均户出
> 资。常年发赋之时，每丁量加升尺，……庶乎流亡渐归，仓库稍实，则
> 当咸出正赋，罢所新加。

崔沔建议"据官定料，均户出资"，就是希望外官料钱废除级数比例法，
改采依品为据的定额给付法，而俸料来源也非本钱生利，而是出自每户赋
税，甚至不惜用加税来终结公廨本钱。崔沔的建议虽未被当局采纳，但他
逼使政府重视息利之弊，也提示可用加税法取得财源。开元十年（722）中
书舍人张嘉贞又陈其不便，于是遂罢公廨本钱，再度改以税钱供百官俸。
《唐会要》卷九一《内外官料钱上》：

> （开元）十年正月二十一日，令有司收天下公廨钱，其官人料，以万
> 户税钱充，每月准旧分利数给。

州县断续置本数十年，政府也明知其伤民刻下，但始终不能大刀阔斧
地废除之，即因无其他稳定财源足以取代之。开元十年（722）的"以万户税
钱充"，看似与昔时的户税无别，实则已另有新意。《唐六典》卷三《户部郎
中员外郎》条：

> 凡天下诸州税钱各有准常，三年一大税，其率一百五十万贯；每年
> 一小税，其率四十万贯，以供军国传驿及邮递之用。每年又别税八十
> 万贯，以供外官之月料及公廨之用。

开元十年（722）代替公廨本钱的税钱，应该就是这八十万贯的别税，而
此构想的产生，既承自历来税户之举，也源自崔沔加税之启示，亦即这笔款
项不是来自常赋之内的大小税，而是额外新加，专供外官月料及公廨杂用

---

① 《唐会要》卷九一《内外官料钱上》、《通鉴》卷二一二与《册府元龟》卷五○六
《邦计部·俸禄二》都置于开元六年，但《唐会要》卷九三《诸司诸色本钱上》置于光宅元
年。查《旧唐书》卷一八八《孝友崔沔传》，沔于开元二十七年卒，时年六十七，以此推
算，光宅元年时不过十二岁，故其论月料钱事，应在开元六年。

的"别税"。① 至于"准旧分利数给",则是据原有的级数比例来分给。

将官俸纳入财税体系内,以预算收入支应料钱,本是一项很合理地制度,然而这个重要决定,似乎不如预期地能满足百官需要,《唐会要》卷九三《诸司诸色本钱上》开元十八年(730)御史大夫李朝隐奏:

> 请籍百姓一年税钱充本,依旧令高户及典正等捉,随月收利,将供官人料钱。并请情愿自捉,不得令州县牵捉。

此举旋即得到朝廷的认可,同年,玄宗便同意复以放贷生息法给百官俸,同书同卷曰:

> 州县籍一岁税钱为本,以高下捉之,月收赢以给外官。复置天下公廨本钱,收赢十之六。

置本捉钱之弊,唐人知之甚深,李朝隐请用旧制时,犹不忘提醒勿重蹈覆辙。然唐政府竟听从其复置本钱生利的建议,宁可放弃执行八年的以税钱充俸的政策,也宁愿承受捉钱可能有的后果,实在是有不得不然的理由。依本章第三节的推估,全国府州县公廨本钱数总计约150万贯,②如以开元六年(718)崔沔所言的七分生利计,③每年应得利钱约126万贯;如以开元十六年(728)的官本五分取利计,④可得约90万贯利钱;如开元十八年(730)复置捉钱法,"收赢十之六"即是月息六分,⑤则年收利约108万贯。这样的需求较别税80万贯高出甚多,何况别税除了"供外官之月料",还要给"公廨之用",如此被切割下,外官料钱极可能较开元十年(722)以前减缩,这或许就是唐政府迫于来自地方的压力,再度施行息利法的主要原因。

置本收息犹如设置一笔基金,政府一次拨款即可,不必次次编列税项,是颇为省事的一种筹钱方式。开元十八年(730)的州县籍一岁税钱,可能

---

① 李锦绣也推断别税出现于开元十年,见:《唐代财政史稿》(上卷),477页。
② 此处只计三府与州县的本数,不计都督府、都护府、折冲府的本数。
③ 《唐会要》卷九一《内外官料钱上》崔沔状曰:"且五千之本,七分生利,一年所输,四千二百,兼算劳费,不啻五千,在于平民,已为重赋。"
④ 《唐会要》卷八八《杂录》开元十六年二月十六日诏:"自今以后,天下负举,只宜四分收利,官本五分收利。"
⑤ 前引《唐会要》崔沔述月息为"七分生利",《新唐书》卷五五《食货志》则改为"收利十之七",则唐人言及官本钱十之六、七时,应指月息6%或7%。此论点见拙著:《唐代民间借贷之研究》(台北:台湾"商务印书馆",2005),258页。

就是将该年的别税，用做本钱，自行生利，给其所用。而复置之公廨本钱，政府只需将开元十年(722)"收"入国库或府库的余本释出即可。[①] 故这项新措施，其实是在最节省库藏，以及一次取于百姓税赋的方式下进行的。只是 80 万贯的一岁税钱，月息六分计，年才得利 57.6 万贯，距实际所需的 90－126 万贯，少了 32.4－68.4 万贯，何况其中还要拨出部分做为公廨费用，则这个差距就更大了。为了弥补料钱或杂费之不足，政府一方面籍一年税钱为本，并及复置的公廨本钱，同时生息来补充，另方面还有每年别税的 80 万贯，直接贴补所欠数。可以说十八年制是在一次设置的两种本钱，与每年别税的补贴下运作的。只是这两种本钱，只代表设立初时的两种不同财源，但在实际运作上，可能二本并合为一，无需清楚分划。政府如此多管齐下，实有不得已的苦衷，因为息利法不能保障收足利数，也不能防止本钱耗散，这从唐后期民户欠利严重，政府不断添填本数，即可略窥其中消息。开元十年(722)以前，州县长期实施公廨本钱制，仪凤三年(678)、长安元年(701)的"率口出钱"，所行时间应不太久，可以想见各州县的本数，如无政府别赐，必然损失甚多，所以开元十八年(730)"籍一岁税钱为本"，与其说是另置新本，不如说是补足开元十年(722)余本之欠数。但二本之合而为一，并行生利，也还要在每年别税的搭配下，才能提供足够的外官料钱与公廨杂费。[②]

公廨本钱原本用于外官月料，亦旁及常食、公廨杂费。外官料钱中，除了州县官有月料，府史佐史等案典是否也有月料，其实难以确证。有学者从吐鲁番文书 506 号的各件领用钱物抄，论断使、典等月料来自公廨利钱。[③] 然而，文书中的某月料钱或月料匹段，可能是停料、程料或其他用途料钱物的省称，未必指俸料，如《唐蒋其玄等领钱练抄》的安神愿(安愿)，连续五次出现领数量不等的十月、十一月、十二月料钱物，很难认为这就是出

① 《唐会要》卷九三《诸司诸色本钱上》、《新唐书》卷五五《食货志》、《旧唐书》卷八《玄宗纪上》，或用"罢"，或用"停"天下公廨本钱，而《唐会要》卷九一《内外官料钱上》与《册府元龟》卷五〇六《邦计部·俸禄二》则用"收"字，似更能精确地表现罢废旧制后，政府对公廨本钱的处置。此外，《唐会要》卷九三《诸司诸色本钱上》开成四年六月杨嗣复请停置厨捉钱官，并曰："其钱并本钱追收，勒堂后驱使官置库收掌破用。"亦是本钱停用后收回置库。

② 本篇论点多处修正或补充前稿《唐代官本放贷初探——州县公廨本钱之研究》，请读者谅察之。前稿载《第四届唐代文化学术研讨会论文集》(台南：成功大学出版社，1999)。

③ 王永兴，《敦煌经济文书导论》(台北：新文丰公司，1994)，418－423 页；李锦绣，《唐代财政史稿》(上卷)，901－905 页。

自公廨利钱的月料。① 另外,《唐六典》指陈别税设置的目的是"供外官月料及公廨之用"。公廨乃官府之意,政府机构必要的办公费用与行政杂支,如非按预算拨款,就只能靠息利法提供。十八年新制为不知所出的公廨费用找到财源,可说本钱与税钱在供外官月料之余,其用途更多样化了。

开元十八年(730)本钱生利,别税补贴的新制,可能直持续到开元晚期与天宝年间,《唐六典》卷六《比部郎中员外郎》条:

> 凡税天下户钱,以充州县官月料,皆分公廨本钱之利。

所谓"分公廨本钱之利",不是税钱取代公廨本钱,只以税钱充俸,也不是税钱生息,与公廨利钱共给月料,而是本钱息利所不足者,直接由税钱分担之,本钱与税钱互相补益的制度。《唐六典》主要依据的是开元七年(719)前令,但漫长的修撰过程,至开元二十六年(738)才奏上,想必其中也参考了开元七年(719)以后才制订的法令。② 开元六年(718)崔沔才建议州县官月料停用本钱息利法,显然七年令仍实行公廨本钱制。其后在张嘉贞的谏请下,开元十年(722)起废公廨本钱,纯行税钱给俸制,至十八年(730)才又改行本钱与税钱并行的制度,故《唐六典》此条反映的应是十八年(730)以后的情形。开元十八年(730)并置之二本,因有相同用途与运作方式,遂统名之为"公廨本钱",而与每年征收的别税以相区隔。若果如此,则正与《唐六典》本条陈述的状况不谋而合,亦即到开元晚年定制时,州县官月俸还是采取本钱生利,别税补贴的方式。③

开元十八年(730)制的特色,在同时运用本钱与税钱,本钱自行生利,税钱稳定可靠,两者的配合运用,不但可减轻国库负担,也可舒缓人民的赋税压力,故能为官民接受,而持续运作下去。虽然开元末曾因钱货滥恶,许以改支庸调物,但也不曾动意变更外官月料的财货来源,《文苑英华》卷四二二《开元二十七年(739)册尊号大赦天下制》:

> 州县官月料,往缘钱有滥恶,致损于人,或徇私者多,得罪亦众,所

---

① 《吐鲁番出土文书》(简)十/29—32,(图)肆/409—411。

② 仁井田陞著,栗劲等编译,《唐令拾遗》(长春:长春出版社,1989),854 页。

③ 陈明光、李锦绣等学者认为,开元末年外官月料由国家统一支给,不再用公廨本钱息利。冻国栋则认为开元末期至天宝年间,外官俸基本上由国家统一拨付,但公廨本钱供其补充加给与公廨杂用。各说法分见:陈明光《唐代财政史新编》,83—85 页;李锦绣《唐代财政史稿》(上卷),845—848 页;黄惠贤等主编,《中国俸禄制度史》(武汉:武汉大学出版社,1996),192—193 页。

以改支庸调,将便公私。闻百姓之间加织造,若以此劳弊,又非得所。
自今以后,宜各以当道所铸,充其月料。

制书中的"改支庸调",并不意味外官月料之所有财源都由国家统一拨
给,可能只是别税补贴部分或利钱回收时的物资形态有所变化,何况户税
折纳早在唐初即已出现,①开元二十三年(735)敕且准其"不须令出见钱"、
"任以当土"(《册府元龟》卷四八七《邦计部·赋税》),则二十七年(739)制不
过是许将折纳物再改由货币供给。

天宝年间,外官月料依然沿用开元十八年制,《文苑英华》卷四三三天
宝五载(746)《安养百姓及诸改革制》:②

> 天下郡县,先有欠公廨本处,今既分税钱,并准式,依本足例支给,
> 使厚其禄,以竭其心。

如果本钱足够,收利正常,那么据此基金,辗转每月生利,便可足供所
需,也不致耗损本钱。但事实并不尽然。如天宝五载制书所示,郡县欠公
廨本的情形可能相当普遍,所以才特别列为诸改革事项之一。制书所指,
并非纯然以税钱替代公廨本钱,从其用语"既分税钱,……依本足例支给",
及前引《唐六典》"税天下户钱,……皆分公廨本钱之利"等语来推敲,开元
末至天宝间,税钱与公廨本钱一直都同时存在,而且是互相支援的。否则
公廨本钱若早已废除,唐代官文书中又何必一再提及?就算外官料钱仍依
级数比例法分给,税钱照样可独立执行,何需"分公廨本钱之利",或补公廨
本钱所欠?正因为公廨本钱易于散失,官人料常有不足,所以每年向百姓
征收的别税,适时可提供必要的协助。至于"依本足例支给",最可能的方
式是就公廨利钱不足部分,直接以税钱填补,来得较简便,这与《唐六典》的
皆不提充本收利,在表述方式上颇为相似,亦即每年征收的别税系直接补
贴欠数,而与开元十八年(730)"籍一岁税钱为本"的息利法,显有不同。

由于唐前期官本的利率甚高,③很难想象百姓都能纳足利钱,于是不
免产生两种后果,一是保持原本,而缩减官人料钱;另一是维持料钱,而任
原本消耗。天宝六载制书的"欠公廨本",似多半郡县至少在初时宁愿任原

---

① 周藤吉之,《唐代中期における户税の研究》,533—534页。

② 本制书之年代据池田温之推定,详:《唐代诏敕目录》(西安:三秦出版社,
1991),234页。

③ 大抵在开元十年以前,官方的法定利率在7%以上,相当得高。关于唐代的利
率变动,详本书乙篇第一章第四节。

本消耗,也要维持既得利益。只是原本既耗,政府若无别赐本钱,则所生利数,或官人所分月料,必会跟着减少,这也就是天宝六载制书"依本足例支给"的论述背景。虽然唐政府提示的是用税钱直接填补欠利,但若税钱仍有余额,相信也不反对让郡县自行添填耗散的原本,这或许正是代表开、天之际的敦博76号地志残卷,约有七成府州或三成县的本数,还能与《食货志》高宗初定制时相合的原因。①

天宝五载制书另个引人注目的是"准式"一语,究竟记载外官料钱所出的"式"定于何时? 开元十八年(730)始行本钱与税钱并用的新制,自此以后与"式"有关的立法活动,就是开元二十二年(734)至二十五年(737)的一次删缉格式律令。此次立法活动涉及的层面很广,修改的幅度也相当大,合计唐代约有一半的法条,都在这次立法活动中被修改。② 关于外官料钱财源的部分,也极可能在这一波修改开元七年(719)式的立法活动中,成为定式。开元二十五年(737)是唐代规模最大的一次立法活动,虽然"天宝四载,又诏刑部尚书萧炅稍复增损之"(《新唐书》卷五六《刑法志》),③但从《唐六典》与天宝五载制书所载外官料钱制相同,而前者反映的是十八年(730)以后情景,由此来看,天宝五载制书中的"准式",最有可能指的是开元二十五年(737)式。或许是开元十八年(730)本钱生利,别税补贴,以给外官月料与公廨之用的作法,在试行一段时间后,似乎成效不错,也再未见到官僚的批评与指责,遂于开元二十五年(737)定式,期其成为一项可长可久的制度,而也结束了自唐初以来,纷扰变动不定之外官料钱财源的问题。

出土文书中关于公廨本钱的实例也不少,不但可以了解制度运作实况,还可进而填补史料空缺。吐鲁番文书《唐开元十二年(724)请补岸头府府史捉钱》:④

1. 考六,为遭忧,至今年二月服 满 ,□

2. 牒请续劳,蒙州司堪责,色颇相当,□

3. 六 月内补岸头府府史捉钱,替曹师。

---

① 食货志本数与地志残卷本数之比较,详表四。两种本数相同者,计岭南道在内,府州有39.78%,县有19.96%;不计岭南道,则府州有68.52%,县有31.79%。岭南道为特殊情况,排除之反而较准确。

② 刘俊文,《唐代法制研究》(台北:文津出版社,1999),44—45页。

③ 《通典》、《唐六典》等所载令、式,与敦煌文书伯2504号《天宝令式表》比较,仍有一些变动,但天宝四载立法的规模与影响力都不如开元二十五年的修法,所以史文简略,不得其详。见:刘俊文,同前书,45—50页。

④ 《吐鲁番出土文书》(简)八/289,(图)肆/131。

4. 牒件状如前谨牒

5.　　　　　　　开元十二年八月　　　日捉钱 府 ☐☐☐☐☐☐☐

开元十年(722)至十八年(730)间,政府收公廨钱,官人料以税钱充,而本件却仍看到折冲府派府史捉钱,可见公廨本钱并未在开元十年(722)以后全部停止运作。高宗朝定下折冲府的公廨本钱数,但史料中不详其实施状况。开元年间府兵之法益坏,卫士亡匿多不补,而独于捉钱一事不稍松懈,有人丁忧服满后,立即替补府史捉钱,换下代劳之人。如对照府兵番代之不勤,与府史捉钱之认真,不难揣摩到捉钱对折冲府财务,甚或官人经济利益的重要性。即使此时公廨利钱不全充外官俸,但似乎还是供作一般行政费用。而折冲府的公廨杂费,在公务不急之时,暗中移转于官吏私人,也未可知。① 折冲府认真捉钱背后隐含的无限遐想,各官司似亦难免。

同样出自开元十年(722)至十八年(730)间捉钱的例子,可能还有阿斯塔那223号墓的《唐冯君住等纳利钱历》与《唐吴神感等纳利钱历》。前件文书在《唐开元年间练䌷毡帐》的背面,该文书上有"长行开元十一年(723)"字样,故知前件文书在开元十一年(722)后不久;后件文书既居同墓,应该相去时间亦不远。前件各残片如:②

(一)

1. 冯君住　十月 一 日入☐月利　☐☐☐☐☐☐

2. 田建义　十月 一 日入九月　☐☐☐☐☐☐

(二)

1. ☐☐☐☐☐☐　☐ 月 一日入九月利一百卌文
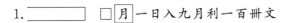

① 如纸笔等钱就有遭官吏收取之例,《旧唐书》卷九八《杜暹传》:"初举明经,补婺州参军,秩满将归,州吏以纸万余张以赠之,暹惟受一百,余悉还之。时州僚别者,见而叹曰:'昔清吏受一大钱,复何异也!'"则收取纸张亦同收取钱也。又,同书卷一三七《赵涓传》:"先是,侍御史卢南史坐事贬信州员外司马,至郡,准例得厅吏一人,每月请纸笔钱,前后五年,计钱一千贯。南史以官闲冗,放吏归,纳其纸笔钱六十余千。刺史姚骥劾奏南史,以为赃。"可知收取官厅纸笔钱,以犯赃论。

② 《吐鲁番出土文书》(简)八/270—271,(图)肆/122。

（三）

    1.□□□□□ □ 月 十九日入八月利七十文 □□□□□

后件文书如：①

    3. 十月纳钱历
    4. 吴神感十二月十一日入 □□   四日淳于 □ 处回一百
    5.   册文   安 感 通 十二月十四日入七十 文 □□ 十一月 □
       日入七十
    6. □□ 口 十 □□□□

    同墓中有不少件是与官方交涉的抄件或文牒，此二件似非私人的纳利文书，极可能就是按月纳公廨利钱的帐历。大抵上是每月一日纳前月利钱，但亦可能因捉钱不顺而延误纳利，像后件的纳钱历，可能就是一个专载欠负的帐历，而安感通十月份的利钱，至少就分两次来交。官府在废掉充俸之本钱后，仍如此一丝不苟地处理公廨之用的利钱，反映出史料中被忽略的另一面，这两件文书着实让人印象深刻。
    阿斯塔那 506 号墓有一组夏季粮文书，可能也与公廨利钱有关，如《唐开元十八年（730）请付夏季粮文书》：②

    1. 夏季粮九石   数内参硕捌斗付泛通举 ————
    2. 右十八年夏季粮未请，奉举见欠张光辅利钱，其
    3. 粮季终日请便付。
    4.   开元十八年三月   日府 □□□□

《唐开元十八年（730）出粜夏季粮抄二件》：③

    1. 今年夏季粮捌硕捌斗，要须钱
    2. 纳利，今粜与张 光 ，得 钱 玖伯文。

---

① 《吐鲁番出土文书》（简）八/269，（图）肆/122。
② 《吐鲁番出土文书》（简）十/10，（图）肆/396。
③ 《吐鲁番出土文书》（简）十/11，（图）肆/397。

3. 开元十八年三月 十五 　 帖。

4. 高成十八年夏季粮玖 硕 ，要须钱用

5. 纳 利 　 张 光辅，取钱柒伯伍

6. 拾 文。开元十八年 三 月十五日 高 成抄。

　　张光即张光辅，当时有双名单称的习惯，从同墓另件《唐开元十八年(730)某人冬季粮请付府史张光辅抄》可知，任府史之职。① 前件文书与《唐府史张举夏季粮请回付张光抄》内容一致，推测奉举即府史张举，也是双名单称。唐代官员有禄，春、夏两季禄则春给之；胥吏有口粮，给法亦如之。② 所引的两件文书给夏季粮都在三月，所给者至少可知奉举是府史。文书中的奉举、某人、高成三个人似乎都欠府史张光辅利钱，而且都用自己的夏季粮来折抵，这不像是私人间的举债，因为私人债务不需提到折抵夏季粮，因此很可能张光辅就是负责公廨本钱的捉钱府史，而三人都分配到捉钱，却未能如期纳利。该墓另有一件《唐曹护替纳公廨本钱抄》，③更可见文书中的利钱、纳利，与公廨本钱关系密切。唐政府在开元十年(722)正月收公廨钱，但直到十八年(730)的九月四日李朝隐才复请置本(《唐会要》卷九一《内外官料钱上》)，唐政府将此建议转化为政策的时间，也绝不会早于九月，是以前引两件文书在三月份所欠的公廨利钱，应在开元十八年(730)复置公廨本钱以前，也就是说开元十年(722)以后，虽然以税钱充官人俸，但公廨本钱仍未完全废除，至少从出土文书中证明它还在运作，并继续执行某种功能。

　　开元十八年(730)九月以后州县复置公廨本钱的情况，亦可由出土文书中得到证明。大谷文书 3473、3478 号《唐开元十九年(731)正月—三月西州天山县到来符帖目》：④

　　12. 仓曹符、为毛慎己等公廨钱，捉州宴设本利，月二日送纳事。

_____

　　① 《吐鲁番出土文书》(简)十/15，(图)肆/399。
　　② 《唐六典》卷三《仓部郎中员外郎》条："凡京官每年禄，……外官降一等。春夏二季则春给之，秋冬二季则秋给之。"同条亦述及胥吏口粮："流外长上者，外别给两口粮，诸牧尉给五口粮，牧长四口粮。"
　　③ 《吐鲁番出土文书》(简)十/51，(图)肆/420。
　　④ 池田温，《中国古代籍帐研究——概观·录文》，(东京：东京大学东洋文化研究所报告，1979)，359 页。

49.　□新抽公廨本钱斛尉（斗），不

50.　□上六日到。

　　用公廨钱捉宴设本利，显示做为杂用的公廨钱，也可充当官署宴设之费。而另一条目在公廨本钱之前，冠以"'新'抽"二字，说明十八年（730）才恢复公廨本钱充俸制，十九年（731）初天山县已忙于捉新本生利，边区州县在此制变革时之快速反映，由此可见。唐前期以实物货币为主，公廨本钱制能否均以货币来运作，颇有疑问，或许条目中"公廨本钱"之后的"斛尉（斗）"二字，即透露出本钱，甚或利钱，都可用实物来折算。

　　大谷 3472 号《唐开元十九年（731）正月西州岸头府到来符帖目》，[①]也是一件复置公廨本钱之初，旋即行新制的资料：

　　17.一符、为州县公廨本钱，具堪申捉钱户事。

　　这是仓曹为捉钱户事，下符给岸头府。前引吐鲁番文书《唐开元十二年（724）请补岸头府府史捉钱》，人选由"州司堪责"。此件捉钱户虽负责州县本，大概因具府兵身分，事涉折冲府，所以州司才下符给岸头府，令其申述。

　　开元十八年（730）复置公廨本钱，从有纪年之出土文书可知，至少持续到开元二十五年（737）定式前夕，如阿斯塔那 358 号墓《唐开元二十三—二十五年（735－737）纳利钱历》：[②]

　　1.　□刀□式二月利钱，四月十八日纳参佰　壹□

　　2.　□廿三年二月廿一日纳廿二年利钱四百□

　　这应该是开元二十三年（735）或稍后的文书，所纳的利钱应指公廨利钱，但欠利情形似常发生。玄宗于开元二十二年（734）令李林甫等删缉格式律令及敕，至二十五年（737）九月奏上（《册府元龟》卷六一二《刑法部·定律令四》）。此件纳利钱历正出自修式期间，相信当公廨本钱制纳入开元二十五年（737）式以后，府州县各司更无理由停止执行，而大概直到安史乱

　　①　池田温，《中國古代籍帳研究——概觀·錄文》，（東京：東京大學東洋文化研究所報告，1979），358 页。

　　②　《吐鲁番出土文书》（简）八/381，（图）肆/181。

爆发,才有了新的变数。

唐代官府的行政费用出自公廨钱,公廨钱的来源,唐初由政府给,用息利法自足,即使其后京司官俸改由税钱提供,也不妨保留公廨钱,做官府杂支用。地方官府的公廨费用,一直仰赖本钱生利,但自开元年间征别税后,公廨之用又多了一个来源,而且在本钱生利之外,也可能由税钱直接补贴。以此对照京司乾封以后的情形,或许京司公廨费用也有税钱、公廨钱两种来源,也用息利法与直接补贴两种方式。官府杂支往往因事而设,随事增损,前引开元十九年(731)西州天山县到来符帖目:"仓曹符、为毛慎己等公廨钱,捉州宴设本利,月二日送纳事。"该项宴设费用尚附属于公廨钱中,无独立名目,显系由行政杂项中支给。但同年的西州岸头府到来符帖目,却透露出宴设费用的征收已有常态化的倾向:①

3.……仓曹符、为杜成礼欠宴☐☐☐☐☐

4.州事。一符、为杜成礼等捉宴设本钱,每月二日征利送州事。

11.仓曹帖、为追十二月宴设利钱九百五十五文事。

宴设利钱每月征收,天山县与岸头府都是如此,可见公廨费用中的这笔开支,各司似普遍用息利法来取给。本件仓曹追收的十二月宴设利钱,不知是该月利钱总数?或是欠利数?但敦煌文书 P.2626 号背《唐天宝年代燉煌郡会计牒》,②可提供宴设本数的资料:

81.宴设厨

82.合同前月日应在及见在,惣壹伯阡文钱,干姜壹斤,伍口铛釜:

83. 壹伯阡文本钱,准 旨差官典回易,随月收利,
应在;

84. 壹斤干姜,伍口铛釜,见在

敦煌郡的宴设本数为 100 贯。据敦博 76 号地志残卷,敦煌为下郡,本 880 贯,则宴设本数占总本数的 11.36%。《夏侯阳算经》中的利钱,公廨、食料总共只占不足 1.14%,或许敦煌为丝路要道,所以宴设费用较一般郡高,遂设立特定名目,并单独置本。由公廨本钱与宴设本钱的关系可以推

---

① 池田温,《中國古代籍帳研究——概觀·錄文》,357 页。

② 唐耕耦,《敦煌社会经济文献真迹释录》第一辑(北京:全国图书馆文献缩微复制中心,1986),475 页。

知,一旦某项本钱的功能日益重要,数额日渐膨胀,便可能不再附属于公廨杂项,而自公廨钱中独立出来,宴设本钱是如此,开元二十四年(736)两京行幸取官钱 100 贯供顿,①二十六年(736)各与长安、万年两县本钱 1000 贯供驿,各借河南、雒阳两县本钱 1000 贯充人吏课役,②以及天宝间敦煌郡会计牒的病坊本钱 100 贯,③甚至宇文融建请权置的陆运本钱,④大概也都是额外别置,独立名目,卓然自成另种官本钱的。

第三节　公廨本钱数之分析

公廨本钱初行于京司,以提供京官俸料为主,但如果按褚遂良所言之捉钱方式来看,不仅每司本数少得可怜,其合理性、正当性亦令人质疑,《通典》卷三五《职官·禄秩》:

> 大率人捉五十贯以下,四十贯以上,任居市肆,恣其贩易,每月纳利四千,一年凡输五万。……在京七十余司,相率司别九人,更一二载后,年别即有六百余人,输利受职。

每司九人捉钱,人捉四、五十贯,则每司本钱不超过 450 贯,七十余司的总本数约 32000 贯。人月纳利 4000 文,司才得 36 贯,七十余司的总利数在 2500 贯上下,年仅 30000 贯左右。如果这些利钱都用于京俸,则唐初京官月俸总数为 2500 贯余,年俸约 30000 贯。这样的数额如果对比高宗乾封元年(666)国家所给京俸总数的 153720 贯,⑤则唐初京官的俸钱,约只有日后官俸的五分之一,差距相当悬殊!⑥

京司官俸取给于本钱生利法,既不必靠税赋支给,也不会重伤一般百

---

① 《唐会要》(台北:世界书局,1974),卷二七《行幸》,521—522 页。

② 《册府元龟》(台北:台湾"中华书局",1972),卷四八四《邦计部·经费》,5785 页。

③ 唐耕耦,《敦煌社会经济文献真迹释录》第一辑,476 页。

④ 《新唐书》卷一三四《宇文融传》,4559 页。

⑤ 此据《通典》卷三五《职官·禄秩》。《新唐书》卷五五《食货志》、《唐会要》卷九三《诸司诸色本钱上》作"十五万二千七百三十贯",《册府元龟》卷五〇五《邦计部·俸禄一》作"十五万二千七百二十缗"。

⑥ 这里暂不考虑食料、杂用、或防阁、庶仆等课钱。

姓,在国家财政窘迫时,有其重要性,对限缩捉钱之影响层面上,也有其意义。然而,褚遂良所言的本钱分配方式,似无官司大小,员数多少,公事闲剧之分,各司有固定且一致的本钱数与捉钱人数,如此一律地置本方式,容易导致劳逸不均的后果,让承担重责剧务者,不能获得相应的代价,而闲司冗员,反倒坐享其利,故这样的本钱生利法,岂是公平合理的俸钱制?

唐初承战乱之后,百废待举,户不足三百万,绢一匹易米一斗,①而关中地狭,所出不足以给京师,②至贞观十五年(641)府库犹患空虚,③在此情势下政府无力增赐公廨本,京官也只好节衣缩食,共体时艰。然历经贞观之致理,高宗初年的守而勿失,于民物蓄息后,也未添给各司公廨本,反而在乾封元年(666)改由国家直接拨付京俸,并新加食料、防阁庶仆、杂钱等名目,④可见唐政府一直视捉钱法为权宜之计,视利钱给俸欠缺正当性,所以只要财政状况许可,便会以其他方式取代之。

京司公廨本钱的缺点,似乎在地方初置公廨本钱时亦同样承袭下来。《旧唐书》卷四《高宗纪上》永徽六年(655)条:

(七月)乙酉,均天下州县公廨。

这是今日所见地方置本最早的资料,然其既标明"均"天下公廨,显然政府的整顿目标,是使各州本数相同,一如京司那样不做等级之分。唐于武德令、永徽令中已依户口数定州之等级,⑤各级府州的品官数也不相同,三府 30 人,上州 22 人,中州 17 人,下州 13 人。据褚遂良疏,在京各司的本钱数不超过 450 贯,想来在外各府州的本钱数亦不应过之。如以月息 8% 计,每州才得 36 贯。三府的品官即有 30 人,还有佐史常食与公廨杂费,区区 36 贯,如何能济? 再者,府州既有等级之分,官数亦有多少之别,而本数若无高下差异,岂不重蹈京司官俸劳逸不均之弊,甚至造成下州官分得数还多于三府、上州官之所得。故就现实状况衡量,永徽六年(655)制欠缺合理性,调整本数与划分级数已是势在必行。

<hr>

① 《新唐书》卷五一《食货志》,1344 页。
② 《新唐书》卷五三《食货志》,1365 页。
③ 《通典》卷三五《职官·禄秩》,963 页。
④ 《通典》卷三五《职官·禄秩》,964 页。
⑤ 《唐会要》卷七〇《量户口定州县等第例》分别据武德令、永徽令,依户口数定州县等第。武德令撰定于武德元年至七年,永徽令在永徽元年至二年间完成,都在永徽六年"均天下州县公廨"之前。有关二令的立法时间,可参考:刘俊文,《唐代法制研究》,24—31 页。

高宗朝定官俸,似应同时顾及内、外官,乾封元年(666)既定京官俸,相信也会全盘重新规划府州县本数。《新唐书》卷五五《食货志》所载天下公廨本钱数,正是折冲府尚能推行,都护府犹未稳定的高宗时期。就各级府州县本数观之,除了中下县、下县低于450贯外,余均为贞观朝京司本数的1.22倍~8.44倍,调幅不可谓不大。高宗朝采取等级性本数的目的,一方面在因着本数的倍增,提高外官料钱数,另方面则企图拉大外官料钱的级距,使官品、责任与待遇的关系能更合理化。外官料钱总数庞大,不像京俸只要筹集15余万贯就可解决问题,如果息利给俸是必要之恶,那么唐政府也只能做到尽量不使内、外官俸差距太大,或尽量不让高官俸低于卑官俸,《新志》依府州县等第调高本数的意义也就在此。

高宗朝所定府州县公廨本钱数,可能在整个唐前期都处于相对稳定状态。兹以京官俸料的变动为例,作为同样是官定之公廨本钱数变动的参考:①

表一　唐前期京官俸钱比较表

官品	月俸(文)		食料(文)		杂用(文)		总数(文)	
	高宗制	开元制	高宗制	开元制	高宗制	开元制	高宗制	开元制
一	8,000	8,000	1,800	1,800	1,200	1,200	11,000	11,000
二	6,500	6,000	1,500	1,500	1,000	1,000	9,000	8,500
三	5,100	5,000	1,100	1,100	900	900	7,100	7,000
四	3,500	3,500	700	700	700	700	4,900	4,900
五	3,000	3,000	600	600	600	600	4,200	4,200
六	2,000	2,000	400	400	400	400	2,800	2,800
七	1,750	1,750	350	350	350	350	2,450	2,450
八	1,300	1,300	300	300	250	300	1,850	1,900
九	1,050	1,050	250	250	200	200	1,500	1,500

---

① 1.本表资料来源,高宗制是《新唐书》卷五五《食货志》,开元制是《通典》卷三五《职官·禄秩》。

2.高宗制之缺漏处,据横山裕男,《唐代月俸制の成立について——唐官僚俸禄改の一——》校改,3—4页。

3.开元制另见《唐会要》卷九一《内外官料钱上》,《册府元龟》卷五〇六《邦计部·俸禄二》,但数字小有出入。

4.防阁、庶仆等不计入。

高宗乾封元年(666)所定之京官俸钱，除了单项零头可能因史料记载小有出入外，几乎与开元二十四年(736)的京官俸钱完全一致。这七十年间，京俸未因物价波动或外在因素而调整，所变动者，只是俸钱以外的防阁庶仆等方面，而且集中在八、九品庶仆与五品以上仗身，[1]影响并不大。唐前期属内重外轻之局，京官俸钱的调幅与调整次数不过如此，以是推想，主供外官月料的公廨本钱，即使到开元、天宝之际，可能也不会有太大幅度的变动，故《新志》的公廨本钱数，虽然定于高宗朝，也大致可视为玄宗朝之标准额。

公廨本钱以府州县等第计。州县等第依户口多少，资地美恶，距京司远近而量定；都督府、都护府、折冲府等第则视边务要剧，内外轻重而划分。州县之隶属与废置，随时改易，常有变化；都督府等之设置与兴衰先后有别，并非同步。此处且略估各府州县公廨本钱全面运作时，全国最高所需之本数。据《新唐书》卷五五《食货志》所列的公廨本钱数，及《通典》卷三三《职官·州郡下》开元末至天宝初的州、县数与等第，由表二得知，[2]三府诸

表二　全国府州县公廨本钱数统计表

府州 等第	府州数	公廨本钱（贯）	分计	都督府·都护府 等第	府数	公廨本钱（贯）	分计	县 等第	县数	公廨本钱（贯）	分计	折冲府 等第	府数	公廨本钱（贯）	分计	总计 公廨本钱（贯）
京兆府河南府	2	3,800	7,600	大都督府	5	2,750	13,750	京兆府、河南府京县	4	1,430	5,720	上府		200		
太原府	1	2,750	2,750	中都督府	15	2,420	36,300	太原府京县	2	913	1,826	中府	634	150	95,100	
辅	4	2,420	9,680	下都督府	20	1,540	30,800	京兆府、河南府畿县	36	825	29,700	下府		100		
雄	6	2,420	14,520	大都护府	3	2,420	7,260	太原府畿县	11	770	8,470					
望	10	2,420	24,200	上都护府	3	2,420	7,260	其他州畿县	35	770	26,950					
紧	10	2,420	24,200					望县	78	770	60,060					
上州	109	2,420	263,780					紧县	111	770	85,470					
中州	29	1,540	44,660					上县	446	770	343,420					
下州	189	880	166,320					中县	296	550	162,800					
								（中下县）下县	554	385	213,290					
总计	360		557,710	总计	46		95,370	总计	1,573		937,706	总计	634		95,100	1,685,886
百分比			33.08%	百分比			5.66%	百分比			55.62%	百分比			5.64%	100%

州公廨本钱总计为 557,710 贯，都督府、都护府总计为 95,370 贯，县总计为 937,706 贯，折冲府总计为 95,100 贯，全国总计为 1,685,886 贯。这个数量可以视为自唐初至安史乱前，实施该项制度时，全国地方性公廨本钱数之最高水平。其中，州本约占全国本数的三分之一，县本占半数以上，都督府、都护府与折冲府所居比例甚微，想见全国公廨本钱数以州县为最大宗。

敦煌市博物馆藏 76 号地志残卷，是现今所知除《新唐书》卷五五《食货志》外，载录地方公廨本钱数规模最大，最细致的珍贵资料。它虽然不记山川形胜与户口数，但详于各道所辖政区、至京都里数，以及州县等第、乡数、土贡、公廨本钱数。与同样是全国性地志的 P.2522 号《贞元十道录》相较，最显然的差别其实只是后者欠缺公廨本钱一项而已。① 可以说敦博 76 号地志残卷的各项内容，皆是地方官据以施政，必须掌握的基本情况，而所载之公廨本钱数，更是唐前期地方政务的一个特色，故本地志应该具有官方性质。唐代一般的地理书，如《两唐书·地理志》、《通典·州郡典》、《元和郡县图志》，都以关内道居首，而本地志将陇右道列于其前，刻意突出陇右道的地位，则该地志很可能就由当地地方官辑录而成。地志残卷的年代，学者们做了非常精详的研究，从州县更名、县领乡数、府州县等第，以及道里、土贡、公廨本钱，甚至写本用纸等方面，判断所据底本的年代，最可能在开元晚期至天宝初年。而这个时期，如前节所论，唐政府正采取本钱生利，别税补贴，以给外官月料的制度，故吾人正可由地志残卷所载公廨本钱数与《新志》的相互比对中，观察公廨本钱的运作情形，及其对外官料钱与相关用途可能产生的影响。

地志残卷仅存五道，其中，关内、河东、淮南三道尚属完整，陇右、岭南两道颇有残缺。地志残卷中的公廨本钱数，不尽符合《新唐书·食货志》的标准，州县名称与等第，也与《两唐书·地理志》、《通典·州郡典》等有出

---

① P.2522 号《贞元十道录》的十个废州，除无公廨本钱外，所载项目与地志残卷完全相同。另外仅存的三州，则多了县距州之里数。《贞元十道录》之录文可参考：郑炳林，《敦煌地理文书汇辑校注》(兰州：甘肃教育出版社，1989)，144—145 页。

入。以下先将地志残卷中的各道府州县公廨本钱数列出，①以略估全国之本数：

表三　敦博76号地志残卷各道府州县公廨本钱数统计表

道 ＼ 府州县本数 贯,两	府州本合计	都督府、都护府本合计	县本合计	总　　计
陇右道	9,098.2 贯	2,420 贯	10,500.2 贯	22,018.4 贯
关内道	27,022.92 贯	13,295 贯	68,989.789 贯	109,307.709 贯
河东道	26,055 贯	4,750 贯	61,893 贯	92,698 贯
淮南道	14,205 贯	5,757 贯	33,998 贯	53,960 贯
四道总计	76,381.12 贯	26,222 贯	175,380.989 贯	277,984.109 贯
岭南道	7,002.8 贯 31,609 两 (6,321.8 贯)	4,533 贯 9,700 两 (1,940 贯)	33,458.235 贯 8,914 两 (1,782.80 贯)	44,994.035 贯 50,223 两 (10,044.6 贯)

地志残卷中，除岭南道情形特异（详下文），暂排除外，总计有本数的府州有54个，都督府、都护府15个，县324个，分别占岭南道之外全国府州总数的18.37％，督、护总数的39.47％，县总数的25.76％。② 由地志残卷

① 1.本表资料参考马世长《敦煌县博物馆藏地志残卷》、郑炳林《敦煌地理文书汇辑校注》、吴震《敦煌石室写本唐天宝初年〈郡县公廨本钱簿〉校注并跋》等之录文，及王仲荦《唐天宝初年地志残卷考释》（收入：《敦煌石室地志残卷考释》，上海古籍出版社，1993）。

2.写本中有"准前"、"准上"之语，如前州或上县有本钱数，亦依之补入。

3.原卷淳州（永定郡）误置陇右道，今移于岭南道。

4.原卷公廨本钱的单位为贯或千，但岭南道另有以两计者。岭南道中，凡州县本钱注明为两者，以两计，未注者，皆以贯、千计。

5.两的折算方式，马世长以一两折300文计（《地志中的"本"和唐代公廨本钱》，475页注4）。但愚意以为折200文似更妥当。敦煌文书 S.1344 号《开元户部格残卷》引天授二年七月二十七日敕："（岭南）百姓市易，俗既用银。"可知当地民间早有用银交易的习惯，公廨本钱既赖回易出举，用其地风俗，以银两置本，亦顺理成章的事。公廨本钱为官府所置，以同期官方所订银钱比价标准来衡量，应该较准确，《通典》卷一〇《食货·盐铁》引开元二十五年屯田格："其银两别常以二百价为估。"残卷时代正与之相当，故本表用银一两折200文计。

② 这里的全国府州县总数，依据表二。扣除的岭南道府州县数，是据《新唐书·地理志》，有66州，8都、护府，315县。

四道的公廨本钱数,据此百分比,略推地志九道之公廨本钱总数约为1,163,236.412贯。地志所录岭南道有本的州 39 个,督、护府 5 个,县 197 个,约是《新唐书·地理志》该道州数的 59.09%,督、护府数的 62.5%,县数的 62.54%,以此核算地志岭南道总本数不过约 89,256 贯。① 地志十道可能的公廨本钱总数约为 1,252,492.41 贯。这个数据是表二扣除折冲府本数后,全国府州县本数的 78.73%。易言之,地志残卷的实有本数,与《食货志》设定的标准本数间,还是小有一段差距。②

再进一步分析,则发现地志残卷的公廨本钱数,还因州县等第与所处地区,与《新志》标准数有着不同的相合程度。由表四得知,③可与标准数比较的府州中,属于关内道的华、同、岐三辅州,与河东道的蒲、绛、晋、汾、虢五个辅、雄、望州,全部皆与标准数相同。其他各等第的州,关内道与河东道亦各有 6 州、8 州合于标准数。总计关内道有 64.29% 的州,河东道有 76.47% 的州,是依照《新志》的标准本数设置。二道为京师所在、帝业隆兴之处,公廨本钱既关乎外官俸,也为国家体面与官员利益,都不应忽略置本。陇右道虽然在西北边区,所存有本数的各州皆为下州,但因其地当交通要冲,又为防御京畿的要塞,故政府似颇重视置本,11 州中 6 州的本数

---

① 地志岭南道有些非残损的州县不载本数,固然可能是疏漏,但也可能是原无本数。

② 因岭南道府州县本数的设置极不正常,如并记岭南道与四道本数,反而会影响推估出的地志残卷总本数之准确度。马世长略估的基准,即包括岭南道在内,故其也与据标准数推估的全国本钱总数,颇有一段差距。见:《地志中的"本"与唐代公廨本钱》,440—441 页。

③ 1.本表只将残卷中有等第与本数者,与《食货志》各等第标准数做个比较,其他有本无等,或有等无本者,皆不列入。

2.道这一栏的代号是:1=陇右道,2=关内道,3=河东道,4=淮南道,5=岭南道。

3.残卷中京兆府、太原府各县的等第,据《新唐书·地理志》校改。残卷中的京兆府赤县与太原府紧县,实即《食货志》本数所谓之京县,本表以京县名之。其他未注等第的二府诸县,除京兆府奉先县据《唐会要》卷七〇《州县分望道》于开元十七年升为赤县,故与另二赤县并列本表京县外,余皆以畿县名之。

4.关内、河东两道上紧各县,以紧县视之,并据《唐会要》卷七〇《量户口定州县等第例》,紧县如上县,故其本数与《食货志》上县标准数做比较。

5.残卷之淮南道滁州全椒县等第为上中,可能有误,其本数为 770 贯,正与一般上县本数同,故本表以上县视之。

6.岭南道本数单位有千(贯)与两二系统,本表均折合为贯后做比较。

表四　地志残卷与《食货志》府州县公廨本钱数比较表

府州县	等第	新志本＝地志本						新志本＞地志本						新志本＜地志本						总计
本数→道	↓	1	2	3	4	5	合计	1	2	3	4	5	合计	1	2	3	4	5	合计	
府州	府	0	0	0	0	0	0	0	1	0	0	0	1	0	0	1	0	0	1	2
	辅	0	3	1	0	0	4	0	0	0	0	0	0	0	0	0	0	0	0	4
	雄	0	0	1	0	0	1	0	0	0	0	0	0	0	0	0	0	0	0	1
	望	0	0	3	0	0	3	0	0	0	0	0	0	0	0	0	0	0	0	3
	上	0	3	0	0	0	3	0	3	1	0	0	4	0	0	0	0	0	0	7
	中	0	0	0	5	0	5	0	0	0	2	0	2	0	0	0	0	0	0	7
	下	6	3	8	4	0	21	4	1	1	0	37	43	1	0	1	1	2	5	69
	分计	6	9	13	9	0	37	4	5	2	2	37	50	1	0	2	1	2	6	93
	占各道百分比	54.55%	64.29%	76.47%	75%	0%	39.78%	36.36%	35.71%	11.76%	16.67%	94.87%	53.76%	9.09%	0%	11.76%	8.33%	5.13%	6.45%	100%
县	京	0	1	2	0	0	3	0	0	0	0	0	0	0	2	0	0	0	2	5
	畿	0	16	5	0	0	21	0	3	6	0	0	9	0	1	0	0	0	1	31
	望	0	9	18	2	0	29	0	1	0	0	0	1	0	0	0	0	0	0	30
	紧	0	3	7	0	0	10	0	3	1	0	0	4	0	0	0	0	0	0	14
	上	2	6	7	10	0	25	0	11	8	20	10	49	0	0	0	0	2	2	76
	中	0	6	2	4	1	13	7	16	26	17	52	118	0	0	2	2	0	4	135
	中下	0	1	1	0	0	2	13	25	17	1	29	85	0	3	2	1	0	6	93
	下	0	1	0	0	0	1	9	19	4	0	102	134	1	0	0	0	1	2	137
	分计	2	43	42	16	1	104	29	78	62	38	193	400	1	6	4	3	3	17	521
	占各道百分比	6.25%	33.86%	38.89%	28.07%	0.51%	19.96%	90.63%	61.42%	57.41%	66.67%	97.97%	76.78%	3.13%	4.72%	3.70%	5.26%	1.52%	3.26%	100%

与标准数相同,比率并不算低。淮南道至盛唐已愈益繁荣,①残卷诸州即使仍属中、下等,但其经济发展的上升趋势可以预见,②12 州中有 9 州的本数合于《新志》标准,显示地方官也很认真地在处理本钱事宜。情况最糟的是岭南道,39 州中竟无一例按标准数配置,这或许因其地处比远,瘴疠交侵,选人无由肯去,③故吏事多阙,本数随之散放。

地方公廨本钱自高宗朝定制,实施至开元、天宝之际,其间虽曾几度以税钱替代,但大体自开元十八年(730)以后,才稳定地以税钱、本钱相互搭配的方式来运作,以维持外官月料与常食公廨之用。放贷生息法的弊端之一,诚如崔沔所言:"收利数多,破产者众"。④ 捉钱者积利不纳,将导致兼本破除,然而在唐前期却未看到如后期般地不时添赐,甚至每数年赐本之举。⑤ 地志残卷各府州本数,如果除去岭南道,则与标准本数相合的比例高达 68.52%。即以开元十八年(730)行新制而言,至地志底本的年代也已有十年光景,能有这样高的比例还维持标准数,想来是税钱补贴本数,产生一如赐本的效果。地志中还有少数个案的本数高于标准数,⑥以四道四例的平均本数只多于标准本数 8.24% 来看,不过是几许零头而已,如果这不是回利为本,收利超过预期,就是税钱供用之余,补贴本钱的结果。总之,在开元、天宝之际,无论本数是靠什么方式维持足额(包括超额),合计有 75.93% 的府州能让本钱制度继续顺利运作下去。

在标准数多于残卷本数方面,50 个府州中,属岭南道的就有 37 个,不仅占本项的 74%,也占该道可知本数的 94.87%。其他四道不足标准数的

---

① 扬州是淮南道的重镇,扬州在八世纪中繁荣的景象,可为淮南道经济能力的表征,有关扬州的发展,可参看:全汉昇,《唐宋时代扬州经济景况的繁荣与衰落》,收入:《中国经济史论丛》(台北:稻禾出版社,1996),5—18 页。

② 《唐会要》卷七〇《量户口定州县等第例》开元十八年敕:"以四万户以上为上州,二万五千户为中州,不满二万户为下州。"据《通典》卷一八一所载天宝中淮南道各州郡户数,户数在 2.5 万—4 万间的州郡,地志残卷正标为中州,户数在 2.5 万—2.6 万间的州郡,地志皆标为下州。或许这些下州的户数直到天宝中才达到中州的标准,但亦由此证明地志是开元晚期至天宝初的文书,而淮南道的经济在持续成长中。

③ 《唐会要》卷七五《南选》开成五年十一月岭南节度使卢均奏:"每年吏部选授,道途遥远,瘴疠交侵,选人若家事任持,身名真实,孰不自负,无由肯来。更以俸入单微,每岁号为比远。"比远之情形,前期应不会更好,故卢均之言,亦可视如前期之背景。

④ 《唐会要》卷九一《内外官料钱上》,1653 页。

⑤ 如《唐会要》卷九三《诸司诸色本钱》贞元二十一年七月、元和十五年二月、长庆元年三月、会昌元年六月等条,皆有定期或非定期之赐本。

⑥ 以四道的情形来观察较准确,这几个个案是陇右道的渭州、河东道的太原府与慈州、淮南道的豪州。

13 府州中,上、中、下各等第的州都有,连京兆府也包括在内,其平均本数只有标准数的80.94%,如果这是税钱补贴后的情况,则对当地品官的料钱有不小的影响。岭南道不足本数的全属下州,其本数以千(贯)计的9州,平均还有标准数的57.04%,而以两计的28州,经折算后,只有标准数的25.66%。开成五年(840)岭南节度使卢均曾以当地官人"俸入单微"为言,①想来唐前期的情形也好不到哪里,而本数不足的州,在偏远地区尤易发生。

整体来说,地志残卷如果除去岭南道这个特例,可以说四道府州确实在认真执行公廨本钱制度。河东、淮南两道或许因经济力较佳,有八成以上近九成府州的本数等于或高于标准数,而关内、陇右两道就算受军务牵累,也有六成五左右的府州本数在足额以上。由此可见,越是核心要地,等第较高,或较富庶的地区,依规定置公廨本钱的可能性就愈大;反之,边陲地带或较贫穷落后的化外之地,则愈难照原先的规划置本。从地志残卷各府州本数与《新志》标准本数的比对中,吾人更可确信开元十八年(730)恢复的公廨本钱制度,至少持续运作到开元末、天宝初,而不是像许多学者认为的自实行税钱后,便取代了公廨本钱制度。

在县方面,如表四所示,残卷本数与标准本数相合的比例,关内、河东、淮南三道约在三、四成间,明显高于不到一成的陇右道,与不到1%地处极南的岭南道,但却远低于有七成上下州本相合的比例。在残卷本数高于标准数方面,县只有3.26%,约是州的百分比的一半。总之,县本要维持足额,似乎颇不容易,而愈是偏远地区,就愈难收取息利,所以本数破除的问题就愈严重。这种情形在本数低于标准数的部分,看得更为真切。表中陇右道与岭南道诸县都以九成以上的超高比例欠本,岭南道是特例,各项数据都很异常,姑且置之不论,但陇右道州本欠缺的比例尚只有36.36%,县本缺额却骤然跃升至90.63%,显示层级愈低,愈贫穷落后的县级乡村,置本生息能力似不如人口较多,经济状况较佳的州级城市。至于关中、河东、淮南三道,县本欠缺的比例也在六成上下,同样远较州本不足的情况严重,这不仅说明县本不足似是各道相当普遍的现象,也再次印证了息利法与经济力的密切关系。

以上论点如从县的等级上观察,还可得到更深一层的认识。大致说来,京、畿、望、紧各等之县本,平均足额(超额)率为84.77%,这个水平并

---

① 《唐会要》卷七五《南选》开成五年十一月岭南节度使卢均奏:"每年吏部选授,道途遥远,瘴疠交侵,选人若家事任持,身名真实,孰不自负,无由肯来。更以俸入单微,每岁号为比远。"比远之情形,前期应不会更好,故卢均之言,亦可视如前期之背景。

不逊于四道府州七个等级平均的足额（超额）率 77.76％。但如分析其下各等之县本，则情况大不相同。四道上县以下各等的足额（超额）率呈递减之势，自不足四成，递减至不足一成，平均则只有 19.24％，加上岭南道将更低至 14.73％。也就是说，随着县等的递降，户数的递减，本数耗散的可能性便愈大；反之，愈是人口众多，商业交易量大的地区，放贷生息法就愈有挥洒的空间。复次，从县本缺额的角度来考量，也可得到类似的看法，京县至紧县平均的缺额率约一成五，而上县以下平均的缺额率暴增至八成五左右，尤其是中下县与下县，已可说是缺额为常态，足额才是特例。

　　地志残卷的公廨本钱数，无论府州或县，皆有不小的比例未按标准数设置。然而，公廨本钱既主供外官料钱，如本数过低，与标准数差距过大，则势必影响外官权益，甚至衍生出贪残掠民、吏治腐化等不良后果，因此，了解府州县实际本数与标准数间的吻合度（表五），①才能更精确地掌握残卷本数的意义。

表五　地志残卷本数与标准数吻合度估计表

等第 ＼ 道		五道	四道（无岭南道）	等第 ＼ 道		五道	四道（无岭南道）
府州	府	98.74％	98.74％	县	京	100.28％	100.28％
	辅	100％	100％		畿	97.97％	97.97％
	雄	100％	100％		望	99.97％	99.97％
	望	100％	100％		紧	97.00％	97.00％
	上	90.08％	90.08％		上	87.86％	91.35％
	中	99.11％	99.11％		中	66.77％	83.07％
	下	65.04％	97.38％		中下	72.73％	86.41％
					下	37.56％	58.42％
	分计	93.28％	97.90％		分计	82.52％	89.31％

　　就府州而言，固然辅、雄、望各等第的本数，与标准数的吻合度高达100％，但其他各等第的府州，除岭南道外，吻合度亦在九成以上，或接近100％。地志中陇右、淮南二道仅有中、下州，而吻合度亦甚高，显示地志失

唐代官方放贷之研究

---

　　①　吻合度的计算方式，是以地志各府州县之本数与标准数做对比，再计算各等级的平均数。

载的其他各道府州,就算也非富庶之区,紧要之地,可能缺额的情形也不致太严重,与标准数的差距不会太大。这似乎意味着在税钱与本钱两种来源的交互配合下,府州外官俸额不足的问题鲜少发生,或相当轻微,甚至如果料钱足额而两种来源仍有余,也不妨增添佐史常食之费或公廨之用。开元以来的户口殷盛,国家财政充裕,才能以别税的不断补贴,掩盖掉放贷生息法可能的欠利情况,这是开元以前、安史乱以后皆不曾存在的背景与制度,却从地志残卷本数的分析中,发现官本运作的诀窍,故该文书对了解开元十八年(730)本钱制度的运作状况,有极重要的价值。

地志残卷县本的吻合度不如府州。大体上,县等愈高,本数的吻合度也愈高,望、紧县以上尤其如此。上县以下的吻合度呈递减之势,其间的小有波动,也不足以影响整体趋势。另外,各道下县的吻合度明显偏低,连关内道、河东道下县都不免于此,[①]这就是说,下县能保有的本数通常远低于官定标准数,下县官俸与常食公用之费可能常处于高度欠缺状态。由是推测,愈是机要富庶之区,生息能力就愈佳,税钱分得的也较多,县本欠缺情形就较缓和,吻合度因此较高;而等第较低,户数较少,地处偏外的县,生息能力愈差,分得的税钱愈少,县本常不得补贴,吻合度也就愈低。

岭南道是残卷中的异数,无分州本、县本,只要考虑岭南道,吻合度的平均数就会大幅拉下。公廨本钱既关乎外官料钱,该道州县本数的平均吻合度还不足四成,[②]影响官吏料钱必然至巨,官吏在不足以养廉的情况下,货赂风行,可以想见。再者,岭南道的不少州县,不著本数,或特别标注无本,这可能是因其汉化未深,不解生息之法,或贫穷落后,库藏不丰之故。这些州县若非另有其他财源,以供官吏与公廨的各项开支,恐怕贪渎之弊,更甚于有本诸州县。

另一种不置本钱的特例是在陇右道的叠、宕二州县,叠州注:"井课,同京官",该州常芬县注:"并井课";宕州下注:"准京官,支益州",其州良恭县注:"并准京官例"。井课可能不是矿税或户口税,而是像剑南盐井随月征纳的课钱。[③] 此数州县,以课钱代替公廨本钱,并特予准京官之优待,而不

---

① 二道下县的吻合度各约是59.28%、61.36%,都不算高。

② 各约是上县69.61%,中县41.15%,中下县42.49%,下县30.43%,平均为37.48%。

③ 井课的意义,薛英群、徐乐尧认系户口税;吴震以为是铜矿税;马世长、李锦绣则证其为盐井课钱。分别见:薛英群、徐乐尧,《唐写本地志残卷浅考》,31页;吴震,《敦煌石室写本唐天宝初年〈郡县公廨本钱簿〉校注并跋》,《文史》13(1982),96页;马世长,《地志中的"本"和唐代公廨本钱》,444—446页;李锦绣,《唐代财政史稿》(上卷),779—781页。

依常例之以外官分数给付（详下文），似乎中央政府有笼络、示好之意。

综合上述分析可知，府州县置公廨本钱，常各依具体情况而定，未必与标准数相一致。但整体而言，除了像岭南道那样近乎化外之地，难于依唐政府体制设本外，属于上级单位的府州，本数不低于标准数的比例少说在六成以上，多则近九成，而即使本数不足，其与标准数的差额也不过巨，四道府州本数的平均吻合度高达 97.90% 便可看出。相对于府州的无分等第，皆尽可能依标准额筹足本数来说，属于下级单位的县，则地方官置本能力所受的考验就大。虽然县本的平均吻合度仍维持在 89.31% 的水平，但愈是偏远、贫穷地区的县本，就愈难依规定设置足额，也愈与紧要、富庶地区县本的情况，差距加大。

公廨本钱犹如基金一般，一次置本，辗转息利，不需政府年年筹款支给，是一种自足性很高的财政措施。然而，府州县自身的生息能力，影响公廨本钱的多寡、足否至巨。此外，地方官对捉钱人户的督责宽严，以及捉钱人户的财富、身分与捉钱方式，也都会造成本数的变动。地志残卷相同等第之府州县本数的参差不齐，或许就是这些因素交互作用下的结果，而所反映的公廨本钱的运作状况，正可弥补《食货志》只知标准数的缺憾。

在开元十八年（730）并行本钱收息，别税补贴的制度之前，税钱与本钱大致交相替代，择一运用，唯不明本钱若有不足，该从何处填补空缺？而税钱的取而代之，是否即因各地本钱已严重匮乏，或已几乎耗尽？开元十八年（730）起实行双管齐下的新制，本钱因年年有税钱补贴，其缺额问题应获大幅改善，而地志残卷与标准数的吻合度，除了下县外，一般都在八、九成以上，似说明新制已有效控制昔时本钱不足的状况。但也由于地志残卷中州本的吻合度高于县本，等第高的吻合度高于等第低者，这在显示州县或城乡生息能力不同之余，可能也与中央重视的程度差异有关，亦即府州或等第高者，欠本时得优先补贴，或补贴的额度较大，而县级或等第愈低者，就愈无法得到这样的优待。开元末、天宝初的地志残卷，在反映十八年（730）新制的运作成效上，意义重大。

府州县之外，政府配置本数的还有折冲府与都督府、都护府。折冲府的规模小，上府本钱数还不如下县，而且随着折冲府功能的日益消退，即使捉钱仍在某种程度上进行着，①其数量与影响力，就全国公廨本钱制而言，都极微少，连地志残卷里也不曾记载，故此处不予置论。

据《唐六典》卷三《户部郎中员外郎》条，开元之世有 5 大都督府、15 中

---

① 如《唐开元十二年（724）请补岸头府府史捉钱牒》，见：《吐鲁番出土文书》（简）八/289，（图）参/184。

都督府、20 下都督府，以及 3 大都护府、3 上都护府。对照地志残卷，五道共有 15 都督府，其中唯淮南道扬府注为中都督府，等第不与《唐六典》同；①岭南道的邕府，等第佚失；关内道的延府，地志仍为延州。② 此外，地志还列出隶于陇右道安西大都护府的四个羁縻都督府。《唐六典》的 6 个都护府，地志残卷就出现 5 个，但除了安西大都护府未注等第外，其他都注"下"，不明地志残卷为何如此标示等第。在公廨本钱数方面，都督府的情形相当令人瞩目，15 都督府中，6 个的本数是足额或超额，其中还包括岭南道的广府。五道都督府经折合后的总本数只有 28,535 贯，并不算多，然其与标准数的吻合度高达 90.15%，若不计岭南道，则更至 94.69%，着实令人意外。可能唐政府就因其为紧要之地、富庶之区，才将其提升为都督府，总领数州，以表重视之意，故在本钱方面，特别注意补贴之，连岭南道的都督府，都比同道的州、县情形好很多。都护府的景况则不然，4 个有本数的都护府，只有北庭都护府的本数合于标准，其他 3 个的本数都非常低，与标准数的平均吻合度也只有 42.98%。这大概是因都护府为设于边疆地区的特别行政机构，内地放贷生息的经验尚难为归附民族接受，唐政府于是也少额外添赐，本数欠缺的问题因而显得很严重。

第四节　公廨利钱与内外官之俸料

褚遂良谓京司捉钱的情况是：每司九人捉钱，人捉四、五十贯，月纳利 4000 文。由此可知每司月得利 36 贯，七十余司的总利数，或京司月俸总数约 2500 贯，而年利或年俸约在 30000 贯左右。这样的数量除非与其他方案做比较，才能看出究竟是多是少，《通典》卷三五《职官·禄秩》：

> 贞观十二年，罢公廨，置胥士七千人，取诸州上户为之。准防阁例而收其课，三岁一更，计员少多而分给之。

新法准防阁例收胥士课。胥士取自诸州上户，三番更代。防阁纳课每

---

① 据《唐会要》卷七一《州县改置下》扬州于武德九年改为大都督府。地志残卷可能误记。

② 据《唐六典》卷三《户部郎中员外郎》条，延州已为中都督府，此处改以中都督府记。

年不过 2500 文，以此估算胥士课，年尚不足 6000 贯，月收不到 500 贯。① 用胥士课代替公廨本钱，则京官俸约只有原来的五分之一。或许因此施行才满三年，便欲恢复行之至少十年的本钱生利法，②但在褚遂良的极谏下，太宗似亦不愿承受卖官之讥，遂又停捉钱之弊法，"依旧本府给月俸"。③ 就目前史料所知，贞观十五年(641)以前因府库尚虚，④国家并无直接给京俸的事实，故此处的"依旧"，大概仍收自胥士课。

自贞观十二年(638)罢公廨本钱后，可能只有在褚遂良谏议前短暂实施过捉钱制，而直到贞观二十一年(647)复置京司本钱之前，⑤大抵都用胥士课给俸。唐政府放弃近十年光景的胥士课，重返置本生利之旧法，想来原因不外有二，一是京官抱怨俸钱太薄，二是诸州上户不耐被收课钱。只是复置本钱后不到二、三年，又开始寻求新的京俸来源，《通典》卷三五《职官·禄秩》：

> 永徽元年，悉废胥士等，更以诸州租庸脚直充之。

这里的"悉废胥士等"，不是指胥士课，而是指贞观二十一年(647)"置令史、府史、胥士等职贾易收息"。永徽元年(650)以诸州租庸脚直充之，虽是一时权宜之计，却可能有助于增加京官俸钱。唐初漕事简，岁不过 20 万石，⑥自东都西至陕，"三百里率两斛计庸钱千"，⑦省此一段脚钱即可省 10 万贯。就算永徽元年(650)高宗未行幸洛阳，这段租庸脚钱只要省下零头

---

① 《册府元龟》卷五〇五《邦计部·俸禄一》该条作"二年一替"，则胥士课年约 8750 贯，月计 730 贯。

② 如本章第一节所论，京司本钱可能自武德初已置，贞观二年才有足够条件成为定制，则实行到贞观十二年至少有十年之久。

③ 《新唐书》卷五五《食货志》、《唐会要》卷九三《诸司诸色本钱上》皆作："复(诏)给百官俸。"

④ 《通典》卷三五《职官·禄秩》："贞观十五年，以府库尚虚，敕在京诸司依旧置公廨，给钱充本。"可知在此之前国家无力给俸，缘于府库尚虚。

⑤ 《新唐书》卷五五《食货志》作贞观二十二年。

⑥ 《新唐书》卷五三《食货志》："高祖、太宗之时，用物有节而易赡，水陆漕运，岁不过二十万石。"

⑦ 《唐会要》卷八七《转运盐铁总叙》："旧制，东都含嘉仓，积江淮之米，载以大舆，运而西至于陕，三百里率两斛计庸钱千，此耀卿所省之数也。"20 万石全数西运，约需脚钱 10 万贯，但实际可能没有那么多。《旧唐书》卷九八《裴耀卿传》："凡三年，运七百万石，省脚钱三十万贯。"则一年运 200 多万石才省脚钱 10 万贯，因此永徽元年实际所得的租庸脚值应不到 10 万贯。

即可,但或许仍比胥士课的年不足 6000 贯要多些。只是漕运经费岂能轻易挪用,此非经久之法自是无庸置疑。

唐初的京官俸钱除了来自胥士课、租庸脚直外,最常用的就是置本生利法。同样的置本生利,本钱来源却有不同,大抵贞观以前由国库拨给,永徽以后"薄赋百姓一年税钱"。① 二者最终皆来自于民,但后者直接征税充本,看似较节省库藏,在财政观点上略有所异。乾封元年(666)国家给京官俸食等钱总 153,720 贯,其项目包括月俸、食料、防阁庶仆、杂钱等。② 乾封京俸总数远多于公廨利钱、胥士课或租庸脚直,即以其中的月俸一项来估算,也可能比利钱充俸要多。以下且以六部、九寺之首的吏部、太常寺,及御史台为代表,试比较之:③

表六 乾封月俸估算表

吏 部				太 常 寺				御 史 台			
官名	官品	人数	月俸 (文/人)	官名	官品	人数	月俸 (文/人)	官名	官品	人数	月俸 (文/人)
尚书	正三品	1	5100	卿	正三品	1	5100	大夫	正三品	1	5100
侍郎	正四上	2	3500	少卿	正四上	2	3500	中丞	正四下	2	3500
吏部郎中	正五上	2	3000	丞	从五下	2	3000	侍御史	从六下	6	2000
吏部员外郎	从六上	2	2000	主簿	从七上	2	1750	主簿	从七下	1	1750
司封郎中	从五上	1	3000	博士	从七上	4	1750	录事	从九下	2	1050
司封员外郎	从六上	1	2000	太祝	正九上	6	1050	殿中侍御史	从七下	9	1750
司勋郎中	从五上	1	3000	奉礼郎	从九上	2	1050	监察御史	正八下	15	1300

① 《通典》卷三五《职官·禄秩》,964 页。

② 《通典》卷三五《职官·禄秩》,964 页。

③ 本表只计在京正官之月俸数,食料、杂钱、防阁庶仆等皆不计。太常寺各署之品官,亦不计入本表。各官之官品、人数据《新唐书·百官志》,月俸数据《新唐书·食货志》高宗期。高宗期之俸钱制有些混乱,但月俸部分还算清楚,可与公廨利钱对比的主要也是月俸部分。关于《新志》高宗期俸钱之讨论,见:古贺登《新唐书食货志内外官禄·月俸记事弁正》,274—278 页。

吏　部				太　常　寺				御　史　台			
司勋员外郎	从六上	2	2000	协律郎	正八上	2	1300				
考功郎中	从五上	1	3000	录事	从九上	2	1050				
考功员外郎	从六上	1	2000								
总计		14	39,100	总计		23	41,700	总计		36	63,200

依褚遂良所言的捉钱法，每司月得利钱 36 贯，即 36,000 文，皆比上述三司据乾封制的月俸数要少，而且因为各司总利钱数固定，将导致官员数愈多的官司，个人所分得的就愈少，故该种不问各司大小闲剧的利钱分配法，其公平性、合理性显然不如乾封制，何况乾封制还有食料、防阁庶仆、杂钱等项，更是利钱充俸期所不能比。

唐初官吏的收入以禄米、俸钱、职田地子为大宗。京官给禄始于武德元年（618），至贞观二年（628）又定禄俸之制。① 俸钱的演变已如前述。职田亦于武德元年（618）实施，此后陆续有所建置。② 大抵在乾封之前，京官收入包括这三大项。据学者的推估，京官禄米计 15 余万石，职田地子粟总计约 45 万石，③如果以贞观米价斗 3 钱计，④粟 1 石折米 6 斗，则禄米 15 余万石约合 4500 贯，职田地子粟 45 万石约合 8100 贯。以此相较，公廨利钱总数 3 万贯，在唐初京官收入中所占的比例高达七成，是何等的重要！这样的现实考虑，难怪唐政府一直想废公廨本钱而不能废。官人俸禄是国家财政支出的要项，公廨本钱为补充官俸而设，算得上是诸色官本中用途最重要者，吾人从数量上究其实，便不难发现其在唐初京官心目中的地位。

高宗初承治平之世，人庶丰足后自然想到税钱给俸之正途，永徽以后既已有"薄赋百姓一年税钱"的经验，乾封元年（666）的"又以税钱为之"，⑤应是驾轻就熟，无甚难事。所不同的是，前者只收一年税钱，用置本生利法；后者改为年年征收，罢其息利。乾封新制所给的京官俸既远较公廨利

---

① 黄惠贤等编，《中国俸禄制度史》，173—174 页。

② 黄惠贤等编，《中国俸禄制度史》，194—196 页。

③ 李锦绣，《唐代财政史稿》（上卷），814，819—820 页。

④ 贞观物价低廉，每斗在二三钱到四五钱间，此处姑且以三钱计。见：全汉昇，《唐代物价的变动》，收入《中国经济史研究》（台北：稻乡出版社，2003），148—150 页。

⑤ 《通典》卷三五《职官·禄秩》，964 页。

钱所给的多,财源取给又无问题,因此弃捉钱之弊法,转从俸钱多而较稳定之新制,亦京官所乐见也!

地方公廨本钱自高宗朝定制后,大抵直持续到玄宗天宝年间。高宗朝除了设定等级性本数、提升置本水平外,在外官月料的计算方式上也做了明确规定。外官料钱并不依品给俸,也无固定数额,而是随利钱多少,依各官分配比例来决定。俸额的分配方式,《通典》卷三五《职官·禄秩》、《册府元龟》卷五〇五《邦计部·俸禄一》、《新唐书》卷五五《食货志》都有记载,但各书所录多少有些出入,兹列表比较各书异同,并据以说明外官料钱的分数:①

表七 都督府、府州官料钱分配表

职官＼出处	通 典	新 唐 书	册 府 元 龟
长官	以长官定数	(以长官定数)	以长官定数
少尹、长史、司马	减长官之半	减长官之半	减长之半
尹、大都督府长史、副都督、别驾、判司	准二佐,以职田数为加减	(准二佐,以职田数为加减)	准上佐,以职田数为加减
参军、博士、判试判司	减判司	减判司三之二	各三分之一
市令、录事		以参军职田为轻重	

三种资料都清楚而无疑义地定出长官与上佐的分数关系,这是外官料钱的重要计算基准,尹、大都督府长史、副都督、别驾、判司则据此基准而加减。所谓"以职田数为加减",即是依各官品所给职田的高下而加减其俸数。府尹官品高于少尹一品,其职田亦多于少尹,相应的,府尹俸额亦应加于少尹;他如大都督府长史的官品高于司马一品,州之别驾的官品亦高于长史、司马一品,故各自的俸额应加于司马、长史。② 反之,判司的官品低于少尹或长史、司马二～三品,判司的俸额应相对地低于上佐。参军、博士

---

① 1.各书所列尽量依原载文字著录。空缺部分即书中未载。加括号者乃以意补。

2.《新唐书》、《册府元龟》都未提及"尹"。只《册府元龟》有"判试判司"。

② 副都督之官品各书未载,可能只是临时设置,姑从略。

的分数,只知减判司,但各书所记可能有谬误不清之处,如《新唐书》的"减判司三之二",就只有判司的 1/3,或不超过长官的 1/6;而《册府元龟》的"各三分之一",似是判司的 1/3,又像是长官的 1/3。至于市令、录事,只有《新唐书》做了很简略的说明。

这样错综复杂的分数关系,或许可由一道利钱充俸的练习题,解开其间纠结之处,让各官的俸数分配,更精确地表现出来,收于《算经十书》的《夏侯阳算经》卷中《分禄料》:

> 今有官本钱八百八十贯文,每贯月别收息六十,计息五十二贯八百文,内六百文充公廨食料,五十二贯文逐官高卑共分,太守十分,别驾七分,司马五分,录事参军二人各三分,司仓参军三分,司法参军三分,司户参军三分,参军二人各二分。问各钱几何?

据学者考证,本书写成于代宗年间或两税法后,[1]但官本钱收息一题,长官为太守,应是天宝间事;息利既逐官高卑共分之,食料也未自公廨本钱中独立出来,皆与安史乱后外官俸料转由国家统一支付,以及食利本钱已单独自成一项不同,因此本题极可能反映的是天宝期现象。从所叙述的本钱数与职官情形看,无疑指的是下州。唯下州录事参军只一人,此处以二人计,若"录事参军"指录事与录事参军,又因录事官品与参军同,分数却比照勾官或判司配给,不尽合理;而且题中未列博士等官分数,亦显有疏漏。尽管本题在职官叙述上有些许瑕疵,不过如对照前表来分析,则发现二者实可相互呼应。[2]

表八 《夏侯阳算经》官俸分数表

职官	太守	别驾	司马	录事参军	判司	参军
分数	10	7	5	3	3	2
备注	以长官定数	准上佐,加职田数	减长官之半	/	准上佐,减职田数	减判司

---

① 钱宝琮校点,《算经十书》(北京:中华书局,1963);陈明光,《传本〈夏侯阳算经〉成书年代补证》,收入《汉唐财政史论》(长沙:岳麓书社,2003),179—182 页。

② 1.题中司仓、司法、司户参军,于表中合为判司一项。

2.备注栏中之用语尽量准表七而略做修改,以便与三书比较。

《算经》中太守与司马的分数，不仅与三书所述相符，而且也是计算他官俸数的基准。别驾与判司，正是据司马分数而加减。参军的"减判司"，如从分数算，应指"判司三之二"或"减判司三分之一"，亦即《新唐书》与《册府元龟》在语义表达上可能有些错误，借《算经》之分数正可校正之。录事参军的分数比照判司，《算经》可补三书阙漏。市令、录事据《新唐书》"以参军职田为轻重"，其官品、职田数既低于或同于参军，则其料钱分数亦低于或同于参军才是。从上述的分析，吾人可更准确地断定府州各官与长官料钱的分数关系：①

表九　都督府、府州官料钱分数表

职官	牧、刺史、都督	尹、大都督府长史、副都督、别驾	少尹、长史、司马	录事参军	判司	参军、博士	市令、录事
分数	1	7/10	5/10	3/10	3/10	2/10	1/10

三书亦论及县的利钱充俸方式，兹援据前述之推测法，列表并探究如下：

表十　县官料钱分配与分数表

职　官	通　典	新唐书	册府元龟	分　数
县　令	以长官定数	（以长官定数）	以长官定数	1
丞	减长官之半	减长官之半	减长之半	1/2
主簿、县尉	减县丞各三分之一	减丞三之二	各三分之一	1/3
京县录事		以县尉职田为轻重		1/3

主簿、县尉方面，从府州"减判司"用语来看，《新唐书》应改为"减丞三之一"，而《册府元龟》的"各三分之一"，指的是如《通典》的"减县丞各三分之一"。录事只有京县才有，其官品稍低于县尉，但因无分数可做相对比较，姑且从县尉分数。

唐前期外官料钱主要出自公廨利钱，如《夏侯阳算经》所述，52.8 贯月

---

① 三府与上州的市令、录事，给职田数的官品低于参军；中、下州的市令、录事，给职田数的官品同于参军，此处皆以低于参军计。

息中,公廨、食料占 600 文,即 1.14%,其他 98.86% 的利钱依各官分数给俸,而不依品给俸。由于公廨本钱采放贷生息法,难免有本钱耗损或官吏侵渔的问题,即使用税钱贴本,也未必能全然补足欠额,故在估量各等第府州县之本数时,将考虑与标准数之吻合度,以求更接近官本放贷,利钱充俸的实情。以下按各官分数,及《唐六典》所载各等第府州县之官品、人数,①并据《新志》标准本数与表五的各等级吻合度,②且依推求出的利钱百分比,以开元十八年(730)月利率 6% 计算,③得出府州县各官之月俸数如后各表。④ (表十一、十二、十三)

① 《旧唐书》卷四四《职官志》、《新唐书》卷四九下《百官志》、《通典》卷三二、三三《职官·州郡》亦记录府州县官品与人数,但皆小有出入。凡《唐六典》官品缺载者,据诸书补之。

② 依表五之四道的吻合度计。三府京县的本数多于标准数,可能是一时特殊情况,故仍以吻合度 100% 计。

③ 此处以月利率 6% 计算,而不以高宗初定天下公廨本钱时的 7% 计算,除了因为可与《算经》情况相对照,并表现开元十八年后外官月俸水平外,也是因为高宗定制后,批评声浪不断,颇怀疑利钱根本不能收足,官俸无法达到预期目标,何况当时官俸与公廨食料在利钱中的比例是否一如《算经》那样,也不确定,故愚意以为用开元十八年的月利率,较能反映外官月俸的真实状况。

④ 1.表十一、十二、十三每月利钱总数的计算方式为:标准本数×吻合度×月利率(6%)×利钱百分比(98.86%)。

2.各官月俸的计算方式为:

a.每月利钱总数/以长官为准之总分数=长官月俸

b.长官月俸×各官分数=各官月俸

3.折冲府、都护府因无各官分数,故从略。

表十一 三府州官月俸表

官名	分数	京兆府,河南府(本3800贯* 吻合度98.74%)			太原府(本2750贯* 吻合度98.74%)			上州(铺雄望紧州同)(本2420贯* 97.52%吻合度)			中州(本1540贯 吻合度99.11%)			下州(本880贯* 吻合度97.38%)		
		官品	人数	月俸/人	官品	人数	月俸/人	官品	人数	月俸/人	官品	人数	月俸/人	官品	人数	月俸/人
牧	1	从二品	1	25.29	从二品	1	18.30									
刺史	1							从三品	1	20.29	正四上	1	15.88	正四下	1	11.55
尹	7/10	从三品	1	17.70	从三品	1	12.81									
少尹	5/10	从四下	2	12.65	从四下	2	9.15									
别驾	7/10							从四下	1	14.20	正五下	1	11.12	从五上	1	8.09
长史	5/10							从五上	1	10.14	正六上	1	7.94			
司马	5/10							从五下	1	10.14	正六下	1	7.94	从六上	1	5.78
司录,录事参军	3/10	正七上	2	7.59	正七上	2	5.49	从七上	2	6.09	正八上	1	4.76	从八上	1	3.47
录事	1/10	从九上	4	2.53	从九上	4	1.83	从九上	2	2.03	从九下	1	1.59	从九下	1	1.16
功曹,司功参军	3/10	正七下	2	7.59	正七下	2	5.49	从七下	2	6.09	正八下	1	4.76	从八下	1	3.47
仓曹,司仓参军	3/10	正七下	2	7.59	正七下	2	5.49	从七下	1	6.09	正八下	1	4.76			
户曹,司户参军	3/10	正七下	2	7.59	正七下	2	5.49	从七下	1	6.09	正八下	1	4.76			
兵曹,司兵参军	3/10	正七下	2	7.59	正七下	2	5.49	从七下	1	6.09	正八下	1	4.76	从八下	1	3.47
法曹,司法参军	3/10	正七下	2	7.59	正七下	2	5.49	从七下	1	6.09	正八下	1	4.76			
士曹,司士参军	3/10	正七下	2	7.59	正七下	2	5.49	从七下	1	6.09	正八下	1	4.76	从八下	1	3.47
参军事	2/10	正八下	6	5.06	正八下	6	3.66	从八下	4	4.06	正九下	2	3.18	从九下	2	2.31
市令	1/10	从九上	1	2.53	从九上	1	1.83	从九上	1	2.03	从九下	1	1.59	从九上	1	1.16
经学博士	2/10	从八上	1	5.06	从八上	1	3.66	从八上	1	4.06	正九上	1	3.18	正九下	1	2.31
医学博士	2/10							正九下	1	4.06	从九下	1	3.18	从九下	1	2.31
总计			30			30			22			17			13	

表十二　县官月俸表

项目 官名	等第分数	京兆府，河南府京县 （本1430贯*吻合度100%）			太原府京县 （本913贯*吻合度100%）			京兆府，河南府畿县 （本825贯*吻合度97.97%）			太原府畿县 （本770贯*吻合度97.97%）		
		官品	人数	月俸/人	官品	人数	月俸/人	官品	人数	月俸/人	官品	人数	月俸/人
令	1	正五上	1	15.90	正五上	1	10.15	正六上	1	19.18	正六上	1	17.90
丞	1/2	从七上	2	7.95	从七上	2	5.08	正八下	1	9.59	正八下	1	8.95
主簿	1/3	从八上	2	5.30	从八上	2	3.38	正九上	1	6.39	正九上	1	5.97
录事	1/3	从九下	2	5.30	从九下	2	3.38						
尉	1/3	从八下	6	5.30	从八下	6	3.38	正九下	2	6.39	正九下	2	5.97
总计			13			13			5			5	

表十二 县官月俸表(续上表)

等第/项目 官名	分数	上县(望紧县同)(本770贯*吻合度96.11%)			中县(本550贯*吻合度83.07%)			中下县(本385贯*吻合度86.41%)			下县(本385贯*吻合度58.42%)		
		官品	人数	月俸/人	官品	人数	月俸/人	官品	人数	月俸/人	官品	人数	月俸/人
令	1	从六上	1	17.56	正七上	1	10.84	从七上	1	9.11	从七下	1	6.16
丞	1/2	从八下	1	8.78	从八下	1	5.42	正九上	1	4.55	正九下	1	3.08
主簿	1/3	正九下	1	5.85	从九上	1	3.61	从九上	1	3.04	从九上	1	2.05
录事	1/3												
尉	1/3	从九上	2	5.85	从九下	2	3.61	从九下	1	3.04	从九下	1	2.05
总计			5			5			4			4	

表十三　都督府官月俸表

官名	等第分数	大都督府(本 2750 贯 *吻合度 94.69%) 官品	人数	月俸/人	中都督府(本 2420 贯 *吻合度 94.69%) 官品	人数	月俸/人	下都督府(本 1540 贯 *吻合度 94.69%) 官品	人数	月俸/人
都　督	1	从二品	1	19.31	正三品	1	20.59	从三品	1	14.18
大都督府长史	7/10	从三品	1	13.52						
别　驾	7/10				正四下	1	14.42	从四下	1	9.93
长　史	5/10				正五上	1	10.30	正五上	1	7.09
司　马	5/10	从四下	2	9.65	正五下	1	10.30	从五下	1	7.09
录事参军事	3/10	正七上	2	5.79	正七下	1	6.18	从七上	1	4.25
录　事	1/10	从九上	2	1.93	从九上	2	2.06	从九上	2	1.42
功曹参军事	3/10	正七下	1	5.79	从七上	1	6.18	从七下	1	4.25
仓曹参军事	3/10	正七下	2	5.79	从七上	1	6.18	从七下	1	4.25
户曹参军事	3/10	正七下	2	5.79	从七上	1	6.18	从七下	1	4.25
兵曹参军事	3/10	正七下	2	5.79	从七上	2	6.18	从七下	1	4.25
法曹参军事	3/10	正七下	2	5.79	从七上	1	6.18	从七下	1	4.25
士曹参军事	3/10	正七下	1	5.79	从七上	1	6.18			
参军事	2/10	正八下	5	3.86	从八上	4	4.12	从八下	3	2.84
市　令	1/10	从九上	1	1.93	从九上	1	2.06	从九上	1	1.42
经学博士	2/10	从八上	1	3.86	从八下	1	4.12	从八下	1	2.84
医学博士	2/10	从八下	1	3.86	正九下	1	4.12	正九下	1	2.84
总　计			26			21			18	

外官料钱采取分数原则，而不是如京官的依品给俸，但各官料钱或各官分数，大致还是与官品高低相对应。外官料钱之所以弹性地用分数来处理，而不依固定钱数给俸，除了因放贷法利钱多寡难料，也因各官府有等级之别，职务有轻重之分，与其划一俸数，不如按所收利钱，依分数给付，来得更实际，也更合理。唐前期京官俸除了防阁庶仆课钱外，乾封俸制与开元俸制差距不大，大致处于相对稳定状态，想来外官月料无论来自本钱，或别有税钱补贴，也都不会有太大变动，因此表中估算的外官料钱数，可视为自高宗定本钱数后，至玄宗改行新制时之料钱水平。而在开元十八年（730）税钱加入后，经费上获益较大的，反而可能是供一般行政或修造之用的公廨杂费。

如月俸各表所示,府州县之等第愈高者,通常各职官分得的料钱较等第低的相同职官多,如京兆、河南二府自长官、上佐以下各官料钱,均较上、中、下州各相同职官多;大都督府或上县情形之于下都督府或中、中下、下县亦然。但例外状况也不是没有,像太原府各官分得数,就比上州同级职官少;中都督府各官料钱数,竟高于大都督府官之月俸;而三府京县之官俸,甚至还不如畿县、上县相同各官的料钱,这也就是说,州县等第高、本数多,却不能保证各官俸数也相对地高,观察表中最关键的影响因素,或许就是这几个府州县的官数,较上级官府的官数骤减所致。

府州县官月俸之分数,看似复杂,其实不脱三等俸制原则。[1] 县级品官人数少,料钱明显地分为三级,因此这样的形容相当贴切。府州各官的料钱共分 6 个级数,但实际上,长官为一等,以长史、司马为核心,准之加减的各官又为一等,以参军为核心的各官再减此为一等,故府州官俸是在三等俸制的思考原型上,再做调整的。正因为外官实施分数原则与三等俸制原则,所以料钱相同者,官品可能略异,如长史与司马、勾官与判司、参军与博士等,都有这种现象。反之,官品相同者,料钱出入或许颇大,甚至职官即使亦同,料钱仍有高低,如三府尹与上州刺史,或上州长史与下州别驾,都是同品异俸;而京兆、河南二府与太原府各官,二府与太原府京县、畿县各官,中县与中下县、下县的主簿、尉,则均是品、官皆同,而料钱各异。不过最不合理的现象是,官品与料钱呈反向关系,如五品的二府京县令,官俸却高于三、四品的太原府尹与少尹;四品的中州刺史,官俸也高于三品的太原府尹;六品的畿县、上县令,官俸竟比五品的京县令高。由于外官料钱不是如京官的依品给俸,而是采取分数原则与三等俸制原则,是以上述同品异俸、异品同俸,或品高俸低、品低俸高的情形难免会发生。

唐前期的公廨利钱,主供官俸、吏食与公廨杂用三项,如依《夏侯阳算经》的分配,后二者只占利钱总数的 1.14%,这个比例看来偏低,但也不是没有可能。《算经》该题反映的是天宝期现象,当时已有税钱补贴利钱,相信税钱在用于官俸之余,也会补贴公廨、食料之不足,由于税钱年年征收,可以直接补贴本数或各种用途之欠负,而无需设为基金,用放贷法来生息,故公廨本钱自有税钱补贴后,公廨、食料占利钱中的比例压得如此低,是可

---

① 横山裕男与笔者,都曾在未明"以职田数为加减"的情况下,采取三等俸制原则,但本书在此略做修正。见:横山裕男,《唐代月俸制の成立について——唐官僚俸祿攷の一一》,18 页;拙著:《唐代州县公廨本钱数之分析——兼论前期外官俸钱之分配》,《新史学》10:1(1999),69—70 页。关于唐律令制时代俸料、月俸之其他各项原则,可参考:清木場東,《唐代俸料制の諸原則》,《東方學》72(1986),1—6 页。

以理解的,何况还有公廨田收可以供公廨、食料之用。然而,在税钱补贴未为定制之前,外官为保障料钱收入,使自己获取最大限度的利益,自不免压缩另二种用途,只是这个比例可能不是固定不变的,它大概会随着本钱多寡、利钱收入,以及各官府的现实考虑与财政状况而异动。地方官因时、因地、因需要而弹性调整供俸比例,则可能导致相同等第的各府州县,月料因而互异,甚至同一府州县内之不同月,料钱也会有出入。

外官月料由置本生息而来,即使各地都采用官方之法定利率,但城市与乡村之间,核心与边陲之间,生息能力必然有差别。月俸表计入吻合度这个因素,其实也就是考虑到实收利数足否,对标准本数的影响,亦即吻合度愈低的府州县,通常生息能力愈差,本数折耗的情形也愈严重。由于外官料钱来自复杂的运作结果,其间任何一个环节有了改变,都会影响料钱的数量,因此表中推估出的外官月俸,只是大致依设置标准得出,让人对外官料钱的多寡,有一个较具体,且富参考价值的概念。但各官的实得俸数,还是会因许多状况而异动,如《旧唐书》卷一八五上《良吏高智周传》:"累补费县令,与丞、尉均分俸钱。"则是高智周施德政,改变令与丞、尉的取俸规定。另外自景龙二年(708)以后的一项新政策:"公廨利钱更令分给员外"(《唐会要》卷六七《员外官》),将使地方正员官的俸钱,又因员外官的加入、支给,势必受到波及,利益为之减损。再者,高宗定制天下公廨本钱时,利率为7%;开元十八年(730)以税钱补贴本钱后,利率降为6%,比较前后两项制度,似乎仍可感受到外官担心利率降低会影响收入,而唐政府的税钱补贴政策,则有安定其心的作用。

总之,唐政府为了解决州县官月俸,确实是费尽心思,如此大规模、长时间地用放贷法筹措官俸,也创下国史上绝无仅有的特例,但如何让外官月俸合理化,使其不仅与官品、官府等第相对应,同时也不能太背离中央官月俸的水平,更重要的是百姓要能承受得起这样的利率,似是一项颇为艰巨的挑战,而也就在多次试炼与争议中,到开元十八年(730)才大体摸索出一个稳定的方向。应予注意的是,如此周折的历程,如果背后不是隐含着重要的财政意义,大概也不值得政府绞尽脑汁地想出最佳对策。据学者的估算,如不计折冲府关镇戍等职,外官禄米总计 111 万石,职田 52032顷。[1] 就开元十三年(725)米斗 13 文,[2]地子粟每亩 5 斗,[3]粟 1 石合米 6斗计,则禄米折为 14 余万贯,职田地子有 20 余万贯。在公廨本钱方面,全

① 李锦绣,《唐代财政史稿》(上卷),818、820 页。

② 全汉昇,《唐代物价的变动》,157—158 页。

③ 李锦绣,《唐代财政史稿》(上卷),820 页。

国府州县总本数约 150 万贯,以开元十八年(730)月息 6％计,年利约 108 万贯。外官这三项收入中,利钱就占了约 75％,其重要性实不言可喻,这也就难怪唐政府对于置本生息法,总会不畏任何形势的阻力,坚持推行下去了。

一般印象中,唐前期属内重外轻之局,①不唯府兵布局,关中就占三分之一强,形成居重驭轻之势,②就是官吏任职,群士也"多慕省阁,不乐外任"(《通典》卷三三《职官·郡太守》),但是如果从料钱数来观察,则别有另一种体认。京官俸钱包含月俸、食料、杂用、课钱四项,开元二十四年(736)合为一色,总称月俸。外官料钱则在利钱之外,还有白直等课钱与公廨田收。以下仅就京、外官俸制表比较,③以重新检证重内轻外的意义。

如表十四所见,在府州方面,除太原府、下州较特殊外,其他各级官府大体皆较同品京官高,尤其六品以下的情形更显然。都督府的状况有些异常,但六品以下同于府州之趋势,其官俸亦高于京官。至于县级官吏,品阶最高的京县令也不过五品,但全数各官之料钱皆较同品京官高,相当令人意外。在俸料之外,官吏还给禄、给职分田,前者外官降京官一等,后者外官却高于京官,二者在谷物收入上实各有千秋。④ 如仅以俸料来比较,不考虑公廨田收与白直等课钱,既然外官月俸已普遍高于京官,那么为何士大夫还会有"犹轻外任"的想法?(《通鉴》卷二一一开元四年(716))

长安四年(704)纳言李峤、同平章事唐休璟奏曰:"窃以物议重内官而轻外职,凡所出守,多因贬累,非所以澄风俗、安万人。"(《通典》卷三三《职官·郡太守》)物议嚣然,舆情所在,重内轻外显然不是代表少数人的想法,在"关中本位政策"下,唐政府居重驭轻,集权中央,长安正是帝都所在,也是易于建立良好人脉的地方,开元三年(715)左拾遗张九龄上书曰:"京华之地,衣冠所聚,子弟之闲,身名所出,从容附会,不劳而成。一出外藩,有异于是。"(《通典》卷一七《选举·杂议论中》)由于京官地近枢要,就算品阶

---

① 赵翼,《陔余丛考》(石家庄:河北人民出版社,2003),卷一七《唐制内外官轻重先后不同》,314—315 页。

② 府兵的数量与分布情形,及各学说的整理与检讨,见:古怡青,《唐代府兵制度兴衰研究:从卫士负担谈起》,3—39 页。

③ 本表京俸以开元二十四年为准,外官俸据表十一、十二、十三整理而成。

④ 内外官各品的禄俸之制与职田数,见《通典》卷三五《职官·禄秩》与《职官·职田公廨田》。

表十四　京外官月俸数比较表

官品	开元24年京俸(贯)	府州官俸(贯)					都督府官俸(贯)			县官俸(贯)							
		京兆府河南府	大原府	上州(辅雄望紧州)	中州	下州	大都督府	中都督府	下都督府	京兆府河南府京县	大原府京县	京兆府河南府畿县	大原府畿县	上县(雄望紧县)	中县	中下县	下县
一	31																
二	24	25.29	18.30														
三	17	17.70	12.81	20.29			19.31										
四	11.567	12.65	9.15	14.20	15.88	11.55	13.52	20.59	14.18								
五	9.2			10.14	11.12	8.09		10.30	7.09	15.90	10.15						
六	5.3				7.94	5.78						19.18	17.90	17.56			
七	4.117	7.59	5.49	6.09	4.76	3.47	5.79	6.18	4.25	7.95	5.08	9.59	8.95	8.78	10.84	9.11	6.16
八	2.475	5.06	3.66	4.06	3.47	2.84	3.86	4.12	2.84	5.30	3.38	6.39	5.97	5.85	5.42		
九	1.917	2.53	1.83	2.03 (4.06)	1.59 (3.18)	1.16 (2.31)	1.93	2.06 (4.12)	1.42 (2.84)	5.30	3.38	6.39	5.97	5.85	3.61	3.04 (4.55)	2.05 (3.08)

与俸入一时不如理想,但易于接近权力核心,得到宠幸,也便于疏通关节,寻求奥援,远比出任外职,因孤立而形同贬放,总觉得有利于日后升迁,并掌握自己的前途。①

以唐前期中央重要文官迁转途径言之,三省五品以上官,多直接由京官迁入,而愈是高品的仆尚丞郎或中书、门下两省的长官、副贰,就愈少由府州之长官或上佐径行迁入。② 外官如要升任高品,通常得想办法迁回京司。在学者的研究中发现,州刺史、上佐等官,时时与中央品阶稍卑而权责较重的五品官如郎中、中书舍人、给事中、谏议大夫,或六品员外郎相迁转;而县之令、丞、尉或州参军,亦常入为品阶未必高,而委任颇重的监察御史、殿中侍御史、员外郎等官。③ 由是可知,在中央集权的唐前期,愈近权力中枢,可预期的政治利益就愈大,连带的,俸钱之外可获取的经济利益也就愈多,因此物议所谓"重内官而轻外官",其实是以政治考虑居多,人们在权力诱因下,群趋奔竞于京司,而少许几贯月俸的得失,也就不必那么计较了。

虽说重内轻外,与中央集权及个人政治前途息息相关,但为了经济原因,京官求出外任的例子在唐前期也不算少,《全唐文》卷二五四苏颋《居大明宫德音》:

有家道贫迫,情愿外任者,亦令所司勘绩阙,量才注拟。

此德音大概发布于开元初,其中显示有些京官为经济因素,不惜求为外任。这一方面可与本文论述的外官俸普遍高于京官俸,相互印证;再方面也说明这种现象确实存在,而且绝非极少个案。④《全唐文》卷四五二邵说《赵公神道碑》:

侍郎萧至忠以公所试超等,授大理评事,公迫于禄养,请署同州河西丞。

---

① 唐前期重内轻外原因之探讨,可参考:刘海峰,《唐代俸料钱与内外官轻重的变化》,《厦门大学学报(哲社版)》1985:2,106—107 页;阎守诚《唐代官吏的俸料钱》,29—30 页。

② 三省五品以上官的迁转途径,孙国栋有非常细致的分析,详:《唐代中央重要文官迁转途径研究》,第二章一、二节,与第三章一、二节。

③ 孙国栋,《唐代中央重要文官迁转途径研究》(香港:龙门书店,1978),第二章一、二节。

④ 李燕捷,《唐代后期内外官轻重辨》,《社会科学战线》1992:4,164 页。

大理评事与同州河西丞都是从八品下,如京外官月俸比较表所示,二者差 6 贯有余,算是相当悬殊,而这个"迫于禄养"的经济原因,正逼使其自重内轻外撤守,不得不求为外官。又《旧唐书》卷一九〇下《文苑·元德秀传》:

> 召补龙武录事参军。……以兄子婚娶,家贫无以为礼,求为鲁山令。

龙武录事参军为正八品上,鲁山令为从六品上,不仅官品调升,二者月俸也差至 15 贯。由于中央职官员数少,直接升迁并不容易,尤其是低品官想要升迁得快,可能先得历任州县官,再回任中央要职,如此往复迁转,就如同前所提及地任官途径那样,则低品官或可迅速提升品阶,又能厚得俸料利益,岂不是在重内轻外背景下,又兼顾经济生活!

影响利钱充俸的因素相当不少,在诸多考虑下推估出府州县官月俸数,应是一个具理想性,而且不太违背事实的参考数据,尽管其中有些部分还有斟酌的余地,实际操作中欠利、破本与侵渔的问题也不能免,但利钱充俸的分配方式,京外官俸钱的比较,以及重内轻外观念的再省思,都可使我们对公廨利钱的用途,及所产生的效果与影响,有更深一层的认识。总之,以公廨本钱放贷生息,是一种无需年年编列预算,即可支应开销的简便方式,如再加上税钱补贴,不但可丰裕公廨、食料费用,也使外官料钱收入更为稳定可靠,敦博 76 号地志残卷的本数,与标准数吻合度颇高,就证明这样的论断有其合理性。

第五节 唐后期公廨本钱的转型

公廨本钱长期执行于唐前期,尽管开元中以后,外官料钱已由别税分担,缩小了利钱在这方面的用途,但公廨本钱似未因此萎缩,反而有更多余钱可转用于他处,或渐次发展成具有独立名目的诸色官本钱,像开元十八年(730)以后所见,供宴设、驿传、课役、病坊等之官本钱,可能就源自税钱补贴后,本钱的压力减轻,才衍生出这些功能来。

安史之乱爆发,严重破坏唐朝的社会经济,"数年间,天下户口什亡八九,州县多为藩镇所据,贡赋不入,朝廷府库耗竭"(《通鉴》卷二二六)。战争摧残了唐朝财政,也重创公廨本钱制度,《册府元龟》卷四九〇《邦计部·

蠲复二》乾元二年(759)二月丁亥诏：①

> 其至德二年十二月三十日已前和籴和市，并欠负官物，及诸色官
> 钱欠利，常平义仓欠负，五色一切放免。

放贷生息法需以安定的环境为前提，否则利既不能回收，放出的本亦
因此破除。乾元二年(759)诏的"诸色官钱欠利"，应该就包括公廨利钱在
内，而所欠者，或许不只是安史乱前所放之官本钱，亦有乱后出贷之新本，
如《全唐文》卷四五肃宗《乾元元年南郊赦文》：

> 其长安万年两县，各借钱一万贯，每月收利，以充和雇。……其州
> 县官上什物，并以公廨及官人料钱，依时价和雇造买，不得分配典正。

别借钱充和雇本，显示此官本原不在公廨本钱内，是乱后新置之本。
至于"以公廨及官人料钱"造买官署什物，不得令典正提供，则除了要求官
人共体时艰，奉献料钱外，也以公廨钱物充作造买费用。唐政府于至德二
年(757)下令："内外官并不给料钱"，次年改为："外官给半料与职田，京官
不给料"，②因此乾元元年(758)赦颁布时，州县官正处于高度匮乏的状态，
不仅本钱因战乱而大减，税钱亦因国库空虚而停给或减半，如今赦书又将
外官料钱的这两项财源，移做造买官物之用，可以说唐前期辛苦建立的内
外官俸制，随着战争的破坏，几乎全面崩溃，而历经周折的公廨本钱制，也
在这波狂潮的席卷下，支离破碎。

然而，公廨本钱的韧性不可轻忽，因为它即使不充作外官俸料的财源，
也依然需用做官府办公的行政费用，而且无分京司与州县，都赖之以维持
国家机器的运作，《唐会要》卷九三《诸司诸色本钱上》：

> 宝应元年敕，诸色本钱，比来将放与人，或府县自取，及贫人将捉，
> 非惟积利不纳，亦且兼本破除。

不仅乾元元年(758)已赐和雇本，宝应元年(762)州县似乎又为了多重
目的，设有"诸色本钱"，其中应当包括公廨本钱在内。可见州县在经费拮
据，不能以常态性预算提供财源时，就会想到置本息利法。即使捉钱不顺，

---

① 《册府元龟》卷八七《帝王部·赦宥六》此诏为三月。

② 《唐会要》卷九一《内外官料钱上》，1655 页。

难免欠利破本,也终比一次用尽预算所置经费,可多迁延些时日,或多做些事,这就不难理解为何捉钱弊端虽多,而州县仍纷纷立官本。唐前期的本钱通常即指公廨本钱,公廨本钱的用途如《通典》所言在"常食公用之外,分充月料",但自从占最大宗的外官料钱有别税补贴后,本钱与税钱供公廨之用的幅度,或转供其他专门用途的情况,便自然增大、增多,开元时期已开启了这个趋势,安史乱后不仅延续下来,还似有扩大发展的迹象,像"诸色本钱"之语,大概到安史乱后才出现,它代表了官本的多样化,及不以公廨本钱为限。

京司公廨本钱,大致在乾封元年(666)京官俸改由税钱充给之后,史料中就鲜少提及。但安史乱后,国库空虚,常费供给不易,京司于是也注意到置本之妙用,自大历年间起,开始一波波京司置本的风潮,《唐会要》卷八六《桥梁》:

> 大历五年五月敕,承前府县,并差百姓修理桥梁。不逾旬月,即被拆毁,又更差勒修造,百姓劳顿,常以为弊。……要修理者,左右街使与京兆府计会其事,申报中书门下,计料处置,其坊市桥,令当界修理。诸桥街,京兆府以当府利钱充修造。

京兆府县不同于一般州县,诸事可能都与京司有关,需要上报。京兆府以当府利钱充修造,应该就指供作官署杂用的公廨利钱。继之于大历六年(771)三月又下诏:

> 军器公廨本钱三千贯文,放在人上,取利充使以下食料纸笔。宜于数内收一千贯文,别纳店铺课钱,添公廨收利杂用。(《唐会要》卷九三《诸司诸色本钱上》)

军器监自武德元年(618)置后,数度罢废入少府监,至乾元元年(758)或许为节省官帑,停置监(《唐会要》卷六六《军器监》)。大历六年(771)此番别赐公廨本钱,想来是新置军器监后所给予。从其用途上看,所生利并不直接充使以下俸,不过补给食料、纸笔钱而已,这与唐初京司捉钱,计员多少为月料,颇不相同。公廨本钱 3000 贯中,2000 贯为食料、纸笔之本,余 1000 贯再加上店铺课钱,共同收利以为公廨杂用。由是可知军器监置本之目的有二,一为官员俸钱之外的补给,一为官署行政费用与其他杂支。

军器公廨本钱应该不是京司置本之特例,反而可能是依循各司早已置本之惯例而来。因为乾封元年(666)以后,京官俸料即使另有财源支给,但在京诸司仍需公廨费用,或许原有的公廨本钱因此被留下,并循例直到唐后期。公廨本钱设置之原意,顾名思义,本该为公廨之用,大概因为唐初财政困窘,官俸无着,才将脑筋动到公廨本钱上,挪用利钱以充俸。而一旦官俸找到其他财源,公廨本钱遂回归到原始用途。京司与州县之公廨本钱,似都循此脉络而演变。前述军器监公廨本钱的设置,提示了这样一个方向,建中二年(781)两省拟置待制官三十员,并置本收利给其用,更印证了唐后期各司普遍有公廨本钱的事实,《唐会要》卷二六《待制官》:

> 建中二年五月二日敕,宜令中书门下两省,分置待制官三十员。……度支据品秩,量给俸钱,并置本收利供厨料,所须干力什器厅宇等,并计料处分。左拾遗史馆修撰沈既济上疏论之曰:"……且夫置钱息利,是有司权宜,非陛下经理之法。……今官三十员,皆给俸钱、干力、厨料、什器、建造庭宇,约计一月,不减百万。以他司息利准之,当以钱二千万为本,方获百万之利。"

京官俸钱列入国家预算项目,由掌财政的度支给,不分公廨利钱。公廨利钱的用途,除了供官署所需的什器、厅宇修造外,其他的厨料、干力等,则充作官吏的加给,一如军器公廨本钱"取利充使以下食料纸笔"。待制官拟置之本不知其名目,但由军器监新置即给公廨本钱,且二者置本之用途颇为近似,都为官吏加给与公廨杂用,因此可断定至少有一部分的本是公廨本钱,而供厨料的本可能是后期新起的食利本钱。沈既济疏曰:"以他司息利准之",显示置本收利是各司的普遍现象,而据其推估,待制官约需公廨本钱二千万,即 20000 贯,是相当可观的数量。前述大历六年(771)给予军器监公廨本钱只 3000 贯,看来差距颇为悬殊,这除了因为官司大小闲剧有别外,大历六年(771)或许国库不足,军器监本数还要靠"别纳店铺课钱"补充才成,故它实际需要的本数当不只于所赐的 3000 贯。

公廨钱普遍存于内外各司,新置官署要给本钱生利,以给公廨杂用;相对地,裁并官署则会收回公廨钱,以免浪费公帑,《新唐书》卷一三九《李泌传》:

> 泌又白罢拾遗、补阙,帝虽不从,然因是不除谏官,唯用韩皋、归登。泌因收其公廨钱,令二人寓食中书舍人署。

李泌一方面因外官俸太重,人不乐为京官,乃请随官闲剧,普增京俸;另方面则以官员冗滥,备顾问者多,意在裁汰。拾遗、补阙既已不再除用,所余二人占一廨署,耗掉一廨署之公款,未免太浪费。唐后期虽有专供官僚膳食的食利本钱,但如前所述,公廨钱也一直贴充食料或厨料之费,李泌令二人寓食中书舍人署,并收其公廨钱,正有节省开支的用意。

无论京司或州县,官署都应有钱、物充公廨之用,"公廨田"与"公廨钱"就是两个主要来源。二者都承自隋代,前者"借民佃植",收租以给公用,①是典型的预算外收入;后者则财源可能有多种,除了由本钱出贷,用其息利外,属于年度预算项目者,唐前期有开元十年(722)起每年征收的别税;唐后期自贞元七年(791)起,敕"御史台每月别给赃钱二百贯文,充公廨杂费用"(《唐会要》卷六〇《御史台》);自太和三年(829)起,"天下州府回残羡余","许充诸色公用",也包括公廨杂费在内(《唐会要》卷六八《刺史上》)。公廨钱出自不同形式的财源,其来自置本生利者,缺点是易欠利而耗其本;而来自预算项目或特别拨款者,钱数可能减损得更快,还要年年编预算。为了补贴日渐不足的公廨钱,中央政府偶然有别赐,另外也会想其他办法,如贞元元年(785)九月敕:

> 自今应征息利本钱,除生捉逃亡,转征邻近者放免,余并准旧征收。其所欠钱,仍任各取当司阙官职田,量事粜货,充填本数。(《册府元龟》卷五〇六《邦计部·俸禄二》)

这是以阙官职田地子,货卖后充填所欠本数。类似情形还有大历十二年(777)敕:"京诸司阙官职田苗子,自今以后,宜并充修当司廨宇用"(同前书卷),二者都来自阙官职田,后者且用于修造官署,推测前者所填本数应包括公廨本钱在内。

自从唐政府发现本钱制度可以借由往复不已的生息,支应财政开销,减轻赋税负担后,便经常运用此法,当成政府财力所不及时,零星杂支项目的财源。战争与动乱虽然不利于放贷生息,但一次置本,自行取利之诱因,仍让唐政府大为动心,遂于安史乱后不久,就在京司与州县陆续展开各种置本生利法,甚至连偏远边州也不例外,吐鲁番文书《唐大历□年王德实立限送钱帖》:②

---

① 公廨田的来源与经营方式,可参考:堀敏一,《均田制研究》(台北:弘文馆出版社,1986),206—211 页。

① 公廨田的来源与经营方式,可参考:堀敏一,《均田制研究》(台北:弘文馆出版社,1986),206—211 页。

② 《吐鲁番出土文书》(简)十/313,(图)肆/585。

1. 大 历 □年五月六日，王德实 ▢▢▢
2. 貳 阡伍伯文限五月末送 ▢▢▢
3. ▢▢▢ 见官付征利 ▢▢

　　西州在贞元八年（792）才陷番，[1]在此之前官方还置本息利。如本章第二节所见，送利时间多在每月初。此帖下于五月六日，又立限至五月末送纳，似在催促王德实缴交欠利。

　　官本放贷，弊端甚多，久为人所诟病，德宗初又再次下制检讨其可行性，《陆宣公集》卷二《贞元改元大赦制》：

　　　　其京外官职田及息利官钱等，或黠吏诬欺，移易疆畔，或贫人转徙，捕系亲邻，日月滋深，耗弊弥甚，亦令百寮议其折衷，择善而行。

　　这里的息利官钱，广义地指各种官本钱。德宗命官员商议出不虐民的折衷方案，并择善而行，只可惜此立意良善的构想，难被切实遵行，贞元二十一年（805）正月制："百官及在城诸使息利本钱，征放多年，积成深弊。"（《唐会要》卷九三《诸司诸色本钱上》）便可领会其间消息，知其所谓"择善而行"，不过具文而已。

　　诚如沈既济之言，"置钱息利，是有司权宜，非陛下经理之法"，唐前后期公廨本钱用途之变化，适可说明之。为政之本，在于择人授官，内外官俸的筹措，原本应是国家经理之大法，前期自京官俸钱回归常税支给，外官月料也愈来愈依赖税钱的直接补贴后，公廨本钱的用途便愈指向常食公用方面，尤其是作为官署的行政费用。安史乱期间，户口亡散，贡赋不入，已渐取代利钱充俸的税钱，大概因极度短缺，唐政府遂于至德二年（757）、乾元元年（758）先后宣布内外官不给料或给半料，自此直到约二十年后的大历十二年（777），国家才正式厘定京外官月俸标准。[2] 期间，内外官俸是否又

---

　　① 胡戟、李孝聪、荣新江，《吐鲁番》（西安：三秦出版社，1987），67—68 页。
　　② 大历十二年内外官俸制之分析，可参考：黄惠贤等主编，《中国俸禄制史》216—217 页；陈明光，《唐代财政史新编》，215 页。

走回公廨本钱生利的老路子,并不确知,①但可以肯定的是,大历十二年(777)制无异宣告了内外官俸都由国家统一支付,这是继乾封、开元定京官俸以来,首度定出外官的俸钱数。可以说外官终于摆脱了长期以来程度不等地靠利钱充俸的旧例,而公廨本钱也在不为俸料来源的情况下,转型成为专门供给公廨之用的杂项经费。京外官俸由国库支给,回归预算内项目,本是一个合理的走向,但就公廨本钱而言,却是致命的一击,因为自从主功能丧失后,它在国家财政中的地位顿失,已不再受政府关注,显得有些无足轻重。

公廨本钱一直在唐后期持续运作着,但一个令人关注的问题是,唐代是否还有其他独立运作的官本钱,公廨本钱与其关系为何?如本章第二节所论,自开元年间起,有愈来愈多的本钱项目不再附属于公廨本钱;而也在此时,政府于公廨本钱之外开始另立新的官本名目,如《唐六典》卷六《比部郎中员外郎》:"凡京司有别借食本。"既曰"别借",当指政府另赐食本,此食本显非附属于公廨本钱内。因此,唐前期的各式官本钱,有脱胎自公廨本钱,于衍生扩大后而分离出来;也有自始即新置,与原有的公廨本钱无甚关连。但大体上,唐前期的公廨本钱几乎就是官本钱的代表,其他零星项目或只是偶然暂置,或所给本数并不算多,论规模或重要性,都不如公廨本钱。

唐后期的官本钱似有颇不一样的发展,自公廨本钱定位为公廨之用,或兼供官吏食料后,其受重视的程度远不如昔时,而且中央与地方政府为因应各式需要,另行置办名目不一的独立官本钱,尤其像食利本钱就大有后来居上之势。然而,公廨本钱毕竟是设立最早、也是最久的本钱制度,其他官本多少与之有些渊源,于是在名称或用语上,除非专指某一特定用途的官本,率常泛称为公廨本钱,如《新唐书》卷五五《食货志》:"初,捉钱者私增公廨本,以防耗失,而富人乘以为奸。……御史中丞崔从奏增钱者不得踰官本。"《唐会要》卷九三、《册府元龟》卷五〇七列为元和十一年(816)条,并概言为"捉本钱"。以私钱增添官本,相信不只是公廨本钱才有,《新唐书》统称为"公廨本",可见其所具之代表性。《册府元龟》卷五〇二《邦计部·贪污》元和六年(811)五月条载,行营粮料使于皋暮与前粮料使董谿犯诸

① 乾元元年至大历十二年间京、外官俸可能的财源包括盐利、青苗钱、户税、地税、杂税、增铸大钱等,但无确证俸钱亦出自公廨本钱。关于此期间官俸之财源,及大历十二年厘革京外官俸制之特点与意义,可参考:陈明光,《唐代财政史新编》,170—174,189—196页;王振芳,《唐安史兵兴后到大历制俸时官俸探析》,《山西大学学报》1990:3,45—46页。

色赃,其中有一项是"公廨诸色给用"。究竟这仅指滥用公廨杂费,或可能还有其他意义,可予再深论。《文苑英华》卷四二二《元和十四年(819)七月二十三日上尊号赦》:

> 御史台及秘书省等三十二司,公廨及诸色本利钱,其主保逃亡者,并正举纳利十倍以上;摊征保人纳利五倍以上;及辗转摊保者,本利并宜放免。

此处实行的本钱制度,赦书只列名公廨本以为代表,显示公廨本在诸色官本中的份量是不可轻忽的,并未因食本等之日益受瞩目,而贬损其地位。但重述该赦书的另件奏疏,却有不同的指称,《唐会要》卷九三《诸司诸色本钱上》元和十四年(819)十月御史中丞萧俛奏:

> 应诸司诸军诸使公廨诸色本利钱等,伏缘臣当司及秘书省等三十二司利钱,伏准本年七月十三日赦文,至十倍者本利并放;辗转摊保至五倍者,本利并放。缘前件诸司诸使诸军利钱,节文并不该及,……伏望圣慈,特赐放免。

奏疏中所引的七月十三日赦文,应即前件的上尊号赦,只是日期上略有出入,不知何者稍误。萧俛所奏系延续赦文而来,但赦文用"公廨及诸色本利钱",奏疏则简称为"公廨诸色本利钱",都是以公廨本领衔,代表诸官本。因此前述诸色赃所谓"公廨诸色给用",可能不只包括非法贪取公廨费用,还及于其他官本所生利钱。

前后期公廨本钱用途的最大差异,在是否充作内外官俸料。当唐政府先后寻得稳定财源以为官俸后,公廨本钱遂完全转为公廨之用,且其利钱因不再分置俸钱,公廨费用理应较前丰裕。如《夏侯阳算经》所示,前期公廨利钱中98%以上用于官俸,不足1.14%用于公廨食料。而今,公廨钱既专供公廨食料等,各官署在公廨费用的使用上,应较前更灵活、宽松才是。不过公廨之用究竟包含哪些项目,史料中并无清楚记载,一则因为这些项目的支出,具有零碎琐细、经常而非固定、必要而非重要的特色,史书鲜少会以之为重点而详细陈述;再则如其中的某项费用渐趋重要或膨胀,便有可能自公廨本钱中分离出来,另立专款,独立运作。就前引史料提及公廨本钱曾经支付的项目,除了官俸外,归纳起来有食料、厨料、宴设等供公务或官僚的饮食费,有纸笔、什器、杂用等一般行政费,还有厅宇等之修造费,尽管这只是吉光片羽的辑录,不能得窥公廨之用的全貌,也已至少可知饮食、行政、修造费用是公廨支出的主要类别。

官本钱行放贷生息法，极易造成官商因缘为奸，本利为之耗损的问题，唐政府曾量予添填本数，①但似乎仍不济事。元和年间曾有一次大规模地重置公廨本钱之举，《唐会要》卷九三《诸司诸色本钱上》：

> （元和）十年正月御史台奏：秘书省等三十二司，除疏理外，见在食利本钱，应见征纳及续举放，所征利钱，准敕并充添修当司廨宇什物，及令史驱使官厨料等用。……其诸司食利本钱疏理外，合征收者，请改案额为元和十年新收置公廨本钱。

食利本钱是唐后期独立设置的本钱制度，在此之前的一个月，敕书已厘革食利钱，并别给食钱，又准八月十五日敕，命其添充公廨修造费与吏厨费用。② 这两项费用都应出自公廨利钱，现在不仅分拨食利钱充给，还将收来的食利钱，改案额为"元和十年新收置公廨本钱"，可见当时的公廨本钱已耗散殆尽，该当补给之费用已无所出，于是只好借助食利钱，甚至将部分征收来的食利钱，改名称而重置为公廨本钱。虽然这里提到的只是在京三十二司，不过很难想象其他诸司或府州县之公廨本钱，全不发生类似状况，或许因为中央政府已无余力照顾地方，所以未见别置或添赐地方公廨本钱，也或许是在京其他诸司的耗损程度不若三十二司严重，所以暂时未新置公廨本钱。但我们仍看到在往后的岁月里，中央政府单独赐某司公廨本钱的例子，《旧唐书》卷一六《穆宗纪》长庆三年（823）十月条：

> 赐内园使公廨本钱一万贯，军器使三千贯。

从行文语气看，军器使所赐亦应是公廨本钱。③ 军器使于大历六年（771）三月才赐公廨本钱三千贯（《唐会要》卷九三《诸司诸色本钱上》），五

---

① 如《唐会要》卷九三《诸司诸色本钱上》贞元二十一年七月中书门下奏："伏以百司本钱，久无疏理，年岁深远，亡失颇多，……伏望圣恩，许令准数支给，仍请以左藏库度支除陌钱充。"敕旨，宜依。

② 《唐会要》卷九三《诸司诸色本钱上》元和九年十二月敕："比缘诸司食利钱，出举岁深，为弊颇甚。已有厘革，别给食钱。……其诸司应见征纳，及续举放所收利钱，并准今年八月十五日敕，充添修司廨宇什物，及令史驱使官厨料等用。"

③ 《唐会要》卷九三《诸司诸色本钱上》与《册府元龟》卷五〇七《邦计部·俸禄三》均为："（长庆）三年十一月，赐内园本钱一万贯，军器使三千贯。"除了时间略异，也只泛称本钱。

十年左右复新置,也就是说军器使以每年平均 60 贯,或 2% 的速率在耗掉本钱。

唐后期物价波动甚大,官俸也在大历十二年(777)、贞元四年(788)与会昌年间(841—846)数度调整,比起开元二十四年(736)通记手力课在内的月俸,已增加 3—6 倍之多。① 对军器使的两次赐公廨本钱,数量都是仅次于《新志》京兆府本数的高额,而内园使的赐公廨本钱,更创下前所未见的记录。另外,贞元十二年(796)简勘京兆府本数有 48,889.224 贯,元和九年(814)勘万年县食本为 3,400.6 贯,长安县为 2,745.433 贯(《唐会要》卷九三《诸司诸色本钱》),皆为唐前期京兆府、京县公廨本钱数的两倍左右至十余倍,这至少说明唐后期的诸色本钱,相应于官俸的调升,也有倍增的趋势。不过,诸色本钱的增加,是否同样反映在功能萎缩、已受忽视的公廨本钱上,则视情况而定。

前述的三十二司只是将纳利来的五分之一食钱,改置为公廨本钱,《唐会要》卷九三《诸司诸色本钱下》:

> (元和九年)十二月敕:比缘诸司食利钱,出举岁深,为弊颇甚,已有厘革,别给食钱。其御史台奏,所勘责秘书等三十二司食利本钱数内,……起元和十年正月已后,准前计利征收。……其诸司所征到钱,自今以后,仍于五分之中,常抽一分,留添官本,各勒本司以后相承收管。

各司留添、收管的官本,即是"元和十年新收置公廨本钱"。据元和九年(814)十一月户部勘会食利本钱得报,三十二司中原置数额最多的是太常寺的 6722.606 贯(同前引),以官本月息 5% 计,每月纳利约 336 贯,五分之一抽做新置公廨本钱,也不过约 67 贯,这还是以纳足额计,若要达到内园使或军器使的公廨本钱数,则至少分别需 150 个月或 45 个月才成。这样看来,唐后期最大规模的一次整顿公廨本钱,各司所获利益其实非常有

---

① 唐前期的京官是依品制俸,相同官品者,月俸相同。后期内外官则据品级与官司闲冗、职事轻重制俸,同品者月俸有时差异还颇大。后期三次调整官俸,与开元二十四年的月俸的对比,大致由大历十二年的增加至 3—4 倍,提升到贞元、会昌年的增加至 5—6 倍。但因后期同品官俸差距大,所以倍数间也颇有不同。会昌年俸数因《新唐书·食货志》部分资料有误,据刘笃才《关于唐代官吏俸料钱一条史料的辨证》校改(《晋阳学刊》1983:3,78—80 页)。有关唐代官俸变动的比较,还可参考:刘海峰《论唐代官员俸料钱的变动》,20—21 页;李燕捷《唐代后期内外官主要经济收入对比》,《晋阳学刊》1990:1,63—64 页;清木場東《唐代俸料制の諸原則》,63—77 页。

限,这充分反映公廨本钱不受政府重视,所以新置之本数少,对象也只限于在京百二十司中的三十二司。① 至于内园使、军器使的一次大量赐本,当与后二者属内司,由宦官掌控,②有莫大关系。唐后期南北衙政治势力的差距,连公廨本钱上都可感受到轻重有别!

唐后期公廨本钱的数量资料相当罕见,有关本数的案例,只能从敦煌文书中略见梗概:③

表十五　敦煌文书所见晚唐五代州县公廨本钱表

出处	年代	州县	等第	公廨本钱(贯)	敦博76号地志残卷		新唐书食货志	
					等第	公廨本钱(贯)	等第	公廨本钱(贯)
S.367号《沙州伊州地志》	唐光启元年(885)	伊州	下	740	下	770	下	880
		伊吾县	下	301.015	中下	240	下	385
		纳职县	下	215	下	165	下	385
S.788号《沙州图经》	唐大中二年(848)	寿昌县	下	275	下	250	下	385
《寿昌县地境》	后晋天福十年(945)	寿昌县		195	下	250	下	385

此数例都比《食货志》下州880贯,下县385贯低;与敦博76号地志残卷的本数相比,则高低互见,小有出入。虽然,今日所知后期本数仅及于陇右道,其代表性或许不足,但从晚唐五代本数与地志残卷本数相去不远推

---

① 《文苑英华》卷六九二韩愈《上李实尚书书》:"今年以来不雨者百有余日,……盗贼不敢起,谷价不敢贵,百坊、百二十司、六军、二十四县之人,皆若阁下亲临其家。"这里的百二十司,应是指南衙系统,可能不包括北衙诸军诸使,杜牧《樊川文集》卷七《唐故东川节度检校右仆射兼御史大夫赠司徒周公墓志铭》:"出为工部侍郎、华州刺史。八禁军、二十四内司居华下者,籍役等百姓,不敢妄出一词。"八禁军、二十四内司则是北衙系统,不在上述的百二十司、六军之中。

② 唐前期军器监属南衙系统,乾元以后废监置使,专任宦官,是内诸司使之高级使职。内园使的系统复杂多变,也是地位较高的内诸司使,唐后期大致由宦官充任,并令内官司管。相关讨论见:唐长孺,《唐代的内诸司使及其演变》,收入:《山居存稿》(北京:中华书局,1989),244—267页,赵雨乐,《唐宋变革期之军政制度》(台北:文史哲出版社,1994),52—53,67—68页;杜文玉,《唐代内诸司使考略》,《陕西师范大学学报(哲学社会科学版)》1993:3,34—35页。

③ 郑炳林,《敦煌地理文书汇辑校注》,56、60、66—68页。

测，唐后期州县的公廨本钱，似仍维持前期的水平，并未随官俸、食利本钱等之调整而倍增，这种现象恐怕不只是西北边区如此，或许全国各地也有类似状况，甚至还延续至五代。以唐后期物价较前期大增而言，该种本钱水平，已代表实质数量大减，而公廨本钱所能发挥的作用，也就可想而知了。

后期的公廨本钱，因为不再直接触及内外官僚的利益，其重要性遂大为降低，除了因欠利或置本下过几次诏书外，就鲜少关切其如何运作，直到晚唐问题已深，且牵连到官吏权益时，才又引起政府的注意，《唐会要》卷六九《刺史下》大中五年(851)九月中书门下奏：

> 至于用州司公廨及杂利润，天下州郡，皆自有矩制。缘曾未有明敕处分，多被无良人吏百姓，便致词告云是赃犯。自今已后，应诸州刺史下檐什物及除替送钱物，但不率敛官吏，不科配百姓，一任各守州郡旧规，亦不分外别有添置。若辄率敛，科故违敕条，当以入已赃犯法。……敕旨，宜依，仍编入格令，永为常式。

如前所论，公廨费用包括饮食、行政、修造等类，而刺史送往迎来的交通费与馈赠费，是否该出自公廨本钱，人们看法颇为分歧，所以有是否为赃犯的争议。相关问题似乎久已存在，各州郡甚至已默认而成为"旧规"，敕旨所强调的也只能是不率敛、不科配、不添置而已，无法要求特别是将除替馈赠，这种高度具私人性质的支出，移除于公廨费用外。由于各州郡自有使用公廨本钱的"矩制"，中央政府不必加以规范或限约，因此容易在强权威势下遭挪用，像除替馈赠等尚可知其名目，其他不足为外人道者亦不在少，《旧唐书》卷一八下《宣宗纪》引用同条制敕时曰："如无公廨，不在资送之限。"地方公廨本钱的耗尽，捉钱欠利之弊固为要因，而假借名目的滥支，巧取豪夺的妄用，也未尝不蚕食鲸吞掉本数。宣宗制敕即使了然有些州郡已无公廨本钱，但亦听任形势发展，而无别赐之意，或采取补救措施。其实自实施两税法后，①州县长官对地方有相当大的配税自主权，②县级虽然

---

① 关于两税法的特色、实施过程、原则、税额、课税体系等问题，学者有相当细致的讨论，见：陈明光：《唐代财政史新编》，208—227 页；李锦绣，《唐代财政史稿》（下卷）（北京：中华书局，2001），614—661 页；日野開三郎，《兩税法の諸原則》、《藩鎮時代の州税三分制について》，收入：《日野開三郎東洋史學論集》4《唐代兩税法の研究》（東京：三一書房，1982），17—209，271—292 页；吉田虎雄，《唐の兩税法に就いて》，收入：《唐代租税の研究》（東京：汲古書院，1973），112—163 页；船越泰次，《兩税法課税體系に關連して》，收入：《唐代兩税法研究》（東京：汲古書院，1996），119—147，173—204 页。

② 陈明光，《唐代财政史新编》，241—245 页。

可能不是独立的预算单位，①但只要州县自认有其实际需要，仍可藉由摊派税户、截留税赋、或直接由州库拨出等方式筹集本钱。唐后期地方的公廨本钱，自其作用沦替为细务杂支后，本钱之数量是否足够，运作是否顺畅，公务能否推动，鲜见州县长官加以关注，或做处理，而中央政府即使偶然过问，也因不实际拨付本钱，可能只是口惠而实不至，故未必真能发挥主导作用，如乾符二年(875)僖宗要五岭诸郡节度观察使"接借本钱"，以修补廨舍城池，放百姓额外差科，②就令人怀疑节度观察使是否真的如此照做。故相对于前期的公廨本钱一再成为朝议焦点，后期的公廨本钱显然已被冷落矣！

　　唐后期的公廨本钱，虽然几经战乱冲击，又受财务政策转向之影响，复因其他官本钱的排挤，其用途已减缩至一般公务行政与杂支，但也正由于这些项目是任何官署所不能没有的，故即使公廨本钱看似微不足道，却依然显其存在的价值与功能。

唐代官方放贷之研究

84

① 陈明光，《唐代财政史新编》，212 页。
② 《全唐文》卷八九僖宗《南郊赦文》，1163 页。

第二章 食利本钱在唐后期的推广运用

第一节 公厨与食本的设置

在诸色本钱中,自伏流而蔚为大观,取代公廨本钱,成为唐后期最重要的本钱制度的,莫过于食利本钱。食利本钱原为官吏供食而设,又有食利钱、食钱、食本、食料钱、餐钱、厨钱、廪飡钱等别名。由于唐代官吏设食种类极繁,除了皇帝赐食、廊下食、百官常食、节日设食外,①还有自京师至州县的各式官厨与吏厨。这些厨食的食料,有些由不同署、监提供,②有些由

---

① 唐朝各种礼典常伴随着宴会仪式,参与者的身分、位次、常赐、娱乐、费用等之说明,可参考:Charles D. Benn, *Daily Life in Traditional China:Tang Dynasty*,(London:Greenwood Press, 2002), pp.132—136.

② 《唐六典》卷一九《司农寺》条:"凡朝会、祭祀、供御所须及百官常料,则率署、监所贮之物,以供其事。"又如同前书卷一五《光禄寺太官署》条:"凡朝会燕飨九品已上并供其膳食。……(左右厢南衙文武职事五品已上及员外郎供馔百盘,余供中书门下供奉官及监察御史,每日常供具三羊,六参之日,加一羊焉。)……凡行幸从官应供膳食,亦有名数。"皆显示在不同情况下,由各不同供食单位来负责。

国家仓储直接拨给,①有些来自当司田收,②有些则置本生息而来。食本何时出现,唐人一般认为始自贞观年间,崔元翰《判曹食堂壁记》云:

> 有唐太宗文皇帝克定天下,方勤于治,命庶官日出而视事,日中而退朝,既而宴归,则宜朝食,于是朝者食之廊庑下,遂命其余官司,泊诸郡邑,咸因材赋,而兴利事,取其奇羡之积,以具庖厨,谓为本钱。(《全唐文》卷五二三)

唐朝对官吏有各种供膳方式,此处的"朝者食之廊庑下",指的应是常参官厨对朝参者提供的午食,亦即通常所说的廊下食。③ 据贞观四年(630)十二月诏:"所司于外廊置食一顿"(《唐会要》卷二四《廊下食》),可能就是廊下食的始设年代。然而,崔元翰将廊下食与诸官司及郡邑公厨并论在一起,容易让人误以为廊下食出自本钱生利,是食本之最早来源。其实,二者是毫不相关的。

廊下食与朝参制度密切相关,唐朝《仪制令》规定:文武官职事九品以上及二王后,朝朔望。五品以上及供奉官、监察御史、员外官、太常博士,每日参,号常参官。另外还依身分、职务与品级,而有六参、九参、季参等。④ 廊下食是为朝参者准备的设食,相关之饮食规格、四季差别、节日追加、供给方式等,都有严格规定。⑤ 廊下食是皇帝赐食,由光禄寺太官署负责供膳,⑥以慰劳百官朝参之辛苦,并勉其勤于治理。但是,并非每位京官需要每日常参,而州县外官更无法享受廊下食的待遇,不过他们还是要在衙署内处理公务。太宗为了表示不独厚常参官,"遂命其余官司,泊诸郡邑",也

---

① 《唐六典》卷三《仓部郎中员外郎》条:"凡在京诸司官人及诸色人应给仓食者,皆给贮米。"这是由国家仓储供给食料。

② 《通典》卷三五《职官·俸禄》:"外官则以公廨田收及息钱等,常食公用之外,分充月料。"这是外官常食由公廨田收等供给。

③ 廊下食的供食对象,及其与朝参制度的关系,请参考:拜根兴,《试论唐代的廊下食与公厨》,收入:朱雷主编,《唐代的历史与社会》(武汉:武汉大学出版社,1997),342—343页;李锦绣,《唐代财政史稿》(上卷)(北京:北京大学出版社,1995),857—858页。

④ 唐代的朝参制度,规定于《仪制令》里,但各书所载小有不同。见:仁井田陞著,栗劲等编译,《唐令拾遗》(长春:长春出版社,1989),《仪制令》十八"百官朝参"条。引据之诸书除《大唐开元礼》卷三《序例下·杂制》、《唐六典》卷四《礼部郎中员外郎》条、《通典》卷七五《礼典·天子朝位》、《唐会要》卷二五《文武百官朝谒班序》等各条外,亦可参考:《新唐书》卷四八《百官三》"御史台"、《旧唐书》卷四三《职官二》"礼部尚书"。

⑤ 拜根兴,《试论唐代的廊下食与公厨》,343—344页。

⑥ 详细供膳方式定于景云二年正月,见:《唐会要》卷六五《光禄寺》。

设庖厨,供午食一顿。所不同者,廊下食料由国家拨与,而非常参官与州县外官的公务厨食,则由本司公厨提供,经费来自当司羡余,以为厨本。崔元翰食堂记述说了相同目的下,不同的发展结果,前者谓之常参官厨,后者即是本文要讨论的百司官厨。

唐末蔡词立《虔州孔目院食堂记》云:

> 京百司至于天下郡府,有曹署者,则有公厨。(《文苑英华》卷八〇六)

是篇作于咸通十三年(872)五月,显然自贞观年间起,百司公厨的制度便已付诸实行,且直至晚唐有心者都还认真看待此事。然而,公厨的构想或许不是源自太宗,因为在贞观以前,公厨似乎早已存在。崔元翰《判曹食堂壁记》又云:

> 古之上贤,必有禄秩之给,有烹饪之养,所以优之也。汉时尚书诸曹郎,太官供膳;春秋时齐大夫公膳日双鸡,然则天子诸侯于其公卿大夫,盖皆日有饔饩。"(《全唐文》卷五二三)

由此看来,公厨每日供食公卿大夫,至迟在汉代已有,并非唐人之独创,只是史料甚少述及,直到隋唐之际,公厨的运用才较普遍,《北史》卷五四《库狄士文传》:

> 隋文受禅,……寻拜贝州刺史。……其子尝啖官厨饼,士文枷之于狱累日,杖之二百。

《旧唐书》卷六一《窦轨传》:

> (武德)四年,还益州。……尝遣奴就官厨取浆而悔之,谓奴曰:"我诚使汝,要当斩汝头以明法耳!"

隋唐之际官厨的设置目的与运作方式并不清楚,食料来源是政府提供,或其他方式取得,也无资料佐证,但尽可知道供食对象含括佐史之类的小吏,《王梵志诗校注》卷二《佐史非台补》:

> 佐史非台补,任官州县上。未是好出身,丁儿避征防。……食即

众厨飧,童儿更护当。

佐史虽然不是什么好出身,却能享有一些百姓求之不得的特权,像在众厨就食,还能惠及子女,就是一个例子。诗中言及佐史食于众厨,似与官厨分开,对于唐制也不无引导启发作用。总之,太宗的廊下食与百官公厨,是在既有基础之上做了调整与增添,并赋予厨食新的意义与诠释,才形成的制度。它显现了君主体恤官吏勤于政事的心意,并在国家财政尚属艰困时,想到用置本生利法来集资,这或许正是贞观制度被视为"政教之大端",①且不受预算羁绊,展露强韧生命力的原因。

唐朝大约在贞观二年(628)才有稳定的条件在京司置公廨本钱,而贞观四年(630)才初置廊下食一顿。崔元翰食堂记似乎将廊下食与内外百司公厨视为接续发生的事实,但以贞观时期公廨本钱置废无常,倍受批评的情况看,公厨财源即使来自各司羡余,也未必就自贞观四年(630)起全面性、无间断地运作公厨制度。然而,唐前期各司公厨确已陆续展开,供食之丰盛且出人意表,《大唐新语》卷七《识量》:

> 张文瓘为侍中,同列宰相以政事堂供馔珍美,请减其料。文瓘曰:"此食,天子所以重枢机,待贤才也。……不宜减削公膳,以邀虚名。国家所贵,不在于此。苟有益于公道,斯不为多也。"

堂厨为百司公厨之首,供馔珍美,正所以优重臣也。然此时之公膳是否出自当司羡余本钱,犹不可断,《唐会要》卷五三《崇奖》将"国家所贵",改为"国家之所以费",若如此,则堂厨食料亦来自政府拨给,尚不与本钱相关。此事发生在龙朔二年(662),正是京司公廨本钱未彻底废除,地方公廨本钱未重新规划之前,堂厨本钱能否如此充裕,且无惧于外界批判地顺当运作,令人有些疑虑。

自太宗宣示公厨的构想后,内外百司确实在遵循贞观遗意,积极地推动公厨制度,文明元年(684)四月十四日敕:

> 律令格式,为政之本。内外官人,退食之暇,各宜寻览。仍以当司格令,书于厅事之壁,俯仰观瞻,以免遗忘。(《唐会要》卷三九《定格令》)

---

① 《全唐文》卷五二三崔元翰《判曹食堂壁记》于陈述太宗置廊下食与公厨本钱后曰:"则堂之作不专在饮食,亦有政教之大端焉。"

文明敕指令的退食之暇，俯仰观瞻当司格令，叙说得正是百司公厨设置的目的之一。尤其敕书直指"内外官人"，显然公厨制度不仅行于京司，也在各地州县推展开来。景云二年（711）三月十七日敕，令光禄寺准旧例，御承天门楼后于朝堂廊下赐食，并曰：

> 其朝官食，回衙内食充。（《唐会要》卷六五《光禄寺》）

这个与廊下食区别，让朝官回衙内食者，当即是供午食一顿的百司公厨。唐前期有关公厨的史料不多，但一再显示自贞观以后，堂厨与内外公厨一直在持续运作着，连皇帝也不时提醒官吏要体察设食之意，并督促衙内厨食不可缺。《南部新书》乙帙：

> 长安四月以后，自堂厨至百司厨，通谓之樱笋厨，公铢之盛，常日不同。

大概在武则天长安年间以后，堂厨与京司公厨之设食，较往昔更为丰盛。堂厨供馔珍美有优劳宰臣之意，其与百司厨间是否依官吏品级而有等差，或只要当司经费许可，便可无视于官品序列，恣意盛陈厨食，应予省思。《唐六典》卷一九《司农寺》条注云：

> 每年支诸司杂物，各有定额。开元二十三年敕以为费用过多，遂停减光禄寺、左·右羽林、左·右万骑、左·右三卫、闲厩使、五坊使、洛城西门、东宫、南衙诸厨。

在此有两个值得注意的地方，一是百司公厨的费用，另一是设置公厨的单位与层级。据崔元翰所述，太宗原本希望用当司羡余为本钱，兴利以给膳食。但如本条所言，至少京司诸厨费用系由司农寺供给，因厨食过于丰盛，开销过于庞大，开元二十三年（735）遂停减诸厨费用。这样看来，唐前期京司公厨经费未必皆来自置本生利法，由国家列置预算，定时支给食料，可能反而是最主要的厨食来源。而也正由于是国家拨给，所以自堂厨至百司厨皆膳食丰盛，不会因纳利不足，本钱折耗，而常有匮乏之虞。

司农寺供公厨食料，并不意味着崔元翰食堂记之本钱法，皆凭空杜撰，全然虚构，否则开成四年（839）宰臣议论食利钱时，杨嗣复也不敢曰："百司食利，实为烦碎，自贞观以后，留此弊法。"（《唐会要》卷九三《诸司诸色本钱下》)因此从《司农寺》条注推测,京司公厨即使于贞观后曾经实行过本钱生利法,而以公廨本钱欠利之经验猜想,厨食利钱可能也欠缺严重,何况各厨本钱来自当司羡余,羡余之多寡有无,会影响厨食之丰欠美恶,甚至还可能出现官品高低与厨食美恶不相对称,有失官场威仪体统的情形。为了发扬太宗体恤群臣的美意,改善羡余为本,息利供食可能有的弊端,京司公厨就算仍保留部分本钱生利法,但相信最大宗的食料来源,仍是司农寺拨给。

相对于京司公厨的深受国家照顾,外司公厨由置本生利法供膳的可能性似乎要大得多,一则开元二十三年(735)敕只提到南衙诸厨等,显然外司厨食不是全不由司农寺提供,便是所供甚少,不必再停减;再则贞观之本钱供膳法,在外司公厨实施的程度或许不算低,所以此法才未被人遗忘,并在唐后期发展为厨食之主要经费来源。外司公厨在羡余为本之外,另个常用的方式大概是"差敛人户,以充庖费",①这大概是让公厨得以为继的重要因素。

公厨置本,实际所见最早资料在开元年间,《唐六典》卷六《比部郎中员外郎》条:

> 凡京司有别借食本(中书、门下、集贤殿书院各借本一千贯,尚书省都司、吏部、户部、礼部、兵部、刑部、工部、御史台、左·右春坊、鸿胪寺、秘书省、国子监、四方馆、弘文馆各百贯,皆五分收利,以为食本。诸司亦有之,其数则少。)每季一申省,诸州岁终而申省,比部总勾覆之。

这是京司公厨第一次提到用本钱法来经营,而所谓的"别借",应是新赐与,或刚由某机构拨付来的,但这个机构应该不会是司农寺,因为司农寺掌邦国仓储及各式物料,②以直接供进使用为主,而非给付金钱的模式,因此开元二十三年(735)敕以为诸厨"费用"过多,指的是所给食料丰盛,而非

---

① 《册府元龟》卷一五八《帝王部·诫励三》开元二十年正月敕:"如闻莘穀之下,政令犹烦,……或差敛人户,以充庖费,岂副朕薄赋轻徭,息人减费之意。其雒阳令韦绍,县尉颜思宾,辄有科率,拟备祇供,虽事未行,终是专擅,宜贬出。"可见庖费亦来自科敛百姓。

② 《唐六典》卷一九《司农寺》:"凡朝令、祭祀、供御所须,及百官常料,则率署、监所贮之物以供其事。"而署、监所贮者皆实物,非供购买实物之货币,如上林署:"凡植果树蔬菜,以供朝会、祭祀;其尚食进御及诸司常料亦有差。"钩盾署:"掌供邦国薪刍之事,……凡祭祀、朝会、宾客享宴,随其差降而供给焉。"司竹监:"凡官披及百司所需帘、笼、筐、篚之属,命工人择其材干以供之。"

定期添给食本。官本钱设置的目的,在利其辗转生息,自给自足,不必有劳政府年年编列预算,故司农寺的年支诸司诸厨大量费用,显然不为填补折耗的食本。①

唐前期诸司置公廨本,本钱来源无论出自国库或薄赋百姓一年税钱,都由朝廷直接拨给,从未见到当司羡余充本钱的例子。公廨本关系到内外官俸料,食本只供午食一顿,轻重之别,判然分画,政府的重视程度自然不同。开元年间政府首度对京司"别借食本",打破了贞观以来羡余充本的旧惯,这项创举对往后的食利本钱制度,显然有很大的影响。开元年间在京各司分配的食本数差距悬殊,在所列出的 18 司中,仅中书、门下、集贤殿书院各借本 1000 贯,其余 15 司各 100 贯。如此安排当与各司之分量轻重有关,《职官分纪》卷一五《集贤院》条"赐钱充食本"注曰:"又赐钱一千贯文以充食本。时院内供拟稍厚,中书舍人陆坚……将建议请一切罢之。"燕国公张说告之曰:

> 吾闻自古帝王功成理定,则有奢纵之戒,或造池台,或耽声色,岂如今日,圣上崇儒重道,亲自讲讽,刊校图书,详延学者,今日之举是圣主也。礼乐之司,永代楷模,不易之道也。所费者细,所益者大,陆子之言未为达也。

不独各司之大小闲剧与食本数量多寡有关,集贤殿书院本数之多,似含有圣代崇儒,奖重学者之深意。② 然其他诸司的食本数,相对而言实非常有限。贞观十五年(641)褚遂良议置公廨本钱时,在京有 70 余司,易言之,少说 50 余司以上的食本还不足 100 贯,这包括鸿胪寺以外的八寺,国子监以外的四监等重要机构,高宗朝规划的府州县公廨本钱,数量最少的折冲下府也有 100 贯,而开元京司竟约有 3/4 的机构食本少于此数。午食一顿固然不同于官员俸料,但此别借数额委实太少,这与贞元十二年(796)、元和九年(814)相同诸司的食本对比,则有数倍、数十倍、甚或百余

---

① 拙著《唐代食利本钱初探》一文之某些论点,已于本书中做了修正与补充。该文收于:《第五届唐代文化学术研讨会论文集》(高雄:丽文文化公司,2001)。

② 有关集贤院之沿革、建置、储藏、修纂、职掌等讨论,见:池田温著,孙晓林等译,《盛唐之集贤院》,收入《唐研究论文选辑》(北京:中国社会科学出版社,1999),227—228 页。

倍的差距,①也远大于前、后期官俸相差十余倍的范围。② 因此开元年间的别借食本,可能只代表京司公厨的部分费用,而不是食料所需的全部费用。此外,"别借"二字也充满玄机,意指原有费用之外,另行借予。无论原有费用是残余本钱,或司农寺食料,别借的食本都只有补贴作用,由此亦可了解为何京司绝大多数公厨的别借食本,数量都如此得少。

别借食本不明在开元某年实行,但应是偶然为之,绝非经年举措。其与停减诸厨费用该条史料都出自《唐六典》,显示二事先后发生于《唐六典》编纂期间。《六典》始修于开元十年(722),书成于二十六年(738)。③ 开元二十三年(735)敕停减诸厨费用,或许与赐给别借食本,致厨食过于精美,而想削减司农寺常费年支有关。开元二十三年(735)敕近于《六典》书成之际,从时序发展与经费运用看,都应后于别借食本。只是停减司农经费,未必就是停减诸厨,反而可能更增加各厨对食本的依赖。这样的经验,对唐后期国家财力不足,而又要维持诸厨运作,无疑有相当大的启示作用。

比部该条除了要求京司别借食本,每季一申省外,亦勾覆诸州食本。唐前期言及食本者仅京司别借一条,则"诸州岁终而申省"之食本,似非朝廷颁给,当系依照太宗规制,"咸因材赋,而兴利事,取其羡之积,以具庖厨",即以羡余为本也。由此回证前所述及的外司公厨不由司农寺供给,或极少由其供给,应是很合理的推测。

公厨经费问题之外,进而要探讨的是设置公厨的单位或层级。开元二十三年(735)敕列出的各司,从属性上区分,包括东宫、南衙、诸卫、禁军、使职与门卫。比部所列各司,除左、右春坊属东宫外,都为南衙系统,而本数较多的各司是三省、六部、一台、一寺、一监、秘书省、以及隶属中书、门下二

---

① 如与贞元十二年简勘本数对比,中书、门下、集贤殿书院的本数约是开元时期的4—6倍,其他各部与诸寺、省、监等之本数,则是开元本数的30余倍到60余倍,都省、御史台本数竟达100余倍之多。其中只有刑部的本数较开元时期减少,是个特例。元和九年的食本数,可与开元本数对比者只五例,倍数在10—34倍间,差距似没有贞元倍数大。贞元十二年、元和九年本数见《唐会要》卷九三《诸司诸色本钱下》。

② 刘笃才校正《新唐书·食货志》会昌俸数后,对比高宗乾封俸数,增长倍数约在12—17倍间,即会昌俸数约是乾封俸数的13—18倍。但如果以开元月俸来对比,则差距缩小到4—12倍间。关于会昌俸及其与乾封俸之校改与对比,见:刘笃才,《关于唐代官吏俸料钱一条史料的辩证》,《晋阳学刊》1983;3,78—80页。

③ 刘俊文,《唐代法制研究》(台北:文律出版社,1999),42—43页。

省的各馆院。① 比部条未列出的各司，不代表不设公厨，只是本数甚少而已。基于公平原则，凡某类型官署中有一官司置厨，其他同型官司亦应准例办理才是。因此，鸿胪、光禄二寺有厨，其他同级单位的各寺不应无厨；秘书省、国子监有厨，其他诸省、诸监自然也应有厨；东宫的二春坊有厨，同一层级或隶属其下的詹事府、二内坊、三寺、②十率府未必不置厨；东宫官署既然有厨，掌奉御的殿中等省其下各局按理也会有之；集贤殿书院、四方馆、弘文馆有食本，性质相近的史馆、崇文馆等馆院可能也考虑设置；左右羽林、左右万骑等禁军皆置厨，③与之相对应的南衙十六卫何独能免；左右三卫立厨，意指左右卫、左右率府及诸卫盖皆有厨；④闲厩、五坊等使置厨，应是使职差遣地位提升的象征，其他诸使大概也比照办理；洛城西门可以有厨，两京各门岂能例外？

唐初褚遂良谓在京七十余司置公廨本钱，如由比部、司农寺两条所载推估，开元二十三年（735）以前京司公厨置食本的单位，似乎不止七十余司。大体上，各司只置一厨，唯掌枢密要务的三省，或奉御诸司、东宫储嗣，其所隶官署才可单独置厨食利。以《唐六典》所载官司计，三省六部与诸馆院，一台、九寺、五监、十六卫、四军，⑤以及东宫所属各府、坊、寺、率府，殿

① 据《两唐书》志，弘文馆隶门下省，集贤殿书院隶中书省。另据《旧唐书》卷四三《职官二》中书省条："武德初，废谒者台，改通事谒者为通事舍人，隶四方馆，属中书省也。"同书卷一七上《文宗纪》大和二年六月癸亥条："四方馆请赐印，其文以'中书省四方馆'为名。"可知四方馆自始即隶中书省。

② 《唐六典》卷二七《家令率更仆寺》食官署条："其六品以下官于家令厨食者，元正、冬至、寒食亦供焉。"可证太子家令寺有厨，供食时间当不止这三节。

③ 左右万骑原隶属于羽林军，自开元二十六年或二十七年时析置为左右龙武军（《通典》卷二八《职官·武官上》、《旧唐书》卷四四《职官三》）。开元二十三年敕分列左右羽林、左右万骑，可能与二者自开元以来并称"北门四军"有关（《旧唐书》卷四四《职官三》）。关于北衙军制的演变，可参考：张国刚，《唐代北衙六军述略》，收入：《唐代政治制度研究论集》（台北：文津出版社，1994），143—150页。

④ 三卫之身分见《唐六典》卷五《兵部郎中员外郎》条。三卫是保卫宫廷的皇室亲兵，属高级卫士，依资荫高低而番上，不服役者纳资。有关讨论见：王永兴，《唐天宝敦煌差科簿研究——兼论唐代色役制和其他问题》，收入：《陈门问学丛稿》（南昌：江西人民出版社，1993），99—101页；古怡青，《唐代府兵制度兴衰研究：从卫士负担谈起》（台北：新文丰公司，2002），177—183页；西村元佑，《唐代敦煌科差簿を通じてみた均田制时代の徭役制度——大谷探检队将来、敦煌·吐鲁番古文书を参考史料として》，收入：《中国经济史研究——均田制度篇》（京都：京都大学东洋史研究会，1968），587—589页。

⑤ 《唐六典》卷二五《诸卫府》只列左右羽林军。但实际上左右龙武军的前身左右万骑已存在，当时不仅并称"北门四军"，开元二十三年敕也分列之。有关说明详93页注3。

中等三省与其下各局，总计已超过 80 司应有公厨，并设食本。这还不包括宫官、诸使、两京各门卫、与王府、公主邑司等单位，甚至连政事堂厨也未提及。① 虽然百年之间京司之兴废小有变动，置公廨本钱的单位与层级，也未必同于置公厨食本者，但相信开元二十三年(735)以前置食本的官司数，已超越贞观时期置公廨本钱的官司数。而也就在诸厨设置过滥，厨食费用过大的情况下，敕书才会要求司农寺全面检讨诸厨设置的适当性，并酌予停减费用。但大致在安史乱前，真正被停掉的公厨应该不多，因为曾被开元敕点名的三卫厨，天宝十一载(752)王鉷还被赐死于此。② 三卫因资荫高低而侍卫宫廷，量远近以定番第，并非职事官却依然有厨，可见其他官司的公厨被停掉的可能性不大。

食本的构想源自太宗，与公廨本钱初置的时间约略相当而稍晚，其运作方式与生息办法应是参照公廨本钱而制定。公厨为优劳官吏而设，但需考虑官司之大小闲剧，官吏的品级高低，所以厨食有丰给程度之不同。厨食费用原本来自当司羡余以为本钱，或许因本钱欠少，利钱不足，所以京司公厨需靠司农寺的供给、补助，才能维持制度存续与官场体面。百司公厨免费提供内外官吏午食一顿，既是增加职事官的经济待遇，③也是政府的一项福利措施。为了维护京司公厨，政府不惜别借食本，可见政府极为关注这项制度。④ 至于外司厨食与羡余为本的执行情形，则欠缺资料佐证。

第二节　安史乱后食本的发展

贞观以后内外百司普遍设置公厨，但厨食的经费来源，至少在京各司

---

① 政事堂原为宰相议政之所，前文已述高宗龙朔二年政事堂食供馈珍美，其后政事堂虽然发展为独立的决策机构，开元十一年张说且奏改为中书门下，但并不意味堂厨并入二省厨。关于政事堂之递变，及中书舍人食政事之食的情形，可参考：袁刚，《隋唐中枢体制的发展演变》(台北：文津出版社，1994)，57—71 页；谢元鲁，《唐代中央政权决策研究》(台北：文津出版社，1992)，77—84 页。此外，自开元元年十二月苏颋除中书侍郎，入政事院起，也供政事食(《唐会要》卷五四《中书侍郎》)。

② 《旧唐书》(台北：鼎文书局，新校标点本，1976)卷一〇五《王鉷传》，3231—3232 页。

③ 陈明光，《唐朝的食堂与"食本"》，收入：陈明光，《汉唐财政史论》(长沙：岳麓书社，2003)，125 页。

④ 陈明光，《唐代财政史新编》(北京：中国财政经济出版社，1991)，118 页。

还是深深仰赖国家的常费供给，直到开元年间才稍稍注意到食本的运用。唐后期的食利本钱，在几经周折后有了突破性的进展，它让君臣们认识到供食可以不由政府拨款，而食本也非仅为厨食而已。

安史乱起，兵马倥偬，玄宗幸蜀，百官或从驾避祸，或因之逃窜，国家政务既陷于瘫痪，食堂制度亦随之瓦解，而食利本钱更耗散殆尽。肃宗回到京师后，国用依然不足，百司公厨仍难恢复，《旧唐书》卷一二三《刘晏传》：

> 时新承兵戈之后，中外艰食，京师米价斗至一千，官厨无兼食之积，禁军乏食，畿县百姓乃接穗以供之。

所谓"官厨无兼食之积"，应包含供午食一顿的公厨在内。而"中外艰食"，似指内外百司的厨食都成问题。国家财政困难，正是逼使政府采取非常手段，解决诸事缺供的时机。乾元年间（758－759）的数度置本钱充和雇、祠祭、宴设之用，又放免官钱欠利者，①显示政府又考虑用本钱生息法，弥补财政缺口，只是此时尚未见到添借食本的具体证据。

代宗时期诸色本钱的运用颇有进展，不唯政府注意到捉钱人的取择，还不时赐给或充作本钱，以供国家用度所不及之各种零碎杂支，②其中尤以食本或餐钱的给予最受瞩目。《旧唐书》卷一一《代宗纪》永泰元年（765）三月：

> 上以勋臣罢节制者，京师无职事，乃合于禁门书院，间以文儒公卿，宠之也。仍特给飧本钱三千贯。

这是为宠异待诏于书院之文儒重臣与罢节制之勋臣，所以特给飧本钱，供其厨食。虽然不确定此时"官厨无兼食之积"的问题是否已获缓解，各司公厨能否恢复运作，但一次赐给飧本钱三千贯，手笔之大，又远超过开元别借食本一千贯的上限。类此之礼遇勋望大臣，大历年间可能持续不

---

① 如《唐会要》卷九三《诸司诸色本钱上》乾元元年各借长安、万年两县一万贯，以充和雇本；又借两县本钱供祠祭及蕃夷赐宴、别设之用。《册府元龟》卷四九〇《邦计部·蠲复》乾元二年二月诏，放免至德二年十二月三十日以前诸色官钱欠利等五色，应包括本钱欠利在内。

② 如《唐会要》卷九三《诸司诸色本钱上》宝应元年诏，规定捉钱人的身分为当处殷富干了者。又如《册府元龟》卷五四六《谏诤部·直谏》广德二年条，许以赃钱充邮馆本；《唐会要》卷八六《桥梁》大历五年条，令京兆府以当府利钱修造诸桥街。

断。《新唐书》卷八〇《太宗诸子嗣吴王祇传》：

> 代宗大历时，祇既宗室老，以太子宾客为集贤院待制。是时，勋望大臣无职事者，皆得代诏于院，给飧钱署舍以厚其礼，自左仆射裴冕等十三人为之。

此处的飧钱可能如永泰元年条的飧本钱，需要生息取利以供膳，而非定期给予费用，直接购置食料。① 这样的飧钱不只待诏书院有之，而且似已推广及于在京各司，大历十二年(777)宰臣常衮等上言让赐食曰：

> 飧钱已多，更颁御膳，胡颜自安，乞停赐食。(《旧唐书》卷一一《代宗纪》)

虽说大历以来关中犹匮竭，京官俸尚不充给，②但供午时一顿的公厨，因为一次置本，相对来说耗费不大，且又保留贞观体恤群臣勤于治事之遗意，故可能在代宗时陆续恢复。堂厨供馔珍美，是唐朝一贯的立场，常衮等让赐食，系因堂厨飧钱已丰，而御膳又频赐与，因有是请。常衮于《谢每日赐食状》里又言及百司公厨曰：

> 至于列曹分署，各置餐钱，匪颁王饔，食有公膳。(《全唐文》卷四一八)

列曹分署之公膳，实即百官公厨。此时已各置餐钱，而不由国家颁给，这与开元诸厨费用大量由司农寺供给，很不相同，看来国家财政状况虽然吃紧，依靠本钱生利法经营的公厨，仍自有其生存之道。

代宗朝宦官鱼朝恩专权跋扈，永泰二年(766)诏判国子监，任知学生粮料，③并由此创下供给学生食本之特例，《旧唐书》卷二四《礼仪四》八月二

---

① 飧钱未必就是飧本钱，它可能是国家赐给食料钱，直接供造食之用，如《旧唐书》卷一一《代宗纪》永泰二年二月丁亥朔："释奠于国学，赐宰臣百官飧钱五百贯，于国学食。"同书卷二四《礼仪四》述同一事曰："赐钱五百贯，令京兆尹黎干造食。"应该不及等到用该钱生息，便立即造食供膳。

② 《通典》卷三五《职官·俸禄》注："自大历以来，关中匮竭，时物腾贵，内官不给，乃减外官职田三分之一，以给京官俸。"

③ 《新唐书》(台北：鼎文书局，新校标点本，1976)，卷二〇七《宦者鱼朝恩传》，5864页；《旧唐书》卷二四《礼仪四》，924页。

十四日：

> 宰相军将已下子弟三百余人，皆衣紫衣，充学生房，设食于廊下。贷钱一万贯，五分收钱，以供监官学生之费。

学生给廪食为唐之旧惯，[①]但从未见食本给付之法，亦不预料其数额达万贯之巨，甚且超越耆儒勋望待诏书院之荣宠。这样的特例，其实并非专为国子监学生而来，实是因为大臣群官曲附于鱼朝恩权势之下，充当学生，所以给予彼等高额食料之故。

历经安史之乱的摧残，百司公厨一度废弛，方其重整再现时，已是另一番风貌。代宗赐食本动辄成千上万贯，比之《唐六典》的百、千贯，相去自数倍至百倍之多。[②] 可见大历前后的京司公厨不仅复行运作，其本钱的相对数量也不比安史乱前少，这在反映通货膨胀的趋势之余，政府不再命司农寺给予厨料，各公厨需有独立营运的足够食本，可能也是重要原因之一。至于代宗对堂厨及有德望、权势者之殊遇，亦显示其对食本制度的关注。

唐初为供百官俸，于京师七十余司置公廨本钱。其后京官俸有固定来源，京司公廨本钱遂沦为公用杂支。食利本钱虽然源自唐前期，但似自代宗时起有了新生命。这两种本钱制度的交会，初时还有些叠床架屋，功能交错，如大历六年(771)三月置军器公廨本钱三千贯文，一部分取利充使以下食料纸笔，另一部分为店铺课钱，添公廨收利杂用。[③] 此处的公廨本钱分做两大用途，供纸笔"食料"者，明显与食本有重叠处；供杂用者，仍维持其原始功能。类似情形在德宗贞元二年(786)亦出现，其时李泌请罢拾遗、补阙，谏司唯韩皋、归登二人而已，《旧唐书》谓："泌仍命收其署滃钱，令登等寓食于中书舍人。"[④]同一件事，《新唐书》则载之曰："泌因收其公廨钱，令二人寓食中书舍人署。"[⑤]谏司滃钱似仍以公廨钱充当之。公廨钱充公务之用，午食一顿也为公务而设食，二者有相通处，原本就易混支混用，再

---

① 《旧唐书》卷二四《礼仪四》："旧例，两京国子监生二千余人，弘文馆、崇文馆、崇玄馆学生，皆廪饲之。"又，《全唐文》卷七二四韦乾度《条制四馆学生补阙等奏》："旧例，每给付厨房，动多喧竞。"也是指给学生廪食。有关讨论可参考：高明士师，《唐代东亚教育圈的形成》(台北："国立编译馆"，1984)，235—237页。

② 集贤殿书院赐食本，《唐六典》有千贯，代宗永泰元年给三千贯，相差有三倍；国子监食本，《唐六典》仅百贯，永泰二年则给钱万贯，相差达百倍之多。

③ 《唐会要》(台北：世界书局，1974)，卷九三《诸司诸色本钱上》，1677页。

④ 《旧唐书》卷一三〇《李泌传》，3622页。

⑤ 《新唐书》卷一三九《李泌传》，4636页。

加上两种本钱任由各官署负责，于是食本缺者，不免借用公廨本，这正是新旧两种本钱交替发展，相互取代之初的自然现象。

代、德之际，国家财政亦不丰给，官本钱的运作却反而有扩张的迹象，《唐会要》卷二六《待制官》建中二年（781）五月敕：

> 宜令中书门下两省，分置待制官三十员，……量给俸钱，并置本收利供厨料，所须干力什器厅宇等，并计料处分。

所谓"置本收利供厨料"，是否仅指食本，并不确定，因为其他非关厨食的几项，同样也计利处分。如前所述，公廨本与食本有交替互用的情形，而德宗之目的也止于足用，殊无意于区分各料之用途与所属科目。但由左拾遗史馆修撰沈既济的建言中，可以看出诸色官本合计之可观数量，其论之曰：

> 今官三十员，皆给俸钱，干力、厨料、什器、建造庭宇，约计一月，不减百万。以他司息利准之，当以钱二千万为之本，方获百万之利。……当今关辅大病，皆为百司息钱。

俸钱各准品秩给，与息钱无关，息钱用之于干力、厨料等项。唐代置官本钱，皆以诸司大小闲剧或宠异程度而定，并非全然一律。代宗厚与书院、国子监食本，也不过三千贯或万贯，德宗初就拟与待诏官二万贯本钱，手笔之大，令人咋舌。唐政府在税赋不足供费时，仍不惜与诸司高额本钱，应该就是看中其一次置本，生生不息的特色，认为此后国家不需再编制预算，拨款供给各项杂支。毕竟军国之用，名目正大，数量极巨，自不适合用息利法来取给；至于厨料等细目，虽不可缺，却也不足观，何必耗费税赋这样的珍贵资源！

沈既济建言中提及，"当今关辅之大病，皆为百司息钱"。息钱收利，固不仅于供官厨，而供官厨已渐为后期之大宗。沈既济以关辅大病视之，盖官府置本已为在京各司之常制。以代、德之间的几个事例观察，京司食本或诸色本钱似有大幅增加的趋势。然而，本钱出举必须在政局安定下进行，否则利息收不回来，本钱也势必耗散。建中初两河兵革未戢，百姓疲于征敛，使方才建立的食本基础，复为之动摇，如德宗诏减御膳，而宰臣也上言请省堂厨钱三分之一。① 继之发生于建中四年(783)的泾原兵变,更因叛军直犯京师,对京司本钱的冲击尤其可观,影响所及,而官厨阙供,陆长源《上宰相书》曰:

> 贞元初,兵伐初解,蝗旱为灾,邑多逃亡,人士殍馁,致使官厨有阙,国用增艰。(《全唐文》卷五一〇)

这里的官厨应包含仰赖官给的廊下食等,与靠本钱营运的百司公厨。因兵祸与灾荒的相续而至,竟使官吏以厨食不给为借口,不愿每日于官司视事。贞元二年(786)宰相张延赏恐公务稽滞,欲恢复每日视事之旧制,然在朝臣的抵制下,其卒后,皇帝下敕曰:

> 尚书郎除休暇,宜每日视事。自至德以来,诸司或以事简,或以餐钱不充,有间日视事者,尚书省皆以间日。(《唐会要》卷五七《尚书省》)

公厨的设置,就因太宗恤勉官吏勤于视事而来,如今官吏反以餐钱不充为名,怠于处理公务,令人感到有些讽刺。然无论如何,这已透露出一项重要讯息,即京司设食堂、供午食一顿,似被官吏视为惯常的福利措施,不应在任何情况下剥削此权益。而这样的认定,当与自太宗以来长期认真执行公厨制度有莫大关系,即使安史乱后公厨费用已多转由本钱生利法来供给,也无改于官吏们对此事的观感与期待。

德宗初期的战乱相寻,财政困窘,让食本破散,公厨难以为继。面对各方充填本数的呼吁,②德宗也不得不正视食钱不足的问题,乃于贞元四年(788)正月下制书,要求百官全面检讨之,《册府元龟》卷八九《帝王部·赦宥八》:

> 百官食钱,所欲别置本,宜令中书门下与百僚议可否。

这里的"别置本",与《唐六典》的"别借食本",有异曲同工之妙,都是由政府另行拨付本钱给诸司,以补足差额,或增置新本。但此次审议是否旋

---

① 《唐会要》卷五三《杂录》,921页。
② 如《唐会要》卷九三《诸司诸色本钱上》贞元元年九月八日敕:"自今后应征息利本钱,……其所欠钱,仍任各取当司阙官职田,量事粜货,充填本数。"

即付诸实行,尚有疑虑,如贞元六年(790)九月己卯诏:"十一月八日有事于南郊太庙,行从官吏将士等,一切并令自备食物。其诸司先无公厨者,以本司阙职物充。"(《旧唐书》卷一三《德宗纪下》)贞元四年(788)下诏议置本钱后的两年多,依然有厨食不给之患,临时要本司以缺职物充,想来是由于政府无力一次给付足额食本之故。另方面,所谓先无公厨,固然有可能因本钱匮乏而致食堂废弛,但也有可能是该司原不置厨,此时才拟设置。如是后者,则贞元四年(788)以后设食本的范围将更为扩大,更不限于贞观初的七十余司。

贞元十二年(796)御史中丞简勘诸司本数,足数者计 71 司(表十六)。① 这里的足数,据元和九年(814)简勘方式,应为原置数额,而非见在数额。

表十六　京司食利本钱数表

京　　司	贞元十二年(贯)	元和九年(贯)	本数增减(贯)	本数变动(％)
中书省	5998.000			
史　馆	1310.400			
集贤殿书院	4468.800			
门下省	3970.040			
宏文馆	726.200			
尚书都省	10215.238			
吏部尚书铨	3182.020			

① 1.本表据《唐会要》卷九三《诸司诸色本钱》与《册府元龟》卷五〇六、五〇七贞元十二年条与元和九年条置成,《册府元龟》有些本数不清或谬误,据《唐会要》校改,其数字不同者,姑以《唐会要》为准。

2.二书贞元十二年条里的工仓部可能是指工部、户部下的工部、仓部二司。左藏库将作监并写在一起,但应是不同的两个机构。《册府元龟》里有两个兵部,其中之一应指兵部司,可补《唐会要》之欠缺。

3.贞元十二年条的仆寺,是指太子仆寺;元和九年条的第二个太仆寺,也应指太子仆寺。

4.表中各司的排列顺序,稍稍变动书中之原列顺序。凡属同一类机构,或附属于某司者,皆并列在一起,以便观察比较。

5.元和九年三十二司的本钱总数,与实际加总数有落差,可能是因为史料中的个别数字有误之故。

京　司	贞元十二年(贯)	元和九年(贯)	本数增减(贯)	本数变动(％)
东　铨	2445.310			
西　铨	2433.661			
流外铨	300.000			
南　曹	580.000			
甲　库	284.065			
功状院	2500.000			
白　院	5623.000			
急　画	500.000			
主　事	500.000			
考　功	1526.195			
司　勋	228.000			
户　部	6000.556			
仓部司	427.330			
礼　部	3528.537			
兵　部	6520.552			
兵部司	300.000			
刑　部	60.000			
工　部	4320.959			
工部司	427.330			
御史台	18591.000			
东都御史台	500.000			
殿中省	238.500	990.550	752.050	415.33％
尚辇局		100.000		
尚舍局		374.300		
尚食局		338.000		
秘书省	4070.000	3384.500	−685.500	83.16％
司天台	280.000	380.000	100.000	135.71％
太常寺	14254.800	6722.606	−7532.194	47.16％

京 司	贞元十二年（贯）	元和九年（贯）	本数增减（贯）	本数变动（％）
太常礼院	1700.000			
光禄寺	156.000	1299.064	1143.064	832.73％
卫尉寺	1204.807	1250.900	46.093	103.83％
宗正寺	1884.000	117.095	−1766.905	6.22％
大理寺	5092.800	5924.740	831.940	116.34％
太仆寺	3000.000	1009.500	−1990.500	33.65％
鸿胪寺	6605.129	2660.000	−3945.129	40.27％
司农寺	5605.282	2735.770	−2869.512	48.81％
总 监	3000.000	2672.000	−328.000	89.07％
太 仓	787.424	2415.681	1628.257	306.78％
太府寺	2281.603	1508.900	−772.703	66.13％
左藏库	700.000	620.000	−80.000	88.57％
军器使	2191.130			
将作监	700.000	1617.000	917.000	231.00％
少府监	678.700	1334.731	656.031	196.66％
中 尚	770.000			
内中局		636.200		
国子监	3382.360	2644.250	−738.110	78.18％
詹事府	1716.732	1191.377	−525.355	69.40％
家令寺	787.900	1810.700	1022.800	229.81％
左春坊	184.600	1308.707	1124.107	708.94％
右春坊	280.000	1000.000	720.000	357.14％
左司御率府		210.000		
右司御率府		100.000		
太子仆寺	400.000	436.650	36.650	109.16％
崇文馆	810.000			
左 卫		540.000		
左金吾卫	9009.500			

京　司	贞元十二年(贯)	元和九年(贯)	本数增减(贯)	本数变动(％)
右金吾卫	9000.000			
左金吾引驾仗	6120.000			
右金吾引驾仗	3369.000			
左街使	3916.380			
右街使	1860.830			
十王厨	20.000			
十六王宅	392.825			
太清宫	1000.000			
崇元馆	500.000			
三卫使	500.000			
监食使	74.050			
西京观察使	5046.805			
京兆府	48889.224			
京兆府御递院	2500.000			
皇城留守	1234.800			
万年县		3400.600		
长安县		2745.433		
总　计	243662.374	53479.254		

德宗方于贞元四年(788)拟议别置诸司食钱,而贞元十二年(796)四月礼部尚书李齐运请求增添食本时曰:①

　　当司本钱至少,厨食阙绝,请准秘书省、大理寺例,取户部阙职官钱二千贯文,充本收利,以助公厨。(《册府元龟》卷五〇六《邦计部·俸禄二》)

---

　　① 《册府元龟》同卷另条作贞元元年,《唐会要》卷九三《诸司诸色本钱》亦作贞元元年,皆误。据严耕望考证,李齐运在贞元十二年三月始为礼部尚书,故本条应置于贞元十二年。严氏考证见:《唐仆尚丞郎表》(台北:"中研院"史语所专刊",1956),833页。

由此看来,不仅礼部食本乏绝,秘书省、大理寺等司,甚至其他未曝光的各官署,都可能在历经战乱或灾荒后,遇到同样的问题。在百官议置食本后的这段时间里,诸司纷纷请求置食本,因此可以断定贞元十二年(796)御史中丞简勘的本数,应该就是食利本钱,而非其他诸色杂本。从德宗的专意置食本,到全面查核食本,食利本钱在唐后期的地位显然已大幅跃升,其受重视的程度绝非其他本钱可以相提并论。这样的转变,无宁是公廨本与食本这两大制度此消彼长的关键时刻,而各自所代表的功能,也在潜自蜕变、转化中。①

从贞元四年(788)到贞元十二年(796)的八年间,陆续补足食本的只有71司,其他未见诸明文的各司,本数显然未能达到预定标准,可见庞大的本钱预算,对德宗政府而言是个不小的负担,它必须分年分期编列,或找出可挪用的财源,方能解决本数问题。从李齐运的请求推测,当时政府可能根本没有办法编列足够的预算,拨付给各司以为食本,所以秘书省等司才将脑筋动到部门经费结余上,以阙职官钱充本。这样的机会,这样的特殊财源,以及二千贯文的可观数量,大概不是一般层级较低的曹署能够争取得到的。从这足数的71司来分析,若不计论本数多少,竟发现京司中的重要官署,几乎全部在列,这包括三省、六部、一台、九寺、四监。这23个重要单位都足数,至少代表政府确实认真看待公务厨食制度,其象征意义不能等闲视之。整体来说,贞元十二年(796)简勘的诸司,表现出与开元时期不同的特色有:

一、诸王府与诸庙、学初见置食本:贞元简勘足数首列十王厨、十六王宅。《长安志》卷九朱雀街东第五街有十王宅,系先天后附苑城为之。后六王又封入内宅,是为十六王宅,②有学者认为已由禁苑扩张向兴宁坊。③贞元简勘食本并置十王厨与十六王宅,则二处当属不同宅院,且各有食堂,各置食本。开元二十九年(741)又诏两京及诸州置玄元皇帝庙,并置崇玄学。④ 天宝二年(743)改西京玄元庙为太清宫,依道法醮,改崇玄学为崇玄

① 安史乱后,贞元十二年简勘前,京司食本的窘况及户部添借情形,见:杜梭,《唐后期"户部"添置京司食钱考述》,《河北师院学报》1988:1,129—130页。
② 《旧唐书》卷一〇七《玄宗诸子·凉王璿传》,3271页。
③ 杨鸿年,《隋唐两京坊里谱》(上海:上海古籍出版社,1999),435页;辛德勇,《隋唐两京丛考》(陕西:三秦出版社,1991),25—26页。
④ 《旧唐书》卷九《玄宗下》,213页。但《新唐书》卷四八《百官三》注为开元二十五年。

馆，习道学。① 但是道教之宫庙与学校也置食本，这是开元期所未见。上述特定之王府与庙、学置食本，或许不能只看成是个案，其他诸王府及以儒学为主的诸庙学，是因根本无公厨，或只因未达足数，所以不在列，值得玩味。至于诸王府与诸庙、学置公厨的目的，是否为了公务午时一顿，也是该省思的另个课题。

二、六部下各司亦置食本，尤其是主掌铨选的单位：开元年间只见六部置公厨，而贞元十二年（796）的其下二十四司中，有五司本数已足，显示唐后期的置厨单位已向下延伸。不过最让人瞩目的是，仅吏部就列出12个专司，占了足数71司中的1/6强。除了司勋、考功二司外，尚书铨、东、西铨、流外铨为铨选机构，南曹负责检勘选人所交文簿，甲库管理官吏的档案资料，②功状院可能与考课殿最有关。白院、急画不明其职责，既与选授各司并列在一起，想来也是吏部下的专司。主事品秩虽低，但也自成一机构，让人有些讶异。铨选固然为国家要务，分工精细也是理所当然，却不料公厨食本竟也分画得如此细致，在在凸显出国家对选务的重视，与其优先让各司列为足数的急切心意。

三、秘书省等三省与九寺、五监、东宫、十六卫的下属机构，纷纷独立置本：司天台属秘书省；太常礼院、太仓、宫苑总监、左藏库分属太常寺、司农寺、太府寺；中尚（署）属少府监。这些下属单位政府也补助食本，但总不如其上司被优先考虑。开元别借食本虽然只列出左、右春坊，愚意已判断东宫各级官署应也置本，而贞元十二年（796）简勘足数者包括詹事府、家令寺、太子仆寺、诸率府等，适可证明此项推测不误。肃、代以来，北衙军势日盛，诸卫兵相对不受重视，从食本足数所列来看，似只有掌宫中、京城巡警的左右金吾卫还有一定的分量，而其下的左右街使、左右引驾仗也单独置本，更说明该系统在十六卫中的特殊地位。

四、使职固定化者，倾向设厨置本：唐代的使职差遣自高宗武后时开始

① 《旧唐书》卷二四《礼仪四》，926 页；《新唐书》卷四八《百官三》，1252－1253 页。崇玄学置于玄元皇帝庙或太清宫之下，兼有治统庙制与庙学制之意味，只是所代表的是道学，而且学校置于庙之下。有关治统庙制与道统庙制的关系，及庙学制的成立与特色，高明士师有深入专论，见：《中国传统政治与教育》（台北：文津出版社，2003），下篇第二章；《东亚教育圈形成史论》（上海：上海古籍出版社，2003），第一章。

② 唐代各铨选机构及其职司，可参考：王勋成，《唐代铨选与文学》（北京：中华书局，2001），140－146 页。

增多,玄宗时达到高潮,唐后期则普遍盛行。[1] 有些使职由随事补苴,临时差遣,渐渐发展为有固定职权,甚而取代原有的职官系统。亲、勋、翊三卫,原本分属于十六卫与太子诸率府,[2]但贞元十二年(796)简勘本数时有"三卫使"一职,似出现一个专门统管三卫的新使职,并且还设官署、置公厨、有食本。监食使不见于唐代史料,仅知原本以殿中侍御史二人为廊下食使,督责食时之礼仪与秩序,《新唐书》卷四八《百官三》:"两班三品以朔望朝,就食廊下,殿中侍御史二人为使莅之。"御史台职权自安史乱后渐被削弱,[3]或许连廊下食使的权力也遭侵夺,但也不无可能是另派他人为监食使,专责廊下食之外的君臣宴饮礼仪。[4] 值得注意的是,监食使似非如廊下食使般地临事执行其权力,而应已成立专门机构,国家才会固定颁给食本。两京观察使殆即京畿观察使,《新唐书》卷六四《方镇表一》谓置于广德二年(764),以御史中丞兼之。但《旧唐书》卷一一一《代宗纪》广德二年(764)条:"复置京畿观察使。"则在此之前已曾置京畿观察使。唐后期诸使职有些已非临时差遣,凡于简勘中列出食本者,该使职已趋于固定化矣!

五、两京及其属司也置本,同纳入京司简勘之列:高宗定制州县公廨本钱时,包含两京在内,京兆府与河南府并未纳入乾封京官俸制中。然藩镇势起之后,中央权力及所控制的地区大幅减缩,两京遂由一般州县,转而视为中央直辖之京司机构,贞元简勘食本将两京诸司也列入查核对象,正反映这样的变化过程。京兆府既然置食本,河南府相应地也该有食本;东都御史台置本,东都其他诸司想来不应付诸阙如。京兆府御递院未见于史籍,大概为传宣诏旨而设,则与其相对地进奏院,或京兆府其他下属各司,恐怕只因未达足数,而未列在简勘名单中。皇城留守总兵保卫宫廷,在禁中内变时常能发挥关键作用,[5]此一要司当然不能独漏置食本。

比较开元时期与贞元十二年(796)京司置公厨与食本的情形,显然唐后期具有向下延伸与横向发展同时并进的趋势,不仅行政体系的主管官司

---

[1] 陈仲安,《唐代的使职差遣制度》,《武汉大学学报》1963;1,87—103页;何汝泉,《唐代使职的产生》,《西南师大学报》1987;1,56—73页;宁志新,《隋唐使职制度研究》(农牧工商编)(北京:中华书局,2005),94—123页。

[2] 有关三卫的身分归属与职司,详《唐六典》卷五《兵部郎中员外郎》条。

[3] 胡沧泽,《唐代御史制度研究》(台北:文津出版社,1993),13—17页。

[4] 《职官分纪》卷一四《御史台·推直官推勘官》:"监食使、监香使掌国忌行香,二使临时充。"这是宋代的情形。或许唐代的监食使也在国忌行香后负责维持宴饮礼仪与秩序。但宋代的监食使为临时充,唐代的监食使既有固定食本,当已有固定机构与公厨。

[5] 如《新唐书》卷八一《三宗诸子·谯王重福传》重福反,守军闭皇城诸门以拒,重福遂溃,走山谷,"留守裴谈总兵大索",磔之。此留守应即皇城留守。

置厨食利,其所属各馆、院、司、局、曹、署、监、仓、库等也都纷纷设置;诸王府、庙、学、诸使、两京官司也有食本,则明显系新的开展与处置。公厨原为供诸司官吏午时一顿,食本有节省政府预算的作用,无论贞元时期还能否保有贞观朝优劳官吏勤于治事的理想,但京司置本普遍化、细分化、深层化的趋势已是显而易见,而单独置本的各司,也应远较开元时代大幅成长。由于贞元初国家财政尚属艰难,所以官厨有阙,食钱不充的问题事实上是颇为棘手的,因此真正能置足本钱,或至少能让公厨运作下去的的京司,可能远少于所预期的诸司。

唐后期食本与公厨的普遍设置,固然不无浮滥之嫌,但为了优劳官吏以待贤者,也为了维系等级秩序及方便处理公务,让公厨细分化实有保持其机动性与便宜性之作用。然食本欠缺的问题依旧相当严重,在贞元简勘后的九年,顺宗已因“百司官钱,久未疏理”,“食料既亏,公务则废”,而都计借钱约二万六千贯,[1]算是继贞元简勘后一次大规模的添填本数。但这次支给并未能遏止本钱的持续流失,宪宗在意识到情况的严重性后,于元和九年(814)八月又下诏曰:

> 诸司食料钱,缘初令户部出放已久,散失颇多。……其诸司食利,亦准此勘会。其合征钱,便充饭钱,若数少不充,以其前件除陌五文钱,量所欠添本出放。……仍委御史台一人,专知勘覆。(《册府元龟》卷五〇七《邦计部·俸禄三》)

顺宗借本后又经九年,诸司食钱再次面临匮乏的窘境,宪宗命以户部除陌钱量给,并委御史台勘覆。而也就在三个月后,户部将勘会诸司食利本钱的结果奏上:

> 令准敕,各牒诸司勘会,得报,据秘书省等三十二司牒,应管食利本钱物五万三千九百五十二贯九百五十五文。(各随司被逃亡散失,见在征数额,与元置不同,今但据元置数额而已)(《册府元龟》卷五〇七《邦计部·俸禄三》)

元和九年(814)秘书省等三十二司的食利本钱,与贞元十二年(796)的简勘本数应该都是元置数额,所不同的是,贞元十二年(796)将本数足的各

---

① 《册府元龟》(台北:台湾“中华书局”,1972),卷五〇七《邦计部·俸禄三》,6083 页。

司列出，元和九年（814）的三十二司则是欠本利严重者，这从户部奏报后次月的宪宗敕可以看出："其御史台奏，所勘责秘书省等三十二司食利本钱数内，有重摊转保，称甚困穷者，据所欠本利并放。"而所放者纳利已有至五倍、十倍以上。[1] 如果从表十六比较贞元十二年（796）与元和九年（814）所列诸司，则发现行政体系中的主要决策机构或政务机关，即三省、六部、一台，及其下的二十四司、诸馆院与铨选单位，全都未列于欠利严重名单中，反倒是执行机构或事务机关，[2]如九寺、五监，与内三省、东宫官属，本钱散失甚多。虽然这不代表负责决策或政务的机构，食本都是足数，但至少说明食本的丰欠与营运状况，不完全受制于捉钱人的纳利能力，该机构的大小闲剧及政府对它的重视程度，都会影响本钱的多寡与足否。以都省厨本为例，元和二年（807）尚书左丞郑元请取河中羡余三千贯充助，宪宗从之。然议者论之曰："省司公膳，自有成制，苟或不足，当更请于上，不宜以前任羡财而私加也。"[3]可见都省食本散失非不严重，只是政府关注之，有心填补之，甚至得之不以其制也能容忍之。类似的情形若出现在其他决策机构，想来也不令人意外，而这或许就是元和简勘背后所隐含的深意。

比较表十六诸司，两个年度都列出者计 23 司，单列元和九年（814）者计 9 司，其中包括殿中省下三局，东宫所属二率府，十六卫之一的左卫，京兆府之二县，以及不见于史料的内中局。如前文所述，唐后期公厨与食本的设置趋于普遍化，并向下属机构延伸，此于元和九年（814）的三十二司中再次得到印证。本利严重不足的三十二司中，内三省与东宫就占了 14 司，计 43.75％，为何政府不先考虑补足与奉御有关之诸司？除了因其非关民生，不为要务，所以不急于处理外，藩镇与宦官内外交逼，致皇权低落，大概也是原因之一。诸司中较特别的是万年、长安二县，其情况一如贞元十二年（796）的京兆府，都是在中央受藩镇胁制后，无力控管地方州县，只能就近将与其利害相关的京畿府县，纳入管理范围内。

表中另个让人关注的焦点是诸司的食本数。如果与开元别借食本相比，最显然的差别是贞元、元和食本的整数极少，零数甚多，连贯以下的若

---

① 《册府元龟》，卷五〇七《邦计部·俸禄三》，6086 页。

② 唐代的决策机构为政事堂，由三省长官及授命者组成。尚书六部为政务机关，九寺、五监等为事务机关。关于唐代的决策体制，可参考：袁刚，《隋唐中枢体制的发展演变》，第1—5章。谢元鲁，《唐代中央政权决策研究》，第1—2章。尚书六部与九寺、五监、东宫、十六卫的关系，可参考：严耕望，《论唐代尚书省之职权与地位》，收入：《严耕望史学论文选辑》（台北：联经公司，1991），431—480 页。

③ 《册府元龟》卷五〇七《邦计部·俸禄三》，6083 页。

干文都计出,不得不让人怀疑这样的"元置数额"是否全部来自政府颁给?食本的来源,本章第四节有详细讨论。但如史料所见,政府赐与本钱大致皆为整数,①而表中食本多数不归整,应与其来源多端有关。唐太宗议制公厨时,并无官给本钱的想法,而是"取其奇羡之积"以为本钱。② 诸司羡余难免有畸零,再加上因本生利或因而欠利,很难刚好是整数。元和十二年(817)正月,门下、中书二省分别奏直省院本钱,各准建中敕,"以留院入钱置本",或"当院自敛置本"。③ 留院钱为本,可能只是直省院诸用途之结余;当院自敛置本,则更不可能排除小额、零碎的本数。何况诸司食本为长期累积下来的,历经征放欠利之后,必然会有零数,即使政府再添借本钱,也是立基于剩余食本之上。这样看来,贞元、元和简勘的食本鲜有整数,也就不足为怪了。

　　表中两个年度所列各司,虽然一为足数,一为欠利严重者,④但其本数都是"元置数额"。比较23个同列本数的各司,18年间变化甚大,12司增多,11司减少,增多者有至7-8倍以上的,减少者还不到前次1/10的数额。同一司差距幅度如此之大,不是史料记载有误,就是期间别有添借而史不传言,或是该司捉放不当,致欠利过多而赊本。代、德之际,政府根本无力一次筹足款项为各司置本,因此所谓的"元置数额",应非政府出借食本之始置数额,而是以添填、折耗多年营运之后的某一年为基准年,以当年食本数为基准数。这种新旧本钱并计的情形,尤其在请求赐本时最易看出,如大和元年(827)殿中省奏:"尚食局新旧本钱总九百八十贯文。"⑤开成三年(838)七月敕:"仍委都省纳勒旧本及新添钱,量多少均配。"⑥设定为基准年的元置数额,该当通记历来的新旧本钱。政府简勘时,就以此元置数额,对照简勘当年的见在数额,而认定其是否足数,或是否欠利严重。这就是为什么元置数额有些很畸零,而且同一司两个年度的元置数额有时相差那么悬殊的原故。贞元简勘有所谓的"足数",政府常根据诸司之大小

---

①　较例外的是,《册府元龟》卷五〇七《邦计部·俸禄三》贞元二十一年七月敕,借百司本钱都计25943.699贯,即非整数,大概因系本钱有多种来源,又零散分与多司之故。

②　《全唐文》卷五二三崔元翰《判曹食堂壁记》,5321页。

③　《册府元龟》卷五〇七《邦计部·俸禄三》,6087页。

④　杜梭以为,户部申报或添置食本的只是秘书省等三十二司。见:《唐后期"户部"添置京司食钱考述》,132页。但愚意以为,户部简勘在京各司,只是贞元十二年呈报的是足数各司,元和九年则是欠利严重者。

⑤　《唐会要》卷九三《诸司诸色本钱下》,1684页。

⑥　《唐会要》卷九三《诸司诸色本钱下》,1685页。

闲剧赐给本数,而元置数额大抵不应低于足数,但超越足数多少,似乎也无上限。

贞元、元和二年度并列的京司共23个,其合计食本数自57290.637贯减至45034.721贯,18年间少了21.4%,①这大概是捉钱不力,本利亏欠的结果,也是唐政府为何要每隔若干年填补本数的原因。贞元简勘足数者有71司,食本总数为243662.374贯,虽然此时置食本的京司可能是唐初褚遂良所言在京七十余司的二、三倍之多,但即使如此,贞元食本各司的总数大致也不会少于50万贯。如比较京官俸禄,贞元四年(788)京文武官岁俸总额为61万贯,②而主供午食一顿的食利本钱竟也与之相去不远,其数量可谓相当不小。就诸司个别的食本而言,数量最多的是京兆府,有48000多贯,是唐前期公廨本钱3800贯的12倍多。相对于两个京县的3000贯上下,前期公廨本钱为1430贯,只有2倍左右的增长幅度,相去诚不可以道里计。政府原设定诸司的食本数目前已难知悉,但从不同类型机构的食本数来比较,应可略窥政府置本之标准与方式:③

表十七　同类型京司平均食本数比较表

同类型京司	平均食本数(贯)	
	贞元十二年	元和九年
三　省	6727.759	
六　部	4086.121	
二十四司	581.771	

---

①　有学者认为元和食本可能是建中额,所以判断食本在持续增加。见:李锦绣,《唐代财政史稿》(下卷)(北京:北京大学出版社,2001),1164页。然愚意以为即使建中敕曾许诺自敛置本,也不过是赐与、征放、羡余等诸来源之一,不能率然认定元和食本就是建中额。

②　《唐会要》卷九一《内外官料钱上》,1661页。关于大历、贞元间的几次京官俸的变动情形,可参考:陈明光,《唐代财政史新编》,266页;黄惠贤等主编,《中国俸禄制度史》(武汉:武汉大学出版社,1996),216—218页。

③　1.本表只将部分便于归类,方便比较者列出,其他较零碎或非重要公务机构,皆从略。

2.所列之同类型京司,以贞元、元和二年度有食本者为限,并非所有各司皆在列。如:六部缺吏部;二十四司实只有五司;九寺属司与五监,贞元十二年各四个,元和九年各三个;东官官包括属司在内,贞元十二年有六个,元和九年有七个;十六卫总共只有三个,十六卫属司有四个。

同类型京司	平均食本数（贯）	
	贞元十二年	元和九年
一 台	18591.000	
九 寺	4453.825	2580.953
九寺属司	1546.856	1902.560
五 监	1738.048	1865.327
东宫官	696.539	865.348
十六卫	9004.750	540.000
十六卫属司	3816.553	

御史台食本数居各类型京司之冠,当与其总监察,地位高,职司要,员数多有关。就其他诸类型而言,决策机构三省的平均本数,高于政务机构六部的平均本数。九寺、五监虽同属执行机构,但前者员数多、事务杂,本数既远高于五监,且不低于向其发布政令的六部。贞元、元和两个年度列出的属司并不算多,但共同特色是六部、九寺、十六卫各属司的平均本数,均低于其主司的平均本数,相信这不是偶然的,而是政府精心配置的结果。东宫属官品位不低,但似属闲司,所以食本数不高;反之,十六卫的左右金吾卫及其属官,或许因掌宫中、京城之巡警与仪卫,为剧务要司,故本数竟意外的高。尽管两个年度同类型京司的本数多少有些变化,但上述的基本趋势仍大体不差。元和十五年(820)、长庆元年(821)两次诏给内外百官食本,其分配方式是:"据司大小,公事闲剧,及当司贫富,作等第给付。"①看来在京各司食本数的配给,正是按这样的标准来运作。

食本与公厨的设置,原则以各司为单位,但有时也会因公务需要,必须依实际情形做弹性调整,如《新唐书》卷四七《百官二》中书舍人条:

> 一人知制诰,颛进画,给食于政事堂。

中书舍人本有自己寓食之廨署,李泌请减谏官时,曾将所余谏官移与中书舍人共食。② 但知制诰的中书舍人地位特殊,为便于其起草诏书,允

---

① 《唐会要》卷九三《诸司诸色本钱下》,1683—1684 页。

② 《新唐书》卷一三九《李泌传》,4636 页。

其列席政事堂会议,并得食于堂厨。① 类似中书舍人可能两处给食或列食本的,还有刑部与大理寺官,《旧唐书》卷一六《穆宗纪》长庆元年(821)五月条:

> 刑部四覆官,大理六丞,每月常须二十日入省寺,其厨料令户部加给,从(御史)中丞牛僧孺奏也。

大理寺将诸司百官所送犯徒以上,及九品以上犯除免官当,庶人犯流死者,上尚书省刑部覆核,刑部覆有异同者,下大理寺更详其情或改断;凡决死刑皆于中书门下详覆。② 因此,刑部四覆官需至大理寺或中书门下议事,而大理六丞也需至刑部议事,为了方便公务的执行,除了于各本司设厨置食本外,也命户部就近加给省寺厨料,两处设食。不过最显然地需于诸处并列食本的,其实是各宰相。唐初已有政事堂制度,诸司之官兼知政事者,通常"午前议政于朝堂,午后理务于本司",③然而开元以后"始崇其任,不归本司",④决策之所改称"中书门下",成了宰相专门办公的地方。但宰相的食本费用可能不只编于堂厨中,如元和十二年(817)正月勘会疏理中书、门下二省食利本钱时,就列出宰相及其下属官的食本总数。⑤ 但在此同时,专供宰相设食的堂厨始终存在,开成四年(839)宰臣李珏奏:"堂厨食利钱一千五百贯文。……两省亦有此钱。"⑥更证明了宰相可能因其职务,或以他官参预机务,而于两处公厨列置食本。盖唐代宰相多为兼职,本官所属机构自不能将之排除于当司公厨之外,故两处列食本,非无道理。

唐后期自贞元四年(788)议置百官食钱,贞元十二年(796)大规模简勘后,食利本钱的问题似乎引起唐政府的高度兴趣与注意,为了解决各司本数不足的困扰,曾个别性的、集体性的多次赐与本钱,兹将贞元十二年(796)以后赐与京司食本的情形列表示之。⑦

① 中书舍人地位、权力的演变及其与宰相的关系,可参考:谢元鲁,《唐代中央政权决策研究》,80—83 页。

② 关于司法机关的复核制度,大理寺、刑部之相互关系,及案件之复核过程,见:钱大群、钱元凯,《唐律论析》(南京:南京大学出版社,1989),329 页;刘俊文,《唐代狱讼制度考析》,收入:《纪念陈寅恪先生诞辰百年学术论文集》(北京:北京大学出版社,1989),242—266 页;又,《唐代法制研究》,204—206 页。

③ 《通典》卷二三《职官五·吏部尚书》(北京:中华书局,1988),632 页。

④ 《旧唐书》卷一〇六《杨国忠传》,3244 页。

⑤ 《册府元龟》卷五〇七《邦计部·俸禄三》,6087 页。

⑥ 《唐会要》卷九三《诸司诸色本钱下》,1685 页。

⑦ 有少数个案未明言是食本,但因贞元以后最重要的本钱即食本,故姑且列入。

表十八　贞元十二年(796)以后赐京司食本表

编号	年　代	内　容　摘　要	附表编号
1	贞元二十一年(805)七月	中书门下奏：敕厘革京百司息利本钱，……其本事须借钱添填，都计二万五千九百四十三贯六百九十九文。……仍请以左藏库度支除陌钱充。	65
2	永贞元年(805)八月	在集贤，奏秘书官六员隶殿内，而刊校益理。……求遗书，凡增缮者，乃作艺文新志，制为之名曰贞元御府群书新录。始御府有食本钱，月权其赢以为膳。	67
3	元和二年(807)正月	尚书左丞郑元请取河中羡余钱三千贯文，充助都省厨本。从之。	68
4	元和二年(807)闰十月	集贤殿大学士中书侍郎平章事武元衡奏：以厨料欠少，更请本钱一千贯文，收利充用。	70
5	元和九年(814)八月十五日	诸司食料钱，缘初令户部出放已久，散失颇多。……其合征钱，便充饭钱，若数少不充，以其前件除陌五文钱，量所欠添本出放。	76
6	元和九年(814)	户部除陌钱每缗增垫五钱，四时给诸司诸使之餐。	79
7	元和十五年(820)二月	仍每经十年，即内外百司各赐钱一万贯充本。据司大小，公事闲剧，及当司贫富，作等第给付。	89
8	元和十五年(820)八月	赐教坊钱五千贯，充息利本钱。	90
9	元和十五年(820)十月	京百司共赐钱一万贯，仰御史台据司额大小、公事闲剧均之。	91
10	长庆元年(821)三月	添给诸司本钱，准元和十五年五月十一日敕，内外百司，准二月五日敕文，宜共赐钱一万贯文，以户部钱充。	93
11	长庆三年(823)十一月	赐内园本钱一万贯、军器使三千贯。	95
12	长庆三年(823)十二月	赐五坊使钱五千贯，赐威远镇一千贯，以为食利。	96

编号	年　代	内　容　摘　要	附表编号
13	大和元年 (827)十二月	殿中省奏："尚食局新旧本钱,总九百八十贯文,伏以尚食贫虚,更无羡余添给。……"勅旨,赐本钱一千贯文,以户部五文抽贯钱充。	98
14	开成三年 (838)七月	尚书省自长庆三年赐本钱后,岁月滋久,散失颇多。……除旧赐本钱征利收及吏部告身钱外,宜每月共赐一百贯文,委户部逐月支付。	104
15	开成四年 (839)六月	宰臣李珏奏,堂厨食利钱一千五百贯文。……今勘文书堂头,共有一千余贯,所收利亦无几。……假令十年之后,更无此钱,直令户部供给亦得。	106
16	会昌元年 (841)六月	户部奏,准正月九日敕文,放免诸司食利钱,每年别赐钱三万贯文,充诸司公用。……准长庆三年十二月九日敕,赐诸司食利本钱共八万四千五百贯文。……其御史台频得报牒称,本钱数多,支用处广,……今请每月合得利钱数外,每月更添至三百贯文。内侍省据自司报牒称,省内公用稍广,利钱比于诸司最多,今请于合得钱外,亦添至三百贯文。兵部吏部尚书等铨一十一司,缘有旧本钱准敕放免,又有公事,今请每月共与一百五十贯文,并中书门下御史台及兵吏部诸铨,每年共当六千八百二十九贯六百文。	109
17	会昌二年 (842)正月	去年赦书所放食利,只是外百司食钱,令户部共赐钱讫。	111

　　在个别的赐与方面,表中除了与内诸司有关者外,最主要的就是赐都省厨本与堂厨食本。继元和二年(807)取河中羡余钱3000贯充助都省厨本后(编号3),长庆三年(823)、开成三年(838)又陆续赐与本钱(编号14),而长庆三年(823)的赐与若非于开成三年(838)敕提到,可能已湮灭此一事实。在堂厨食本方面,元和二年(807)闰十月中书侍郎平章事武元衡所请本钱1000贯(编号4),指堂厨食本的可能性甚高。开成四年(839)宰臣李珏所言堂厨利钱1500贯(编号15),或许是其该有之足数,唯该年勘责只

余 1000 余贯,李珏又假设十年后本皆耗尽,需由户部供给,似其已看出堂厨食钱波动甚大,千余贯本每十年就有耗尽危机。都省与宰相是最高行政单位与首长,皇帝多次针对性地个别赐与,显示三省食本是推助政务运作的重要动力。集贤殿书院的食本一直为数不少,永贞元年(805)方其校理遗书,增缮新志时,似又另设名为御府之组织,并置食本(编号 2),想来集贤院总本数会随其刊校情况而做增减异动。

集体赐食本者,如表十八所见,计有贞元二十一年(805)、元和九年(814)、元和十五年(820)二月、十月,长庆元年(821)三月、长庆三年(823)十二月、会昌元年(841)等数次(编号 1、5、6、7、9、10、16)。[1]赐本对象除了在京南衙各司外,有时亦包括内诸司使。赐与之本数,可能视政府的财政状况,各司所欠本数,以及各司等第而定。其数量自贞元二十一年(805)单次的 25000 余贯(编号 1),到元和十五年(820)的每十年给诸司 10000 贯(编号 7)。长庆三年(823)的 80000 余贯看来是一次所赐(编号 16),而会昌元年(841)以后竟成为每年别赐 30000 贯(编号 16)。从三十余年的赐本记录里,我们看到政府赐与的数量越来越大,密度越来越高,这不但意味着欠利赊本的问题渐形严重,也反映出食本必有其存在的价值,让政府不得不积极填补这项财务缺口。然而,唐后期的岁入所得并不尽理想,学者估计元和年间的两税收入比初行两税法的建中年代约少三分之一,[2]无论这是由于藩镇截留、军费耗繁、钱重物轻,或中央调剂能力不足所致,[3]都会影响政府的财政收支。如元和十五年(820)二月敕文已许内外百司每经十年赐钱 10000 贯(编号 7),但或许是因户部一时筹不出那么多钱,不免一再拖延,于是穆宗连续于元和十五年(820)五月十一日与长庆元年(823)三月下诏(编号 10),重申这项既定政策。另外,政府也对性质相同的诸司集体赐与食本,如会昌元年(841)的兵吏部等铨十一司,每月共与 150 贯(编号 16)。贞元十二年(796)简勘时,不少铨选机构已列为足数,此处又见政府集体赐本,实可感受其受重视的程度。自会昌元年(841)起,政府每年赐诸司 30000 贯以充公用,其中,中书门下御史台与诸铨共当 6800 多

---

① 长庆三年十二月的赐与食本,载于会昌元年六月条中。

② 陈明光,《唐代财政史新编》,260—262 页。

③ 两税法后政府财税状况的变动及其影响因素,可参考:陈明光,《唐代财政史新编》,254—264 页;日野開三郎,《楊炎の兩税法における税額の問題》、《唐代兩税の分収制》、《藩鎮時代の州税三分制について》、《兩税法と物價》,收入:《日野開三郎東洋史學論集》4《唐代兩税法の研究——本篇》(東京:三一書房,1982)。

贯,就占了1/5强,这大概是所谓据司大小闲剧,依等第给付的最佳见证。

唐朝中叶以后,宦官势力日益增强,北衙诸司使分布细密,组织庞大,掌握军政大权,与南衙系统成对立之势。① 当在京百司皆设公厨与食本时,宦官觊觎之心也油然而生,同样想染指厨食制度。玄宗时期闲厩使、五坊使已设公厨。中期以降,宦官更因掌握诸使职,而侵夺了一些原属于南衙诸司的职权,②并随之普遍置本,甚至获得皇帝青睐,单独厚赐食钱。贞元十二年(796)简勘以前,代宗已于大历六年(771)赐军器使公廨本3000贯,充使以下食料等用,③或许其中就包含食本在内。内诸司使的嚣张,及穆宗对宦官的宠信,亦可于长庆前后短期内大量赐与其食本看出。宪宗方为宦官所弑,穆宗非但不能讨贼,还在三年内连续两次各赐五坊使食本5000贯(编号8、12),又于长庆三年(823)赐内园使10000贯、军器使3000贯(编号11)。唐政府赐各别内诸司使食本,动辄成千上万贯,这连前述的堂厨或都省赐本都远不及此,可见宦官对政权的影响之大与掌控之深,而这少数的几个高额赐本的案例,相信不过是内诸司使普遍、大量置本的代表。长庆三年(823)又赐威远镇军钱1000贯以为食利(编号12)。唐后期中央禁卫军,在南衙是金吾诸卫兵,在北衙是神策军、六军和威远营。威远镇置于德宗时,由中官主掌,④长庆三年(823)赐食本1000贯,似乎只能视为诸北衙禁军皆置食本的一个傍证。宦官在中晚唐展现的实力,不仅于干预朝政、参与皇位争夺、把持各项权力,或控制地方政治,⑤连食本与公厨这类看似不起眼的小事,也表露其大有凌驾南衙各司的形势。正因为诸使诸军不断增添本钱或新置本钱,所以制敕或奏书中已常将二者与南衙诸司同称并举,如元和十一年(816)八月敕:"京城百司诸军诸使及诸道应差所由,并召人捉本钱。"⑥又,十四年(819)十月御史中丞萧俛奏:"应诸司诸军诸使公廨诸色本利钱等,……伏以南北诸司,事体无异,纳利百姓,皆陛下

① 唐长孺,《唐代的内诸司使及其演变》,收入:《山居存稿》(北京:中华书局,1989),244—245页;王寿南,《唐代宦官权势之研究》(台北:正中书局,1971),98—100页。

② 赵雨乐,《唐宋变革期之军政制度——官僚机构与等级之编成》(台北:文史哲出版社,1994),77—78页。

③ 《唐会要》卷九三《诸司诸色本钱上》,1677页。

④ 张国刚认为威远营隶属南衙。(《唐代北衙六军述略》,收入:《唐代政治制度研究论集》,143页。)但《旧唐书》卷四四《职官三》内侍省条:"德宗置左右神策、威远等禁兵,命中官掌之。"则威远镇军是由中官统领的北衙禁兵。

⑤ 王寿南,《唐代宦官权势之研究》,第4章。

⑥ 《唐会要》卷九三《诸司诸色本钱下》,1682页。

赤子。"①此处虽然泛指公廨诸色本钱，想来其时运用得最广的食本，必也包括在内，而吾人更可由诸军诸使的诸色本钱中，得窥宦官势力的无孔不入，及其积极掌握各种利益的强烈企图。宦官食本的普遍设置，显示该制已愈趋浮滥，不但偏离了原先勖勉官吏勤于治事之本旨，还使宦官得借之以牟利，并影占人户，役使百姓。

宦官的职掌，原本不过"给宫掖之事，供扫除之役"，②但既与宫中、供御等事务相关，则自易沦入宦官股掌中。③ 内诸司使的飞龙使、闲厩使、五坊使等，皆出自殿中省，或与之关系深厚，而唐后期的殿中监，实已无足轻重。④ 大和元年（827）殿中省奏请赐尚食本钱（编号 13），未尝不是在宦官主导下听命行事的。更显然地由宦官发动添给食本的，是会昌元年（841）六月户部奏提及的内侍省（编号 16）。文曰：

> 内侍省据自司报牒称，省内公用稍广，利钱比于诸司最多，今请于合得钱外，亦添至三百贯文。

宦官隶属于内侍省，执掌虽轻，而权势甚重。省司自言"利钱比于诸司最多"，则此宦官组织的食利钱必甚可观。户部同一奏中请给兵吏部十一铨每月共 150 贯，而内侍省为一闲冗之司，竟于合得钱外，再添 300 贯，政府对宦官控制机构如此大方，是南衙诸司难以相比的。

宫廷内的供食主要由司农寺负责，⑤但在直接供给食料外，宫中有时也另置食钱，如《新唐书》卷一七二《杜中立传》：

> 初，度支度六宫飧钱移司农，司农季一出付吏，大吏尽举所给与人，权其子钱以给之。既不以时，黄门来督责慢骂。中立取钱纳帑舍，

---

① 《唐会要》卷九三《诸司诸色本钱下》，1683 页。

② 《唐会要》卷六五《内侍省》，1132 页。

③ 宦官是不受律令拘束之侧近集团，直接掌理皇帝家事而得到合法权力。见：横山裕男，《唐の官僚制と宦官——中世的侧近政治の终焉序说》，收入《中国中世史研究》（东京：东海大学出版会，1970），411—425 页。

④ 内诸司使之种类、渊源与演变，参见：唐长孺，《唐代的内诸司使及其演变》，248—251，255—256 页；赵雨乐，《唐宋变革期之军政制度》，50—51 页；李锦绣，《唐代财政史稿》（下卷），493—496 页。

⑤ 关于皇帝、后宫的食料支出，见：李锦绣，《唐代财政史稿》（上卷），1144—1149，1156—1157 页。

率五日一出，吏不得为奸，后遂以为法。

度支将六宫飧钱拨交司农，由司农供办六宫厨料。司农用息利法处理，则六宫飧钱也有食本的性质。六宫本是皇后妃嫔宫人等住居之地，原无置本设公厨，处理公务之必要，大概是受到食利本钱盛行的影响，司农寺遂将可直接购买厨料的飧钱，当作食本生利给用。然其季一举贷，又不按时给付，宫中食料或有阙供，所以黄门宦者来催逼责骂。宣宗时，司农卿杜中立似乎恢复直接给付法，且五日一出，而吏自此不得因缘为奸矣！总之，六宫飧钱无论如何运用，宫内设食无论是否置食堂，大概都与公务无关，也不能视为公厨，而先前司农寺的滥以飧钱为食本，岂能体会贞观君臣宵旰殷忧的心情！

晚唐凶竖当国，奸雄乘衅，朝廷力不能制，长安还一度遭黄巢及诸道兵攻入，并纵兵剽掠，大肆劫夺，于是宫阙萧条，闾里荡然，无复帝都之旧观。此后强藩日盛，凌弱王室，江淮转运路绝，常赋不给，廊下赐食制度若非朱全忠为收买朝官，将难以为继，[1]而更经常性、全面性的诸司公厨，在所司缺供，财源匮乏的情况下，势必更不易运作，这或许就是晚唐京司食利本钱，不再见于史料的原因。

唐代的膳食供给制度种类复杂，[2]百司公厨不仅京司有之，地方州县亦有之。郑吉《楚州修城南门记》引刺史李荀之言：

> 掾曹有公膳，牙门有常饔，胥史有官厨，卫卒有给食。合而言之，曰廪飧钱者三百七十人。（《全唐文》卷七六三）

此处所记廪食人数应只就楚州而言，但所论述的廪食方式，则含括品官与吏卒。唐中叶以后因军事需要，府州于文职僚佐之外，增置军事僚佐，前者以民事为主，可称为"州院"，后者姑且对称为"军院"。严耕望认为掾曹指州院，牙门指军院。[3] 公膳与常饔，指的就是府州公厨对文武官吏的

---

① 《册府元龟》卷一〇八《帝王部·朝会二》："昭宗天复三年十一月，文武两班官员每遇一五九朝日，元帅朱全忠请排廊飧，诏曰：'百寮入朝，两廊赐食，迁都之后，所司阙供，元帅梁王，欲整大纲。'"廊下食似因朱全忠而恢复。

② 陈明光，《唐朝的食堂与"食本"》，收入：《汉唐财政史论》，124—125 页。

③ 严耕望，《唐代府州僚佐考》，收入：《唐史研究丛稿》（香港：新亚研究所，1969），104—105 页。

供食,①亦可谓是对外官俸禄的补充。

史料中言及公厨与食本者,多属在京各司,其实外官置公厨,早在贞观以前已然有之,但自太宗设定为因公务,供午食,并置本钱法之后,州县公厨才有了不同于古昔的风貌,只是唐前期外司公厨的运作状况,因资料所限,难道其详。

两京归属于中央或地方,前后期似乎各有认定。前期置公廨本钱,两京与诸州县并列,而未纳入京官岁俸的范围。后期因中央面临藩镇的挑战,两京动静倍受关注,于是将两京视同京司,不与一般州县齐等,像贞元十二年(796)、元和九年(814)两次大规模简勘京司食本,就将京兆府县也列于其中。东都受重视的程度或许不如西京,但元和六年(811)诏书提及河南陕府两处利钱添充餐钱事;②十一年(816)东都御史台奏请放免欠利者;③会昌元年(841)河南府又单独为食利本钱事奏上,④这些都不是一般州县能够享有的礼遇,或轻易上达天听的。唐后期两京的公厨与食本纳入京司范畴,应是可以确认的。

两京以外的州县,公厨与食本设置的情形可能未尽理想。安史之乱对地方财政的破坏不下于中央,食堂废毁,食本散佚,可能使州县公厨制度因之停顿,甚至就此永不再复。柳宗元《鄠屋县新食堂记》:

> 贞元十八年五月某日,新作食堂于县内之右,始会食也。自兵兴以来,西郊捍戎,县为军垒二十有六年,群吏咸寓于外。兵去邑荒,栋宇倾圮,又十有九年,不克以居。……及是,主簿某病之。于是且掌功役之任,俾复其邑居。廪库既成,学校既修,取其余财,以构斯堂。……得羡财可以为食本,月权其赢,羞膳以充,乃合群吏于兹新堂。(《柳宗元集》卷二六)

自战乱始作至复构斯堂,鄠屋县官吏历四十五年皆不得会食。若非主

---

① 这里的常馔不是指常食,京官常食由司农寺下的署、监等提供,外官常食主要来自公廨田收。清木场东于京司常食之支给原则、支给体制,有颇深入的分析,可以参看。见:《唐律令制时代の常食料制について——官僚の官给食—》,收入:唐代史研究會编,《律令制——中国朝鲜の法と国家》(東京:汲古書院,1986),305—308,309—320页。外官常食见于《册府元龟》卷五〇五《邦计部·俸禄一》乾封元年八月诏:"外官则以公廨田收及息钱者,常食公用之外,分充月料。"
② 《册府元龟》卷五〇七《邦计部·俸禄三》,6084页。
③ 《册府元龟》卷五〇七《邦计部·俸禄三》,6087页。
④ 《册府元龟》卷五〇八《邦计部·俸禄四》,6093页。

簿积极筹设,并找到财源,该县公厨能否重新运作,大有可疑。像螯屋县这样食堂毁于兵燹者,安史乱后各地可能相当不少,但如不能备齐前述之主客观因素,则公厨的重建还是遥遥无期。如太和二年(828)刘宽夫《邠州节度使院新建食堂记》叙河东柳公建食堂之因由曰:

> 既而定名分,补废阙,饰宾署,宏讲谦,视使院之狭湫,顾会食之无所,因喟然而叹。(《全唐文》卷七四〇)

类似状况亦见于咸通十三年(860)蔡词立《虔州孔目院食堂记》:

> 院食堂旧基圮陋,咸通七年夏,前太守陇西公遇时之丰,伺农之隙,因革廨署,爰立兹堂。(《全唐文》卷八〇六)

各处食堂都建于废毁破败之后,则在新建之前,公厨制度不是根本无法运作,就是虚应故事,聊备一格。后期地方公厨的最大问题应该是在财源,因为廨宇修治之费主要靠公廨本钱,公厨食料来自食利本钱,但两种本钱中央从未拨付,诏敕所赐的内外百司食钱,其实指的是内诸司与京百司,[①]并非直接赐与各州县。地方公厨的费用既需一切自筹,地方政府当视事情的轻重缓急,排定财务支出的优先顺序,而像公厨这种不急之务,就算当司有羡余,也未必肯用于食本。元和十一年(816)八月敕:"京城百司诸军诸使及诸道,应差所由,并召人捉本钱。"[②]这是目前所知,唐后期中央唯一的一次针对本钱问题,下达给地方的敕书,而且还不是纯然为食本而来。因此严格地说,中央对地方公厨与食本,似采放任,甚至漠视的态度,既不关心,也不在意公厨的存废与食本的有无,这与其对京司的一再赐与食本,又一再放免欠利,处置上实有天壤之别,此当与中央权威堕损,财政上受制于两税三分法,故无余力顾及地方的厨食制度,有莫大关系。

唐后期诸色本钱中用得最广的是食利本钱,但也只限于京司才如此,外司情况如前文所述,个别差异甚大,且普遍不受中央重视。外司食本与公厨的兴衰,取决于州县官吏是否有深心,当司财政能否适当调配,是以京

---

① 《唐会要》卷九三《诸司诸色本钱下》会昌二年正月敕:"去年敕书所放食钱,只是外百司食钱,令户部共赐钱讫。……如闻内诸司食利钱,皆以食利为名。"查会昌元年六月户部奏,所赐、所放都只是京百司,并非诸道州县的食钱。同样的,元和十五年二月诏:"内外百司各赐钱一万贯充本。"也指的是内诸司与京百司。

② 《唐会要》卷九三《诸司诸色本钱下》,1682页。

司食本财源渐枯竭时，外司却可能另有进展，像蔡词立《虔州孔目院食堂记》的食堂，就造于咸通七年(866)；连偏远的岭南道公厨，至少在咸通末年都还存在。① 总之，唐后期地方公厨与食本并未因战乱、藩镇等因素而全然废弛，它还在一些善体贞观遗意之官吏运作下，持续发挥"因食而集，评议公事"的功能。②

百司公厨是太宗为体恤官吏勤于治事而设，然此午食一顿若只限于品官，而让佐史等回家就食或自为之计，姑不论是否苛待佐史，即以官与吏的公务时间不同，不利公务的处理而言，就有必要也为吏设食。唐代社会相当讲求身分等差，官场中尤其注意相应的礼仪，③官与吏、流内与流外，森严划分，岂能容许混淆阶级秩序，故公厨区分官厨与吏厨，让官与吏分别和与其身分相当者会食，应是符合公务需要与礼制规范的。

郑吉《楚州修城南门记》谓："胥史有官厨，卫卒有给食"。胥史与卫卒既然别而言之，其供食方式定然不同。《唐六典》载仓部之给粮，流外长上等给口粮，卫士等征行或番还，给身粮。④ 特别值得注意的是胥史的廪食，除了依身分给予各自不同的粮料外，⑤也仿照品官置厨。如郑吉之文所述，府州之文武品官有公厨，与胥史之"官厨"分开设置，李翱《唐故河南府司录参军卢君墓志铭》：

> 旧事，掾曹之下各请家僮一人食钱，助本司府吏厨附食。司录家僮或三人或四人，就公堂余食，侵扰厨吏，弊日益长。君使请家僮二人食钱，于司录府吏厨附食，家僮终不入官厨。(《全唐文》卷六三九)

掾曹就食公堂官厨，其家僮为奴婢身分，仅能附食司录府吏厨之下。本条不单在颂扬司录卢君能革除积弊，也清楚指出公厨有官厨、吏厨两种，官厨为掾曹等品官会食之所，吏厨为佐史等小吏用膳之处。因此严格说，郑吉所谓的"胥史有官厨"，其实应该称为吏厨才是。

类似河南府家僮侵扰官厨的事件，可能经常发生于各地，如元稹《竹

---

① 《旧唐书》卷一七二《萧倣传》："咸通末，……出为广州刺史、岭南节度使，家人疾病，医工治药，须乌梅，左右于公厨取之，倣而命还，促买于市。"

② 《全唐文》卷八〇六蔡词立《虔州孔目院食堂记》，8472 页。

③ 关于唐代社会的阶级结构与官员间的礼仪，可参考：李斌城等著，《隋唐五代社会生活史》(北京：中国社会科学出版社，1998)，17—23、420—422 页。

④ 《唐六典》(北京：中华书局，1992)，卷三《仓部郎中员外郎》，84 页。

⑤ 各类胥史身分的粮料，李锦绣做了讨论，见：《唐代财政史稿》(上卷)，907—919 页。

部》诗曰：

> 我来荆门掾，寓食公堂肉。岂惟遍妻孥，亦以及僮仆。分尔有限
> 资，饱我无端腹。愧尔不复言，尔生何太蹙。（《全唐诗》卷三八二）

元稹以正直闻名，举劾严砺、王绍、裴玢等擅赋敛或违法侵夺案，[1]甚
为天下方镇所畏。然如此守官之人，仍不免让妻孥、僮仆沾取公堂厨食之
小小利益。想见这似是普遍存在，而人皆不以为非法的现象。同样问题也
出现在吏厨中，如《王梵志诗》卷二《佐史非台补》："食即众厨飧，童儿更护
当。"则是佐史等吏胥以吏厨食料，供养自己儿女。正因为各地的官厨、吏
厨总暗藏弊端，更凸显河南司录卢君的改革，相当难能可贵，而其清廉自持
的行径也令人激赏。

官厨与吏厨的供食内容即使有差别，但在公务考虑下，二者应相并而
生，同时运作。像前述河南府的官厨与吏厨，吏厨不是不存在，只是家僮附
食于官厨并不恰当。又如集贤院的院舍，学士厨院与书手厨屋就分在两
处，前者似乎是官厨，后者大概是吏厨，厨院与厨屋的名称之别也显示其等
级性。[2] 自开元年间别借京司食本，至贞元、元和的两次简勘，都说明国子
监应有官厨，然从史料傍证，其亦应有吏厨，《旧唐书》卷一四九《归崇敬
传》：

> 受国子司业，兼集贤学士。……会国学胥吏以餐钱差舛，御史台
> 按问，坐贬饶州司马。

官厨、吏厨既有区分，两种餐钱自应分开管理。国学胥吏与官厨无关，
自不会因官厨餐钱向御史台提起告诉，则归崇敬之坐贬官处分，或与其侵
夺吏厨餐钱有关，至少也是负监督不周之责。

从上述分析可知，吏厨亦如官厨，自中央至地方都应设置，由于其同样
秉持供午食一顿的方式，所以也算是对胥吏的一种福利措施。在吏厨的费
用方面，唐前期的情况完全不明，后期的食钱或许元和九年（814）十二月敕
可提供一些蛛丝马迹，该敕于勘责秘书省等三十二司食利本钱后曰：

> 其诸司应见征纳，及续举放所收利钱，并准今年八月十五日敕，充

① 《旧唐书》卷一六六《元稹传》，4331页。
② 孙逢吉，《职官分纪》（文渊阁四库全书本），卷一五《集贤院》，379页。

添修当司廨宇什物,及令史驱使官厨料等用。(《唐会要》卷九三《诸司诸色本钱下》)

这是疏理京司食本后,重申利钱亦供令史驱使官等厨料用。这样看来,吏厨费用至少有一部分亦源自食本。[1] 元和九年(814)敕提及胥史厨料,并不代表食利本钱自该年后才用于吏厨。前述国学餐钱的案例就发生在代宗时期,而此餐钱极可能与鱼朝恩判国子监,诣学设食,代宗赐餐本钱有关。[2] 又,元和十年(815)正月御史台奏:

> 其诸司食利本钱疏理外,合征收者,请改案额为元和十年新收置公廨本钱,应缘添修廨宇什物,及令史府史等厨并用。(《唐会要》卷九三《诸司诸色本钱下》)

元和十年(815)新收置公廨本钱,是由食本所收利钱中抽五分之一而来,[3]其用途且包括胥史等厨料,则吏厨的食料来源似有食本与公廨本两种。由于唐后期食本与公廨本的重叠性甚高,吏厨由此两种本钱交互置办,并非不可能。不过也由这两条史料看出,吏厨本钱总是后于官厨本钱被考虑、被征集,可见吏厨受重视的程度远不如官厨。若是经费来源不足,各官司置厨的次序当是先官厨、后吏厨,或有官厨、无吏厨吧!

第三节　食堂制度与食本功能

贞观年间内外百司设食的目的诚如崔元翰《判曹食堂壁记》所言:

> 凡联事者,因于会食,遂以议政,比其同异,齐其疾徐,会斯有堂矣。则堂之作,不专在饮食,亦有政教之大端焉。(《全唐文》卷五二三)

---

[1] 李锦绣认为公廨田收也是吏厨食料来源之一。见:《唐代财政史稿》(上卷),706—710,867—868页。但公廨田收所供之佐史等常食,似与吏厨供公务午食一顿的厨料不是同一件事,故公廨田收是否亦为吏厨食料来源,犹待进一步证实。

[2] 《新唐书》卷二○七《宦者鱼朝恩传》,5684页。

[3] 《唐会要》卷九三《诸司诸色本钱下》,1681页。

设食之本旨不专在饮食,然朝廷毕竟以烹饪之养劳赏官吏,使其不必日中回府用膳,再跋涉至衙署办公,既节省官吏的体力与时间,也因免费供食而无异于提高官吏的经济待遇。[1] 设食的主要用意,其实在有益于政教,所谓"比其同异,齐其疾徐",就是借由同僚之间的因食通联,共议时政,使事理平允而化异为同,慎于处断而轻重得宜。同样的理念更清楚地表现在蔡词立《虔州孔目院食堂记》中:

> 京百司至于天下郡府,有曹署者则有公厨,亦非惟食为谋,所以因食而集,评议公事也。繇是凡在厥位,得不遵礼法,举职司,事有疑,狱有冤,化未洽,弊未去,有善未彰,有恶未除,皆得以议之。……岂可食饱而退,群居偶语而已。(《全唐文》卷八〇六)

由是食堂成为非正式的议政场所,长官与僚佐得于同桌共食间,暂弃礼法约束,化却等级差异,跨越职司藩篱,各就所闻所知,或处理未尽妥善之事,互相交换意见,以收集思广益之效,进而提高行政效率,使施政更公正客观,符合人意。故设食的主要目的在评议公事,饮食不过是一种手段,官吏若"惟食为谋","食饱而退",则失掉贞观设食之原始用意。

设食既为"政教之大端","政"强调的是议政功能,"教"则表现为对礼仪规范与人际关系的重视。柳宗元《盩厔县新食堂记》曰:

> 乃合群吏于兹新堂,升降坐起,以班先后,始正位秩之叙;礼仪笑语,讲议往复,始会政事之要;筵席肃庄,樽俎静嘉,燔炮烹饪,益以酒醴,始获僚友之乐。(《柳宗元集》卷二六)

同僚共食之际,固然可因往复议政,暂不受职司与层级的束缚,但官场中最重视的礼仪规范,仍不可有丝毫息忽,不仅会食之位秩次序皆有法式,连筵席之间也需保持肃庄。为了活络会食之气氛,联系彼此的感情,所以揖让之间,仍许以笑语酬答,共享和乐之谊。《礼记·乐记》:"乐者为同,礼者为异。同则相亲。异则相敬。"过份讲究礼,使人相敬而不易相亲,有了

---

① 陈明光,《唐朝的食堂与"食本"》,125 页;又,《唐代财政史新编》,115 页。

乐声或笑语的调剂,自可化解隔阂,让设食能和谐而有秩序的进行。① 柳宗元所谓"正位秩之叙"、"获僚友之乐",就是在礼仪规范与人际关系间找到了平衡点。刘宽夫《邠州节度使院新建食堂记》更对设食的目的,有着深入而综论性的评析:

> 可以备盘飧之品式,可以叙主客之威仪,可以寄琴樽之笑傲,可以筹政令之得失。(《全唐文》卷七四〇)

公厨会食将礼仪、和乐、议政等诸多作用,尽融于一体,为看似单纯的官员共食,赋予新义蕴,唐人谓之"政教之大端",实不为过也。

食堂制度依官吏品秩而设食,依表十七食本数之比较,愈是要司、大司,食本数就愈多,盘飧品式也应相对地丰盛,故居于群官之首的宰相堂厨,议者以为"厚禄重赐,所以优贤崇国政也",②非常人所敢食。③ 至于同桌而食的各官,似乎也因品秩高低而给食,例外地才准许一律无别,如李翱《唐故河南府司录参军卢君墓志铭》:

> 召主馔吏约之曰:"司录判官文学参军,皆同官环处以食,精麤宜当一,不合别二,无踵旧犯,吾不恕。"(《全唐文》卷六三九)

从"无踵旧犯"一语推知,昔时各官环处以食,精粗竟因品秩而异,相信这不是河南府的特殊状况,反映的大概是官场上的普遍现象。司录卢君认为诸官共食不合别有异同,可能反而是其一己之见。卢君除了严予约束盘飧品式,也要求公平分配月终余钱:

> 及月终,厨吏率其余而分之,文学参军得司录居三之一。君晓之曰:俸钱职田手力数既别官品矣,此餐钱之余,不当计位高下。从此后,自司录至参军平分之。(同前引)

---

① 关于公厨的作用,可参考:拜根兴,《试论唐代的廊下食与公厨》,350—351 页;黄正建,《唐代官员宴会的类型及其社会职能》,《中国史研究》1992:2,100 页;陈明光,《唐朝的食堂与"食本"》,125—126 页;又,《唐代财政史新编》,116—117 页。
② 《旧唐书》卷一一九《常衮传》,3446 页。
③ 《太平广记》卷一五七《定数部》"郑延济"条:"宰相堂饭,常人多不敢食。郑延昌在相位,一日,本厅欲食次,其弟延济来,遂与之同食。延济手秉傅饦,餐及数口,碗自手中坠地。遂中风痹,一夕而卒。"

厨吏顾名思义应与厨食相关，从其职权看，他并不是捉食本的人，而是掌管利钱如何用于供食，并分配餐钱之余的人。按惯例，餐钱之余原依官品高下分给之，此处是卢君特别声明，愿意让出自己利益，与诸官平分之。同样情形也出现在柳宗元《唐故秘书少监陈公行状》：

> 始御府有食本钱，月权其赢以为膳，有余，则学士与校理官颁分之，学士常受三倍，由公而杀其二。（《柳宗元集》卷八）

这样看来，餐钱之余据官吏的等级而颁给，似是唐代的通例，像司录卢君与秘书少监陈京的均分之，反而凸显其不循常轨。此二人的特立独行，意图改变食堂制度中的种种等级秩序，自公平的角度视之，这自然是他们的政绩，但能否就此扩散其影响力，让内外百官抛弃原有的礼仪规范与品食次序，仍大有疑问。

官厨之外，唐朝还有专供府史令史驱使官等食料的吏厨。官与吏在身分上判然分划，官厨与吏厨也不能随意混杂，前节引卢君墓志铭，言及掾曹家僮就食公堂，侵挠厨吏事，卢君在整顿弊端，维护国家体制上，颇见心力。吏厨的设置，未必如官厨有诸多堂皇理由，但其附随官厨运作，应有助于加速推动公务，有效执行政令。只是官与吏不得同桌而食，起坐之间有其分际，故官厨与吏厨的各自存在，其实就是一种身分等级秩序的表现。

公堂会食有严明的位秩次序，揖让升降间皆准礼而行，并有官吏专责纠举不依法式者。以御史台之会食为例，《唐语林校证》卷八《补遗》：

> 每公堂会食，杂事不至，则无所检辖，唯相揖而已。杂事至，则尽用宪府之礼。杂端在南榻，主簿在北榻，两院则分坐。虽举匕箸，皆绝谭笑。食毕，则主簿持黄卷揖曰："请举事。"……至食堂前，揖侍御史。凡入门至食，凡数揖。

侍御史久次者一人知杂事，谓之杂端。① 御史台内公厨之会食，不仅有杂端检辖，还有主簿查劾违失。《唐六典》卷一三《御史台》主簿条原注："兼知官厨及黄卷。"以此知台内之会食，凡不依等级秩序，或笑闹失仪者，皆由主簿持黄卷书其过。其他内外百司之公厨会食，其仪节与稽查方式虽不如御史台之繁复，但大抵也仿此而来，如李翱《劝河南尹复故事书》：

① 《新唐书》卷四八《百官三》，1237 页。

河南府版牓县于食堂北梁，每年写黄纸，号曰黄卷。其一条曰：司录入院，诸官于堂上序立，司录揖，然后坐。……八九年来，司录使判司立东廊下，司录于西廊下得揖，然后就食。……前年翱为户曹，恐不知故事，举手触罚，因取黄卷详之。乃相见之仪，与故事都异。（《全唐文》卷六三六）

河南府之公堂会食，也有黄卷著录相见之仪，而持黄卷检劾者，盖为司录。司录职在掌正违失，与主簿之核台务约略相当，想来各司勾官同负维持食堂秩序之责。河南府司录擅改黄卷旧礼，李翱劝尹复故事，因有是篇之作。司录不仅掌控食堂中的进行程序，其个人的宽严态度，也足以影响食堂中的气氛，韩愈《唐故河南令张君墓志铭》：

（张署）拜京兆府司录，诸曹白事，不敢平面视。共食公堂，抑首促促就哺歠，揖起趋去，不敢阑语。（《韩昌黎集》卷七）

司录之赫赫威严，让会食之官吏屏气肃然，快快离去，生怕稍有违失，便遭责罚。至若会食之重要目的："会政事之要"、"获僚友之乐"，则只好暂不理会了。

唐朝百司诸厅皆有壁记，叙官秩创设及迁授始末。[1] 自食堂制度盛行后，各司食堂粉壁亦书朝廷律令格式，《旧唐书》卷一八下《宣宗纪》大中四年（850）大理卿刘濛奏：

准大和二年十月二十六日刑部侍郎高铢条疏，准勘节目一十一件，下诸州府粉壁书于录事参军食堂，每申奏罪人，须依前件节目。岁月滋久，文字湮沦，州县推案，多违漏节目。今后请下诸道，令刻石置于会食之所，使官吏起坐观省，记忆条目，庶令案牍周详。

勾官掌食堂秩序，并纠正官吏非违，律令格式书于录事参军之食堂厅壁，让官吏于退食之暇，寻览观省，既有令其熟习条目，正确推案之意义，也有警示其勿枉勿纵，勿违律文之作用。然公廨疏于修理，厅壁之文字日久沦灭，遂于大中四年（850）令刻石置于会食之所，以承继此一寓有深意的传统。然则食堂制度不仅有利于营造议政的和睦气氛，开辟集会联事的管

---

① 王谠撰，周勋初校证，《唐语林校证》（北京：中华书局，1997），卷八《补遗》，686页。

道,还不时提醒官吏勤于政务,勿饱食而退,这或许就是食堂价值倍受肯定,食堂设置不断向各司及下属单位延伸,并持续到唐末的原故。此外,代宗大历四年(769)京兆府大兴善寺不空和尚奏请:"天下食堂中置文殊菩萨为上座",制许之。① 自两晋以来,五台山就被视为文殊菩萨的居处;北魏以后,五台山因是文殊菩萨的道场,成了佛教徒向往的名山。唐朝佛教兴盛,代宗于宫中置内道场,大历年间宰相王缙于五台山建金阁寺,②五台山佛教之声名更为远扬。③ 胡僧不空和尚势移公卿,奏请内外百司食堂供奉文殊菩萨塑像,应该就是在这样的背景下衍生,而也为儒家教化意味浓厚的食堂制度,凭添了些许佛教色彩。

食堂制度非仅午食一顿而已,它是政教之大端,具礼仪与等级之象征。尽管政府赐与食利本钱,鼓励筹设食堂,制订检勾办法,积极推动此一制度,但除了地方官无力修整食堂外,官吏也总有种种脱逃回避的作法,冀其免受制度约束,或期望由其中获取某些利益,如《新唐书》卷一九一《忠义上·王潜传》:

> 元和中擢累将作监。……监无公食,而息钱旧皆私有。至潜,取以具食,遂为故事。

贞元十二年(796)、元和九年(814)两次简勘食本,将作监都列名其中。但显然的,有食本,并不等于置食堂。在元和中王潜任职将作监以前,监无公食,官吏宁可分息钱以为经济补贴,也不愿受诸多束缚。王潜的坚持具食,从另个侧面看,很难说中央不知将作监无公食,而只是睁一只眼,闭一只眼地任诸司自行其是。不过更匪夷所思的是,连监管食堂礼仪的御史台,可能也一度是只有食本,而无食堂,《唐会要》卷六二《御史台下》大和四年(830)三月条所谓:"当食无所",即暴露其间玄机。盖唐中央虽然赐与食本,却未强行规定内外百司必须置食堂,故吾人在处理食本问题时,犹需考虑其是否确然用于公厨设食。

---

① 赞宁撰,范祥雍点校,《宋高僧传》(台北:文津书局,1991),卷一《唐京兆大兴善寺不空传》,9页。

② 《旧唐书》卷一一八《王缙传》,3417—3418页。

③ 佛教附会五台山是文殊师利居住处,而文殊在佛教中为众菩萨之首,故此山愈来愈有名。见:杜斗城,《敦煌五台山文献校录研究》(太原:山西人民出版社,1991),108—110页;荣新江,《归义军史研究——唐宋时代敦煌历史考索》(上海:上海古籍出版社,1996),248页。

如前所述，午食一顿对官吏而言是一种福利措施，但除了经济因素外，官吏仍有其他不愿参与公厨设食的理由，《新唐书》卷一四五《杨炎传》炎与卢杞同秉政：

> 杞无术学，貌么陋，炎薄之，讬疾不与会食，杞阴为憾。

二人同秉政，应共食于堂厨，杨炎之讬疾不与会时，自有轻视之意，然竟得罪卢杞，日后由此肇祸。类似会食时官员不能相协的例子，如膳部郎中元稹以通结内官得掌诰，时人鄙之，《唐会要》卷五五《中书舍人》述其事曰：

> （武）儒衡一日会食公堂，有青蝇入瓜上，忽发怒命掣去曰：适从何所来，而遽集于此。一座皆愕然。

共食官员不相协，或有所避忌，自然不能"获僚友之乐"，也减损了"会政事之要"的功能，同时让"正位秩之叙"显得名不副实，故看似简单的食堂制度，在实际运作上常有窒碍难行处。再者，食堂里繁琐的礼仪与严格的纠劾办法，也难免让会食者望而却步，《唐会要》卷二五《杂录》开成四年（839）御史中丞高元裕奏：

> 伏以近日丞郎以上官，未就食之前，时有称疾，便请先出。请自今，合候对官，遇延英开日，有事要与宰相商量者，即请拜食后先出，仍事须前牒台司。或年齿衰迟，不任每度就食者，量许三度杖下后先出。

这里可能指廊下食时，官员讬辞有疾或年衰力弱而不会食，同样情形可能照样在公厨会食时发生。故贞观遗意所发展出的食堂制度，理想性虽高，在实践上总免不了要打些折扣。

食堂设置的地点，据大理卿刘濛之言："下诸州府粉壁书于录事参军食堂。"似乎地方公厨一般皆随纠曹处所而设，然实际情形可能稍有出入，如崔元翰《判曹食堂壁记》、蔡词立《虔州孔目院食堂记》、刘宽夫《邠州节度使院新建食堂记》等，会食之所就各自权宜而立，非刘濛指定的地点。或许使府、州府、县府官吏各自会食，各有食堂；而衙署的格局大小与宽敞与否，也影响了设食地点的选择。通常情况下，诸官环处以食，但如州县品官有十余人或二、三十人，①而录事参军食堂又容纳不下，因此只好分置食堂，将部分品官移食于他处，像崔元翰的《判曹食堂壁记》，大概就是聚集诸判曹于该食堂会食。至于京司公厨的食堂，由贞元、元和二次简勘所见，食本设置单位极其细琐，可知一司不只一处食堂，有向下属单位延伸的趋势，而中书、门下二省无勾官，②中书舍人署还有独立的食堂，③由此以见京司食堂未必置于勾官所在的公廨，其地点端视各司便宜而筹建。

食堂既寓"政教之大端"，应是国家权力的象征，官体官威的表现，故其构筑不能太寒酸破旧，也不能过分豪奢，如鳌屋县食堂毁于战火后，主簿某重修之：

> 其上栋自南而北者二十有二尺，周阿峻严，列楹齐同。其饰之文质，阶之高下，视邑之大小与群吏之品秩，不陋不盈。高山在前，流水在下，可以俯仰，可以宴乐。（《全唐文》卷五八〇）

新建食堂有气派，有规模，可示人以国之威仪，但也依礼而行，不逾品秩，正所谓"不陋不盈"也。斯堂可能不建于勾官衙署内，而是选在景色宜人的山水间，然其既需日日会食，发挥联事功能，相信斯堂距官衙不远，可方便前往。河东柳公为邠州节度使，"视使院之狭湫，顾会食之无所"，"非所以重罇俎，咨帷幄之意"，爰是立食堂，其制曰：

> 敞公府之新宇，增阶陛，所以示尊威也；卜高明，所以启顾虑也。大不逾制，崇不近奢，榱桷础闼，无不中度。（《全唐文》卷七四〇）

既要维护官府体面，也不能予人奢华之观感，为"政教之大端"的食堂制度，早已"不专在饮食"矣！

公厨饮馔的供办单位，州县可能由仓曹或司仓负责，没有司仓的县则大概由司户掌管，《旧唐书》卷四四《职官三》：

> 仓曹、司仓掌公廨、度量、庖厨、仓库、租赋、征收、田园、市肆之事。

---

① 如表十一、十二所示，三府品官各有 30 人，上州有 22 人，中州 17 人，下州 13 人。三府京县各 13 人，畿县各 5 人，上县、中县亦各 5 人，中下县与下县各 4 人。

② 有关各司勾官之讨论，及门下、中书两省不置勾官，详王永兴《唐勾检制研究》（上海：上海古籍出版社，1991），3—34 页。

③ 《旧唐书》卷一三〇《李泌传》，3622 页。

厨食的采买、烹煮等剧务,应有专司专人负责,才能应付日日供食之需,而州县官司中唯仓曹或司仓的职权,最与厨食供办相近。① 至于实际造食者,无非是配在仓曹或司仓下的主馔吏,前引《唐故河南府司录参军卢君墓志铭》卢君训之曰:"同官环处以食,精麤宜当一",可见其职在造食。单从食利本钱来看,光是利钱运用、造食供办,就已各司其职,分工细密,这还不包括捉本钱者,及各监督者,故本钱由操作捉钱到实用于各项公务,其过程是相当复杂的。

中央各司公厨的经营,费用方面,应由各司掌理利钱者调度,而造食之杂务,似乎委由造食户负责,②《唐会要》卷六六《木炭使》景云二年(711)六月十三日敕:"中书、门下、御史台、尚书省造食户衣粮,令司农每季给付。"这里的造食户,可能就是由都官掌配,分隶诸司的官奴婢。官奴婢"凡配官曹,长输其作","男子入于蔬圃,女子入厨膳",③其提供的公厨肴馔,应该不仅于景云敕中的三省一台,照理还包括在京诸司诸军诸使各食堂。只是在京各司的职掌鲜少与供食相干,且无仓曹或司仓之类的职官责成公厨事宜,像尚食局那样由支粮的主膳,与未请粮色的巧儿专司其事者,④应非常例,故京司公厨之运作,不外由司农寺与都官分领之,不会由各司自理,连检校食堂礼仪的各司勾官,也未必会去监督厨食供办等琐事。

百司公厨不仅为优劳官吏而设,也是议政之所,联谊之处。由于其内有集思广益,提升政务效能的作用,外有宣示国家体制,展现等级秩序的义涵,故食堂的价值深受肯定,现今留存的不少篇《食堂记》,就是新建或重修后的见证。为了使食堂功能得以发挥,让公厨运作顺利进行,唐前期就算曾实施本钱生利法,而京司公厨主要仍靠政府编列预算来维持。直到代、德之际,才陆续赐与诸司食利本钱,大规模地推动利钱供食法,并持续到晚唐,成为维系食堂制度最方便,又最不影响国家财政的方式。

食本以食为名,因食而设,但它在唐后期常与公廨本钱缠杂混用在一起。代宗大历六年(771)赐军器监公廨本钱,取利充使以下食料纸笔与公

---

① 有关仓曹支应公厨的直接史料,目前尚未看到,但州仓供给宴设厨的情形,以及仓曹负责宴设本利钱等事,出土文书中留有记录,或许可为仓曹主掌公厨的参考。见:刘俊文、牛来颖,《敦煌吐鲁番文书所见宴设司》,收入:礪波護编,《中國中世の文物》(京都:京都大學人文科學研究所,1993),652—657页。

② 李锦绣认为靠役使官奴婢供食,是廊下食、诸司官厨、堂厨的经营特色。见:《唐代财政史稿》(上卷),860页。

③ 《唐六典》卷六《都官郎中员外郎》,193页。

④ 《唐会要》卷六五《殿中省》,1128页。

廨杂用。① 纸笔是公廨费用项目之一，②而食料不由食本供，说明此时食本尚未普遍化，公廨本的涵盖面相当广。大致在贞元四年（788）议欲别置百官食钱之前，除非特别直指餐钱，一般地置本收利，率皆泛言公廨本钱，所供用途如建中二年（781）拟置两省待诏官之所见："并置本收利供厨料，所须干力什器厅宇等，并计料处分"，③也显示公廨本钱在公用之余，也充食料用。公廨本钱是自唐前期以来运用极广的制度，即使其后京、外官俸各自有稳定财源，不再仰赖本钱生利法，人们对公廨本钱的印象还是很深刻，有需要时也会想到利用之。

两种本钱的消长之势，大概起自贞元四年（788）别置百官食钱之后。或许由于政府不时添赐食利本钱，重视其欠利与放免等问题，所以食利本钱逐渐超越公廨本钱，蔚为官本放贷之最大宗，其功能也自单纯的供午食一顿，走向多元化，如贞元二十一年（805）七月中书门下奏请疏理食本时，其功能便有扩大的迹象：

> 伏以百司本钱，久无疏理，年岁深远，亡失颇多，食料既亏，公务则废，事须添借，令可支持。（《册府元龟》卷五〇七《邦计部·俸禄三》）

表面上看仍为厨食乏绝而来，然其已将"食料既亏"与"公务则废"牵连在一起，无异为食本功能的多元化肇启先机。元和九年（814）因诸司食利本钱散失颇多，各委本司勘会，并于十二月下敕曰：

> 其诸司应见征纳，及续举放所收利钱，并准今年八月十五日敕，充添修当司廨宇什物，及令史驱使官厨料等用。（同前引）

此时，食利本钱不仅供官厨食料，连胥史等吏厨的经费，至少也有部分含括在内。而添修廨宇什物，原非食本的拨款项目，如今竟也用于公用杂支上，相当令人瞩目。再者，元和十年（815）正月御史台奏：

> 其诸司食利本钱疏理外，合征收者，请改案额为元和十年新收置

---

① 《册府元龟》卷五〇六《邦计部·俸禄二》，6074 页。

② 《全唐文》卷九八一《对故纸判》："州申远年故纸请卖充公廨支用。"显示故纸为公廨费用财源之一。关于纸笔等行政费用的支出，李锦绣有详细讨论，见：《唐代财政史稿》（上卷），1056—1066 页。又，王永兴，《敦煌经济文书讨论》（台北：新文丰公司，1994），432—435 页。

③ 《唐会要》卷二六《待制官》，508 页。

公廨本钱,应缘添修廨宇什物,及令史府史等厨并用。(《册府元龟》卷五〇七《邦计部·俸禄三》)

唐后期最重要的两种官本钱,自元和中以来,非但本钱来源互相支援,其功能也同时向公用杂支方面扩散。这种发展情势,其实是因为政府财力不足,无法由经常账上编列添修预算,遂将这些必要的行政支出,先委于公廨本钱项下,而随着食本与公廨本的此消彼长,食本成为补贴公廨本最重要的财源,食本的功能也因此趋于多元化。

元和以后,食本的用途似乎更广,两种官本混用的情形可能也有增无减,如文宗大和元年(827)十二月殿中省奏:

> 伏以尚食贫虚,更无羡余添给,伏乞圣慈,更赐添本钱二千贯文,许臣别条流方圆,诸色改换,收利支用,庶得不失公事。(同前引)

添赐给尚食局的本钱,依当时惯例,应该是食利本钱。为了在厨食之外及于其他公用,所以特别声明"诸色改换",亦即改给他物,换作他用。正因为公务杂项细琐繁多,非公厨一事而已,故开成三年(838)七月敕:"如闻尚书丞郎官入省日,每事阙供,须议添助",①就不再专指食料;次年(839)宰臣李珏奏:"堂厨食利钱一千五百贯文,供宰相香油蜡烛",②也与食料无关。武宗会昌元年(841)六月户部奏食利本钱时,更多处直指"充诸司公用"、"公用常不充足"、"公用稍广"、"又有公事",③似乎已把食本的原始目的抛诸脑后,一心所想的只是如何充作公务行政费用。而如会昌二年(842)正月敕所叙,则证明了食利钱被移做公用的普遍性:

> 去年敕书所放食利,只是外百司官钱,令户部共赐钱讫。若先假以食利为先,将充公用者,并不在放免。如闻内诸司息利钱皆以食利为名,百姓因此亦求蠲免,宜各委所司,不在放免之限。(《册府元龟》卷五〇八《邦计部·俸禄四》)

由此看来,食本的功能不分内外诸司,均向公用转化,而且即使充作公用,也仍以食利为名。甚至有的情况是,经费出自其他本钱,却报称来自食

---

① 《唐会要》卷九三《诸司诸色本钱下》,1684 页。
② 《唐会要》卷九三《诸司诸色本钱下》,1685 页。
③ 《唐会要》卷九三《诸司诸色本钱下》,1686 页。

利,以此求放免。可见诸公用已凌驾厨食之上,食本就算不名存实亡,也是名实不符了。类此种种现象,在说明食本功能潜自变换之余,无异凸显晚唐各式官本钱中,最受政府重视,最常被放免欠利,也因此最常为人运用的,正是食利本钱。

食本起于太宗皇帝的优劳官吏,供给午食一餐,其后更因人皆视食堂制度为政教之大端,而益发重视公厨,也连带地尽量维系食本。然而,当食本供杂用的附加价值愈加受到注意后,厨食与公用的关系遂见消长,主从次序也发生变化,而愈向晚唐,食本的功能便愈偏于公用,其与厨食间似呈本末倒置之势。至此,食本的发展已迥非原先所预期,然其设置目的与尔后性质的转变,大抵皆与唐代财政因素脱离不了关系。

第四节　食本的经费来源

太宗置公厨,拟以"奇羡之积"以为本钱,但此财源量少而不稳定,所以唐前期京司公厨的食料主要仍由司农寺拨给,开元年间的"别借食本"不明其经费来自何处,但也只有补贴作用而已。至于外司厨食鲜见中央供给,大概就只能靠羡余为本了。唐后期百司公厨深受政府重视,在国家无力年年编列预算的情况下,于是更加倚赖本钱生利法来经营。虽然食本多非额外征自百姓或商人,而中央添给食本仍有不得不然的理由。

安史之乱与继之而来的藩镇割据、泾原兵变,重创唐朝的财政体系与财务收入,在国家尚未重整出一个新的制度前,食本不是如建中三年(782)四月敕所言的"自敛置本",[1]当司自己想办法募集本钱;就是暂时出自度支司,附随在其他项下取用,如《唐会要》卷二六《待制官》建中二年(781)五月二日敕:

> 宜令中书门下二省分置待制官三十员,……度支据品秩量给俸钱,并置本收利,供厨料。

在贞元四年(788)户部接掌京官俸之前,[2]官俸主要由度支支给,厨料

---

① 《册府元龟》卷五○七《邦计部·俸禄三》,6087页。

② 杜梭,《唐代户部使司开支京官俸料时限考》,《晋阳学刊》1989:3,73—74页。

费用则由其项下分拨。或许永泰、大历年间的多次赐与餐本钱,也来自度支司的提供。然而,于时军政情势不稳,度支所供给的军费与官俸尤其耗繁,[1]像食本这种不急之务,如能找到其他财源,将可节省下度支开销,做更迫切之用。在贞元十二年(796)御史台简勘食本足数之前,唐政府已费心替食本寻找了一些新的财源,《唐会要》卷九三《诸司诸色本钱上》贞元元年(785)九月八日敕:

> 自今后,应征息利本钱,除主保逃亡转征邻近者放免,余并准旧征收。其所欠钱,仍任各取当司阙官职田,量事粜货,充填本数。

这里的息利本钱应包括食本在内,本数不足者,由当司阙官职田粜货充填。大历十二年(777)令京司阙官职田苗子充作修缮公廨用,[2]而公廨本与食利本在代、德之际常交替混用,则阙官职田移充食本,补其不足,并不令人讶异。类似情形在贞元六年(790)也发生,于时将有事南郊太庙,诏曰:"其诸司先无公厨者,以本司阙职物充",[3]大概也是用阙官职田苗子充作食料钱。此后,食本的来源更扩及于阙职官钱。在贞元十二年(796)简勘以前,秘书省、大理寺与礼部都曾取户部阙职官钱以为食本。[4] 从礼部所取的2000贯与简勘足数3528.537贯对照,礼部食本中56.68%来自此一新财源。虽然阙官钱物的来源有限,变动性大,又易被隐没,[5]不利于时时添补折耗颇甚的本利,但这已是在不破国家常费下想出的权宜之计,也可说是充分利用已编入预算,而未曾执行的部分。从礼部所取阙职官钱数推测,这两项钱物的数量或许还不算小,如能善加利用,对财政吃紧的政府而言,无异于多增添一笔额外收入。值得注意的是,阙职官钱系属于户部,这是继度支供给食本后,一个令人瞩目的大转变,而食本自此便与户部钱的关系愈来愈紧密。

贞元四年(788)二月宰相李泌设置户部别贮钱,[6]包括除陌钱、阙官

---

① 《唐会要》卷二六《待制官》建中二年五月拟置待制官三十员,左拾遗沈既济谏止其事,原因之一是:"又臣尝计天下财耗斁之大者唯二事焉,最多者兵资,次多者官俸,其余杂费,十不当二事之一。"军费、官俸此时皆度支所供,其耗繁之状,于此可见。

② 《册府元龟》卷五〇六《邦计部·俸禄二》,6076页。

③ 《旧唐书》卷一三《德宗纪》,370页。

④ 《册府元龟》卷五〇六《邦计部·俸禄二》,6081页。

⑤ 杜梭《唐后期"户部"添置京司食钱考述》,132页。

⑥ 户部置别贮钱的时间在二月,非正月,详杜梭考证,见:《唐代户部使司开支京官俸料时限考》,73—74页。

俸、职田钱、停额内官俸及刺史执刀司马军事等项,后来又增加税茶钱、外官缺官禄米、长春宫营田收入、诸色无名钱等,[1]其目的诚如许孟容疏所言:"非度支岁计,本防缓急别用"。[2] 而像食本这种"非惟食为谋",有"政教之大端"的制度,虽不是军国重务,亏之亦会导致公务废弛,故缓急之间,正好取户部别贮钱以为特别经费。贞元四年正月下制书,令百官议别置食本,[3]同年次月即成立户部别贮钱,并连续支给礼部等司食本,从议置食本与户部钱成立的时间点来看,二者之间很难说是全无关联。[4] 即使户部钱的用途广泛,[5]不专为食本而设,但食本自贞元年间起,尤其是元和以后,最大宗的添赐来源就是户部钱,如元和九年(814)八月敕:

> 诸司食料钱,缘初令户部出放已久,散失颇多。……宜以户部除陌钱,每贯先收二十文,数外更加五文,委户部别收贮。……其合征钱,便充饭钱,若数少不充,以前件除陌五文钱,量所欠添本出放。(《册府元龟》卷五〇七《邦计部·俸禄三》)

同年十一月户部奏重申之(同上书卷)。此外,长庆元年(821)三月敕又曰:

> 添给诸司本钱,准元和十五年五月十一日敕,内外百司,准二月五日敕文,宜共赐钱一万贯文,以户部钱充。(同前引)

大和元年(827)十二月殿中省奏,以尚食局贫虚,乞添赐本钱。敕旨:

> 赐本钱一千贯文,以户部五文抽贯钱充。(同前引)

开成三年(838)七月因尚书郎官入省日,每事阙供,敕:

---

① 户部别贮钱的组成,见:李锦绣,《唐代财政史稿》(下卷),865－866 页;吴丽娱,《唐后期的户部司与户部钱》,收入:《中国唐史学会论文集》(西安:三秦出版社,1989),111－115 页;何汝泉,《唐代户部别贮钱的来源》,《魏晋南北朝隋唐史资料》21(2004),187－199 页。

② 《旧唐书》卷一五四《许孟容传》,4101 页。

③ 《册府元龟》卷八九《帝王部·赦宥八》,1062 页。

④ 杜梭《唐后期"户部"添置京司食钱考述》,129 页。

⑤ 关于户部钱的用途,李锦绣有很详细的说明,见:《唐代财政史稿》(下卷),896－916 页。

宜每月共赐一百贯文，委户部逐月支付。（《册府元龟》卷五〇七《邦计部·俸禄三》）

会昌元年（841）六月户部奏：

准正月九日赦文，放免诸司食利钱，每年别赐钱三万贯文，充诸司公用。（同前引）

上述各条无论是否注出户部钱的所属项目，从赦书所言与户部奏得知，这些食本都来自户部钱。由是吾人可以大胆推测，元和以后凡中央大量赐与而未特别注明其来源者，大抵亦出自户部钱。户部钱本有专款专用，或应付国家临时急需的特性，①唐政府不定期地因公务有阙而赐与食本，正符合户部钱设置的宗旨，亦是京司食本深深受益于户部司财政体系之处。

户部钱中最常用于食本的是除陌钱，又称抽贯钱，《新唐书》卷五五《食货志》：

李泌以度支有两税钱，盐铁使有筦榷钱，可以拟经费，中外给用，每贯垫二十，号"户部除陌钱"。

贞元四年（788）中外给用的除陌钱其隶属有所变动，《通鉴》卷二三三该年考异引实录曰："诏以中外给用除陌钱给文武官俸料，……初，除陌钱隶度支，至是令户部别库贮之，给俸之余，以备他用。"既曰"别库贮之"，似乎除陌钱不是全部自度支移隶于户部，而是部分拨给户部收贮，以备他用。因此除陌钱实际是由度支、户部二司分掌之，②如贞元二十一年（805）七月中书门下奏：

伏以百司本钱，久无疏理，年岁深远，亡失颇多，食料既亏，公务则废，事须添给，令可支持，……仍请以左藏库度支除陌钱充。（《册府元龟》卷五〇七《邦计部·俸禄三》）

---

① 吴丽娱，《唐后期的户部司与户部钱》，117 页。
② 中外给用除陌钱的起源，隶属关系的变动，及除陌钱的作用、数量等问题，陈明光有很深入的分析，见：《唐代"除陌"释论》，收入：《唐代财政史新编》，322—329 页；又，《再论唐代的"除陌"》，《中国史研究》1992:2,4—8 页。

这是在户部"别库贮之"之后,唯一一次动用度支除陌钱以充食本,或许是因户部钱已用于备水旱、赈贷等方面,①所以才临时抽调度支除陌钱,添借填补亏损严重的食本。唐后期左藏库由度支直接控制,又称度支库,②贞元二十一年(805)的度支除陌钱应该就出自左藏库。唐代财务划分严明,各司收支项目清楚,但有时也会因经费不济,各司间互相支援借调。以供军与官俸为主的度支,用除陌钱添补食本,只是一种权宜措施,并非支给之常态,盖户部钱供食本,才符合政府的财务支出项目。③

官本的特色在于其一次置本,辗转生利,支用其利,而保全其本。如能按照原有构想顺利运作,则根本不需一再别赐本钱。可惜的是,官方放贷本利散失情况严重,为了持续支应既有的财务项目,只能不断赐与本钱。从唐后期添借的食本来看,无论阙官钱物或除陌钱,都不曾直接动用国家编列的预算,而是利用预算未曾执行,或预算外之抽成方式,填充本钱。④阙官钱物已如前述,除陌钱是从中外给用之费上,每贯抽若干文,作为政府的特别支出。这其实是一种不用加税名义,而融通资金的手段,被苛扣的经费,可能是和雇、和籴之类,也可能是军费或官俸,在舒解财政压力上,确有一定的作用。⑤食本的断续赐与,就运用抽贯得来的除陌钱,使政府在不必编列预算,不必动支常费的情况下,就可以供给百司公厨,也因此当各司食本不足时,政府常不吝以除陌钱充填,除陌钱是预算之外,政府可灵活运用的资金,食本则是不在预算内,原可自给自足的费用。一旦食本欠缺,而以除陌钱添补,毋宁是最节省预算收入,也最懂得用预算外经费的办法。

代、德之际,国家尚处于风雨飘摇中,财政收支混乱的状态犹待整顿,建中元年(780)的两税法,与贞元四年(788)的户部别贮钱都才实施不久,国家既无余财顾及食本,也未想到用固定项目支应其不足,所以阙官钱物、度支除陌钱等都曾拿来充数以应急。然大致在元和中以后,用户部除陌钱抽贯添给食本似已成为一项常制,其不足者才由其他各式杂项税钱补贴。

---

① 贞元十九年夏旱,许孟容请以户部钱代百姓差科(《旧唐书》卷一五四《许孟容传》),事虽未果,但想见贞元末灾荒严重,而备水旱、赈贷之用的户部钱,或许于此时消耗甚大,故贞元二十一年才不得不又动用度支除陌钱以充食本。

② 杜梭《唐后期"户部"添置京司食钱考述》,132页及注23。

③ 唐后期户部与度支的财政支出主要项目,李锦绣有很深入的讨论,见:《唐代财政史稿》(下卷),第二编第一、三章。

④ 户部别贮钱主要是缩减财政支出得来的资金,属节流资金。见:何汝泉,《唐代户部别贮钱的来源》,199—200页。

⑤ 陈明光认为这是唐政府将财政危机转嫁民众的盘剥手段,也是紧缩开支以获取巨额活动资金的变通手法。见:《唐代"除陌"释论》,322页。

用课钱充官本钱,初见于大历六年(771)的公廨本钱,《册府元龟》卷五〇六《邦计部·俸禄二》大历六年(771)三月敕:

> 军器公廨本钱三千贯文,放在人上,取利充使以下食料纸笔。宜于数内收一千贯文,别纳店铺课钱,添公廨收利杂用。

课钱是色役的代役钱,通常与官员的力禄供给相关,自乾封以后为国家的正式税目。① 唐后期纳课的种类与范围扩大,②但影占纳课的问题也很严重。③ 大历六年(771)的"别纳店铺课钱",似乎就要求店铺比照一般色役人纳课钱,添本收利给用。元和以后与食本相关的条文中,也有涉及纳课的事,同上书卷五〇七《邦计部·俸禄三》元和二年(807)六月中书门下上言:

> 其两省纳课陪厨户及捉钱人,摠一百二十四人,臣当司并不收管,望各归府县。

同上书卷五〇八《邦计部·俸禄四》会昌元年(841)六月户部奏:

> 今请落下征钱驱使官每贯二百文课,并更请于合给钱内四分中落一分,均摊分配。

贞观十二年(638)罢公廨本钱,置胥士课以给百官俸。④ 而元和、会昌两条的课钱似无取代食利本钱之意,或许一如大历六年(771)店铺课钱的作法,也添入本钱,收利杂用。唐前后期课钱与本钱的关系如此不同,其中的转变关键,可能是食本充公用已日益重要,但国家财力不足,于是新创出以课钱添本的筹钱法,为食本开拓新财源。

为了填补食本的匮乏,另一项被运用的财源是吏部告身钱。同上书卷五〇七《邦计部·俸禄三》开成三年(838)七月敕:

---

① 陈明光,《唐代财政史新编》,17—21 页;李锦绣,《唐代财政史稿》(上卷),541—542 页。

② 李锦绣,《唐代财政史稿》(上卷),570 页。

③ 张泽咸,《唐五代赋役史草》(北京:中华书局,1986),104 页;唐长孺,《唐代色役管见》,收入:《山居存稿》,185 页。

④ 《通典》卷三五《职官·禄秩》,963 页。

尚书省自长庆三年赐本钱后，岁月滋久，散失颇多。……如闻尚书丞郎官入省日，每事阙供，须议添助，除旧赐本钱征利收及吏部告身钱外，宜每月共赐一百贯文，委户部逐月支付。

选人官成后皆给告身，据大中六年(852)七月考功奏，得殊考、上考者，"请准吏部告身及礼部春关牒，每人各出钱收赎"，①以是知有吏部告身钱。开成三年(838)尚书省的食钱，是由旧本生利、吏部告身钱与月赐一百贯文三种来源共同组合而成。吏部告身钱用于公厨，显得有些突兀，但却更可证明其时财政左支右绌，东挪西用的窘状。

开源与节流并重，应是国家财务机构秉持的一贯理念，像前述的扩大课钱对象与开征吏部告身钱，就是用额外收入来挹注亏欠的食本。另外在会昌元年(841)六月户部奏中，还可见到两种添给食本的方式，《册府元龟》卷五〇八《邦计部·俸禄四》：

长庆三年得新赐钱，三十二司外，更有剩钱五百四贯八百文，便将此钱均给东都台省等一十四司祗用。……其御史台频得报牒称，本钱数多，支用处广，虽有诸道赃罚钱，公用常不充足。

前者是将长庆三年(823)赐钱的用后剩余，转拨给东都台省十四司用，这可说是因节流政策而扩大财政效果。后者是由专知赃罚钱的御史台报称，②各司食本虽然收用诸道赃罚钱，依然常不充足。京司食本原则由中央添放，像诸道赃罚钱这样指明来自地方的毕竟不多，何况赃罚钱由御史台收管，仍算出自中央经费。总之，本钱来源多端，名目甚杂，非必由国家赋调正税供给，举凡各种杂税或特种收入，也都可为本数。

太宗初置百司公厨时，并无财政单位拨款供食本的构想，而是让内外各司"取其奇羡之积"，自行筹办。所谓奇羡之积，就是财务支出之剩余，唐人常名之为羡余、羡财。在京各司的食本多由中央照管，反而少见当司羡

---

① 《册府元龟》卷六三六《铨选部·考课二》，7631 页。
② 御史台管赃罚钱，其职掌如《唐六典》卷一三《御史台》侍御史条所言："其职有六：……五曰赃赎……。（注）台中有黄卷，不纠举所职则罚之。"是侍御史对赃罚钱有督察、管理之责。此处言"诸道赃罚钱"，则地方赃罚钱至少部分亦纳京师，由侍御史专知。此外，赃罚钱除了补贴食本，似乎每月还固定充公廨杂费，如《唐会要》卷六〇《御史台》贞元七年敕："御史台每月别给赃钱二百贯文，充公廨杂费用。"关于赃罚钱的来源、运用与管理，可参考：李锦绣，《唐代财政史稿》(上卷)，665－670、675－679 页。

余充食本的例子,但也不能否认其存在的事实,《册府元龟》卷五〇七《邦计部·俸禄三》大和元年(827)十二月殿中省奏:

> 伏以尚食贫虚,更无羡余添给,伏乞圣慈,更赐添本钱二千贯文。

尚食局虽无羡余添给本钱,却显示羡余应是各司本钱可能的来源之一。李翱为杨于陵撰墓志铭曰:

> 遂以公为吏部侍郎,……吏息奸欺,官收羡钱,公食丰絜,廨宇以修,迄兹守行,遂为故事。(《全唐文》卷六三九)

吏部羡钱既作公食、修缮之用,想来正是供作食本,并充诸色公用。吏部如此行事,遂为故事,相信其他诸司亦同样会考虑以羡余为食本。

唐后期中央赐与的食本,大概只限于内诸司与京百司,并不包括地方州府。地方如要实行公厨制度,就得自行筹措经费,柳宗元《鳌屋县新食堂记》写于兵兴堂毁之后的四十五年,其谓建堂与食本之财源曰:

> 主簿某病之,于是且掌功役之任,俾复其邑居。廪库既成,学校既修,取其余财,以构斯堂。……得羡财可以为食本,月权其赢,羞膳以充。(《柳宗元集》卷二六)

食堂之建构,得自其他功役之余财;食本之筹集,则来自建堂后之羡余。这种以羡余充食本,而非中央拨给的方式,可能相当普遍地存在地方公厨。因此如地方有羡财,有时也会以自己的经验来补助他处食本,如《册府元龟》卷五〇七《邦计部·俸禄三》元和二年(807)正月条:

> 尚书左丞郑元请取河中羡余钱三千贯文,充助都省厨本,从之。前为河中节度,因有是请。议者以为省司公膳,自有成制,苟或不足,当更请于上,不宜以前任羡财而私加之也。

以前任羡财私为都省厨本,议者批评其不合体制,但并不表示不可用当司羡余以为食本。京司食本来源虽多,主要仍靠户部钱补助,羡余所占的份量可能相当小,地方则不然。皇甫湜《论进奉书》曾曰:"凡诸州府,必有羡余。"①太和三年(829)十一月十八日赦文则有:"天下州府两税占留钱,每年支用,各有定额,其回残羡余,准前后赦文,许充诸色公用。"②羡余充公用,当包括食本在内,只是缓急之间,食本能否列为优先考虑项目,似颇可怀疑,因此地方食钱若过分倚重羡余,而无经常性财源为后盾,则在息利不给,本钱散失时,若适巧无羡余及时添补,将不免危及食堂制度的存续,像盩厔县新食堂未建成前就是如此。

地方财赋状况对公厨的维系,有相当关键性的影响。如果税收不足,自然难有羡余,则食本之筹措或亏欠之填补,便会发生问题;反之,如果当地有可兹挪用的赋税余额,则食本方可顺理成章地以羡余名目添给。《全唐文》卷七六三郑吉《楚州修城南门记》言及刺史李荀整顿赋税,罢去不急之用后曰:

> 月省费三万,藏有墙财矣。……乃恢崇规制,摅曹有公膳,牙门有常饔,胥史有官厨,卫卒有给食,合而言之,日廪飧钱者三百七十人。先是以岁用不足,……凡日廪飧钱者皆半之,俟敛新赋而后复之。或灾沴水旱,赋不毕入,而终岁不复。公曰:宁损他费,焉有责其尽力而使之歉复耶! 悉赒之。

李荀因赋税有余,才恢崇规制,丰实廪飧钱。在此之前因岁用不足,廪飧钱只能半之,相信公厨食本有阙亦难补足。文中言"俟敛新赋而后复之","焉有责其尽力而使之歉复耶",显见地方税赋的丰歉,是食本能否正常运作的基本因素,而主事者的魄力,则是助成食堂制度的重要推动力量。

百司公厨非军国重务,亦不与民生疾苦直接相关,自然不便从正税中拨充食利本钱,前所述及出自户部的阙官钱物与除陌钱,以及课钱、剩钱、赃罚钱、吏部告身钱等杂支或特种收入,还有征敛之后的羡余,不是运用未消化掉的预算,就是紧缩某方面的支出,其经费来源零星琐碎,且多临时抽调,这颇符合食本在财政上非预算项目,在政务上虽不算重要,却不能被忽视的属性。

食本的经费不全都来自政府部门,有些是自生的、自出的,或民间添给的。首先是以利钱回充本钱。食本出举欠利严重,政府在催缴欠利之余,也采取以利为本的办法,让辗转所生之利,填补本钱之不足,如元和九年(814)十二月敕:

---

① 《全唐文》卷六八五,7020 页。
② 《文苑英华》卷四二八,2620 页。

其诸司所征到钱,自今以后,仍于五分之中,常抽一分,留添官本,各勒本司以后相承收管。(《册府元龟》卷五〇七《邦计部·俸禄三》)

这里的"所征到钱",指的就是利钱,自此后经常性地将利钱中的五分之一,添给官本。这个以利为本的部分,元和十年(815)改案额为"新收置公廨本钱",但依然供厨食等用。① 该种利钱中五分之一做官本,五分之四为利钱的办法,或许是希望在不影响官吏公厨的情况下,还能稍稍补益耗散严重的本钱,并减轻政府每经若干年赐本的压力。

食本添补的另种来源是主司的填赔。元和九年(814)十二月敕:"其诸司除疏理外,现在本钱,据额更不得破用。如有欠失,即便敕主掌官典所由等,据数填赔。"②这是首度见到要求主司填赔的诏敕。次年正月御史台据之重申外,又曰:"至年终勘会,欠少本利,官典诸节级准法处分。"③其实,主司如因贪赃枉法或玩忽职守而破用官钱,只需依法惩处即可,何劳诏敕等在此特别提出? 而所谓的欠失本利,除捉钱不易外,主司侵用本钱,或经营管理不善,可能也是主因之一,诏敕未对主司的刑责或行政处分部分多加留意,只强调"据数填赔",其为防止食本流散的用意,昭然若揭。

食本有时也来自机构自筹,《册府元龟》卷五〇七《邦计部·俸禄三》元和十二年(817)正月条:

门下省奏:……(……直省院本钱,准建中三年四月十五日敕,以留院入钱置本)。中书省奏:……(……直省院食利本钱,准建中三年四月敕,当院自敛置本)。准元和九年十二月敕:令勘会疏理,其见在合征钱,准敕合充添修当司廨宇什物。其省院本钱,缘是当院自敛置本,请便充本院添厨等用。

门下省有三种定额直官,中书省有五种定额直官,此外还有不少额外

---

① 《唐会要》卷九三《诸司诸色本钱下》元和十年正月条:"其诸司食利本钱疏理外,合征收者,请改案额为元和十年新收置公廨本钱,应缘添修廨宇什物,及令史府史等厨并用。"

② 《唐会要》卷九三《诸司诸色本钱下》,1681页。

③ 《唐会要》卷九三《诸司诸色本钱下》,1682页。

直，①他们可能分别构成两省的直省院。建中时国家财力不足，尚无除陌钱等较稳定的财源可供诸司食本，像直省院这样品秩稍低，属两省外围的组织，更难分配到中央赐与的食本，故任其自敛置本，以给公厨。或许当院自敛自此成为惯例，其食本不与官钱相干，所以元和九年(814)十二月敕拟将所征钱用于添修廨宇什物时，两省则为直省院请求，依然只将自敛钱用于厨本。自敛置本未必只见于两省直省院，有时其他诸司也会仿效行之，如会昌元年(841)六月户部奏各司食本曰：

> 其间有三五司，自方圆置本，数即稍多。(《册府元龟》卷五〇八《邦计部·俸禄四》)

所谓方圆置本，即是自敛本钱，户部还言其本数较赐与者多。但有此能耐的单位似乎不多，只三五司而已，不过至少由此显示，食利本钱不尽皆由官府提供，各司自敛是另种不错的选择，而且还可不受官方干预，保有运用上的自主性。

官钱出举常因本钱赊耗，需由官府添给，但若赊耗是由捉钱人造成，为免被催征或受惩处，捉钱人有时也添放私本，元和十一年(816)御史中丞崔从奏：

> 前件捉钱人等，比缘皆以私钱添杂官本，所防耗折，裨补官利。近日访闻商贩富人，投身要司，依托官本，广求私利。可征索者，自充家产，或逋欠者，证是官钱。非理逼迫，为弊非一。今请许捉钱户添放私本，不得过官本钱，勘责有膡，并请没官。(《唐会要》卷九三《诸司诸色本钱下》)

唐政府准许捉钱人添放私本，不无填补官本耗折的用意，但限制其数量不得过官本，大概为防止不肖商人的借机牟利。盖商人以私钱添杂官本，必不是为补足官本之欠失，而是欲借官方威势，逼迫捉钱之百姓尽速纳利，好多赚些钱，至于实在无法回收的部分，就推诿是官钱欠利。对于这种假公济私的作法，官府不仅心知肚明，也不曾强力禁止，或许官府也有意顺水推舟，借私本以取官利。但私钱添杂官本，终究会导致私财与官钱的纠缠不清。

---

① 有关唐代直官的制度规定，及两省直官的种类与职司，见：李锦绣，《唐代直官制》，收入：《唐代制度史略论稿》(北京：中国政法大学出版社，1998)，3—18页。

公厨食料原则用本钱生利的方法来供给,然本利散失的情况非常严重,政府除了一再放免欠利,或个别地、集体地赐与诸司本钱外,首度在元和十五年(820)二月提出定期赐本的计划:

> 仍每经十年,即内外各司各赐钱一万贯充本,据司大小,公事闲剧,及当司贫富,作等第给付。(《唐会要》卷九三《诸司诸色本钱下》)

嗣后接着在同年五月及十月两度重申之,大概直到长庆元年(821)三月才真正提拨户部钱给内外百司,①然教坊使等内诸司,已于元和十五年(820)、长庆三年(823)各别获赐数千至上万本钱;②尚书省也于长庆三年(823)赐与本钱;③又据长庆三年(823)十二月九日敕,其赐诸司食本八万四千五百贯。④ 短短三、四年间,赐本数量频创高峰,远非元和十五年(820)的十年一万贯所能满足。尤其值得注意的是,定期赐本的构想,似有带领官本钱从原本设计的预算外支出,转为户部十年期预算内支出的倾向,隐然释出的讯息是,辗转生利的本钱制度,到了将做转型的关键时刻。

首先宣告废除置本生利法的是开成四年(839)的堂厨食利钱,《册府元龟》卷五〇七《邦计部·俸禄三》:

> 宰臣李珏奏:堂厨食利钱一千五百贯文,供宰相香油蜡烛,捉钱官三十人,颇扰百姓。今勘文书,堂头共有一千余贯,所收利亦无几,臣欲总收此钱,用自不尽,假令十年之后更无此钱,直令户部供给亦得。……杨嗣复曰:……乃奏宰臣置厨捉钱官并勒停,其钱并本钱追收,勒堂后驱使官置库收掌破用,量入计费,十年用尽后,即据所须,奏听进止。

① 《唐会要》卷九三《诸司诸色本钱下》长庆元年三月敕:"添给诸司本钱,准元和十五年五月十一日敕,内外百司准二月五日敕文,宜共赐钱一万贯文,以户部钱充。"二月五日敕文应即文中所述之定期赐本计划,继之于同年五月重申之,到长庆元年又再重申前事。此外,《旧唐书》卷一六《穆宗纪》元和十五年十月条亦曰:"京百司共赐钱一万贯。"可能也是重申二月之定期赐本事。

② 如元和十五年八月赐教坊钱5000贯充本,长庆三年十一月赐内园本钱10000贯、军器使3000贯,同年十二月赐五坊使钱5000贯、威远镇1000贯。

③ 《唐会要》卷九三《诸司诸色本钱下》开成三年七月敕:"尚书省自长庆三年赐本钱后,岁月滋久,散失颇多。"

④ 《唐会要》卷九三《诸司诸色本钱下》会昌元年六月户部奏:"准长庆三年十二月九日敕,赐诸司食利本钱共八万四千五百贯文。"

两位宰臣同时建议废除利息法,而将堂厨本利钱一切总收入库,①并量入制出,计十年而分用之,迨及所收掌的本利钱用罄后,再请旨由户部拨款供给。虽然这里只欲废除堂厨食利本钱,不及于内外百司,但或许仍难真正付诸实行,因为两年后的会昌元年(841)六月户部奏曾特别指出:"伏缘中书门下,公事不同诸司,恐不可落下一分",②则堂厨食本不仅依然存在,而且还因公事繁剧,未随各司利率落下一分。其实,会昌元年(841)六月户部奏最引人注目的是,自此百司公厨的食料钱,不再只单纯地采取本钱生利法,与之搭配并行的是每年的别赐本钱:

> 准正月九日敕文,放免诸司食利钱。每年别赐三万贯文,充诸司公用。……今请落下征钱驱使官每贯二百文课,并更请于合给钱内四分中落一分,均摊分配。(《册府元龟》卷五〇八《邦计部·俸禄四》)

食本赊耗严重,分别的、偶然的添给皆不敷所需,十年一期的赐本也缓不济急,会昌元年(841)的每年别赐三万贯,不仅数量上较元和十五年(820)的办法更为放宽,期限上竟紧缩到每年一赐,年年可填补欠失本利。食本原只为供百官午食一顿,如今已成为诸司公用不可或缺的行政费用,正因如此,食本的重要性与急迫性,都让唐政府不得不在别赐的时与量方面,做更务实的调整。会昌元年(841)的措施,并非废除本钱生利法,而每年的别赐本钱,则使部分食本转变为政府定期的预算内支出。从财务的角度分析食本的来源,或许才能更深层地体悟食本在国家政务上的演变意义。

---

① 葛承雍谓此库为公廨钱库,并认为官府自此设立统一的经营机构,并为国库收入提供专业保证。见:《唐代国库制度》(西安:三秦出版社,1990),137页。然愚意以为,葛氏除了将李珏等奏的年代弄错,可能还误将此库视为依然用息利法供厨,并可能过分扩大此库的运作,而于堂厨之外的诸司。

② 《册府元龟》卷五〇八《邦计部·俸禄四》,6093页。《唐会要》卷九三《诸司诸色本钱下》该条作两万贯。

第三章 其他诸色官本的设置

　　唐代税收项目杂多,国家开支亦广,为了弥补财政缺口,各级官府总会想尽办法开拓财源,以填充所需经费,而本钱生利法正是方式之一。各官本项目中,除了公廨本钱、食利本钱曾经全面性、较大规模地实施外,其他各项或偶然、断续行之,或因地、因机构而特设,未必在政策上一贯性地推动于全国。诸本钱或本粮的数量相对于度支岁计虽然微不足道,但它能否于必要时刻,帮助政务完成,发挥政治效能,才是探究其设置意义与目的之关键。

　　本章所论之诸色官本较为零散,为便于陈述,并厘清各概念,遂将性质相近者略做归类,并将资料稍多,运作独特者独立成节。以下分交通运输本钱、宴设食料本钱、病坊本钱、官仓出贷及其他五节缕述之。

第一节　交通运输本钱

　　唐朝幅员辽阔,地形复杂,不唯水陆道途交错,还要应付沿边军州特殊的交通运输需要。政府虽然编列了不少固定预算供其开销,似仍不能满足其所需，而提拨本钱，生息以供费用，遂成为补贴财政缺口的选项之一。唐朝担负交通运输重任的有馆驿、车坊、长行坊等，都有置本或举借等事，但举借未必只是由官府置官本。至于桥梁津渡等之修造，或也不乏运用利钱，但修造费用多出自公廨利钱，支出项目不与交通运输相关。本节主要就馆驿本钱、车坊出举、长行坊预放、陆运本钱等项分析之。

1. 馆驿本钱

馆驿是官方所置，供往来使者与官员食宿和出行工具的场所，也配给马匹，是传递讯息的交通通讯机构。[1] 馆、驿的设置标准不同，《通典》谓"三十里置一驿"，"其非通途大路"则置馆，[2]而实际上，馆驿间距随着地势险阻或位置要剧而调整，京畿重地平均十余里一驿，偏远边地几可至百里一驿。[3] 馆驿遍布全国，是唐朝的旅宿与交通命脉，需有足够的经费，才能维持其有效运作。唐制驿有驿田，皆随近给，按驿马数量配置，马一匹给地四十亩，供马畜喝料。馆虽无马，亦有馆田，供客使等食料，有时亦被挪用于筑城夫斋料、郡坊帖马料等。[4] 馆驿需求无法自给自足，驿田、馆田只能提供部分经费，来自国家税收的适度补给，是其重要财源之一。《通典》卷六《食货·赋税下》天宝中度支岁计：

---

① 青山定雄认为馆只供宿泊饮食，没有驿马。孙晓林也认为西州诸馆皆"郡坊帖马"，无馆马、馆驴。见：青山定雄，《唐代の邮と驿及び进奏院》，收入：《唐宋时代の交通と地志地图の研究》(东京：吉川弘文馆，1963)，58—59页；孙晓林，《关于唐前期西州设"馆"的考察》，《魏晋南北朝隋唐史资料》11(1991)，259—260页。有关馆驿的功能也可参考：陈沅远，《唐代驿制考》，《史学年报》1:5(1933)，74—75、78页；李斌城等编，《隋唐五代社会生活史》(北京：中国社会科学出版社，1998)，173—176页。唐代一般的交通与行旅状态，可参考：Charles Benn, *Daily Life in Traditional China：Tang Dynasty*, (London：Greenwood Press, 2002), pp. 177—193.

② 杜佑，《通典》(北京：中华书局，1988)，卷三三《职官·乡官》，924页。《文苑英华》卷五四五《道路判》："乙主路，三十里置作馆，州按其违古制。词云：险陆相半。"判曰："公家之事，为之式可，旧章不率，谁敢允从。且十里有庐，五十里有馆，典经攸著，龟玉是司，徒以险陆为词，其如专擅之罪。"似古制以五十里设一馆。

③ 王宏治，《关于唐初馆驿制度的几个问题》，收入：《敦煌吐鲁番文献研究论集》第3辑(北京：北京大学出版社，1986)，283—288页。

④ 孙晓林，《关于唐前期西州设"馆"的考察》，257页。馆田供料的范围很广，如大谷2829号："馆料麦卅六石，用充筑城夫斋料"；阿斯塔那506号墓《唐天宝十四载(755)某馆申十三载三至十二月侵食当馆马料帐历状》："郡坊帖马及北□□马并焉者新市马等，共侵食当馆青麦床总……。"

粟则二千五百余万石（……五百万留当州官禄及递粮……），布绢绵则二千七百余万端屯匹（……千三百万诸道兵赐及和籴，并远小州使充官料邮驿等费），钱则二百余万贯（百四十万诸道州官课料及市驿马，……）。

递粮之粟，远小州使料与邮驿之绢匹，以及市驿马之钱，分别提供驿马、客使、驿丁之食料费，馆驿之各项什物、杂支、市马费，并及置本生息的本钱、本粮或本匹。这些钱粮绢匹，有一部分应来自租调，一部分则来自户税。① 递在唐前期指传递公文，即邮递、邮驿之意，在玄宗以后出现经济性的递场，及独立于驿的通信系统。② 递粮供给传递公文之人员与马匹食料，国家自租粟中分拨出来，配给各馆驿支用。远小州使料与邮驿绢匹，当即随诸道兵赐及和籴等军需物资，依度支指定的输送地转输，而一并运至各馆驿之庸调布。③ 至于市驿马或其他馆驿费用，则户税为主要来源，《唐六典》卷三《户部郎中员外郎》条：

> 凡天下诸州税钱各有准常，三年一大税，其率一百五十万贯，每年一小税，其率四十万贯，以供军国传驿及邮递之用。

大小税钱皆供传驿及邮递之用，相信除了度支岁计所言的市驿马之外，户税钱也充作什物、杂支费，或补贴各项食料费。同前书卷五《驾部郎中员外郎》条注：

> 凡驿皆给钱以资之，什物并皆为市。

---

① 馆驿费用的来源，李锦绣有详细讨论，见：《唐代财政史稿》（上卷）（北京：北京大学出版社，1995），984—1006 页。

② 黄正建，《唐代的"传"与"递"》，《中国史研究》1994：4，79—80 页。

③ 庸调布补给军资的运送方式，可参考：大津透，《唐律令制国家的预算——仪凤三年度支奏抄、四年金部旨符试释》，收入：《日本中青年学者论中国史》（六朝隋唐卷）（上海：上海古籍出版社，1995），452—456 页；荒川正晴，《唐の對西域布帛輸送と客商の活動について》，《東洋學報》73：3、4（1992），40—45 页。诸道兵赐应包括驿赐物在内，驿赐物由户税钱与庸调物拨给，见：许福谦，《吐鲁番出土的两份唐代法制文书略释》，收入：《敦煌吐鲁番文献研究论集》第 2 辑（北京：北京大学出版社，1983），568 页；李锦绣，《唐代财政史稿》（上卷），987—988 页。

馆驿什物用户税钱和市,但户税有时也折纳他物以为馆驿费用,如仪凤年间西州的北馆文书,大谷 2842 号北馆厨典申牒曰:①

> 供客柴,往例取户税柴。今为百姓给复,更无户税,便取门夫采斫用供,得省官物。

户税可以折柴交纳,北馆客柴就是供作馆驿厨料之用。因此度支岁计的市驿马钱,可能只是户税"供军国传驿及邮递之用"的一部分,其他户税钱或和市什物,或折为粮粟、绢匹、荆柴等,以补充递粮、食料费等之不足。

尽管政府在租调户税中都编到与馆驿有关的预算,也用预算外的方式授与馆田、驿田供其营运,②但馆驿的经费似乎仍嫌欠少,相关人员还是必须由其他管道筹集所需,如吐鲁番文书阿斯塔那 35 号墓《武周如意元年(692)里正李黑收领史玄政长行马价抄》,其钱是"户内众备马价",③可见该长行官马是集众民户之力而购得。又如《册府元龟》卷六二一《卿监部·监牧》开元九年(921)正月诏:

> 如闻天下有马之家,州县或因邮递军旅,即先差遣帖助,兼定户之次。……缘帖驿邮递及征行,并不得偏差遣帖助,若要须供拟,任临时率户出钱市买。

驿马之供拟,无论是帖有马之家相助,抑或率户出钱市买,都显示政府的馆驿预算不符实际需求,地方官只好擅作处分,额外加征百姓。④ 馆驿

---

① 小田義久,《大谷文書集成》第 1 卷(京都:法藏館,1984),112 页。关于北馆文书的讨论可参考:大庭修,《吐鲁番出土的北馆文书——中国驿传制度史上的一份资料》,收入:《敦煌学译文集——敦煌吐鲁番出土社会经济文书研究》(兰州:甘肃人民出版社,1985),800-817 页;小田義久,《吐鲁番出土唐代官廳文書の一考察——物價文書と北館文書をめぐつて—》,《龍谷大學論集》427(1985),114-122 页。

② 陈明光,《唐代财政史新编》(北京:中国财政经济出版社,1991),107-108 页。

③ 《吐鲁番出土文书》(简)七/441,(图)参/517。

④ 卢向前从敦煌马社文书判断,"率户出钱"未始不含有立社互助之意。但此虽为官府借助民力,亦难说不是征敛百姓之一种手段。见:卢向前,《马社研究——伯三八九九号背面马社文书介绍》,收入:《敦煌吐鲁番文献研究论集》第 2 辑,403、413-414 页。

费用匮乏,主因官吏不依规定行事,①如官吏或使人无故于馆驿淹留,②不合给驿券者滥给或转牒拟供,③有势力者取索无度,④家口及参从人分外别给。⑤ 至于使命频繁,不当乘骑,造成的马匹死损,⑥也是馆驿的沉重负担。这些逾于条制衍生的费用,不单租庸调时期转嫁于民户,两税法时期同样也加诸百姓身上,如元稹《弹奏剑南东川节度使状》:"臣伏准每年旨条,馆驿自有正科,不合于两税钱外,擅有加征。"⑦然而,不唯剑南东川自行其是,其另外弹奏的山南西道亦是"州府每年两税外,加配驿草。"⑧想来只要传递邮驿之经费有缺,官吏就会将脑筋动到百姓身上,于是种种科敛应运而生,连寺僧都曾被劳扰,如《宋高僧传》卷一八《唐泗州普光王寺僧伽传》:"大历中,州将勒寺知十驿,俾出财供乘传者。"虽然其后因僧伽显灵而获宣放,但不难窥出政府的馆驿经费常患不足,率配百姓成了填补财政空缺的方便之门。

在编列预算、驿田馆田、与率配百姓之外,馆驿费用还有一些特殊的筹措管道。阿斯塔那 506 号墓《唐天宝十三载(754)礌石馆具七至闰十一月帖马食历上郡长行坊状》:⑨

---

① 唐代馆驿使用上的诸多问题,可参考:青山定雄,《唐代の邮と驿及び进奏院》,59—74 页。

② 如《唐会要》卷六一《馆驿》开元十五年敕:"两京都亭驿,应出使人三品以上及清要官,驿马到日不得淹留,过时不发。"又,贞元二年三月河南尹充河南水陆运使薛钰奏:"使人缘路,无故不得于馆驿淹留。"

③ 如《唐会要》卷六一《馆驿》贞元二年六月二十二日敕:"诸道进奉却回,及准敕发遣官健家口,不合给驿券人等,承前皆给。"《元稹集》卷三八《论转牒事》:"前件丧柩人马等,准武宁军节度转牒,祇供今月二十三日未时到驿宿者。伏准前后制敕,入驿须给正券,并无转牒供拟之例。"

④ 如《唐会要》卷六一《馆驿》长庆元年四月敕:"自今以后,中使乘递,宜将券示驿吏,据券供马,如不见券,及分外索马,辄不得勒供。"又,会昌二年四月二十三日敕:"江淮两浙,每驿供使水夫价钱,旧例约十五千已来,近日相仍,取索无度,……今后宜依往例,不得数外供破。"

⑤ 如《唐会要》卷六一《馆驿》贞元二年三月河南尹充河南水陆运使薛珏奏:"如有家口相随,及自须于村店安置,不合令馆驿将什物饭食草料,就彼等供给拟者。"又,大中六年二月汴州观察使崔龟从奏:"若有家口及参从人,即量是祇供。其本管迎送军将官健所由诸色受雇人等,本道既各给程限,兼已受佣直,并请不供。"

⑥ 如《唐会要》卷六一《馆驿》长庆元年四月敕:"如闻馆驿递马,死损转多。"又,同年九月京兆尹柳公绰献状诉云:"自幽镇兵兴,使命繁并,馆驿贫虚,鞍马多阙。"

⑦ 元稹,《元稹集》(台北:汉京文化公司,1983),卷三七《弹奏剑南东川节度使状》,420—421 页。

⑧ 元稹,《元稹集》,卷三七《弹奏山南西道两税外草状》,428—429 页。

⑨ 《吐鲁番出土文书》(简)十/110,(图)肆/447。

185.　　　　右通当馆从七月一日巳后至闰十一月廿二日以前，郡

186.　　　　坊迎送帖马来往，便食前件斛斗，合郡坊填还。

187.　　　　令献等逐急举便，随时供讫。今见被诸头债主

188.　　　　牵攞，无物填还。具食历如前，伏望商量处分。

189. 牒 件 状 如 前 谨 牒

190.　　　　　　　　天宝十三载十二月　日踏子史希俊　牒

191.　　　　　　　　　　　　　捉馆官许献芝

192.　　　　　　　　　　　　　捉馆官镇将张令献

　　本件文书是礌石馆向郡长行坊申报，为郡坊帖马迎送使来往，侵食当馆斛斗，请郡坊填还的帐历。文书由踏子呈报，捉馆官签署。值得注意的是，礌石馆所供食料，不是来自州县仓之事先拨给，竟是捉馆官等逐急举便而来。如今捉馆官被各处债主逼索，无物填还，遂请郡坊还付食料，以免自己背负债务。捉馆官举便帖马斛斗，可能不是罕见现象，同墓出土《唐天宝十四载(755)柳中县具属馆私供马料帐历上郡长行坊牒》：①

1.　柳中县

2. 合当馆从天十三载闰十一月十六日郡支帖马食贮料外，馆家
　　私供床 麦 □□□□□斗玖胜　内七石床

86.　□□别将朱承泰状称：在馆客使繁闹，准牒每季支帖马料参
　　拾硕，并已食尽，季终

87.　□□重，不可阙饲，贷便私供，具通斛斗如前。请牒上长行
　　坊，听裁处分，状上者。

　　又，《唐天宝十四载(755)柳中县具达匪馆私供床麦帐历上郡长行坊牒》：②

1.　柳中县　　　　　　　　牒上长行坊

2. 合达匪馆从天十三载十一月郡支帖马贮料外，私供床麦惣参

①　《吐鲁番出土文书》(简)十/76、84，(图)肆/436、442。

②　《吐鲁番出土文书》(简)十/86、89—90，(图)肆/444、446。

拾伍硕伍蚪。内一十七石七斗五升床

30. 牒得捉馆官 ⬜⬜⬜⬜⬜ 客 使繁闹，准牒每季支帖

马料参拾硕，并已食尽，季终未

31. ⬜⬜⬜⬜ 馆 贷便私供。具 通 斛斗如前，请牒上长行坊

听裁处分状上者。

　　这两件文书陈述的都是在馆客使往来频繁，郡坊所支帖马食料不敷所需，捉馆官贷便私供以应急的情景。吐鲁番文书中诸馆之贷便斛斗，在私供之外，还有借便郡县仓物者，①但这不过是各单位间的互相借支或临时调用，不能算是真正的举借。捉馆官之所以要贷便私供，盖缘于军务紧急，使命要速，食料至重，"不可阙饲"，而郡坊常不能预支斛斗，遂迫使捉馆官不得不私下举便垫付。贷便私供的捉馆官多是有政治、经济地位的富强之家，如前所述的镇将、别将等皆是，但也可能是卸任的前官。② 柳中县某馆上长行坊牒有"馆家私供"一语，从牒尾别将朱承泰的呈辞，及达匪馆件牒尾的公文程式看，馆家指的就是捉馆官。然一馆的捉馆官或许不只一人，礌石馆该件就并列两位捉馆官，其中一人未列职衔，大概只是地方上的富人。《新唐书》卷一四九《刘晏传》："初，州县取富人督漕挽，谓之船头；主邮驿，谓之捉驿。"凡捉馆驿者，唐前期无论中原或边区，皆取富人或"州县甲等"为之，③盖预期贫弱小民不堪承担此重役也。承如前引文书所见，捉馆官需在馆驿经费不足时，先行垫付或协助筹措，而由礌石馆牒"令献等逐急举便，随时供讫"来看，负责馆驿事务之诸人，在必要时，都可能被迫分担食料等费。唐制规定，"每驿皆置驿长一人"，④馆应该也有馆长一人。然而，州县所取捉驿或捉馆之富人未必只有一人，被迫分担馆驿经费的驿家或馆家，也未必只驿长或馆长一人，尤其当馆驿费用严重不足，驿长或馆长也无

---

　　① 如《唐天宝十四载(755)交河郡某馆具上载帖马食蹋历上郡长行坊状》："便县仓物供，郡坊合还未填。"《唐天宝十四载(755)某馆申十三载三至十二月侵食当馆马料帐历状》："便县仓物，合坊填还。"都是此例。见《吐鲁番出土文书》(简)十/56、166，(图)肆/421、498。

　　② 如《唐天宝十三载(754)礌石馆具迎封大夫马食蹋历上郡长行坊状》签署的捉馆官是"前镇将张令献"，即卸任的前官。见《吐鲁番出土文书》(简)十/117，(图)肆/461。

　　③ 《新唐书》(台北：鼎文书局，新校标点本，1976)，卷一二三《李峤传》，4370 页。

　　④ 《唐六典》(北京：中华书局，1992)，卷五《驾部郎中员外郎》，163 页。

力负担时，其他的驿子、馆子或踣子等就算非富人，又岂能幸免于摊派？①若捉驿或捉馆者自家之财力不丰，则恐怕只有"逐急举便"、"贷便私供"了。

驿家或馆家垫付的费用，官府何时能还，是否能还，似乎是个未知数。前引磧石馆牒件，捉馆官便食七月一日至闰十一月廿二日斛斗，请付文书在十二月廿三日送达交河郡都督府。同馆捉馆官于十二月二十五日又上牒件，请求支付十二月一日至十九日该馆所阙踣料。② 官府拖欠七月斛斗至少已半年，旧欠未了，新欠又累加上来，最无辜的，当然就是那些馆家、驿家，捉馆官称："被诸头债主牵撮"，显然已有破家之患。《新唐书》卷一二三《李峤传》神龙二年(706)上书曰："重赂贵近，补府若史，移没籍产，以州县甲等更为下户。当道城镇，至无捉驿者，役逮弱小，即破其家。"州县富人千方百计的逃避捉驿，无非担心不可承受之重役与垫付，故馆家、驿家的"贷便私供"即使可贴补馆驿经费，也究非正常之道。

"贷便私供"是馆家、驿家向民间债主的私自举借，该种债权债务行为完全与官府无关，严格说不能纳入官本放贷的范畴内。真正用于馆驿的官本放贷，可能始于开元年代，《册府元龟》卷四八四《邦计部·经费》：

> （开元）二十六年正月制，长安万年两县，各与本钱一千贯，收利供驿，仍付杂驿。

京畿一带，驿务繁重，早在开元四年(716)十二月诏里已见端倪："如闻两京间驿家，缘使命极繁，其中多有妄索供给。"③为了减轻驿家"贷便私供"之压力，政府取法公廨本钱等制度，拨给官本，生利以供驿费。但馆驿本钱的设置未必始于两京县，西北边州那些使命往来频繁的馆驿，可能先已有之，如《唐开元十九年(731)正月西州岸头府到来符帖目》：④

> 24. ……仓曹符、为贴料本利麦粟帖、速勘申事。

---

① 鲁才全、日野开三郎认为驿家、馆家指驿长、馆长，即馆驿的主持人。但二人所举的几个例子，似不足以证明驿家即驿长，而只能说驿长是驿家的代表人。从馆驿经费的筹措看，也未必只限于驿长或馆长一人。二人说法见：鲁才全，《唐代的"驿家"与"馆家"试释》，《魏晋南北朝隋唐史资料》6(1984)，34—37页；日野开三郎，《唐代租调庸の研究》Ⅱ课输篇(福冈：久留米大學，1975)，394—395页。

② 《吐鲁番出土文书》(简)十/116—117，(图)肆/459—460。

③ 《册府元龟》卷六三《帝王部·发号令二》，708页。

④ 池田温，《中国古代籍帳研究——概觀·錄文》(東京：東京大學東洋文化研究所報告，1979)，358页。

大谷 2829 号：①

7. ……蒲昌柳中县开廿

8. 三年贴料小麦、被符令取肆拾陆硕、用充筑城夫斋料。……

开元十九年（731）、廿三年（735）的两件贴料本利麦粟、贴料小麦，指的
都是用官本生利法获致的谷物，亦即官本的运用系因地制宜，货币之外，其
他实物也可用为官本。西州常见长行坊下帖诸馆要其供马料，前件的"贴
料本利麦粟"，大概就为捉馆本。后件则应是县馆贴料，因为该件前有高昌
县答复西州都督府仓曹所下之符曰："令取上件馆料麦卅六石，用充筑城夫
斋料，令于当县取馆田麦充替。其时准符每馆各折给上件数当已录申讫
者。"②馆田、驿田本是以预算外形式提供馆驿的经费来源，其经营不可能
由驿丁、驿子自耕，③可能采取雇佣或租佃方式垦种，但所纳之小作费用或
地租，未必直接供馆驿开销，或许另做本粮，收利以充用，故而有"贴料本利
麦粟"的情形。馆驿贴料又见于斯坦因所获高昌古城遗址文书：④

1. 季 贴料粟每馆 壹 拾 贰硕

2. 右件贴料粟，先具状申州，至今未蒙□□

3. 今向终在馆交阙，谨录 状 上，请处分

这是某馆为每季贴料粟不能如期交纳，具状申州之文牒。看来每馆都
有贴料，都用置本生利法，而且每季要上交州县，统筹以为馆驿或其他
费用。

开元二十六年（738）正月两京县赐与馆驿本钱之前，西北边州显然已
有本粮放贷的事实，而同在开元二十六年（738），西州地区也出现馆驿本
钱，如大谷文书 3500 号：⑤

---

① 《大谷文书集成》第 1 卷，103 页。

② 本件文书甚为复杂，李锦绣有详细分析，见：《唐代财政史稿》（上卷），697—
700 页。

③ 王宏治认为驿丁负责牧饲，驿子负责传递，都与耕种无关。见：《关于唐初馆
驿制度的几个问题》，300 页。

④ 陈国灿，《斯坦因所获吐鲁番文书研究》（武汉：武汉大学出版社，1995），
413 页。

⑤ 小田義久，《大谷文书集成》第 2 卷（京都：法藏馆，1990），113 页。

1. 柳谷馆

2. 汸林城百姓捉馆贴本钱参拾参阡陆伯肆拾壹文

　　　　　　　　每月当利壹阡陆伯捌拾貳文

3. 　　　　计壹周年利当貳拾阡壹伯捌拾肆文

　　　　　　数内从廿六年七月□给领得□□□佰玖拾貳文

柳谷馆也有捉馆本钱，至迟于开元二十六年(738)七月以前已开始运作。柳谷馆是西州往北庭道上的馆驿，虽不在通途大路上，也是军事重地，想来在两京县置馆驿本钱的前后，边州军区这些使命往来频繁的馆驿，也相继置本捉钱，以补固定预算之不足。据翁俊雄的推算，雍州(京兆府)面积 19,727 平方公里，领县 18 个，①即每县县境平均 1095.94 平方公里。两京县所属驿为都亭驿，事多而急，驿距应在标准的 30 公里以下，但两京县多城坊，影响驿距，姑且每驿间距以 20 里计。唐一里约合今 531 公尺，②则每驿驿境约为 112.78 平方公里，折合两京县内各约有 10 驿。玄宗赐两京县本钱各 1000 贯，每驿约可分配到 100 贯，而柳谷馆的本钱有 33.641 贯，可见馆驿不仅依闲要与地理位置分等级，连本钱似也列等而配置。

依柳谷馆的本利钱数，知其月息为 5%，如两京县各驿亦以此利率运作，每月收利不过才 5 贯。马日食全料粟 1 斗，饲青草则半之。③ 驿马 3 匹给驿丁 1 人，④驿丁日食米 2 升或粟 3.3 升。⑤ 今将食全料的驿马 3 匹与驿丁 1 人视为一组，合计其月食粟约 10 石。开元年间海内富实，米斗之价以 13 钱计，⑥则两京县的 5 贯利钱，总共可增置不足 4 组的驿马与驿丁之食料，这还完全不包括使者往来与负责递送之驿子的食料费用，及其他杂支。如以柳谷馆的利钱来看，虽然适可增置一组驿马与驿丁的食料，而实际上可能为了应付频繁的使命往来，并填还"贷便私供"的驿家、馆家，能否增置一、二匹驿马的食料，也都待考。天宝十二载(753)还发生过应还给

---

① 翁俊雄，《唐初政区与人口》(北京：北京师范学院出版社，1990)，276 页。

② 胡戟，《唐代度量衡与亩里制度》，《西北大学学报》1980:4，39 页。

③ 《唐六典》卷一七《典厩署》，484 页。出土文书中马料之实际耗用状况，可参考：王宏治，《关于唐初馆驿制度的几个问题》，320—321 页。

④ 《唐六典》卷五《驾部郎中员外郎》，163 页。

⑤ 驿丁食量比照一般丁男，丁男食料的相关讨论见：拙著，《唐代民间借贷之研究》(台北：台湾"商务印书馆"，2005)，154—156 页。

⑥ 《新唐书》卷五一《食货志》，1346 页。

馆家的出使马料,太守竟将它挪用为和籴市马,①可见非但市马预算不足,连诸馆斛斗也依然缺供,仍有赖于馆家的垫付。故有限的馆驿本钱在改善馆驿经费上,其实际效用或许不如想象中大。

安史乱起,官本制度受到严重破坏,馆驿本钱还能否维持下去,令人怀疑。当时之馆驿经费,可能主要来自税收,乾元二年(759)三月丁亥放免天下州县百姓所欠税赋,其中就包括"传马粟"一项。② 传马是一种交通运输系统,负责运送官员及其家口、囚徒,及军事物资。③ 唐代传制给车牛与马驴。④ 但也有学者认为唐代不存在传制,传送、传递包含在驿的职能中,⑤亦即是驿传制之变则,在驿传营运体制内。⑥ 传马功能的破坏或转化,大致在开元年代前后,⑦《唐会要》卷六一《馆驿》开元十八年(730)六月十三日敕:"如闻比来给传使人,为无传马,还只乘驿,徒押传递,事颇劳烦。自今已后,应乘传者,宜给纸券。"既无传马,还用驿马,原给之传符,也改为纸券。⑧ 由此看来,乾元二年(759)特别放免之"传马粟",其实就是驿马粟,也就是馆驿经费的一部分。乾元二年(759)特别放免此单项税目,显示馆驿费用已严重不足,而额外加征,又导致百姓不堪负荷。

唐朝历经动乱,元气大伤,恐难再凭租庸调制课征馆驿经费,而在两税正科未确立之前,客使、驿马等食料、杂支如何得济,史不详言,然如常衮《放京畿丁役及免税制》所见,似仍是官府向百姓收取以供给:

> 应供往来邮递,从来年正月至麦熟已来,并官出给。百姓应有欠

---

① 《吐鲁番出土文书》(简)十/153—154,(图)肆/489

② 《册府元龟》(台北:台湾"中华书局",1972),卷八七《帝王部·赦宥六》,1039页。

③ 黄正建,《唐代的"传"与"递"》,78页;荒川正晴,《唐河西以西の傳馬坊と長行坊》,《東洋學報》70:3,4(1989),45—51页。王冀青则认为也包括一般公文传递,见:《唐前期西北地区用于交通的驿马、传马和长行马——敦煌、吐鲁番发现的馆驿文书考察之二》,收入:《敦煌吐鲁番文献研究》(兰州:兰州大学出版社,1995),519页。

④ 李锦绣,《唐前期传制》,收入:《唐代制度史略论稿》(北京:中国政法大学出版社,1998),340—342页。

⑤ 《新唐书》卷二四《车服志》:"传信符者,以给邮驿,通制命。"可见传送、传递包含在驿制之中。黄正建认为传非实体组织,无法制,玄宗以后更实质上不存在。见:《唐代的"传"与"递"》,78—79页。

⑥ 荒川正晴,《唐河西以西の傳馬坊と長行坊》,50—51页。

⑦ 黄正建认为开元以后传驿逐渐为馆驿取代。荒川正晴则认为自军镇常驻化后,驿制内的传马坊渐移向长行坊制。见:黄正建,《唐代的"传"与"递"》,79页;荒川正晴,《唐河西以西の傳馬坊と長行坊》,61—62页。

⑧ 《唐会要》卷六一《馆驿》贞元八年:"门下省奏,邮驿条式,应给纸券。"此条式盖早已于唐前期行之,故前引开元十八年敕谓"应乘传者,宜给纸券"。

负，……一切容至麦熟填还。(《文苑英华》卷四三四)

官府为示恤民之意，先代百姓出给来年邮递税赋，让百姓于麦熟后再填还官府。此时虽不明所课税项，要之，维系帝国活力与动能的馆驿经费，不能让其中断。唐后期中央权威不振，藩镇威胁大增，非但使命往来劳扰，不合条制之妄索也颇闻其弊，因此常制内所给的馆驿经费若不足于用，各地官府只好制外课取，《册府元龟》卷五四六《谏净部・直谏十三》：

> 梁镇为昭应令，代宗广德二年，道士李国祯以道术见。……镇上奏曰："……国祯等见具状推勘，如获赃状，伏望许臣征收，便充当县邮馆本。"

以赃钱充馆驿本钱，当是为贴补馆驿经费而来。但此本钱不是出自政府赐与，梁镇之构想也只具有个别性，故究竟有多少州县为此绸缪，并找到特有财源，也置邮馆本，实难评估。如其不然，地方官于经费短缺时，便可能要求馆家、驿家"贷便私供"，或重蹈昔日差遣帖助，率户出钱之覆辙。唐前期有关馆驿本钱的传统史料只一见，而且只限于两京县，出土文书所见的西北边区的馆驿本，是奉中央之命而实行，抑或如梁镇之自作主张，自筹本钱、本粮，犹待考。但似乎在武宗会昌元年(841)以前，未见唐政府全面施行馆驿本钱的史料。

唐后期馆驿贫虚，鞍马多阙，分外妄索的情形日益严重，[1]两税正科提供的馆驿经费已不能足用，为了不让州县苛征下民，率配百姓，遂于会昌元年(841)大规模地设置馆驿本钱，冀有补于缺供，勿擅害于疲人，《册府元龟》卷四八四《邦计部・经费》会昌元年(841)正月赦：[2]

> 应州县等每有过客衣冠，皆求应接行李，苟不供给，必致怨尤。刺史县令，务取虚名，不惜百姓。夫、富皆配人户，酒食科率所縣，令虚通领状，招领价钱。又陈设之物，遍扰闾里。蠹政害人，莫斯为甚。宜委本道观察使条流，量州县大小，及道路要僻，各置本钱，逐月收利。前观察使刺史、前任台省官，不乘馆驿者，许量事供给，其钱便以留州留

① 唐后期的馆驿问题请参考本章 151 页注 1—6。

② 本条资料较完整，故录之，但有少许错字，也未注月分，引文据《册府元龟》卷一六〇《帝王部・革弊二》及《唐会要》卷九三《诸司诸色本钱下》校补。此外，"每至季终"可能亦有误，另二书作："每至季冬"、"每至年终"。

使及羡余钱充。每至季终，申观察使，不得辄配所由人户。

供给过客衣冠及其行李之处，正是馆驿，故"各置本钱，逐月收利"，指的就是馆驿本钱。赦文中虽未明言本钱数，但既是"量州县大小，及道路要僻"而设，显然全国馆驿，或至少政府控制力所及之馆驿，皆依等级而区分本钱数。由此回证唐前期两京县与柳谷馆的本钱差数，想来是甚为合理的。会昌元年(841)首度、普遍性地设置馆驿本钱，当是考虑各州县根本不敢，也无力拒绝不依格式的分外请供，故与其任公私行旅害物扰人，不如政府许置本钱，让州县逐月收利，以给酒食夫畜等费。唐前期馆驿经费不足时，馆家、驿家常被迫"贷便私供"；自至德以后改为驿吏主驿，[1]类似的遭遇可能也降临在驿吏身上，所谓"酒食科率所繇"，大概就包括驿吏、下吏等在内。会昌利钱的供给范围较原定格式做了些许放宽，原本不得乘馆驿的前官可量事供给，但其钱并不是中央拨赐，而是由留州留使钱及羡余钱充。配合着元年正月的创立新制，复委中书门下与御史大夫陈夷行商量设置稽核办法，于同年二月奏请诸州府"勘鞍马、什物、作人、功价、粮课，并勘每年缘馆驿占留钱数，诸色破用，及使料粟麦，递马草料"，以参立新格，除馆驿弊事。[2] 会昌年间的广泛设置馆驿本钱，审勘馆驿经费的运用，无非在整顿久为人所诟病的馆驿制度。

会昌元年的新政能否顺利推动，可能因地而异，但至少显示排除前官的旧制碍难执行，如不改弦更张，只有任凭百姓被剥削。新政的最大困难，在于本钱是否有着落，及是否足够，会昌元年(841)六月河中晋绛慈隰等州观察使孙简奏：

> 准敕书节文，量县大小，各置本钱，逐月四分收利，供给不乘驿前观察使刺史、前任台省官等。晋慈隰三州各置本钱讫。得绛州申称，无钱置本，令使司量贷钱二百贯充置本，以当州合送使钱充。(《册府元龟》卷五〇八《邦计部·俸禄四》)

会昌年馆驿本钱的月息是4分，像绛州这样的雄州大郡本钱也只200贯。以一州五驿计，每驿分配到的本钱不过40贯，每月收利1.6贯。唐后

---

① 刘晏改革驿制，大体上自至德二年以后，由原本的驿长主驿，改为驿吏主驿。见：王宏治，《关于唐初馆驿制度的几个问题》，294页。

② 《册府元龟》卷五一六《宪官部·振举一》，6173页。

期物价高涨,如以元和、宝历以后的常价为准,米斗值 40－60 文,①则 1.6 贯利钱可供 2.67 石—4 石米,或 4.45 石—6.67 石粟。这种利钱主要供原本不得乘驿的前官使用,其酒食之费地方官依然不敢怠慢,如其带家口 2 人,侍从 2 人,有马 2 匹,在馆驿中停留 5 日,依前述之丁男与马之日食量计,则共食粟约 1.825 石。亦即像这样的前官组合,上州之驿每月最多只能遇到 2—3 组人马,否则便不堪应付。馆驿本钱不是来自中央额外赐与,而是由地方自筹,这不免排挤留州留使钱及羡余的原本用途,而绛州等处的无力置本,即使使司暂时量贷,也仍需由税赋中填还,故终究还是要征自百姓。

严格说,会昌年设置的馆驿本钱,因数量少,功能有限,很难认为可就此解决长久以来的馆驿积弊,或补贴两税之外不足的馆驿经费。唐自会昌年间,盗贼乱事始较为严重,尤其江淮地区的盗贼尤多,大中十三年(859)浙东又发生裘甫之乱,开启了晚唐大规模的民变。② 国家值此多故之际,使命之往还与军旅之调动势必更加频繁,而馆驿费用短绌的窘状也自然更形严重,《旧唐书》卷一九上《懿宗纪》咸通五年(864)五月丁酉制:

> 如闻湖南、桂州,是岭路系口,诸道兵马纲运,无不经过,顿递供承,动多差配。……潭、桂两道各赐钱三万贯文,以助军钱,亦以充馆驿息利本钱。其江陵、江西、鄂州三道,比于潭、桂,徭配稍简,宜令本道观察使详其闲剧,准此例与置本钱。

江淮地区是晚唐政府的经济命脉,为了确保财税运输线的畅通,防止变乱、强藩或南诏的威胁,③中央既要调集军队驻防,又要征徭民夫护送纲运,身当交通线上的各馆驿因此承受巨大的压力,遂导致咸通五年(864)赐助军钱外,也充馆驿息利本钱。虽然不明这样的赐与,各馆驿能分配到多少本钱,能减轻多少问题,但这毕竟是政府察觉到馆驿在交通运输上的重要性,才以异于唐后期一般本钱由地方自筹的通例,罕见地由中央拨给。

---

① 唐后期无价的变动情形,及元和、宝历以后的米、绢常价,可参考:全汉昇:《唐代物价的变动》,收入:《中国经济史研究》(台北:稻乡出版社,2003),178－187 页;日野开三郎,《兩税法と物價》,收入:《日野開三郎東洋史學論集》4《唐代兩税法の研究》(東京:三一書房,1982),350－351 页。

② 王寿南,《论晚唐裘甫之乱》,《政治大学学报》19(1969),283－308 页;又,《隋唐史》(台北:三民书局,1986),360－363 页。

③ 晚唐的江淮财富区,面临多方面的威胁,参见:王寿南,《唐代藩镇与中央关系之研究》(台北:大化书局,1978),296－299 页;又,《隋唐史》,361－365 页。

不过由咸通九年(868)桂林戍卒之乱,庞勋等回攻徐州,引起并酝酿更大规模的民变来看,①不仅助军钱未能发挥安定军情的效果,恐怕些微的馆驿本钱亦不足以让驿吏、百姓免于"动多差配"的苛扰。

2. 车坊出举

车坊是唐中央及地方普遍存在的交通运输机构,私人车坊是赁车业,②官车坊则负担官府物资及官员家口的运输,③《唐六典》卷五《驾部郎中员外郎》条注:"诸司皆置车牛,以备递运之事。"在京各司车坊实际所配车牛数,视其职掌而异,举凡税物、建材、器杖、杂物等皆责其承运。④ 同前书卷三《户部郎中员外郎》条:"凡亲王入朝皆给车牛、驮马。内外百官家口应合递送者,皆给人力、车牛。"是则亲王、百官之入朝或职务调动,车坊承命接送之。

地方州县及馆驿也有车坊,穆宗即位赦:"诸州府除京兆河南府外,应有……车坊等,宜割属所管官府。"⑤显然州府这个层级自有车坊。而至迟于贞元末,已出现总管车坊事务的使职,如司空于公节制汉南,署卜璀为"节度总管充车坊使知征马五屯"。⑥ 县以下的各级车坊在出土文书中所见甚多,如阿斯塔那509号墓有一个案卷:⑦

　　3. 天山县　　　为申推勘车坊孳生牛无印,所由具上事。

　　4. 合当县车坊开元廿一年正月一日,据帐合交 牛 驴总(下残)

天山县所属车坊既畜养官畜,自当有印记为凭,每年年初还要将畜类

---

　　① 王寿南,《论唐末桂林戍卒之乱》,《政大历史学报》2(1984),13—34 页;又,《隋唐史》,365—367 页。

　　② 民间车坊是专业赁车业之大型化经营场所,不仅负责运送,也与邸店关系密切。见:日野開三郎,《日野開三郎東洋史學論集》卷一七《唐代邸店の研究》(東京:三一書房,1992),137—147 页。

　　③ 吴丽娱、张小舟,《唐代车坊的研究》,收入《敦煌吐鲁番文献研究论集》第3辑(北京:北京大学出版社,1986),267—271 页;李锦绣,《唐前期传制》,348—350 页。

　　④ 吴丽娱、张小舟,同前文,269—270 页;李锦绣,《唐代财政史稿》(上卷),1031 页。

　　⑤ 宋敏求,《唐大诏令集》(台北:鼎文书局,1972),卷二《穆宗即位赦》,11 页。

　　⑥ 周绍良编,《唐代墓志汇编》(上海:上海古籍出版社,1992),长庆 015,2069 页。

　　⑦ 《吐鲁番出土文书》(简)九/78,(图)肆/301。

总数汇报申上。西北地区运路遥远,有时车坊亦称长运坊。① 车坊的制度化管理,在伯希和文书 2862 号背、2626 号背《唐天宝年代燉煌郡会计牒》里有清楚的表现,其中阶亭坊的应见在帐,就是车坊全部财物的记录。② 馆驿与车坊的关系密切,③这可以西州情形为例,如《唐开元间西州都督府诸曹符帖事目历》:"为征北馆车坊牛事";④《唐开元二十一年(733)西州都督府案卷为勘给过所事》言及送兵赐放还京人王奉仙"到赤亭染患,在赤亭车坊内将息。"⑤赤亭是伊西道上的馆,⑥连在这样僻处的馆都有车坊,看来通途大路上的各驿更应该有附属于自己的车坊。

折冲府是否有车坊,犹待考,《唐开元二十八年(740)土右营下建忠赵伍那牒为访捉配交河兵张式玄事一》:⑦

3. 牒得上件人妹阿毛经军陈辞:前件兄身是三千军兵名,

4. □今年 三 □ 配 交 河 车坊上,至今便不回,死活不分。……

张式玄是交河兵,阿毛也向军中陈辞。唐代的府兵虽编入州县民籍,但直接统领府兵的是中央诸卫,州县官不能对其行使权力。⑧ 因此牒中所言的"配交河车坊",似乎不应指交河县的车坊。阿斯塔那 338 号墓《唐显庆三年(658)西州范欢进雇人上烽契》雇主的头衔是"交河府卫士",⑨这里的交河府即岸头府,因置于交河县,故亦称交河府,⑩而所谓的"配交河车坊",其实是置于岸头府的车坊。《唐六典》卷五《驾部郎中员外郎》缕述中央诸卫各有车一、二乘,数量虽不多,显示也有运送物资的需要。唐代府兵的装备,既有部分口粮、资装与器杖由政府提供,⑪则折冲府单独设置车坊

---

① 如阿斯塔那 509 号墓《唐天山县长运坊状》:"天山县长运坊　状上　　/右缘车坊营……",显然此长运坊即车坊。见:《吐鲁番出土文书》(简)九/96,(图)肆/310。

② 池田温,《中国古代籍帐研究——概观·录文》,481—482 页。

③ 李锦绣,《唐前期传制》,345—346 页。

④ 陈国灿,《斯坦因所获吐鲁番文书研究》,171 页。

⑤ 《吐鲁番出土文书》(简)九/65,(图)肆/293。

⑥ 孙晓林,《关于唐前期西州设"馆"的考察》,252 页。

⑦ 《吐鲁番出土文书》(简)八/385,(图)肆/184。

⑧ 谷霁光,《府兵制度考释》(上海:上海人民出版社,1978),160—165 页。

⑨ 《吐鲁番出土文书》(简)五/142,(图)贰/244。

⑩ 岸头府亦称交河府,见:唐长孺,《吐鲁番文书中所见的西州府兵》,收入:《敦煌吐鲁番文书初探二编》(武汉:武汉大学出版社,1990),29—31 页。

⑪ 古怡青,《唐代府兵制度兴衰研究:从卫士负担谈起》(台北:新文丰公司,2002),第三章第二节。

以输运军需，也非不合理。

中央及地方各司普遍设置车坊，车坊的经费来源自当附属编列于各司预算中。但政府的税收有限，很难想象有限的资源能满足车坊的需要，于是种种合法、非法的，或预算外的经费形式便应运而生。前引《通典》所列天宝中度支岁计：粟"五百万留当州官禄及递粮。"据学者推估，唐前期内外官禄约 140 万石米，[①]即 230 余万石粟，而其余数则为递粮。车坊既供递运，必与馆驿等共享递粮费用。唯全国车坊之牛不下 20 万头，[②]这还不包括为临时搬载或别载缘路粮草，强征自百姓之牛。[③] 运牛日食菽 1 斗，饲草日半之，[④]若以牛一头年食 18 石菽（豆）计，全国车坊之牛就要 360 万石菽。递粮之粟的总数已极有限，其重要供给对象又是馆驿客使斛斗及马料，故车坊能自其中分配到多少经费，令人怀疑。

车坊维系全国的运输网络，不能任其因经费不足而停摆，在中央拨付的递粮之粟欠缺时，除了靠自行采造车乘、牛驴等畜类之孳生、按户摊派车牛役、以及出卖皮肉之回残剩利，以支应各项费用外，[⑤]可能还需仰赖出举之法，才得补足差额，《唐开元十九年（731）正月西州岸头府到来符帖目》：[⑥]

> 13. ……都督衔帖，为史璋、李岌等欠车坊出举麦，限月内送足事。
>
> 20. 户曹符，为北馆坊出举本小麦，依前符征 _____

《唐开元间西州都督府诸曹符帖事目历》：[⑦]

> 23. _____ 为征北馆车坊牛车

---

① 李锦绣，《唐代财政史稿》（上卷），806—818 页。

② 李锦绣，《唐代财政史稿》（上卷），1037 页。

③ 《元稹集》卷三八《为河南府百姓诉车状》"五百乘准敕供怀州已来载草"条："今据每车强弱相兼，用牛四头。……每车更须四乘车，别载缘路粮草。"按《唐六典》卷五《驾部郎中员外郎》条，一车配二牛，其不足者则单驾。则元稹所述的一车配四牛，每车又配四乘车，所需之车或牛都要强征自百姓。

④ 《唐六典》卷一七《典厩署》，484 页。

⑤ 车坊费用之来源与筹集法，可参考：李锦绣，《唐代财政史稿》（上卷），1036—1040 页。

⑥ 池田温，《中国古代籍帐研究——概观·录文》，357—358 页。

⑦ 陈国灿，《斯坦因所获吐鲁番文书研究》，171 页。

北馆坊指的就是北馆车坊,而都督衙下帖追征欠利的车坊,则应是隶属其下的某州县或馆驿的车坊。史璋在同件另条有文曰:①

8. 一帖,为追车坊检校人史璋,并十八年冬季历帐注,应□□□□□□
9. 内纳足具上事。

车坊检校人大概是车坊的负责人,每季要将帐历申报上司。这两条引文中的史璋可能是同一个人,则他职司催收车坊内之出举麦,并将麦利上于府衙,而自己未必是出举人。车坊出举的资料只此两条,而且都是出举本粮,既未见内地实施此制,当地也无本钱放贷的情形,因此车坊出举是普遍性的推行于全国,还是局部性地、依个别需要而设计,似有待更多史料来印证。然而值得注意的是,前述的馆驿本粮与此处的车坊本粮,都出现在西州一带,其前身的高昌国时期官府出贷斛斗也早有先例可循,如斯坦因所获阿斯塔那一区二号墓的多件负官私麦帐,可能就是向官府举贷的文书,如《高昌解安保计田负官私麦粟帐》:②

1. 解安保负参军崇谦、焦欢伯二人东 宫 举 价 □□□□□
2. 次负主簿周相儿、张阿瑠二人东宫举价小麦

《高昌□阿憙负官私麦粟帐》:③

1. □□ 阿憙负参军阿易边官举价小 麦 □□□□□

又如阿斯塔那十号墓《高昌延寿六年(629)六月傅阿欢入当年官贷捉大麦子条记》:④

1. □□乙丑岁官贷捉大麦子傅阿欢肆斛参军 张 □
2. 参军郭阿都 翟怀愿 氾延明 六月廿八日入

① 池田温,《中国古代籍帐研究——概观·录文》,357 页。
② 陈国灿,《斯坦因所获吐鲁番文书研究》,149 页。
③ 陈国灿,《斯坦因所获吐鲁番文书研究》,151 页。
④ 《吐鲁番出土文书》(简)五/73,(图)贰/205。

前两条是向东宫或官举麦,①均是百姓透过官人向官府举借斛斗,这有可能是因其欠缺生活凭藉向官府的借贷。但后一条比较像是官府透过官人,主动将麦贷与百姓,由百姓负责生麦子(利),再入还官府。这说明西州地区早有官府出举粟麦的经验,甚至已有本粮放贷的形式,故唐人依仿旧惯,扩大运用于官府各机构中,也就不令人意外了。

3. 长行坊预放

长行坊是唐代的一种特殊的交通运输组织,它负责州与州间,或诸馆间的长途运行,是一种远距离的交通机关。② 有学者认为在西州初建时,西北地区可能就有长行坊。③ 也有的学者认为,约在七世纪末,为因应河西军镇化后西北边区的战争状态,及行军常驻化后大增之军物输送,所以才发展出长行坊组织。④ 至于长行坊与驿传体制的关系,学者的看法也颇为分歧,如藤枝晃认系正规驿传组织周边的辅助组织;⑤荒川正晴提出在驿传体制之外的观点;⑥孔祥星以为与馆驿无组织关系,又非边境的特殊组织;⑦王冀青指出驿马与长行马并存,传马即长行马;⑧孟彦弘主张西州的长行马驴即各州的传送马驴,与敦煌的传马驴性质相同;⑨李锦绣则认为长行马制仅存于西北,是馆驿制的补充。⑩ 在长行坊的管理方面,河西

---

① 麴氏高昌国以世子为令尹,总理国政,故东宫即令尹府。有关向东宫与官府举贷的讨论,可参考:陈国灿,《高昌国负麦、粟帐的年代与性质问题》,收入:《斯坦因所获吐鲁番文书研究》,52—55 页。

② 孔祥星,《唐代新疆地区的交通组织长行坊——新疆出土唐代文书研究》,《中国历史博物馆馆刊》3(1981),31—32 页;孙晓林,《试探唐代前期西州长行坊制度》,收入:《敦煌吐鲁番文书初探二编》,219—222 页。

③ 孙晓林,《试探唐代前期西州长行坊制度》,171—174 页。

④ 荒川正晴,《唐河西以西の傳馬坊と長行坊》,54—62 页。

⑤ 藤枝晃,《長行馬》,《墨美》60(1956),4 页。

⑥ 荒川正晴,《唐河西以西の傳馬坊と長行坊》,63 页。

⑦ 孔祥星,《唐代新疆地区的交通组织长行坊——新疆出土唐代文书研究》,35—37 页。

⑧ 王冀青,《唐前期西北地区用于交通的驿马、传马和长行马——敦煌、吐鲁番发现的馆驿文书考察之二》,525—528 页。

⑨ 孟彦弘,《唐代的驿、传送与转运——以交通与运输之关系为中心》,《唐研究》12(2006),40—41 页。

⑩ 李锦绣,《唐代财政史稿》(上卷),1007—1009 页。

地区原置"敕检校长行使"进行一元化的统辖，①但大概在开元以后，北庭、西州等天山东部地区的长行坊，可能改由"南北长行使"来管理。②

长行坊是否仅存在于西北边区，似有待斟酌；其与驿传体制的关系，也应予进一步检证。《安禄山事迹》卷中："载物长行车三百乘"，自至长安。③长行坊虽以马驴等畜类为主，但也有车，大谷 3477 号《西州岸头府到来文书》中就有"长行车坊"。④安禄山在河北道，长途跋涉载物至长安，既没有用传马驮送，⑤也没有发动车坊运输，⑥而所谓的"长行车"，或许就从"长行车坊"里组织车队，承担此长途输送的任务。河北道颇类于西北边区，同样负有边防重责，河西等地既为适应军务需要发展出长行坊制度，河北道当然也不无可能成立长行坊。

唐代的驿传制度在开元以后可能有较大幅度的改变，由于传马不足，传送之制受到破坏。⑦而驿与递主要为交通通讯功能，⑧不免使官府的长途运输难以为继；遍设于中央与地方的车坊，实只适用于京司间或地方间的短程运输，为了填补传送制的空缺，改善车坊的不足，唐政府可能渐在内地也设置长行坊，以解决长途、大量的运输需要，如《元稹集》卷三八《论转牒事》抨击给券违越，其中有："给长行人畜甚重"；新罗人崔致远入朝，其于《上太师侍中状》乞赐水陆券牒之外，并请"长行驴马草料"。⑨看来原本实

① 荒川正晴，《唐河西以西の傳馬坊と長行坊》，62 页。

② 荒川正晴，《北庭都護府の輪台縣と長行坊—アスターナ五〇六號墓出土、長行坊關係文書の檢討を中心として—》，收入：《小田義久博士還曆紀念東洋史論集》（京都：龍谷大學東洋史學研究會，1995），117—119 页。

③ 姚汝能，《安禄山事迹》（北京：中华书局，1991），18 页。

④ 《大谷文書集成》第 2 卷，108 页。

⑤ 传马坊由马驴驮运物资，或供使人乘骑，但非由马驴驾车。见：王冀青，《唐前期西北地区用于交通的驿马、传马和长行马——敦煌、吐鲁番发现的馆驿文书考察之二》，518 页。

⑥ 长行车坊属长行坊，非一般的官车坊。见：吴丽娱、张小舟，《唐代车坊的研究》，278 页。

⑦ 传马运送功能的破坏，以开元十八年敕的改给驿马及纸券为标帜。见：黄正建，《唐代的"传"与"递"》，78—79 页。

⑧ 驿的功能本包含招待客使与传递公文两项，玄宗以后为强化讯息传递，出现递的组织实体，并经刘晏而改置为通信系统。见：黄正建，同前文，79—80 页。

⑨ 《唐文拾遗》，收入：《全唐文》（北京：中华书局，1983），卷四三，10863—10864 页。

行于边防军区的长行坊制度,在唐后期已渐有向内地扩增的迹象,而共同与馆驿、传递或车坊之制,①构成交通运输之新体系。

长行坊的运作方式多见于出土文书,它提供马匹等畜类,供使者、官员及其家属乘载,并驮运行李。② 长行坊的每次出使任务,都有称为马子的专人负责领送马匹,马子随队出行,负责照管与喂饲马匹。③ 如马匹有死损状况,马子还要申报或赔偿。④ 长行坊的乘载任务,虽然也有馆之间的短途领送,或走一馆换一批马的情形,但仍以长途运行,中途不换乘马匹为其特点。⑤ 由于长行坊里有大量的马匹等畜类,同时承担频繁的送使任务,所以长行坊需要的食料数量相当可观。有学者推估天宝十三载(754)交河郡长行马全年即食諕料5000余石,⑥这还不包括其他畜类,及坊内诸人员、来使等之食料,因此长行坊唯有能筹措足够的经费,才能确保其正常运作。

长行坊的马料,主要由仓曹支给,《贞松堂藏西陲秘籍丛残》载长行坊文书,谓长行马秋季料未有处分,专当官状上州仓曹,仓曹判曰:⑦

秋季料牒仓曹准式

这里不仅显示长行马料由州仓支给,而且由"准式"一语可知,交通运输的马料,甚至长行坊的马料,政府早已订下章程,有一定的拨给方式。这

① 《元稹集》卷三八《论转牒事》:"入驿须给正券,并无转牒供拟之例。况丧枢私行,不合擅入馆驿停止,及给递乘人夫等。"唐后期馆驿与递是同时存在的。又曰:"正仆射位崇端揆,合守朝章,徇苟且之请,紊经制之法,给长行人畜甚众,劳传递牛夫颇多。"则长行坊与传递之制又并存。唯唐后期的递似不专指公文传递,从文中的"给递乘人夫"、"劳传递牛夫颇多"来看,递也具有运输功能。

② 孙晓林,《试探唐代前期西州长行坊制度》,217—218页。

③ 孙晓林,同前文,204—208页;孔祥星,《唐代新疆地区的交通组织长行坊——新疆出土唐代文书研究》,33页。

④ 孙晓林,同前文,181—190、208—210页;孔祥星,同前文,32—33页。

⑤ 孙晓林,同前文,204—208页;孔祥星,同前文,31—32页。但孟彦弘认为长行的特色是长期承担送使或运输任务,而非长途行进或不必中途更换马匹。见:孟彦弘,《唐代的驿、传送与转运——以交通与运输之关系为中心》,41页。

⑥ 孙晓林,同前文,193—196页;李锦绣,《唐代财政史稿》(上卷),1012—1015页。

⑦ 罗振玉,《贞松堂藏西陲秘籍丛残》,收入:《中国西北文献丛书续编》第一辑《敦煌学文献卷》(兰州:甘肃文化出版社,1999),200页。

些粮料应由租粟中的"递粮"支付,但如前所论,递粮费用极其有限,馆驿、车坊等都不能凭其足用,需要另辟财源,同样的,长行坊粮料也别有其他解决办法,如阿斯塔那506号墓上元二年(761)柳中县、蒲昌县的三件长行小作所收粟草、禾草的文书,①就证明草料除了征自地税的附加税外,二县县界都有专门种植,供长行坊使用的土地,而粟草、禾草则为牲畜的喈料或草料。②

长行坊的经费来源中最特别的是"预放",也就是官府的放贷出举。大谷文书5792—5838号被定名为周氏一族纳税文书中,有多件与长行坊预放有关,如大谷5794号:③

1. 周祝子纳长行预放緤布壹段
2. 上元二年十月七日、典僚宅静父
3.   官 焦 彦

大谷5795号:④

1. 周祝子纳长行预放緤布伍段。上
2. 元二年九月十一日、典僚静父付也。
3.   官   焦 彦
8. 周祝子纳上元元年长行预放緤布
7. 两段。其年十月卅日、城局阚处忠抄。
6. 又十一月八日、纳两段。城局阚处忠抄。
5. 又纳壹段、正月廿八日、阚处忠抄。又纳
4. 壹段。三月五日、城局阚处忠。

大谷5796号:⑤

1. 周祝子纳长行预放緤布壹
2. 段。上元二年六月八日。城局阚忠男

---

① 《吐鲁番出土文书》(简)十/248—254,(图)肆/554—556。
② 孙晓林,《试探唐代前期西州长行坊制度》,198页;李锦绣,《唐代财政史稿》(上卷),1016—1017页。
③ 小田義久,《大谷文书集成》第3卷(京都:法藏館,2003),197页。
④ 小田義久,《大谷文书集成》第3卷,198页。
⑤ 小田義久,《大谷文书集成》第3卷,198页。

3. 僧智觉 ————

大谷 5799 号：①

1. 周祝子纳上元元年长行预放缲布
2. 壹段。上元二年四月二日。城局阚忠男
3. 僧智觉 ————

据大谷 5816 号知周祝子是宁戎乡人，宁戎乡属高昌县，则此处的长行坊可能属西州或高昌县。② 周祝子在上元元年（760）至二年（761）间，前后共分 8 次，交了 14 段缲布给长行坊。其中注明上元元年（760）预放者，大谷 5795 号分 4 次还纳，有 2 次应拖延至上元二年（761）；大谷 5799 号也显然至次年才纳。另外还有几件也是周祝子纳预放或赊放缲布，但或由军中出放，或不明放贷单位。③ 总之，自乾元三年（760，上元元年）至宝应元年（762），周祝子及其他周氏一族，普遍纳给长行坊与瀚海军预放、赊放缲布。换句话说，西、庭一带在安史乱后，仍经常于军中、长行坊，甚至其他未曝光的政府机构中，进行预放或赊放的举动。

预放或赊放，周藤吉之认为是官方把钱物贷给或赊销给人民后，再让人民交纳缲布，预放则有取利之意。④ 如长行坊之预放，在河西豆卢军军仓中也见类似行为，敦煌文书 P.3348 号背《唐天宝六载（747）十二月河西豆卢军军仓收纳籴粟麦牒》第八件：⑤

1. 又重进等各请上件交籴斛斗请预放匹段
2.   其斛斗限日填纳谨连判状如此请处分
3. 牒件状如前谨牒
4.   天宝六载十二月　日行客常重进等牒
5.   行客曹庭训

---

① 小田義久，《大谷文書集成》第 3 卷，198—199 页。
② 孙晓林，《试探唐代前期西州长行坊制度》，170—174 页。
③ 如大谷 5792 号、5797 号、5798、5833 号。
④ 周藤吉之，《唐代中期における戶稅の研究——吐魯番出土文書を中心として一》，收入：《唐宋社會經濟史研究》（東京：東京大學出版會，1965），556 页。
⑤ 唐耕耦编，《敦煌社会经济文献真迹释录》第一辑（北京：全国图书馆文献缩微复制中心，1986），442 页。

该牒件之前,分别是常重进、曹庭训各应纳交籴粟麦 100 硕的牒件,大概是二人交不出斛斗,遂请军仓预付匹段,待来日再填纳。同样在 P.3348 号背天宝六载(747)十一月行客纳军仓交籴粟 108.6 硕之牒件末有两行注语:①

17.　　行客任悊子粟壹百伯八硕陆斗^{斛伯廿一文}　　计钱贰拾贰贯
捌 伯

18.　　　陆文折给小生绢陆拾匹^{匹估参伯拾文}

河西豆卢军军仓的交籴斛斗数,除了任悊子这件有畸零外,其他已交纳或预定交纳者,都为整数,②任悊子该牒与一般交籴斛斗牒最不同之处,就在牒末的匹段与粟相互折算的注语,看来任悊子并非直接纳交籴粟,而是先由军仓预付匹段,任悊子再合计本利后交籴,其交籴数的畸零部分,其实就是预付匹段所计的利息。因此常重进、曹庭训二人虽然原本预定各交籴 100 硕,但在军仓预付匹段之后,其来日实交斛斗必不止 100 硕,应该如任悊子那样,有畸零之利数才是。

军仓交籴,本是军仓利用价差牟利的手段,③而其预付匹段,更是利上滚利的生财之道。豆卢军军仓的预付匹段,似乎为西、庭一带的军政机构所仿效,前引周祝子的密集交纳长行坊预放缏布,或许就是长行坊利用放贷法筹措财源,并出举牟利。缏布是西州通行的织物,由棉或棉麻混纺而成,④唐时该地居民庸调都纳缏布。⑤ 周祝子连续纳 14 段,想来是不小的数量。长行坊应该不会只对周祝子一人放贷,若似豆卢军军仓预付匹段那

①　唐耕耦编,《敦煌社会经济文献真迹释录》第一辑(北京:全国图书馆文献缩微复制中心,1986),435 页。
②　P.3348 号背天宝十一、十二月河西豆卢军军仓之交籴牒,除任悊子一件外,其他各件之交籴数为 50 硕 2 人、60 硕 1 人、100 硕 6 人、200 硕 2 人。
③　河西豆卢军军仓交籴之方式与目的,详拙著,《唐代和籴问题试论》,《新史学》15:1(2004),52—56 页。本文又收入:陈国栋、罗彤华主编,《经济脉动》(北京:中国大百科全书出版社,2005),104—108 页。
④　卢向前,《高昌西州四百年货币关系演变述略》,收入:《敦煌吐鲁番文书论稿》(南昌:江西人民出版社,1992),224—225 页。
⑤　唐长孺,《新出吐鲁番文书简介》,收入:《山居存稿》(北京:中华书局,1989),313—314 页;张泽咸,《唐五代赋役史草》(北京:中华书局,1986),38—39 页;仁井田陞,《吐鲁番發見唐代の庸調布と租布》,收入:《中國法制史研究——土地法·取引法》(東京:東京大學出版社,1981),251—261 页;王炳华,《吐鲁番出土唐代庸调布研究》,收入:《唐史研究会论文集》(西安:陕西人民出版社,1983),8—22 页。

样,则长行坊可能拥有如基金般的官本,专供放贷之用。周祝子纳给长行坊的是缏布,但长行坊预放的未必是缏布,像任悉子、常重进等例都是预放与所纳之物不同。长行坊用预放之法来获取利息,补充经费开支之不足,此与馆驿本钱或车坊出举本粮,在手法与用意上都是一致的。

4. 陆运本钱

唐代的税物运送与漕粮转输,一直是百姓的沉重负担,开元二十五年(737)九月诏可以见之:"租所入,水陆运漕,缘脚钱杂,必甚伤农。"①脚钱是百姓纳给官府运输脚力的费用,又名脚直、租脚、脚价等。唐代早有百姓出脚钱的规定,《唐六典》卷三《度支郎中员外郎》条:"凡天下舟车,水陆载运,皆具为脚直,轻重贵贱,平易险涩,而为之制。"脚钱可说是按载运物之种类、数量,及路程之险易远近,而征收的运输费用。脚钱大体分为两种,一是各州按户等摊派于课户的脚钱,主要将租调物或地税等送至配所;另种是雇民车牛以载,专为运粮至京师的脚钱,特别是自洛至陕的陆运。②

唐代的运输费用杂多而苛扰,脚钱不过是其中的一种,为了舒缓百姓的压力,有心者自是希望找到脚钱的替代方案,《旧唐书》卷一〇五《宇文融传》开元十六年(728)融为汴州刺史:

> 上表请用禹贡九河旧道,开稻田以利人,并回易陆运本钱,官收其利。虽兴役不息,而事多不就。

宇文融拟将九河故地辟为稻田,再将部分田收转卖以充陆运本钱。此处虽未明言本钱收利所供之陆运段,以其汴州刺史的地位,想来是要改善"陆运至陕,缠三百里,率两斛计佣钱千"③的这段行程。然其似因垦田事不顺利,致使陆运本钱的构想难以推动,开元二十一年(733)裴耀卿建议加征天下输丁陕洛运脚,④或许就标识着陆运本钱已无疾而终了。

---

① 《册府元龟》卷四八七《邦计部·赋税一》,5829—5830页。

② 有关脚钱的讨论,可参考:张泽咸,《唐五代赋役史草》,17—23页;李锦绣,《唐代财政史稿》(上卷),578—583页。莫高窟北区新出土文书中也有关于脚钱者,见:陈国灿,《莫高窟北区47窟新出唐开元廿四年(736年)后丁租牒的复原与研究》,收入:《敦煌学史事新证》(兰州:甘肃教育出版社,2002),255—258页。

③ 《新唐书》卷五三《食货三》,1365页。

④ 《旧唐书》(台北:鼎文书局,新校标点本,1976),卷九八《裴耀卿传》,3081页。

第二节　宴设食料本钱

　　唐代的官场上,宴会不仅是重要的社交活动,也具政治性与功利性。宴会的种类复杂,大致有皇帝赐食、官员会食及其他公私宴饮等几种。[①] 举凡国家有重大节庆,或抚慰官吏、军将的辛勤劳苦,或款待蕃国使客、[②] 过往官吏,或嘉赏尤异者与特殊关系者,都会有丰盛程度不同的宴设形式。自中央至地方,宴设是频繁的、多样化的,本书第二章所论的食利本钱,主要是为百司公厨提供午食一顿,但在此之外的宴设费用从何而来,预算项目如何编列,史料中似无确切说明。本节将从官本放贷的角度,探讨宴设费用的部分来源。再者,诸多食料费用中,学生食本也是很特殊的一项,亦附论于此。

1. 宴设本钱

　　国家有宴设大典时,必讲究排场,食料亦需精致,《唐六典》卷四《膳部郎中员外郎》条曰:"设食料、设会料,每事皆加常食料。"就是指宴设朝会的食料,皆较官吏每日所享的常食料丰盛。[③] 宴设之费用,如为皇帝赐食则由光禄寺供造,[④]或由度支遣送至;[⑤]供外官或使者的宴设,似有州县仓的补助,[⑥]总之这些食料费应在国家预算编列之内。至于四方进献分赐诸大

---

　　① 李斌城等著,《隋唐五代社会生活史》,59—69页。

　　② 对蕃国使客的接待与食料依等级配给的情形,见:李锦绣,《唐代财政史稿》(上卷),956—959页;石見清裕,《唐代外國使節の宴會儀禮について》,收入:《小田義久博士還暦紀念東洋史論集》,161—164页。

　　③ 官吏每日配给的常食料,李锦绣有很详细的介绍,见:《唐代财政史稿》(上卷),850—856页。

　　④ 如《唐会要》卷二九《追赏》开元十八年正月二十九日敕:"百官不须入朝,听寻胜游宴,卫尉供帐,太常奏集,光禄造食,自宰臣及供奉官……朝集使皆会焉。"

　　⑤ 如《唐大诏令集》卷一二一《诛李怀光后原宥河中将吏并招谕淮西诏》:"应诸军同讨怀光将士等,……宜共赐物三十万端匹,以充宴赏,仰度支即般次归本道。"又,《全唐文》卷五六宪宗《复王承宗官爵制》:"并令度支随便近即时支遣,仍令粮料使与本军计会,丰厚宴设。"看来皇帝对外地的赐宴,由度支将物遣送至。

　　⑥ 李锦绣,《唐代财政史稿》(上卷),870—871页。

臣者,①属于临时给用,额外增添之物。如宴设费用不足,有时也会差派、追呼百姓供办,肃宗乾元二年(759)《推恩祁泽诏》:"非祠祭大祀及宴蕃客,更不得辄有追呼。"②宣宗大中三年(849)赦针对三公仆射除官之句当局席曰:"取京兆府本色钱,不得令府司差派百姓。"③显然中央或地方官会在专为局席的本色钱之外,另谋其他管道,补足宴设所需费用,但这或许不免于科率聚敛。

从大中赦所谓的"本色钱"来看,④国家预算中应已编列了宴设或局席费用,盖送往迎来与慰劳僚吏是官司中的常事,由相关的预算科目支付食料费用,是很合理的。只是唐代的国家预算一向紧绌,宴设之需又不如官俸、军费之迫切与例行常支,故即使编入"本色"科目,数量也不会多,更何况各官司可能还要应付一些非所预期的宴设,因此出现用预算外的方式筹集宴设费用。目前所知,预算外方式大抵有宴设田、宴设本钱两种,前者如《唐开元十九年(731)正月—三月西州天山县到来符帖目》:⑤

64. 仓曹符、为宴设及公廨田萄、不高价抑百姓佃食讫申事。
71. 户曹符、为宴设及公廨田萄等项亩,依旧价□□□□□□

这是州司禁止用高价租与百姓佃种宴设田与公廨田萄,则宴设田是国家拨与土地,各司采租佃方式自行经营收管,为官吏宴设供给食料的土地。⑥ 天山县宴设田的经营要申报州核备,大概西州其他各县,甚或其他各地的州县及中央各司,也都有宴设田的设置。

宴设费用的另项重要来源是宴设本钱。如本书甲篇第一章所论,宴设本钱大约始自开元年间,初时附属于公廨本钱中,以行政杂项支给,嗣后因其所需费用日广,功能日益重要,遂渐独立为一新名目。最早所见宴设本钱的资料是莫高窟北区47窟的新出文书《唐军宴设本捉钱帐》(B47:2(b)):

---

① 如《旧唐书》卷九五《睿宗诸子·让皇帝宪》:"居常无日不赐酒酪及异馔等,尚食总监及四方有所进献,食之稍甘,即皆分以赐之。"
② 《册府元龟》卷八七《帝王部·赦宥六》,1040页。
③ 《唐会要》卷五七《左右仆射》,995页。
④ 李锦绣以为"本色钱"即本钱,但愚意以为"本色钱"泛指列为宴设预算科目的费用,不必专指本钱。李氏说法见:《唐代财政史稿》(上卷),865页。
⑤ 池田温,《中国古代籍帐研究——概观·录文》,360页。
⑥ 李锦绣,《唐代财政史稿》(上卷),712—713页。

5. 军宴设本一白廿四千二白六十

    品平　　　　　平八　　　　　平八　　　　　平□

6. 张德意一千　张仁表二千　令狐元璧二千　令狐崇福

    平八　　　　平八　　　　沙七

7. 氾怀志一千　陈□□□□　□□员三千五白　张琬一千五白

文

    沙七　　　　　　　　沙

8. □□□□□□□□□□□□□□□五白文　宋举

□□千

据陈国灿考证,这份文书应在开元三年(715)至十年(722)间写成。[1]沙州的军事系统最可能指的是豆卢军。唐前期设于全国府州县的公廨本钱,包含都督府、都护府、折冲府,但未言及军是否有公廨本钱。此份文书的"军宴设本"是附属于公廨本钱中,或因过往军中的使客众多而单独设置,还不甚清楚,不过在与此帐同出的另分《唐贷钱折粮帐》中则出现"宴司"一词,则军之宴设本似有独立设置的倾向。"军宴设本"以下各行盖为其捉钱之人,各名之旁的小注显示其身分、乡里与捉钱月分。"平"应指平康乡,"沙"是神沙乡,"品"可能指其身分是品子,"七"、"八"大概指捉钱的月分。[2] 看来沙州豆卢军可能为宴设设置专司、专本,并令乡人为之捉钱。

不同单位对宴设费用有不同的需求,也因此各司设置宴设本钱的步调也未必很一致。大谷 3473 号《唐开元十九年(731)正月—三月西州天山县到来符帖目》:[3]

12. 仓曹符、为毛慎己等公廨钱,捉州宴设本利,月二日送纳事。

这是天山县人为州司捉公廨本钱,以充宴设费用。宴设之用途已然可见,但本钱仍源自公廨钱,这与前引之沙州"军宴设本"已有专门名目,似不尽相同。然而,西州宴设费用的筹措,也正在开元十九年(731)前后有常态

---

① 转引自:陈国灿,《莫高窟北区 47 窟新出唐贷钱折粮帐的性质》,收入:《敦煌学史事新证》,236—237 页。

② 转引自:陈国灿,《莫高窟北区 47 窟新出唐贷钱折粮帐的性质》,收入:《敦煌学史事新证》,238—239 页。

③ 池田温,《中国古代籍帐研究——概觀·錄文》,359 页。

化、独立化之趋势,大谷 3477、3472 号《唐开元十九年(731)正月西州岸头府到来符帖目》:①

> 3. ………仓曹府、为杜成礼欠宴 ☐☐☐☐☐☐
> 4. 州事。一符、为杜成礼等捉宴设本钱、每月二日征利送州事。
> 11. ……仓曹帖、为追十二月宴设利钱九百五十五文事。

同样是开元十九年(731),这里已为州之捉钱而直呼"宴设本钱"、"宴设利钱",此意味着州之宴设费用庞大,需赖各县、折冲府等汇聚人力,共同为之捉钱才成,而专以宴设为名之本钱,遂逐渐酝酿出来。

沙州豆卢军与西州府衙相继出现宴设本,似说明开元前后各地的军、政机构已随其宴设需要,或在捉公廨本钱时,分拨出宴设一项;或根本就单独置宴设本,以专款专用。负责管理与运用宴设费用的单位,豆卢军可能由宴司,沙州燉煌郡只看到宴设厨,敦煌文书 P.2626 号背《唐天宝年代燉煌郡会计牒》:②

> 81. 宴设厨
> 82. 合同前月日应在及见在,悤壹伯阡文钱,干姜壹斤,伍口铛釜:
> 83. 壹伯阡文本钱,准　旨差官典回易,随月收利,应在;
> 84. 壹斤干姜,伍口铛釜,见在

从燉煌郡会计牒来看,宴设厨是与郡草坊、阶亭坊、病坊、长行坊、广明等五成为同一等级的单位,如依前述的符目观察,宴设厨似应隶属于仓曹。唐前期各州并未见到称为宴司的单位,因此豆卢军将宴设本钱提升由专司管理,可能为应付频繁的使客往来、监军与调遣之故。沙州的宴设厨一直到蕃占时期都还受仓曹支配,如 P.2763 号背《吐蕃午年(790)三月沙州仓曹杨恒谦等牒》:③

> 1. 仓
> 2. 辰年十二月巳前,给宴设厨造酒斛斗卅二石二斗四升

---

① 池田温,《中國古代籍帳研究——概觀·錄文》,357 页。
② 唐耕耦编,《敦煌社会经济文献真迹释录》第一辑,475 页。
③ 唐耕耦编,《敦煌社会经济文献真迹释录》第一辑,488—489 页。

18.　　　　　　　　午年三月　　日典赵琼璋牒
19.　　　　　　　　　　　仓曹杨恒谦

　　这是仓曹支给宴设厨造酒的斛斗账目。大体上,蕃占时期仍延续唐前期沙州宴设厨的管理制度,只是似乎不再置本生利,直到归义军时期才提升其地位,名为宴设司或设司,而与仓司、水司、草场司等并列为节度使衙的办事机构。①

　　天宝年间燉煌郡的宴设厨有100阡(贯)文的应在本钱,显示此时的宴设本钱已确然脱离公廨本钱,由独立的单位,为特定目的而运作。燉煌郡的宴设本只有100贯,与豆卢军的124.26贯在伯仲间,后者的尾数不妨视为累年积利或用后剩余,则玄宗时期州郡或军镇的宴设本钱大约就在100贯左右,远低于下州的公廨本钱880贯,亦低于下县的公廨本钱385贯。要进而说明的是,宴设厨本钱下特别注明:"准　旨差官典回易,随月收利",该旨若非仅针对燉煌郡而发,则其他州郡至迟在天宝间也已纷纷单独置宴设本。再者,此处虽曰"随月收利",然此利似非放贷之利息,而系回易商贩之获利。前述豆卢军的宴设本钱124.26贯,以1000—3500文不等的差数分配给各乡人求利,可推测身分的10人中,只1人可能为品子,似均非天宝牒所谓的"官典"。如以每人平均配给本钱2贯计,豆卢军至少要差五、六十人捉钱才成。然从各例知,宴设本的谋利方式不外两种,一是放贷捉钱,另一是兴生求利。燉煌郡宴设厨除了有本钱,还有干姜等食料与铛釜等厨具,这或许是来自宴设田收,或由本钱回易所购置。但些许的食料与仅有的厨具,绝对不足以承当宴设之所需,故不免要求州县仓拨给粮用,差派百姓或捉钱人提供必要用物,如大谷3475号《唐开元十九年(731)正月西州岸头府到来符帖目》:②

　　19. ……录事司符、为杜成礼欠宴设柒器等物,限□□□
　　20. 征具斛斗,当日申,如不足,将令仓督等赴州事。

　　据前条所引,杜成礼负责捉宴设本钱,此次欠宴设柒器等物,显然又被

　　①　归义军的许多制度都沿袭唐朝而来,敦煌文书中归义军宴设司的设置、职能及供食对象,可做为了解唐代情况的参考。见:刘俊文、牛来颖,《敦煌吐鲁番文书所见宴设司》,收入:礪波護编,《中國中世の文物》(京都:京都大學人文科學研究所,1993),652—660页。
　　②　池田温,《中國古代籍帳研究——概觀·錄文》,358页。

指派供办厨具。从前后文看,杜成礼似乎还被要求交纳斛斗,其不足数,则由官仓填补。由西州之例推想,燉煌郡宴设厨在如此有限的钱物之外,必靠其他征敛手法,才可支应每次的宴设费用。

因资料所限,唐前期有宴设本钱的似只见于西北边州与军镇,其他地区或京畿是否有宴设本钱,尚待考。如宴设费用原本附属于公廨本钱,系因需求日增而独立为专项,则愈是使客往来频繁的地区,就愈可能早置宴设本钱。西州、沙州与豆卢军在开元、天宝间皆有宴设本钱,天宝会计牒还有"准旨"之语,可见西北地区的宴设本钱,至此已非私下筹设,而是得到中央认可,甚至本钱也由中央拨发。至于使客往来更为频繁的京畿一带,即使也有宴设本钱,想来一如西州、沙州等地,另需借助百姓或官仓之力才能成事。京畿特置宴设本钱仅见于乾元元年(758),《唐会要》卷九三《诸司诸色本钱上》:

> 时祠祭及蕃夷赐宴别设,皆长安万年人吏主办,二县置本钱,配纳质债户,收息以供费。

安史之乱完全打乱了唐代的财政体系,国家经费陷于极度困穷,至德二年(757)内外官已无料钱,次年京官仍不给料。① 以出贷为主的官本钱,也面临不能回收利息的窘境,乾元二年(759)二月诏放免"诸色官钱欠利",②不过是对现状的追认。安史乱期间诸色官本钱受到大肆破坏,乾元元年(758)却独对蕃夷宴设特置本钱,显然有笼络示好之意,但仍不明京畿地区是否原本就有针对一般使客的宴设本钱? 也不清楚人吏主办蕃夷宴设,甚或一般性宴设,是动乱时期的权宜之计,还是历来如此的常态现象? 总之,乾元元年(758)的宴设本钱,是西北地区之外,目前仅知确用放贷生息法供费的记录。

官府宴设与公务相关,食材、厨具又与百司公厨有重复者,供午餐一顿的食料本钱其后既可添充廨宇什物之用,又可为令史驱使官之厨料,③则食本岂有不能为宴设费用之理? 柳宗元《愍屋县新食堂记》:"廪库既成,学校既修,取其余财,以构斯堂。……可以俯仰,可以宴乐。堂既成,得羡财

---

① 《唐会要》卷九一《内外官料钱上》,1655页。

② 《册府元龟》卷四九○《邦计部·蠲复二》,5865页。

③ 《唐会要》卷九三《诸司诸色本钱下》元和九年十二月条、元和十年正月条,1681—1682页。

可以为食本,月权其赢。"①该食堂原本是为官吏会食而设,然其讲论政事之余,退而可供宴乐,想必亦可用来款待使客。若如此,则宴设本钱就没有那么迫切地需要单独设置,而随着唐后期食料本钱的普遍运用,宴设费用不乏亦由其中开支。

乾元元年(758)以后,史料中似未再见到宴设本钱,然专为宴设供备的衙司、官吏、堂屋、钱财,仍不绝于各式文书,《新唐书》卷一五六《邢君牙传》:

> 会吏擿簿书,以盗没宴钱五万,君牙怒其欺,(张)汾不谢去,曰:"……今乃与设吏论钱,云何?"

同一件事《太平广记》卷四九六《邢君牙》条曰:"宴设司欠失钱物",则宴设有专司职掌,由设吏负责钱物出纳,至于宴钱之来源与运作法,此处未做交代。《旧唐书》卷一三《德宗纪》贞元九年(793)条:"先是宰相以三节赐宴,府县有供帐之弊,请以宴钱分给,各令诸司选胜宴会。"既知府县供承有弊,赐宴之同时却不赐钱,而以宴钱分给,看来宴钱是特置之专款,非临时增给,但此宴钱是否就是宴设本利钱,则不敢擅断。《新唐书》卷一八三《陆扆传》:"故事,自三省得宰相,有光署钱,留为宴资,学士院未始有,至扆,送光院钱五十万,以荣近司。"晚唐宴钱的多元化,当然有助于丰盛宴设费用。宴钱既是官府的重要支出,如何扩大其来源,保证此专项不虞匮乏,固然很重要,然若能善加利用此专款,让其源源不断地循环再生,岂不更提高其效能?以唐后期食本生利的经验来推想,宴钱中如有出自本钱生利法者,并不令人讶异。

唐代宴设的规模,前期似远不如后期的制度化。前期仅见豆卢军有宴司,州郡有宴设厨;后期似乎诸军诸使诸州都有宴设司、宴设官。② 如王文干为左神策军宴设使,③朱敬之为东都留守宴设使,④傅近为黔中宴设将,⑤李权为静难军宴设司十将。⑥ 有时为了让宴设更有排场,还专门营

---

① 柳宗元,《柳宗元集》(台北:汉京文化公司,1982),卷二六,699—700页。

② 唐后期诸道诸军普遍置宴设官的情形,可参考:李锦绣,《唐代财政史稿》(下卷)(北京:北京大学出版社,2001),585—586页。

③ 《唐代墓志汇编》会昌037,《王公墓志铭》,2238页。

④ 《唐代墓志汇编》大中075,《卢夫人墓志铭》,2306页。

⑤ 《新唐书》卷七《德宗纪》,262页。

⑥ 《大唐太原郭公顺墓志铭并序》,收入:吴钢主编,《全唐文补遗》第五辑(西安:三秦出版社,1998),438页。

造宴设堂,如柳宗元《岭南节度飨军堂记》:"凡大宴飨、大军旅,则寓于外垒,仪形不称,公于是始新其制为堂。"①权德舆《宣州响山新亭新营记》的宴设堂"可以阅军实,可以容宴豆。"②由于藩镇林立,各军各道不免为自保而有频繁的使客交结与往来,中央也为了安抚诸军而不得不时有赏设。唐后期宴设制度的严整化,当然对应的是宴设费用的大幅增长,在开源与节流并重之余,利用放贷法再生利钱,不失为一种创造宴设费用的良方,故唐后期虽然鲜见宴设本钱,但如中央不能经常的、大量的赐与宴钱、宴资,则最可能的维持宴设费用之道,仍不外乎本钱生利法。

2. 学生食本

中国自古以来官学教育的特质,即是国家兴学以养天下之士。③ 该种养士教育,为了让学生安心读书,并提升其自重自爱的荣誉感,学生在学期间国家已给予特殊待遇,包括廪食、宿舍与免课役。④ 此处与学生食本相关的是廪食。

给与学生廪食,可能自汉武帝立博士弟子员时已开始实施。王莽建太学,设常满仓时,当也存在廪食。后汉顺帝左雄奏请增加诸生"俸禄",⑤亦证明在籍学生享有廪食之公费。梁武帝天监四年(505)为五经博士开馆立学时,每馆数百生均给"饩廪"。⑥ 唐代承袭往古以来学校教育之遗规,至迟于开元时已设廪饲之制,⑦《旧唐书》卷二四《礼仪志》:

> 旧例,两京国子监生二千余人,弘文馆、崇文馆、崇玄馆学生,皆廪饲之。(天宝)十五载,上都失守,此事废绝。乾元元年,以兵革未息,又诏罢州县学生,以俟丰岁。

---

① 《文苑英华》(台北:华文书局,1965),卷八〇六,5083 页。

② 《文苑英华》,卷八〇七,5090 页。

③ 此即养士教育,见:高明士师,《唐代东亚教育圈的形成》(台北:"国立编译馆",1984),232—235 页;又,《东亚教育圈形成史论》(上海:上海古籍出版社,2003),115 页;又,《中国中古的教育与学礼》(台北:台大出版中心,2005),108—110 页。

④ 高明士师,《唐代东亚教育圈的形成》,236—237 页;又,《东亚教育圈形成史论》,115—116 页;又,《中国中古的教育与学礼》,161—165 页。

⑤ 《后汉书》(台北:鼎文书局,新校标点本,1975),卷六一《左雄传》,2020 页。

⑥ 《梁书》(台北:鼎文书局,新校标点本,1986),卷四八《儒林传》,662 页。

⑦ 高明士师,《唐代东亚教育圈的形成》,236 页;又,《东亚教育圈形成史论》,115 页;又,《中国中古的教育与学礼》,161 页。

崇玄馆置于开元二十九年(741),①但所谓的"旧例",可能需往前推溯得更早。《唐会要》卷三二《雅乐》开元八年(720)赵慎言论郊庙用乐表称："准国子学给料。"同书卷七五《帖经条例》开元十七年(729)三月国子祭酒杨玚曰："臣恐三千学徒,虚费官廪;两监博士,滥糜天禄。"学官禄俸与学徒廪饲,看来此时都已由官府供给。国子监学生给食的时间,或可再推到神龙以前,同前书卷七二《京城诸军》神龙二年(706)七月二日敕:"左右羽林飞骑厨食,准国子监例,委军司自定,官典押当。"这里的厨食当指官厨,既准国子监例,则国子监在神龙二年(706)以前已设厨,而重视儒学教育的唐政府,不无可能也在此时提供学生廪饲。如《礼仪志》所言,两京学馆廪饲因安史之乱而一度废绝,州县学廪饲亦于乾元元年(758)遭到罢除,由此反证唐前期官学学生,无论中央或地方,都享有廪饲待遇。

据学者推估,唐前期两京与州县学学生共 7 万余人,②如果官给粮料以最起码的每生日给米 2 升计,③也至少年需 50 万石,对政府而言是一笔不小的负担。开元年间各式本钱生利法纷纷兴起之际,官学生的廪饲或许亦考虑用此法来补充,《唐六典》卷六《比部郎中员外郎》条:"凡京司有别借食本。(……国子监,……弘文馆各百贯,皆五分收利,以为食本。诸司亦有之,其数则少。)"食本是专为官吏午食设计的本钱,按理不与学生廪饲相关,但国子监、弘文馆的食本数竟超越不少要司,是否因其亦稍补助学生廪饲,可能并非妄断。

史料中首见明确用放贷法供给学生粮料的,是永泰二年(766)鱼朝恩任知学生粮料时,《旧唐书》卷二四《礼仪志》永泰二年(766)八月二十四日:

> 于国子监上。……又使中使宣敕云:"朝恩既辞不止,但任知学生粮料。"是日,宰相军将已下子弟三百余人,皆衣紫衣,充学生房,设食于廊下。贷钱一万贯,五分收钱,以供监官学生之费。

同一事于《新唐书》卷二〇七《宦者鱼朝恩传》云:"赐钱千万,取子钱供秩饭。"《旧唐书》卷一八四《宦官鱼朝恩传》曰:"给钱万贯充食本,以为附学生食料。"钱千万即一万贯,五分收利,月息 500 贯,比开元期的国子监食本 100 贯,月息 5 贯,多出 100 倍。这除了反映战乱之后的物价变动外,鱼朝

① 《唐会要》卷六四《崇元馆》,1121 页。

② 李锦绣,《唐代财政史稿》(上卷),1101 页。

③ 李锦绣,《唐代财政史稿》(上卷),1102—1103 页。

恩的挟势力以任使,可能才是最重要原因。国子监食本原是供官吏午食,而此处则供"监官学生之费"。《旧唐书》以"食本"为名,且曰"附学生食料",可见这其实是供给国子监学生粮料为主的学生食本,但亦并及学官或充学生房的官员食料。在安史乱后诸官本尚未大肆恢复时,鱼朝恩即以国子监任知学生粮料的身分,率先实行学生食本,这应不是他的创意或突如其来的想法,而是比照昔时国子监食本,稍事调整后的做法。永泰二年(766)以学生食本为主,兼及学官,亦证明了开元期的国子监本以学官为主,兼及学生的可信度。正因为唐人已有置本生利的事实,及学生廪饲部分来自捉钱法的经验,故鱼朝恩以学生食本供国子监费用,并不令人意外。

唐后期的官学生依然享有廪饲待遇。代宗广德二年(764)诏曰:"顷年戎车屡驾,诸生辍讲,宜追学生在馆习业,度支给厨米。"①这是要求度支恢复廪给诸馆学生。元和元年(806)国子祭酒冯伉奏礼部所补生:"请准格帖试,然后给厨役","等第不进者,停厨。"②则以学生的学业成绩,作为是否给付公费的标准。长庆二年(822)祭酒韦乾度论诸馆请补学生曰:"旧例,每给付厨房,动多喧竞。"仍是以考试及格与否,定廪饲之制,以息喧争。③官学生的公费待遇在唐后期一直持续下去,以其时短绌的财政状况,及广泛运用食利本钱等诸官本判断,官学生廪饲即使不曾完全凭借学生食本筹集,也不妨袭取鱼朝恩故事,用本钱生利法补助廪饲缺额,并减少政府开支。此一想法或许曾个别性地施行于地方州县学,《韩昌黎集》卷七《处州孔子庙碑》:

> 处州刺史邺侯李繁至官,能以为先,既新作孔子庙,……选博士弟子必皆其人,又为置讲堂,教之行礼,肄习其中,置本钱廪米,令可继处以守。

唐代奉行庙学制,在学校内建置孔庙,并举行教学与礼仪。④ 处州刺史李繁的建庙、置学、行礼,正表现庙学制的特色。他"置本钱廪米",当是为博士弟子等的廪饲,盖学官已有官吏待遇,⑤不需再有廪米。这里的学

---

① 《新唐书》卷四四《选举志》,1165 页。
② 《唐会要》卷六六《东都国子监》,1159 页。
③ 《唐会要》卷六六《东都国子监》,1160—1161 页。
④ 高明士师,《唐代东亚教育圈的形成》,188—224 页;又《东亚教育圈形成史论》,78—79 页;又《中国中古的教育与学礼》,61—69 页。
⑤ 李锦绣,《唐代财政史稿》(上卷),1098—1101 页。

生食本可能来自建庙剩余,应是官本。若官无羡余以为本钱,则有时亦可见刺史出私钱以为学生食本,同前书外集上卷《潮州请置乡校牒》:

> 刺史出己俸百千以为举本,收其赢余,以给学生厨馔。

无论刺史提供的俸钱是否纳入官府,成为学生食本,而所收利钱都有助于贴补学生廪饲。又,《刘禹锡集》卷三《许州文宣王新庙碑》述及开成年间许州牧杜悰作文宣王庙及学舍,同时:

> 舍己俸为子钱,榷其孳赢,而盐酪釭膏之用给。

这里的文宣王庙及学舍可能指官学,是庙学制的一部分,则杜悰的舍己俸为子钱,供盐酪釭膏之用,就是供官学生之廪食。故学生食本即使未能全面性的推广于两京及州县官学,也曾局部地、零星地实施于某些特定地区。

第三节　病坊本钱

官本钱除了用于一般公务、行政支出外,也用于社会救助事项。传统以来,历代政府总有各种济贫救荒、恤孤养疾的措施,[1]以帮助民众脱困、安生。这些措施包括赐谷帛、赈贫民、养孤幼、假田种、免税役、瘗遗骸、就食他处、募徙宽处等。正因为荒政频传,政府不得不设定救助标准,以为施政依据。早在东汉初,部分救荒措施已制度化,《后汉书》卷一下《光武帝纪》建武六年(30)春正月辛酉诏:

> 往岁水旱蝗虫为灾,谷价腾跃。……其命郡国有谷者,给禀高年、鳏、寡、孤、独及笃癃、无家属贫不能自存者,如律。

政府的救荒办法首度入律,不再只是临时性、权宜性的举措,可见灾荒

救助已提升为施政重点之一。唯律中似只提及谷物禀赐,对象也只限于鳏寡孤独老疾贫等弱势者,因此当灾荒严重时,政府还是必须另对灾民流亡者,施与禀赐,或采取其他救助措施。

古代的医疗卫生条件不佳,疾疫流行时,除了靠民间巫医的治病,或被除衅俗、大傩逐疫外,①政府偶然也会施以医药,如《汉书》卷一二《平帝纪》元始二年(2)灾甚,于是命"民疾疫者,舍空邸第,为置医药。"《后汉书》卷四《和帝纪》永元十五年(103)春闰月乙未诏:"流民欲还归本而无粮食者,过所实禀之,疾病加致医药。"大体在两汉时期,政府对民间医疗的投入,似不如救荒措施的积极。

拯赡饥疫,为施仁德之政,是王者安民所必需,亦儒者劝勉称许之举。历代政府沿承其法,守而勿失,成为救荒之重要政务。然自南北朝佛教的福田思想广为人接受后,新的恤贫救荒法开始出现,《南齐书》卷二一《文惠太子传》:

> 太子与竟陵王子良俱好释氏,立六疾馆以养穷民。

《出三藏记集》卷一二还提到齐文皇帝的"孤独园记",竟陵文宣王的"福德舍记"。又,《梁书》卷三《武帝纪下》普通二年(521)春正月诏:

> 凡民有单老孤稚不能自存,主者郡县咸加收养,赡给衣食。……又于京师置孤独园,孤幼有归,华发不匮。

《南史》卷七《梁武帝纪下》中大通元年(529)六月条:

> 都下疫甚,帝于重云殿为百姓设救苦斋,以身为祷。

《魏书》卷八《世宗纪》永平三年(510)十月丙申诏:

> 下民之茕鳏疾苦,心常愍之。……可敕太常于闲敞之处,别立一

---

① 古代社会巫、医不分,医术主要掌握在巫者手中,治病也是巫者职事之一。另外,巫者也会以仪式为人民排除或预除灾祸。在巫术文明发展历程中,傩祭也有着重要作用,无论政府或民间,都会在寒暑变易,阴阳失调的关键时刻,举行仪式,以逐疫除魅。有关巫、傩之作用,可参考:林富士,《汉代的巫者》(台北:稻乡出版社,2003),49—64页;郭净,《傩:驱鬼·逐疫·酬神》(香港:珠海出版公司,1993),27—30,35—40页。

馆,使京畿内外疾病之徒,咸令居处,严敕医署,分师疗治。

《隋书》卷二二《五行志》:

> 武平时,(齐)后主于苑内作贫儿村,亲衣褴褛之服而行乞其间,以
> 为笑乐。

南北朝政府不约而同地设立专门机构,安置疾疫、贫苦、单老、孤幼等社会上最需要照护的人,并赡养或疗治,以尽抚恤救助之责。所谓的六疾馆、孤独园、福德舍、救苦斋、贫儿村等,即相当于孤儿院、养老院、疗养院之类。从所在地点看,这些官办的慈善机构大体集中于京师,仅梁武帝曾命郡县收养孤老,故其设置还不算普遍,当时大致仍以传统荒政为主。同样的恤贫救弱,此期的做法与前述的儒家仁政有两个很大不同处,一是它注意平时的安养,而不受荒政的限制,二是它聚集社会弱势者,收容于专属机构,而不只是分散地、个别地救助。南北朝政府的这些措施,其实是仿自佛教的布施孤贫老疾,而此较大规模的社会事业,则落实在寺院病坊上。

佛教有社会福利的理念,①寺院中专置悲田病坊以收养贫病者,《像法决疑经》卷一世尊曰:

> 我于处处经中说布施者,欲令出家在家人修慈悲心,布施贫穷孤
> 老乃至饿狗。我诸弟子不解我意,专施敬田,不施悲田。敬田者即是
> 佛法僧宝,悲田者贫穷孤老乃至蚁子,此二种田,悲田最胜。

布施敬田或悲田,皆堪种福,皆能生福,故名福田。② 若有欲作大福业者,布施一切老病贫穷悲田乞人,则功德甚多。③ 寺院因此设置病坊,藏贮药物,收容病者,④以及一切孤贫众生。佛教社会救济的理念,也体现在富

---

① 佛教的社会福利理念,道端良秀有专章讨论,见:《中國佛教と社會福祉事業》(京都:法藏館,1976),16—49 页。

② 如《金光明经文句记》卷六:"田有三种,三宝曰敬田,父母曰恩田,贫穷曰悲田,通名田者,皆堪种福故。"《华严经探玄记》卷八《尽此回向品》亦谓三种田:"此等皆能生福,故名福田。"

③ 《示所犯者瑜伽法镜经》卷一:"一切道俗,若有欲作大福业者,宜并齐心,为一切众生,聚集施物,无碍施与一切老病贫穷悲田乞人,如是布施虽少,功德甚多。"

④ 《根本说一切有部毗奈耶药事》卷一佛言:"用涩药者,应知行法。所用残药,不应弃掷,若有余病苾刍求者应与,若无求者,可送病坊,依法贮库,病者应给。"

有慈悲心的寺僧身上,如《续高僧传》卷二〇《习禅篇》"丹阳沙门释智严传":

> 往后石头城疠人坊住,为其说法,吮脓洗濯无所不为,永徽五年二月二十七日,终于疠所。

这里的疠人坊,该当就是病坊。释智严卒于永徽年间,则佛教的悲田思想直传衍于唐初民间。笃信佛教的武则天时期,也发生过如下事件,《神僧传》卷六《洪昉》:①

> 昉于陕城中选空旷地造龙光寺,又建病坊常养病者数百人。……则为释提桓因所请矣。……昉曰:讲经之事诚不为劳,然昉病坊之中病者数百,恃昉为命,常行乞以给之。今若留连讲经,人间动涉年岁,恐病人馁死,今也固辞。

病坊建于寺中,聚集病者数百,释洪昉"行乞以给之",指的正是靠诸大德布施来供养。由此可见以悲田思想为主的佛教社会救济事业,相当程度上已在民间展开。自南北朝隋唐以来,佛教日益兴盛,寺院设立的悲田病坊,经常性地照顾苦难大众,比政府的救荒措施或个人的散施行为,更全面而及时,其所予人的全新观感,及所引起的回响,应是可预见的。

唐代官方最先响应佛教的慈悲心与福田理想的是武则天。武则天借助佛教登上帝位,也使佛教成为其统治思想的一部分,她提倡、利用佛教巩固政权,进而使佛教成为驯服、驾驭人民的工具。武则天注意到寺院的悲田病坊,正是她深受佛教影响的表现。《唐会要》卷四九《病坊》:

> 开元五年,宋璟奏:悲田养病,从长安以来,置使专知。国家矜孤恤穷,敬老养病,至于安庇,各有司存。今骤聚无名之人,著收利之便,实恐逋逃为薮,隐没成奸。昔子路于卫,出私财为粥,以饲贫者,孔子非之,乃覆其馈。人臣私惠,犹且不可,国家小慈,殊乖善政,伏望罢之,其病患人,令河南府按此分付其家。

则天晚年长安时期的置使专知,只是设专使监督抚导各寺,并无官府

---

① 释洪昉建病坊事亦见于《太平广记》卷九五《异僧部》"洪昉禅师"条,该条明言"则天在位",故知其发生时期。

自营病坊的迹象。因为《通鉴》卷二一四开元二十二年(734)条:"禁京城匄者,置病坊以廪之。"胡三省注曰:"时病坊分置于诸寺,以悲田养病,本于释教也。"这是玄宗不愿京城处处可见乞丐,又不愿官置机构养之,故下令收容于诸寺病坊,而由官府补贴廪给诸寺。玄宗的廪给之法,如李德裕《论两京及诸道悲田坊》所言:"至(开元)二十二年十月,断京城乞鬼,悉令病坊收管,官以本钱收利以给之。"①同一件事,李氏奏状叙述较详,可知所谓的"廪之",其实是官置病坊本钱,收利以给寺院。开元二十二年(734)的病坊本,可能不是创自玄宗,或许长安以来的悲田养病已采本钱收利法,也是以所收利钱廪给寺院病坊。正因如此,则天才有必要设使专知其事,以防本钱散失,或利钱被滥用。再者,如果官府自置病坊,自行安养,宋璟就不会用私财、私惠来形容它,正因国家只以利钱补助寺院之悲田病坊,才被宋璟视为"小慈",并批评为"殊乖善政"。以此知则天时期置使专知的病坊,乃寺置寺营,官助官督的性质。②

宋璟反对则天以来悲田养病的办法,认为国家自有安庇孤穷老病的措施。宋璟所指盖载于《户令》中,《唐令拾遗》卷九《户令》37 开元二十五年令:

> 诸鳏寡孤独贫穷老疾,不能自存者,令近亲收养。若无近亲,付乡里安恤。如在路有疾患,不能自胜致者,当界官司收付村坊安养,仍加医疗,并勘问所由,患损之日,移送前所。

仁井田陞将此令定为开元二十五年,然其应自唐初即已存在。吐鲁番阿斯塔那 91 号墓《唐贞观十七年(643)何射门陁案卷为来丰患病致死事》,③系为被安置在高昌县节义坊内的病患来丰,非理致死,县司讯问看

---

① 李德裕,《李德裕文集校笺》(石家庄:河北教育出版社,2000),卷一二《论两京及诸道悲田坊》,221 页。

② 则天置使专知的病坊,各家对其经营方式有不同的论点,如善峰宪雄持官督寺营的看法,那波利贞认系设官管理,道端良秀以为是半官半民的事业,葛承雍主张寺办官助,王卫平认为是由国家主导的官营事业。见:善峰宪雄,《唐朝时代の悲田養病坊》,《龍谷大學論集》389、390(1969),331—332 页;那波利貞,《唐朝政府の醫療機構と民庶の疾病に對する救濟方法に就きての小攷》,《史窗》17、18(1960),9 页;道端良秀,《中國佛教と社会福祉事業》,180 页;葛承雍,《唐代乞丐与病坊探讨》,《人文杂志》1992:6,89—90 页;王卫平,《唐宋时期慈善事业概说》,《史学月刊》2000:3,96 页。

③ 《吐鲁番出土文书》(简)六/3—5,(图)参/2—4。

养人与坊正的审理记录。① 来丰正是《户令》中在坊中安养,为营饭食,并觅医疗的病患。无论来丰的患情如何,因何致死,其与《户令》所载情形颇为吻合,想来该条自唐初即已定令,而开元五年宋璟所依据的国家安庇措施,即为此令。

《礼记·礼运》《大同篇》:"老有所终"、"幼有所长"、"鳏寡孤独废疾者皆有所养"。儒家的社会福利思想,贯穿在历代政府的荒政措施中,也表现在唐《户令》里。前述汉代以来的灾荒廪给老弱孤贫,至唐《户令》已扩大为经常性的安养办法,只是唐政府仍跳脱不出亲族扶养与村落共同体相互扶助的范畴,②尚未想到将民间慈善事业与社会救济机构,也纳入其中。宋璟反对长安以来的悲田病坊,依然冀望国家照顾弱势者,并最终令病患"分付其家",就反映传统的安养观念。然而从宋璟所持的反对理由看,他实担心国家的威权旁落,一则寺院聚集无名之人,为逋逃之薮,非惟促使均田农民离家离乡,动摇国家根基,③而且无异壮大寺院力量,将为另个动乱之源;再则官府以本钱收利,补贴寺院,即便设官管理,仍难免于不肖官吏的隐没利钱,因缘为奸,让国家威望、信用尽失;三则他借孔子之言,否定人臣散私财,济贫者的行为,盖患重蹈田常"以大斗出贷,以小斗收"之覆辙,④而侵损王权,⑤甚而导致不可预期之后果。

宋璟的建议与忧心,玄宗似乎不以为然,也不以为意,他不但未停止长安以来的作法,还进而于开元二十二年(734)令病坊收管京城乞儿,重申用本钱收利法廪给之。历经宋璟的质疑,以及玄宗的拍板定案,寺院悲田病坊慈善救济的社会角色,至此已得国家的肯定,而用官本钱取利补贴病坊,也成为政府奖助佛教社会事业的一项政策。由是唐代的社会救济,不只限于政府的荒政措施,或《户令》的亲邻安养,也不仅靠个人的散施周济行为,而是有个看似个别分散,却又可汇聚为庞大力量的佛教寺院,在社会上发挥集团性的作用,它填补政府的施政盲点,协助政策力有未逮之处,正因如此,它的存在有其不可抹杀的价值,不是单凭个人好恶就可断其废止。

---

① 该案卷之说明与分析,详:刘俊文,《敦煌吐鲁番唐代法制文书考释》(北京:中华书局,1989),513—514,517 页。

② 善峰宪雄,《唐朝時代の悲田養病坊》,335 页。

③ 善峰宪雄,《唐朝時代の悲田養病坊》,334 页。

④ 《史记》(台北:鼎文书局,新校标点本,1986),卷四六《田敬仲完世家》,1883 页。

⑤ 善峰宪雄认为人臣之慈善会侵害天子之特权,是由儒家政治理念中导出的。见:《唐朝時代の悲田養病坊》,334 页。然愚意以为,儒家并未否定人臣散施行为,历史上个人周济贫困的例子不胜枚举。宋璟所担心的,只是像田常那样窃取天子威权的情形,并无质疑儒家社会救济思想之意。

自长安、开元以来，政府虽不直接经营病坊，却都置病坊本钱，收利以给寺院之用。这个政策似乎全国各州郡都在贯彻执行，敦煌文书 P. 2626 号背《唐天宝年代燉煌郡会计牒》：①

91　　病坊
92　合同前月日见在本利钱，惣壹佰参拾贯柒拾贰文
93　　　　　　　　壹佰贯文本
94　　　　　　　参拾贯柒拾贰文　利
95　合同前月日见在杂药，惣玖佰伍拾斤贰拾枚
96　合同前月日见在什物，惣玖拾肆事
　　　　　　　　　（略）
103　合同前月日见在米，惣壹硕陆斗捌合

这是官方的会计文书，详实记录病坊本利钱与各类物资的供给与运用状况。官府所设定的病坊本钱，每州郡大概是 100 贯，如果比较开元年间京司的别借食本，②竟与都省、六部、御史台等机构同一等数，则诸州郡的病坊本钱为数不算少，政府还颇为认真地看待补助寺院，安养老弱病乞之事。天宝间利率约为月息六分，即 6％，③病坊每月利钱应得 6 贯。依 P. 3348 号背《唐天宝四载（745）河西豆卢军和籴会计牒》的粟斗估 32 文计，④约合 18.75 石粟。以吐鲁番文书中苏海愿等家口给粮帐的老小日食米 0.9 升，小男日食米 0.6 升，或粟 1.5～1 升计，⑤约只能供 3～5 人一年之粮食费用。病坊会计牒是应见在帐，⑥只将见存钱物列出，破用、新附等情形不明，此处所载利钱 30.072 贯，当是累计而来，是否有欠损，不易由此帐看出。依长安、开元惯例，病坊本所得利钱当交付寺院，或许是因逐月给付太麻烦，所以暂时收贮于官府，待适当时机再一次拨交给寺院。牒中除本利钱外，也载有杂药、米、什物等物资。杂药治疗贫病者，正合于病坊设置

①　唐耕耦编，《敦煌社会经济文献真迹释录》第一辑，476—477 页。
②　《唐六典》（北京：中华书局，1992），卷六《刑部郎中员外郎》，195 页。
③　开元晚期以来的利率水平及天宝年间的利率，参见本书乙篇第一章第四节。
④　唐耕耦编，《敦煌社会经济文献真迹释录》第一辑，431 页。
⑤　各件给粮帐出于阿斯塔那 91 号墓，见：《吐鲁番出土文书》第六册。有关老、小不同身分者日食量之讨论，可参考：程喜霖，《试释唐苏海愿等家口给粮帐》，《敦煌学辑刊》1985：2，29—31 页；拙著，《唐代民间借贷之研究》，155—156 页。
⑥　出土文书各种类型的帐，李锦绣有分析介绍，见：王永兴，《敦煌经济文书导论》（台北：新文丰公司，1994），337—338 页。

之目的。米有 160.8 升,依上述方式估算,也不过供一人 178 日～268 日。总计会计牒中利钱或储米的供应量,显然嫌太微不足道,顶多只可说是官府对寺院病坊的些许补助。牒中什物的品类甚杂,有铛、釜、刀、镢子、按板等厨具,有碗、匙、箸、盘、食盒等餐具,有钁、锹、步硙等工具,有专门制药、装药的杵臼与柜子,有床、毡、席、被等寝具,有木盆、毛巾等盥洗用品。举凡生活必需品与医疗、生产用具一应俱全,但问题是,似乎每样的件数都极少,多数只有一、二件,连碗、匙、箸、食盒也不过是拾枚、拾具。因此我们与其认为会计牒中的病坊是官方组织,病坊中只收容寥寥数人,不如认为官方为了定期补助寺院,所以成立专责机构,以运作本钱生利,并收集相关物资。其实,官府不单单把寺院之病坊视为一个救济收容所,还期望它尽可能地自主、自理,以减轻社会、国家的负担,这从政府提供生产用具如钁、锹等农具,与磨制用的步硙,便可窥见其意图。

病坊钱物的总量虽不多,却也是某些人的养生救死之需,为了保证钱物能适时移交寺院,并不被挪用、滥用,官府应有一套严密的支拨本钱、收取利息、调集物品、保管使用的制度,以及移转交接、检查核对的管理办法,[①]才能有效运用钱物,帮助病坊中的社会弱势者。这分会计文书巨细靡遗地记载各项钱物,显示玄宗时期的官府确实已将病坊钱物纳入财务勾检体系。至于初行本钱收利法的则天时期,或许因尚在摸索、试验阶段,所以才临时置使,专知点检、监督之事。

大抵上,自玄宗以后直至武宗会昌毁佛之前,这项民间社会事业在佛教悲田思想的支持下,持续进行着,而政府用本钱收利法廪给的做法,也似无中断的迹象。此外,国家还不时把废弃旧物施与病坊,以示不忘照顾这群人,如《新唐书》卷四九《百官志》十六卫条:“凡敝幕、故毡,以给病坊。”就是把军中用过淘汰下来的物资,送给病坊,做为老弱贫病乞丐等御寒保暖之用。

国家在承平的时候,靠寺院的悲田病坊,收容这些被亲邻村坊遗弃的人。然而当社会突生巨变,寺院也力有未逮时,政府便有义务跃居第一线,主动帮助流离失所的人。安史之乱期间,社会动荡不安,暴增的灾民、乞儿,迫使政府成立了可能是纯官方性质的病坊,《通鉴》卷二五四僖宗广明元年(880)十一月乙亥条胡三省注:

> 至德二年,两京市各置普救病坊。

---

① 葛承雍,《唐代乞丐与病坊探讨》,90 页。

虽说病坊之置，其来以久，官府也曾在开元二十二年(734)下令安置京城乞儿，但那一次依旧将乞儿"分置诸寺病坊"(同上《通鉴》卷二五四胡三省注)。至德二年(757)正是安史之乱两京失守后，唐军初克复之时，此际令两京市各置普救病坊，显然在救助孤贫病乞之余，还有宣示皇恩浩荡，安抚民心，甚或弥补人民受叛军蹂躏之意。只是两京市的普救病坊如何运作，属性如何，史不详言。按徐松《两京城坊考》，未见寺院置于两京市中。市是邸店、行肆、商贩聚集之处，[1]寺院不太可能设于纯商业区中。以此推想，至德二年(757)两京市的普救病坊，大概是官方本于佛教普救众生之意，仿照寺院的悲田病坊，所设的专门收容贫病老弱的机构。唯其不属于寺院，所以另立普救病坊之名。因安史之乱的摧残，肃宗时官本钱几已破坏殆尽，两京市的普救病坊是否还能靠本钱生利法来维持，抑或另外寻觅到其他财源，完全无资料佐证。然而在武宗毁佛之后，李德裕建议官府全面接手寺院悲田病坊之前，唐朝似无隶属官府，由官府长期经营的病坊，因此至德二年(757)两京市的普救病坊，或许只是昙花一现，不久便无声无息地消失了踪影。

武宗即位后，废浮图法，毁寺院招提兰若，籍僧尼为民，收奴婢、田亩入官，竟不意引发病坊的归属与经营问题，会昌五年(845)李德裕《论两京及诸道悲田坊》议论其事曰：

> 今缘诸道僧尼，尽已还俗，悲田坊无人主领，必恐贫苦无告，转致困穷。臣等商量，缘悲田出于释教，并望更为养病坊。其两京及诸州，各于子录事耆寿中，捡一人有名行谨信，为乡间所称者，专令勾当。其两京望给寺田十顷，大州镇望给田七顷，其他诸州，望委观察使量贫病多少，给田五顷、三二顷，以充粥饭。如州镇有羡余官钱，量与置本收利，最为稳便。若可如此方圆，不在更给田之限，各委长吏处置讫闻奏。(《李德裕文集校笺》卷一二)

武宗毁佛，僧尼还俗，寺院之悲田病坊无人管领，致使老弱贫病者失其所养，这个严重的社会问题在毁佛后骤然爆发，引起宰相李德裕的注意，遂上书论安置之法。由于在此之前，唐朝除了短暂出现普救病坊外，官方几乎没有直接经营病坊的经验，所以李德裕势需对相关的管理措施，做周全

---

① 关于邸店、行肆直功能与异同，及坊市制度的特色，见：李剑农，《魏晋南北朝隋唐经济史稿》(台北：华世出版社，1981)，244—247页；日野開三郎，《日野開三郎東洋史學論集》17《唐代邸店の研究》，1—3章。

的规划。为了区别寺属性质的悲田病坊,李德裕将隶属官方者更名为养病坊,以示配合灭佛政策,斩断与佛教悲田思想的关联,并让其回归到儒家恤养观念下。

会昌年间养病坊的设置不独厚两京,还包括全国各州在内,显示仁政广被天下,贫病者皆受其照拂。在养病坊的管理上,李德裕建请由子录事中拣选名德崇高,行事谨慎可靠的耆老,专责其事,尽量不要额外增加官僚的行政负担。至于养病坊的经费来源,李德裕做了两种处置,一是将方才收归国有的寺田,依州大小与贫病多少分给,以供粥饭;另一是以州之羡钱为病坊本,收利以充用。前者多则如两京之给田 10 顷,以亩收粟平均 1 石计,①日食量老、小为米 0.9～0.6 升,或粟 1.5～1 升,则两京养病坊约可供 185～278 位老弱病乞者一年之费用。京城视乎国家观瞻体面,也是最需表现天子深仁厚泽之处,两京养病坊给田最多,当是情理中事,而其他诸州则视情况而递减。唐政府早在长安、开元年间,即以官本钱收利补贴寺院的悲田病坊,如今李德裕在常态性的给田经营之外,鼓励各州继踵前法,以羡钱置本生利,充裕田产收入之不足。李德裕虽谓此法"最为稳便",但各州是否有羡钱,或羡钱愿否用于病坊本,以及息利法能否顺当运作,都会影响养病坊的存续,与病乞等人的生活。为了让官营养病坊能稳定经营,不使其受官本生利之不确定因素左右,所以李德裕的奏状称"置本生利"是"不在更给田之限",亦即他认为官营病坊仍应以田产为本,并不要求必置本钱。而武宗在听取李德裕的建议后,会昌五年(845)十一月敕竟只训令各州给寺田,根本未提及病坊本。②

会昌灭佛之前,寺院为病坊之经营主体,政府只以利钱或杂物什器稍作补贴。然而灭佛之后,政府易位为经营主体,才开始认真考虑本钱生利法的实际效用。武宗最后决定以田收为养病坊的主要经费来源,而不凭借置本收利法,就是这个思维的具体结果,但也由此证明官本生利隐含太多的风险性。

会昌法难的规模虽不小,持续的时间却不甚长,武宗于会昌六年(846)驾崩后,佛教又见复兴,而寺院的悲田病坊可能也在此形势下再度发展起来。只是病坊既曾经官方接手经营,官府自此便很难抽身而退,《唐大诏令集》卷一〇懿宗《咸通八年痊复救恤百姓僧尼敕》:

---

① 中等地利的农田,亩产量约 1 石左右。见:拙著,《唐代民间借贷之研究》,151—152 页。

② 《旧唐书》卷一八上《武宗纪》,607 页。

应州县病坊贫儿多处,赐米十石,或有少数,即七石五石三石。其病坊据元敕,各有本利钱,委所在刺史录事参军县令纠勘,兼差有道行僧人专勾当,三年一替。如遇风雪之时,病者不能求丐,即取本坊利钱,市米为粥,均给饥乏。如疾病可救,即与市药理疗。其所用绢米等,且以户部属省钱物充。……即以藩镇所进贺疾愈物,支还所司。

此处不再令乡间耆寿专当,而差遣有道行之僧人主其事,似乎寺院的悲田病坊又复行运作。不过敕中明定由州县长吏负责纠勘,并命勾当僧人三年一替,显示官府对病坊事务介入甚深,有具体的查核办法。病坊的经营,不能只靠皇帝偶然的恩赐,何况一处所赐至多不过 10 石米,以前文推估两京病坊的收容量来计算,再怎么俭省也撑不到 10 日,故病坊若要永续经营下去,势需有其他制度化作为。如咸通八年(867)敕所言:"据元敕,各有本利钱",似乎在佛教复兴后,官府又全面改变李德裕的想法,不再给田病坊,而恢复昔时用利钱补贴的作法。只是此时的经营主体看似在寺院,实则官府已有绝大的主导权。因为病坊除了让僧人勾当管理外,几乎所有的经费来源都出自官府。从敕文中"病者不能求丐"一语推敲,可知病坊中人常以行乞维生,这当是本于佛教修慈悲心,为布施行的思想而来,前述则天时期释洪昉为病坊也是"常行乞以给之",则寺院大概无需倚赖寺产供养病坊,只鼓励大众施化病乞者,就可达成其社会救助的目的。咸通敕既以求丐为病者的主要生活方式,或许病坊的设置地点又回归到寺院,又以僧人主持带领行乞事宜。

晚唐官府对病坊的赞助,比前期投注了更多的心力,除了遇大风雪,运用病坊利钱,为不能求丐者市米为粥,为疾病可救者市药理疗外,还动用户部属省钱物,或藩镇贺疾愈支还物,补贴病坊经费、物资之不足。在晚唐国家财政极度拮据时,政府照顾弱者,推动社会福利事业的思想却较前迈进一大步,这是相当令人刮目相看的。但也在此同时,政府不能不花更多心思在检核钱物上,其令录事参军等纠勘,就是为了防止不肖僧人或官吏侵夺病坊的钱物。

晚唐的病坊,已不是毁佛前的由寺院主导,由官府补贴的悲田病坊,也不是会昌法难时收为官营,由官给田赈济的养病坊,而是官府委托寺僧代管,经营权已操于官府之手的委外福利机构。晚唐政局不稳,战乱频繁,民生困苦,老弱孤寡贫病无告者必然增多,故病坊断无停减之理。黄巢之乱,朝廷令禁军出征,时禁军皆长安富族,不知战阵,遂"佣雇负贩屠沽及病坊穷人以为战士"，①可见咸通以后，或直至唐末，这种形式的病坊大概依然存在着。

病坊的隶属与经营虽然因时递变，经费项目也有所不同，但自则天置使专知，至咸通定制州县病坊以来，唯一不变的是，都想用置本生利法，以提供病坊之财源。即使如李德裕所言，本钱出自各州羡钱，非中央直接拨赐，也非取给于地方财税，而这却已是会昌以前官府挹注病坊仅有的费用。如果比起会昌五年（845）以后的给田充粥饭，或咸通八年（876）以后的动支户部钱物等，则晚唐政府对社会福利事业的关注与投入程度，显然远超过唐代的其他时期，而这或许又影响并启发了规模更宏远的宋代官办慈善事业，以及其后风起云涌的民间安养机构。②

第四节 仓粮出举

仓粮出举是官本放贷的特殊型态，因为它在物种上不是钱货，在目的上不为国家财政，与一般本钱放贷供官吏或官府之用不尽相同。唯仓粮出举亦具放贷之形式，故此处附论之。

官仓的运用方式很多，主要有赈恤、赈贷、粜籴等三种。③赈恤常在大饥时供救荒之用，受赈者不必回还谷物，也不必交利息，与官仓出贷无关。赈贷虽有出贷之形式，是官仓将谷物借与受赈者，受赈者通常在秋熟或丰年照数填还，④但因其不计利息，不能像官本钱那样专靠盈利以供用，所以也不在论述之列。粜籴即使具备回收本、利之形式，然而在实质上行的是

---

① 《旧唐书》卷二〇〇下《黄巢传》，5393 页。

② 宋代的慈善事业，及明清以来官民慈善组织的发展，可参考：王德毅，《宋代的养老与慈幼》，收入《庆祝蒋慰堂先生七十荣庆论文集》（台北：台湾学生书局，1968）；梁其姿，《施善与教化》（台北：联经公司，1997）。

③ 清木场东根据《册府元龟·惠民门》，整理出"惠民资料表"，其中与官仓有关者，大致就是赈恤、赈贷、粜籴这三种方法。见：《帝赐の構造——唐代財政史研究（支出編）》（福岡：中國書店，1997），652—663 页。

④ 如《册府元龟》卷一〇五《帝王部·惠民一》开元二十年二月辛卯制："据其口粮贷义仓，及秋熟后，照数征纳。"卷一〇六《帝王部·惠民二》："元和四年赈贷，并且停征，容至丰年，然后停纳。"

钱物对换的买卖法,所谓的"利"也只是价差而已。① 史料所见,官仓最主要的三种操作法都不符本钱出贷的经营方式,却不代表在这些惠民政策之外,就没有其他出举取息之法。

吐鲁番阿斯塔那 35 号墓《唐麟德元年(664)西州高昌县里正史玄政纳当年官贷小子抄》:②

1. 崇化乡里正史玄政纳麟德元年官贷小
2. 子贰䥵,其年拾贰月参拾日。史　　史
3. 　史　　史氾守达　　　仓督　　仓督张
4. 麹智

这里的"官贷小子",似乎就是官仓出贷斛斗的利息。本件是仓司开给里正史玄政的纳息凭证。收利息的仓,应该不会是义仓,因为唐初义仓只行赈恤、赈贷法,顶多是还本,不会额外取息。常平仓在贞观十三年(639)仅八州有之,③至开元二年(714)才"令诸州修常平仓法",④故麟德年间西州似尚无常平仓。崇化乡隶属高昌县,高昌县是西州的治所,西州各县原则上皆有县仓,但因该地已有州仓,不再立县仓。⑤ 这里的仓督、史等人,应是州之正仓的仓司。同墓出土有数件与史玄政有关的官文书,本件里正史玄政所纳的官贷小子,未必是其本人所借,有可能是代收后再交纳给仓司。类似情形可于下述抄件中窥其端倪:⑥

1. 史玄政付长行马价银钱贰文,准铜
2. 钱陆拾肆文。如意元年八月十六日里正
3. 李黑抄。其钱是户内众备马价,李黑记。

史玄政代表户内众将长行马价交予里正李黑,李黑集各户长行马价再

---

① 籴粜并行的常平法是透过价格操作来平抑物价,是官民两便,人助自助之法。有关籴粜法的运作特色可参考:拙著,《唐朝官仓的出贷与籴粜——以义仓、常平仓为主》,《台大历史学报》39(2007),148—152 页。

② 《吐鲁番出土文书》(简)七/388,(图)参/485。

③ 《唐会要》卷八八《仓及常平仓》,1617 页。

④ 司马光,《资治通鉴》(台北:世界书局,1974),卷二一一,6705 页。

⑤ 张弓,《唐朝仓廪制度初探》(北京:中华书局,1986),4 页。

⑥ 《吐鲁番出土文书》(简)七/441,(图)参/517。为方便排版,武周文字改为通俗字体。

转付有司。里正不仅职司催驱赋役，①看来也将催来官物代纳给官府，并开给纳物之民户抄件以为证明。史玄政虽然职位不高，墓中各文书被称为里正、前里正、队佐、前官，但与官府互动频繁，且是高利贷主，在地方基层颇有势力，麟德元年（664）所纳的官贷利息不过 2 斗之微，显示所贷本数不多，或只是欠利而已，而还纳时间又推迟到十二月，非通常的秋熟之后，②推测该件官贷小子并非史玄政自己所申贷，可能是某位里民向官仓请贷，一时无法还纳，由里正催缴后代纳的记录。唯其需计利，可知非赈恤、赈贷之类，因其标示为官贷，则显然不是籴粜并行的平价法。在官仓的三种主要经营方式之外，早在唐初已想到利用出举取息来增益仓储，这是一项令人瞩目的发展。

官府的仓粮出举，可能在开元以后施行得更为普遍，吐鲁番墓葬中还有多件纳本利斛斗的帐历或文案，③可为证明。阿斯塔那 230 号墓《唐借贷仓粮纳本利帐》是一分点勘还、欠本利的帐历，略举数行如下：④

（前略）

2. 小麦　　张知远纳本三石　　曹行通纳　　　▢▢▢▢▢

3. 　苏才纳本六石　　麴先择利　　　　　▢▢▢▢▢

4. 　和仲子纳本二石二斗五升　　　和　　　▢▢▢▢▢

5. 　僧玄英欠利四斗八升不纳　　　孟表欠利　▢▢▢▢▢

6. 　贾琮利六斗七升五合　　麴和纳本　　　　▢▢▢▢▢

（后略）

帐历中凡已纳本者，右侧皆有一朱点，表示官府已验收。其无朱点者，僧玄英一笔表明是欠利不纳，贾琮那笔虽无欠负之语，但既无勘验符，想来仍未还付官府。本件帐历与《唐开元九年（721）里正记雷思彦租取康全致

①　关于里正的职责与作用，孔祥星有相当详细的分析，见：《唐代里正——吐鲁番、敦煌出土文书研究》，《中国历史博物馆馆刊》1（1979），48—58 页。另见：大津透，《唐西州高昌縣粟出舉帳斷簡について——スタイン將來吐魯番文書管見一》，收入：《日唐律令制の財政構造》（東京：岩波書店，2006），317—323 页。

②　谷物类借贷的还期，通常集中在秋季七、八、九三个月，这正是作物收成之后。可参考：拙著，《唐代民间借贷之研究》，204—206 页。

③　阿斯塔那 230 号墓《唐借贷仓粮纳本利帐》，223 号墓《唐开元年间麴爽纳本利斛斗历》、《唐开元年间征麦利残文书》、《唐纳利斛斗历》，收入：《吐鲁番出土文书》（简）八/173—174、262、267—268、273，（图）肆/81、119、121、123。

④　《吐鲁番出土文书》（简）八/173，（图）肆/81。

等田亩帐》相连成卷,书写年代应与之相当才是。① 唐政府于开元年间扩大推动常平仓制度,开元七年(719)六月敕关内、陇右等五道及荆扬诸州,并置常平仓,其本依州等设置,"每籴具本利与正仓帐同申"。② 前引本利帐究竟是常平仓收籴之结果,抑或仍是正仓出贷之帐历,一时还难以断定,但约略同期前后的另件文案,则说明西州官府确实在进行仓粮出举的活动。

阿斯塔那223号墓《唐开元年间(713-741)征麦利残文书》是一件涂改多处的草稿,由其删节与补写处,或可拼凑出仓粮出举的可能面貌:③

3. ……去开元 ☐☐☐☐

4. 希逸等下状请以 ☐☐☐☐

5. 异笔处分来年已后 ☐☐☐☐

6. 加减(取)麦利,文案分明 ☐☐☐☐

　吕都督异笔直取开七例 ☐☐☐☐

7. (出举案状)妄剥一分 ☐☐☐☐

　非主典隐欺在腹,不合☐☐☐ ☐☐☐☐

8. 圣日时明,都督远 ☐☐☐☐

　若吕都督处分,曹司合从,即 ☐☐☐☐

9. 感德负屈已深,不 ☐☐☐☐

　妄征————

引文前未加行号者,系加写在两行之间;引文中用括号者,系原稿圈除之字。该件文书从圈除的"出举案状",及"加减(取)麦利"、"非主典隐欺在腹,不合"等语判断,大概是一位叫感德的官仓主典,依吕都督处分,出举麦给人,因加减麦利,致举者觉得被妄剥一分,以为主典隐欺在腹,而感德亦负屈陈诉的文案。同墓另两件文书有关于张感德的抄件,④或许此件文案的感德即张感德。由于麦利是"吕都督处分,曹司合从","非主典隐欺在腹",可知这件"出举案状"非一般的民间谷物借贷,必是官仓出举。这件因取利不平,引起争讼的文案,显然不是不需纳利的赈恤或赈贷之类,也非价

① 见《吐鲁番出土文书》(简)八/173,(图)肆/81编者说明。

② 《册府元龟》卷五〇二《邦计部·常平》,6021页。

③ 《吐鲁番出土文书》(简)十/267-268,(图)肆/563-564。

④ 《唐景龙二年(708)补张感德神龙二年买长运死驴抄》、《唐景龙二年(708)西州高昌县顺义乡张感德折芦荬纳裁抄》,见:《吐鲁番出土文书》,(简)八/260、261,(图)肆/118。

差取利的常平法,而是自唐初以来就在西州地区实施,需要还纳本利的仓粮出举。

仓粮出举要如何计息,颇可推敲。货币借贷通常按月取利,谷物出举一般以年为断。[①] 前者有官定的法定利率,后者似未明言计息方式,盖赈恤、赈贷顶多是还本,籴粜之利不过是价差,就传统文献所见,唐政府既鲜以谷物出举,自然无需像货币借贷那样,一再申明谷物之法定利率。但官仓出举确实运行于边区州县,吕都督异笔处分麦利,"妄剥一分",也是事实,此处的"一分"当是据货币出举的法定利率而来,或许官仓出举的利率即由货币利率推算出。此件文书中官仓出举的利率究竟是多少,唯一可推测者即"吕都督异笔直取开七例,……妄剥一分"。开七例准《宋刑统》卷二六《杂律》"受寄财物辄费用"条引唐《杂令》:"诸公私以财物出举者,……每月取利不得过六分。"[②]则吕都督用的是开元七年(719)的月利6%,折为谷物年息即72%。[③] 唐于此后降下官率一分,《唐会要》卷八八《杂录》开元十六年(728)二月十六日诏:"比来公私举放,取利颇深,……自今已后,天下负举,祇宜四分收利,官本五分取利。"与吕都督案同墓出土的另件帐历有"开元十一年"字样,[④]因此该出举案状不无可能系开元十六年(728)调降官本月利为5%以后的讼案。曹司依吕都督指示,仍用行之甚久的开七例,未适时降下官率,无异妄剥出举者之月利一分,故出举者负屈报冤而兴讼。

官仓贷出的谷物作何用途,大谷文书4915号《唐天宝元年(742)七月浑孝仙等纳屯田地子青麦文书》中稍有提示:[⑤]

1. 浑孝仙纳天宝元年屯田地子青麦贰硕。又
2. 纳吕才艺屯田地子青麦壹硕贰斗。又纳浑定
3. 仙 贷 种子青麦壹硕贰斗。又纳浑孝仙贷种
4. _____ 元 年七月十三日仓史王虔

① 关于钱物与谷物之计息方式,可参考:拙著,《唐代民间借贷之研究》,252—256页。

② 《宋刑统》该条所引之唐《杂令》应是开元七年令,其后所引之《户部格敕》应是准开元十六年诏而来(《唐会要》卷八八《杂录》)。此观点修正拙著《唐代民间借贷之研究》的看法。原说法见259—260页,及附表七。

③ 民间谷物借贷,无论所借月份如何,率皆以年为断,此处系比照月利率乘12计。

④ 《唐开元年间(713—741)练絁毡帐》,见:《吐鲁番出土文书》,(简)八/266,(图)肆/120。

⑤ 《大谷文书集成》第3卷,64页。

浑定仙、浑孝仙都在秋七月以前还纳官仓所贷种子,则官仓除了救灾备荒给与口粮外,还为了劝课农耕贷与种子。前者具有消费性、济助性目的,后者则被赋与了生产性、投资性意义。赈恤、赈贷都不需收取利息,浑定仙等还贷的种子是本?是利?或兼有本利?在此无法判断。另据西州民间借契,大麦、青麦通常在五月内还了,小麦于七月内偿毕。① 这件文书似乎不是同一天内连收四笔,浑孝仙可能先后交付屯田地子与种子,如果以西州青麦通常的还期看,他还可能迟延交纳。贷与浑定仙、浑孝仙种子的官仓,应该不是军仓。虽然军州多置屯田以解决兵食,②但军屯的劳动力多属无偿性质的士卒、屯丁或流放刑徒,鲜少租与百姓佃种,③因此文书中的屯田地子,可能指的是废军屯后借民佃植所交的地租。④ 大谷文书3473 号《唐开元十九年(731)正月～三月西州天山县到来符帖目》论及户曹事务曰:"今年废屯税子粟麦四千石事",⑤这两处的屯田大概都与军屯无关,而浑孝仙等最可能交付地子与种子之处,依然是州或县的正仓。

官仓出贷种子的规模可能相当不小,敦煌文书 P.2803 号背《唐天宝九载(750)八月—九月燉煌郡仓纳谷牒》⑥十六件文书中的第一件,即为敦煌县状上郡仓,总录十三乡应还纳郡仓种子粟为 12285.93 硕,并分录各乡应还数。在其后的十五件文书中,有六件逐日登载各乡百姓所纳之种子粟,其中纳的最多的是洪池乡,已纳 62%;寿昌乡则尚无交纳记录,总计至九月十八日止,十三乡平均已纳 11.8% 的种子粟。这是郡仓,并非专供赈贷的义仓,也不是平价用的常平仓。百姓既要还纳种子粟,显然郡仓在出贷口粮之外,也出贷种子。从该年十三乡应纳总数达 12285.93 硕来看,申贷

---

① 西州各种麦的偿还时间,可参考:拙著,《唐代民间借贷之研究》,204—206 页。

② 军粮的调度有三种方式,即直接税收入、屯田收获与和籴,故屯田的重要性不可忽视。有关讨论见:丸桥充拓,《軍糧の調達と分配》,收入《唐代北辺財政の研究》(東京:岩波書店,2006),16—29 页。

③ 日野开三郎认为大约开元二十年以后,军粮田由屯田向营田转换,营田由农民佃作。但李锦绣以为军粮田鲜少由百姓佃种。见:日野開三郎,《租粟と軍糧——"天寶末以前における唐の軍糧政策"の第一》、《天寶末以前における唐の軍糧田——"天寶末以前における唐の軍糧政策"の第二》,收入:《日野開三郎東洋史學論集》11《戶口問題と雜買法》(東京:三一書房,1988),293—299,324—330 页;李锦绣,《唐代財政史稿》(上卷),685—688 页。

④ 李锦绣《唐代财政史稿》(上卷),687 页;陈国灿,《唐代的"地子"》,收入:《唐代的经济社会》(台北:文津出版社,1999),149 页。

⑤ 池田温,《中國古代籍帳研究——概觀・錄文》,361 页。

⑥ 唐耕耦编,《敦煌社会经济文献真迹释录》第一辑,445—462 页。

之人数或户数应该相当不少,未必只限于灾荒贫户。① 据《通典》所载沙州有 6395 户,32234 口,②平均每户约五口。自开元二十六年(738)起沙州只有敦煌一县,直至陷蕃为止,③因此沙州的户口数即是敦煌县十三乡的总户口数。开元二十二年(734)八月九日敕设定对贫户者的量贷标准:

> 三口以下给米一石,六口以下给两石,七口以下给三石。如给粟,准米计折。(《唐会要》卷八八《仓及常平仓》)

沙州或敦煌县每户约五口,以给米 2 石,或粟 3.33 石计,则全沙州或敦煌县约有 3700 户,或 57.7% 的人户都是贫不支济。如部分以三口以下米 1 石,或粟 1.67 石计,则量贷人户会更多。敦煌虽属下县,然其灌溉网络密布,农业经济与粮食加工业兴盛,又地处丝路要道,商业贸易突出,④很难想象全县或全州半数以上的人无以自存,皆为贫户。

唐政府除了救荒的赈恤、赈贷之外,开元二十年(732)起出现一种为劝课实施的常态性出贷,该年二月辛卯制:

> 自今已后,天下诸州,每置农桑,令诸县审责贫户,应粮及种子,据其口粮,贷义仓,至秋熟后,照数征纳。(《册府元龟》卷一〇五《帝王部·惠民一》)

该种常态性出贷也以贫户为目标,所贷者包括消费性的口粮与生产性的种子,于秋熟后应还纳,但无需计息。唐政府虽然设定由义仓贷出,而在实际运作中却可能不限于义仓,盖只要民生有需要,仓储尚许可,其他种类的官仓也可机动使用。⑤ P.2803 号背天宝九载(750)燉煌郡仓的大量贷出种子粟,虽然未必就是前述针对贫户之常态性出贷,不过以其贷出数量

---

① 大津透也认为这是对一般农民贷出,见:《唐西州高昌县粟出舉帐斷簡について——スタイン将来吐鲁番文书管见一》,315—316 页。

② 《通典》所载为天宝元年户口数,《两唐书·地理志》所载为天宝十二载极盛期户口数,但天宝元年沙州户口数反而比天宝十二载还要多,故此处姑且以沙州极盛期户口数为准。见杜佑《通典》卷一七四《州郡四》,4556 页。关于唐代户口资料的综合性讨论,请参考胡戟等编,《二十世纪唐研究》(北京:中国社会科学出版社,2002),337—338 页。

③ 陈国灿,《唐五代敦煌县乡里制的演变》,收入:《敦煌学史事新证》(兰州:甘肃教育出版社,2002),370 页。

④ 李正宇,《敦煌历史地理导论》(台北:新文丰公司,1997),第三、四章。

⑤ 拙著,《唐朝官仓的出贷与糶粜——以义仓、常平仓为主》,144—146 页。

之大,预估人数之众,十三乡全面性地包括在内来推测,贷与者应属一般暂缺粮种,稍得济助,便可度过难关的农民。他们即使不是生活困顿的贫户,但也不能完全地自给自足,若能得到官仓适时的帮助,就可免于向豪强借贷,受其高利逼迫。燉煌郡仓贷出的种子粟是否并计本利在内,单从逐日还纳的分计数上似乎看不出来,但如观察敦煌县状上郡仓的各乡应纳总数,便可窥出端倪。不少乡的应纳总数计到升以下的合、勺两位,通常口粮的借贷多以石或斗为准,种子的借贷多以升为准,①如果郡仓贷出后只要求照数还纳,则应纳数大概只计到升为止,而今有不少个乡的还纳数计到合、勺,显然是因为付息的关系,这与吐鲁番文书中的"官贷小子",或纳谷物本、利等,皆说明在传统文献所示的照数征纳之外,确实存在另需计息的情况。

　　唐朝官仓的粮源,正仓主要来自税收,义仓据顷亩出粟,常平仓要筹置本钱。② 由于粮源取得不易,也不丰足,官府为了珍惜有限资源,所以严格认定灾荒的施与对象,如《赋役令》"田有灾害免课役"条,依受灾户的损害分数,减免课役。③ 另参考天宝十四载(755)正月诏:"去载有损,交不支济者,仰所由审勘责,除有仓粮之外,仍便据籍地顷亩,量与种子。"④似乎即使有灾损,也优先贷与交不支济的贫户,未必普遍施于一般受灾户。而所由贷出者,仓粮之外,也量与种子。敦煌县十三乡所纳皆为种子粟,据《齐民要术》卷三《种谷》:"良地一亩,用子五升,薄地三升。"则量贷贫户种子 2石,可种良田 40 亩,薄田 60 余亩。敦煌地区每户平均受田约三、四十亩,⑤官府既然"据籍地顷亩,量与种子",必不可能授与超过其田数的种子,因此文书中所谓的种子粟,极可能亦包含口粮在内。整体来看,天宝九载(750)十三乡所纳的种子数,不但要还本,还要纳利,不符于赈恤、赈贷通常的作法,也可以说,这不是为荒政而出举。再者,郡仓一时间贷出数量如此庞大的种粮,与为数众多的人户,显示施与对象不限于贫不支济者,凡生活或生产上有需要的百姓都可向郡仓借贷。天宝九载(750)这一系列的文

---

　　① 如从民间借契、便物历等谷物借数上看,大致都在斗以上,只有极罕见的一、二例借到合的单位,但从无一例借到勺的单位。种子的借贷如《齐民要术》各卷所示,每亩用种子大率以升计。

　　② 张弓,《唐朝仓廪制度初探》5—9、107—109、127 页;拙著,《唐朝官仓的出贷与籴粜——以义仓、常平仓为主》,152—154、156—161 页。

　　③ 仁井田陞著,栗劲等编译,《唐令拾遗》(长春:长春出版社,1989),604 页。

　　④ 《册府元龟》卷一〇五《帝王部・惠民一》,1262 页。

　　⑤ 杨际平,《北朝隋唐均田制新探》(长沙:岳麓书社,2003),233—235 页附表 8,249—250 页附表 10。

书,展现了唐代仓粮运用的灵活性和多样性,亦即官仓不仅为救荒、平价而来,还可于常日大规模地出举,以助耕或安生;也可在不损及仓储,或中央默许下,实施赈恤、赈贷、粜籴之外的操作法,使仓粮出陈易新,并借此取利。故类此之贷与种子粟,实可让官仓与百姓两得其益。

传统史料所见,官仓为农业劝课而出贷,不是与灾荒牵扯在一起,就是以贫户为对象,然出土文书所透露的,却是更广泛地,更经常性地施之于一般生产者。唐朝欠缺一套健全的融资体系,以供人民借贷资本或生活需求,官府的仓粮出举或可稍稍弥补这方面的缺憾。即使政府贷与的粮种有时仍需纳利,甚至可能发生"妄剥一分",不依官法为准之情事,但总比向"息利倍称"的民间高利贷主借贷,利率要轻些。而该种经常性,针对小农的贷粮种子,对于提高农业生产,稳定社会经济,应有不小的帮助。

仓粮出举或回还本利,官府都有文案抄署,以为记录。但官府每次贷出时,无论规模大小,是主动发放给缺粮种的百姓? 还是有需要的民户自行向官府请贷? 关于这个问题,吐鲁番出土德藏 TⅢ315 号《唐广德三年(765)二月交河县连保请举常平仓粟牒》或可给我们一些启示。该文牒共有五件文书,纸缝上钤"交河县"之印,每位借者的姓名旁还有勘验者之名,这分资料无疑是官方的文案。或许是因安史之乱的影响与吐蕃等外族势力的乘机扰乱,代宗已于永泰元年(765)正月改元,而此处仍未接到制命,还沿用旧年号。这次贷出的官仓是常平仓,常平仓在开元以后扩大设置,①广德二年(764)户部侍郎第五琦曾因安史乱起,仓储耗散,奏请:"每州置常平仓及库使,自商量置本钱。"②以西州改元迟缓的情形来看,交河县常平仓的设置可能是延续开元以来的体制,未必即应和第五琦之所奏。但此时西州既与中原往来不便,仓本似乎无法由中央拨赐,故大概仍仰赖地方自置。常平仓的主功能,在以粜籴法平抑物价,至中唐以后又向义仓靠拢,也量事赈贷。③ 但这几件文书显示,常平仓在执行异于粜籴、赈贷这

---

① 开元二年令诸州修常平仓法,开元七年扩大设置范围,依州等设仓本,开元十三年并将宇文融括客户税钱并入仓本,到天宝八载常平仓的总存量达到 460 万石,可见其发展甚受政府的重视。见:拙著,《唐朝官仓的出贷与粜籴——以义仓、常平仓为主》,157—159 页。

② 《唐会要》卷八八《仓及常平仓》,1614 页。

③ 陈明光,《唐朝的两税三分制与常平义仓制度》,《中国农史》1988:4,54—59 页;船越泰次,《唐代後期の常平義倉》,收入:《唐代兩税法研究》(東京:汲古書院,1996),311 页。

两种操作法，而是直接出举给百姓，并收取利息。兹举一例，以见其形式：①

(D)

1. 保头宋虔佑请常平仓粟两硕"付身"（"光"）
2. 保内索崇先请粟两硕
3. 保内宋义实请粟两硕"付男文复领"（"光"）
4. 保内梁由吾请粟参硕"付身领"（"光"）
5. 保内康智亮请粟参硕"付男琼心领"（"光"）
6.　　　问得上件人状，各请前件粟。依官生利，如至时熟征□（收）。
7. □□（保内）有人东□（西）逃避，不辨输纳，连保之人，能代输纳否。但虔佑□（等）。
8. □□（各请）前件粟，如至征收之日，保内有人东西，不辨输纳，□□（连保）
9. □□□（之人请）愿代纳。被问依实，谨牒。
10.　　　　　　　　　　　　　　　广德三年二月　　日

　　五件文书有两个类型，四件是如引文的五人各自借贷，又互为保人的连保同借牒，另一件是一人借贷，邀集五人共保的请贷牒。各件文书凡已领取粟的都要签署，右侧并有官仓之勘验证明。由于各件文书的程序与套语颇为相类，有定型化的倾向，所以很适合做大规模借贷的文案记录。从所引牒件看，主动举借者是百姓，而非官府，官府只负责审批其请求，核可后再将粟发放给百姓，这种情形可能与均田农民土地不足，需先向官府请田，才能获得给田是一样的。② 五件文书中留存 17 笔请粟记录，请粟 1 硕者 3 人，1.5 硕者 1 人，2 硕者 9 人（一人尚未领取），3 硕者 3 人，5 硕者 1

---

① Tatsuro Yamamoto and On Ikeda eds., *Tun—huang and Turfan Documents concerning Social and Economic History*, Ⅲ *contracts* (*A*), (Tokyo：the Toyo Bunko, 1987), n. 96, p. 35. "付××"是领粟者之签署；（"光"）在右侧，是勘验者之名；保头、保内五人名下有画指。

② 均田农民土地不足之请田，与官府给田的过程与方式，西嶋定生、西村元佑有详尽的分析，见：西嶋定生，《吐鲁番文书より見たる均田制の施行状態》，收入：《中国经济史研究》，（东京：东京大学出版会，1966），431—726 页；西村元佑，《唐代均田制度における班田の实态》，收入：《中国经济史研究——均田制度篇》，（京都：京都大学东洋史研究会，1968），302—466 页。

人。请粟时间为二月,既是春耕播种之季节,也是粮食青黄不接之时分,所以请粟可兼供种、粮之用。依开元二十二年(734)敕,贷粮依口数给,至多米3石,即粟5石。政府如何运用有限仓储,照顾最大多数的民众,而避免把资源集中于少数人身上,是其应注意的问题。目前可知常平仓给粟最多到5硕,或许即反映这样的观念。

赈恤、赈贷之类通常不计利息,但文书中有"依官生利,如至时熟征□"之语,可见此次仓储出举要并计本利。而所生之利,亦非官民钱物兑换之价差,乃直接在粟上生利,显示常平仓在救荒、平价之外,还扮演谷物融资的角色,以小额出举的方式,协助百姓生产或消费之需。虽然这几件文书并未言明官府如何取利,其中一件状辞却指出:"至十月加参分纳利者"(E)。这里的"加参分纳利",应非一般借贷利率,而是过期不偿具赔偿与惩罚作用的迟延利息。民间谷物借贷的还期,绝大多数在秋季九月以前,[1]常平仓于十月加征迟延利息,盖寓有催促举借者如期归还之用意。此外,这一系列牒件皆附加债务连保条款,无论是五人对同一债务的连保,或五位借者互为保人的连保同借,从"并请代纳"、"均摊代纳"等语可知,保人需对债务负连带责任,平均分摊所有欠负。[2] 常平仓牒件的迟延利息与债务连保,未见于其他官仓出举文书,因此不免令人好奇,唐政府究竟如何规范官仓出举?官仓出举是否在中央政令的拘束之外?

传统文献中除了赈恤、赈贷、籴粜之外,似不易找到官仓出举取息的确证。《册府元龟》卷一〇六《帝王部·惠民二》贞元四年(788)正月诏:"诸州遭水旱,委长吏贷种。"又,贞元十九年(803)七月:"贷京畿百姓麦种。"这里的贷种是无息还本的赈贷,还是必需纳息的出贷,有些语焉不详。唐代有和籴供军粮的制度,军仓私下却大胆地进行交籴,扣下利润,以为仓储羡余,或竟中饱私囊。[3] 不知出土文书所见有息的仓粮出举,是在国家许可下进行,还是有司的自作主张?若为前者,则无论是依法而行,或临时奏报而获核可,出土文书的相关例证都可补传统文献所未见。若为后者,则地方官这些举措的合法性便可怀疑,他可能侵犯属于中央的开仓权,[4]也可

---

① 拙著,《唐代民间借贷之研究》,204—206页。

② 拙著,《唐代民间借贷之研究》,323—324页。

③ 拙著,《唐代和籴问题试论》,52—56页;又收入:《经济脉动》,104—108页。

④ 唐前期开仓权在中央,皇帝核可后才能开仓;开元二十八、九年以后开仓权下放给州县,允许地方官先给后奏。有关之讨论见:清木场东,《帝赐の构造——唐代财政史研究(支出编)》,707—719页;拙著,《唐朝官仓的出贷与籴粜——以义仓、常平仓为主》,167—169页。

能如军仓交籴那样私下动用仓储,即使这样的作为得到中央默许,也是有司游走于国法边缘。无论仓粮出举的适法性如何,此举对官府或民众都不无好处,因为官仓出举取息,既无耗损仓本之虞,又可添益仓储盈利,官府何乐而不为? 对百姓来说,官方的法定利率通常较民间的约定利率低,[①]百姓与其受豪强的高利剥削,不如向官府付出合理利息,还来得较有保障。一般来说,本钱放贷多着眼于财政意义,鲜少考虑民生用途,官仓出举最不同处,就是它建立融资管道,为百姓提供及时的协助。严格说,唐政府除了赈恤、赈贷、平价等措施外,疏于设置常态性的融资机构,无法以更多元的、积极的方式为民众纾困,或创造生产机能。出土文书所显示的官仓出举种、粮,殆可略为弥补这方面之不足,及传统文献之缺漏。

第五节　其　他

官方放贷项目杂多,只要有需要,便可因事而增,即使该项目可能只是权宜性的临时设置。各式官本有其特定的功能与目的,但亦偶然可见用途不明的官本,兹附论于后。

1.监牧本钱

唐为蕃息马匹,置监牧之制。开元十三年(725)张说《陇右监牧颂德碑》述其规模为:"置八使以董之,设四十八监以掌之,跨陇西、金城、平凉、天水四郡之地","更析八监布于河曲丰旷之野,乃能容之。"(《张说之文集》卷一二)。是则唐于陇右、关内二道共设 56 监以牧群畜。诸监牧自仪凤中始有使,后又有群牧都使、闲厩使、四使等,诸使下置副使、判官等。[②]《唐六典》卷六《比部郎中员外郎》:"关监之官,以品第为差,其给以年支轻货。"显示诸监牧依品第设各级官吏,并由国家支轻货给其俸料。据大津透复原的仪凤三年(678)度支奏抄 A'33 行—B'1 行:[③]

---

① 唐代利率存在官民两个系统,法定民率从未高过官率,但民间约定利率无不远高于法定利率。见:拙著,《唐代民间借贷之研究》,259—263 页。

② 《新唐书》卷五〇《兵志》,1337—1338 页。

③ 大津透,《唐律令制国家的预算——仪凤三年度支奏抄、四年金部旨符试释》,442 页。

唐代官方放贷之研究

秦夏原塩岚等州诸监官庸物，每

年并于当州给，仰准式例给付其物。

因此所谓的年支轻货，是指以当州百姓所纳庸物，支给诸监牧官俸料。但开元年间王毛仲管诸监牧时，俸料由国库开支的情况有了改变，前引《陇右监牧颂德碑》又云：

使监官料，旧给库物，新奏置本，收分其利，不丧五（正）钱二万五千贯，以实府宜官，其政六也。（《张说之文集》卷一二）

原诸监牧官料，由库物支给，折合为钱 25000 贯。现在新置本钱，收其利以取代轻货，而可将节省下来的庸调物，转供其他用途，以提高财务之运用效能。开元年间各式官本钱纷纷出现，监牧本钱的顺势而起，自有其产生的时代背景，但其时也正是外官俸是否要由公廨利钱支给的犹疑阶段，故王毛仲利钱充俸的措施能持续多久？是完全取代库物，或仅补充库物之不足？皆无史料可以为证。或许随着内外官俸相继改归国库支给，监牧本钱便如昙花一现，无疾而终了！

2. 供顿本钱

供顿是指停留、止息，及为此而准备膳食。[1] 人员与兵马过往而停止某处的情况相当多，如《隋书》卷四《炀帝纪》下："每之一所，辄数道置顿。"《唐会要》卷二七《行幸》开元二十四年（736）敕："两京行幸，缘顿所须，应出百姓者。"皆因皇帝巡行而供顿，供顿之范围既广，且多出自百姓。开元十二年（724）河南北诸州府马阙，令闲厩使计会取监牧马充，"其行过处缘顿及营幕损百姓青苗，并令本州勘以正仓酬直"（《册府元龟》卷六三《帝王部·发号令》）这是马匹过处由诸州之正仓供顿，及补偿百姓损失。穆宗《登即德音》："所缘山陵造作及桥道置顿所须，并以内库钱充，不得辄令科配百姓。"（《全唐文》卷六六）连修造工程所经及所须处，都要置钱供办。唐后期藩镇割据，边塞不安，军队调度尤其频繁，军事方面的供顿费用成为百姓的

---

① 谭蝉雪，《敦煌岁时文化导论》（台北：新文丰公司，1998），41 页；曾良，《敦煌文献字义通释》（厦门：厦门大学出版社，2001），178—179 页。

沉重负担，如元稹《弹剑南东川节度使状》："元和元年所供顿递，侵用百姓腹内二年夏税钱。"(《元稹集》卷三七)懿宗《以南蛮用兵特恩优恤制》："如闻湖南、桂州，是岭路系口，诸道兵马纲运，无不经过，顿递供承，动多差配。"(《全唐文》卷八三)

过往使客及其眷属、行李，由馆驿负责供承，但大批人员与兵马的巡行、调动，则另有其他处分方式。如前所引，或由内库出钱，或由州县费用，但最终总是要科配百姓，或移用税钱。由于供顿之人马众多，事务复杂，经费庞大，所以政府往往要派任专官，管理其事。如皇帝之行幸常设置顿使，肃宗亲征史思明，幸东京，以第五琦充置顿使。[①] 代宗幸陕州，置顿使外，缘路还有专知置顿官。[②] 或许因供顿事务日趋繁杂，供顿官渐有常制化的倾向，德宗兴元元年(784)："府县置顿官，考满日放选。"[③]似乎已把置顿官纳入常态性的考选制度中。至于供顿州县或供顿户，最常用的抚慰方式不外乎放免赋税，如玄宗《后土赦书》："供顿州无出今年地税。"[④]又，《巡省河东德音》："其汾晋蒲绛同华京兆河南供顿户，并宜免今年地税。"[⑤]免税之法在日后可能发展为一项成例，元稹弹劾剑南东川节度使严砺文中曰："臣伏念绵剑两州供顿，自合准敕优矜，梓遂百姓何辜，擅令倍出租赋。"[⑥]此处将"准敕优矜"与"倍出租赋"相对照，可见所准之敕，当与租赋相关。

供顿在唐代财政体系中，是项不起眼，却又费用可观的支出，它大概不列入政府的经常账中，只在有需要时临时找财源供给。为了应付这笔庞大的开支，开元年间同样想到用本钱生利法来筹措，《唐会要》卷二七《行幸》开元二十四年(736)十月二十一日敕：

> 两京行幸，缘顿所须，应出百姓者，宜令每顿取官钱一百千，又作本取利充。仍令所由长官专勾当，不得抑配百姓。

唐前期因关中物资供给困难，皇帝经常往返于两京之间，自裴耀卿等改革漕运后，关中物资丰富宽裕，玄宗自此便可长住长安。[⑦] 开元二十四

---

① 《全唐文》卷四三肃宗《亲征史思明诏》，475 页。
② 《全唐文》卷四九代宗《南郊赦文》，542 页。
③ 《旧唐书》卷一二《德宗纪》，344 页。
④ 《文苑英华》卷四二四《后土赦书》，2601 页。
⑤ 《全唐文》卷二九玄宗《巡省河东德音》，326 页。
⑥ 《元稹集》卷三七《弹剑南东川节度使状》，421 页。《文苑英华》卷六四九作"准制优矜"。
⑦ 全汉昇，《唐宋帝国与运河》，收入：《中国经济史研究》，279－305 页。

年(736)十月正是玄宗自东都西返之时，①也是他最后一次奔波于两京之间。但他似乎不确信自己将不再就食东都，从其置供顿本钱之用意看，固然在爱惜民力，又何尝不为自己将来行幸两京间做打算。然而，本钱并非临到用时才生利，所累积之利钱当为下次供顿所需，只是100贯的本钱委实太少，对大批人马而言彷佛杯水车薪。不过玄宗自开元二十四年(736)后便不再东幸洛阳，这笔经费最后如何处置或利用，便不得而知了。

唐代的供顿支出时有所见，而且多额外强加百姓身上，但供顿本钱则仅此一例，甚至还未必真的实用到。这在说明玄宗的未雨绸缪之余，更充分反映其时的财力充沛，随着京司食本、宴设本钱、馆驿本钱等的纷纷设置，也想到为供顿置本。只是这样的构想似乎只限于玄宗行幸，既未普及到各州县之供顿，也未在财政困窘的唐后期设置过。

3. 课役本钱

唐代徭役种类繁多，力役、杂徭、色役等随时差派，百姓不堪其扰，即使有些可以免役折庸或纳资代役，但服现役的情况还是很普遍，负担仍是很沉重。② 或许如此，玄宗拟于特定地区实施课役本钱，《旧唐书》卷九《玄宗纪》开元二十六年(738)三月条：

> 己酉，河南、洛阳两县亦借本钱一千贯，收利充人吏课役。

课指租调庸等税赋，役是劳役负担或纳代役钱，③史料未说明为何于此时、此地置课役本钱，想来欲以所收利钱充作某项公务费用，以减轻人吏之课役负担。《册府元龟》卷四八四《邦计部·经费》"人吏"作"人使"，"人使"可能是误植，或作"人史"。"人吏"或"人史"应指百姓或地方胥史。《通典》卷四〇列举诸色胥史，计内、外职掌达35万人，④需为某役而轮流上番，其中如仓督、录事、佐史、府史、典狱、渠头、里正等，都是常见的地方胥史，在敦煌差科簿或吐鲁番役制文书中也时有所见。此处两县的课役本钱

① 《册府元龟》卷一一三《帝王部·巡幸二》，1356页。
② 有关唐代徭役的种类、内容、代役、现役情形，可参考：张泽咸，《唐五代赋役史草》，第二编一一三章。
③ 关于课与役的意义，日野开三郎有很详细的分析，见：《唐代租調庸の研究》Ⅱ课输篇，19—27页。
④ 《通典》卷四〇《职官·秩品五》，1106页。

各 1000 贯,10 倍于前述的供顿本钱,而与同年正月赐给长安、万年两县的馆驿本钱各 1000 贯相当。① 行幸供顿并非经常发生,属不急之务;京兆馆驿则使命频繁,故本钱数量甚大。由此推测,河南府两县或因地当运务枢纽,人吏之税赋征收与役力差派倍于他处,是以赐与高额本钱,生利贴补课役费用。但类似之课役本钱未再见于其他时、地,这又是开元时期财力丰沛下为节省民力之创举吧!

4. 和雇本钱

官方之和雇,通常指官出价钱,雇庸人力,这是番役驱使之外,另种取得人工的方法。② 和雇费用未见政府列入经常账中开支,小额的、临时的需求可能就出自公廨钱项下,但是大额的、特殊的用度大概还是要专门编列预算来支应。史料中唯一一次置和雇本钱是在乾元元年(758),《唐会要》卷九三《诸司诸色本钱上》:

> 乾元元年敕,长安万年两县,各备钱一万贯,每月收利,以充和雇。

安史贼人于至德元载(756)六月入据长安,唐军于至德二载(757)九月克复西京,十月肃宗才自凤翔还京,首都长安被叛军凌掠一年零四个月。乾元元年(758)敕虽未明言置和雇本钱的目的,不过从时序发展上看,应该是为修整遭摧残的宫室、曹署、城墙与坊市。长安万年两县的和雇本钱各高达 10000 贯,除了反映首都的整建工程极为浩大外,大乱之后,物价飞涨,相信也是重要原因。然其时政情不稳,经济尚未复苏,并不具备良好的放贷条件,这万贯本钱能否如预期地回收利钱,颇有疑虑。但即使能顺利放贷,以月息 5% 计,万贯之本也不过月收利 500 贯。高宗永徽五年(654)修筑京师罗城,和雇雍州百姓 41000 人,30 日而毕。③ 玄宗天宝末和雇华阴、扶风、冯翊三郡丁匠及京城人夫 13500 人,筑兴庆宫 49 日毕。④ 前者需单工总计 123 万人次,后者需 66 万多人次。安史乱对京师的破坏是全面性的,所需修复之人工应远较前述为多。唐政府规定的官定庸价为人一

① 《旧唐书》卷九《玄宗纪》,209 页。
② 唐代和雇的费用、工匠来源、雇值、雇役等问题,见:张泽咸,《唐五代赋役史草》,378—385 页。
③ 《唐会要》卷六五《城郭》,1583 页。
④ 《唐会要》卷六五《城郭》,1584 页。

日绢 3 尺。① 天宝年间内地的绢价为一匹 200 文，②边区绢价一匹次估约 460 文。③ 安史乱期间绢价曾一度飙升至万钱一匹。④ 如以物资较匮乏的边区绢价一匹 460 文，视为京师初收复时之物价水平，绢一匹 40 尺计，则人一日之雇价为 34.5 文。月收利 500 贯，平均每日只能付出雇价不足 17000 文，亦即每日雇工不到 500 人。相对于高宗、玄宗地短期内征调大批人工，肃宗可能采取断续的、分批的方式修复长安城。本钱生利的特色在按月给付，而非一次耗尽本数，肃宗每日雇工不到 500 人，或许正在执行上述的修复法。但长安城要尽快恢复旧观，相信还有其他征调人力的方法，和雇本钱大概只是一种补充役力的性质。

5. 祭祀本钱

祭祀费用是一种礼仪支出。唐代的国家祭典种类极多，从祭祀规模上看，有大祀、中祀、小祀，以祭祀对象分，则有祀天神、祭地祇、享人鬼、与释奠先圣先师。⑤ 唐代祭祀频繁且慎重，祭料、祭器、祭服、祭乐等都极讲究而复杂，⑥祭祀费用之高可想而知。中央之各项祭物多由相关有司提供或支给，如太常寺供三祀之牲牢，少府监掌郊祀之圭璧，殿中省尚衣局为祭祀之冕服，⑦大体皆由国家编列预算或依既定方式来进行。但地方祭祀费用多由州县自备，中央不加补助，故只能取给于营田收入、州县拨款、或百姓

---

① 《唐律疏议》卷四《名例律》"平赃及平功庸"（总 34 条）："平功、庸者，计一人一日为绢三尺。"

② 《新唐书》卷五一《食货志》："是时海内富实，米斗之价钱十三，青齐间斗才三钱，绢一匹钱二百。"

③ 开元、天宝间敦煌、吐鲁番地区的绢价大致都在一匹 460 文上下，此处以吐鲁番出土天宝二年（743）的市估案为准。市估案见：池田温，《中國古代籍帳研究——概觀·錄文》，448 页。关于边区绢价之探讨，可参考：唐耕耦，《8 至 10 世纪敦煌的物价》，收入：《敦煌寺院会计文书研究》（台北：新文丰公司，1997），422 页；王仲荦，《唐西陲物价考》，收入：《敦煌吐鲁番文献研究论集》第 5 辑（北京：北京大学出版社，1990），3—4 页。

④ 杜甫《忆昔诗》追忆肃宗时绢价曰："岂闻一绢直万钱？"关于安史乱后物价的大幅波动，可参考：全汉昇，《唐代物价的变动》，175—177 页；日野開三郎，《兩税法と物價》，340—345 页。

⑤ 《唐六典》卷四《祠部郎中员外郎》，120 页。

⑥ 唐代祭祀用物之品类，李锦绣有详细说明，见：《唐代财政史稿》（上），924—946 页。

⑦ 中央祭祀用物之供给方式，亦详李锦绣之分析，见：《唐代财政史稿》（上），924—946 页。

供给等方式，①甚至也采取置本生利之法，《唐会要》卷二二《祀风师雨师雷师及寿星等》天宝四载(745)九月十六日敕诸郡祀风伯、雨师曰：

> 所祭各请用羊一、笾豆各十、簠簋俎一、酒三斗，应缘祭须一物已上，并以当处群公廨社利充。如无，即以当处官物充。

诸郡祭料由当处"公廨社利充"，可能指公廨费用中拨出部分做祭祀本钱，专供地方祭祀之用，包括社祭与祀风伯雨师等。但该"社利"似仍附属在公廨钱项下，尚未独立置本。州郡有社祭，社祭之经费来源除了由诸社之人共同提供外，②置祭祀之本，以"社利"补助，应也是方式之一，如皆不足或欠缺，才会动用到官物。天宝四载(745)敕点出了州郡普遍用"社利"祭社与风伯雨师，或许其他类型的州县祭祀也有如"社利"之祭祀本钱。

安史乱起，国库财务匮乏，原应由预算支付的祭祀费用，也被迫改采本钱方式应急，《唐会要》卷九三《诸司诸色本钱上》乾元元年(758)条：

> 时祠祭及蕃夷赐宴别设，皆长安万年人吏主办。二县置本钱，配纳质债户，收息以供费。

乾元元年(758)方才置和雇本钱，又续置祭祀本钱与宴设本钱。不是因为此时财政丰裕，刚好相反的是，国家只能期望以最有限的资源，永续经营某项事务，而置本生利法正符合这项宗旨。肃宗命长安万年二县置本钱，配给质债户收息，由人吏筹办祭祀用物等。所谓的质债户，可能是指积欠国家赋税，以物质债之民户。如果这些质债户连官税都负担不起，想来在如此不稳定的政治环境中，亦无能力承担放贷取息之作业。乾元二年(759)放免"诸色官钱欠利"，③大概就包括质债户所欠之祭祀利钱、宴设利钱等。肃宗在还复京师后，一年之内连续实施三种新置本钱，又很快地宣布放免欠利，显见这些新置本钱的施行成效并不如理想，这似乎也是肃宗以后不再急于推出新本钱法的原因。

---

① 《唐代财政史稿》(上)，932—933 页。

② 《唐代财政史稿》(上)，933 页。

③ 《册府元龟》卷八七《帝王部·赦宥六》，1039 页。

6. 预放与赊放

本章第一节讨论交通运输本钱时,已分析过长行坊预放的问题,录有周祝子在上元元年至二年(760—761)间,分 8 次 14 段纳给长行坊预放缫布之文件。同样在大谷文书中还有几件也涉及预放与赊放,如大谷 5832 号:①

> 1. 周思恩纳宝应元年瀚海等军预放缫
> 2. 布壹段。其年八月十四日,里正苏孝臣抄。

大谷 5833 号:②

> 1. 周祝子纳瀚海军预放缫布
> 2. 壹段。宝应元年八月廿九日
> 3. _____ □抄。

大谷 5792 号:③

> 1. 周 祝 子 纳元年预放缫布
> 2. 壹段。上元二年十月十日、典刘
> 3. 让 抄 。

大谷 5797 号:④

> 1. 周祝子纳赊放缫布两段。乾
> 2. 元三年八月一日、典刘让。

大谷 5798 号:⑤

---

① 《大谷文书集成》第 3 卷,206 页。
② 《大谷文书集成》第 3 卷,206 页。
③ 《大谷文书集成》第 3 卷,197 页。
④ 《大谷文书集成》第 3 卷,198 页。
⑤ 《大谷文书集成》第 3 卷,198 页。

1. 周祝子纳赊放䌷布两段。乾元三年八月
2. 十二日。魏感 ——

大谷 5801 号：①

1. 周思温等叁户、共纳瀚海
2. 军赊放䌷布壹匹。上元元
3. 年十月六日、典刘让——

　　六件文书中，前三件是预放，后三件是赊放。预放是官府预先把钱物贷给人民，以此取利的手段。除了前述的长行坊预放外，天宝年间河西豆卢军军仓的预付匹段，也都是放贷取利法。赊在唐代民间用得很普遍，有赊买、赊卖两种形式，②开元天宝间还有所谓的赊粜，③具是透过买卖形式进行的交易。大谷文书中的赊放，可能含有寓赊于贷的意义。穆宗长庆二年（822）韩愈论及民间粜盐曰："粜盐多用杂物贸易，盐商无物不取，或赊贷徐还，用此取济，两得利便。"胡三省注："鬻物而缓取直曰赊。贷，借也。"④由此看来，赊贷与赊放都是假交易而取利，可以视为放贷之另种态样。这六件预放、赊放文书中，四件仍出自周祝子，亦即在这三年间，他又纳了 4 次 6 段的䌷布，或许他一如纳给豆卢军军仓交粜粟麦的行客等人，⑤是财力颇为雄厚的有力人士。在各件预放、赊放文书中，唯一一件不用段数，而写"壹匹"的是大谷 5801 号的"周思温等叁户"。匹与段的关系不很清楚，据《唐六典》卷三《金部郎中员外郎》条："凡赐物十段，则约率而给之：绢三匹，布三端，绵四屯。"绢三匹计 12 丈，布三端 15 丈，再加上绵，则物一段约 3 丈。然据后唐长兴元年（930）十月十九日敕："太常礼院例，凡赗匹帛言段不言端匹，每二丈为段，四丈为匹，五丈为端。"（《五代会要》卷八《丧葬》上）

　　①　《大谷文書集成》第 3 卷，199 页。
　　②　赊的意义及其与借贷的关系，可参考：拙著，《唐代民间借贷之研究》，65—68 页。
　　③　《旧唐书》卷四九《食货下》太府少卿张瑄曰："若百姓未办钱物者，任准开元二十年七月敕，量事赊粜，至麦粟熟时征纳。"
　　④　《资治通鉴》卷二四二，7816 页。
　　⑤　豆卢军军仓交粜之行客，是往来于边州，从事谷物贩运的行商，通常交易数量相当庞大。关于行客的身分，见：池田温，《敦煌の流通経済》，收入：《講座敦煌》3《敦煌の社会》（東京：大東出版社，1980），325、340 页注 96；荒川正晴，《唐代敦煌に於ける雑買について》，《早稲田大學大學院文學研究科紀要》別冊 8（1982），195 页。

又据敦煌文书 S.4884 号背《壬申年(972)正月廿七日褐历》第一笔注:"壹段长丈四尺。"①由此看来,段的尺寸似乎因时因地而有变异,没有很固定的标准。肃、代间西州地区的段,如果以最低的丈四尺计,周祝子三年间至少纳了 20 段缫布,亦即共交至少 28 丈,或 7 匹,平均一年少说纳了 2.3 匹。相对于周思温等叁户共纳 1 匹,周祝子的财力是相当可观的。

六件文书中有三件提到瀚海军,其中一件且曰"瀚海等军"。唐王朝大约于睿宗文明元年(684)在庭州设置瀚海军,②玄宗时期北庭节度使统辖瀚海、天山、伊吾三军,负有控遏天山以北,保障丝路安全的军事要务。③安史乱起,唐抽调河陇兵力平乱,致使西北空虚,吐蕃趁隙进攻。代宗宝应元年(762)吐蕃基本上已控制陇右之地,截断通往河西、北庭的道路,广德元年(763)且一度攻入长安大肆劫掠。前引瀚海等军的预放或赊放文书,其时间正在吐蕃阻绝与中央通联,军需物资有匮乏之虞的上元元年(760)至宝应元年(762)间。唐王朝长期以来以凉州为中继站,运送庸调布补给西北军镇,④如今唐中央自身难保,通路又被阻断,西北诸军甚至各官府机构,只好自行筹谋经费,以维持必要的运作,而放贷生利法可说是既能回收现有资源,又能额外牟利的巧妙对策,故瀚海等军、前所论及的长行坊,或其他未曝光、不注名称的机构,都可能在此时采取预放或赊放的权宜之计。此数件文书所传达的官本放贷讯息,殆为情势急迫之下的特殊处置!

7. 杂钱出举

唐代的诸色官本钱,或以机构命名,或以目的命名,唯前项的预放与赊放,及本项的杂钱出举,既不专在某特定机构中运作,也不为某特定用途而设置,盖官府随时可能为某种需求而求助于本钱生利法。

唐后期藩镇林立,各地遍置节度使,军费支出因而大增,德宗时杜亚充

---

① 唐耕耦编,《敦煌社会经济文献真迹释录》第二辑(北京:全国图书馆文献缩微复制中心,1990),235 页。

② 瀚海军设置时间的考证,见:孙继民,《唐代瀚海军文书研究》(兰州:甘肃文化出版社,2002),81—89 页。

③ 北庭节度使、北庭都护府的设置,及其在唐前期西北军事格局中的重要地位,详王永兴的分析,见:《论唐代前期北庭节度》,收入:《唐代前期西北军事研究》(北京:中国社会科学出版社,1994),51—60 页。

④ 荒川正晴,《唐の對西域布帛輸送と客商の活動について》,《東洋學報》73:3,4(1992),40—45 页;大津透,《唐律令制国家的预算——仪凤三年度支奏抄、四年金部旨符试释》,452—456 页;王炳华,《吐鲁番出土唐代庸调布研究》,16—21 页。

东都留守、都防御使,奏请开苑内地为营田,以资军粮,《旧唐书》卷一四六《杜亚传》曰:

> 其苑内地堪耕食者,先为留司中官及军人等开垦已尽。亚计急,乃取军中杂钱举息与畿内百姓,每至田收之际,多令军人车牛散入村乡,收敛百姓所得菽粟将还军。

杜亚为固宠而请开营田,明知其不可行而另谋他法。其以军中杂钱出举,再妄以百姓田收折充本利,致使人多艰食,百姓流散。杜亚此举不过是假放贷之名,行剥削之实,而所谓的杂钱,可能是回残、羡余之类。回残是官府钱物之用后剩余,唐后期多以羡余等词替代,①但羡余之来源可能更广泛,敬宗即位敕:"天下州府财物有余羡者,委观察使及所管州郡,约旧事费用者条件,縣中书门下便差官类例,详定可留可去者闻奏。……其余羡钱,非两税外征率,并不用勘问。"②看来天下州府一方面有财困民穷的问题,另方面则自常税内外,以节用、征率等法,获取羡钱。③ 敬宗命中书门下统一查核各州府羡余之目,以此知羡余乃地方官府的共同现象,非少数、偶然之个案。唐朝不少工程兴建、特殊开支,或食利本钱即来自羡余,④羡余盖为地方官府可以自由支配运用,甚至中饱私囊的一笔税后剩余。

羡余普遍存在于府州军中,其杂钱时而亦用于收利以补充俸给,元和六年(811)十月下诏停河南陕府陆运及诸州军使额俸料,其中有:"如闻河南陕府两处,比来所给,皆是置本利息,不破正钱,勒便添充两餐钱杂给。"⑤既曰"不破正钱",盖以回残、羡余等杂钱充本,除了供俸料之外,还添作餐钱等用。这只是地方上的个别案例,至于武宗会昌六年(846)十二

---

① 回残之意义、来源及其在财政中的作用,见:李锦绣,《唐代财政史稿》(上卷),654—659页。

② 《册府元龟》卷九〇《帝王部·赦宥九》,1079页。

③ 唐后期羡余之由来与弊端,可参考:侯家驹,《羡余小考》,《大陆杂志》73:5(1986),7—10页。

④ 如《旧唐书》卷一七二《令狐楚传》:"楚为山陵使,……会有告楚亲吏赃污事发,……同隐官钱,不给工徒价钱,移为羡余十五万贯上献。"又,"汴帅前例,始至率以钱二百贯实其私藏,楚独不取,以其羡财治廨舍数百间。"《柳宗元集》卷二六《盩屋县新食堂记》:"廪库既成,学校既修,取其余材,以构斯堂。……堂既成,得羡财,可以为食本。"《文苑英华》卷八〇一赵憬《鄂州新厅记》述刺史作新厅:"因士卒忘劳之力,出货财足用之羡,经营有成,井邑莫知。"由是可知,羡财不仅来源多端,用途亦很多样化。

⑤ 《册府元龟》卷五〇七《邦计部·俸禄三》,6084页。

月中书门下的奏请,则突显出杂钱为本,收利充俸,已得到中央认可,并在各地广泛推行:①

> 应诸州刺史既欲责其絜己,须令俸禄稍充。……应诸中下州司马、军事俸料,共不满一百千者,请添至一百千;其紧上州不满一百五十千者,请添至一百五十千;其雄望州不满二百千者,请添至二百千;其先已过者即得仍旧。并任于军事杂钱中方圆置本,收利充给。

唐后期诸州刺史因"持节诸军事",而在府州品官系统之外,亦置军事僚佐与军将,比于方镇使府。② 此处添给诸州官吏与军佐的俸料,并非完全出自中央拨付或地方税钱,部分是由军事杂钱中转折筹得本钱,③生利以添给。此外,白居易《论周怀义状》:"缘新置军将利钱,放与人户官健,每月征利,人力不堪。"④大概也是以军中杂钱充本,由兵、民共同捉钱。州府与军中杂钱、羡余之多,运用途径之广,可见一般,而出举放贷不过其一端而已!

地方官府或军中既颇有余财,节度观察使等如何竭力营求,以邀厚利,成为其行政目标之一。韩愈撰《太原王公墓志铭》赞誉江南西道观察使王仲舒为政爱人曰:"至则奏罢榷酒钱九千万,以其利与民。又罢军吏官债五千万,悉焚簿文书。"⑤这里的"军吏官债",在其为同一人所撰《太原王公神道碑铭》中述为:"军息之无已,……罢军之息钱。"⑥由是知军吏是为军中官本钱而负息债。军中之杂钱、羡余,是诸节度观察使可以私下周转、支用的灵活资金,军吏、百姓等则是其方便役使的人力,无论这些钱是供作军粮、俸给、进献或其他用途,从前引诸例可断定,出举放贷该是常用的保本兼获利之道,但能像王仲舒这样不以利害人的,着实难得。

唐后期的政府机构财力常有不足之患,因此不免巧立名目,开发新财源,如吏部考钱、告身钱,礼部春关钱等,⑦皆是此形势下的产物。这些广

---

① 《册府元龟》卷五〇八《邦计部·俸禄四》,6094—6095 页。《唐会要》卷六九《刺史下》列于宣宗大中六年十二月。

② 严耕望,《唐代府州僚佐考》,收入:《唐史研究丛稿》(香港:新亚研究所,1969),164—165 页。

③ "方圆"之意,可参考李锦绣的分析:《唐代财政史稿》(下卷),1204—1206 页。

④ 《全唐文补编》(北京:中华书局,2005),卷七四,913 页。

⑤ 韩愈,《韩昌黎集》(台北:河洛出版社,1975),卷七,308 页。

⑥ 韩愈,《韩昌黎集》卷七,289 页。

⑦ 《唐会要》卷八二《考下》,1510—1511 页。

泛意义下的杂钱,有的也被充作出举的本钱,如《唐会要》卷八一《考上》:

> (贞元元年)十二月敕:六品以下,本州申中上考者,纳银(疑衍)钱一千文,市笔墨朱胶等者,元置本五分生利。吏部奏:见有余,自今以后,其外官京官考钱,并请敕停。依奏。

这是以吏部考钱为本,五分生利,市买笔墨等物。笔墨纸张等文具属办公用品,应由国家发给,自公廨费用中支出,如《全唐文》卷九八一《对故纸判》:"州申远年故纸,请卖充公廨支用。"大谷 5839 号开元十六年(728)河西市马使文书,向西州都督府请纸笔墨。① 但在官给之外,如仍然有所不足,或官府不允所请时,可能只有另辟他途,别开生财市买之道。前述的吏部考钱置本生利,大概出现在安史乱后财政破坏之际,直到两税法定制财政状况渐有起色后,才于贞元元年(785)停止本钱生利法。然类似吏部考钱、告身钱与礼部春关钱等杂钱,到晚唐又开始收取,大中六年(852)七月考功奏:"其钱便充写考牒纸笔杂用",②虽是直接利用诸杂钱,不再因本生利,但其时之财政窘境却已暴露无遗!

杂钱出举可行于中央各司或地方州府,军中也多所利用,其置废视需要而定,多属各机关的杂项补贴,是一种临时性、随机性的官本钱,但对于节省国家开支,维持各司之正常运转,还是有些帮助,如元和年间郑余庆两度奏请于文官俸钱中,抽贯充国子监修造先师庙及诸室宇,"监中公廨杂用,有余,添充本钱,及诸色,随便宜处置。"③该种杂钱可谓公廨本钱的补贴,但既是"随便宜处置",可能其用途又不限于供公务、修造等公廨之用。国子监可用这种杂钱出举,前引之各军政单位,及其他未知之各司,相信也不乏同样会如此设置之、利用之。

---

① 《大谷文書集成》第 3 卷,208 页。
② 《唐会要》卷八二《考下》,1511 页。
③ 《唐会要》卷六六《东都国子监》,1160 页。

第四章 官本的性质与意义

　　唐代官方放贷的种类极多,据前三章的论述,有确切名目与特定功能者计十五项,另两项或采取预放、赊放之特殊操作法,或由杂钱提供某些临时性用途。在个别介绍各式官本的设置目的、制度变迁、运作状况后,本章拟对唐政府大量运用官本的原因,及官本展现之性质做个总检讨,期能了解为何这种具有高利贷义涵的政策,会在唐朝大为风行,唐政府是在何种军政、财经或社会背景下,推动官本放贷的。以下分别从官本的时空特色、钱物形态、资金来源与数量、设置原因与意义等几个方面分析之。

第一节　官本的时空特色

　　唐政府最早设置的官本是京司公廨本钱,其确实执行的年代不会晚过贞观二年(628)。但因其后饱受褚遂良等批评而时断时续,大致在高宗中期以后京官俸便不再由公廨本钱生利支给。严格说,八世纪初以前官本只在很有限度的情况下进行,除了州县公廨本钱还能在争议、改革声中坚持下去外,似乎很难证实别有其他官本也在持续运作着。虽然太宗曾命"其余官司,泊诸郡邑","取其奇羡之积,以具庖厨,谓为本钱",①但京司公厨似仍由司农寺供料,外司公厨也未见本钱制之具体事例。尽管则天长安以来置使专知悲田养病,却也同样缺乏直接史料证明官府以利钱补贴寺营病坊。八世纪初以前唯一可知曾与公廨本钱并行的,就只是高宗麟德元年(644)西州高昌县的"官贷小子",②然此种仓粮出举非赈恤、赈贷、平价之类,也不见中原内地实施过,故这是否为地方性、个别性的举措,犹待考。

唐初以来官本放贷显然不是政府热衷的政务,如果不是财税不足,官俸有缺,政府也不愿干冒非议,实行类似高利贷的本钱生利法。然而放贷经验的累积,官本的财经效益,及唐代社会经济环境的变迁,在在引导并促成了开元天宝年间官本放贷的大为盛行。玄宗皇帝的励精图治,不仅使海内富实,物价低廉,也使国家的财务状况好转,税赋收入趋于稳定,连带影响到的则是政府有更丰盛的财源,调整旧的官本,增置新的项目。以唐代十五个有特定名目的官本而言,仅公廨本与仓粮出举确是延续唐初以来的旧制,其他如馆驿本、车坊本、陆运本、监牧本、供顿本、课役本大概都是开元时期新创的官本,食利本与病坊本似乎到开元年间才认真执行,宴设本与祭祀本则在开元天宝间自公廨本分离出来。即使这十二种官本,有些只见于中央诏令,未明其运作情形,甚至根本不曾真的执行;也有的官本只见于西北边州,不知两京或其他各地是否亦有之,但十二种官本集中于玄宗时提出、讨论与实施,想必是唐政府体悟到官本放贷的好处,并有足以配合政策的客观条件,才能如此积极而大规模地推动。

以开元初期州县公廨本仍几度兴废来看,玄宗君臣对官本放贷显然是有疑虑的,而其最终依然采取本钱与税钱并置的办法,则说明玄宗君臣还是对本钱生利法保有一定的信心,盖本钱一次拨付,即可循环不息地生利,纵然因捉钱之弊而不免耗损本利,却仍是最节省国家财政,又能维持公务运作的一种方式。开元时期陆续推出各式官本,又强化、改良既有官本,相信正是基于这种想法而来。再者,玄宗自开元中迅即增置这么多种官本,也与其时之财经状况有绝对关系。随着政局安定,人口成长,赋税增加,唐朝国力臻于前所未有的盛况,玄宗一方面以税钱补贴公廨本钱,将省下的本钱移作他用,或另置新本,再方面则善加运用丰裕的财源,为昔日无力施行或被忽略的公务项目,设置官本,以专款专用。正因为唐初以来公廨本对官俸的重要性与贡献,玄宗君臣是点滴在心头,知之甚深,故其无意于因其小弊而去其大利,反倒欲借重积久的放贷经验,将一些国家预算所顾及

① 《全唐文》(北京:中华书局,1983),卷五二三崔元翰《判曹食堂壁记》,5321页。
② 《吐鲁番出土文书》(简)七/388,(图)参/485。

不到的部分,列置官本,让其独立承担或协同帮助公务的推动,以有效提升政治效能。总之,开元时期的大量增置官本,其实是在三种因素的相互配合下达成的,财务状况固然为此创造有利的条件,但辗转生利、自给自足的操作方式,也未尝不提供动人的诱因,而玄宗君臣能以更开阔的眼光,积极拓展国家政务,不再受制于高利贷的批评,则是观念的突破。

唐前期官本的种类虽多,却鲜少见到普遍实施于全国各地。以存在时间最久的公廨本来说,高宗中期以后几乎只有州县在运作,京司已近于停顿。至于供顿本、课役本则只限于两京;食利本名义上任各司与郡邑自行,其实中央到开元间才一度别借本钱。其他官本同见于两京与边州的只有馆驿本、病坊本,边州置馆驿本的时间甚且早于两京县。监牧本该当只在西北诸监才有;祭祀本仅知行于诸郡,不明中央是否亦有之。不过最令人讶异的竟是仓粮出举极罕见于传统文献,而不乏出现在出土文书中。类似情形如车坊本、宴设本也都是只见其行于边州,未见两京或其他地区实行。但天宝年代的会计牒于宴设本有"准 旨差官典回易"一语,[1]显然中央是知道并许诺当地设宴设本的,也因此凡准旨之处,都可能奉行该本钱。车坊既是内外诸司普遍皆置,则西州的车坊本未必为全国独一无二的案例。整体看来,唐前期只有公廨本实施的区域较大,涵盖面较广,是很受官吏与官府重视的本钱制度。其他诸本的片面存在、断续运行,与其说是史料缺载,文献不传所致,不如看成某些官本尚在试行阶段,成长当中,甚至可能有些地方官为因应当地需求,而独创出新式官本来。故前期所见之诸官本未必皆发自中央政令,遍行于全国各地,或许其中有典型的区域性特色者。

随着出土文书的发现,前期官本的资料也跟着丰富起来,尤其值得注意的是,西州似乎早在高昌国时期就有官方放贷的经验,[2]也因此当唐初京司还在质疑公廨本的正当性时,西州已出现所谓"官贷小子"。另外像车坊本、宴设本也都是只见于边州,甚至独见于西州者;而馆驿本在西州初见之年代,也略早于两京县。这些现象汇聚在一起,难免让人对所有官本皆源自中央的思考模式产生怀疑,或许官本放贷一经触发,便会自动产生连锁效应,只要有某种公务需求,并得到一笔财源补给,都可能用最经济,又不必年年编预算的本钱生利法来永续经营。边州的放贷经验由是影响到中央,也不是没有可能的。

---

① 唐耕耦编,《敦煌社会经济文献真迹释录》第一辑(北京:全国图书馆文献缩微复制中心,1986),475页。

② 陈国灿,《斯坦因所获吐鲁番文书研究》(武汉:武汉大学出版社,1995),52—55页。

安史之乱到代、德之际，官本面临了由崩解到重建的不稳定期。肃宗在内外官俸尚无着落时，一年之内连续于两京县推出和雇本、祭祀本与蕃夷宴设本，如此大肆之举，系因应当时的主客观形势而来。在财源上，其时财政困难，只好采取一次置本，最不耗费国库的方式；在策略上，以少量本钱执行小型政务，不失为维持政治运作的权宜之计；在经验上，这是取法自开元时期的大规模运用官本。但这个时期的官本未必皆延续自唐前期，不仅两京县的官本有其创新处，最令人瞩目的竟是西北边区的预放与赊放。其实天宝年间的豆卢军军仓已见为牟私利之预放式官贷，①其后，天山东部各地更因吐蕃侵扰与补给困难，不得不一再用预放、赊放来折换所需物资，像西州长行坊、瀚海等军此时的预放与赊放，就是形势逼出的官贷样式。由此可知，一旦放贷生利的操作法为人所熟知，便可能适时、适地地被善加运用，并随机、随宜地被扩大推广，而目前所知的十七种官本放贷，或许不过是史料所及之冰山一角而已！

代、德之际官本放贷渐受政府重视，中央赐本的数量与对象都较前期倍增，而贞元四年(788)的议置食本，更显现官本发展的新时代即将来临。公廨本原是唐前期最受重视，行之最久的官本，然而当内外官俸转由国家预算支给后，公廨本遂回归到原本的公廨之用，不再受到人们的重视，取而代之，在唐后期跃居主要地位的是食利本。但是，受到藩镇割据，上供税源不足，中央权威堕损的影响，食利本的简勘、补贴，似仅限于两京一带，中央对诸道州县则采随其便宜行事的放任态度，因此相较于高宗年间全面性地依州县等第规划公廨本，唐后期食本的格局显然就小多了，政府的目光顶多只能被诸军、诸使牵引着，而鲜有能力引导食利本成为一项具有全国一致标准的制度。

从另个角度来思考，唐后期的中央政府似能更深刻地体认官本的妙用，除了依然受欠失本利，重摊转保等问题困扰外，已不再像前期那样批评输利受职，或拟废掉本钱法，②反而是以不断赐本，添填空阙，显示官府对它的倚重，及本钱法在公务执行上的价值。唐后期官木的种类未必比前期少，官文书于特定本钱项目外，多以"公廨及诸色本利钱"、"公廨诸色本利

---

① 即所谓的交籴，见：拙著，《唐代和籴问题试论》，《新史学》15：1(2004)，52—56页；又收入：陈国栋、罗彤华编，《经济脉动》(北京：中国大百科全书出版社，2005)，104—108页。

② 较例外的是开成四年宰臣拟将堂厨食利钱追收置库，但此举并非废掉食钱，只是欲用固定预算取代本钱法而已。其事见：《册府元龟》(台北：台湾"中华书局"，1972)，卷五〇七《邦计部·俸禄三》，6091页。

钱"统名之,①亦即食本虽然运用得最普遍,公廨本仍有其不可动摇的历史地位,而其他诸色本利钱中特别值得一提的,就是馆驿本与病坊本。唐后期诸官本多半是京司与各州县自行其是,连公廨本、食利本也不例外,像会昌元年(841)那样针对全国馆驿下令,许以所收利钱量事供给诸前官,实甚少见。虽然这只是稍稍扩大利钱的供给范围,却已显示关联各地交通运输的馆驿本,似有某些统整一律的运用方式,而非纯然的地区性官本。类似情况也发生在病坊本上,大约到会昌五年(845)中央才开始为各地养病坊规划其财源与经营办法。唐后期官本的项目相当琐细,人们对官本的兴趣也很高,杂钱出举无疑已反映这样的形势,而也就在此同时,中央政府即使没有足够的威权,去控制或要求各地官本的运作,但既已感受到它的重要性,便也企图建构合于自己想望的功能。晚唐中央对馆驿本、病坊本的敕令,其实正是国家财力不足下,对官本寄予厚望的表示。

官方放贷在唐朝如此风行,可说是一个意外,它由初期的暂代试行、倍受批评、多次废置,到开元天宝间的愿意接受、尝试推动、放任实施,以至唐后期的正面肯定、广为运用、协助发展,在几经挣扎、转折后,终于蜕变出唐代财政史上的新路向,虽然其中一直不免于诸多弊端。官本的设置也具有浓厚的地域性色彩,除了前期的州县公廨本钱,或晚唐的少数官本,可能依全国性规范在执行外,其他绝大多数的官本,或仅出现在特定地区,或按各自状况定其行止,盖官本通常只为地方性财政项目,中央既乏财源补助,也少行政支持或干预,故不免因地制宜,因势而异。官本所显示的时空特色,在唐代的财政体系中是很少见的。

第二节　官本的钱物形态

唐代的官方放贷,无论本、利,原则上都以钱计,但有时为了顺应特殊需求,也会以实物给付或交纳,这在未脱离自然经济时代的唐前期,较为明显。如开元十九年(731)的一分西州天山县到来符帖目就有"公廨本钱斛㪷(斗)"之语,②可见钱币与粮谷同样可为放贷出纳之物。阿斯塔那墓葬

---

① 《文苑英华》(台北:华文书局,1965),卷四二二《元和十四年七月二十三日上尊号敕》,2588 页;《册府元龟》卷五〇七《邦计部·俸禄三》,6088 页。

② 池田温,《中國古代籍帳研究——概觀·錄文》(東京:東京大學東洋文化研究所報告,1979),359 页。

中有一组夏季文书,有些抄件显示将夏季粮出粜后折钱纳利,①而有的似是直接以粮纳利。② 西州岸头府文书中也言及"贴料本利麦粟",③高昌古城则见馆驿贴料:"季贴料粟每馆壹拾贰硕"。④ 但清楚点出用本粮出贷者莫如车坊与官仓,岸头府事目历有:"车坊出举麦"、"北馆坊出举本小麦",⑤大概因麴氏高昌国早有粟麦出举的经验,故承袭而来的西州人,与其折钱为本,徒增劳扰,不如径自以谷物出贷,还来得更方便。至于官仓,原本就是存贮粮谷之处,故无论是正仓或常平仓出贷,也不管其用作口粮或种子,本利均似为谷物,鲜少见其折纳为钱。⑥ 本粮之外,还有用本匹出贷者,河西豆卢军军仓的预放匹段,就是显著的例子。其实不仅官本的物种不限钱币,就连所收利也不尽皆折为钱,像豆卢军的预放匹段就折为斛斗交粜,而长行坊、瀚海军等的预放、赊放,则折为匹段交纳。盖官本放贷虽以钱币为大宗,中央所赐尤多为本钱,但实际运作时,各地必需考虑其独特的状况,难以一概而论。即使当唐朝逐渐脱离自然经济,赋税与交易多由钱货来进行之际,⑦官本放贷仍不免于钱物并用,如元和九年(814)令秘书省等司勘会食利本钱,户部得报奏曰:"应管食利本钱物"若干。⑧ 连京司官本都可能用实物来经营,何况经济力不如京司的州县,更不易一律以钱货放贷或纳利。

唐代的官本放贷显然以本钱为主,本粮、本匹的使用,不是因当地货币的流通量不足,就是别有自己习惯的运作法,但似均非官本放贷之常态。尤其当放贷取息要每月纳利时,用钱为交纳媒介,更有其方便性。开元二

---

① 《吐鲁番出土文书》(简)十/11,(图)肆/601。

② 《吐鲁番出土文书》(简)十/10,(图)肆/600。

③ 池田温,《中國古代籍帳研究——概觀·錄文》,358 页。

④ 陈国灿,《斯坦因所获吐鲁番文书研究》,413 页。

⑤ 池田温,《中國古代籍帳研究——概觀·錄文》,357—358 页。

⑥ 唐《杂令》有关出举的各条,并未见到官府用粟麦出举的规定。可参考:田名網宏,《日唐雜令の出舉條文について》,《日本歷史》303(1973),2—3 页。但事实上官府出举仍有用粟麦者。

⑦ 由于受到汉末以至南北朝、隋末政治不安的影响,唐代的币制经历了钱帛本位的阶段,而到开元天宝间货币经济才有显著发展。唐后期虽然有铜钱不足的困扰,但如《旧唐书》卷四九《食货志》所言:"天下公私给与货易,⋯⋯给与他物,或两换者,约钱为率算之。"仍是以铜钱为最主要的货币。有关唐代币制的变动与货币机能的探讨,可参考:彭信威,《中国货币史》(上海:上海人民出版社,1988),第四章;加藤繁著,中国联合准备银行编译,《唐宋时代金银之研究》(台北:新文丰公司,1974),27—34,82—92 页。

⑧ 《册府元龟》卷五〇七《邦计部·俸禄三》,6085 页。

十二年(734)三月二十一日敕曾曰:"布帛不可以尺寸为交易,菽粟不可以秒勺贸有无"(《曲江文集》卷七《敕议放私铸钱》),正因实物不利于运送、储藏与割裂,不如货币之易于保存与不致耗损,故待社会经济发展到一个阶段,货币自然成为普遍运用的交换体制,这种趋势洪流,有时连官府的强制禁令都未必挡得住,如开元二十二年(734)十月六日敕在重申"布帛为本,钱刀是末"之后,也必须承认市价一千以下可用钱交易,唯大额者需兼用布帛。① 唐后期有钱重物轻的问题,为了减轻货币不足的压力,增加市场上的流通速率,政府要求人民兼用实物来支付物价,如贞元二十年(804):"命市井交易,以绫罗绢布杂货与钱兼用。"②元和六年(811)六月二日制:"公私交易十贯钱以上,即需兼用匹段。"③尽管唐代的铜钱量一直不足,但它作为一种方便的交易工具,是政府与民间都不否认的。唐代的官方放贷,无视于赋税与交易状况,自始即一贯地以本钱为原则,这种付本取息方式,既不会使货币因按月收利,零星分割,而失其价值;也不致像谷物收成那样,一年一获,而不适合随时取用做利息。

官本是以基金的形式出贷,定期拨付利息,以供各种用途。以诸种本钱而言,几乎无例外的都是月纳息钱,连偏远边州亦复如此。西州天山县公文帖目有:"为毛慎己等公廨钱,捉州宴设本利,月二日送纳事",④岸头府帖目曰:"为杜成礼等捉宴设本钱,每月二日征利送州事。"⑤西州似乎规定捉钱人每月二日要把利钱送州。同样情形也出现在沙州,豆卢军宴设本捉钱帐之人名旁注七、八,⑥应指捉七月分或八月分的钱。而天宝会计牒的宴设本钱,明白写下"随月收利"的字句,⑦更证明本钱收利无分内地或边区,均以按月计息为常态。相对来说,本粮、本匹的纳利可能就没有那么规律。西州岸头府帖目:"欠车坊出举麦,限月内送足事。"⑧只能说明所欠利麦应在当月纳足,不能就此论断本粮亦用月息制。以谷物为官本,势必受制于春耕秋收的季节性因素影响,从民间的谷物借贷来看,无论借期是

---

① 《唐会要》(台北:世界书局,1974),卷八九《泉货》,1627页。

② 《新唐书》(台北:鼎文书局,新校标点本,1976),卷五四《食货志》,1388页。

③ 《唐会要》卷八九《泉货》,1630页。

④ 池田温,《中国古代籍帐研究——概观·录文》,359页。

⑤ 池田温,《中国古代籍帐研究——概观·录文》,357页。

⑥ 陈国灿,《莫高窟北区47窟新出唐贷钱折粮帐的性质》,收入:《敦煌学史事新证》(兰州:甘肃教育出版社,2002),236—237、240页。

⑦ 唐耕耦编,《敦煌社会经济文献真迹释录》第一辑,475页。

⑧ 池田温,《中国古代籍帐研究——概观·录文》,357页。

何月分,还期一准于收成时限。① 因此官方如用本粮出举,很难认为其会采取按月收利的方式,以目前仅知的一组西州交河县请举常平仓粟牒而言,纳本利之用语分别是:"时熟准数送纳"、"时熟官征收本利日"、"依官法征□(利),至时熟征"、"依官生利,如至时熟征□(收)"、"至十月加参分纳利者。"② 由此可知,仓粮出举之还本纳利以时熟为准,而非每月收息。至于十月加利者,可能指的是征收延迟利息,并非按月收利。本匹的例子很少,预放、赊放纳缣布或许只是折为匹段纳利,未必就以匹段为本。再者,缣布当以整匹段利用才有意义,如每月息利只纳些零碎布头,将毫无价值,故本匹是否有随月收利的习惯,可再商榷。即使像豆卢军仓的预放匹段,折为斛斗交粜,似也是一笔收纳,并无付月息的迹象。

如上分析可知,唐代的官方放贷以本钱为主,本粮、本匹不过是因时、因地或特殊情境下的置本法。但也正因货币的可分割性,及其不受季节的限制,所以才便于月纳息钱,而本粮、本匹的付息就鲜能做到这样的地步。

历经南北朝、隋末以来的动乱,唐初未能进入货币经济时代,当时的税赋如租调、地税等都收取实物,纳钱的户税似不会早过永徽年间,何况有时还折纳为刺柴等物。政府的税收主要是实物,出现于武德、贞观间的京司公廨本钱却要以钱为本,其后普遍推行于全国各地的州县公廨本钱更需要大量的货币,因此唐政府如何在实物税收时期,筹措本钱来放贷,似是一大难题。唐初最先想到向百姓课征的货币赋税可能是杂税,《唐律疏议》卷一三《户婚律》"输课税物违期"(总174条)疏议曰:"输课税之物,谓租、调及庸、地租、杂税之类。"杂税无特定名目,可能因事而征,也可能按户赋取,《通典》卷一一《食货·杂税》就将开元十八年(730)李朝隐奏请"薄赋百姓一年税钱充本"列入其中。类似这样充本的税钱或杂税,亦见于永徽后,《唐会要》卷九三《诸司诸色本钱上》:"至永徽元年废之,以天下租脚直为京官俸料。其后又薄敛一岁税,以高户主之,月收息给俸。寻颛以税钱给之,总十五万二千七百三十缗。"这里以一岁税钱充本以给京官俸的杂税,有学者认为早在武德、贞观定户等时已存在,③并推测《唐律》中的"杂税"一度

---

① 关于北方粟麦的耕种期与收成期,及谷物借贷的借、还期,详拙著,《唐代民间借贷之研究》(台北:台湾"商务印书馆",2005),197—206页。

② Tatsuro Yamamoto and On Ikeda eds., *Tun—huang and Turfan Documents concerning Social and Economic History*,Ⅲ *contracts*(A),(Tokyo:the Toyo Bunko,1987),n.96,pp.34—35.

③ 陶希圣、鞠清远,《唐代经济史》(台北:台湾"商务印书馆",1979),146页。

是户税取得法律地位前的代名词。① 依褚遂良对唐初京司公廨本数的推估，总计约需本钱 3 万贯。② 学者们论长安盛时户口逾 30 万户，③则唐初大概也不会少过 10 万户。唐初杂税未必兼出王公、官人，长安课户比例或许不高，姑以 6 成计，每户所交不过 500 文，与天宝中八等户的税钱 452 文不相上下，④就可筹得 3 万贯的本数。唐初的长安虽不如以后的富庶繁荣，终究是首善之区，这样的负担对人民来说，不能算是太沉重。同样情形亦可类推于高宗乾封年前后的州县公廨本钱，虽然全国总本数高达 160 余万贯，⑤以永徽元年（650）的 380 万户计，⑥按八等户税钱 452 文纳，一次即筹足本数。易言之，唐前期尽管以实物税收为主，但依然有货币税源取给以供用，需要每月纳利的官本钱，大概就来自课征钱币的杂税或户税。

唐自武德四年（621）改革币制，废弃劣钱，代以质量较好的开元通宝钱后，⑦复经贞观年间的政治安定，致力农业生产，直到高宗麟德三年（666）的四十多年间，物价长期平稳而低廉。⑧ 但也就在麟德三年（666），即乾封元年（666），政府突然铸造以一当十的新钱乾封泉宝，并与旧钱并行。⑨ 高宗此时大量铸币的原因不明，或许与用兵高丽，筹措巨额战费有关，⑩也不无可能想顺道拨付 160 余万贯作为新实施的州县本钱。不过这次的铸币政策成效似乎不如理想，《新唐书》卷五四《食货志》曰："明年，以商贾不通，

① 李锦绣，《唐代财政史稿》（上卷）（北京：北京大学出版社，1995），471 页。

② 人捉四、五十贯，司别九人，如每司以 400 贯计，在京 70 余司，约需 3 万贯本钱。见《唐会要》卷九一《内外官料钱上》，1651 页。

③ 依《长安志》所记，长安万年两县不逾十万户。但随着社会经济的发展，浮寄人口不可胜计，军政人员日益增多，其盛时人口逾 30 万户，约 150 万—180 万口。见：严耕望，《唐代长安人口数量之估测》，收入《第二届唐代文化研讨会论文集》（台北："中国唐代学会"出版，1995），1—17 页；日野開三郎，《日野開三郎東洋史學論集》17《唐代邸店の研究》（東京：三一書房，1992），304—309 页。

④ 《通典》（北京：中华书局，1988），卷六《食货・赋税下》，110 页。

⑤ 参见本书表二。

⑥ 《通典》卷七《食货・历代盛衰户口》，148 页。

⑦ 唐初的币制改革，及开元通宝的特色与历史意义，见：彭信威，《中国货币史》，293，296—298 页；李剑农，《魏晋南北朝隋唐经济史稿》（台北：华世出版社，1981），226—228 页。

⑧ 彭信威，《中国货币史》，333—334 页；全汉昇，《唐代物价的变动》，收入《中国经济史研究》（台北：稻乡出版社，2003），147—150 页。

⑨ 《旧唐书》（台北：鼎文书局，新校标点本，1976），卷四八《食货志》，2095 页。

⑩ 乾封元年高丽内乱，求援于唐，唐遣李勣发兵平乱。事见《旧唐书》卷一九九上《东夷传》，5327 页。

米帛踊贵,复行开元通宝钱。"大概因货币贬值造成了物价上涨,于是停用乾封泉宝,而官本钱也只好征自每户税钱了。再次发生借铸钱来筹款是在仪凤四年(769),《新唐书》卷五四《食货志》:"是时铸多钱贱,米粟踊贵,乃罢少府铸,寻复旧。"此次增铸的目的,当系为筹军费讨伐东突厥的乱事,[1]但非常凑巧的是,仪凤三年(768)八月方下诏欲废本,依户次口出钱。[2] 这次铸币是否有代百姓纳税钱的用意,并不清楚,但同样的造成通货膨胀,也只好以罢铸了事。连续的两次经验,至少让唐政府体认到不适当地增加通货,将影响民生甚巨,也无益于税钱或本钱的筹措,唐政府嗣后无论欠本多么严重,皆无意以增铸来筹款,似乎就记取了这两次教训。

官方放贷为了便于月收息利,官本自然以货币为原则。玄宗以前的官本主要是公廨本钱,其来源多征自税钱。开元天宝以后本钱的种类增多,唯因其时国家财政丰裕,即使货币的流通量嫌少,不足以因应交易的需要,[3]但本钱的给予也还不致成问题。唐后期的情形则有令人瞩目的变化。安史乱起,本钱制度大坏,肃宗乾元元年(758)密集赐与两京县本钱,可能已是集财力之所余,为重建两京或安抚蕃夷而来。[4] 在两税法实施前,代宗已在税制上颇有改革,例如征收青苗钱、地头钱、重订户税钱额等,[5]都使政府的货币收入增加,也使其得以于永泰、大历年间几次赐与高额官本,并让宰相餐钱丰足。[6]

① 调露元年(仪凤四年)东突厥反,二十四州叛应,唐发兵三十余万讨伐之。事见:《旧唐书》卷一九四上《突厥上》,5166 页。

② 《册府元龟》卷五〇五《邦计部·俸禄一》,6068 页。

③ 玄宗时经济发展,但货币量似未随着相应的增加,故造成钱物兼用,及物价低落。见:全汉昇,《唐代物价的变动》,155—158 页;彭信威,《中国货币史》,335—336 页;李剑农,《魏晋南北朝隋唐经济史稿》,229—230 页。

④ 即和雇本、祭祀本、蕃夷宴设本,见:《唐会要》卷九三《诸司诸色本钱上》,1676—1677 页。

⑤ 代宗时期的税制改革,学者论者甚多,见:张泽咸,《唐五代赋役史草》(北京:中华书局,1986),79—82,94—98 页;李锦绣,《唐代财政史稿》(下卷)(北京:北京大学出版社,2001),678—686 页;日野開三郎,《兩税法以前における青苗錢·地頭錢についての試見》,收入:《日野開三郎東洋史學論集》3《唐代兩税法の研究·前篇》(東京:三一書房,1981),265—302 页;曾我部静雄,《唐の戶税と地頭錢と青苗錢の本質》,收入:《中國律令史の研究》(東京:吉川弘文館,1971),276—279 页。

⑥ 如给书院、集贤院殖本钱 3000 贯,给国子监学生食本 10000 贯,给军器公廨本钱 3000 贯,宰臣等也因殖钱已多而让赐食。各条参见本书所附总表编号 40、41、42、43、45、46。

两税法钱谷并收,国库储存的货币数量应当不少,①再加上盐利、工商税、杂税等,都可为本钱制度施行的后盾,宪宗元和以后多次赐与内外诸司高额本钱,想必就来自这些货币税收。然而德宗贞元至宣宗大中年间,钱重物轻的问题长期困扰着政府与生产者,也多少会连带影响到官本钱的运作。由于政府税收以钱为主,民间富豪也大量屯积现钱,或销铸为铜器,佛寺用品更不乏以铜铸造,因此市场上货币求过于供,致使钱值增长,物价低落,形成钱重物轻的现象。② 通常情况下,货币流通量与利率是反向关系,市场筹码不足,利率应会提高,而唐后期的月利率却一直在 4%—5% 间徘徊,远低于物资不丰的唐初,③也低于同样是泉货少,物价廉的开元天宝时代。④ 这应与唐政府刻意地、政策性地去抑制官方的放贷利率有关。盖压低利率,捉钱人可以少交利息,或减少其以实物折纳的损失,这是官府在不得不用本钱生利法筹措财源的情况下,采取的优惠措施;同时也是考虑到低利率已欠利严重,何必再以不切实际的高利率,加重捉钱人的负担,徒增文簿勘会之烦扰。这无宁是唐后期官本放贷,一个不太被人注意的特色,也是本钱与月息原则下,政府顺应社会现实的结果。

第三节　官本的资金来源与数量

官方放贷需先筹措一笔数量庞大的本钱,以此本钱为基础,定期地循环取利。由于本钱是一次给付或临时补贴,即使政府要列入预算,也不会采取常态性、例行性的编列方式,因此如何筹得这笔资金,由什么机构或方式来执行,是官方放贷能否顺利进行的关键。官本的来源不外乎各式财政收入,但受到王权强弱与税制变动的影响,唐朝前、后期在资金的配置上略

---

① 建中元年两税收入总数,史籍所载颇有不同,以《通典》卷六《食货·赋税下》言之,税钱部分之供外数仅是供京师的 2 倍,而斛斗部分则供外数是供京师数的 7 倍,可见京师国库存有大量钱币,也使京司敢于大规模地推行本钱制度。

② 唐后期钱重物轻的原因,见:全汉昇,《唐代物价的变动》,187—201 页;日野开三郎,《两税法と物价》,收入:《日野开三郎东洋史学论集》4《唐代两税法の研究·本篇》(东京:三一书房,1982),360—410 页。

③ 详本书乙篇第一章第四节。

④ 开元天宝间的物价低廉,有一部分是市场货币不足所致,《册府元龟》卷五〇一《邦计部·钱币三》开元十七年八月诏:"今天下泉货益少,币帛颇轻。"可以为证。而此时之官方利率不曾低过 5%,也较唐后期为高。

有不同,难以一体视之。然大致上说,官本不是来自中央拨赐,就是由各司自理,而在这两大类型中,又可鉴别出不同的来源取径。

最早实施的官本是公廨本钱,如前节所论,其资金应系征自百姓的杂税或户税。但唐前期无论京司公廨本或州县公廨本,都由中央统筹发令,拨赐本钱,既非各司自敛置,亦非州县自筹。唐前期赋税的运输方式,由县至州,由州按度支奏抄指定的输送地点与时间,留州或运至两京、配所。[①]这整套"计其所出而支其所用"的计划,[②]由代表中央统一发号施令的度支来负责,也因此赋税即使未运至京司,而直接由州县或配所来使用,也仍然是依中央指令行事,不是诸司之自作主张。唐前期的京司公廨本,毫无疑问来自中央拨赐,而州县公廨本不管所征之税钱是否运至京司,或拨赐之本钱是否来自中央,都一律依高宗设定的方式,按州县等级配置本数。该种由中央规划方案,提拨本钱,各司与州县据以放贷生息的型态,可谓是统筹型之中央拨赐。唐前期确知行于两京的官本如食利本、供顿本、课役本、馆驿本、病坊本等,大概都属此一类型,但同一名目行于边州外地的,就算官本亦来自中央拨赐,也未必如州县公廨本那样,依中央统筹之号令而执行。

唐前期遍行于全国各地的官本只有州县公廨本,其他各式官本尽管同见于两京或边州,也无法证明其据中央规划来实施。无论这些官本是否具有典型的区域性特色,从一些蛛丝马迹来推测,可能部分官本事先已得到中央的认可。P. 2862 号背与 P. 2626 号背拼合的一件天宝年代燉煌郡会计牒,胪列了包括郡草坊、阶亭坊、广明等五戍、宴设厨、病坊、长行坊等单位的见在应在钱物账。[③]这分会计牒大概是燉煌郡申报给中央的年度财务文书,其中的宴设厨、病坊项下都载有随月生利之本利钱。想来燉煌郡并非私下地、秘密地实施宴设本与病坊本,它既公开与诸单位帐历并列,应是事先已报备中央,并得其认可,事后亦要账报中央,陈其施行状况。这类型官本的资金,未必直接拨自两京,但极可能是依度支指示留州的税钱,故仍可视为来自中央的拨赐。由于这种官本未见中央·体规划,号令行于全国,或许只是个别州县依自身需要,自行其是,因此与前述由中央拨赐之统筹型官本稍有不同,姑且名之为认可型官本。

---

① 大津透,《唐律令制国家的预算——仪凤三年度支奏抄、四年金部旨符试释》,收入:《日本中青年学者论中国史》2《六朝隋唐卷》(上海:上海古籍出版社,1995),464—472 页;李锦绣,《唐代财政史稿》(上卷),113—115 页。

② 《唐六典》(北京:中华书局,1992),卷三《度支郎中员外郎》,80 页。

③ 唐耕耦编,《敦煌社会经济文献真迹释录》第一辑,468—478 页。

唐前期虽然王权高涨,租税调度随其所欲,但国家事务极为繁琐,若事无大小都由最高统治者躬亲处理,恐怕也力有未逮,不如适度放手,让无关乎大政或非切要的细务,由各司或地方州县自理,岂不省心,又节省税钱。该种由各司自理的官本,最典型的代表即食利本。太宗勤于治事,除了设廊下食,为常参官提供午食一顿外,又"命其余官司洎诸郡邑,……取其奇羡之积,以具庖厨,谓为本钱。"①唐前期除了玄宗时京司的别借食本外,其他的食本并非来自中央拨赐,而是出自内外各司之奇赢与余羡。《文苑英华》卷七七五孙逖《唐济州刺史裴公德政颂》述开元十三年(725)玄宗东巡狩,裴公"因吏禄之奇赢,杂官用之余羡",秋毫不犯编户之民。故知所谓奇赢与余羡,实官府钱物之用后剩余。虽然此钱物亦由国家租税拨给,亦应附记于财物账上,但中央似准许各官府灵活运用之。② 太宗命内外各司以奇羡之积为食本,显然不是中央拨赐专款以给其用,而要各司量其财政状况,自行决定该如何处置。中央既不拨赐经费,各司"取其奇羡之积"的能力又不一致,想来各司自理,经费自筹这类型的官本,各处实施的情形差距颇大。

前期的某些官本,如车坊本、军仓预放匹段、西州早期的仓粮出举,或只见于边州,或袭取当地的传统惯例而来,事前未必报备中央知悉,事后可能也未列入账目清册,此系依各司或地方需要而私下置本,是一种私用型的官本。以军仓预放匹段而言,所预放的匹段是由内地经凉州运至配所的庸调布,乃中央支给边军的用物。③ 豆卢军以此税布为本,命行客交籴斛斗,表面上以和籴方式报账,私底下却将利差扣下。④ 由此看来,虽然军仓巧妙地运用官税物,但匹段本不是在中央指示下成为官本的,它不属于中央拨赐的型态。再者,预放虽由当司自理,但官本非自筹而来,且有隐瞒中央的意图,显然是私用官税物为本。类似情形可能也见于西州早期的仓粮出举。唐初财政紧绌,京司公廨本钱置废未定,州县公廨本钱似也在试行阶段,而西州麟德元年(644)已出现"官贷小子"⑤,即官仓出贷斛斗的利息,这意味着在唐中央尚未确定是否实行官本制之前,西州已在高昌传统

---

① 《全唐文》卷五二三崔元翰《判曹食堂壁记》,5321页。

② 李锦绣,《唐代财政史稿》(上卷),654—660页。

③ 大津透,《唐律令制国家的预算——仪凤三年度支奏抄、四年金部旨符试释》,456、460页。

④ 参见220页注1。

⑤ 《吐鲁番出土文书》(简)七/388,(图)参/485。

举贷官麦的影响下，①自行采取官仓出举的措施。与前例相仿的是所用之仓本应来自税粮，但似未经中央裁示，而由当司自理，故也是私用型的官本。

整体来说，相较于安史乱后的王权不振，赋税仰赖地方上供，多所受制于藩镇而言，唐前期的中央政府征收、调度税物的能力显然要强得多，表现在官本放贷方面，资本来源由中央主动拨赐者，其统筹发令的范围可遍及全国，下及州县；若为个别的地方有需要，在得到中央认可后，也可名正言顺地使用留州或配所的税物。不过在国家财力有限，不必事事管制的情况下，官本放贷也有了各司自理的空间，除了中央准予各司自筹某些官本外，不免也出现似乎未经报备而循惯例为之，甚至依私意、为私利而私用税物的官本。总之，唐前期的官本从资金来源做区分，可大别为中央拨赐与各司自理两大类型。前者又依中央是否具主动性，分为统筹型官本与认可型官本两个亚型；后者则以是否得中央许可，亦分为自筹型与私用型两种官本。虽然因资料所限，各官本的来源很难做精准的分类，而同一名目的官本，可能也有不同类型的运用，像仓粮出举，有西州早期私用型的"官贷小子"，但开元二十年（732）起专为劝课天下贫户，令义仓做常态性出贷者，②就应归入中央拨赐的统筹型官本中。前期官本的多样化类型，是王权高张，财政权掌握在中央所呈现的景象，却未必完全适用于政、经状况已有变动的唐后期。

安史之乱撼动了中央王权，也摧毁了既有的财政体制，自此，中央的号令范围大幅减缩，甚至仅局限于京畿一带；在赋税收入上，中央也只能支配两税上供的部分，其余则留在地方，显示节镇与州的自理空间加大。政、经情势的变动，也使官本财源产生微妙的变化。唐后期的官本，大体上是中央透过户部拨赐给各司，但其对象似只限于两京，像公廨本钱的赐与，竟集于在京诸司诸军诸使，至于天下州府的公廨，则以"皆有规制"轻轻带过，③全然不似前期的通令全国，一体施行。至于肃宗时的和雇本、祭祀本与蕃夷宴设本，明显地置于长安、万年两县；代宗永泰间的学生食本，专为京司的国子监官学生而设。唐后期运用得最普遍，最受百司重视的食利本，原则上中央也只负责京本的拨赐，地方食本仍听其自理。目前所知，唯一跨

---

① 陈国灿，《高昌国负麦、粟帐的年代与性质问题》，收入：《斯坦因所获吐鲁番文书研究》，52—55 页。

② 《册府元龟》卷一〇五《帝王部·惠民一》开元二十年二月辛卯制："自今已后，天下诸州，每置农桑，令诸县审责贫户，应粮及种子，据其口粮，贷义仓，至秋熟后，照数征纳。"

③ 《旧唐书》卷一八《宣宗纪》，629 页。

越两京,赐钱可及于地方的,是咸通五年(864)以潭、桂等道的部分赐军钱充馆驿本。① 经由这样的检视可知,尽管中央对官本的拨赐似较前期更积极,但几乎均以两京为其实施范围,连顺服于中央的诸镇与州府也难得沾其雨露,这与前期中央的既可统筹支配官本,又许可地方报备后使用留州税钱为本,大异其趣。故后期的中央拨赐,不独罕见认可型官本,连统筹型官本也只能够、且愿意在两京实施。

唐后期除了两京官本,或像前述的赐军钱充馆驿本外,大概所有的诸道州县的官本,都由其自筹来源,自负盈亏责任,有时连中书、门下两省直省院的食本也是"当院自敛置本"。② 两税法的留使留州钱本来就由当司自理,置本前根本不必报备中央,所以鲜少见到如前期的未经报备,即用租税的私用型官本。但这并不代表未经地方长官同意,便可随意用留使留州钱置本,所谓"使州公廨及杂利润,天下州府皆有规制,不敢违越"③,可见一切税务皆有制度规范,不经中央核可,也需依当司之处分方式,如公廨本等,系地方官司由留使留州钱中拨充而设,可谓各司自理类之拨充型官本。此外,会昌元年(841)敕诸道观察使量县大小置馆驿本,④从河中晋绛慈隰等州观察使孙简所奏:"得绛州申称无钱置本,令使司量贷钱二百贯充置本,以当州合送使钱充"得知,⑤该馆驿本虽由中央下令量置,但本钱非由中央赐与,仍自留使留州钱中拨充,由当司自理,故也应属拨充型之官本。诸道州县自两税钱中拨充置本,中央顶多有名义上的号令之权,实则既无任何挹注、帮助,也当然不能过问、干涉,而地方自主的空间显然要较前期大得多。

后期官本见得最多的,似乎是各司自理,经费自筹的类型,亦即本钱来自常税之外的各式征集手法,其中尤以羡余为本最为各司所乐用。内外各司的食本自唐初已取自羡余钱,至代、德之后,京司食本虽然主要由中央拨赐,但仍可能从羡余中补给,如大和元年(827)殿中省奏:"伏以尚食贫虚,更无羡余添给,伏乞圣慈,更添赐本钱二千贯文。"⑥看来京司仍视羡余为食本来源之一,只是多寡有无、能否足用而已。至于在外各司的食本,依然是以羡余或剩钱为主要来源。食本之外,其他官本也不乏由羡余充填者,

---

① 《旧唐书》卷一九《懿宗纪》,656 页。

② 《册府元龟》卷五〇七《邦计部·俸禄三》,6087 页。

③ 《旧唐书》卷一八《宣宗纪》,629 页。

④ 《唐会要》卷九三《诸司诸色本钱下》,1685 页。

⑤ 《唐会要》卷九三《诸司诸色本钱下》,1686 页。

⑥ 《唐会要》卷九三《诸司诸色本钱下》,1684 页。

如武宗毁佛后,李德裕请置养病坊以收容贫病求丐者,并曰:"如州镇有羡余官钱,量与置本收利",①则诸道病坊也冀望羡余钱为本。再如会昌元年(841)令州县置馆驿本,除了留州留使钱外,也以羡余钱充。② 羡余为官府的用后剩余,但官府能否有剩余,愿否将剩余用作官本,都是个未知数,故以羡余为官本,该官本似为可有可无的不急之务,而官府若认真看待,迫切需要此一官本,当不致纯以羡余为本,必然还有其他筹措资金的方式。

自筹型官本的来源相当复杂,以食本为例,无论京司或州县,总有不少税外加征,额外充填的名目,如征自官吏或驱使人的课钱、赃罚钱、吏部告身钱等,以及变通行事之所得,包括以利回充本、主司填陪、自敛钱、添私本等。后期官本中央多放任地方自行,地方如何筹得本钱,便全凭州县官吏的能耐,上述诸种方法或许不是食本的专利,其他各式官本也未尝不曾使用过,如广德二年(764)昭应令就以获自道士李国祯的赃钱充当县馆驿本。③ 中唐潮州刺史以己俸为学生食本,④则是一种自敛置本的特殊型态。而府州军中的杂钱出举,更显示本钱来源具随机性、灵活性与多样性。即使这些自筹的官本,官司有时仍形式上地向中央请示,但事实上地方的自主性很强,中央知与不知,许可与否,对地方似无太大的约束力,尤其当政情有变,中央自顾不暇时,地方机宜权变的特质便暴露无遗,以肃、代之间西北边区长行坊、瀚海军等的预放而言,就是在与中央通路已断,为自保财源的情势下想出的对策。至于广德三年(765,永泰元年)交河县出举常平仓粟,⑤也是发生在动乱期间,其前一年户部侍郎第五琦还奏请每州常平仓"自商量置本钱"⑥,则常平仓本不可能由中央拨赐,必是地方直接征敛自百姓,或想到其他办法。

唐后期国力衰退,纲纪失序,藩镇割据,王权不振,反映在官本的资金来源上,不仅中央拨赐的种类较各司自理少,其号令实施的范围与对象,也大抵以两京为限,鲜少拨用于地方。相对于中央的权力限缩,财政支配力受牵制,地方的自主性显然较唐前期大得多,举凡各道州县所行之官本,无论拨充自税钱中,抑或加征、自筹而来,其名目似远多于中央拨赐者。然也

---

① 《李德裕文集校笺》(石家庄:河北教育出版社,2000),卷一二《论两京及诸道悲田坊》,221—222 页。

② 《册府元龟》卷四八四《邦计部·经费》,5791 页。

③ 《册府元龟》卷五四六《谏诤部·直谏十三》,6549—6550 页。

④ 《韩昌黎集》(台北:河洛出版社,1975),外集上卷《潮州请置乡校牒》,402 页。

⑤ *Tun—huang and Turfan Documents concerning Social and Economic History*, Ⅲ *contracts* (A), n. 96, p. 35.

⑥ 《唐会要》卷八八《仓及常平仓》,1614 页。

正因为地方官本多以自理为主,故不免视当时当地之财政状况,及官吏个人之态度与意向,而异其设置与运作情形,这也正是唐后期地方官本的普及程度与配置种类,让人不敢过分高估的原因。

唐代官本的资金来源与种类具多样化的特色,但官本的个别数量与合计数量却很难估算。前期的京司公廨本,据褚遂良所言:"人捉五十贯以下,四十贯以上","在京七十余司","司别九人",则共约有本 3 万贯钱。① 州县公廨本据表二的统计,全国府州县与折冲府总有近 170 万贯钱。食利本大概在开元年间才真正实施,《唐六典》所列的京司别借食本,1000 贯者 3 司,100 贯者 15 司,余者数少,②似还不如褚遂良估计的每司公廨本 400 贯左右,故即使"别借"之外还另有费用,总数也不应逾京司公廨本数。其他诸色官本中可知本数者更少,开元二十六年(738)赐河南府两县课役本各 1000 贯,又赐两京县馆驿本各 1000 贯,平均每驿约 100 贯。馆驿依闲要与地位而分级别,其本数殆亦有差,西州柳谷馆本只有 33 贯多。③ 如玄宗普遍赐天下 1639 所驿本钱,④每驿以本数 50 贯计,合计不过 8 万余贯,实在不算太大的负担。病坊本、宴设本的数据资料仅见于天宝年间燉煌郡的会计牒,如全国 300 余府州都并置二本,每处各以本 100 贯计,也只有 6—7 万贯。就算再加上《六典》所载 8 节度使下的 30 军,⑤每军亦有宴设本 100 贯,也不会增加太多总本数。此外可知者还有监牧本 25000 贯,两京行幸供顿本 100 贯。这些官本未必都在同一时间内实行,像京司公廨本只短暂存于唐初;至于各式行于外地的官本,除州县公廨本明确可知出自中央拨给外,余者既不清楚本钱来源,甚至连是否普遍设置都无资料可证。但即使以开元、天宝年为准,预想各州县都有上述诸官本,则总计馆驿本、病坊本、宴设本、监牧本之本数,竟不到 20 万贯,远低于占官人收入七成以上(本篇第一章第四节),总数近 170 万贯的州县公廨本。由此当可理解唐政府为何大费周章地处理攸关官人月料的州县公廨本,而甚为轻易地看待其他各式官本,盖如此少的本数,无论中央或地方应该都不难筹得,人们也只把它当做预算费用之外的补贴。再者,就算加上州县公廨本,各类官本

---

① 《通典》卷三五《职官·禄秩》,963—964 页。

② 《唐六典》卷六《比部郎中员外郎》,195 页。

③ 相关讨论详甲篇第三章第一节。

④ 《唐六典》卷五《驾部郎中员外郎》,163 页。

⑤ 《唐六典》卷五《驾部郎中员外郎》,157—158 页。

的合计数也不过 200 万贯，约相当于天宝中户税的总数。① 然杜佑以为户税比之租庸调唯二、三十分之一，②亦即前期官本在国家财政中的比重其实很小，何况本数还是一次拨给，不必年年取于税收，其于财政上的影响力就更微弱了。

唐后期的官本营运状况，京司与地方颇不相同。地方官本因多凭自理，中央不加过问，所以各官本的执行因时因地而异，数量若何，史料也缺载。③ 京司官本的情形虽然所知较多，但官本总数仍难计量，除了肃宗各借两京县万贯充和雇本外，只知贞元十二年（796）简勘 71 司足数有 24 万余贯，其中包括各省部台寺监等重要机构；而元和九年（814）勘会的 32 司只有 5 万余贯，数量更少。④ 虽然贞元以后政府不时针对个别诸司加赐本钱，也普遍性地一次赐与，或每隔若干年赐与本钱，但数量多在 1 万贯以下，直到长庆年以后，才见共赐 8 万余贯，以及每年赐 3 万贯的较大数量。⑤ 在京诸司食本尚有定额，但诸军诸使甚为嚣张，且不时单独获赐本钱，再加上食本之外，别有其他诸色官本，则唐后期京司的总本数有多少，很难从现有资料中推估出来。尤其是晚唐的每年一赐本，让官本的预算外特色，沾染上预算内的性质，更是一个引人注目的转向。大致上说，京司的总本数似乎相当可观，其在国家财政上的重要性大概也因之水涨船高，宰臣李珏、杨嗣复等面对弊端丛生的官本钱，几次想废掉或以其他方案替代之，却都不成功，由是想见后期京司的公务运作，对官本放贷的倚赖甚深。⑥

---

① 《通典》卷六《食货·赋税下》："按天宝中天下计帐，户约有八百九十余万，其税钱约得二百余万贯。"

② 《通典》卷七《食货·丁中》注云："旧制，百姓供公上，计丁定庸调及租，其税户虽兼出王公以下，比之二三十分唯一耳。"然李锦绣以为此户税为正税额，地方实收还更多。见：《唐代财政史稿》（上卷），495—497 页。若果如此，则官本在国家财政体系中的比重就更低。

③ 李锦绣认为后期地方官本的数量与重要性均不如唐前期，使府州县以经商营利另谋财源。见：《唐代财政史稿》（下卷），1097—1098 页。

④ 见表十六。

⑤ 贞元以后历次赐京司食本见表十八。

⑥ 李锦绣亦认为后期京司的公廨本钱数量大增，在国家财政中所占的比率非前期可比。见：《唐代财政史稿》（下卷），1164—1166 页。

第四节　官本设置的原因与意义

　　唐政府自置本息利以来,即争议不断,批评者针对输利受职、典吏侵渔、伤民刻下等问题,屡屡要求停废或取代之;但另一方面,唐政府却又不时增置新本、填补资金缺口,推广利用此制。官本由众人皆反对到普遍被接受,唐前期尤其明显地看到双方角力的痕迹。面对这样一个具争议性的课题,唐政府除非有极富诱惑性的理由,否则很难说服自己与反对者,因此官本的用舍之间,要如何权衡,无宁在考验着统治者对国家利益的判断。从前述的各式官本来说,唐政府实施的最重要考虑其实在财政方面,政务推动与社会福利,也是原因之一,以下且分析唐政府为何坚持实行官本放贷的原因。至于其所衍生的诸多弊端,则留待后文再论。

1. 本钱一次支出,节省库藏费用

　　唐代国库的常税收入,前期以租庸调与户税、地税为主,后期在两税之外,还仰赖盐茶酒等榷利。无论财税收入的多寡变化如何,国家的支出总不外乎供国、供御与供军三大项。以天宝中度支岁计所列之要目来看,供国主要包括官禄、粮料、仓储与邮驿;其入两京仓库而不言特定用途者,大概为供御;凡属军粮、兵赐者当为供军。① 度支岁计虽然仅就其荦荦大者言之,不足以涵括国家所有支出项目,但不难看出国税支出是有轻重缓急,先后次序的,若为不急之务或琐事杂支,则可能向后推迟实行,或根本不予考虑;即使已列为支出要项,仍不无用度不足之患,如馆驿费用等即是。一旦常税收入无法供给国家支出,政府不免增设各种名目,征敛百姓,杜佑在列出天宝中岁入后曰:"诸色资课及句剥所获不在其中",②显然只靠着租

---

　　① 《通典》卷六《食货·赋税下》,111页。
　　② 《通典》卷六《食货·赋税下》,110页。

庸调与户税地税,是难以支应岁出所需的。① 然唯务割剥的结果,势必导致民不堪命,百姓困乏,这也不是政府所乐见。为了减轻农民的负担,也为了不致予人横征暴敛的观感,政府于国计不足时,便想出本钱出贷,辗转生息的办法,既可使用度不虞匮乏,也可节省库藏,减少预算常支,不失为一举数得,利国益民的权宜之策。②

政府置本生息的特色是,只要一次筹足本钱,便可生生不息,用之不尽。由于本钱是一次支出,利钱是衍生而来,二者俱不列入年度预算,也自然不在岁入或常支中。一般而言,国家要务或数量庞大的费用,通常由税赋支给,鲜少倚赖预算外的官本,但有时也不尽然。以公廨本为例,前期的公廨本主要用于官吏俸禄,唯因唐初庶务未定,财力不济,无法编入预算项目,才权借本钱法来暂度难关。而当国政稍安,民力渐复之后,京司与州县公廨本遂相继替换为固定预算,由常税支给官俸。于此不难想见,本钱法有节省库藏的作用,在岁计收入不足时,与其年年苛征百姓,不如一次敛之,当做本钱,还来得较不扰民,尤其是唐前期的利率甚高,一年之内本、利约略相当,更凸显本钱法在节省赋税支出上具有高财政效益。即以月息4%的法定利率为例,单利计算,只约需两年一个月,利钱总数便同于本钱数;如为月息6%,则不足一年五个月便可还本。易言之,政府仅需将一至两个年度的经费统合起来,一次拨给,在顺当运作下,就可以永远供办所需,不再依赖国家财税,这比起年年编列预算,确实要节省许多。而且就算是经营不善,本利多所欠折,政府也是经过若干年才添填一次,而且每次所赐也未必就是各司需数或足额,故以财税观点言之,本钱生利法诚然有不可抹杀的价值,或许也因此,就算其倍受批评,朝廷也依然勉力维持之,从无全面废止的真意或念头。

本钱法固然有优点,但种种的捉钱弊端与高利贷之讥,使得唐政府如非必要,不愿轻易行之。然而较例外的是,若是国库财政丰给,有时也会不顾可能的后患,额外添赐新本。以官本种类增加最快速的玄宗时期而言,

---

① 杜佑所列之岁入总数,据《中国农民负担史》(第一卷)之折算,约为粟11140万石。如以同样标准折算岁出总数,则布绢绵2700余万匹端屯约合粟6750余万石,钱200余万贯约合粟2500余万石,再加上粟2500余万石,共计11750余万石。岁出、岁入的差额,大概就是杜佑所谓的"诸色资课及句剥所获不在其中",亦即需由诸色资课及勾剥所获,折抵租庸调与税钱地税所欠的610余万石粟。杜佑的岁入、岁出数见:《通典》卷六《食货·赋税下》,110—111页。岁入折算表见:中国财政部编,《中国农民负担史》(第一卷)(北京:中国财政经济出版社,1991),307页。

② 李锦绣也认为官本因国家财政易于负担,可坐食其利,又可保证公务支出,所以不能废。见:《唐代财政史稿》(上卷),740页。

十五种特定名目的官本中,十二种系于此时新置或真正实施的(详本章第一节)。其原因就在于国家预算未能列入的细务,未必是不需执行,或可弃而不论的事项,只要国家财力许可,便可逐项拨给本钱,以最不耗费库藏的方式,让久被忽略的公务,有被施行的机会。故国家有余财时兴置官本,而官本一次支给后,理论上就可独立自主的运作,不再受财政收支不稳定的影响。

2. 按月收取利息,灵活运用财务

唐代赋税的收取,一般皆以年度收入为准,较少用月入来课征,如租庸调之交纳,"此是每年以法赋敛";[①]杨炎之改制,亦"均率作年支两税"。[②]盖税基愈广,愈以农民为征收对象者,就愈需考虑谷物的生长季节,也就是只能以年收,而不能用月入。赋税按年收入后,当依预算计划,适当分配使用,以免浪费公帑,或造成财政失衡现象。简言之,唐代赋税通常采取统收统支,逐期拨用的方式。

相对于常税的岁入赋取,官本的按月收息就显得相当突出。官本多用货币来运作,货币方便精细计量,利于随时分割,自然是收月息的不二选择,这是其他实物难以相比的。官本数量不算太大,只是小型补助款的性质,官府指派的捉钱人数也不多,原本为集于官厅附近或城市之中的典吏与高户。城市为货币流通之处,亦便于本钱的操作,[③]官本习于以钱计月利,非无道理。用本粮、本匹来放贷者,并不多见。谷物出贷惯常用年息,唐《杂令》亦曰:"诸以粟麦出举,还为粟麦者,……仍以一年为断。"[④]按月计息不符作物的生长季节,故只可能是特殊时地下的案例,不会成为一般性的通则。布匹出贷的事证太少,以其不利于零碎分割的特性推测,计月息的机率似乎很小。总之,官本最常采用的贷取方式是本钱生利,按月支息。如以实物为本,则捉钱人不免要费番功夫,于谷物未收成前先垫支月

---

① 长孙无忌等撰,刘俊文点校,《唐律疏议》(北京:中华书局,1993),卷一三《户婚律》"差科赋敛违法"(总173条)疏议,252页。

② 《唐会要》卷八三《租税上》,1535页。

③ 陈明光比较官私借贷的区别之一是,官府借贷由城市高利贷组成,出于财政属性,以货币形态为主,不同于私人借贷的农村以实物为主,城市以货币为主。见:《略论唐代官私借贷的不同特点》,收入:《汉唐财政史稿》(长沙:岳麓书社,2003),113—114页。

④ 仁井田陞著,栗劲等编译,《唐令拾遗》(长春:长春出版社,1989),卷三三《杂令》18引开元二十五年令,790页。

息,或将布匹折算成钱,而自行吸收汇兑价差。

白居易曾形容百司食利曰:"日给而经费有常,月征而倍息无已。"①官本以月息计,亦与官物的支给方便有关。盖官府用度随时可能发生,如公廨本提供的月俸与公务费用,食利本的午食一顿,馆驿本的使客旅宿与交通费,病坊本的病乞者生活与医疗费,诸如此类,无不是日用月需,或急不待时。官府若积日累计,按月总结一次,既不致行事过于繁琐,徒增公务负担,又可与月息的征调相互搭配,步调一致,同时也不会因年收一次而有钱已耗尽,用度缺乏之患。故官本的以钱计月利,具有随收随支,即需即付的特色,它可因资金的灵活调度,使公务更顺利地执行,并减少积欠费用的情形,这其实比常税的一岁一收,担心库藏物坏损,或年度季末无物可支,在财务运用上更富弹性,也更具政治效益。

3. 不受预算制约,实行计划支出

国家预算的编制,有轻重缓急之分,有些项目或许仍不足所用,需要其他方式来补充,但这已是有限税赋资源下不得不然的做法。官本的设置,原则上是针对不在预算项目内,而对国政或民生还有重要性者,亦即无此支出,将不利于公务推动或人民生活,所以特别筹出一笔经费为本钱,让其循环生利,自给自足。易言之,官本是一种预算外的财政项目,它不受固定预算制约,不必年年编列预算,也不会产生预算的排挤效果,各部门得到国家拨付或自筹而来的本钱后,自行经营管理,相对于那些预算内之项目而言,有一定程度的自主性。

从官本的用途看,除了前期的公廨本规划为官吏月料,算是重要常支外,其他各式官本,如食利本、病坊本、常平本、馆驿本、宴设本等,只提供次要的或无急迫性的支出,目的在补充预算经费之不足,以增加政务效能;至于供顿本、和雇本、课役本、祭祀本等,则为临时的、偶发性的官本,似为当时需要而置,原无永续存在的意图,亦对政务本身无太大影响。整体来说,从国家经费支出项目看,官本不过是杂项细目而已,既称不上有何重要地位,也看不出什么太大贡献,但政府还是愿拨款并听任地方实行官本放贷,显然是在财政上看重其无碍预算常支,又可小补不足岁入的特性;在公务上虽然所办多属细务琐事,但政府若不借助本钱,势必导致官吏掠民财以行之。因此唐代官本的种类日多,政府对其倚重日深,并非全然只从收息

① 《白居易集》(北京:中华书局,1979),卷六四《议百司食利钱》,1339 页。

获益的观点出发,而是深刻体认到这项预算外收入的价值与必要性。

官本既不纳入预算项目之列,其设置便更具有弹性,只要国家有需要,随时都可新添官本。新本成立的关键在能否筹足一笔款项,但只要各级官府有心,尽可在赃罚钱、羡余、课钱、杂钱等名目中找到财源。由于官本的数量通常不大,财务考虑并非重点,所以反而更能从置本的时机与官本的运用上,看到唐政府财务调控的方式,与施政理性的一面。例如当国力艰困时,用公廨本、和雇本、预放等来撑过无税无俸的日子,而避免徒增百姓劳扰。在累积丰富的放贷经验后,玄宗凭其殷实的财力,或自公廨本分置宴设本,或开始励行食利本与病坊本,或创置各式新本如监牧本、供顿本与交通运输本等,这些官本无不是妥善利用时机,看准国家需求,在不加税的前提下,让国用无所匮乏的。此外像仓粮出举,则是随机运用供赈济、赈贷的仓储,为救助百姓增加另种选择。而后期的食利本,因为涉及官人福利与行政费用,是以格外重要,政府无论如何也要添赐本钱,助其运作。从唐代官本种类的增多,普遍被人接受来看,不直接税之百姓,不增加财务负担,固然是原因之一,而政府能察觉预算项目之不足,适时规划出新的支出要目,无疑也助长了官本的设置,然此亦同时展现政府的应变能力,及其对计划性施政的重视。

4.增加官府用度,有助政务推动

官本源自中央临时拨款,或由地方自筹而来,与国家固定预算不相干,是一种预算外的财政项目,但是对增加官府用度,弥补经费不足,颇有帮助。官本执行的公务,虽不在预算计划内,政府却未忽略其重要性,每于关键时刻提出,显示国家机器仍具灵敏度,尚能对其需要做适时的反应。在诸多官本中,前期的公廨本与监牧本都为支给官料而设;为了免于让官吏因公务而劳碌奔波,所以有食利本;后期的公廨本与食利本又各自在办公费用上尽一分心力;担忧交通运输网络不堪乘载负荷,故而添置馆驿本、陆运本、车坊本等;意欲添补送往迎来的官场社交费用,因此有宴设本;当出现财务缺口不知该如何填充时,官本成为最方便,可随机设置的项目,像和雇本、课役本、预放、杂钱出举等,都在此形势下出现。政府的岁入有其限度,在官府用度不济时,与其加征百姓,徒然引起民怨,不如从官府既有资源如羡余、阙官钱、赃罚钱等之中寻找财源,汇聚起来筹为官本,反倒更能善用闲置税入,发挥其剩余价值,以弥补财务用度之不足。虽然这些官本的数量通常不大,能够处理的不过是整个官吏俸料、食料中的一小部分,或交通运输事务中的细微末节处,以及零星琐碎之杂务,但仍可产生扩大财税支出规模,增加官府用度的效果,使原来应实施,而政府无力顾及的公务,得以在最不扰民,最节省税源的情况下被顺利推动。官本这项不起眼的预算外项目,实不宜小觑其作用。

自唐政府体认到官本的财务与政治效益后,尽管明知其弊端甚多,也不愿轻易废除之,甚至还不时增设新本或添加新功能,故官本其实就是唐政府权衡利害之后的产物。

5. 有益社会福利,帮助贫民脱困

中国古代社会福利的概念并不受重视,政府花在社会福利方面的经费也很有限,而唐代的官本有部分触及社会福利,颇令人瞩目。

病坊本是为补贴寺院悲田病坊而设,具有慈善救济的性质。从武则天注意到这个问题以来,玄宗进而肯定其价值,推广实施于全国各地州郡,并持续在晚唐毁佛后,用利钱照顾病乞者。社会福利本应是政务的一环,政府有义务安养社会的弱势者,但在唐代这项重责由寺院承担了下来,政府只属于配合、协助的角色。以天宝度支岁出所列项目来观察,[①]国家财政以供国、供御、供军为主,几乎未见社会福利费用,盖唐政府在观念上尚不以其为施政重点,财税上也无余力编入预算,而此处用官本放贷的微薄利钱,略表政府扶持老弱之意,已算是很难能可贵了。

另一项更能积极地帮助贫民脱困的官本是仓粮出举。唐代的荒政主要是赈恤、赈贷,接受济助的通常为灾民,并非一般孤贫老疾之人;受赈者顶多要求照数还纳,从不需加利息。仓粮出举最显然与赈恤、赈贷不同的是,它要因本取息。虽然出土文书所见仓粮出举的案例不多,实施的目的不明,但从《唐广德三年(765)二月交河县连保请举常平仓粟牒》来看,它可为百姓提供融资服务,是较荒政更积极的措施,使百姓免于贫困,进而提高生产能力。

唐代的官本多为国家政务而设,偏重财务用途,而鲜少考虑百姓福祉,也不以民生为目标,唯独病坊本略具社会福利的意味,仓粮出举稍有为民纾困的作用,可说是官本中的异数。可惜前者的数量很少,后者也不为仓储的主功能,故对贫病困穷百姓的实质帮助,极为有限。

6. 筹集生产资本,促进经济发展

唐代的融资管道相当欠缺,无论是生产性或消费性的借贷,大多倚赖

① 《通典》卷六《食货·赋税下》,111 页。

民间的放贷者，只有在特殊情况下，官方才提供这样的机会。

官本生息法原为筹集国家财源而设，为官捉钱者通常也饱受重利之苦，但如官方稍存怜悯之心，不过分催逼其限期纳利；或捉钱者本身善于理财，甚至存心取巧牟利，都有可能将这个原本与民生经济无关的资金，转化为帮助生产的动力。

唐政府属意的捉钱者是典吏、高户，其中不乏精于算计的富豪巨贾，他们常往来江淮诸道经纪，是遍走各处的行商，由于其深受政府重视，所以分配到的本数可能远多于普通捉钱者，而这个本数未尝不能成为其生产投资的本钱，刘禹锡《贾客词》曰："贾客无定游，所游唯利并"，"锥刀既无弃，转化日以盈"，①就形容贾客的奔走四方，以利滚利。元稹的《估客乐》则将"不计远近程，经游天下遍"的商贩，做了更生动的描述："求珠驾沧海，采玉上荆衡，北买党项马，西擒吐蕃鹦，炎洲布火浣，蜀地锦织成，越婢脂肉滑，奚童眉眼明"。② 正因为他们商利丰厚，超过所要交纳的法定利钱，所以官本不为其负累，反成为有益流转的商业资本。这类贾客不仅借官本累积个人财富，还由于他的周游各地，产生物畅其流的效果。贾客货贩的未必尽是如上之奇珍异物，也可能是民众需求的生活用品，甚至是农耕必备的器物设备，西州市估案里的种子、肥料、锄、镰、牛等，③或许就是贾客互通有无的杰作，这对农业生产的进行，应该会有帮助。

官本的总量实不算多，利钱收入也很有限，对国家财政只有补充性的作用；相对的，就每位捉钱人的所捉数量来说，像前述游走江淮诸道本数巨大的贾客，人数似乎少之又少，而其用于商业活动或农业生产的数量，可能又只是所捉本数的一部分，故即使这些资本确可促进经济发展，其力道也极微弱。至于一般捉钱人，除非是具劝课性的仓粮出举，否则小额本数就算可转化为生产资本，但在高额利息压迫下，也难免有破产之患。总之，官本在作为融资管道，提供生产资本，促进经济发展上，可能有某种影响力，但绝不宜高估。④

---

① 《全唐诗》(北京：中华书局，1996)，卷二一，273 页。

② 《全唐诗》卷二一，273 页。

③ 池田温拼合天宝二年的西州市估案，并对其有详细解说，可参看：《中国古代物价初探——关于天宝二年交河郡市估案断片》，收入：《日本学者研究中国史论著选译》4《六朝隋唐》(北京：中华书局，1992)，487—496 页。

④ 徐嫩棠认为官府投入本钱，可促进社会借贷关系与商品经济的发展，并削弱人身束缚。见：《唐朝社会的举贷及高利贷》，《贵州文史丛刊》1996：5，22 页。但愚意以为不宜持太过乐观的想法。

乙篇 · 营运管理篇

第一章 放贷机构与经营方式

中国自唐代起,官府大量运用放贷法来筹措财源,前篇已分别介绍十余种官本名目,及其功能与实施状况,本篇则将从营运管理的角度,检视官本的经营方式,及官府如何从事财务检查,以保证放贷的绩效,并论究相关责任。

在分析官本的经营方式之前,须先厘清官本由谁主掌。与一般财税收入不同的是,财务政令机关户部四曹并不负责官本钱物的管理,财务行政机关太府寺、司农寺等也不过问其运用,①因此遍布京内、外,行于前、后期的十余种官本,究竟是否有统筹管理的官司?是否因时因势而有所递变?这是本章首要探讨的课题。官本原则上用放贷法经营,并令高户、典正等捉钱,期望以最不影响民生的方式,创造最大的财政利益。然官本真能照着这样的制度设计来运作?其间有多少难以控制的因素,或逸出常轨的现象,打乱了官府原本的布局?本章将逐项讨论官本经营上的问题。

---

① 李锦绣,《唐代财政史稿》(上卷)(北京:北京大学出版社,1995),139 页。

第一节　京司官本的管理

　　放贷取息,既非唐代财政收益中的重要项目,也因高利贷之嫌,让政府不便太过张扬,是以这十余种官本究竟由何机构负责管理,史料中未见明确规范,学者也多略而不论。最先注意到这个问题,并做详细疏证的是李锦绣。她从《唐六典》比部条的错简,表明比部对公廨本钱是自勾,亦即比部应是公廨本钱的行政管理机构。同时她又从诸司诸州勾官"给纸笔"的职能,及公廨本钱充市纸笔,认为各司勾官就是当司公廨本钱的负责人。①对这样的说法,愚意不甚以为然。首先,比部是财务检查机构,若同时又负责公廨本钱的行政管理,岂非球员兼裁判,有负检查之任? 其次,比部对公廨本钱的自勾,是建基在李氏对《唐六典》错简的错误论证上(详下章第二节),此项推断并非事实。第三,纸笔费用来源甚多,公廨本钱只是其中一种,如何能将给纸笔之官,视同给公廨本钱之官? 第四,官本名目杂多,《唐六典》比部条至多提到公廨本钱、食本两种,而其他各式官本亦由比部或各司勾官管理? 第五,唐后期比部的职权大幅削弱,但官本的运作依然兴盛,比部一如前期那样兼理官本的检查与管理? 由于官本的负责官司仍妾身未明,本节就先从京司论起。

　　自武德以来京司设置的公廨本,就直接配给各司经营、使用,而非统筹由比部捉钱,再拨给各司官吏充俸。如:

　　　　武德已后,国家仓库犹虚,应京官料钱,并给公廨本,令当司令史番官回易给利。(《唐会要》卷九一《内外官料钱上》)

　　　　(贞观元年以后)诸司置公廨本钱,令行署及番官兴易,以充其俸。(《通典》卷三五《职官·禄秩》)

　　　　(贞观十五年)敕在京诸司依旧置公廨,给钱充本。……褚遂良上疏曰:"陛下近许诸司令史捉公廨本钱。……在京七十余司,相率司别九人,……年别即有六百余人输利受职。……"太宗纳之,停诸司捉钱。(《通典》卷三五《职官·禄秩》)

　　　　(永徽元年四月)废京官诸司捉钱庶仆胥士。(《唐会要》卷九一

① 李锦绣,《唐代财政史稿》(上卷)(北京:北京大学出版社,1995),134—144 页。

《内外官料钱上》》

　　所谓"当司"回易给利,"诸司置公廨本钱","诸司"捉公廨本钱,停、废"诸司捉钱",显然唐政府直接配给在京七十余司公廨本钱,令其自行捉钱,自行充给官员俸料,亦即官本的管理与经营,唐政府委由各司全权负责,既无意插手干预,也不欲置总管官司指导其行事。至于比部职权涉及的公廨费用,不过是财务检查而已,应与行政管理无关,《唐六典》卷六《比部郎中员外郎》条:

　　　　掌司诸司百寮俸料、公廨、赃赎、调敛、徒役课程、遗阙数物,以周知内外之经费而总勾之。……每季一申省,诸州岁终而申省,比部总勾覆之。

　　比部总勾内外经费,诸司之公廨本钱与其他诸项并列,该不致就此认定比部也管理其他经费吧！比部的勾覆时限是京司每季一申,诸州岁终而申。但为了方便诸司办事,及考虑山川险阻,唐政府对内外官送达勾帐的时间,依道里远近,弹性宽限一～三个月的程期,[1]故自然无所谓比部对京司公廨本钱月一勾之,或比部自勾京司公廨本钱的问题,也当然不能由此推说比部是公廨本钱的直接领导机构。[2]
　　中央直接拨款给在京各司,由各司自营公廨本钱,但紧接而来的问题是,各司由谁承管这项业务,是勾官吗？如是勾官,岂不重蹈比部检查兼管理之弊病？再者,依褚遂良之言,在京七十余司皆有公廨本钱,而这些机构颇多与财政事务无关,则诸司如何处理捉钱事宜,犹待仔细考察。
　　唐朝的制度设计,六部二十四司通常由郎中、员外郎掌判各司之事,如《旧唐书》卷四三《职官志》户部尚书条:"(金部)郎中、员外郎之职,掌判天下库藏钱帛出纳之事,颁其节制,而司其簿领。……凡库藏出纳,皆行文牒,季终会之。"又,"(仓部)郎中、员外郎之职,掌判天下仓储,出纳租税,出给禄廪之事。"二十四司郎中、员外郎既判当司之事,则无论该司是否属财务机构,恐怕皆如金部、仓部等,一切簿录名数之出给、申报,或季终勾会之

---

　　① 《唐六典》卷六《比部郎中员外郎》条末段原注有误,错记为依道里远近定申报次数。愚意以为原应是依道里远近定申到时日,亦即原则上在京每季一申省,但宽限一月内申到;在外岁终而申省,亦依路程而定一～三月的缓冲期限。详细论证见下章第二节。
　　② 李锦绣,《唐代财政史稿》(上卷),134—139页。

账册,都经判司之手或由其做成,因此拨给各司的公廨本钱,最有可能的也是由判司经管。

九寺一律以丞掌判寺事,而且即使本身非财务单位,也难免会触及财务出纳的问题,如《唐六典》卷一六《卫尉寺》:

> 丞掌判寺事,凡器械出纳之数,大事则承制敕,小事则由省司。主簿掌印、勾检稽失。录事掌受事发辰。

判司既掌器械出纳之数,就在处理名数簿籍之事,由卫尉寺诸官执掌推测,中央拨交下来的公廨本钱,大概无例外地就由判司董理。而主簿、录事等勾检官,看来只为检查之任,并不直接处理财务出纳等事。九寺中的司农寺、太府寺是财务行政机构,即使勾官主簿在出给财务时亦与闻其事,但真正掌判者其实还是司农丞与太府丞,如《唐六典》卷一九《司农寺》:

> 丞掌判寺事,凡天下租税及折造转运于京、都,皆阅而纳之。每岁自都转米一百万石以禄百官及供诸司。……主簿掌印,省署抄目,勾检稽失。凡置木契二十只,应须出给,与署合之。(……雄,主簿掌;雌,留署,勘然后出给。)

典制中虽不曾提及公廨本钱或诸色官本由谁负责,然以丞掌出纳,给禄百官及供诸司之权责来判断,最可能受理官本,分配与运用利钱者,非丞莫属。至于主簿,不过于出纳时做合契的勘验工作,依旧是检查之任,而非经营管理之责。类似情形亦见于太府寺,掌出纳或簿书的丞,该当是官本的负责人吧! 由于唐前期京司的公廨本钱时断时续,即使作为官署的行政费用,也为数甚少,不足以引人注目,也未见志书中载其管理专司,或许因此九寺中无论财务或非财务机构,都让总管当司事务的判官,兼理官本事宜,这无疑是最精简人力,也最得管理之法的制度设计。在公廨本钱之外,开元年间京司还别借食本,当司及其属司的判官可能分别掌捉钱与造膳杂务,《唐六典》卷一八《鸿胪寺》典客署:"丞一人判厨事,季终则会之。"或许鸿胪寺将所捉利钱交付典客署丞,由典客署丞命人打理膳食厨务,季终则附随诸账簿,上于寺或比部检核。

诸监与九寺的情形如出一辙,掌判财务出纳的丞与检点勾勘的主簿,各司其职,不相淆乱。如《唐六典》卷二二《少府监》:

> 丞掌判监事。……凡五署之所入于库物,各以名数并其州土所生

以籍之，季终则上于所由，其副留于监。……主簿勾检稽失。凡财务之出纳，工人之缮造，簿帐之除附，各有程期，不如期者，举而按之。

少府监之出纳、缮造等事，率由丞主导并提供判处意见，簿帐之作成与季终上于比部勾覆，亦由丞典理其务。负责勾检的主簿，只勘验诸事是否合于程期，无须直接涉入处理。判与勾的区别，同样于将作监里表露无遗："丞掌判监事，凡内外缮造，百司供给"，皆是其职；"主簿掌印，勾检稽失"，凡粮料、俸食之务在、假使，"必由之以发其事"，若"财物器用违阙，随而举焉"（《唐六典》卷二三《将作监》）。当司事务虽由长官总其成，次官为之贰，但真正理其剧务，任其劳苦的，其实是判官，勾官不过发其不当，举其违阙而已。由此看来，中央配给诸司的官本，由判官受理，并负经营管理之责的可能性，远高于勾官。

唐政府于在京诸司，鲜有为诸官本而设专官，较例外的似属御史台。《唐六典》卷一三《御史台》侍御史条注云："侍御史年深者一人判台事，知公廨杂事等。"《通典》卷二四《职官·御史台》："侍御史之职有四：谓推（注：推者掌推鞫也）、弹（注：掌弹举）、公廨（注：知公廨事）、杂事（注：台事总判之）。"《新唐书》卷四八《百官志》御史台："侍御史六人，……久次者一人知杂事，谓之杂端，……台内事颛决，亦号台端。次一人知公廨。……"公廨与杂事由一人总判，或不同侍御史专知，诸书所载略有所异，然侍御史在推、弹之外，任命专人处理台内公廨事务，的确令人印象深刻。御史台系所管三院，兼综内外的庞大机构，姑以贞元十二年（796）京司食本数比较，除京兆府外，御史台的食本数高居各司之首。食本亦属广义的公廨事务，御史台的公廨事务既如此繁杂，由专官负责，并不为过。而所谓的公廨事务，当包括各式官本的捉钱，以及利钱的分配与运用在内。御史台虽非财务机构，但台内总有常支或临时费用需调度或处理，知公廨的侍御史想必就专判其事。御史台职司监察，若非典制缕述各侍御史之职权，或许少有人注意到其在推、弹之外，还负责台内之公廨杂事。在京诸司无论机构性质或规模大小，总要有人处理司内公廨事务，前文推断六部廿四司及诸寺、监由判司典掌其职，此处之侍御史亦为御史台判司之一，由是可以进一步认定管理官本，配置捉钱，收为公廨费用，供给杂务支出的，就是各司之判官。

御史台的职官中与公廨事务有关的还有主簿，《唐六典》卷一三《御史台》："主簿掌印及受事发辰，勾检稽失（注：兼知官厨及黄卷）。"《通典》卷二四《职官·御史台》主簿："管辖台中杂务、公廨、厨库，检督令史、奴婢，配勋、散官职事。每食则执黄卷，书其谴罚。"《新唐书》卷四八《百官志》御史台："主簿一人，从七品下。掌印，受事发辰，核台务，主公廨及户奴婢、勋散官之职。"主簿为勾官，所谓"管辖台中杂务、公廨"、"主公廨"指的其实是检核侍御史所判是否得当，并非自己直接处理公廨杂务，二者一判一勾，宜加区别。唐代官本中有一项食利本钱，原为优劳官吏勤于治理，免费提供午食一顿而设。御史台主簿的"兼知官厨及黄卷"、"管辖台中……厨库"、"每食则执黄卷，书其谴罚"，当与这项设食有关。唐人非常重视朝仪，官吏廊下就食有殿中侍御史二人兼临；[1]而台内之设食，也丝毫不得乱了礼数，官吏升降起坐间维持秩序者，就是主簿，《唐语林校证》卷八《补遗》述御史台事曰：

> 每公堂食会，杂事不至，则无所检辖，唯相揖而已。杂事至，则尽用宪府之礼。杂端在南榻，主簿在北榻，两院则分坐。虽举匕箸，皆绝谭笑。食毕，则主簿持黄卷揖曰："请举事。"……主簿书之。

知杂事的杂端，颛决台内事，公堂会食时不唯杂端检辖诸官，主簿更持黄卷书其谭笑失仪者而罚之，勾官查劾违失的特质表露无遗。正因为主簿有核台务之责，又涉及会食之举事，不免亦督察官厨之费用由来与造膳等事，但这既不表示主簿为官本负责人，[2]也不能证明其主导捉钱，或支配利钱的运用，故所谓"兼知官厨及黄卷"，充其量仍属勾检的范畴。

褚遂良指称有公廨本钱的在京七十余司，大概也包括十六卫在内。以左、右卫为例，大将军、将军总制该卫，长史总判诸曹之事，录事参军依旧掌印及勾检，而诸曹之职权，依《唐六典》卷二四《诸卫·左右卫》："仓曹掌五府、外府之文官职员，凡勋阶、考课、假假、禄俸及公廨、财物、田园、食料之事，皆掌制之。"公廨本钱供官俸与公廨杂费，食本供官吏午食，这两种官本都与仓曹职权相关，仓曹负责操作这两种官本的可能性便大大增加。《新唐书》卷四九《百官志》左、右卫仓曹参军事之职权，比《唐六典》多了"医药、过所"两项。玄宗开元二十二年(734)曾"断京城乞儿，悉令病坊收管，官以本钱收利给之。"[3]这是国家以利钱补充寺院之悲田病坊，并非直接以官置机构养之。[4] 但京城当时是否各司皆有病坊本？负责捉钱收利的职官是

---

① 《新唐书》卷四八《百官志》御史台："两班三品以朔望朝，就食廊下，殿中侍御史二人为使涖之。……殿中侍御史九人，……二人为廊下食使。"

② 李锦绣，《唐代财政史稿》(上卷)，142页。

③ 《唐会要》(台北：世界书局，1974)，卷四九《病坊》，863页。

④ 拙著，《唐代病坊隶属与经营问题小考——中国社会救济事业的进展》，《魏晋南北朝隋唐史资料》22(2005)，78—79页。

谁？史料中未做说明。敦煌文书 P.2626 号背《唐天宝年代燉煌郡会计牒》病坊项下除了本利钱外，还列出杂药九百余斤。[1] 或许十六卫中管杂药与捉病坊本的正是仓曹，此不仅与志书所列"财物"、"医药"两项职权相关，也颇符合军中为伤兵投药治疗，或设养病之所的需求。尽管我们不宜将开元二十二年(734)的病坊本与十六卫仓曹间的关系做过多联想，但相信只要政府配置病坊本给十六卫，仓曹应会比照公廨本、食利本那样地捉病坊本。

再者，拟进而思考的问题是，捉钱的官司如何运用利钱。《唐六典》在叙述左、右卫仓曹之职权后曰："胄曹掌其戎仗器械及公廨兴造、决罚之事。"公廨本钱在高宗以后已不再供京官俸，但官府办公的行政费用及廨宇修造之需，仍要仰赖利钱收入或补贴。胄曹与仓曹为平行机构，如公廨修造费用中含括公廨利钱，想必先向长官或通判官请求，再由其勒令仓曹拨付利钱。盖一种官本两处生利，岂不浪费人力资源，何况公廨修造通常所费不赀，利钱仰给不过杯水车薪而已，胄曹与其自行置本捉钱，不如向上司申请专款，或辗转自仓曹处领来利钱。前文论及典客署丞判厨事，其食料费用大概就部分来自鸿胪寺丞的捉钱与判给。由此推想，在京诸司负责捉本钱的单位，原则上应集中于某一最与财务相关的判司，甚至该司可能同时捉数种官本，至于所获利钱，则视需要配给有关诸司使用。此种事权集中，专司办理，统筹运用的原则，该是最有效率，最易于管理，又最节省人力的方式，或许京司诸官本的放贷，就多采这种模式来经营。

绝大多数的官本直接由在京诸司自行负责，但也有某些特殊用途的官本，是由政府指定专官来处理，如《唐会要》卷二七《行幸》开元二十四年(736)十月二十一日敕："两京行幸，缘顿所须应出百姓者，宜令每顿取官钱一百千，又作本取利充，仍令所由长官专勾当，不得抑配百姓。"供顿本是为两京行幸而设，沿途所需由长官随时给付，其业务独立于在京任何一司，故本钱由专官勾当，不与京司相干。这类官本并不多见，虽然其归属较特殊，但经营、管理的方式可能也不致与一般官本相差太远。

有学者认为，公廨本钱的直接管理机构是勾官，其中一重要原因是勾官给纸笔，而纸笔为公廨利钱最主要支用项目之一。[2] 事实上，唐代官府纸笔的来源相当复杂，公廨利钱之外，贞元以前之考钱也用生利法来市笔

① 唐耕耦编，《敦煌社会经济文献真迹释录》第一辑(北京：全国图书馆文献缩微复制中心，1986)，476—477 页。

② 李锦绣，《唐代财政史稿》(上卷)，1060—1066 页。

墨朱胶,①而大中年之考钱似直接充写考牒纸笔杂用。② 此外,国家造籍、计账之纸笔费征自百姓,③远年故纸也可卖充公廨费用,④而官司之因事请给,更是获取之重要方式。⑤ 纸笔之来源既不仅于公廨利钱,公廨利钱的用途还可供饮食、修造与其他行政杂支等,若因勾官给纸笔就认定勾官掌公廨本钱,似有推论太过之嫌。京司所用纸笔,最大宗的或许不是来自利钱、征收或买卖,而是工部的兴造,《新唐书》卷三六《百官志》尚书省工部:"掌山泽、屯田、工匠、诸司公廨纸笔墨之事。"即使各司勾官给纸笔,所给纸笔大抵也来自工部的配给,至于需靠收利、货买而来的纸笔,可能由各司管财务的部门负责,依照前文所论,该是当司中的某判司。斯坦因所获吐鲁番文书中有一个仓史氾忠敏侵占仓物案卷,此虽非发生在京司,亦可佐证经手纸笔的不只是勾官。案卷甚残,只能从词组残句中依稀窥出端倪:"但承前例□□人应勾纸笔"、"今氾敏广破数□□□论当,已于邓方取练拾匹,杨师住处□□笔当时供送,计惣不损□□□请不摊征诸"、"勾会支供,宁可勒同均出。……纸笔□□□用"、"右件练□□□索用充纸笔□□□"。⑥ 广破用的仓史氾忠敏取练充纸笔,被勾官勾出有问题。勾官在此还只是查劾的角色,而侵占纸笔及其他醋料的,则是管理仓物的仓史。但这起侵占案被要求负连带责任,共同摊征欠负的,还有其他诸仓史、仓督,故知管理纸笔的,其实是判诸财务的仓曹,而所谓勾官给纸笔,应是仓曹将所获纸笔交付勾官,由勾官视各曹需要,总理分配事宜。因此认为给纸笔乃公廨本钱的代名词,勾官司公廨本钱,⑦恐怕未能尽得事实之真相。

---

① 《唐会要》卷八一《考上》贞元元年十二月敕:"六品以下,本州岛申中上考者,纳银(银字疑衍)钱一千文,市笔墨朱胶等者,元置本五分生利。吏部奏,……并请敕停。"

② 《唐会要》卷八二《考下》大中六年七月考功奏:"其得殊考者,出一千文;上考者,出五百文,其钱便充写考牒纸笔杂用。"

③ 《唐六典》卷三《户部郎中员外郎》条注:"诸造籍起正月,毕三月,所须纸笔、装潢、轴帙皆出当户内,口别一钱。计帐所须,户别一钱。"

④ 《全唐文》卷九八一《对故纸判》:"州申远年故纸请卖充公廨支用。"

⑤ 如《旧唐书》卷一八九下《儒学下·王元感传》:"长安三年表上其所撰尚书纠谬十卷,……请官给纸笔,写上秘书阁。"同书卷一六六《白居易传》:"擢在翰林,身是谏官,月请谏纸。"都是因事请给纸笔,但不明是否向当司申请。另外还有经诏旨或三省批准者,如《旧唐书》卷一四九《柳璟传》:"璟依芳旧式,续德宗后事,成十卷,以附前谱,仍诏户部供纸笔厨料。"《册府元龟》卷五〇八《邦计部·俸禄四》开成五年二月:"诸道承乏官等……不获杂给料例。自此手力纸笔,将委中书、门下条流,贵在酌中,共为均济。"

⑥ 陈国灿,《斯坦因所获吐鲁番文书研究》(武汉:武汉大学出版社,1995),218—221页。

⑦ 李锦绣,《唐代财政史稿》(上卷),141—142页。

官本并非唐代财政之要项，所以不似税收那样有专司管理，而任由各司自营。无论各司之性质与职权如何，大抵皆由与财务相关之判司负责捉钱生利。官本原非国家经理大法，不过权宜之计而已，一旦国家找到适切财源，总会缩减官本的运用，京司公廨本钱正是如此。然安史之乱爆发，严重破坏了国家财政体系，反倒给予官本发展的空间，唐后期诸色本钱广为人所重视，京百司与诸军诸使都置息利本钱，政府也不时添赐填补匮乏，就为了让官司与官人得到较好的福利。唐代总司财务检查的比部，到后期权力大幅弱化，更不可能为官本的行政管理机构，于是诸司自营本钱的惯例，便顺势自前期承袭下来，如贞元二十一年（805）制：“百官及在城诸使息利本钱，……积成深弊，宜委中书门下与所司商量其利害。”（《唐会要》卷九三《诸司诸色本钱上》）这里的“所司”不是指主管官本的专司，依然指自营本钱的各司。元和九年（814）十一月户部准敕奏：“诸司食利本钱出放已久，散失颇多，各委本司勘会。……各牒诸司勘会，得报。”（《册府元龟》卷五〇七《邦计部·俸禄三》）不仅指明食利本钱归属各司，连财务稽查也先由本司自行审勘，再报上户部，据以添给。同年十二月敕，因诸司食利钱所欠本利甚多，除别给餐钱，酌量放免外，并曰：“其诸司除此食利钱，更别有诸色本钱，不得妄援此例。”（同前引）可见诸司除经营食本外，同时还负责各式官本。诸司若有相关问题，可以自行奏报，无需他司代陈，如礼部尚书李齐运奏：“当司本钱至少”，东都御史台谓：“当台食利本钱”，门下省称：“应管食利本钱”，中书省奏：“当省食利本钱”，殿中省请曰：“尚食贫虚，更无羡余添给”，乞赐本。（《唐会要》卷九三《诸司诸色本钱》）皆由当司自陈其事，自理本钱。唐后期诸军诸使亦普遍捉本钱，所赐本率多直接纳入诸军诸使名下，[1]而且无论敕书所言或官府所奏，诸军诸使常与在京诸司并列，如元和十一年（816）八月敕：“京城百司诸军诸使及诸道应差所由，并召人捉本钱。”十四年（819）十月御史中丞萧俛奏：“应诸司诸军诸使公廨诸色本利钱。”（同前引）想来诸军诸使与京司在本钱的管理与经营上，是如出一辙的。

唐后期的诸色官本由各司自营应无疑义，但是否比照前期由当司某判官负责，似殊少资料为证，而以下的一则事例多少可以略见其制，《册府元龟》卷四八一《台省部·谴责》：

---

① 如大历六年给军器使公廨本 3000 贯，长庆三年又赐本 3000 贯。长庆三年十二月赐五坊使食利本 5000 贯，威远镇 1000 贯，都是专给诸军诸使的。见《唐会要》卷九三《诸司诸色本钱》。

裴郁为兵部员外郎，郁褊狭，但独见其是，因征本曹厨利钱，苛细寡恕，令史凡四十人，并曹而逃，信宿招绥，……罪令史之首恶者，笞四十。

兵部有四司，兵部司员外郎有二人，其一人掌贡举及诸杂请，一人判南曹。[①] 裴郁可能是兼司诸杂请的员外郎，由其征收厨利钱过于苛细，致捉钱令史并曹而逃来推测，这个员外郎大概就是该曹专司官本，并处理捉钱事宜的人。然文中既言"本曹厨利钱"，显然裴郁只理兵部司之食本，若依唐之典制来判断，其他三司的食本该当亦由各司员外郎来判处。贞元十二年(796)御史中丞简勘诸司官本足数者有 71 司，所列六部铨选单位即约 20 司(见表十六)，此与唐初褚遂良总计在京七十余司捉钱的计算方式颇不相同，显然置本单位已细分化。再者，元和九年(814)户部奏称得秘书省等三十二司勘会结果，也同样有不少是属司单独置本。[②] 而大和元年(827)殿中省的请赐本钱，就专为属司尚食局而来；[③] 会昌元年(841)户部准敕率配诸司，其中就包括兵吏部诸铨，以及内侍省下各司。[④] 故从裴郁案与历次的简勘案、请给案来思考，唐后期不仅各司持续自理官本，而且内部细分化的情形相当普遍，这一方面表示各司之官本数量愈来愈大，非单一判事者所能承负，因而令属司分别捉钱；再方面则说明用官本捉钱，非但可以节省税赋支出，增加财政效益，同时还可维持国家机器运转，也是官人的福利措施之一，故各司对其倚赖甚深，也极注意本钱的有无多寡。官本非正税项目，种类与数量都不固定，只是国家的补充性收入，又有高利贷之嫌，所以唐政府从未于京司设专责机构统筹理之，大抵直接将本钱拨入或配给各司，由各司判官总揽其事。但在唐后期，官本的经营已普遍扩及属司，属司还可自行奏报或勘会，则分判属司事务的职官，或许就兼理捉钱事宜。

京司官本中如公廨本、食利本等，因与各官署、官人关系密切，各司应该广泛设置才对；至于车坊本、宴设本等有特定用途者，名义上各司皆配车牛，或不免有迎送宴请之仪，但可能视各司职权与需要而异其处置，未必有一律的准则。他如病坊本、祭祀本之类的官本，可能只设于某些专责属司，

① 《新唐书》(台北：鼎文书局，新校标点本，1976)，卷四六《百官志》，1197 页。

② 《册府元龟》(台北：台湾"中华书局"，1972)，卷五○七《邦计部·俸禄三》，6085 页。

③ 《册府元龟》卷五○七《邦计部·俸禄三》，6089 页。

④ 《册府元龟》卷五○八《邦计部·俸禄四》，6094 页。

似无各司皆置之必要。因此,官本种类虽多,在国家财力有限的情况下,在京诸司诸军诸使总不能无端滥置名目,或任意请给本数,以免招致物议,也非客观形势所许可。而配给本钱的各司,其上不仅没有一个最高管理机构——比部总领之,甚至还有向属司延伸的趋势,但真正负责管理捉钱的人,应是各层级判事的职官,绝非各司勾官。

判官总理当司官本,其重要工作之一在于监督本钱的经营,因为捉钱者非判官本人,而是其下的各种属吏,及征调而来的百姓,亦即捉钱人或捉利钱户从事实际的本钱操作,判司则站在管理的高度,指导营运,分配利钱,并查核账目。管理与经营分属两个不同的层级,在京各司的官本放贷,皆不脱这两个层面,有关本钱的经营与捉钱方式等问题,留待后文再叙。

第二节　地方的专营官司

随着出土文书的大量浮现,唐前期地方官本的种类,远比京司官本所见所知者多。地方官本的直接管理机构,同样很难认为是勾官,《唐六典》卷三〇州、县勾官的职权依然是:"付事勾稽,省署抄目,纠正非违,监守符印。"县的主簿虽然多增添:"给纸笔、杂用之事",但也只是财物的径行拨给,以利各司使用,而仍与官本无涉。地方官本的管理者,似如京司那样,由判司负责,这从各件公文事目中可以见其梗概,《唐开元十九年(731)正月西州岸头府到来符帖目》:①

> 3. ……仓曹符、为杜成礼欠宴 ☐☐☐
>
> 4. 州事。一符、为杜成礼捉宴设本钱、每月二日征利送州事。
>   ……
>
> 11. ……仓曹帖、为追十二月宴设利钱九百五十五文事。……
>
> 13. ……都督衙帖、为史璋、李岌等、欠车坊出举麦、限月内送足事。……
>
> 17. ……一符(仓曹符)、为州县公廨本钱,具勘申捉钱户事。……

---

① 池田温,《中國古代籍帳研究——概觀·錄文》(東京:東京大學東洋文化研究所報告,1979),357—358 页。

19. ……录事司符、为杜成礼欠宴设柒器等物、限 ☐☐☐

20. 征具斛斗、当日中、如不足、将令仓督等赴州事。户曹符、为
    北馆坊出举本小麦、依前符征 ☐☐☐

24. ……仓曹符、为贴料本利麦粟帖、速勘申事。……

《唐开元十九年(731)正月～三月西州天山县到来符帖目》：①

12. 仓曹符、为毛慎己等公廨钱、捉州宴设本利、月二日送纳事。
    ……

49. ☐ ☐ (仓曹符)为烧炭兵董承享等二人粮、☐ ☐请新
    抽公廨本钱斛厨(斗)、……

　　无论公廨本钱或宴设本钱，仓曹既"具勘申捉钱户事"，又要求"征利送州"，则本钱的管理与经营，利钱的收取或分配运用，似乎都由仓曹来负责。《唐六典》卷三〇述州仓曹职权为："掌公廨、度量、庖厨、仓库、租赋、征收、田园、市肆之事。"公廨由仓曹主其事，公廨本钱除供官吏俸钱外，亦与公廨费用相关，理当由仓曹督司之。由公廨本钱分化、独立出的宴设本钱，目的在供迎送宴赏之用，自然需庖厨为之设食，故捉钱事归仓曹典理，亦甚恰当。② P.2626号背《唐天宝年代燉煌郡会计牒》宴设厨虽然单独列为一单位，其下并置本钱，随月收利给用，③但这应是为报账清楚，才将诸坊、戍、厨等细目列出，并不代表它们在行政体系上与诸曹司同属一等级。从州郡职权看，宴设厨应隶于仓曹，故前引公文事目谓其送利于仓曹，欠器亦责成仓督征具，则宴设厨之捉钱，无异于捉钱之细分化、属司化也。盖品官自有要务操烦，捉钱细务又有高利贷之嫌，品官对此必要之恶，固然不能废之不用，也当然不宜亲理之，于是层层下放权力，让属司实际经理捉钱，而本司只负责汇整账目，追讨欠负。公文事目所引仓曹诸条多因欠事、追征、送纳而下符帖，或许即与仓曹并不直接捉钱，但总管本利钱之帐务有关。

　　仓曹符中另有一条是："为州县公廨本钱，具勘申捉钱户事。"州与县置

　　① 池田温，《中国古代籍帐研究——概观·录文》(东京：东京大学东洋文化研究所报告，1979)，359—360 页。

　　② 宴设经费来自仓曹，宴设本利钱由仓曹收取，查核，可参考：刘俊文，牛来颖，《敦煌吐鲁番文书所见宴设司》，收入：礪波護编，《中国中世の文物》(京都：京都大学人文研究所，1993)，654、656—657 页。

　　③ 唐耕耦编，《敦煌社会经济文献真迹释录》第一辑，475 页。

公廨本钱,自高宗朝起已为定制,可惜县本的运作情形鲜有资料可道其详,由仓曹之例推测,想来当由"亲理庶务,分判众曹,割断追催"的县尉总其成,[1]而实际负责捉钱的,不外又是其下属吏。依唐朝体制,州司有检核县司之权,县司有呈报州司之责,如公文事目:"功曹符、为当县无额佛堂、仰专知官与功曹,同巡讫申事。"[2]佛道由功曹管,西州功曹正为属县佛堂事下符。又如:"户曹符、为括检高昌县百姓口分讫申事。"[3]田畴为户曹职权,户曹下符要高昌县将检括结果奏报上来。由此可见前引仓曹符:"为州县公廨本钱,具勘申捉钱户事。"仓曹不仅审勘州本捉钱,也同时查验县本捉钱。州司与县司、上司与属司间层层检核的关系,在官本捉钱时已表露无遗。

仓曹最大宗处理的应属粮谷之类,不过以货币捉钱生利,看来也是其常务,前条有:"新抽公廨本钱斛斞(斗)",大概官本利的交付与收纳视情况而异,货币或粮谷皆不排斥。仓曹除了负责捉钱供公廨、宴设费用外,似乎也与馆驿本、长行坊本、车坊本等相关,公文事目中的:"为贴料本利麦粟帖、速勘申事",可能就为某坊或某馆之贴马食料而下帖。如阿斯塔那506号墓所见,长行坊经常下帖给诸馆要求供给马料,诸馆或向县仓等处借支,或亦由馆家贷便私供,而长行坊最终仍要为所贴马料向仓曹请粮。[4] 西北地区迎送往来尤其频繁,政府所给粮料不足时,援用本钱生利法,不失为一筹措用度的好方法,而"贴料本利麦粟",指的或许就是此事。然而在公文事目中另有:"户曹符、为北馆坊出举本小麦、依前符征▢▢",这类交通运输用之本钱或本粮,究竟由仓曹还是户曹掌理,待进一步说明。

《唐六典》卷三〇州户曹的职权是:"掌户籍、计帐、道路、逆旅、田畴、六畜、过所、蠲符之事。"其中的道路、逆旅、六畜等正与过往行旅、马驴之食宿相关,由户曹下符问讯北馆坊出举事,亦在情理之中。然出举所需之本钱或本粮,仍要由仓曹提供,亦即馆驿或诸坊之出举,同时关涉户曹与仓曹。再者,"烽候传驿之事"为兵曹所掌(《唐六典》卷三〇),馆驿与备运之诸坊车、牛、马等的直接管理机构应是兵曹,则交通运输本不妨又与兵曹相干。诸司事务互有往来是官府中的常态,如阿斯塔那509号墓《唐开元二十一年(733)西州都督府案卷为勘给过所事》:安西镇放归兵孟怀福,行至柳中

---

① 《唐六典》(北京:中华书局,1992),卷三〇《三府督护州县官吏》,753页。

② 池田温,《中國古代籍帳研究——概觀·錄文》,357页。

③ 池田温,《中國古代籍帳研究——概觀·錄文》,358页。

④ 阿斯塔那506号墓出上的《唐天宝十三—十四载(754—755)交河郡长行坊支贮马料文卷》的22件文书即说明此现象。

染患,遂于当地安置,都督判:"付仓检名过",仓曹检案,得其"已随大例给粮发遣讫",又"复来重请行粮",同时"其过所关户曹"。① 孟怀福虽然放归,军籍却未必消掉,行经处又需交涉西州仓曹、户曹,可见事务有其复杂性,非单一曹司能统管诸事,这就难怪公文事目中见到户曹与北馆坊出举小麦相关,而仓曹也在审勘馆驿、长行坊等之本利麦粟,尤其是天山县符目中两度见到:"仓曹符、为捉馆毛及请东西客□□"、"仓曹符、为给捉馆□□",②更显示仓曹与馆驿的关系密切,为捉馆驿本而下符的可能性应是存在的。

依前文所述,曹司大概只综理本利钱物之帐目,或扮演监督捉钱者的角色,而真正负责经营官本者,可能是其下的属吏,或更基层的属司,就如同宴设本委由宴设厨办理那样。《唐天宝十三—十四载(754—755)交河郡长行坊支贮马料文卷》中多件某馆所上马料帐历,都由捉馆官具名。③ 捉馆、捉驿的目的在主邮驿,④捉馆官、捉驿官的责任既包括供应食料,甚至还为食料不足而贷便私供,则尽管这些帐历未见捉馆驿本之例,但亦不排除主邮驿者同时需负责捉馆驿本,馆驿食料中亦含有生利而来的本利麦粟。

官仓出贷早在唐初即已有之,阿斯塔那 35 号墓《唐麟德元年(664)西州高昌县里正史玄政纳当年官贷小子》,从其直接交付给史与仓督,想见座落于州的治所的州仓,⑤就是官贷的主体,而仓曹正是主管单位。虽然传统文献多见照数征纳的赈贷之法,但依前篇第三章仓粮出举一节所示,地方不妨仍存在着纳"小子",需计息的情形。另外在《唐广德三年(765)交河县连保请举常平仓粟牒》中更清楚标示:"依官生利"等字样,⑥可见官仓出贷不应只限于收纳租税的正仓,为平价而设的常平仓,只要有可供用之本粮,都可能为某种目而自营出举。然无论出贷的仓种为何,其帐目都要

---

① 《吐鲁番出土文书》(简)九/52,(图)肆/282。

② 池田温,《中國古代籍帳研究——概觀·錄文》,361 页。

③ 如《唐天宝十四载(755)交河郡某馆具上载帖马食蹅历上郡长行坊状》、《唐天宝十三载(754)礌石馆具七至闰十一月帖马食历上郡长行坊状》、《唐天宝十三载(754)礌石馆具迎封大夫马食蹅历上郡长行坊状》,见:《吐鲁番出土文书》(简)十/74、110、117,(图)肆/421、447、458。

④ 《新唐书》卷一四九《刘晏传》:"主邮驿,谓之'捉驿'。"

⑤ 《吐鲁番出土文书》(简)七/388,(图)肆/485。

⑥ Tatsuro Yamamoto, On Ikeda eds., *Tun—huang and Turfan Documents concerning Social and Economic History*, Ⅲ *contracts*(A)(Tokyo: Toyo Bunko, 1987), n. 96, p. 35.

报仓曹审勘,亦即仓曹正是诸仓捉本利的直接管理官司。

州县经营官本的史料并不多见,各曹司职权也从未将捉本生利列入,以致官本的主管官司究竟为何,犹待考察。从仅有的出土文书来看,公廨本、宴设本、仓本几乎无例外地都由仓曹下符帖催征本利,检勘捉钱事,或命仓吏收取"小子",则诸本应该就归仓曹管理,这也正符合仓曹的职权。至于供交通运输费用的官本,因馆驿、长行坊、车坊等的直属机构并非仓曹,而且如京司官本之例,非财务机构也可由与财务出纳相关的官吏负责捉钱,则馆驿本等似乎也可能归兵曹管理。然馆驿的粮料要向各仓请便,长行坊的帐历要申上仓曹,公文事目中仓曹要求速勘贴料本利麦粟,从种种迹象显示,官本的来源既出自仓曹,所捉本利自然应由仓曹检核,故馆驿本等归仓曹管理,似比由兵曹负责更切当。不过管理者与经营者未必相同,管理者在较高层次监督并查核帐目,经营者在基层从事本利之实际操作。如宴设厨似直营宴设本,其帐目再交由仓曹过目;收取"官贷小子"的是仓吏,但需将经营情形定期报告仓曹;捉馆官既为粮料贷便私供,想必不乏捉馆驿本的经验;公文事目中直言"北馆坊出举本小麦"、"车坊出举麦",可见馆、坊自身就是官本的经营者;大谷文书中有多件长行坊预放缣布的案例,足见长行坊在自营官本之预放。无论这些经营单位在行政体系上隶属于何曹司,其官本似都源自仓曹,所捉本利也都要向仓曹交代清楚,故仓曹可谓是官本最主要的管理者,而各属司则自负经营之责。至于县本的管理者,当比照州之判司,由县尉任之,其属吏或与县相关之属司捉官本后,亦应将帐目送呈县尉审勘。官本经营者与管理者间的互动关系,上司与属司间的责任分划,其实是很明确的。

唐朝自则天以来,开始注意寺院的悲田病坊,但直到玄宗时期,政府都不曾接管寺院病坊,只将官府病坊中的利钱与杂药什物等,交付寺院使用(详甲篇第三章第三节)。P.2626号背《唐天宝年代燉煌郡会计牒》与宴设厨并列的还有病坊,依《唐六典》卷三〇功曹掌理道佛、医药等事,曰:"凡诸州每年任土所出药物可用者,随时收采,以给人之疾患。"这正与官府供药给寺院悲田病坊的政策,不谋而合。前述放归兵孟怀福,染患"在柳中安置,每月随市乞食。"[①]寺院病坊惯常以行乞维生,孟怀福或许就被安置在寺院病坊中。但寺院病坊应得到官府病坊财物上的补助,除了杂药等治疗疾患外,利钱还可供不能乞食者或不适乞食者之用,《咸通八年疫复救恤百姓僧尼敕》曰:"如遇风雪之时,病者不能求丐,即取本坊利钱,市米为粥,均

---

① 《吐鲁番出土文书》(简)九/52,(图)肆/282。

给饥乏。"①就道出病坊利钱的运用方式。然采药、给药是功曹的职权,道佛又归功曹所管,则无论寺院病坊或官府病坊都应在功曹辖下才是,只是官府病坊中的本利或许如诸馆、坊本那样,由提供官本的仓曹来主导,也未可知。

唐自贞观年间始设食本,但州县如何运用食本,由谁负责管理,鲜有资料可证,吐鲁番文书《唐某县供使破用帐》有一条曰:"⬜⬜⬜二月卅日,马中丞过日,县录事高举等知厨。"②县录事的职责本是:"受事发辰,勾检稽失。"③是检勾之官。此处兼掌知厨,可能为迎送过往使者而特别设事。不过以检勾之官督察官吏厨食,案例并不算少,从御史台主簿的"兼知官厨",④到司录、录事参军等勾官的维持食堂秩序(见甲篇第二章),都说明其与厨事关系非浅。然所谓"知厨"并不意味着由勾检官捉食本,也不表示其亲理食事,而可能是由其专当监督之任,李翱《故河南府司录参军卢君墓志铭》:⑤

> 召主馔吏约之曰:"司录判官文学参军,皆同官环处以食,精粗宜当一,不合别二。……"及月终,厨吏率其余而分之,……君晓之曰:"……此餐钱之余,不当计位高下。"从此后自司录至参军平分之。

主馔吏应是真正负责炊煮厨食的小吏,厨吏似主管食利钱的运用,并分配餐钱之余。二人均非直接捉食本者,但由此可看出光是食利本钱一项,其背后的分工已是如此的细密与繁琐,这还不包括"知厨"的勾检官,以及管捉钱的曹司。唐朝为宴设有宴设厨,为官吏午食有官厨与吏厨,勾检官的"知厨",如前引县录事与御史台主簿之例,当兼二厨而并监之。至于食本究竟由何曹司掌理,或可比照宴设利送仓曹,同时参考仓曹职权为庖厨、征收之事,而推测食利本钱亦来自仓曹,利钱亦交付仓曹收管,仓曹才是主掌捉食本的曹司。

唐代官本的名目其多,但从前文的论证中看出,无论捉官本的机构是否隶属于仓曹,其本利钱的管理者最终几乎皆指向仓曹,这当与仓曹职司财物与征收之事有关。只是做为官本的管理官司,未必就是官本的经营

① 《唐大诏令集》(台北:鼎文书局,1972),卷一〇,65页。
② 《吐鲁番出土文书》(简)八/475,(图)肆/226。
③ 《唐六典》卷三〇《三府督护州县官吏》,753页。
④ 《唐六典》卷三〇《三府督护州县官吏》,753页,卷一三《御史台》,380—381页。
⑤ 《全唐文》(北京:中华书局,1983),卷六三九,6456页。

者,像馆驿本、车坊本、长行坊本或病坊本,可能就由隶属于其他曹司的诸馆、坊自行捉本生利;而直属于仓曹的诸官仓、宴设厨、官厨与吏厨等,似乎也在自营捉钱。这些经营者都应将所捉本利及其用途,向仓曹申报,故仓曹可谓是各式官本的主管曹司。以州之例推想县本,或许县本亦当由"分判众曹"的县尉来主导,而实际捉钱者则为其下之典吏。管理是一种上位概念,而操作捉钱的属司与典吏,则受管理者的监督。从官本营运的角度来说,州的仓曹应该就是主管放贷的机构,县的制度规模虽远不如州大,判诸事的县尉也该被视为专营官本的官司。

层层节制的国家体制,县本的经营与运用情形,当申于州司;州仓曹的本利帐,亦当分由长官与勾官检核。前引公文事目:"都督衙帖、为史璋、李岌等、欠车坊出举麦、限月内送足事。"史璋是车坊负责人,同件文书该条之前先有:"(仓曹)一帖、为追车坊检校人史璋、并十八年冬季历帐注、应□□内纳足具上事。"①显示西州都督府下帖追车坊所欠出举麦之前,仓曹似已先追征欠负,或许因追索未果,所以府衙才又下帖,强力要求限月内送足。仓曹虽似各式官本的专当官,但长官有综理各项事务之责,若因欠利而影响公务的推动,长官不能不理,尤其是经营官本的各属司常隶属于其他曹司,利钱的运用也拨交各曹司来执行,未必与仓曹相关。由于一项业务同时干系到各单位,非有更高层级者统筹全局,不足以仲裁协调之,而都督府衙就扮演这样的角色,因此长官与官本判司先后向同一单位下帖追征,也就不足为怪了。

仓曹的本利帐还要送交勾官检核。中央的比部周知内外经费而总勾之,其中应包括公廨本、食本及各式官本在内。② 唐代采逐级勾制,③州的勾官每岁终申省时,账目中自然需将本利帐列入,以备比部审勘。为了避免与比部对覆时因隐漏、不同,④不利考课,州的勾官势必先详细检核仓曹所列账册,如前引《唐开元十九年(731)正月西州岸头府到来符帖目》,仓曹连续下三道符帖,都为宴设本利钱,及给一个与宴设相关,名为杜成礼的人;后有录事司下符,亦为杜成礼宴设事,并训令如当日交付不出,就要仓

---

① 池田温,《中國古代籍帳研究——概觀·錄文》,357 页。

② 《唐六典》卷六《比部郎中员外郎》:"掌句诸司百寮俸料、公廨、赃赎、调敛、徒役课程、逋悬数物,以周知内外之经费而总句之。……凡京司有别借食本,每季一申省,诸州岁终而申省,比部总句覆之。"公廨费用应包括公廨本,此外亦提到食本。比部既总句覆内外经费,如有其他种官本,当亦受其审勘。有关比部的职权及与官本的关系,详下章说明。

③ 王永兴,《唐勾检制研究》(上海:上海古籍出版社,1991),85—86 页。

④ 王永兴,《唐勾检制研究》,47 页。

督赴州推问。录事司就指州的勾官录事参军，从其令仓督赴州，可知是下符给仓曹。仓曹为判司，录事司检查其财务，二者虽为相同公事而发，但立场不同，职司各异，由此公文事目，足证不仅府衙关注官本的动向，录事司更对本利帐有把关之责。

从有限的官本资料中推断，地方官府的放贷机构可能就是判司，如是州、都督府之类，则指向仓曹；如是县级，则为县尉。仓曹与县尉提供官本钱物，督责捉钱生利，整理本利帐目，是官本的直接管理者，而长官与勾官也分别有监理与检查之任。唐前、后期州县官的职权并无太大变动，这套以州府仓曹与县尉为主体的官贷管理系统，应该也不致有什么改变。至于层层节制的账务申报与简勘，至少期望从制度面上，为官本的滥用多增添一道防线。虽则中央自安史乱后，比部权力大幅陷缩，对地方帐目的查核只能虚应故事，甚或根本无力执行，[1]但各层级地方官府依然在运作官本，也依然受长官与上级官府的监督，而当州县之上多了道这一层行政体制后，官本的管理多少产生些变化。

唐后期的道即藩镇，基本使职是观察使，一般皆兼军职的节度使，或兼都团练使、都防御使等职，拥有掌管一方民政、财政、军政之大权。[2] 元和年间太原王仲舒除江南西道观察使，罢军吏息钱，官债五千万，[3]或许就放免的是军中的官本欠利。会昌元年(841)赦，令各道观察使量县大小及道路要僻，以留州留使钱充馆驿本，且每至冬季，申观察使，[4]则将馆驿本的设置与运用情形，交由观察使全权负责。同年六月河中等州观察使孙简奏称，绛州无钱置馆驿本，使司量贷钱二百贯，以当州送使钱充，[5]更清楚表露使司对部内钱物的调度、处置之权，及其用为官本的实态。咸通五年(864)因兵马纲运差配过甚，特赐潭、桂两道助军钱及馆驿本，并令江西等三道观察使，详其闲剧，准此例置本钱，[6]亦将官本的配置权力，委托给观察使。由此可见，观察使于管内军、政两方面，皆有置、废官本的权力，而且准会昌元年赦，每至岁终，州县及其属司要将本利帐呈给观察使，由其审

---

① 唐后期比部已失职权，只能靠使职、巡院、御史台等来检核，有关之讨论详：吴丽娱，《唐后期五代财务勾检制探微》，《唐研究》6(2000)，269—302页。

② 张国刚，《唐代官制》(西安：三秦出版社，1987)，130—131页；程志、韩滨娜，《唐代的州和道》(西安：三秦出版社，1987)，92—95页。

③ 韩愈，《韩昌黎集》(台北：河洛出版社，1975)，卷七《太原王公神道碑铭》、《太原王公墓志铭》，289、308页。

④ 《册府元龟》卷一六〇《帝王部·革弊二》，1932页。

⑤ 《唐会要》卷九三《诸司诸色本钱下》，1686页。

⑥ 《旧唐书》(台北：鼎文书局，1976)，卷一九上《懿宗传》，656页。

勘,这可能是唐后期道演变为州县的上级行政机构后,才出现的体制,或形成的定例。易言之,安史乱后,中央节制地方的权力虽然缩小,但州县之上新有使司这一层级,它介乎州县与中央政府之间,可以更贴近地方地发挥管理官本的职能,故连中央政府也大力借助之。

地方官本的放贷情形,传统文献所言甚少,幸赖出土文书,稍可弥补特别是前期官本的运作实况,并勾勒出主管官本的放贷机构。后期的诸色官本,中央以公廨本与食利本为最常见,史料也几乎集中于论述在京诸司的各相关问题;相对而言,地方官本的名目并不算少,另有如病坊本、馆驿本,以及仅见于肃、代之际两京县的和雇本、祭祀本,与见于边州的长行坊本、常平仓本,但这些官本依然主要行于州县,罕见道这一体制实行官本放贷,亦不明使府与幕职可否享有利钱的补助与福利,唯元和十一年(816)八月敕:"京城百司诸军诸使及诸道,应差所由,并召人捉本钱。"①似乎诸道也自有官本,自有捉钱人,而不只是指挥、监督州县捉钱而已。诸道官本有何名目,今已不可考,唯使府文职僚佐中最可能掌理放贷事宜的,就是判官,《通典》卷三二《职官·都督》述节度使僚佐曰:"判官二人,分判仓兵骑胄四曹事。"判官综理使府财计,②其职又与州仓曹相近,如果使府确有官本,则经理捉钱之务的,非判官莫属。使府中与财计相关的还有孔目官,但其地位在判官之下,或为判官之属。③ 判官处理官本的直接史料虽未流传下来,而其判财计,与仓曹或官本相关的事证,却不乏其例,如建中元年(780)比部状:委当道观察判官一人,每年专按覆诸州府财务账;④大中元年(847)敕添给诸道官料钱,仰观察判官与录事参军同勾当;⑤咸通七年(866)禁所在闭籴,每道委观察判官主其事,⑥都说明判官确是职在财计。另外据元和五年(810)考功奏:"诸道节度观察等使,各选清强判官一人,专知邮驿。"⑦此判官既为主邮驿之专当官,则其负责捉馆驿本,无乃顺理成章之事。由是可以推知,使府的官本大概就由节度观察判官来执行运作。

① 《唐会要》卷九三《诸司诸色本钱下》,1682 页。

② 严耕望,《唐代方镇使府僚佐考》,收入:《唐史研究丛稿》(香港:新亚研究所,1969),189—194 页。

③ 严耕望,《唐代方镇使府僚佐考》,收入:《唐史研究丛稿》(香港:新亚研究所,1969),202—203 页。

④ 《唐会要》卷五九《比部员外郎》,1036 页。

⑤ 《文苑英华》(台北:华文书局,1965),卷四三〇《大中元年正月十七日敕文》,2632 页。

⑥ 《册府元龟》卷五〇二《邦计部·平籴》,6017 页。

⑦ 《唐会要》卷六一《馆驿使》,页 1062。

军防为唐朝要务,折冲府与诸军似亦普遍设置官本,吐鲁番文书《唐开元十二年(724)请补岸头府府史捉钱牒》:①

1. 考六为遭忧至今年二月服 满 ,□

2. 牒请续劳,蒙州司勘责,色颊(类?)相当,□

3. 六 月内补岸头府府史捉钱,替曹师。

开元十年(722)因中书舍人张嘉贞的陈请,一度罢天下公廨本钱,至十八年才又复置,②但位于西州交河县的岸头府,依然还在命府史捉钱,甚至方其丁忧时,立即命人替代,不愿稍有片刻间断。《唐六典》卷二五《诸卫府》折冲府条:"兵曹掌兵吏粮仓、公廨财物、田园课税之事,与其出入勾检之法。……每岁,簿录事及府、史、捉、□、品于补上年月、姓名,以上于州,申考功、兵部。"折冲府为小单位,兵曹一人总勾、判府内诸事,包括财计等亦由其主理。《唐六典》的点校者将"府、史"别为二人,从引文中"府史捉钱"看,他可能是折冲府下的一小吏。捉钱者除了府史外,应该还有捉钱品子,《唐六典》误校为"捉、□、品于(子)",也就是差科簿中的"品子捉钱"。③品子是身分,捉钱是色役。④ 这些捉钱者或许另有其他劳务,但至少兵曹每岁会将其名报上州及中央,说不定可因其绩效而获封赏。折冲府所捉官本虽不知名目,然兵曹掌捉钱事,殆无疑义。

唐朝诸军至迟于开元年间亦置本钱,莫高窟北区 47 窟新出的《军宴设本捉钱帐》有一行曰:"军宴设本一白廿四千二百六十"。⑤ 这里的军应指驻防沙州的豆卢军,已在为宴设本而捉钱。与此文书同出的《唐贷钱折粮还纳帐》,在某人名字右侧注有"宴司"二字,⑥很可能指的就是豆卢军的宴司或宴设司。在敦煌文书 P.2626 号背《唐天宝年代燉煌郡会计牒》中只见到宴设厨有本钱,尚不能确定州郡已设宴(设)司这样的单位。如果北区

① 《吐鲁番出土文书》(简)八/289,(图)肆/131。

② 《唐会要》卷九三《诸司诸色本钱上》,1676 页。

③ 唐耕耦,《敦煌社会经济文献真迹释录》第一辑,208、235 页。

④ 王永兴,《唐天宝敦煌差科簿研究——兼论唐代色役制和其他问题》,收入:《陈门问学丛稿》(南昌:江西人民出版社,1993)95—96 页。

⑤ 陈国灿,《莫高窟北区 47 窟新出唐贷钱折粮帐的性质》,收入:《敦煌学史事新证》(兰州:甘肃教育出版社,2002),236 页。

⑥ 陈国灿,《莫高窟北区 47 窟新出唐贷钱折粮帐的性质》,收入:《敦煌学史事新证》(兰州:甘肃教育出版社,2002),232 页。

47 窟出现的宴司确属豆卢军，相信由其负责捉宴设本，并以利钱供往来客使之饮食费用。诸军官本的名目未必只限于宴设本，大谷文书中瀚海军预放的缣布或许就出自长行坊，①而长行坊的预放不可能由宴司执行，亦即在宴司、长行坊等这些属司之上，必有更高层足以总理诸色官本的人。诸军皆有兵、仓、骑、胄等曹判事，最可能与放贷相关的官本管理者，仍应是判军粮案的仓曹，如 S.11453J《唐开元某年某月瀚海军请印历》载有多起仓曹为死健儿停粮、官吏俸食与赐事，②当是直接负责军中财务出纳的人，也是最恰当地管理属司捉钱的曹司。至于在仓曹之上的支度使，《唐六典》卷三《度支郎中员外郎》条曰："凡天下边军皆有支度之使以计军资、粮仗之用，每岁所费，皆申度支而会计之。……（注：支度使及军州每年终各具破用、见在数申金部、度支、仓部勘会。）"支度使是军中最高的财政长官，常由节度使兼任，职在供给军备，并向中央的度支等司申报财务账，他还可指挥其下的判官查账，③故可预见的是，他大概就是那个监督仓曹捉钱，管理利钱运用，并做本利帐的主司。

唐后期诸军亦置官本钱，如元和十一年（816）八月敕："京城百司诸军诸使及诸道并召人捉本钱；④十四年（819）十月御史中丞萧俛奏请放免"诸司诸使诸军利钱"，以免南北诸司事体有异。⑤ 这里的诸军非如前期的边防军，而是掌握于宦官之手的北衙诸军。依《新唐书》卷四九上《百官志》所见，其与财务相关的属官可能有判官、支计官、孔目官等人，但因志书未详载各官职权，难以判断何人主掌官本捉钱，是以不在此妄加臆测。

第三节　捉钱者的身分特征

唐朝是一个重视身分阶级的社会，官本放贷的管理者虽然是京、外各

---

① 大谷文书中有许多长行坊预放缣布的文书，但不明该长行坊属何单位。同样是预放缣布，有的文书则写明出自瀚海军，或许瀚海军的预放缣布有些就出自长行坊。

② 孙继民，《敦煌吐鲁番所出唐代军事文书初探》（北京：中国社会科学出版社，2000），240 页。

③ 敦煌文书 P.3841 号背《唐开元廿三年？（735？）沙州会计历》和籴库应在案中，即见支度使遣判官查账："支度姚判官勾曰……，至廿一年支度于判官勾曰……。"

④ 《唐会要》卷九三《诸司诸色本钱下》，1682 页。

⑤ 《唐会要》卷九三《诸司诸色本钱下》，1683 页。

曹司,但实际负责捉钱的人,绝对不会是自恃甚高的品官。如果牟取高利是一项必要之恶,那么在官僚体系中,执行这项任务的就是不入士流的各种典吏。最早实施的官本是京司的公廨本钱,《唐会要》卷九一《内外官料钱上》:

> 武德已后,……应京官料钱,并给公廨本,令当司令史番官回易给利。

《唐会要》卷九三《诸司诸色本钱上》贞观元年(627)以后:

> 诸司置公廨本钱,以番官贸易取息,计员多少为月料。

《通典》卷三五《职官·禄秩》贞观二年(628)制:

> 京司诸官初置公廨,令行署及番官兴易,以充其俸。

同前书卷,贞观十二年(638)条:

> 罢公廨,置胥士七千人,取诸州上户为之。准防合例而收其课,三岁一更。

又,贞观十五年(641)条:

> 以府库尚虚,敕在京诸司依旧置公廨,给钱充本,置令史、府史、胥士等,令回易纳利,以充官人俸。谏议大夫褚遂良上疏曰:"……陛下近许诸司令史捉公廨本钱,诸司取此色人,号为捉钱令史,……送利不违,年满授职。……在京七十余司,相率司别九人,更一、二载后,年别即有六百余人输利受职。……"太宗纳之,停诸司捉钱。

又,贞观二十一年(647)条:

> 复依故制置公廨,给钱为之本,置令史、府史、胥士等职,贾易收息,以充官俸。

又,永徽元年(650)及其后曰:

悉废胥士等，更以诸州租庸脚直充之。其后又令薄赋百姓一年税钱，依旧令高户及典正等掌之，每月收息，以充官俸。

《唐会要》卷九一《内外官料钱上》永徽元年（650）四月条：

废京官诸司捉钱庶仆胥士，其官人俸料，以诸州租脚价充。

从唐初京司公廨本钱的多次置废中，我们发现参与捉钱者的身分是极其复杂的，包括令史、番官、行署、府史、胥士、典正、庶仆等人。这些人在唐代官僚系统或徭役制度中各居什么地位？唐政府为何选择这种身分的人来捉钱？他们能从中得到什么好处？以下就先从捉钱令史谈起。

由褚遂良之语可知，诸司令史捉公廨本钱者，号为捉钱令史。然据《通典》卷四〇《职官·秩品》所载开元二十五年（737）官品令，流外官中有令史的官府，只有内外三省、御史台、诸卫羽林军府与东宫官属。[1] 其他如九寺五监等京司，根本未设令史一职，则所谓"诸司令史"或"当司令史"，一种可能是它只是捉钱者的代表称呼，并非在京七十余司的捉钱者都是令史，自武德以来还有番官、流外行署等职，以及贞观中期以后的府史、胥士、庶仆等职也在捉钱。另种可能是唐政府于诸司特置捉钱令史一职，不与一般令史相同，专司捉钱要务，所谓"不简性识，宁论书艺"，[2]指的正是这批人。但无论哪种可能，令史毕竟是流外官中品秩较高者。

令史本是行署文书的胥吏，[3]之所以分任或专司捉钱，当与唐初经济背景有关，《唐六典》卷一《尚书都省》条注云："国初限八考已上入流，若六考已上□（频）上，□（七）考六上，并入流为职事。……武德初，天下始定，京师谷价贵，远人不愿仕流外，至调州佐史及朝集典充选，不获已，相资而

---

① 王永兴，《关于唐代流外官的两点意见——唐流外官制研究之二》，收入：《陈门问学丛稿》，354—355页。另可参考王永兴对官品令流外官的考释，见：《通典载唐开元二十五年官品令流外官制校释》，收入《陈门问学丛稿》，338—349页。

② 《通典》（北京：中华书局，1998），卷三五《职官·禄秩》，964页。

③ 《唐六典》卷一《尚书都省》令史、书令史注："其革选卑降，始自乎隋。开皇初着令，有流外勋品、二品、三品、……皇朝因之，请台、省并曰令史。其尚书都省令史、书令史并分抄行署文案。"故学者名之曰文书胥吏。有关隋唐时期京司文书胥吏的形成与发展情形，见：叶炜，《试论隋与唐前期中央文官机构文书胥吏的组织系统》，《唐研究》5（1999），123—146页。

往,故促以年考,优其叙次。"①唐初定制原本八考入流,只因天下初定,京师经济未复,士人不愿仕流外,所以用缩短年考,快速迁转之法,吸引人任令史等职。② 至于捉钱者,或因流外人数不足,遂令一职兼司二事,或特任捉钱令史一职,命其专司其事。《唐会要》卷九三《诸司诸色本钱上》武德元年(618)十二月条:"置公廨本钱,以诸州(应为司)令史主之,号捉钱令史。每司九人,补于吏部,……岁满授官。"似乎国家极为奖励捉钱令史的劳绩,待以不次之位,越过层层考铨,岁满即予入流为官。该种现象直持续到贞观中都还如此,褚遂良称各司捉钱者曰:"送利不违,年满授职。……在京七十余司,相率司别九人,更一二载后,年别即有六百余人输利受职。"看来只要能捉钱,只要能填补京俸缺口,国家不惜打破身分限界,改变考铨制度,让典吏轻易入流为官。虽然贞观年间的捉钱,在褚遂良的严厉批判下,不得不喊停,但不久又复依故制,置令史捉钱,可见为了满足京俸需求,为了稳定官僚制度的运作,也为了不让清流士大夫沾染俗务,只好将捉钱这项必要之恶,委由令史等典吏来执行。

令史是台省流外官中品秩最高者,但在京诸司并不皆有令史一职,如以同样是文书胥吏来模拟,九寺五监诸卫府处理文案的府、史,③或许也是当司负责捉钱的人,前引贞观十五年(641)、二十一年(647)条将令史、府史并列,应非偶然,想来随着官府地位的高低,捉钱者的名称与品秩也就有所不同,而且从两条皆言"依旧"、"依故制"思之,早在武德或贞观初,令史、府史等就已各为当司捉钱。此外,贞观二年(628)条及《册府元龟》卷五〇五《邦计部·俸禄一》武德元年(618)十二月条后,另见"行署"也捉公廨本。从时序上看,"行署"与令史、府史都在唐初捉钱;而从体制上说,令史、府史其实都是"行署"的成员之一。《唐六典》卷二《吏部郎中员外郎》条:

> 凡未入仕而吏京司者,复分为九品,通谓之行署。其应选之人,以其未入九流,故谓之流外诠,亦谓之小铨。……凡择流外职有三:一曰书,二曰计,三曰时务。

---

① 此处引文据王永兴录文补改,王永兴据近卫本与广池本校补。见:《关于唐代流外官的两点意见》,360页。

② 任士英认为唐初捉钱令史之年满授职,不需加试,其入流受职是简捷的。见:《唐代流外官制研究》(下),收入:《唐史论丛》第6辑(西安:三秦出版社,1995),197—198页。

③ 《隋书》卷二八《百官志》炀帝大业三年除尚书省置令史外,"其余四省三台,亦皆曰令史,九寺五监诸卫府,则皆曰府史。"胥吏职名的区别,唐朝大体因袭下来。可参考:叶炜,《试论隋与唐前期中央文官机构文书胥吏的组织系统》,130—138页。

此处所谓"行署",是指供职于京司的流外九品官,或亦称为流外行署。①　但有流外品者,也可能隶于"非行署",其品秩较低,多属技术官或专业学生。流外行署与非行署在服制上也显然不同。②　虽然有学者认为行署指行案、署名,是对行案主典的泛称,包括州县佐史等在内。③　但任职京司台省寺监,品秩较高,行署文案的流外官,因其职权性质,已使流外行署由机构名称,转化为对服务于其中之吏员的专称。④　前述的令史、府史,就被纳入流外行署之列,故史料所见"行署"捉公廨本,不外即指令史、府史等人。

流外职的择人标准里,工书之外,还有长于主计者。按理来说,捉钱应由专擅计务者任之才较恰当,只是流外官中,计史仅设于财务机构,⑤并非普遍存于各京司。由于在京七十余司皆需捉钱,但未必各司皆有行署吏职,而行署管文案者又未必皆有余暇,或长于捉钱,因此在令史、府史等行署之外,势需另有人力资源,才能弥补上述之缺憾,唐政府选取的则是番官,《唐六典》卷一《尚书都省》亭长、掌固条注曰:"隋文帝始采古亭长之名以为流外之号,皇朝因之。主守省门,通传禁约。……掌固,主守当仓库及厅事铺设。……与亭长皆为番上下,通谓之番官。转入府史,从府史转入令史,选转皆试判。"亭长、掌固各司其职,但皆为流外,且分番上下,是为番官。从其迁转先入府史,再入品秩更高的令史来看,番官是地位较低的流外吏职。⑥　番官从事的多是服侍性的工作,除了亭长、掌固之外,门下省的传制、赞者、主符、主宝、主节,太常寺太乐署的典事等也都是分番上下的番官。⑦　其他服侍性的吏职,典志书虽未注出其身分,也不无可能是番官,故

---

①　《唐六典》卷八《门下省》甲库令史条注:"自汉以来,令史皆有品秩,至隋开皇初,始降为流外行署。"同前书卷一〇《秘书省》令史条注:"隋开皇初始降为流外行署,……皇朝因之。"唐朝在京司行署供职者为流外官,故行署亦称为流外行署。

②　行署与非行署在职司、任事、品秩、服制等方面都有不同,张广达已做分析比较,见:《论唐代的吏》,《北京大学学报》(哲社版)1989:2,5—6页。

③　李锦绣,《唐代财政史稿》(上卷),352—354页。

④　《唐六典》卷二《吏部郎中员外郎》条称未仕而吏京司者通谓之行署,各司又有前行、后行等区分,似行署有机构之义涵。而在行署中任职之吏员,亦被泛称为行署,是其可专指该种有特定身分者,P.3078号《神龙散颁刑部格》:"流外行署,州县杂任,于监主犯赃一匹以上,先决杖六十,……并配入军。"这里的流外行署,就已由京司吏职机构,转化为对服务于其中之吏员的指称。

⑤　王永兴,《通典载唐开元二十五年官品令流外官制校释》,348页。

⑥　番官的职务与迁转,见:李春润,《唐代的捉钱制》,《中南民族学院学报》1982:4,50页;築山治三郎,《唐代の胥吏》,收入:《唐代政治制度の研究》(大阪:創元社,1967),438—441页;小西高弘,《唐代前半期の胥吏層について——主に番官を中心に—》,《福岡大學研究所報》(人文科學編3)37(1978),5—6、8—10页。

⑦　《唐六典》卷八《门下省》、卷一四《太常寺》。

京司番官的名目，或许比目前所知者更多。唐朝番役种类甚多，当番者身分有所不同，这些可以听预简选，量能升迁的番官，其身分是官吏或出自官吏家庭，而非一般百姓或贱民。① 他们或当番服役，或纳资代役，②其人数虽难以估计，但应该不太少。于当番日，吏部、兵部视情况将其配送给诸司使用，③而诸司番官因此能源源不绝，并有秩序地分番上下。唐朝番官的来源与用途看似制度化，然在实际运作中仍会机动性地做弹性调整，特别是唐初京官俸钱不足，需要人力捉钱时，难免会抽掉部分番官，移转其既定任务，用于更急迫的工作，这种情形就类似于让负责文案的令史，拨充去捉钱一样。唐政府令行署中的令史、府史等人，与配于诸司分番上下的番官捉公廨本钱，显然是无奈之下所做的权宜之计。

唐初于京司捉钱者还有胥士与庶仆。胥士始置于贞观十二年(638)，初时并不用于捉公廨本，反而是罢公廨本后，准防合例而收其课，以其课给京官俸。胥士既然"三岁一更"，似乎也是分番上下，但胥士是何身分，史籍未见说明，其于贞观十五年(641)、二十一年(647)条捉本钱时，与令史、府史等流外官并列，而永徽元年(650)废诸司捉钱时，却与庶仆并列。凡京司文武职事官皆有防合、庶仆，不番上者则纳课，④胥士既曾经准防合例纳课，其身分或许与防合、庶仆更相近。州县官也有白直、执衣以为驱使，⑤《唐会要》卷九一《内外官料钱上》天宝五载(746)敕："其应差丁充白直，望请并停。"白直的身分一般是丁男，与其性质相近的防合、庶仆，大概也征自丁男，⑥由是推测供官府差遣的胥士，其身分很可能是百姓，而非典吏。贞观十二年(638)初置胥士时，以纳课取代捉钱，然则三年后复置公廨本钱

---

① 王永兴将各种色役，依服役者的身分与待遇分为三类，即官吏、百姓与贱民。番官极可能是官吏或出自官吏家庭而当番服役者，但分番上下者未必即番官。王永兴的分类见：《唐天宝敦煌差科簿研究——兼论唐代色役制和其他问题》，收入：《陈门问学丛稿》，111—119页。

② 相关史料的引述与说明，见：王永兴，同上文，96—101页；小西高弘，《唐代前半期の胥吏层について——主に番官を中心に—》，2—5页。此外，服色役可免杂徭，也是逃避兵役、劳役的方法。见：唐长孺，《唐代色役管见》，收入：《山居存稿》(北京：中华书局，1989)，180、185页。

③ 《唐六典》卷二《吏部郎中员外郎》条注："若都省须使人送符及诸司须使人者，并取兵部、吏部散官上。"同书卷五《兵部郎中员外郎》勋官条注："每上或分配诸司。"

④ 《唐六典》卷三《户部郎中员外郎》，78页。

⑤ 《唐六典》卷三《户部郎中员外郎》，78页。

⑥ 供内外职事官驱使的防合、庶仆、白直等一般是丁男，执衣则是中男。见：王永兴，《唐天宝敦煌差科簿研究——兼论唐代色役制和其他问题》，105—106、108—109、113页；西村元佑、小笠原宣秀著，那向芹译，《唐代徭役制度考》，收入：《敦煌学译文集》(兰州：甘肃人民出版社，1985)，884—885页。

时,并未废掉胥士,竟要求其与令史、府史等同样捉钱,而且直持续到永徽元年(650),才废而由租庸脚直充。至于永徽元年(650)乍见即废的庶仆,[1]何时纳入捉钱行列,已不可考。由此看来,唐初京司捉钱者的身分是相当复杂的,有流外行署的吏员,有分番上下的番官,以及是百姓的胥士与庶仆。从时间的发展顺序看,唐政府最早用"岁满授官"[2]或考满简选、免除课役来吸引行署与番官投入,[3]但或许因其不擅捉钱或无暇兼顾,致京俸不足,而被迫增加人手,让理财经验丰富,又有财力为后盾的"诸州上户"胥士,共同承担责任。胥士与庶仆都是百姓,政府令其捉钱,是否给予如行署、番官类似的优免与好处,史不详言,但至少可感受到政府因国库空虚,在筹措京俸上,已用尽心力与心思。

在京官俸没有找到稳定财源之前,政府还是得用捉钱法维持生计,《通典》卷三五《职官·禄秩》永徽元年(650)条:"其后又令薄赋百姓一年税钱,依旧令高户及典正等掌之,每月收息,以充官俸。"典正即典吏,都是官署中的吏职,《旧唐书》卷八八《韦嗣立传》谏中宗曰:"员外置官,数倍正阙。曹署典吏,困于祗承。"《唐会要》卷八三《租税上》天宝九载(750)敕:"其诸色输纳,官典受一钱以上,并同枉法赃论。官人先解见任,典正等先决四十。"可见官人与典正、典吏在衙署中的层级与位阶并不相同,总括来说,典正、典吏就是官人之外所有在衙署中服务者的泛称。[4] 因此唐政府"依旧令高户及典正等掌之",除了意味着典正包含行署、番官等人,也表示其他原本未捉钱的吏员,可能因需要而被要求随时加入。盖典正、典吏的义涵广泛,捉钱者似不必拘泥于前述的几种特定来源。

捉钱者的身分尽管复杂多变,捉钱者的财富状况也颇令人好奇,《通典》卷三五《职官·禄秩》引贞观十五年(641)谏议大夫褚遂良论捉钱令史曰:

---

① 《唐会要》卷九一《内外官料钱上》永徽元年四月:"废京官诸司捉钱庶仆胥士,其官人俸料,以诸州租脚价充。"

② 《唐会要》卷九三《诸司诸色本钱上》,1675 页。

③ 六品以下散官及勋官要分番上下,他们虽未必任番官,但在考选、课役等方面有其权益,这些权益相信番官也不会少,或至少可做一参考。关于上述人等的权益与待遇,见:王永兴,《唐天宝敦煌差科簿研究——兼论唐代色役制和其他问题》,96—101、114—117 页;西村元佑,《唐代敦煌差科簿を通じてみた均田制时代の徭役制度——大谷探检队将来,敦煌·吐鲁番古文书を参考史料として》,收入《中國經濟史研究——均田制度篇》(京都:京都大學東洋史研究會,1968),612—630 页。

④ 典或典吏是指官衙中有某种职名的胥吏,但官典是否仅指胥吏则有问题。关于唐代典的讨论略见:長谷川誠夫,《唐宋時代の胥吏をあらわす典について——典吏·典史と關連して—》,《史學》49:2、3(1979),54—63 页。

不简性识，宁论书艺，但令身能贾贩，家足赀财，录牒吏部，即依补拟。……况乎捉钱令史，专主贾贩，志意分毫之末，耳目鹰肆之间，输钱于官，以获品秩。

　　唐初京司所置之捉钱令史，最重要的特质不在其工书与否，而在其"身能贾贩，家足赀财"，亦即政府特别选任富户商贾，从事不同于一般行政的工作。与捉钱令史共同分担责任的府史、番官，在流外中的品阶还不如令史，之所以被政府相中，让其中的某些人捉钱，或许也是因为"身能贾贩，家足赀财"。府史、番官等既能判补，想必政府亦如优待捉钱令史那样，尽量缩短其入仕流程，以奖励其劳绩。京司捉钱者中，胥士显然选自"诸州上户"，永徽元年（650）后薄赋税钱，也是令"高户"等收息。唐政府在不同时间，针对不同职称的捉钱者，似乎颇好选用"家足赀财"的富户，盖因富户长于贾贩或贷放，又有赀财可于必要时填补欠利，总比让毫无经验，又无财力的平民百姓来捉钱或垫付，要稳当妥贴得多。故京司清流士大夫的俸钱，其实多来自被他们讥讽为"惯于求利，苟得无耻"的商贾，①而也就在他们鄙于沾染俗务的背后，竟必须靠这些利钱、息钱来维持生计与尊严。尽管唐政府喜用富户商贾捉钱，但富户商贾为何甘于效命？政府是否有什么优待办法？如果行署、番官中的富户商贾为数依然不足，政府是否也会役及其他人户，强制要求其捉钱？

　　唐初京司官本的捉钱者，由行署、番官等典吏，至贞观中增加胥士等高户，又约在贞观末选用庶仆。庶仆原本供京司六品以下职事官驱使，通常由丁男充任，未必是富户。在这短短二、三十年间，捉钱者的身分显然不断在放宽，由典吏到民户，由高户到平民百姓，换言之，京司的捉钱人数绝不像褚遂良疏所言的只是"司别九人"而已，或许这九人是专指"年满授职"的捉钱令史，其他捉钱者可能并未计入其中。京司捉钱人数的增加，最关键的因素应在京官人数的递增，贞观六年（632）厘定京官数为643员，②显庆二年（657）刘祥道疏谓内外文武官13,465人，③如以开元末京官占总官数的14％计，④高宗初京官约有1885人，也就是在25年间，京官递增近3

　　① 《唐会要》卷九一《内外官料钱上》，1651页。
　　② 《通典》卷一九《职官·历代官制总序》，471页。
　　③ 《旧唐书》卷八一《刘祥道传》，2751页。
　　④ 唐玄宗开元二十五年官数，内外文武官凡18805员，内官2620员，内官占总官数的14％。见：《通典》卷四〇《职官·秩品五》，1106页。

倍。姑不论京官俸钱是否跟着水涨船高，仅就官数的增加而言，捉钱者就不能墨守原有的规模，唐政府一再扩增捉钱者的类别，也一再调整其身分与财富状况，就在不断因应客观形势的变化。

前期的京司捉钱，随着户税充京官俸而益减其重要性，史料也相应地更少，但州县捉钱的情形，却随着高宗定制而全面推广实施，其景况或可补京司捉钱未明之处。《新唐书》卷五五《食货志》："天下置公廨本钱，以典史主之。"典史当是典吏、典正之别称，即指州县之捉钱者。《册府元龟》卷五〇六《邦计部·俸禄二》开元六年(718)崔沔议州县官月料钱状曰：

> 托本收利，以绳富家，固乃一切权宜，量非精通彝典。顷以州县典吏，并捉官钱，收利数多，破产者众。……在于平人，已为重赋。富户既免其徭，贫户则受其弊，伤人刻下，俱在其中。

状称："州县典吏，并捉官钱"，似乎典吏在本身职掌之外，兼司捉钱，此与京司行署文案的令史亦掌捉钱，颇为类似。典吏听从官人驱使，系有明文规定，万岁通天元年(696)五月六日敕："里正、佐史、坊正等，随近驱使，不妨公事者亦听。诸司官驱使典吏亦准此。"(S.1344《开元户部格》)[1]看来只要诸司官主观上认为不妨公事，就可驱使里正、典吏等从事他务，这或许就是令史、府史等典吏在本职外兼司捉钱的法律依据。州县管理捉钱的曹司是判司，但实际负责捉钱的则是层级更低的典吏与百姓。阿斯塔那223号墓《唐开元年间征麦利残文书》是一件出举文案，仓曹主典感德负屈申诉曰：[2]"吕都督异笔直取开七例，……非主典隐欺在腹，……若吕都督处分，曹司合从。"[3]曹司主典并非按月输利钱的人，他只是按长官处分，接受曹司监督，分配官本给捉钱者的人，正因如此，这个名叫感德的主典才会诉冤声称未"妄征"，[4]也就是未隐欺侵吞利钱。

吐鲁番出土的一份《唐借贷仓粮纳本利帐》，光是纳小麦本、利，就至少有18笔，其中纳利或欠利者有4笔。[5] 官府赈恤或赈贷仓粮，顶多还本，无需纳利，此分帐历是借贷仓粮，要纳利，而参与人数之众，还包括出家人：

---

① 刘俊文，《敦煌吐鲁番唐代法制文书考释》(北京：中华书局，1989)，280页。

② 感德的身分及该件文案的解析，可参考：李方，《唐前期地方长官与判官在公文运作中的作用及相关问题》，《唐研究》7(2001)，353—354页，注50。

③ 《吐鲁番出土文书》(简)八/268，(图)肆/121。

④ 《吐鲁番出土文书》(简)八/268，(图)肆/121。

⑤ 《吐鲁番出土文书》(简)八/173—174，(图)肆/81。

"僧玄英欠利四斗八升不纳"，①显示纳利者主要是一般民户，非主典。类似被要求纳利的案例如《唐天宝某载□仙牒为本钱出举事》："上件本钱征，……并已纳足讫，未经陈请公验，恐后载月深久，官典改易，无有凭据"，所以呈牒，牒中还提及"辛奉玄等请纳紫极宫□□□到，召主出举"等语。②紫极宫主未尝不是被官府点召来捉钱的，宫中道士当然也跟着被分配捉钱，则纳本利帐出现某寺僧玄英欠利不纳，也就不令人意外了。莫高窟北区 47 窟《唐开元初军宴设本捉钱帐》总共只有 120 多贯本，残存的文书就至少有十人捉钱，③这十人不会都是军司主典，大概是征自平民百姓吧！由此以见，曹司主典未必是直接捉钱输利的人，而可能是分配官本给捉钱人，并主掌收回本利的人。

　　唐初在京各司官本不过四百贯上下，司别捉钱令史九人即可应付，但高宗定制的州县公廨本，通常数量远多于此，而曹司典吏人数却很少，以少数的典吏如何驾驭庞大的官本，势必形成另寻捉钱人，外配官本的情形。由于捉钱人大幅增加，其身分自是复杂许多，很难再坚持都是富户。像前述的紫极宫主地位较特殊，犹可视为富户；崇化乡里正史玄政纳官贷小子，④无论是自行纳利或为官收利，⑤史玄政都可算是雄霸一方的土豪，⑥但相对来说，前述借贷仓粮的本利帐中不乏欠利者；公文事目所见仓曹符："为毛慎己等公廨钱，捉州宴设本利，月二日送纳事。"⑦都督衙帖："为史璋、李岌等欠车坊出举麦，限月内送足事。"似乎都在催交本利。史璋是车

---

①　《吐鲁番出土文书》(简)八/173，(图)肆/81。

②　《吐鲁番出土文书》(简)十/283，(图)肆/571。

③　陈国灿，《莫高窟北区 47 窟新出唐贷钱折粮帐的性质》，收入：《敦煌学史事新证》(兰州：甘肃教育出版社，2002)，236－237 页。

④　《吐鲁番出土文书》(简)七/388，(图)参/485。

⑤　里正本有催收赋税的义务，《唐律疏议》卷一三《户婚律》"输课税物违期"(总174 条)就论列里正之责。又如大谷文书 5809 号、5822 号分别有两个里正签收周祝子所纳别驾地子与勾征麸价钱的领据。与史玄政纳官贷小子同墓出土的《里正李黑收领史玄政长行马价抄》，更证明里正代收的是户内众备马价。里正既催税或代收税物，当然也可能代收利钱，史玄政所纳官贷小子，或许就是转交收到的利物。上引资料见：小田義久，《大谷文書集成》第 3 卷(京都：法藏館，2003)，200、203 页；《吐鲁番出土文书》七/441，(图)参/517。

⑥　阿斯塔那 35 号墓中关于史玄政的文书非常多，其职位不高，但与官府互动频繁，应是地方上颇有势力的豪强。有关讨论见：拙著，《唐代民间借贷之研究》(台北："商务印书馆"，2005)，121－122 页。里正在基层官府中的作用，在行政面担当的实务，及其与响望层的关系，船越泰次有相当深入的分析，见：《唐代均田制における佐史·里正》，收入：《唐代兩税法研究》(東京：汲古書院，1996)，349－365 页。

⑦　池田温，《中國古代籍帳研究——概觀·錄文》，359 页。

坊检校人,①应还有些地位,其他欠利者若非平民百姓,便是贫户,因为必是主典催收不来,才有劳仓曹或都督下符帖;而仓粮本利帐既经分类整理,②想来过了应交期限已有一段时日。这些久欠不纳的捉钱者,大概不会是富室上户,可能系被官府强征来的百姓,崔沔状曰:"富户既免其徭,贫户则受其弊",可见随着州县官本数愈多,捉钱者的财富状况便也愈分歧,富户为数不足或不愿捉钱,官府就把脑筋动到贫户身上,自此便也展开贫户为重利所苦的宿命。

从州县官本,我们看到实际输利钱的多是百姓,而非曹司典吏,这与唐初京司依赖行署与番官捉钱的情形不太相同。百姓中,官府原则上只点召富户,不得已才选用平民或贫户,因此直到开元十八年(730)李朝隐奏请恢复置本收利时,还是说:"依旧高户及典正等捉",③可见典吏主掌本钱之外,高户始终是政府心目中承担捉钱的最佳人选。为官府捉钱,京司典吏可录牒吏部,州县典吏或许也有补拟之法,只是未必如捉钱令史那样优惠,可能需要多考几次。此外,捉钱是一种色役,承担色役者免诸杂徭,是政府许以的另种代价。④ 而从唐后期情形推测,凡捉官本的百姓似都享有放免徭役的权利,宝应元年(762)敕:"诸色本钱,……拣择当处殷富干了者三五人,均使翻转回易,仍放其诸色差遣。"(《唐会要》卷九三《诸司诸色本钱上》)元和六年(811)御史中丞柳公绰奏:"诸司诸使捉利钱户,其本司本使给户人牒身,称准放免杂差遣夫役等。"(同前书卷《诸司诸色本钱下》)政府用补拟之法奖励典吏,用免差遣杂徭补偿百姓,相信此作法不分唐前后期或京内外都是如此,但其成效如何,可就视情形而异了。唐代官本利率甚高,崔沔状曰:"在于平民,已为重赋",对那些富户或典吏来说,其实也是极大的负担,所谓"收利数多,破产者众",难保其中不含富户或典吏,《新唐书》卷五五《食货志》曰:"公廨出举,典史有彻垣墉,鬻田宅以免责者。"典史(典吏)不是直接捉钱,就是负责回收本利,⑤不论是自己交不出利钱,或被迫代贫户纳欠利,总是为公廨出举担着莫大的风险。典吏是曹司下的小吏,似以富户居多,之所以要彻垣墉,鬻田宅,无非为偿欠利,否则可能未得

---

① 池田温,《中國古代籍帳研究——概觀·錄文》,357 页。

② 该帐非原始的流水账形式,已将谷物分类整理过,在小麦之外,至少还有其他一种谷物类别。

③ 《旧唐书》卷八《玄宗纪》,196 页。

④ 王永兴,《唐天宝敦煌差科簿研究——兼论唐代色役制和其他问题》,95—96页。

⑤ 典史的用法多见于五代、宋,但其义与典吏相同。见:長谷川誠夫《唐宋時代の胥吏をあらわす典について——典吏·典史と關連して—》,63—64 页。

补拟或免徭之实惠,就先已吏职不保,或受囚系之苦。至于被差捉钱的贫户,就算可免徭役,又如何付得起重利,崔沔称:"伤民刻下,俱在其中",岂不道尽捉钱者的心酸苦楚!

州县捉钱者的身分,出土文书还另有所见,敦煌文书 P. 3559(2)号《唐天宝年代燉煌郡敦煌县悬泉乡差科簿》:①

2. 亡兄男(曹)加琬载卅五　　品子_{捉钱}

P. 3559(3)号《唐天宝年代燉煌郡敦煌县从化乡差科簿》:②

72.　男(贺)嗣宾载送　　品子_{捉钱}

品子捉钱指的应该就是《新唐书》卷四五《选举志下》的捉钱品子。品子是身分,捉钱是色役。③《选举志》里另有名为纳课品子者,既都是品子,身分应相同,纳课品子来自"文武六品以下,勋官三品以下五品以上子,年十八以上",而差科簿显示捉钱品子的身分亦正是如此。④ 品子的经济待遇是只免杂徭,⑤用品子捉钱正符合"免其徭"的特色。捉钱品子的政治待

---

①　唐耕耦编,《敦煌社会经济文献真迹释录》第一辑,208 页。

②　唐耕耦编,《敦煌社会经济文献真迹释录》第一辑,235 页。

③　王永兴、马世长认为品子捉钱即为捉官本钱的人户,但西村元佑认为是品子课钱,是指亲事帐内说的。各说分见:王永兴,《敦煌唐代差科簿考释》,收入《陈门问学丛稿》,26—27 页;马世长,《地志中的"本"和唐代公廨本钱》,收入《敦煌吐鲁番文献研究论集》,(北京:中华书局,1982),460 页;西村元佑,《唐代敦煌差科簿を通じてみた均田制时代の徭役制度——大谷探检队将来、敦煌・吐鲁番古文书を参考史料として》,568—569 页。

④　如差科簿所见,只有勋官三～五品子是品子。二品以上子为上柱国子、柱国子;六品以下子为白丁,都非品子。职事官、散官六品以下为品子的情形,差科簿所见极少。此说法见:西村元佑,《唐代敦煌差科簿を通じてみた均田制时代の徭役制度——大谷探检队将来、敦煌・吐鲁番古文书を参考史料として》,631—641 页。至于品子的年龄,王永兴从差科簿实例上断定只能荫成丁之子为品子;而杨际平以为中男亦可。二氏说法见:王永兴,《唐天宝敦煌差科簿研究》,87—88 页;杨际平,《关于唐天宝敦煌差科簿的几个问题》,收入《敦煌吐鲁番出土经济文书研究》,(福建:厦门大学出版社,1986),136—142 页。

⑤　西村元佑,《唐代敦煌差科簿を通じてみた均田制时代の徭役制度——大谷探检队将来、敦煌・吐鲁番古文书を参考史料として》,633—636 页。

遇不如上柱国子、柱国子，①也与一般纳课品子不同，《选举志》里有特别规范："凡捉钱品子，无违负满二百日，本属以簿附朝集使，上于考功、兵部。满十岁，量文武授散官。"所谓"无违负"，其意与捉钱令史的"送利不违"似相近，而这是纳课品子未提及的。在考选方面，纳课品子满十三岁而试，捉钱品子十岁而试，显示政府欲以较快速的升迁，②奖励其捉钱。值得注意的是，上述两例分属下上户、下中户，与印象中捉钱者多属高户迥不相侔。从敦煌县差科簿的实例中，可以想见实际捉本钱者，未必皆家足赀财，只要具品子身分，或许即被认定是高户，但他们之所以沦为下户，是意在规避课役，③或竟是由于无力纳利，破产所致，宜再思之。

虽然目前仅于出土文书中见到品子捉钱，不过《选举志》里既有定制，至少说明这已是一种普遍行于全国各地的捉钱方式，而且可能出现于开元以前，因为《唐六典》卷二五《诸卫折冲都尉府》有："每岁，簿录事及府史、捉□品于补上年月、姓名，以上于州，申考功、兵部。"文中的"于"字疑当作"子"，而"捉□品于"其实是"捉钱品子"。折冲府兵曹掌公廨财物等事，每岁申捉钱品子于考功、兵部，岂不正与《选举志》所言相吻合？折冲府不同于一般州县，但也置公廨本，也以品子捉钱，并且于品子之外，还以府史捉钱，阿斯塔那184号墓《唐开元十二年（724）请补岸头府府史捉钱牒》④就是确证。府兵制于高宗、武后以后渐趋破坏，逃亡现象愈来愈严重，开元十一年（723）兵部尚书张说才因宿卫之数不足，建置"长从宿卫"，⑤《唐六典》成书于开元末，府兵制已几近崩解，但书中仍载其制与捉钱品子，而补岸头府府史捉钱正发生在置长从宿卫的次年，可见以府史或品子捉钱，早在府

---

① 上柱国子、柱国子的出身与待遇都优于品子，见：王永兴，《唐天宝敦煌差科簿研究——兼论唐代色役制和其他问题》，89—91页。

② 散官、勋官、三卫等的服役，助其取得考选资格，故服役可说是其升迁的手段，而捉钱品子似亦如此。有关讨论见：王永兴，《唐天宝敦煌差科簿研究——兼论唐代色役制和其他问题》，114—117页。

③ 户等不实，唐代史料颇有所见，如《唐会要》卷八五《定户等第》开元十八年十一月敕："天下户等第未平，升降须实，比来富商大贾，多与官吏往还，递相凭嘱，求居下等，自今已后，不得更然。"高户求居下等的目的多与课役有关，同前书卷天宝四载三月敕："自今已后，每至定户之时，宜委县令与村乡对定，审于众议，察以资财，不得容有爱憎，以为高下。……每有差科，先从高等。"可见降户等确为避差科。然户等不实导致差科不平的严重后果，早在中宗时已出现，《新唐书》卷一二三《李峤传》上书曰："重赂贵近，补府若史，移没籍产，以州县甲等更为下户。当道城镇，至无捉驿者，役逮小弱，即破其家。"

④ 《吐鲁番出土文书》（简）八/289，（图）肆/131。

⑤ 《新唐书》卷五〇《兵志》，1326—1327页。

兵制尚能运作时已存在,开元以后不过承袭旧制而已。

折冲府每岁申上考功、兵部的名簿,其中的府史、捉钱品子都与捉钱相关,不得不令人联想到捉钱品子既同样在州县、折冲府出现,那么府史是否也在州县捉钱,或管理捉钱? 唐前期史料言及州县捉钱者时,总以典史、典史、典正泛称之,不明究竟由何职掌负责其事,或许府史正是其中的一类人。阿斯塔那 506 号墓《唐开元十八年(730)请付夏季粮文书》:"右十八年夏季粮未请,奉举见欠张光辅利钱。"①同墓多人都需向张光辅纳利钱,张光辅的身分据《某人冬季粮请付府史张光辅抄》,②知其为府史,故可证明府史确在管理捉钱事宜。③ 然需进而推究的是,向张光辅纳利钱的人,不乏也是府史身分,并向官府领取粮料者,④换言之,这些实际捉钱的人未必都是一般百姓或品子,他们也可能是官府中有某种职掌的典史,也被安排来捉钱,其情形就如同府史张光辅一方面收、付冬夏季粮料,另方面配、取本利钱,两种公务若不相妨害,又何尝不可兼司呢? 由是州县典吏可以是实际捉钱者,也可以被曹司指派来管领本利钱。折冲府的公廨本数甚少,开元时又已将废弛,还用府史与品子捉钱,则官本数多,且名目渐增的州县,必然会以更多人数,与更多样化身分的捉钱者来捉钱,府史与捉钱品子相信是开元十八年(730)所谓"高户及典正等捉"中的两种,至若不能或不愿捉者,曹司也总会点召百姓来补充不足的人力。

大致来说,典吏与高户虽然是唐政府最属意的人选,但内外各司经营捉钱的人,常因应形势的变动与实际需求,而做调整与扩增。随着总本数的加大,每人捉钱数的细分化,愈来愈多的平民或有品子身分者,也被科配来捉钱;相对的,原来直接捉钱的典吏,有些则转化为监督捉钱者的人。这样的变化,在贞观年间即酝酿发生,高宗以后更加速演进,玄宗时期已情势明显,至于唐后期则顺此趋势而又有新的发展。

随着安史之乱的发生,国家财政受到重创,连带着官本制度也几乎全面崩解乾元元年(758)临时设置的和雇本、祭祀本、蕃夷宴设本,名义上由

---

① 《吐鲁番出土文书》(简)十/10,(图)肆/396。

② 《吐鲁番出土文书》(简)十/15,(图)肆/399。

③ 张光辅身分的论证可参考:王永兴,《敦煌经济文书导论》(台北:新文丰公司,1994),416—418 页。

④ 如《唐开元十八年(730)请付夏季粮文书》:"奉举见欠张光辅利钱。"而《唐府史张举夏季粮请回付张光抄》:"府史张举夏季粮▢▢▢请回付张光。"奉举即府史张举,欠张光辅利钱,张奉举既向官府领取粮料,又以府史身分捉钱。有关文书见:《吐鲁番出土文书》(简)十/10、12,(图)肆/396、397。

长安万年两县人吏主办，实际则委给质债户收息。① 质债户大概是以田园产业向官府质借钱货的人户，②系贫户的成分甚高。乾元年间战事吃紧，眼光敏锐的典吏与高户皆知收利不易，而这个苦差事因此推给从未用来捉钱，却不得不看官吏脸色行事的质债户，而其下场便如宝应元年(762)敕所言："诸色本钱比来将放与人，或府县自取，及贫人将捉，非惟积利不纳，亦且兼本破除。"(《唐会要》卷九三《诸司诸色本钱上》)质债户想必就是被迫捉钱的这类贫人吧！

唐政府看重官本钱，主要因其能节省库藏费用，无碍预算常支，可以弥补官府用度，故即使战事危机未解除，肃、代之际仍积极筹设诸色本钱，只是所取择的捉钱人，未必皆如前期的典吏与高户，宝应元年(762)敕曰："今请一切不得与官人及穷百姓并贫典吏，拣择当处殷富干了者三五人，均使翻转回易，仍放其诸色差遣，庶符永存官物，又冀免破家。"(同前引)战乱必然破坏经济，使商业萧条，贷放利息不易回收，就算国家依然提供免徭役的诱因，真正的高户也不愿入其彀中，故只能把捉钱任务推给穷百姓与贫典吏，造成"非惟积利不纳，亦且兼本破除"的后果。至于再次被政府逼上第一线的殷富干了者，能否如代宗期望地勇于任事，似也不宜太过乐观。

唐后期官本欠利的情形极为严重，自德宗以后屡见诏书或奏章请求放免捉钱者，由放免者的身分多属百姓来看，当时即使有富商大贾捉钱，占最大宗的应该还是穷百姓，如德宗兴元元年(784)七月诏：

> 百司诸军诸使举放利钱，今年六月以前，百姓欠负未纳者，亦并停征。(《唐大诏令集》卷一二三)

宪宗元和十一年(816)九月东都御史台奏：

> 纳息利年深，正身既没，子孙又尽，移征亲族旁支，无支族，散征诸保人，保人逃死，或所由代纳，……立限踰年，虚系钱数，公食屡阙，民户不堪。(《唐会要》卷九三《诸司诸色本钱下》)

---

① 《唐会要》卷九三《诸司诸色本钱上》，1676—1677页。

② 《宋刑统》卷二六《杂律》"受寄财物辄费用"条引长庆二年八月十五日敕："子弟行义无良，妄举官钱，指为旧业，及征纳之际，无物可还，即通状请收，称未曾分析。"此例虽属无占有质，或许类似之以不动产举借官钱之占有质，事实上也存在于官府，故有"质债户"之名。另外，《新唐书》卷五五《食货志》作"质积户"，可能有误。关于不动产质之类型，请参阅拙著：《唐代民间借贷之研究》，第二章第二节。

文宗开成三年（838）七月敕：

> 尚书省自长庆三年赐本钱后，岁月滋久，散失颇多，或息利数重，经恩放免，或民户逋欠，无处征收。（《唐会要》卷九三《诸司诸色本钱下》）

官本设置的特点，在一次置本，循环生利，理论上可以自给自足，用之不尽，但问题关键在利息能否按期纳足。政府原本指定高户与典吏捉钱，就是看中他们的财力与理财能力，可惜唐后期的捉钱者，显然是以一般民户居多，他们不谙兴生出举之道，又被迫放下自己的生计，但仍是负担不起高额息利，于是不仅本钱耗散，官用屡阙，还有劳皇帝多次添赐本钱，济其不足，而失去官本往复不断，回转生利的原意；同时百姓还因欠利数多，无力偿还，累及子孙亲邻及保人，致有破家之患，或逃死囚系之苦。开元六年（718）崔沔对捉官钱已有"收利数多，破产者众"的感叹，[1]想不到唐后期民户的惨况更甚于前时，白居易《议百司食利钱》曰："然则举之者，无非贫户；征之者，率是远年。故私财竭于倍利，官课积于逋债。"（《白居易集》卷六四《策林三》）贫户大量被摊派捉钱，导致官本严重赊耗，是一个令人瞩目的现象。

以高户捉钱，一直是唐朝的政策，宝应元年（762）敕甚至以为殷富干了者三五人，就可抵过一切穷百姓与贫典吏。事实上，长于算计的富商大贾参与捉钱，也是其因缘求利的手段。[2] 元和十一年（816）八月右御史中丞崔从奏："近日访闻商贩富人，投身要司，依托官本，广求私利。可征索者，自充家产，或逋欠者，证是官钱，非理逼迫，为弊非一。"（《册府元龟》卷五〇七《邦计部·俸禄三》）商贩富人以私钱添杂官本，又借着官、私账目未分清，将所收利钱纳入私囊，逋欠者赖给官家。此种行径，崔从以"非理逼迫"形容，可见这些商贩富人嚣张跋扈之状，连官府都莫可奈何。文宗大和七年（833）李德裕请罢江淮大贾捉钱符牒，因为"中书门下省所将本钱，与诸色人，给驱使官文牒，于江淮诸道经纪，……如闻皆是江淮富豪大户，纳利殊少，影庇至多。"[3]看来富豪大户明知息利甚重，但仍愿捉钱，是因其找到

---

[1] 《唐会要》卷九一《内外官料钱上》，1653页。

[2] Twitchett 认为捉钱人中不乏高户，其中许多是商人。参：D. C. Twitchett, "Merchant, Trade and Government in Late Tang," *Asia Major*, *New Series*, Vol. 14, Part 1, 1968, pp. 73—74.

[3] 《册府元龟》卷五〇七《邦计部·俸禄三》，6090页；又《新唐书》卷一八〇《李德裕传》，5333页。

可以影庇的巧门,才将所有的不利,归诸官府,所有的好处,收为己用。《唐会要》卷七二《神策军》元和十三年(818)京兆尹李游奏:"诸司使诸军所由官徒等,共九十四人挟名,……遂使影占文牒,散在村坊,凡欲差役,皆无凭据。"《旧唐书》卷一八下《宣宗纪》大中五年(851)京兆尹韦博奏:"京畿富户为诸军影占,苟免府县色役。"在京诸司诸军诸使的影占人户多为富户,其以钱物结托权贵,目的之一在免除徭役。① 捉钱已是色役,免其他杂差遣夫役是理所当然的,只是捉钱役毕,仍会差科其他徭役。唯求影庇的富户,意不在为官捉钱,所谓"纳利殊少"、"广求私利",可见富户只以捉钱为幌子,有了影占文牒,才等于得到一张根本免除徭役的护身符。此外,富户捉钱的好处,如《新唐书》卷五四《食货志》所言:"富贾倚左右神策军官钱为名,府县不敢劾问。"就是连犯罪都受到诸军等的包庇,让府县束手,莫敢劾治。② 而这些富户商贾也因此更加为所欲为,前述李德裕废大贾符牒的原因即是"因是挟赀行天下,所至州镇为右客,富人倚以自高"。③ 京司捉钱大户行遍江淮及天下州镇,岂是真为纳利,不过挟势肆意,货贿交通,以取权位富贵罢了。④

总之,小本数的捉钱人,无论用什么方式经营,总归要自筹利钱;大本数的富商巨贾,在营商与转贷赚得利差之外,还可取得各种优惠。故即使都是捉钱人,其经营手段与获利能力,还是有所不同。

官本捉钱者中的穷百姓与贫典吏,多半是被科派来的,得影占文牒的富豪大户,可能以自愿加入者为多,然而在这些人之外,少数不肖者竟存心借此机会骗取私利,《册府元龟》卷六一二《刑法部·定刑律四》元和五年(810)十一月敕:"应中外官有子弟凶恶,不告家长,私举公私钱。起自今以后,举钱无尊属同署文契,其举钱主在与不在,其保人等并决二十,其本利钱仍令均摊填纳。"官人子弟之凶恶者,不告家长而举官钱,意在与徒党朋分私用,而将债务推给家主,以宅业来抵偿。元和敕为了杜绝此等假捉钱

---

① 中央权力机构与藩镇州县地方机关,影占富商大户的情形相当不少,双方互得其益,但也衍生出差科转嫁贫弱户,与战力减退的弊害。日野开三郎于此有深入论证,见《日野開三郎東洋史學論集》18《續唐代邸店の研究》(東京:三一書房,1992),656—662 页。

② 影占人户及逃避赋役、刑罚等问题,可参考:唐长孺,《唐代色役管见》,180—184 页。

③ 《新唐书》卷一八○《李德裕传》,5333 页。

④ 唐后期商人入仕的情形见:高橋繼男,《唐後期における商人層の入仕について》,《東北大學日本文化研究所研究報告》17(1981),155—168 页;D. C. Twitchett, *Merchant, Trade and Government in Late Tang*, pp. 89—95.

之名,行骗财之实的行为,所以要求尊属同署文契,并强制举主与保人共同摊还。由于捉钱者的来源多端,心态复杂,吾人不能用单一情境看待之。

唐后期实际负责捉钱者,无论其经济状况如何,官府别有许多其他称呼,如《旧唐书》卷一四《宪宗纪》元和二年(807)六月乙丑条:"五坊色役户及中书门下两省纳课陪厨户及捉钱人,并归府县色役。"本条较详细的说明见《唐会要》卷九三《诸司诸色本钱下》,可知五坊色役户也好(《会要》称"五坊户"),纳课陪厨户也罢,都以不同身分,不同方式来捉钱或纳课,他们不但因此而免徭役,又因隶于捉钱单位而府县不能役及其身,故有宪宗元和二年的正其归属。以纳课方式代替息利,早在贞观十二年(638)已用过,系取诸州上户为胥士,准防合例而收其课。虽然此举不久即废,但安史乱后又想到用之,大历六年(771)赐军器公廨本钱三千贯文,放在人上,于数内一千贯文,别纳店铺课钱,添公廨收利杂用。① 则官本除了用捉钱法收息,也用课钱法取利,纳课者是店铺,应是看中其有一定财力,较不易发生欠利问题。纳课法自盛唐以来多行于军中,《旧唐书》卷一○六《王毛仲传》:"长安良家子避征徭,纳资以求隶于其中,遂每军至数千人。"为避役而纳资军中,唐后期称"纳课户",②自贞元以来颇为风行,《唐会要》卷七二《羽林军》:"长安富户皆隶要司求影庇,禁军挂籍,十五六焉。至有恃其多藏,安处阛阓,身不宿卫,以钱代行,谓之纳课户。"以钱求影庇的纳课户未必只隶于诸军,其身分其实是非常复杂的,《文苑英华》卷四二九《会昌五年正月三日南郊赦文》:"畿内诸县乡村,及城内坊市人户,不是正额食粮官健,及非工巧之徒,假以他名,诸司诸使影占纳课,其数至多,各本司厘革。凡是纳课人户,归本县收入色役。"前引元和二年的两省纳课陪厨户,就非隶于诸军。陪厨的意思当与厨食相关,贞元中以后京司大置食利本钱,纳课陪厨户即以课钱代替官本息利。因其专为厨食而设,不同于一般纳课户,故别立其名。他们既不归府县色役,求影庇的意味相当浓厚,其身分应不是官健、工巧徒之类,而是假以他名,附于两省的富户吧!

唐后期最常用的捉钱者名称,在元和六年(811)御史中丞柳公绰奏中多次提及:"诸司诸使应有捉利钱户,其本司本使给户人牒身,……一使之下已有利钱户八百余人,……所称捉利钱户,先亦不得本钱,百姓利其牒身。……今请诸司诸使所管官钱户,并依台省举本纳利人例。……其捉钱

---

① 《唐会要》卷九三《诸司诸色本钱上》,1677页。

② 有关纳课户的由来、所隶名籍、纳课目的与弊害,见:曾我部静雄,《唐の府兵制度及び均田法廢止後の課户と納課户》,收入:《中國律令史の研究》(東京:吉川弘文館,1971),413—417页。

户原不得本钱者,亦任使不纳利。"(《唐会要》卷九三《诸司诸色本钱下》)所谓捉利钱户、利钱户、官钱户、捉钱户,互相交替使用,其意都指捉官本,纳利钱的人户。此外,文中的纳利人,以及前引元和二年(807)的捉钱人,或元和十四年(819)御史中丞萧俛奏称的"纳利百姓",①也都是为官捉钱,按月纳息的捉钱者。通常情况下,捉钱人户尽管有贫富之分,率皆为平民百姓,但军事单位的捉钱者,可能随顺形势,取用其下士兵捉钱,如白居易《论周怀义状》:"缘新置军将利钱,放与人户官健,每月征利。"(《全唐文补遗》卷七四)就以官健为捉钱人。

唐代的捉钱者,前期虽已有上户、高户之名,但更常见的是令史、番官、胥士、庶仆、品子等个别的捉钱人。后期则不然,即使也称捉钱人、纳利百姓,显然增多地却是以户为名者,如质债户、纳课陪厨户、色役户、捉利钱户、捉钱户、利钱户、官钱户等。实际负责捉钱的,应是户中的某个人,由个别的捉钱人,到后来慢慢演变为以户为捉钱单位,似与徭役、犯罪有关。前述元和六年(811)柳公绰奏:"诸司诸使应有捉利钱户,其本司本使给户人牒身,称准放免杂差遣夫役等,如有过犯,请牒送本司本使科责,府县不得擅有决罚。……百姓利其牒身,情愿虚立保契,文牒一定,子孙相承。"(《唐会要》卷九三《诸司诸色本钱下》)捉钱者与官府间有文牒为证,记载某户某人及钱数之外,还有双方互负的权利义务。捉钱者最主要的义务是支付利钱,其相对获取自官府的权力则是免徭役与犯罪不由府县决罚。这两项具有实益的诱因,正是倚权仗势,不甘苦使的商贩富豪所巴望企盼,求之不得的。这些权力如果只由捉钱者一人受益,影响层面还不致太大,然诸军诸使影庇的捉钱户,常是一人捉钱,全户免徭,长庆元年(821)七月敕:"京兆府百姓属诸军诸使者,宜令具挟名。敕下,一户之内,除已属诸军诸使,其余父兄子弟,据令式,年几合入色役者,明立簿籍,同百姓例差遣。"(《唐会要》卷六七《京兆尹》)长庆敕所言当包括捉钱户在内,只是这道敕令有多大作用,令人质疑。由于捉钱者的户内之人在徭役、犯罪上可以受益,再加上"文牒一定,子孙相承"的世袭性意味,于是捉钱"户名化"成了不可挡的趋势,连官府文书或官人用语也一再以户相称,除了柳公绰之言外,如元和六年(811)御史台奏:"诸使虑有捉利钱户,请同台省例。"(《唐会要》卷九三《诸司诸色本钱下》)元和十年(815)改案额为新收置公廨本钱时,"勒本司据见在户名钱数,各置案曆"。(《唐会要》卷九三《诸司诸色本钱下》)甚至

---

① 《唐会要》卷九三《诸司诸色本钱下》,1683 页。

欠负不纳息利,移征子孙亲族,也是以户计算。① 其实唐代始终由个别的捉钱者任事,即如柳公绰也说:"一使之下已有利钱户八百余人"(《唐会要》卷九三《诸司诸色本钱下》),宰臣李珏亦谓两省"共有三百余人在外求利"(《唐会要》卷九三《诸司诸色本钱下》),但终究因为户内之人因而受益,或受牵连,故唐后期特别突显出捉钱"户名化"的特色。

捉钱者的权益中,另一项引起争议的是输利受职。前期如行署、番官、品子等都可因考铨而迁转或授官,后期情形如何,却仅见于下述史料,《新唐书》卷一三二《沈既济传》谏曰:

> 今置员三十,大抵费月不减百万,以息准本,须二千万得息百万,配户二百,又当复除其家,且得入流,所损尤甚。

建中二年(781)德宗欲置待诏官三十员,其用度拟以置钱取息法赡济。沈既济谏言中不仅指出"配户二百,又当复除其家",印证了前文正身免徭之外,全家亦可享有免徭的待遇,同时还点出"且得入流"这项未再见于史料的权益。捉钱者的身分是复杂的,唐前期的典吏既自行捉钱,也管理百姓捉钱,但似乎只有典吏有机会因考入流,百姓除品子可授散官外,一般无此资格。沈既济所言"且得入流"的捉钱户,依流外入流的制度而言,亦典吏之属吧!

宪宗元和以后,京司新增一些与捉钱相关的职掌,《册府元龟》卷五〇七《邦计部·俸禄三》文宗太和九年(835)正月敕:

> 中书门下两省奏请依元和元年八月六日敕,各置捉钱官。敕中书省宜置三十人,门下省置二十五人。

元和元年(806)所置的捉钱官,或许就是典吏之流,负责管理其下的捉钱人户。开成四年(839)宰臣李珏奏堂厨食利钱有捉钱官三十人,而有三百余人在外求利。② 正是捉钱官下有捉钱人户。易言之,捉钱官与捉钱人户分属两个不同层级,前者自曹司手中配到本数,再将本钱交付所属人户

---

① 如元和十一年九月东都御史台请免自贞元十一年以来纳利数倍者,就都以户计。见:《册府元龟》卷五〇七《邦计部·俸禄三》,1682—1683 页。
② 《册府元龟》卷五〇七《邦计部·俸禄三》,1685 页。

捉钱；后者则为实际的捉钱者，并将利钱交给直属的捉钱官。① 之所以如此分层负责，盖与各司本钱数量庞大有关，从历次赐本与简勘数，多则数千至万余贯来看，岂是少数典吏就能自行捉钱的，也不是判官一人就能轻易驾驭其下的数百捉钱人户。在判官与捉钱人户间多设置一批捉钱官，对本钱的管理与利钱的催讨，都是有益无害的。元和元年敕置捉钱官，可说为捉钱法立下更明确的规范。

捉钱官似乎不是额外增置，大抵是在不妨公事的情况下，分配直官或典吏兼司其职的。《唐会要》卷六四《集贤院》元和二年(807)武元衡奏曰：

> 更请本钱一千贯文，收利充用，置捉钱四人。其所置，请用直官，及写御书各两员，每员捉钱二百五十贯文，为定额，即免额外置人。

敕旨："已配捉钱人，宜至年满准旧例处分。"此事发生在元和元年(806)定捉钱官之制的次年，武元衡奏请的捉钱四人，指的应是捉钱官。所谓"免额外置人"，系指捉钱官于现有员额内兼司其职，但不是否定其下可置捉钱人。正因武元衡实施的是新制，所以旧制的捉钱人年满后是遣散或续任，准例处分。集贤院的捉钱官，用直官、写御书各两员。直官有诸官临时差充的性质，②《唐六典》卷二载集贤院的有品直官有能书6人、装书14人、造笔4人三种，总计24人，③应属伎术直，④由其中抽调二人掌捉钱，相信不妨公事，也是万岁通天元年(696)以来就许可的(S.1344《开元户部格》)。能书大概就是卷九《集贤院》中的书直，书直与写御书共百人，⑤扣除书直，则写御书有94人，命二人为捉钱官，人力上也该不难调配。直官有有品无品之分，有品直官有散品，无品直官无散品，亦即未入流，⑥写御书是无品的流外典吏。直官与写御书的身分，据《集贤院》条注："取前资、常选、三卫、散官五品已上子、孙，各有年限，依资甄叙。"则直官与写御书都要依年资叙阶，有散品的直官可以升进散阶，无散品的直官与写御书可以

---

① 刘玉峰也认为有层层相贷的关系，但是指官典将本贷给捉钱户，各户再贷给平民。见《唐代工商业形态论稿》(济南：齐鲁书社，2002)，70页。

② 李锦绣，《唐代直官制》，收入：《唐代制度史略论稿》(北京：中国政法大学出版社，1998)，6页。

③ 《唐六典》卷二《吏部郎中员外郎》，35页。

④ 李锦绣，《唐代直官制》，8—9页。

⑤ 《唐六典》卷九《集贤院》，280页。

⑥ 李锦绣，《唐代直官制》，7—8页。

量资入流。① 前述宝应元年（762）敕："一切不得与官人及穷百姓并贫典吏（捉钱）"，这个官人大概就包括散品直官在内。而沈既济论捉钱者复除其家外，"且得入流"，就集贤院而言，不正是无散品的直官与写御书这等人。然无论捉钱者原本有无散品，捉钱这项色役，都有助其劳考与叙阶，唐前期政府已用这种方式利诱令史、品子等投入，唐后期京司的官本规模更加扩大，政府不会不借用叙迁之法笼络诸官典。

捉钱官既可享有入流的待遇，富人对之自然趋之若鹜，此无异又为富豪商贾开了一道入仕的方便之门，《册府元龟》卷一六〇《帝王部·革弊二》开成四年（839）六月条：

> 中书门下奏请停堂厨捉钱官，从之。（注：先是，宰相厨广，召富人以飧钱散配息利，谓之堂厨捉钱官。影占富豪，为弊日久。）

太和七年（833）李德裕奏罢两省之江淮大贾捉钱符牒时，已称其"纳利殊少，影庇至多"，②不过短短六年，宰臣又再次奏停堂厨捉钱官，而且从"影占富豪，为弊日久"一语推知，以富人为堂厨捉钱官，是其来有自的，而李德裕的建议根本未付诸实施，捉钱官已成为富豪影庇徭役，步入仕途的阶梯。其实早在元和九年（814）议者已指两省、尚书省、御史台总枢机，司弹纠，犹息利倍称，非驭官之体，于是诏以户部除陌钱充替本利钱。③ 然多年以来，在京从无一司真正废掉官本，政府还不断赐与新本，而元和元年（806）敕置捉钱官，似乎不限中书门下两省，大概诸司诸军诸使等皆一体适用，由是想见捉钱官充斥京司，不仅长安富户不愿错失免徭、免过及入仕良机，就连外地商贾也争相取得文牒，成为捉钱官，所谓持两省本钱者，"如闻皆是江淮富豪大户"，"于江淮诸道经纪"，④可见捉钱官对富人是多大的诱惑。

---

① 关于散官的获得与升进方式，见：黄清连，《唐代散官试论》，《史语所集刊》58：1（1987），157—172页。至于流外官的设置与职掌、铨选对象、流外铨制度、考课方式、流外入流的任官与政治地位，以及流外官在行政体系中的作用，详见：任士英，《唐代流外官制研究》（上、下），收入：《唐史论丛》第5、6辑（西安：三秦出版社，1990、1995），288—304，160—239页；郭锋，《唐代吏制——流外官试探》，收入：《唐史与敦煌文献论稿》（北京：中国社会科学出版社，2002），63—72页。

② 《册府元龟》卷五〇七《邦计部·俸禄三》，6090页；《新唐书》卷一八〇《李德裕传》，5333页。

③ 《册府元龟》卷五〇七，6085页；《新唐书》卷五五《食货志》，1402页。

④ 《册府元龟》卷五〇七，6090页。

捉钱对穷百姓来说是不堪其扰的苦差事,对富户商贾而言却有不小的魅力,这不免让人兴起一个百思不解的疑惑:唐高宗既能废掉京本,以户税充官俸;玄宗亦陆续减低对州县本的倚赖,也以户税补贴外官俸,后期政府难道真的筹不出财源,直接供给京司为数并不算多的公廨费用或食钱? 在百姓欠利严重,本钱耗散不断,以及频繁添赐新本的情况下,政府为何还要坚持捉钱? 议者不是不想废本钱息利法,但是两省、尚书省、御史台都无法动它分毫,原因何在? 或许我们正由富人的积极寻求捉钱文牒,才意外发现官场上利益纠葛所产生的巨大力量。因为只要捉钱法存在一天,富人就多一种管道得到自己所期盼的权益,而发给文牒的单位,尤其是诸军诸使,也就相对地由其中获取更多实惠,如此地上下交征利,哪怕有再大的批评声浪,最终都将化为乌有,这种阻力未尝不是唐后期京司官本想废而不能废的重要原因。看来,国家的财政利益,官商勾结的经济利益,让这个弊端丛生的制度,存续下来了。而富户商贾接连不断地进入官僚体系,势必对士族政治产生冲击,也对官场生态有莫大的影响。

捉钱官既可入流,至少是典吏之类,集贤院称为直官、写御书,但不同司可能就由不同职掌人担任,如《册府元龟》卷四八一《台省部·谴责》:

> 裴郁为兵部员外郎,……因征本曹厨利钱,苛细寡恕,令史凡四十人,并曹而逃,信宿招绥。

《新唐书》卷四六《百官志》列兵部令史 30 人,书令史 60 人,制书令史 13 人,甲库令史 12 人。此处概言"令史凡四十人",想来是选自其中的某几种职掌,或指以令史为首的各捉钱典吏与百姓。两省的捉钱官尚不超过 30 人,这 40 人中绝大多数可能系一般捉钱人。而诸多典吏中何人适任捉钱官,各司应有自己的考虑,不妨公事之外,经济状况该是首要条件,盖捉钱官既管领捉钱人户,捉钱人户不乏穷百姓,方其不能纳利,曹司难免责成捉钱官代纳,兵部令史四十人因员外郎"苛细寡恕"而逃,不就为征厨利钱? 即使如宝应元年(762)敕所言亦有"贫典吏",相信这些人不是因代纳而破产,就是富有典吏不愿或不足充,所以才让贫典吏被迫任事的。

一般而言,捉钱官由诸司差遣典吏为之,但由什么职掌人充担,可就因司因时而异,没有定数,故有时仅以吏、大吏泛称之,如《新唐书》卷一七二《杜中立传》:"初,度支度六宫飧钱移司农,司农季一出付吏,大吏尽举所给于人,权其子钱以给之。"这里的吏或大吏,可能就是司农的捉钱官,不外乎是府、史、计史等人。如果更广义的用语,或者即称所由(繇)、官典或官典所由(繇),《册府元龟》卷五〇七《邦计部·俸禄三》多处提及:

元和九年十二月敕:"……其诸司除疏理外,见在本钱,据额更不得破用,如有欠失,即便勒主掌官典所繇等,据数填备。"

元和十年正月御史台奏:"……如至年终勘会,欠少本利,官典诸节级准法处分。如主掌官典改移,亦勒造帐交付承后官典。"

元和十一年八月敕:"京城百司诸军诸使及诸道,应差所由,召人捉本钱。"

所由可以指负责某事的官,如"所由官"、"所由长官"、"所由州县官",[①]也可以专指管辖某职事的吏,如"所由吏"、"佐史以下本所繇",[②]亦即所由视情况可以指官,也可为胥吏。[③] 官典一词亦然,如天宝九载(750)十二月敕:"其诸色输纳官典,受一钱已上,并同枉法赃论,官人先解见任,典正等先决四十。"(《唐会要》卷八三《租税上》)即并指官人与典吏。然太和六年(832)七月三司奏:"令三司官典及诸色场库所由等,……请许服细葛布折造,及无纹绫充衫及袍袄。"(《唐会要》卷三一《杂录》)葛布之属非官人章服,则此处的官典及所由其实仅只胥吏。由于官典、所由的语义随时代、情境而异,[④]在解释其是否包含捉钱官时,也就更具弹性。如前文所述,捉钱官可如集贤院的直官,有散品,但一般是流外之吏。《册府元龟》里所引各条,所谓"主掌官典所繇"或"主掌官典",实总括管理捉钱的曹司官员,与其下任诸职掌的典吏。这些典吏,有的直接负责捉钱,有的分配本钱给捉钱人,有的则被任命为捉钱官。至于"应差所由",既用"差"字,似所由

---

① 如《册府元龟》卷四八八《邦计部·税赋二》元和四年二月度支奏:"其折纳匹段,定中估,仍委州县精加捡择,如有滥恶,所由官并请准今年正月十五日旨条处分。"《唐会要》卷二七《行幸》开元二十四年敕:"两京行幸,缘顿所需,应出百姓者,宜令每顿取官钱一百千文作本取利充。仍令所由长官专句当,不得抑配百姓。"《唐会要》卷五〇《尊崇道教》开元二十九年河南采访使汴州刺史齐澣奏:"其道士僧尼女冠等有犯,望准道格处分,所由州县官不得擅行决罚。"这里的所由官等,都指九品以上的官。

② 如《旧唐书》卷一三五《卢杞传》:"赵赞又请税间架、算除陌。……所由吏秉笔执筹,入人第舍而计之。"《册府元龟》卷四九三《邦计部·山泽一》长庆二年韦处厚驳张平叔盐法一条曰:"州县所要籴盐人,委所在长吏,于当州当县仓督·录事·佐史以下本所繇中拣选,不得差配百姓。"这里的所由吏等指胥吏。

③ 船越泰次分析所由的用法有四种,可以参看,见:《五代节度使体制下における末端支配の考察——所由·节级考一》,收入:《唐代两税法研究》(东京:汲古书院,1996),374—376、387—392页。

④ 長谷川誠夫,《唐宋時代の胥吏をあらわす典について——典吏·典史と關連して一》,55—61、64—66頁。

地位不高,依捉钱通例,其中或亦包含典吏之流的捉钱官。正因为捉钱官因司而异,职掌纷然,品阶高下不同,没有固定人选与职称,所以官府如要追究欠少本利的责任时,也只能依个人的职务高低与欠数多寡来处理,未可一概而论,这也就是为什么元和十年(815)御史台称:"官典诸节级准法处分",要依各种情况而各自量刑了。①

唐后期还有一种与捉钱相关的驱使官。驱使原本是供左右差遣之意,其后演变为一种职称,尤其多见于唐后期的各司及使、军等单位。② 驱使官分为有正官、未有正官两种,③大概就指有散品或无散品。在诸色本钱方面,元和九年(814)以后有部分利钱供令史府史驱使官厨料等用,④这应该不是突如其来的做法,早在高宗为天下置公廨本钱时,其息钱已供"佐史以下不赋粟者常食",⑤而京司典吏不过依循旧惯而已。在捉钱上,驱使官同样于元和九年(814)以后扮演愈来愈重要的角色。《新唐书》卷五五《食货志》:

---

① 船越泰次也考察史籍中节级的用法,有依阶级次序、下级军将总称、或胥吏泛称等几种。但文中涉及论刑轻重,又与上述概念不尽相同。船越说法见:《五代節度使體制下における末端支配の考察——所由・節級考一》,376—384 页。

② 驱使原本是供差遣之意,如《旧唐书》卷五《高宗纪》:"令雍、同、华州贫窭之家,有年十五已下不能存活者,听一切任人收养为男女,充驱使,皆不得将为奴婢。"但在官场上用得也很普遍,如《唐六典》卷三《户部郎中员外郎》:"凡州县官及在外监官皆有执衣以为驱使。"驱使成为一种职官,在唐后期很常见,如《唐会要》卷五九《兵部侍郎》大中五年:"得驱使官卢华等状称,各在省驱使,实缘长官辛苦,事力不济,所以假此武官。"则两省有驱使官。《唐会要》卷六〇《御史台》:"台司令史及驱使官并诸色所由,有罪犯须科决等,或有罪犯稍重者,皆是愚人常态,不可一一奏闻。"御史台也有驱使官。此外如《新唐书》卷四九上《百官志》左右神策军有驱使官二人;《唐会要》卷八八《仓及常平仓》太仓也有驱使官。《唐会要》卷五五《瓯》知瓯使下置驱使官二人。石刻史料所见方镇使府的驱使官很多,可参考:严耕望,《唐方镇使府僚佐考》,收入:《唐史研究丛稿》(香港:新亚研究所,1969),205—206 页;石云涛,《唐代幕府制度研究》(北京:中国社会科学出版社,2003),227 页。

③ 《唐会要》卷三一《杂录》:"其驱使官,有正官,及在城及诸色仓场官等,请许服细葛布折造,及庶人纹绫充衫袍。……其驱使官,未有正官,及与行案令史等,请许麤葛布及官絁等充衫袄。"石云涛亦找到实例,见:《唐代幕府制度研究》,227 页。

④ 《唐会要》卷九三《诸司诸色本钱下》元和九年十二月敕:"其诸司应见征纳,及续举放所收利钱,并准今年八月十五日敕,充添修司廨宇什物,及令史驱使官厨料等用。"同卷元和十年正月御史台奏:"请改案额为元和十年新收置公廨本钱,应缘添修廨宇什物,及令史府史等厨并用。"

⑤ 《新唐书》卷五五《食货志》,1397 页。

元和九年,户部除陌钱每缗增垫五钱,四时给诸司诸使之餐,置驱使官督之,御史一人核其侵渔。

这里的驱使官未必有散品,地位大致如令史府史等职,所谓"置驱使官督之",不是如御史那样超然地独立行使监察权,而可能是各司的驱使官督责本司的捉钱人户。驱使官的职权及与诸司、使的关系并不清楚,据大中五年(851)八月宰臣奏:"除特赦及翰林并军职外,其诸司诸使人吏职掌官,并诸道进奏官,并不再更请起复授官限。其间或要籍驱使官任,准旧例举追署职,令句当公事。"(《唐会要》卷三八《夺情》)要籍是使府的亲近要职,其务与财计相关。① 宰臣禁诸人吏起复授官,唯要籍、驱使官可以例外,足见驱使官不同于一般人吏,其职务有其重要性、特殊性,《册府元龟》卷五〇七《邦计部·俸禄三》太和七年(833)八月敕:

> 中书门下两省所将本钱,与诸色人,给驱使官文牒,于江淮诸道经纪。……宜并勒停,两省先给文牒,仍尽追收。以后不承正敕,不再更置之限。

两省本有捉钱官掌理捉钱人户,此处于江淮诸道经纪之诸色人,似乎正是富户商贾,他们因受两省差遣,到各地监督捉钱,所以才特别发给驱使官文牒。看来只有两省的驱使官才有这项特权,而也只因他隶属于两省,其行止才惊动敕书,其置废皆由正敕。开成四年(839)宰臣李珏、杨嗣复都以堂厨食利,非国体所宜,请停置厨捉钱官,追收本钱,"勒堂后驱使官置库收掌破用"。② 自政事堂改为中书门下后,其下设官署机构,前堂为宰相议政之处,堂后有五房与六部相对应。③ 这里的堂后驱使官,大概是五房中某房的吏职,由其所掌与库藏及堂厨相关,再加上曾督责捉钱,或根本就到江淮等地捉钱,推测驱使官的职权也与财计相关,但除非其得两省文牒到外地经纪,通常情况下驱使官在各司并不直接管理捉钱人户,与捉钱官的

---

① 严耕望,《唐方镇使府僚佐考》,204—205页。

② 《册府元龟》卷五〇七《邦计部·俸禄三》,6091页。

③ 政事堂改中书门下后的机构建置,有所谓的五房。五房有堂后官,主书、主事等由流外入流累转而来。堂后官又称堂吏,大概负责各项庶务,文中的"堂后驱使官"可能就是诸多僚佐之一。关于五房之建置与人员配置,见:刘后滨,《唐前期中书省地位的变化与中书门下体制的建立》,收入:《盛唐政治制度研究》(上海:上海辞书出版社,2003),281—288页。

责任不太相同。

晚唐时捉钱的形式一度稍有变化,会昌元年(841)六月户部于敕赐诸司食本仍不足部分,拟出一套新的捉钱法,《册府元龟》卷五〇八《邦计部·俸禄四》:

> 今请落下征钱驱使官每贯二百文课,并更请于合给钱内,四分中落一分,均摊分配。……诸司虽落下一分钱,缘置驱使官员,于人户上征钱,皆被延引,或人逃散失落,常不得足。虽有四分收利之名,而无三分得利之实。……伏缘中书门下,公事不同诸司,恐不可落下一分,及征钱人课。

或许因户部所奏系节文,整个征钱办法有些语焉不详,似乎诸司驱使官以每贯二百文的方式纳课给官府,其余并以四分落下一分的利率,向人户征钱,唯中书门下因公务繁重,与诸司不同,驱使官纳课之外,仍以四分利征钱人户。只可惜捉钱人户多逃散,所收利常不足。史料中从未见驱使官纳课,然唐代不少纳课户正是以纳赀求隶于要司,这些驱使官甘愿交付相当于四分之一利钱的重课,并取代捉钱官追征人户,想必能于其中获取异于寻常的政治、赋役、司法等利益。驱使官在吏职中的地位不低,又特别得到中书门下的信任,差遣于诸道经纪,由是猜想两省与诸司驱使官中不乏富豪商贾之辈。至于其取代捉钱官于人户上征钱,是特例或常态,尚需更多数据来佐证,但因捉钱官本身就非固定吏职,以驱使官任捉钱官,也不是什么悖乎常情的事。不过值得再次重申的是,中书门下的本钱始终废不了,而且迫切需求的程度还远远超过其他各司,连落下一分利都不可得,宰臣念兹在兹的"非国体所宜",①显然敌不过利字当头。

唐后期捉钱者的史料多集中于在京诸司诸军诸使,有关地方捉钱者的情况少有例证可寻,可知者仅是宝应元年(762)因府县本钱由官人及穷百姓并贫典吏将捉,本利破除严重,命拣择改用当处殷富干了者。② 安史乱期间,政府公权力不振,原可授予捉钱者的权益,可能都无法兑现,再者,此时似乎不太可能系统性地改变地方捉钱制度,因袭旧惯之下做些适应性、权宜性的小幅调整,是比较切合实际的,因此所谓官人、典吏、百姓,其关系或者如前期那样,由曹司指派典吏分配官本,实际捉钱的则是百姓。典吏中有贫有富,贫典吏更易为百姓欠利所拖累。百姓中被迫捉钱的当不在少

---

① 《册府元龟》卷五〇七《邦计部·俸禄三》,6091页。

② 《唐会要》卷九三《诸司诸色本钱上》,1677页。

数,但富者深知动乱时经济萧条,收利不易,故除非有特殊诱因,否则必一心求免,而穷百姓则无所逃于官府威迫,也只能就范,这也就难怪其结果是"非惟积利不纳,亦且兼本破除"了。

唐后期方镇势力大起,中央权威堕损,各式官本能否在诸道州县实施,大成问题,因为中央已无力拨给本钱,只能凭地方官的重视程度与当地的财力调度情形来决定,是以就算中央下达捉钱政令,地方也未必有能力或意愿来推行。元和十一年(816)八月敕:"京城百司诸军诸使及诸道,应差所由,并召人捉本钱。"(《唐会要》卷九三《诸司诸色本钱下》)就很罕见地提及诸道捉钱,且一如京司那样将所由官典与捉钱人分开。可见中央的捉钱政令确实下达到地方,至于地方能否接受,或执行到什么程度,就可能因人因地而异。长庆四年(824)王仲舒除江西观察使,"吏坐失官息钱三十万,悉产不能偿,仲舒焚簿书,脱械不问"。① 这个负责官息钱的吏,大概就是所谓的捉钱典吏;本利还欠既有簿书为凭,并依欠失偿负论其罪刑,说明地方官府已建立捉钱制度,至少是自有规制。仲舒焚簿书,脱械不问,代表他有法外施恩的权力,也表示地方官府在捉钱问题上有不小的自主权。

唐后期无论地方军、政单位或中央派驻机构,只要能力许可,都可设置官本,元和十一年(816)敕诸道差所由并召人捉钱,及江西观察使王仲舒之例,显示道级可有官本。会昌元年(841)六月河中等州观察使孙简为馆驿本奏曰:"准敕书节文,量县大小,各置本钱。……晋慈隰三州各置本钱讫,得绛州申称无钱置本。"(《册府元龟》卷五〇八《邦计部·俸禄四》)则州、县亦有官本。会昌五年(845)李德裕请置悲田养病坊,奏云:"如州镇有羡余官钱,量予置本收利,最为稳便。"(《唐会要》卷四九《病坊》)就连军镇也考虑设病坊本。大中二年(848)六月崔龟从奏:"应诸司场院官请却官本钱后,或有隐欺欠负,征理须足。"(《旧唐书》卷一八《宣宗纪》)这些委外机构的官本或许请自中央诸司。由此可见只要地方有需要,不管官本名目若何,不分归属于什么单位,各官府总会量力而置,只是由谁来捉钱?是否有捉钱官?其财富状态与权益若何?史料所见极少,如李德裕期望捉病坊本的是:"其两京及诸州,各于录事耆寿中,拣一人有名行谨信,为乡里所称者,专令勾当。"(《唐会要》卷四九《病坊》)历来捉钱者,政府总强调高户、富户,鲜以名德为重;而各州府的录事,职司检勾稽失,率皆为品官。这样特殊的勾当官本者,真的会落实在捉钱的制度中吗?着实让人很难想象。大中五年(851)九月中书门下奏:"至于使州公廨及杂利润,天下州府皆有规

① 《新唐书》卷一六一《王仲舒传》,4985页。

制,不敢违越。缘未有明敕处分,多被无良人吏致使恐吓,或致言讼。"(《旧唐书》卷一八《宣宗纪》)虽然这里说得是公廨费用与利钱的使用方式,但不得不令人怀疑诸州府的捉钱法及对捉钱者的身份要求,是否也自有规制?乾符二年(875)诏言及五岭诸郡修补廨舍,委节度观察使接借本钱,"案名额,遣干济官主持",①就采取放任地方,听其自理的态度,或许就是体认到中央无法强迫地方接受京司那套捉钱法吧!

第四节 经营方式与欠利问题

官本以何方式经营,最早在隋开皇年间已有讨论,《隋书》卷二四《食货志》:

> 先是京官及诸州,并给公廨钱,回易生利,以给公用。至十四年六月,工部尚书安平郡公苏孝慈等,以为所在官司,因循往昔,以公廨钱物,出举兴生,唯利是求,烦扰百姓,败损风俗,莫斯之甚。于是奏皆给地以营农,回易取利,一皆禁止。十七年十一月,诏在京及在外诸司公廨,在市回易,及诸处兴生,并听之。唯禁出举收利云。

这里涉及的经营方式有两类,一是回易兴生,一是出举收利。回易、兴生都是商贩求利,可并称为兴易,或称兴贩。② 回易是博换、转易之义,③即是物品或钱货的相互换易,其与商贩所差无几,唐人论赊粜时曰:"至纳钱日,若粟麦杂种等时价甚贱,恐更回易艰辛。"④便可谓谷物卖易换为钱。然开皇十七年(597)诏似以距离远近,行商处所,区别回易与兴生。不过这样的区别意义并不大,隋唐之际的诗人王梵志曰:"兴生市郭儿,从头市内

① 《全唐文》卷八九,932—933 页。

② 蒋礼鸿,《敦煌变文字义通释》(上海:上海古籍出版社,1997),247—249 页。

③ 《吏学指南·赃私》"转易他物"条曰:"谓本赃是驴,回易得马之类。"回易即转易他物,此据《唐律·名例律》"以赃入罪"(总 33 条)之解释。又,《吏学指南·钱粮造作》"质易"条释"易"为"互相博换",盖回易即博换、转易之义。然《吏学指南·赃私》"兴生出举"条曰:"谓以财出举而得利润者",视"兴生"如"出举",可能有误。

④ 《唐会要》卷八八《仓及常平仓》,1613 页。

坐。……行行皆有铺,铺里有杂货。"①此处的兴生就是在市内坐贾,而不是在诸处行商。② 商贩交易本来就要有利得,虽然与出举之利息经营方式不同,其皆获利则无分别,《唐律疏议》卷四《名例律》"以赃入罪"(总 33 条)问曰:"即将兴易及出举,别有息利,得同蕃息以否?"答曰:"若是兴生、出举而得利润,……不同蕃息之限,所得利物,合入后人。"唐人已将兴生、出举之利,同以息利、利润视之,而官本所获之利,不乏这两种来源。

唐代官本的经营,愈是早期,兴易之法似乎愈普遍。《唐会要》卷九一《内外官料钱上》:

> 武德已后……并给公廨本,令当司令史番官回易给利。

同书卷九三《诸司诸色本钱上》则曰:"市肆贩易,月纳息钱四千文。"可见是利也好,是息钱也罢,都由市肆商贩取得。《通典》卷三五《职官·禄秩》:

> (贞观二年)其俸钱之制,京司诸官初置公廨,令行署及番官兴易,以充其俸。……贞观十五年……给钱充本,……令回易纳利,以充官人俸。……二十一年复依故制,……贾易收息,以充官俸。

无论是"兴易"、"回易"或"贾易",都是指商贩经营求利。贞观十五年(641)褚遂良请罢公廨本钱的理由是:

> 但令身能贾贩,家足赀财,录牒吏部,即依补拟。……任居市肆,恣其贩易,……况乎捉钱令史,专主贾贩,志意分毫之末,耳目廛肆之间,输钱于官,以获品秩。(《通典》卷三五《职官·禄秩》)

即完全针对商贾市肆贩易而来。唐初官本鲜以出举之法经营,可能是受到隋开皇十七年(597)诏"唯禁出举收利"的影响,或许时人认为,高利贷侵扰百姓,毁风败俗,更甚于经商求利,故两害相权取其轻,宁可兴易纳利,

---

① 王梵志著,项楚校注,《王梵志诗校注》(上海:上海古籍出版社,1991),卷二《兴生市郭儿》,193 页。

② 在经营方式上,陈仲安、王素指出有出举收利、诸处兴生、在市回利三种,即高利贷、质库、贸易。见《汉唐职官制度研究》(北京:中华书局,1993),382—383 页。然兴生是否就是经营质库,似欠缺史料证明,就算捉钱者亦可借由质库收取利息,兴生与质库仍未便贸然划上等号。

以充公用，也不妄行出举，招致更大的讥评。然而官本既分配给捉钱令史等人，官府只在乎收利若干，未必会查核其获利方式，捉钱令史等私下用出举之法，想来也不是全无可能的。

唐代官府何时允许实行出举法，无可靠数据以供寻索，仅知仪凤三年（678）八月二日诏已有："公廨出举回易，典吏因此侵渔。"①就将"出举"与"回易"两种生利法并列。但《新唐书》卷五五《食货志》仪凤三年（678）条之前曰："公廨出举，典史有彻垣墉、鬻田宅以免责者。"似乎放贷生息法在高宗前期已然流行。高宗于永徽六年（655）曾整顿过州县公廨，②其后又大规模地规划州县本数，③该当在这个时候公开允许复行出举之法，让捉钱者能有多样化的合法选择，以遂官府收利之目的。吐鲁番文书有麟德元年（664）崇化乡里正史玄政纳"官贷小子"的抄件，④言明用"贷"字，显然是出举法，而非回易兴生，本抄件距永徽六年（655）的整顿不过九年，看来唐政府就在高宗前期放宽了官本的捉钱方式。放宽的原因，不外与出举息利高，回转快捷，迥非商业利益所能比有关。唐代史料于商利动辄曰得其倍直，乃至十倍、百倍，⑤但这可能是大贾之巨额利润，一般商贩或许如司马迁所言："贪贾三之，廉贾五之"，"陀杂业不中什二"。⑥ 杨联陞认为"三之"是一年利润为本钱的三分之一，"五之"是五分之一，即什二之利，⑦其他杂业之蝇头小利则不足二成。亦即收利较好的在二至三成多，杂业利润尚不足二成，这大概是较可信的实际商业盈利。以唐前期官本的纳利方式看，贞观以前的利钱，多只言本数、利数各若干，而不言分数，与高宗以后依百分比或利率来计息，颇异其趣，如前引褚遂良疏曰："大率人捉五十贯已下，四十贯已上，任居市肆，恣其贩易，每月纳利四千。"（《通典》卷三五《职官·

---

① 《册府元龟》卷五〇五《邦计部·俸禄一》，6068 页。

② 《旧唐书》卷四《高宗纪》，74 页。

③ 《新唐书》卷五五《食货志》，1397 页。

④ 《吐鲁番出土文书》（简）七/388，（图）参/485。

⑤ 唐人言商利，一般应有定数，《太平广记》卷三五五《鬼部》"僧珉楚"条："复问何谓掠剩，曰：凡吏人贩利息，皆有数常，过数得之，即为余剩，吾得掠而有之。"唐代商利常数，或许如文中司马迁所言，但能获取暴利者，也有不少例子，如《异苑》卷一〇："晋陵曲阿扬辁，财数千万，三吴人多取其直为商贾治生，辄得倍直。"《王梵志诗校注》卷二《兴生市郭儿》："意尽端坐取，得利过一倍。"《元稹集》卷二三《估客乐》："所费百钱本，已得十倍赢。"《太平广记》卷一三八《征应部》"齐州民"条："渐习商估，数年之内，其息百倍。"

⑥ 《史记》（台北：鼎文书局，新校标点本，1986），卷一二九《货殖列传》，3274 页。

⑦ 杨联陞，《原商贾》，收入：余英时著，《中国近世宗教伦理与商人精神》（台北：联经公司，1987）序，8—9 页。

第一章 放贷机构与经营方式

295

禄秩》)似只就固定数额计利,尚无利率的概念,而非如高宗置天下本钱时曰:"收赢十之七",①或开元六年(718)崔沔状所言:"五千之本,七分生利",②明显地按百分比或利率来计息。从诸多迹象推测,自高宗以后,随着州县公廨本钱的大规模实施,不仅出举之法得到官方正式认可,与回易兴生并列共享,同时还因出举的行使,政府开始订出官方的法定利率。

唐代的官本经营,出举之法渐有后来居上之势,较回易兴生似更普遍。开元年间屡次订定利率曰:"比来公私举放"、"天下私举质"、"诸公私以财物出举"、"凡质举之利",③如非出举已在官、民间广泛运用,政府实无必要频繁调整利率。天宝九载(750)十二月敕:"郡县官寮,共为货殖,竞交互放债侵人。"④连官吏也禁不起放债出举的诱惑,于商利之外,还要赚取息利,可见时人对出举的趋之若鹜。如前所述,商利一般在二成上下,而玄宗时出举之官本利率没有低过月息5%者,即年息60%,息利较商利有更高利润,更易达成官本取利的目标,难怪捉钱者颇好使用出举法。再者,从劳动强度来看,本钱贷出之后,捉钱者可坐享收盈,不似商贩者需为货品进出而倍极辛劳,相信这也是出举法深受青睐的原因。故尽管唐初多以兴易之法为官本收利,但高宗以后出举法已渐取而代之,成为官本经营的主流。

唐后期的官本,虽然鲜少特别强调要用某种经营方式,但官府自行盱衡形势,率多实行出举法,如代宗宝应元年(762)敕:"诸色本钱,比来将放与人,或府县自取,及贫人将捉。""放"即放债,也就是出举,看来官府似已习惯性地用出举法来捉钱。只因贫人无力纳利,所以敕书后文才会要求拣择"殷富干了者",使其"翻转回易"。⑤ 我们与其认为回易法较出举法更易获利,不如说有商贩经验的殷富干了者,比全无放贷能力的穷百姓与贫典吏,有更强的获利能力,所以才被官府看上。往后的官本经营,似也仍以出举生息法为主,如贞元二十一年(805)正月制:"百官及在城诸使息利本钱,征放多年,积成深弊。"(《册府元龟》卷五〇七《邦计部·俸禄三》)元和九年(814)八月诏:"其中书门下两省及尚书省、御史台,或务总枢机,或职司弹纠,而倍称息利,于体尤乖。"(同前引)同年十二月敕:"比缘诸司食利钱,出

---

① 《新唐书》卷五五《食货志》,1397 页。"收赢十之七"即是"七分生利",详细论证见:拙著,《唐代民间借贷之研究》,258 页。

② 《唐会要》卷九一《内外官料钱上》,1653 页。

③ 《唐会要》卷八八《杂录》,1618 页;《宋刑统》(北京:中华书局,1984),卷二六《杂律》"受寄财物辄费用"条,412—413 页;《唐六典》卷六《比部郎中员外郎》,195 页。

④ 《唐会要》卷六九《县令》,1217 页。《容斋五笔》卷六《俗语放钱》条曰:"今人出本钱以规利入,俗语谓之放债。"放债即出举也。

⑤ 《唐会要》卷九三上《诸司诸色本钱上》,1677 页。

举岁深,为弊颇甚."(《册府元龟》卷五〇七《邦计部·俸禄三》)大和八年(834)二月诏:"其元举人已纳利计数五倍已上者,本利并放."(《文苑英华》卷四四一《太和八年疾愈德音》)这里的"息利本钱"、"倍称息利",显然指的都是放贷之本与息,而"出举岁深"、"元举人纳利"若干倍,更点出官府实行出举法盖有年矣.此外,从一些实际的官本运作中,亦可见人们如何地偏好放贷生息法,如白居易《论周怀义状》:"(汝州)缘新置军将利钱,放与人户官健,每月征利"(《全唐文补编》卷七四)杜中立任司农卿之前,六宫餗钱由司农"大吏尽举所给于人,权其子钱以给之."①无分中央或地方,子钱、利钱都由举放而来,或许因此法用得太普遍了,难免让不肖者横生歹念,遂假官贷之名,行私举之实,元和五年(810)十一月癸卯敕就指出这项后遗症:"应中外官有子弟凶恶,不告家长,私举公私钱."②子弟私举的公钱,当然有可能是官本,亦即名义上是官本的捉钱人,而实际则朋分花用所举钱,而任家产抵偿利钱,家长承担后果.总之,唐代官本的经营方式,自高宗复行开皇十七年(597)所禁的"出举收利"法以来,就迅速跃升为官本的主要获利法,直到唐后期都复如此,与之相应的,则是政府多次调整官方法定利率,以平衡公家所需与捉钱人负担.

官本的经营,出举与兴易是可以并行不悖的,盖二者既都可兴利,官府又何在乎用什么方法? 出举法固然愈来愈受重视,但兴易法还是继续在运用,尤其是那些获利丰厚的富商巨贾,官府看得分外眼红,恨不能将其取代贫人捉钱.宝应敕所冀望的殷富干了者三、五人,大概就是这类富商巨贾.丁仙芝《赠朱中书》诗曰:"东邻转谷五之利,西邻贩缯日已贵."③元稹《估客乐》:"所费百钱本,已得十倍赢","子本频蓄息,货贩日兼并".④ "五之利"就是什二之利,虽然已较农民的"苗疏税多不得食","岁暮锄犁傍空室"⑤要好得多,但也不过是普通商利而已,还是无法支应官方月息少说4%,或年息48%的要求.至于能得"十倍赢",亦即1000%的巨额利润者,相信是可遇而不可求,少之又少的案例.正因为商利所得差别甚大,不见得捉官本的商人都可用兴易法纳足利钱,故不免有投机取巧的行为,元和十一年(816)右御史中丞崔从奏:"近日访闻商贩富人,投身要司,依托官本,广求私利,可征索者,自充家产,或逋欠者,证是官钱,非理逼迫,为弊非

---

① 《新唐书》卷一七二《杜中立传》,5206 页.
② 《册府元龟》卷六一二《刑法部·定刑律四》,7350 页.
③ 《全唐诗》(北京:中华书局,1996),卷一一四,1155 页.
④ 《全唐诗》卷二一,273 页.
⑤ 《全唐诗》卷三八二张籍《野老歌》,4280 页.

一。"(《册府元龟》卷五〇七《邦计部·俸禄三》)官本配给商贩富人,无论他们在市肆贩易以求利,或向百姓放高利贷,似乎都很难满足官府要求的利数,所以才发生逋欠官钱的事,而官府的非理逼债,想必也给他们带来不小的困扰。

对财力雄厚的富商大贾而言,就算有能力纳足利钱,也不甘愿为官府作嫁,平白丧失自我图利的大好机会,如太和七年(833)八月敕曰:

> 中书门下省所将本钱,与诸色人,给驱使官文牒,于江淮诸道经纪,每年纳利,并无元额许置。如闻皆是江淮富豪大户,纳利殊少,影庇至多,私贩茶盐,颇挠文法,州县之弊,莫甚于斯。(《册府元龟》卷五〇七《邦计部·俸禄三》)

这些得两省本钱的江淮大贾,既有驱使官文牒,"因是挟贽行天下,所至州镇为右客",①占尽一切利权,这不正是元稹《估客乐》所形容的"经游天下遍,却到长安城","已得十倍赢","子本频蕃息"的富商巨贾?② 要说他们交不出利钱,实难令人置信。再者,捉钱人通常要纳定额利钱,此处竟"无元额许置",难道是两省为得江淮大贾的超额厚利,所以故意不设利钱数?但最终仍被精于算计的富商摆了一道,落得个"纳利殊少"的下场。这里所谓的江淮富豪大户,大概以扬州为中心。③ 扬州位于长江、运河的交会点,时人称"扬一益二",扬州富甲天下。④ 正因经济繁荣,京师仰赖其米粮轻货等运至;而一旦京师物资匮乏,江淮也成为政府借商之所在。⑤ 代、德以前,扬州置回易邸,货贩军储,以求私利;⑥代、德以后,盐铁转运使设于扬州,进斡利权,商贾如织。⑦ 江淮的富庶繁荣,非其他地区可比,也唯有当地的富豪大户,才有能力行权京司,要得免役文牒与不定利钱的许诺,

---

① 《新唐书》卷一八〇《李德裕传》,5333 页。

② 《全唐诗》卷二一,273 页。

③ 《唐国史补》卷中有一则故事:"江淮贾人,积米以待踊贵,图画为人持钱一千,买米一斗,以悬于市。扬子留后徐粲杖杀之。"这里不写扬州贾人,而写江淮贾人,但辖境应在扬州。盖江淮地区以扬州最富盛,江淮富户大概多集中于扬州。

④ 全汉昇,《唐宋时代扬州经济景况的繁荣与衰弱》,收入:《中国经济史论丛》(台北:稻禾出版社,1996),1—18 页。

⑤ 《大唐传载》有一条是:"建中二年,京师及江淮借商钱物。"江淮即以富庶而被选中借商。

⑥ 《唐会要》卷八六《市》,1582 页;《旧唐书》卷一二《德宗纪》,322 页。

⑦ 洪迈,《容斋随笔》(上海:上海古籍出版社,1998),卷九《唐扬州之盛》,122 页。

只是官府希望其不依定数，多纳本利，却反而被其将计就计，设局坑害。如此说来，唐政府即使仍并用兴易法，但要从将本求利的小商人，或狡猾精明的富商巨贾那里获取利益，其实都不容易。

官本经营以出举法为主，兴易法为辅。其他偶然还见预放、赊放法，与课钱法、脚钱法。预放、赊放多出现在出土文书，预放无非是出举法的另种形式，也同样要取利，所放出者与所回收者，多属实物，少见货币，像大谷文书多件纳长行坊预放缣布，或河西豆卢军军仓的预放匹段，都是如此。① 赊放是将钱物赊销予人，大谷文书中的赊放有寓赊于贷的意义，可视为放贷之他种态样。② 课钱法与脚钱法并非直接取自官本，唐前期二者都在政府罢公廨本钱后实施，③目的在填补官本废后之财务缺口。唐后期的课钱法系与本钱制并行，意在利钱不足时供添填之用，最显然的例子是大历六年(731)的军器监，除了公廨本钱 3000 贯取利充用之外，"别纳店铺课钱，添公廨收利杂用。"(《册府元龟》卷五〇六《邦计部·俸禄二》)会昌元年(841)的户部奏状也展现这样的特色："今请落下征钱驱使官每贯二百文课，并更请于合给钱内四分中落一分，均摊分配"(同前书卷五〇八《邦计部·俸禄四》)。不过严格说，课钱法与脚钱法与本钱无直接关系，只是利钱不足时的一种补助措施而已。

唐代官本的种类繁多，诸色官本受重视的程度不一，本数与运作时、地也各有不同，因此各式官本设置的捉钱人数，或每位捉钱人的所捉本数，未必都是一致的。在有限资料下，此处试就捉钱数与捉钱人数做一讨论。唐前期在相关问题上最有迹可寻的是公廨本钱。贞观十五年(641)褚遂良谓京司捉钱令史，"在京七十余司，相率司别九人"，即唐初京司捉钱者只有六百余人。其捉钱数，"大率人捉五十贯以下，四十贯以上"，可知京司总本数约三万贯。④ 如以唐初平均人捉 45 贯的标准，衡诸各级府州县之本数，依表十九所示，⑤府州与都督府、都护府的捉钱人数通常在五、六十人上下，少则二、三十人，多亦不超过百人；县则通常在二、三十人以下，所需人数有限；折冲府因单位更小，捉钱人数也更少。从个别州县来看，大概只要动用

① 如大谷文书 5792、5794、5795、5796、5799、5832、5833 号以及敦煌文书 P.3348 号背《唐天宝六载(747)十二月河西豆卢军军仓收纳籴粟麦牒》。

② 如大谷文书 5797、5798、5801 号。

③ 如《通典》卷三五《职官·禄秩》贞观十二年条的"准防合例而收其课"，以及永徽元年的"更以诸州租庸脚直充之"，都是在罢公廨本钱后实施。

④ 《通典》卷三五《职官·禄秩》，963 页。

⑤ 本表据表二"全国府州县公廨本钱数统计表"制成。本数与捉钱数不能除尽的，总要计足一人。

各治所人口中的极小人力，就可应付捉钱事宜，也就是在理论上，官府指派的捉钱人，主要来自治所城中的百姓与典吏，不必劳烦到乡村中的农民。①不过由于唐朝幅员开阔，府州数约 360 个，县数近 1600 个，另有都督府、折冲府等，所以总计全国的捉钱人数约在 40000 人左右，是个不算太大的捉钱队伍。

表十九　各级府州县捉钱人数表

府州					都督府、都护府				
等第	府州数	本钱数（贯）	捉钱人数（45 贯/人）	捉钱人数（2 贯/人）	等第	府数	本钱数（贯）	捉钱人数（45 贯/人）	捉钱人数（2 贯/人）
京兆府、河南府	2	3800	85	1900	大都督府	5	2750	62	1375
太原府	1	2750	62	1375	中都督府	15	2420	54	1210
辅雄望紧上州	139	2420	54	1210	下都督府	20	1540	35	770
中州	29	1540	35	770	大都护府	3	2420	54	1210
下州	189	880	20	440	上都护府	3	2420	54	1210
总计	360		12533	278855	总计	46		2144	47685

---

① 陈明光认为官私借贷有城乡之别，官府借贷的本利都是货币，以城市为主。但愚意有更进一步的解释，详下文。陈氏说法见《略论唐代官私借贷的不同特点》，收入：《汉唐财政史论》（长沙：岳麓书社，2003），112—114 页。

表十九 各级府州县捉钱人数表(续上表)

	县				折冲府				
等第	县数	本钱数(贯)	捉钱人数(45贯/人)	捉钱人数(2贯/人)	等第	府数	本钱数(贯)	捉钱人数(45贯/人)	捉钱人数(2贯/人)
京兆府、河南府京县	4	1430	32	715	上府		200	5	100
太原府京县	2	913	21	457	中府	634	150	4	75
京兆府、河南府畿县	36	825	19	413	下府		100	3	50
太原府、其他州畿县	46	770	18	385					
望紧上县	635	770	18	385					
中县	296	550	13	275					
中下县下县	554	385	9	193					
总计	1573		21946	469149	总计	634		2536	47550

需注意的是,这里是以贞观十五年(641)人捉45贯的方式来计量,但事实上,高宗以后每人的捉钱数未必如此之高,如麟德元年(664)史玄政纳官贷小子只2斗,[1]开元间近20笔的还纳本利帐,本数最高为麦6石,利数最高为6.75斗。[2] 这样的数量未必代表足额的本利数,却反映实际的捉钱数或纳利数有细琐化的趋势,而且捉钱人也未必都是城市居民,其中

---

① 《吐鲁番出土文书》(简)七/388,(图)参/485。
② 《吐鲁番出土文书》(简)八/173－174,(图)肆/81。

不乏以种植为生的乡居农民。莫高窟北区 47 窟的开元初豆卢军宴设本，可知钱数的 6 笔，少则 1 贯，多则 3.5 贯，[①]平均每人约捉 2 贯，皆远不如褚遂良所说的人捉四、五十贯那么多。西北边区物价依 P. 2862 号《唐天宝年代燉煌郡会计牒》的五谷时价，粟一斗 34 文计，[②]则人捉 2 贯，约合粟 5.88 石，或米 3.5 石；人捉 3.5 贯，约合粟 10 石，或米 6 石，亦即小额捉钱，可能反而是州县官本的运作常态。以货币为本，几乎无例外的都是月纳息钱；以实物为本，很难说就用月息制。民间的谷物借贷多以收成期为准，也就是采年息制；[③]广德年间的交河县百姓请举常平仓粟如"时熟准数送纳"等语，亦用年息制。[④] 但官本出放率多用货币，罕见实物为本，故此处不以本利帐斛斗数为论断基准，而以开元初豆卢军宴设本的平均人捉 2 贯，推估唐前期全国的捉钱人数。依表十九所见，各府州的捉钱人数通常在一千人上下，少亦近五百人，多或逼近二千人；县则通常在三、四百人左右，京县较特殊，有多至七百余人。如总计各级府州县数，则州县捉钱人数暴增至约七十五万人，全国捉钱人数约八十五万人。这还只是就公廨本钱的情形加以推估，如再考虑开元以来陆续增多的食本、宴设本、馆驿本、病坊本等，以及边镇各军也纷纷置本，或许高达百万人的庞大捉钱队伍，不是没有可能曾经存在过的。

官府中管理捉钱的是各判司，而实际负责捉钱的是层级更低的典吏或百姓。典吏多半是住在官衙附近的城居者，百姓以财富状况较佳的高户为优选，但是，善于趋避，且与官府关系良好的商贩富人，未必愿意卷入此吃力不讨好的捉钱事务。何况官本种类日多，本钱数益渐增加，捉钱者很难再设定只是富户，官府在面对诸多穷百姓，甚或贫典吏时，岂能再委以人捉四、五十贯的高额本数，那岂不更易陷官本于耗损欠负之境？ 由是降低捉钱数，小额配置给一般百姓，成为官府因应新情势所不得不采取的对策。然而从前述之仓粮本利帐或军宴设本来看，各笔数额并不一致，官府可能视捉钱人状况，机动调整所予本数，似未强制要求每人必捉定额数量。故褚遂良所言应只限于武德、贞观年间京司公廨本钱的情形，而高宗以后，随着州县、军、府等各式官本的增多、本数的增大，以及捉钱者身分的愈趋复

---

① 陈国灿，《莫高窟北区 47 窟新出唐贷钱折粮帐的性质》，236—237，239—240 页。

② 唐耕耦，《8 至 10 世纪敦煌的物价》，收入：《敦煌寺院会计文书研究》（台北：新文丰公司，1997），415 页。

③ 拙著，《唐代民间借贷之研究》，265 页。

④ Tatsuro Yamamoto, On Ikeda eds. , *Tun－huang and Turfan Documents concerning Social and Economic History*，Ⅲ *contracts* (A)，n. 96，pp. 34－35.

杂,一方面形成贫户所捉本数具小额化的倾向,富户与贫户间的本数或许有一段差距;另方面则因贫户的大量捉钱,与本数的小额出放,捉钱人数势必急遽增加。这些捉钱贫户若非城市中的小工商业者,便是城郊或乡村百姓,其中相信不乏农户在内,因此官本放贷虽然以州县治所为中心,而其影响范围可能含盖周边的农村,以实物交付本利者,大概就属这类农民。

唐后期官本的捉钱数与捉钱人户,与前期情形颇不相同,唯后期因数据所限,大体只知京司概况。建中二年(781)德宗欲置待制官,并置本收利以供费,沈既济上疏论曰:"今官三十员,……约计一月,不减百万。以他司息利准之,当以钱二千万为之本,方获百万之利,若均本配人,当复除二百户。"(《唐会要》卷二六《待制官》)当时月息为 5%,据此知每户所配本钱为100 贯。这个捉钱数不但远超过前期捉钱人分散化之后的本数,也比褚遂良所说的人捉四、五十贯要多,算是相当大额的捉钱数。宝应元年(762)敕曾因府县穷百姓、贫典吏积利不纳,兼本破除,所以要"拣择当处殷富干了者三、五人,均使翻转回易。"(同前书卷九三《诸司诸色本钱上》)高户三、五人就能当得了诸多贫人捉钱,必是其所配本数甚巨,如以每人 100 贯计,三、五人即当得三、五百贯,而中、下县的公廨本数也不过就三、五百贯,或许宝应敕所指的"当处殷富干了者三、五人",就是以中、下县为例。然亦由此反映,代、德之际京司的捉钱本数似乎较高,官府没有将本数细分化,而采取较大额的"均本配人"方式。至于一般府县,多数仍令贫人牵捉,故本数不免小额化,并可能视身分、财富状态而配置,未必以均本为原则。

安史乱后,物价波动幅度甚大,货币迅速贬值,直到建中年间实施两税法后,情况才趋平稳。如不计灾荒时物价,则平岁之米价,初定两税时米斗钱 200,贞元三年(787)岁收丰稔,米斗钱 150。① 以沈既济所言人捉 100贯计,约合米五、六十石,相对于前述麟德、开元间鲜有超过米 10 石的小额本数来说,确实负担沉重。何况京司的捉钱人也不尽都是殷富干了者,逼使贫人捉钱似乎仍甚普遍,故沈既济亦言:"今关辅大病,皆为百司息钱,伤人破产,积于府县,实思改革。"(《唐会要》卷二六《待制官》)为了革除高额本钱不易回转求利之弊,贞元元年(785)敕曰:"并已后所举,不得过二十贯。"②由人捉 100 贯降至不得过 20 贯,折合米数大致也以 10 石为限,这样的本数约与唐前期相当。而且敕书既曰"不得过二十贯",意味着同意采

---

① 李翱,《李文公集》卷九《疏改税法》:"臣以为自建中元年初定两税,至今四十年矣。当时……米一斗为钱二百。"《通鉴》卷二三三贞元三年十二月条:"自兴元以来,至是岁最为丰稔,米斗直钱百五十,粟八十。"

② 《唐会要》卷九三《诸司诸色本钱上》,1677 页。

取因人而异的配给方式,似不要求"均本配人"。

然而,唐后期的捉钱数有持续降低的趋势,元和六年(811)柳公绰谓:"一使之下已有利钱户八百余人,访闻诸使,并同此例,……通计数千家。"①杜牧《樊川文集》称有"二十四内司",②如每司使下皆有八百余利钱户,通计就不止数千家,故每使下之利钱户数并不均等。唐政府多次赐与诸使官本,多则万贯,少则一千至三千贯,姑以中数五千贯为例,放给八百余利钱户,每一人户捉钱约六贯,仍在"不得过二十贯"的范围内。开成四年(839)六月宰臣李珏奏:"堂厨食利钱一千五百贯文,供宰相香油蜡烛,捉钱官三十人,……共有三百余人在外求利。"③堂厨食利钱有捉钱官三十人,每官管捉钱人户约十人,即每官分配食本五十贯,每位捉钱人户实捉约五贯。这个实捉数与元和例颇为相近,都低于贞元元年(785)的"不得过二十贯"。然元和以后捉钱数的下降,可能与两税法后物价之长期低落有关。由于钱重物轻,物价持续下跌,元和时一般米价斗不过五十。④ 长庆、宝历间虽因折纳制的实施,物价稍有升腾,但也只能维持平稳而已。⑤ 以其时之人捉五、六贯计,米斗五十,约合十~十二石,换言之,其实质捉钱数还是以贞元元年(785)的"不得过二十贯"为基准,并没有什么太大的改变。不过,"不得过二十贯"是个上限,人捉五、六贯则是平均数,真正抑配时或考虑到个别捉钱人的身分与财富,不免做些弹性处理。至于在江淮诸道经纪的富豪大户,他们所捉的本数必然甚高,势必大为抑降贫人的捉钱数,只是这可能只限于两省,未必普及于在京各司。因此就众多捉钱者来说,元和以后表面数字的下降,不见得就让他们的负担真的减轻了。

唐代官本的捉钱数,无论物价如何变动,前后期大致均以米十石为限额,这个数量就贫人而言,其实已相当可观,因为对一个只有三、四十亩土地,年收入仅粟四十石,或米二十四石的贫农之家来说,⑥就约占四成左右

---

① 《唐会要》卷九三《诸司诸色本钱下》,1680 页。

② 杜牧,《樊川文集》(台北:九思出版社,1979),卷七《唐故东川节度使周公(墀)碑》,120 页。

③ 《册府元龟》卷五○七《邦计部·俸禄三》,6091 页。

④ 《李文公集》卷九《疏改税法》:"今……粟帛日贱,钱益加重,……米一斗不过五十。"

⑤ 折纳制对物价的影响与原因分析,见:日野開三郎,《兩税法と物價》,收入:《日野開三郎東洋史學論集》4《唐代兩税法の研究·本篇》(東京:三一書房,1982),421—477 页。

⑥ 贫农之家的土地标准与生活状况,参见拙著:《唐代民间借贷之研究》,150—152 页。

的生活资源。即使城市中的小商贩收入较贫农稍好，恐怕也不堪忍受这样的捉钱压力。唐前期全国可能有高达百万的捉钱人数，后期州县的情形虽然不明，各州县实施的状况可能也差距甚大，但相信捉钱人数依然不会太少，毕竟各级官府要靠他们筹措经费，岂会轻易放弃这榨取民财的大好机会！在京司方面，如果暂不考虑贞元十二年（796）至元和九年（814）间物价的变动，单就各司原有本数来推算，依表十七同类京司的平均食本数，合计内外三省、六部、二十四司、一台、九寺、五监的总本数，约有十一万六千余贯，①这还不包括诸属司及东宫、诸卫等的本数。如果从长庆三年（823）一次就赐诸司食本八万四千五百贯来推想，②京司食钱的原置总额一定很高。元和以后平均人捉五、六贯，在京要司的十一余万贯，其捉钱人数大概就有二万余人。若再加上未计入的官司、军司、及柳公绰所言为诸使捉钱的数千家，京司捉钱人数肯定突破三万人户。必须说明的是，这里的京司官本与捉钱人，指的是中央政府的情形，并不含京兆府与长安、万年两县的捉钱状况，如果据表十六所示一府二县的食本数，则至少还要加五万五千多贯，或捉钱人一万人左右，因此，首都地区光是食本的捉钱人就在四万人以上。唐后期官本除了最大宗的食利本钱外，还有其他诸色本钱，则捉钱人户必然还会增加。据《元和郡县图志》京兆府总管二十四县，也只有二十四万多户，③而捉钱人户就有四、五万之谱，约占总户数的两成，其比例之高，令人讶异。作为全国的政治中枢，富豪大户不在少数，但有势力的官宦之家不可能派任捉钱，依托权贵的富室可能因此求免，而影庇者中有些竟虚立保契，不真捉钱，④由是实际捉钱者中当不乏城居贫民或乡村农户。长安附近的捉钱情形犹且如此，其他地区扰及贫人、农民的问题一定同样存在，因此官本的捉钱范围应该不限于官衙所在之城内，其影响层面当扩及郊区或邻近乡野。

庞大的总本数，分配给不谙生息或兴易之道的穷百姓，只好压低每人

---

① 平均人捉五、六贯，是元和以来物轻钱重的捉钱数，故此处原则上以表十七的元和九年食本数为准，其缺载者，暂借用贞元十二年食本数。表中数字为各类型官司的平均食本数，需乘上官司数，并加总，才为各类官司之总本数。

② 《册府元龟》卷五〇八《邦计部·俸禄四》，6093页。

③ 此处是据翁俊雄的考订，见：《唐后期政区与人口》（北京：首都师范大学出版社，1999），65—66页。

④ 《唐会要》卷九三《诸司诸色本钱下》元和六年柳公绰奏："访闻诸使，并同此例，户免夫役者，通计数千家。况犯罪之人，又常侥幸，所称捉利钱户，先亦不得本钱，百姓利其牒身，情愿虚立保契。"这些免役、免罪者，盖不乏利其文牒以求影庇者，他们未必真的捉钱。

数量,让多人共享分担风险;官府为能有效管理与督责零散的捉钱人户,其上遂置专官责成其收利。捉钱官与捉钱人户的关系,特别在本数较大的官司中被提及,元和二年(807)武元衡更请置集贤院本钱一千贯文,置四人捉钱,每员捉钱二百五十贯文,①由前述的捉钱平均额推测,这四员应该都是捉钱官,而非实际操作捉钱的人户。同年中书门下上言,两省纳课陪厨户及捉钱人户总一百二十四人,望令归府县色役。② 如果从贞元十二年(796)简勘之本数,中书5998贯、门下3970.04贯(表十六)以及太和九年(835)中书所置捉钱官三十人,门下二十五人来分析,③中书每位捉钱官约掌200贯,门下捉钱官约掌160贯。复以捉钱人平均捉5~6贯计,中书每位捉钱官管三、四十人,门下捉钱官管三十人上下。两省若无纳课陪厨户,则中书捉钱人总有一千余人,门下有七百人左右。因此元和二年(807)望归府县色役的捉钱人数,并不是两省全部的捉钱人,只是先前因故得免夫役,而今被检出罢了。如文中之估算,每司捉钱官所管本数并不一致,其下之捉钱人数也不固定,盖本数配给后,任由各司自行处置,也由各司自行使用,唐政府只要求本数不耗散,并做定期简勘,似乎不太过问其内部的运作细节,故各司的捉钱人数或钱数有出入,当是可理解的。

官府遣人捉钱自当有管理人户的办法,前述为数可观的捉钱人户,及政府视身分、财富配给的本数,若非有清楚的户名、钱数清册,岂能逐一核对每笔账,并循线追索纳利、欠利情状,元和十年(815)新收置公廨本钱,"勒本司据见在户名钱数,各置案历,三官通押,逐委造帐"(《唐会要》卷九三《诸司诸色本钱下》),其实不只是公廨本钱,这里反映的应是诸色官本共有的管理方式,也因此出土文书中留下不少的纳利钱抄或本利帐历等,都是据户名、钱数清册整理出来的结果。捉钱是一种色役,捉钱人可免其他杂差遣夫役,官府并发给文牒以证明其身分,如元和六年(811)柳公绰谓诸司诸使捉利钱户曰:"其本司本使给户人牒身,称准放免杂差遣夫役等。"(同前引)授与捉钱文牒,即授与免夫役之特权;反之,追毁文牒,即表示停止其捉钱事务,并剥夺其免夫役之权利,如太和七年(833)八月敕中书门下停给驱使官文牒曰:"于江淮诸道经纪,每年纳利,并无元额许置,如闻纳利殊少,影射至多,宜并勒停。两省先给文牒,仍尽追收。"(同前引)文宗敕两省停用江淮驱使官捉钱,随即命其收回文牒,当然也意味着与捉钱相并而生的免役权利,自此宣告终止。

---

① 《唐会要》卷六四《集贤院》,1121页。

② 《唐会要》卷九三《诸司诸色本钱下》,1679页。

③ 《册府元龟》卷五〇七《邦计部·俸禄三》,6090页。

捉钱人除了领有官府发给的文牒,双方可能还订立载有保人的契约。乾元元年(758)敕:"诸使捉钱者,……民间有不取本钱,立虚契,子孙相承为之。"①柳公绰论捉利钱户又曰:"百姓利其牒身,情愿虚立保契,文牒一定,子孙相承。"②一般民间的借贷行为,大抵皆订契约,立保人;③官府的放贷出举,除了有保留在府衙内的户名钱数清册外,与捉钱者之间似还订立契约,并同样有保人。TⅢ315号《唐广德三年(765)二月交河县连保请举常平仓粟牒》虽以文牒形式呈现,实则像是一件官府与举借百姓间的连保契约,所谓保头、保内等语,就是为借者做保的保人。④ 这几件文牒式的契约,官府显然站在一个强势的立场,以监督者的角色自居,只单方面地约束借贷百姓,完全不是对等的关系。官民间文牒式的借贷契约,或许可为捉钱牒契的参考,只是百姓向官府借贷,百姓所负义务较重;官府差百姓、典吏捉钱,官府还许给免役、免刑或入流等权力,因此捉钱牒契向单方面倾斜的程度,应该不如借贷牒契的严重。再者,捉钱牒契有保人,也可于元和五年(810)十一月六日敕中得到证实:"身是卑幼,不告家长,私举公私钱物等,多有此色子弟,凶恶徒党因之交结,便与作保,举诸司及刑要家钱物。"⑤这里的"举诸司"钱物,指的主要是为官本捉钱,而徒党为之作保,显示举借无分官私,都要立保人。至于是否如前述交河县百姓请举常平仓粟牒契那样立连保,也是很有可能的,因为买卖奴婢马牛等,依令需由市司立市券,⑥而今日所见市券,皆是多人连保,⑦似乎凡涉及官方或与官方相关的事务,都有保人,甚至还要立连保。

唐后期放免内外百司之捉钱欠利时,也多次提及保人,如"主保逃亡"、

① 《唐会要》卷九三《诸司诸色本钱上》,1677 页。

② 《唐会要》卷九三《诸司诸色本钱下》,1680 页。

③ 有关民间借贷契约普遍立保人的情形,详拙著,《唐代民间借贷之研究》,310—335 页。

④ Tatsuro Yamamoto, On Ikeda eds., *Tun－huang and Turfan Documents concerning Social and Economic History*, Ⅲ *contracts* (A), n. 96, p. 35.

⑤ 《宋刑统》卷二六《杂律》"受寄财物辄费用"条引,413 页。

⑥ 《唐律疏议》卷二六《杂律》"买奴婢牛马不立券"(总 422 条):"即卖买已讫,而市司不时过券者,一日笞三十,一日加一等,罪止杖一百。"既由市司立券,代表已由官方介入,不是纯粹的民间私约。

⑦ 如《唐开元十九年(731)二月兴胡米禄山卖婢市券公验》、《唐天宝至德间(744—758)行客王修智卖胡奴市券公验》、《唐开元二十年(732)八月薛十五娘买婢绿珠市券》,见:*Tun－huang and Turfan Documents concerning Social and Economic History*,Ⅲ *contracts* (A),n. 31, 256,补 13;pp. 13—14, 79—80, 163—164.

"重摊转保"、"辗转摊保"、"散征诸保人"等，①可见官府要求捉钱人立保，其目的不外代偿债务，以保证本利不致耗散。保契之外，免徭免刑入流等内容亦应载入官府发给的文牒中，捉钱者可据以维护自我权利，并抵拒不合理的征役或逮捕。唯唐代采取"留住保证"的概念，②而且从偿付次序看，官府通常会优先向捉钱人的共产亲求偿，③如元和十一年(816)九月东都御史台奏："纳息利年深，正身既殁，子孙又尽，移征亲族旁支，无支族，散征诸保人，保人逃死，或所由代纳。"④亦即捉钱人的子孙比保人更要先负起连带的偿付责任。柳公绰称："文牒一定，子孙相承"，子孙所承继的不仅是免杂徭、捉本钱的权利，还是纳欠利、偿债务的义务，正因为捉钱人的子孙在相关的权利义务上具世袭性，所以捉钱人又称捉钱户，其免役、纳利亦皆以户计，⑤盖捉钱人的权利与义务，由同户之人共享或共同承担，至少唐后期是如此。

有学者认为，免杂差遣夫役给牒身，虚立保契等，都是元和以后的新发展。⑥ 这样的说法是否禁得起考验，还有待商榷。因为捉钱本是一种色役，承担色役者免诸差遣杂徭，是唐朝的惯例，何况乾元元年(758)敕与宝应元年(762)敕都提及"给牒免徭役"、"放其诸色差遣"，⑦可见免徭役给牒身不是元和以后的新发展，肃、代之际的措施，该是延续前期而来。至于立保契，可能也不是元和以后才有。前文所述与官府相关的契约文书多有保人，则官民间的捉钱文契有保人，似非元和间突如其来之举，因为他有防止本利散失的作用，而且在元和以前的敕书中，就已将主保并列了。⑧ 不取本钱，立虚契，其实是一种取巧的行为，虽然首度在乾元元年(758)敕见到，但只要捉钱者能获取各项权利，那么投机者便会利其牒身，并藉以避开令人烦忧的纳本利钱。因此立虚契也不应是元和以后的新发展，它可能是捉钱者在寻求自利、自保的过程中，慢慢体悟出的。

官本的经营以货币为主，无论是出举或兴易，率皆月纳利钱。唐代官

---

① 《唐会要》卷九三《诸司诸色本钱》贞元元年九月条、元和九年十二月条、元和十一年九月条、元和十四年十月条。

② "留住保证"是指债务人逃，保人才代偿。详拙著，《唐代民间借贷之研究》，311—317 页；又，《唐代的债务保人》，《汉学研究》16:1(1998)，62—63 页。

③ 拙著，《唐代民间借贷之研究》，315—322 页；又，《唐代的债务保人》，62—72 页。

④ 《唐会要》卷九三《诸司诸色本钱下》，1683 页。

⑤ 关于捉钱人多以户计，又称捉钱人户的讨论，详本章第三节。

⑥ 刘玉峰，《唐代工商业形态论稿》，69 页。

⑦ 《唐会要》卷九三《诸司诸色本钱上》，1677 页。

⑧ 《唐会要》卷九三《诸司诸色本钱上》，贞元元年九月八日条，1677 页。

方的法定利率,在拙著《唐代民间借贷之研究》中已有论述,并依其变化分为三个阶段:唐初至开元以前的高利率时期,开元天宝之际的调整修正期,代德以后的低利率时期。基本上,利率的波动式下滑现象依然是可以肯定的,文中分析利率的变动原因与意义也仍旧可接受,但此处特别针对开元天宝间因史料年代的不同解读,致利率呈现异于前书的走势,提出说明。

表二十　唐代官方法定利率表①

编号	年代	项目	月利率	内容摘要	出处	备注
1	高祖[武德元年(618)十二月]	公廨本钱	8%	武德元年十二月置公廨本钱,以诸州令史主之,⋯⋯所主才五万钱以下,市肆贩易,月纳息四千文。	会 93/1675	以五万钱为准计月利率。
2	太宗[贞观十五年(641)]	公廨本钱	8%	复置公廨本钱,以诸司令史主之,⋯⋯所主才五万钱以下,市肆贩易,月纳息钱四千。	新 55/1395	同上。
3	太宗[贞观十五年(641)]	公廨本钱	8%	谏议大夫褚遂良上疏曰:"⋯⋯大率人捉五十贯已下,四十贯已上,⋯⋯每月纳利四千,一年凡输五万。"	通 35/963 会 91/1651 册 505/6067	同上。《册府元龟》作十二年,有误。
4	高宗	公廨本钱	7%	天下置公廨本钱,以典史主之,收赢十之七。	新 55/1397	

---

① 1.本表只列有息之资料,无息者略之;凡概言数倍利息,不知期限者,不列入。

2.同一事件者列于同一条,引文出自出处栏之首条。

3.出处代号:新=《新唐书》,旧=《旧唐书》,鉴=《资治通鉴》,册=《册府元龟》,会=《唐会要》,诏=《唐大诏令集》,文=《全唐文》,通=《通典》,典=《唐六典》,刑=《宋刑统》,夏=《夏侯阳算经》

编号	年代	项目	月利率	内容摘要	出处	备注
5	唐初	公廨本钱	7%	州县典史捉公廨本钱者,收利十之七。	新55/1398	
6	唐初	公廨本钱	7%	唐初,州县官俸,皆令富户掌钱,出息以给之,息至倍称,多破产者(胡注:唐初,在京诸司官及天下官置公廨本钱,以典史主之,收赢十之七。)	鉴212/6734	
7	玄宗[开元六年(718)七月]	公廨本钱	7%	秘书少监崔沔议州县官月料钱状曰:"……五千之本,七分生利,一年所输,四千二百,兼算劳费,不啻五千。"	会91/1653 册506/6070 新55/1398	《册府元龟》作"五十之本",有误。
8	玄宗[开元七年(719)]	财物出举(公)	6%	诸公私以财物出举者,……每月取利,不得过陆分。	刑26/412	
9	玄宗[开元十六年(728)二月]	官本	5%	自今已后,天下私举质,宜四分收利,官本五分收利。	册159/1924 文30/401 会88/1618 刑26/413	
10	玄宗[开元十八年(730)]	公廨本钱	6%	复置天下公廨本钱,收赢十之六。	新55/1398—1399 会93/1676	
11	玄宗[开元二十五年(737)]	食本	5%	凡京司有别借食本(原注:……皆五分收利,以为食本。)	典6/195	
12	玄宗[开元二十五年(737)]	质举	5%	(原注:凡质举之利,收子不得踰五分。)	典6/195	

编号	年代	项目	月利率	内容摘要	出处	备注
13	玄宗(天宝年间)	官本	6%	今有官本钱八百八十贯文,每贯月别收息六十。	夏中/577	本书成书较晚,但该题反映的可能是天宝期的情形。
14	代宗[永泰二年(776)]	监官学生之费	5%	贷钱一万贯,五分收钱,以供监官学生之费。	旧24/924	
15	德宗[建中二年(781)]	公廨本钱	5%	(沈)既济上疏论之曰:"……以他司息利准之,当以钱二千万为之本,方获百万之利。"	旧149/4036－4037 会26/508	
16	德宗[贞元元年(785)]十二月	考课本钱	5%	其年十二月敕:六品以下,本州申中上考者,纳银钱一千文,市笔墨朱胶等者,元置本五分生利,吏部奏,……并请敕停,依奏。	会81/1504	银字疑衍。
17	[长庆三年(823)]十二月	食利本钱	4%	准长庆三年十二月九日敕:赐诸司食利本钱,共八万四千五百贯文,四分收利,一年只当四万九百九十二贯文。	会93/1686 册508/6093	
18	文宗[开成二年(837)]八月二日	官本	5%	今后应有举放,又将产业等上契取钱,并勒依官法,不得五分以上生利。	刑26/414	

编号	年代	项目	月利率	内容摘要	出处	备注
19	武宗[会昌元年（841）]六月	食利本钱	4％	准长庆三年十二月九日敕：赐诸司食利本钱，共八万四千五百贯文，四分收利，一年只当四万九百九十二贯文。……于人户上征钱，皆被延引，虽有四分收利之名，而无三分得利之实。	会93/1686 册508/6093	
20	武宗[会昌元年（841）六月]	本钱	4％	河中晋绛慈隰等州观察史孙简奏："……量县大小，各置本钱，逐月四分收利。"	册508/6093 会93/1686	

据上表所见，唐代官方的法定利率，大概初定于高宗置天下公廨本钱时，所谓"收赢十之七"、"收利十之七"，指的是七分生利，也就是月息7％。[①] 至于贞观以前，采取月纳定额数的方式，似尚无订利率的想法，不过换算成月息而已。高宗定利率后至开元初，是否一直持续月息7％而不曾变动，颇有可疑。阿斯塔那206号墓有一件逐日记录百姓所纳，但相当残缺的课钱帐历，由其中之勾检用语如"以前并勾勘上历讫"、"以前课并勾上了，已上勘同"、"已上勘了"、"已上勘同"，[②]推测这是一件官府文书。在第四断片有一行曰："□六钱典百文，六分生利"，[③]显示官府的典质利率一度为月息六分。该墓有纪年的文书最晚至武周光宅元年（684），易言之，在唐七世纪下半，官方法定利率可能曾经调降。又，阿斯塔那108号墓《唐

① "十之七"即7％的说明，见：拙著，《唐代民间借贷之研究》，258页。唐代利率以"分"计，"分"指百分为率，见黄向阳的解说：《关于唐宋借贷利率的计算问题》，《中国社会经济史研究》1994：4，33—45页。

② 《吐鲁番出土文书》（简）五/284、286、307、311，（图）贰/312、313、320、324、326。

③ 《吐鲁番出土文书》（简）五/280，（图）贰/309。

神龙三年(707)张甲爽入利钱抄》为 120 文,①如果这刚好是该月足额利钱,不啻为"六分生利"多添了一分证据。然而如表二十所见,开元六年(718)月息再调为"七分生利",这说明七世纪下半至八世纪初,月息未必一直固定在 7%,可能随着国家财经状况与官本实施情形,机动性地调整利率。

官方法定利率在开元间异动最频繁,开元六年(718)崔沔议州县官月料钱时还是"七分生利",但其后的多次修法,利率也跟着有满大的起伏变化。开元七年(719)、二十五年(737)两次大规模修令,②《宋刑统》卷二六《杂律》"受寄财物辄费用"条引唐《杂令》曰:"诸公私以财物出举者,……每月取利不得过六分。"③仁井田陞定此为开元二十五年令。④ 但同条后文又引《户部格敕》曰:"天下私举质,宜四分收利,官本五分收利。"按格敕内容系开元十六年(728)二月诏,《宋刑统》在编排时不应错置时间,将后出之开元二十五年令移于格敕之前,故所引唐《杂令》极可能是开元七年令。再说,户部格敕所载开元十六年诏,必是其后经编录而成的法律文件。⑤ 开元十六年以后玄宗曾两度修定格,一次是开元十九年(731)命裴光庭等"删选格后长行敕六卷,颁行天下",⑥另一次是开元二十五年(717)的新格。⑦ 有学者认为《格后长行敕》并不是格,而是与格并行之法典。⑧ 然其既"删选"而成,便是经加工改写过,并非如唐后期那样是单纯的分类编辑。在《格后长行敕》删选的前一年,玄宗复置天下公廨本钱,或许为了增加官府收入,将开元十六年(728)的"官本五分收利",调升为"收赢十之六",多添月息 1%。短短两年间利率的变动,显然与官本之置废相应和,但不知裴光庭等删选《格后长行敕》时,是依开元十六年,还是十八年的利率?《格后

---

① 《吐鲁番出土文书》(简)八/37,(图)肆/17。

② 关于这两次修令的解说,见:仁井田陞著,栗劲等编译,《〈唐令拾遗〉序论》,收入:《唐令拾遗》(长春:长春出版社,1989),814—820 页;刘俊文,《唐代法制研究》(台北:文津出版社,1999),39—42,44—45 页。

③ 又见:黄正建,《天圣杂令复原唐令研究》复原第 37 条,收入:《天一阁藏明钞本天圣令校证(附唐令复原研究)》(北京:中华书局,2006),751 页。

④ 《唐令拾遗》卷三三《杂令》十七引开元二十五年令,789 页。池田温等在补订时也未改动,见:《唐令拾遗补》(东京:東京大學出版會,1997),854、1477 页。

⑤ 关于格的构成与法源,及其与律与制敕的关系,见:刘俊文,《唐代法制研究》,135—139 页;王立民,《唐律新探》(上海:上海社会科学院出版社,1993),55—60、142—152 页。

⑥ 《册府元龟》卷六一二《刑法部·定律令四》,7348 页。

⑦ 《册府元龟》卷六一二《刑法部·定律令四》,7348 页。

⑧ 刘俊文,《唐代法制研究》,44 页。

长行敕》只六卷,一年而成,其规模与编写时间远不如开元二十五年(737)的新格,因此《宋刑统》所引之《户部格敕》应该指《开元新格》,其所定之官方法定利率,则是据十六年诏的月息 5%。

开元十年(722)至二十七年(739)间还有一次耗时长久的立法活动,即编选《唐六典》三十卷。仁井田陞认为《唐六典》以开元七年令为主,也参考了其后的敕、令。① 然而《唐六典》成书于开元二十六年(738),开元十九年(731)才因开元七年格后之制敕颇与七年格相违,于事非便,而删选成《格后长行敕》;开元二十五年(717)又大规模地删缉完毕格式律令诸法典,则《唐六典》的编纂,很难想象会不受开元七年(719)以后诸多法规的影响,尤其是利率这种最需反应时宜的制度,与其僵化地著录开元七年令,不如机动地依新修成的开元二十五年令,故《比部郎中员外郎》条谓京司食本"皆五分收利","凡质举之利,收子不得踰五分",实行开元二十五年制的可能性甚高。至于天宝年间的利率,在《夏侯阳算经》的一道算数题中展现出来,唯该书成于贞元、元和间,②作者能否正确忆及许久以前的利率,颇有疑问。何况算经只是拟题,不必依实事具录,是以所述利率的可信度,终不如典制书或诏敕来得真实,但在无其他数据佐证下,姑存之。

整体来说,玄宗时的利率呈阶段性地缓降之势,开元初仍承袭着月息 7% 的高利率,直到开元七年(719)修法,重新定令,才降为 6%,其后到开元十六年(728)又续降为 5%。这十年间利率的调降,除了反映当时的富庶繁荣,资金充裕,或许也与开元十年(722)的废公廨本钱,政府不需仰赖利钱挹注财政有关。而也就在开元十八年(730)重行置本取利时,利率随即调高,显然系着眼于国家用度需靠利钱收入。然自此以后,外官俸钱因有户税补贴,利钱的需求量不似昔时之迫切,于是在开元二十五年(737)又再次引导利率下降。唐前期官方法定利率的递降,与国家财经状况有绝对关系,开元间的频繁调整利率,表示中央能充分掌握官本与财政信息,并做迅急处理,其行政效率相当高。

然而在已知的利率趋势中,不无可能别有其他情景出现,如阿斯塔那 223 号墓《唐开元年间征麦利残文书》曰:"吕都督异笔直取开七例,妄剥一分。"③开元七年(719)官方利率为 6%,吕都督既取开七例,又曰妄剥一分,则其事应发生在开元七年以后,且当时法定利率为 5%。查开元十六年

---

① 仁井田陞,《〈唐令拾遗〉序论》,853—856 页。
② 陈明光,《传本〈夏侯阳算经〉成书年代补证》,收入:《汉唐财政史论》,178—183 页。
③ 《吐鲁番出土文书》(简)八/267,(图)肆/121。

(728)官方利率才降为5％,不二年又调为6％,想来吕都督判定此事就在十六至十八年间,由于其距刚废掉的月息6％不久,故直言立制时间为"取开七例"。但需注意的是,为何堂堂西州都督会不依官方利率,故意妄剥一分?类似的实例在另件同墓出土的文书上也可见到,《唐冯君住等纳利钱历》载月利140文、70文各两笔,另一笔为190文。① 前四笔的月息似为7％,末一笔不是本月欠利,就是合缴前月欠利。该文书在《唐开元年间练緗毡帐》的背面,其上有"开元十一年"字样,②因此冯君住等纳钱历不会早过开元十一年(723)。按开元十八年(730)复置天下公廨本钱时,将利率调升为6％,如本件文书的发生时间在开元十八年至二十五年间,则冯君住等所纳利率的7％,不正如吕都督的异笔处分,同样是妄剥一分。妄剥一分的原因不很清楚,但在吕都督处分的出举案状之前,另有一条曰:"利用资□□益供客",③难道因为西州承担了太多使客往来的任务,而仓储食料不足,国家又别无补贴,官本取利既然供公廨之用,官府加一分收利似也无可厚非。不过,不依官方法定利率毕竟非常态,很容易引起纠纷或诉讼,本文书纳麦利者正为"妄剥一分"而鸣不平,主典也因隐欺、妄征而遭牵连。但这种情形也并非西州各处或各时皆如此,如大谷文书3500号开元二十六年(738)柳谷馆捉本钱,实计月利率为5％,④正与《唐六典》所据的开元二十五年令"五分收利"相当,未见"妄剥一分"之异笔处分。

自唐初的高利率,到开元年间的波段式下降,反映的是国家的财经状况好转,对官本捉钱的依赖渐少。然而唐代利率最低的时期,反而是政经形势不甚稳定的唐后期。代、德之际,人民颇受战乱之苦,物资匮乏,货币不足,而官本利率仍维持在开元盛世5％的水平,令人有些讶异,或许当时的利率只反映某些特定地区的经济状况,不尽能表现整体的财经实情,而政府对全国宣布这样的利率,或许寓有笼络民心,减轻人民压力的政策意义。再者,两税法后,钱重物轻,市场筹码严重不足,按理来说,利率有向上攀升的力道,但事实并不如此。一方面,元和长庆间允许以实物纳税,使货币不足的问题稍获改善,物价趋于回稳,长庆之后官本利率自5％下移至4％,可能就导因于这样的背景。另方面,这样的低利率,应该只行于少数工商发达,资本较多,通用货币的大城市,⑤这不也正是官方放贷最主要的

① 《吐鲁番出土文书》(简)八/270—272,(图)肆/122。
② 《吐鲁番出土文书》(简)八/266,(图)肆/119。
③ 《吐鲁番出土文书》(简)八/267,(图)肆/121。
④ 小田義久编,《大谷文書集成》第2卷(京都:法藏館,1990),113页。
⑤ 李剑农,《魏晋南北朝隋唐经济史稿》(台北:华世出版社,1981),248—255页。

执行地区？至于较偏远处的官方利率，如果不是政府的刻意压低，恐怕很难维持如此的低档吧！

为了减轻人民负担，国家运用预算外的方式筹集财源，理论上，官本只来自政府的一次拨款或添给，其后只需往复不断地回转生利，就可以自给自足，不必再靠国家年年编制预算，是一种颇为节省税收，不劳民财的办法。官本生利纵然常因利钱不足，本钱赊耗，衍生不少弊病，但其功能仍不宜忽视，因为政府通常仅需将一至两个年度的经费统合起来，一次拨给，在顺当运作下，就可以永远供办所需，不再依赖国家财税，这比起年年编列预算，确实要节省许多。而且就算是经营不善，本利多所欠折，政府也是经过若干年才添填一次，元和十五年（820）二月敕曰："仍每经十年，即内外百司各赐钱一万贯充本。"①依本书表十八所示，京司食本对同一机构的赐本，无论是个别的或集体的，很少间隔在二、三年之内，而且每次所赐也未必就是各司需数或足额，故以财税观点言之，本钱生利法诚然有不可抹杀的价值，或许也因此，就算其被批评为"非驭官之体"，②系"自贞观以后，留此弊法"，③朝廷也依然勉力维持之，从无全面废止的真意或念头。

唐代的官方利率，从月息8％渐次降至4％，已经折半，看似很低，但如果与宋代以后相比，整体的利率水平还是很高。宋代的官营抵当所月息是1％，官方规定的质当或举借月利不得过4％。④ 明律、清律则同时限定钱债或典当的月利并不得过三分（3％）。⑤ 虽然民间的实际执行状况与此颇有出入，但也不乏低于法定利率的例子，而官方的运作大抵不逾法律约制。法定利率是一种政策性标识，它参考市场的货币经济而制定，也有引导或抑制民间利率的作用。⑥ 唐代的法定利率，整体来看，显然高于宋代以下，当与唐代方自实物经济走向货币经济，市场累积的资本数量还不够充足有关，而借者的还债能力，贷者的损失风险，也都促使唐代的法定利率，相较于宋代以下要高些。唐政府除了设置法定官率，还常并及设置法定民率，

---

① 《册府元龟》卷五〇七《邦计部·俸禄三》，6088页。
② 《册府元龟》卷五〇七《邦计部·俸禄三》，6085页。
③ 《册府元龟》卷五〇七《邦计部·俸禄三》，6091页。
④ 刘秋根，《唐宋高利贷资本的发展》，《史学月刊》1992:4,36—38页；又，《中国典当制度史》（上海：上海古籍出版社,1995),217—219页。
⑤ 刘秋根，《中国典当制度史》,223—235页；又，《明清高利贷资本》（北京：社会科学文献出版社,2000),215—216,219—220页。
⑥ 影响利率的因素及利率的演变趋势，见：刘秋根，《明清高利贷资本》,202—204页。

即使在事实上民间约定利率远超过法定民率,①但法定民率始终追随着官本利率而异动,且从未高于官率,这是一个很特别的现象,②大概系因为唐政府急需依赖官本收息,以获取财政支持,所以才做这样的安排。

从历代利率的比较中可知,唐代官方的法定利率其实是很高的,尤其是开元以前,若非高户,绝难承担得起。就算其后利率向下缓降,却也因捉钱者的身分普及于一般百姓,因而欠利严重的问题不断浮现出来。高宗时典吏已因公廨出举,而有"彻垣墉、鬻田宅以免责者";③开元六年(718)崔沔既曰:"州县典吏,并捉官钱,收利数多,破产者众",又曰:"贫户则受其弊,伤民刻下,俱在其中。"(《唐会要》卷九一《内外官料钱上》)典吏等高户都深感捉钱的压力,那就更别提贫穷小民所受到的迫害了。唐后期利率虽然继续下降,不过百姓欠利的现象实较前期有过之而无不及,这从屡次放免的诏书中可见一般。大体上,后期政府对官本欠利的处置有两大类,一是暂时停征,另一是待欠利数倍后才减免。前者如贞元元年(785)《冬至大礼大赦制》:"公私债负,容待蚕麦熟后征理。"(《陆宣公集》卷二)官本欠利自然是公债之一种。又,兴元元年(784)《平朱泚后车驾还京大赦制》:"百司及诸军、诸使举放利钱,今年六月已前,百姓欠负未纳者,亦并停征。"(《陆宣公集》卷一)停征不是放免,只是在还纳期限上做较弹性的处理,官府通常在丰熟后仍会征理钱物,④如开成三年(838)《淄青蝗旱赈恤德音》:"公私债负,一切停征,至麦熟,即任前征理。"(《文苑英华》卷四三六)停征具有暂时舒缓欠利者压力的作用,但是停征期间利息照样累计,停征后欠利依旧催逼,停征捉钱者的实际效益,其实相当微小。

在欠利减免方面,唐政府的规定非常严苛,《册府元龟》卷五○七《邦计部·俸禄三》元和十一年(816)九月东都御史台奏尤其可见其详情:

> 当台食利本钱,从贞元十一年至元和十一年,息利十倍以上者二十五户;从贞元十六年至元和十一年,息利七倍以上者一百五十六户;从贞元二十年至元和十一年,息利四倍以上者一百六十八户。伏见去年京畿诸司本钱,并条流甄免。其东都未蒙该及者,……纳息利年深,正身既没,子孙又尽,移征亲族旁支,无支族,散征诸保人,保人逃死,

---

① 民间约定利率的实际状况,见:拙著,《唐代民间借贷之研究》,269—273 页。

② 通常情况下,官府利率比私人利率低,见:刘秋根,《明清高利贷资本》,209—210 页。

③ 《新唐书》卷五五《食货志》,1397 页。

④ 停征的意义、影响及所衍生的问题,见:拙著,《唐代民间借贷之研究》,326—328 页。

或所由代纳。……立限踰年,虚系钱数。……伏乞天恩,同京诸司例,特甄减裁下。

　　贞元十一年(795)至元和十一年(816)有二十一年,元和月利率为5‰,如依约纳足,20个月即本利相当,以此推算,二十一年内欠利十倍者,其每个月的平均纳利能力,约只有正常量的 20.6‰;十六年内欠利七倍者,每月平均纳 27.1‰;十二年内欠利四倍者,每月平均纳 44.4‰。但这还不包括还本在内。东都御史台的欠利问题显然非常严重,捉钱者的纳利能力也极为令人担忧,而且这种现象并非当司所独有,可能颇为普遍地存在各司。东都御史台奏中言及的甄减"去年京畿诸司",似乎就是元和九年(814)十二月敕所说的秘书省等三十二司,其放免方式是:纳利如有十倍已上者,本利并放;五倍以上者,今年十二月以前之欠利并放,元和十年以后仍计利征收;其余纳利非多,不可一例矜放。① 由此可知,所谓的放免,仍非毫无条件地全部免纳历年欠利,而是依所纳倍数,酌情减放,甚至纳利不足五倍者,还认为其数非多,排除其减放资格。复次,唐政府在思考欠利期限时,刻意拉高所计倍数,逾十余年或二十年以上者,明知其全无纳利能力,不过是远年债负,但竟无怵惕怜悯之意,还要向子孙亲邻保人所由等强征,唐政府如此地苛待贫困的捉钱者,盖只为财政利益也。此后如元和十四年(819)七月《上尊号敕》、十月御史中丞萧俛奏、十五年(820)二月诏,以及太和八年(834)二月《疾愈德音》,都有类似高倍数、辗转摊保,节级放免的规定。② 看来捉钱者在享有免差遣杂役的同时,更担负着超高利钱的风险,即使政府许诺其有罪府县不得勾治,③但仍难逃种种的征敛威逼。

　　唐政府对债务的态度,其实并不都采取这样严厉的处置方式。敬宗宝历元年(825)正月敕:"应京城内有私债,经十年已上,曾出利过本两倍,本部主及元保人死亡,并无家产者,宜令台府勿为征理。"(《唐会要》卷八八《杂录》)私债十年以上,利过本两倍就放免,其与前述官利五倍、十倍以上犹摊征邻保,宽严之间,相去诚有天壤之别。太和八年(834)的《疾愈德

────────────────

① 《册府元龟》卷五〇七《邦计部·俸禄三》,6086 页。

② 《文苑英华》卷四二二,2588 页;《唐会要》卷九三《诸司诸色本钱下》,1683 页;《册府元龟》卷五〇七《邦计部·俸禄三》,6088 页;《文苑英华》卷四四一,2693 页。附带说明的是,元和十五年二月诏如《册府元龟》卷四九一《邦计部·蠲复》与卷九〇《帝王部·赦宥九》都是:"内外百官食利钱一倍至五倍已上,节级放免。"而卷五〇七《邦计部·俸禄三》做"十倍至五倍已上,节级放免。"依各条史料被放免者皆高倍数来推测,卷五〇七的"十倍至五倍已上",可能较近实情。

③ 《唐会要》卷九三《诸司诸色本钱下》元和六年御史中丞柳公绰所奏。

音》,政府对官、私债的态度,有更清楚而直接的比较,方其放免官本元举人纳利五倍以上,保人纳利两倍以上之后,随即曰:"其诸色私债,止于一倍,不得利上生利。"(《文苑英华》卷四四一)这里又将私债的本利关系,调整为一倍,使本利相当,利不得过本,并不得利上生利。

唐政府对官、私债的明显差异,系因私债攸关百姓生活与社会安定,为了避免富室豪强乘人急切,逼其陷死逃亡,或因诉讼而徒扰公府,故站在维护贫弱者的立场,采取对其较有利的本利关系。至于官本捉钱者,政府自认已给与免役、免府县劾治、子孙相承、或入流授职等优惠,应可相对地要求其本人及子孙等,尽最大能力与义务,交出定额利钱。唐政府之所以会如此看待官本捉钱,不惜逼迫捉钱人交纳高倍数欠利,也不肯轻易放免之,一方面与国家财政窘缺,急需仰赖利钱收入,填补财务不足之困境,有绝对关系;再方面也是因为两税法后,钱重物轻,通货紧缩,遂使放款不易回收,坏账过高,以致官本收益下降,[1]政府只好用累计欠利倍数的方式,弥缝财务缺口。财政与经济的双重压力,让后期政府有些乱了方寸,但也因此而判断,该种高倍数逼缴欠利的作法,未必出现在唐前期。因唐初捉钱者多高户、典吏,其纳利能力总较贫户好得多;而开元以来虽然仍见"收利数多,破产者众"的情景,[2]然其时财经状况颇佳,物价低廉,户税补贴政策也减少了本钱的需求,国家实无必要竭泽而渔,榨干百姓生活资源,故不仅未见高倍数逼欠利的措施,儒家官僚还以"伤民刻下,具在其中"、"并取情愿自捉,不得令州县牵捉"等悲悯、体恤的口吻,[3]呼吁政府善待捉钱者。唐前、后期的捉钱问题,无论在客观情境上,或主观意识上都显然有别,宜其推断前期政府对欠利者,大概不致如后期政府般的严厉态度与处置方式吧!

前期政府如何收取利钱,法令上有规范,《宋刑统》卷二六《杂律》"受寄财物辄费用"条引唐《杂令》曰:[4]

> 诸公私以财物出举者,任依私契,官不为理。每月取利不得过六分,积日虽多,不得过一倍。若官物及公廨,本利停讫,每计过五十日,不送尽者,余本生利如初,不得更过一倍。家资尽者,役身折酬,役通

---

① 余欣,《唐代民间借贷之利率问题——敦煌吐鲁番出土借贷契券研究》,《敦煌研究》1997:4,156 页。

② 《唐会要》卷九一《内外官料钱上》,1653 页。

③ 《唐会要》卷九一《内外官料钱上》,1653 页;又卷九三《诸司诸色本钱上》,1676 页。

④ 参见 313 页注 3。

取户内男口，又不得回利为本。

依前文考证，该《杂令》应是开元七年令。据此，当时之公私出举者，皆实行利不过本，又不得回利为本的办法。① 虽然唐政府行事未必皆依法令，其便宜从事，违法处断者，史料中也时有所见，但法令既有明文，开元时期又无收取高倍数官利的必要，就算不肖官吏擅权，也不应太过悖离利不过本一倍的规定，更别提中央政府会公然毁弃法令，准许强收一倍以上的官利。近年深受学界重视的天一阁藏明钞本北宋《天圣令》，是在唐开元令的框架内修订的，②即使其删掉公廨本利不得更过一倍这一段，③也只代表宋代已不适用，却不妨碍开元期或唐前期仍在行使。反倒是"受寄财物辄费用"条后所列唐元和以后诸制敕节文，原则只论私债事务，全然未提收取高倍数官利一事，想来《宋刑统》与《天圣令》的编纂者，并不认同唐后期中央政府超收利钱之举，所以只依开元《杂令》做删改。而唐后期京司的征敛高倍数利钱，显然系为国家财源而别有变通之道，完全抛开开元令或前期法令的约制。

官利的收取倍数，容或因不同时期而有差异，但官本出举的订定方式与计利不足的处置之法，前、后期未必有太大的不同，《杂令》与其他相关数据，或可提供一些讯息。所谓"诸公私以财物出举者，任依私契，官不为理"，"公"当然包括公廨之物，官本出举的财物也含括在内。而"任依私契，官不为理"，据《令义解》卷一〇《杂令》"公私以财物"条注云："虽是官物，不每经官司，以为判理，任修私契，和举取利，故云官不为理也。"④似乎每笔官本的出放，都由曹司之下的典吏，直接与捉钱人户订立契约，由于不经主

---

① 唐政府对利息的计算方式，采单利原则与一本一利主义。为了防止负债不偿时利上生利，所以也禁止回利作本。有关之讨论可参考：拙著，《唐代民间借贷之研究》，254—256 页；Lien-sheng Yang, *Money and Credit in China*, (Cambridge：Harvard University Press, 1952), p.95.

② 袁慧，《天一阁藏明抄本官品令及其保护经过》，收入：《天一阁藏明钞本天圣令校证（附唐令复原研究）》，2 页。

③ 《天一阁藏明钞本天圣令校证（附唐令复原研究）》校录本《杂令》卷三〇，宋 24 条，371 页。

④ 《令义解》，收入：《新订增補国史大系》（東京：吉川弘文館，1989），卷一〇《杂令》"公私以财物"条，336 页。

管曹司的判案,竟被视如私契。① 元和六年(811)柳公绰论及诸司诸使捉钱人户时,提到文牒与保契:"百姓利其牒身,情愿虚立保契",②文牒载其免役与过犯府县不得劾治之权利,保契或许就是这里的私契。唐政府规定买卖奴婢马牛等重要财物,私契之外,市司还要核发市券,才算完成法律程序,因为"令无私契之文,不准私券之限",③双方如有争执,这等私契不足以为裁判时的依据。官本既然事涉官方,更不能只以未经判理的私契为已足,相信在私契之外,会发交载有更明确权利义务的法律文书给捉钱者,此即柳公绰所言之文牒,亦前期捉钱者所应持有也。

官本捉钱的方式颇为复杂,《杂令》既曰:"本利停讫",意味着捉钱者每月既要还本,也要纳利,其期限就以本利相当之月数为最高限额,因为《杂令》曰:"积日虽多,不得过一倍。"捉钱者若不能在期限内还讫本利,则每五十日,催计本利一次,所余之本可继续生利,但不得回利为本,且累计之诸欠利亦不得过本数,④故《杂令》续曰:"余本生利如初,不得更过一倍。"这样算来,捉钱者的欠利无论拖延多久,总以本数的两倍为交纳上限。至少前期的法令是如此规定,后期的变例则另当别论。

由于政府配给的捉钱数有高低,利率有轻重,捉钱者本身亦有贫富之别,所以每个人纳本利的情况不尽相同,其有欠负者,政府通常先采取家资抵偿的办法,崔沔状曰:"收利数多,破产者众";⑤宝应敕要殷富干了者捉钱,因为:"庶得永存官物,又冀免破家。"⑥这里的破产、破家,指的都是用捉钱者的家资抵偿官债。官府在无担保的情形下放出本钱,似有很高的风险,然其实官府一则凭借的是无与伦比的威势,让捉钱者不敢赖债,再则官本出举时,捉钱者就指当其家产,官府根本不怕捉钱者不就范,长庆二年(822)八月十五日敕:"或有祖父分析多时,田园产业各别,疏远子弟行义无良,妄举官钱,指为旧业。及征纳之际,无物可还,即通状请收,称未曾分

① 田名綱宏以典吏与农民间的私约视之,见:《日唐雑令の出舉條文について》,《日本歴史》303(1973),8 页。但愚意以为之所以视如私约,是因为未经官司判案,尚不为官府文案。另外,Valerie Hansen 认为,政府一方面介入私约,但他方面如情况不符法规,也保留介入的权力,见:*Negotiating Daily Life in Traditional China:How Ordinary People Used Contracts*,600—1400,(New Haven:Yale University Press,1995),p.43.

② 《唐会要》卷九三《诸司诸色本钱下》,1680 页。

③ 《唐律疏议》(北京:中华书局,1993),卷二六《杂律》"买奴婢牛马不立券"(总422 条),500—501 页。

④ 田名綱宏,《日唐雑令の出舉條文について》,8 页。

⑤ 《唐会要》卷九一《内外官料钱上》,1653 页。

⑥ 《唐会要》卷九三《诸司诸色本钱上》,1677 页。

析。诸司诸使诸军等不详事由,领人管领。"(《宋刑统》卷二六《杂律》"受寄财物辄费用"条引)捉钱者在举官钱时,已指田园产业为担保品,易言之,举借官本是一种无占有质或指名质的性质,[①]只有在其本利欠负不能还时,官府才能就其债务部分收抵之。不过《杂令》所谓的"家资",据《令义解》注云:"家资者,家宅及资财也。"[②]应含动产的财物及不动产的田园产业在内。如捉钱者贫困,已累计欠利,而家资不足以抵尽时,依《杂令》,捉钱人户还可"役身折酬",即用役力,平功庸,折欠债,但役力只限于户内男口。然而,《杂令》所规范的还本利办法,尽管已动到捉钱者的家产,甚至役及户内男口子孙弟侄等人,却仍不出捉钱者之户。只是官府在实际操作上,似有持续向户外之相关人等,收取财物的倾向,这在唐后期尤其明显,如贞元元年(785)九月八日敕:"自今后应征息利本钱,除主保逃亡,转征邻近者放免,余并准旧征收。"(《唐会要》卷九三《诸司诸色本钱下》)贞元二十一年(805)七月中书门下奏:"敕厘革京百司息利本钱,应征近亲及重摊保,并远年逃亡等。"(同前引)而最严重者,莫如前引的元和二十一年(816)九月东都御史台所奏,还连及亲族旁支,甚或所由。从贞元二十一年(805)"敕厘革"等语可知,转征亲邻保人等,似非合法手段,是应被厘革或禁止的。只是官府为了确保财政收益,也就顾不了那么多,明知其有违法令,残害民生,仍恃其威势,强行逼取。

官本出举是唐政府筹措财源的一种方式,其利率高低,视国家财经状况与官府需求而变动。长期来看,唐代的官本利率呈缓降趋势,自月息8%调整到4%。从表面上说,前期的捉钱者所感受到还本纳利的压力,应大于后期的捉钱人户,然事实或有不尽然者,尤其是后期的京司,诸司诸军诸使不是根本无视于利不过本的法令规定,就是已全然改掉开元令在本利关系上的基本立场,遂使捉钱者在高倍数累计欠利,以及回利作本的情况下,饱受重利盘剥。虽然不清楚前期各级政府在官本出举上,是否皆依《杂令》来执行,但可以肯定的是,后期官府自有一套还本计利之法,也自有其催逼欠负,摊征亲保的方式。因此,利率高低不是决定捉钱者欠利多寡的唯一因素,官府对本利关系的态度,以及财务需求的迫切程度,可能才更具关键性。

---

① 有关无占有质或指名质的意义,及与其他类型的质、借之比较,详拙著,《唐代民间借贷之研究》,47—50页。

② 《令义解》卷一〇《杂令》"公私以财物"条注,337页。

 财务查核体系的制约

为保证国家财政财务的有效运作与执行,考核并追究官吏的相关责任,中国自古以来即设有审计制度。审计制度萌芽于夏商或西周,开始于春秋战国时代,兴盛于秦汉之际。① 周礼的司会、宰夫等官,正负责会计审计工作。② 睡虎地秦律里的仓律、金布律、司空律、效律等,都载有上计与

① 审计制度的起源,学者说法不一,李金华、方宝璋、刘云等认为在夏商或西周时即已萌芽,张达聪则认为到战国时代才有此客观需要。但如果从殷墟书契已有会计记录来看,审计的职能或许已相应萌生,只是要发展成较明晰的制度,并广为应用,可能要到战国秦汉时期。关于审计制度起源的说法,见:李金华编,《中国审计史》(第一卷)(北京:中国时代经济出版社,2004),16—20 页;方宝璋,《中国审计史》(台北:洪叶公司,1995),24—26 页;刘云,《中国古代审计史话》(北京:中国时代经济出版社,2005),5—21 页;张达聪,《中国审计起源考》,《江汉论坛》1992:7,56—60 页。关于夏商西周的会计方法与制度,见:郭道扬,《中国会计史稿》(上册)(北京:中国财政经济出版社,1982),第二章。

② 李金华编,《中国审计史》(第一卷),21—29 页;方宝璋,《中国审计史》,31—34 页;刘云,《中国古代审计史话》,156—159 页;郭道扬,《中国会计史稿》(上册),62—70 页。

稽核之法规与方式。① 尹湾 6 号汉墓东海郡集簿,及汉简中大量的财务收支簿与校簿,②则是政府重视财务管理、监督之明证。这些细密的法规、专职人员与科学记账、查账法,表明古代中国已体认计量法治国的重要性。

唐代的审计制度在既有基础上发展得更完善,举凡勾检、勾会、勘会、勾覆、勾等语词,都代表检核稽查的意思。唐代的勾检制普遍存在政府各机构,除了有行政管理的作用外,更值得注意的是其财务检查的职能。官本是预算外项目,是否需做财务检查,如何进行财务检查,其与财务制度间的关系如何,财务检查的意义何在,勾检之后的勾征要怎么执行,都是不能忽略的课题。可惜的是,由于官本数据有限,除了官本账簿的作成、比部勾检官本的方式、御史台对官本的财务检查等少数几个问题外,鲜少直接看到勾检制运作于官贷体系中。但这既然是资料所限,而非彼此互无关连,则本书详细论述勾检制之流程与执行方式,亦有助于理解政府如何对官本进行财务检查,故即使明知本章所论少有触及官本,但仍不妨借此厘清勾检制的相关问题,并由此以知查核官本的步骤,及其因时而异的演变趋势。

第一节　官本账簿的作成

为了健全国家财政,考核施政绩效,了解预算执行,发现违法失职情事,中央与地方政府必须依法做财务勾检的工作,《唐会要》卷三九《定格令》:

> 至垂拱元年三月二十六日,删改格式,加计帐及勾帐式。

垂拱年间定制的勾帐式,盖专为财务勾检而设,应是唐人体认到非有详备的法规,不足以为稽查违失之准绳。勾帐式所谓的帐,大概就指会计

---

① 李金华编,《中国审计史》(第一卷),50—57 页;方宝璋,《中国审计史》,62—70 页;刘云,《中国古代审计史话》,114—119,192—195 页;郭道扬,《中国会计史稿》(上册),150—169 页。

② 李金华编,《中国审计史》(第一卷),69—78 页;刘云,《中国古代审计史话》,121—126,295—302,310—330 页;郭道扬,《中国会计史稿》(上册),191—229 页;李均明,《汉简"会计"考》(上)、(下),《出土文献研究》3(1998),119—128 页,4(1998),31—43 页。另外,李孝林由记账法的角度来观察这些简牍资料,认为是极珍贵的会计账簿,见:《世界会计史上的珍贵资料》,《江汉考古》1983;2,75—80 页。

账簿。唐代会计账簿的种类繁多,视需要而汇整成各种样式,其目的除了让各主管单位随时掌握该事项的执行状况,同时也在提供数据,以备内、外各检查单位的勘验与复核。会计账簿的作成不分预算内或预算外项目,预算内的收支当然应按度支计划来进行,并定期接受考核;预算外的项目如职田、公廨田等也要勘造白簿申省,①使中央了解承佃、租粮之情形。而同样是预算外项目的官本,也被要求编制账簿,以备勾检之需,如《册府元龟》卷五〇七《邦计部·俸禄三》元和十年(815)正月御史台奏:

> 其诸司食利本钱,疏理外,合征收者,请改案额为元和十年新收置公廨本钱。……勒本司据见在户名、钱数,各置案曆,三官通押,逐委造帐,印讫入案。……如人户办纳本利钱,纵都数未足,亦勒据数与纳,召主别置案曆,准前通押。如至年终勘会,欠少本利,官典诸节级,准法处分。

食利本钱将名目改为公廨本钱后,要重新置案曆、造账簿,如本利钱未纳足,也要别置案曆与账簿,可见官本会依不同状况,制作不同类别的帐曆,以供年终勘会之用。有些捉钱户为求私利,将私本添入官本,并称可征索者来自私本,逋欠者为官钱。为杜绝这种公私不分的情形,右御史中丞崔从主张从建立案曆着手,同前书元和十一年(816)八月奏:

> 今请许捉钱户添放私本,不得过官本钱,勘责有剩,并请设官,仍量轻重,科处其所放官本,并许添私本,每举放数足,仰钱户具所举人姓名、钱数,状报本司,仰本司收连入案,三官同押,排科印记,仍各随钱、人牒知。如他时因有论竞,勘案曆不同,不在与征理之限。

官本、私本分别记账,俱由本司收连入案。只需从纳利者所来自,便可知其所放为官本或私本。如异时有纠纷,只要查验案曆即可断其曲直。如此看来,详实的账簿数据,不仅是避免官钱无端散失的保证,显然也是勾检或勘验时的依据。

官方的财务检查既要凭借会计账簿,如何正确、清楚地作成账簿,相信勾帐式中应有规范。而今勾帐式虽不存在,其应用实行的景况仍可于出土文书中见其梗概。以下借由预算外之官本账簿的作成,证明预算内项目亦

---

① 《唐会要》(台北:世界书局,1974),卷九二《内外官职田》,1670页。

应有账簿,以备检查。

完整的账簿数据,应据齐全的收支凭证而编成。举凡政府的每笔出纳,领受人与交付者都应有单据为凭。① 吐鲁番文书阿斯塔那 10 号墓《唐永徽五年(654)赵延洛领钱抄》:②

1. 永徽五年七月☐☐ 赵 延洛贷☐☐☐
2. 钱贰文送使往 ☐☐☐ 赵延洛领

这似乎是官方将钱贷给赵延洛,命其送使往某处,赵延洛领钱时官方开给作为凭证的抄件。另件阿斯塔那 108 号墓《唐神龙三年(707)张甲爽入利钱抄》则是官府开给纳利钱者的凭证:③

1. 张甲爽入利钱壹伯贰拾文,神
2. 龙三年十月四日脾洛相抄。

官方放贷固然以钱币为主,却也不乏出举实物的例子,如阿斯塔那 35 号墓《唐麟德元年(664)西州高昌县里正史玄政纳当年官贷小子抄》:④

1. 崇化乡里正史玄政纳麟德元年官贷小
2. 子贰豆䤵,其年拾贰月参拾日。史　　史
3. 　史　　史氾守达　仓督　仓督张
4. 鞠智

史玄政所纳的官贷小子,由仓史、仓督等多人共同收领,类似案例在史玄政纳另件征粮抄之末有"五人同收了"一语,⑤可见官贷钱物同于一般财物收支,官方都有相同的领取方式,也会给予出纳凭证。一、三两件文书均在垂拱元年定勾帐式之前,想来自唐初时人已有开立收支凭证的习惯。

① 所谓领、付单据,即唐代财务文书中的各式抄件,有关例证与说明见:王永兴,《敦煌经济文书导论》(台北:新文丰公司,1994),323—330 页。
② 《吐鲁番出土文书》(简)五/83,(图)贰/211。
③ 《吐鲁番出土文书》(简)八/37,(图)肆/17。
④ 《吐鲁番出土文书》(简)七/388,(图)参/485。
⑤ 《吐鲁番出土文书》(简)七/387,(图)参/484。

官府在领取钱物时,如有特殊状况,还会在抄件上加注说明,阿斯塔那506号墓《唐开元十九年(731)□六镇将康神庆抄》:①

    1.   匹 准□ ,床壹伯 伍 □

    2. □限今月廿五日□□,如违限不还,

    3. 一依官法生利。开元十九年十一月廿一□□

    4. 六镇将康神庆抄

本件似是所纳不足,受领镇将在抄件上加注欠负部分要依法生利。一般来说,税赋悬欠皆无准法生利之例,而只在《唐广德三年(765)二月交河县连保请举常平仓粟牒》中见到依官法征利的情形,②或许本件也是一个仓粮出贷的事例。安史乱后吐蕃侵扰河西,中央物资无法运补沿边军州,于是出现军州靠预放筹措经费的景况,大谷文书中多件就反映了这种现象,如大谷5832号:③

    1. 周思恩纳宝应元年瀚海等军预放练

    2. 布壹段。其年八月十四日、里正苏孝臣抄。

官本放贷钱物如由中央拨给,为了应和中央造计簿、行勾检的要求,自需备齐出纳凭证。但安史乱后的诸多预放抄件,其本物显然不是来自中央,其帐历是否要上报中央勾检似也大成问题,然至少预放单位自行保留单据,自造账册,可以自知盈亏状态。

收支凭证通常由领取、交纳双方各自保留一分,以证明彼此的还付情形,避免将来发生纠纷时自己处于不利的地位。因此如一方未开立,或另方有遗失,为求自保,都会请求补发凭证,如阿斯塔那506号墓《唐天宝某载□仙牒为本钱出举事》:④

---

① 《吐鲁番出土文书》(简)十/34,(图)肆/412。

② Tatsuro Yamamoto, On Ikeda eds., *Tun—huang and Turfan Documents concerning Social and Economic History*, Ⅲ *contracts* (A), (Tokyo, The Toyo Bunko,1986), n.96, pp.34—35.

③ 小田義久,《大谷文書集成》第3卷(京都:法藏館,2003),205—206页。

④ 《吐鲁番出土文书》(简)十/283,(图)肆/571。

1. ┌────────┐ 上 件本钱征，去载八月已后，

2. 随时续辨，并已纳足讫。未经陈请公 验 ，恐后

3. 载月深久，官典改易，无有凭据，□□朱牒者。……

这是□仙应官府要求纳本钱后，官府未实时给付凭据，故陈请公验要求给凭据的文牒，牒后还有官典李某的签署。本件文牒在正月廿六日提出，离去载八月虽不远，但也有一段时间，官府如要补给凭据，需自身保有可查证之资料，绝非任意作为。而此可查证的资料除了官方相对保有的凭证外，应该就是根据由凭证编制而成的帐历，阿斯塔那 223 号墓《唐景龙二年(708)补张感德神龙二年买长运死驴抄》：①

1. 张感德先去神龙二年十月内买长运死驴

2. 壹头，皮壹张，给抄讫。今称失却，更给抄。

3. 旧抄在，不在□用限。景龙二年四月

4. 廿日胡基抄。会纳历同，典□。

神龙二年(706)十月距景龙二年(708)四月有一年半的光景，如以唐人年终勘会的法制为准，也经历了两个会计年度，要证明张感德确实买了长运死驴，官府一方面直接翻检原始凭证，找到旧抄，另方面还查找已编成的帐历。上件文书的"会纳历同"，显然就是官典从纳历中找到有关资料，并勘会无误，才同意补发抄件。本件文书虽不必与官本相干，但相信收支凭证同样为征本纳利之双方所重视，而抄件凭证与帐历之关连性，亦于此可领略一二。

帐历的种类繁多，视需要而编成各种形式，以帐历的时间分，除了月帐、季帐、两季帐，年终帐外，②还有不少是不定期的帐历。阿斯塔那 506 号墓有 20 多件长行坊支贮马料帐历，从其中载明呈报时间看，别有双月

---

① 《吐鲁番出土文书》(简)八/260,(图)肆/118。

② 勾检可按月、季、两季、年终进行，故帐历也有月帐、季帐、两季帐、年终帐，见：李锦绣，《唐代财政史稿》(上卷)(北京：北京大学出版社,1995),232—237 页；王永兴，《敦煌经济文书导论》,337 页。

帐、①三月帐、②四月帐、③六月帐、④三季帐、⑤十月帐等。⑥ 盖官府收支绝不能大意马虎,官典可能应上司要求而呈报,也会在事情了结,或有特殊情况时上牒状,因为账目不随时整理,必要依季待年,难免会因官典怠惰、记录失实失载,形成无法对帐的一本糊涂帐。为了确保国家财物的合理运用,不被隐匿侵占,官典除了应定期、依制度地申报账目,也需听指示、视职守而做不定期的上报。长行坊帐及其他财物收支是如此,相信官本放贷也不应例外。

帐历的编造不拘一格,它常随需要而搭配组合成多样化的形式,像长行坊帐历,逐月逐日地叙述支贮的数量、原因;天宝九载(750)的郡仓纳谷牒,也是逐日记录百姓所纳二分税、和籴粟、种子粟等;而天宝年代燉煌郡会计牒,则是将各财政单位的应见在帐汇总在一起,但也可能是总帐的一部分。总之,出土文书所见之帐历形式,通常有出纳帐(纳历、破用历)、流水帐、分类帐、利润帐、应见在帐、总帐、勾帐等。如此繁复多变的形式是如何编造而成,以下且以官本帐历的制作为例说明之。阿斯塔那 223 号墓《唐冯君住等纳钱历》:⑦

(一)

1. 冯君住　十月 | 一 | 日入 □ | 月 | 利 | | □□□□□

---

① 　如该文卷的(三)《唐天宝十四载(755)柳中县具达匦馆私供床麦帐历上郡长行坊牒》,见:《吐鲁番出土文书》(简)十/86—91,(图)肆/444—446。

② 　同前文卷的(八)《唐天宝十三载(754)交河郡长行坊申十至闰十一月在槽减料牒》、(九)《唐天宝十三载(754)长行坊申勘十至闰十一月支牛驴马料帐历》,是三月帐,却非一季帐,见:《吐鲁番出土文书》(简)十/125—126、127—142,(图)肆/467—479。

③ 　同前文卷的(十九)《唐天宝十四载(755)交河郡长行坊申十三载郡坊帖马侵食交河等馆九至十二月马料帐》、(二十)《唐天宝十四载(755)交河郡长行坊具诸馆预给及不给马料数请勘会牒》都是四月帐。见:《吐鲁番出土文书》(简)十/226—228、229—231,(图)肆/537—540、541—542。

④ 　同前文卷的(四)《唐天宝十三载(754)礌石馆具七至闰十一月帖马食历上郡长行坊状》是六月帐,却非两季帐。见:《吐鲁番出土文书》(简)十/92—110,(图)肆/447—458。

⑤ 　同前文卷的(十)《唐天宝十三载(754)交河郡长行坊具一至九月醋料破用帐请处分牒》为三季帐。见:《吐鲁番出土文书》(简)十/143—152,(图)肆/480—488。

⑥ 　同前文卷的(十五)《唐天宝十四载(755)某馆申十三载三至十二月侵食当馆马料帐历状》为十月帐。见:《吐鲁番出土文书》(简)十/165—188,(图)肆/498—512。

⑦ 　《吐鲁番出土文书》(简)八/270—271,(图)肆/122。

2. 田建义　十月│一│日入九月│＿＿＿＿＿＿│

（二）

1. │＿＿＿＿＿│月│一日入九月利一百卅文

2. │＿＿＿＿│＿＿＿＿│入九月│利│＿＿＿＿＿│

3. │＿＿＿＿│＿＿＿＿│入│九月利七十文

　　该件依入钱先后次序，逐日登记，是一种较原始的财物出入记录，也可以说是一种流水账，它详细记下纳利的人名、时间、所纳之月份与钱数，将是官典编制或汇整为帐历的基础数据。同墓出土《唐吴神感等纳钱历》：①

　　3. 十月纳钱历
　　4. 吴神感十二月十一日入廿│＿＿＿│四日淳于□处回一百
　　5. 　卅文　安│感│通十二月十四日入七十│文││＿＿＿＿＿＿│十一月
　　　　□日入七十

　　本件虽未明言纳利钱，但书写形式与前件相似，且都入 70 文、140 文，则本件也应是纳利钱。在"十月纳钱历"的标题下，胪列各人纳十月利钱的时间、钱数与方式，有的人似乎拖到十一、二月才纳，也有的是向他人处回借而来。这份帐历是从原始的财物记录中按月整理而成，盖原始纳钱历如流水账，除非逐日索骥，实在不便查阅，也不易看出财物类型或收支结果，故有必要以原始凭证或财物出入记录为依据，视己方需要编成各式帐历，以了解收支状况。

　　在各种帐历中，分类账或明细账也是经常可见的方式，如阿斯塔那 230 号墓《唐借贷仓粮纳本利帐》：②

　　1. 　宋│君│纳│本││＿＿＿＿＿│
　　2. 小麦　张知远纳本三石　曹行通纳│＿＿＿＿＿│
　　3. 　苏才纳本六石　麹先择利│＿＿＿＿＿│
　　4. 　僧玄英欠利四斗八升不纳　孟表欠│利││＿＿＿＿＿│

①　《吐鲁番出土文书》（简）八/269，（图）肆/122。
②　《吐鲁番出土文书》（简）八/173，（图）肆/81。

本件全文朱书,纳者右侧有朱点,欠者则无,应是勘验过的帐历。本件2行以下全为小麦斛斗,残缺的1行以前殆为另种谷物,故这似是某个帐历的分类账部分。再者,小麦项下详列每位欠、纳本利的数量,笔笔清楚,唯独略去日期与月份,也可说是一分谷物的明细账。只是此账本、利并列,还、欠也未分置,看来是直接从抄件或流水账中迻录过来,尚未经更仔细的整理,但也有可能在帐中做了某种统计。

严格说,帐与历是有区别的,历一般随时间先后次序而记,帐则为历的简化与整理结果,①《庆元条法事类》对于历的做成及账簿的特色,有如下叙述:"诸税租钞,仓库封送县,令、佐即日监勒分授乡书手,各置历,当官收上,日别为号,计数,以五日通转,每受钞,实时注入。当职官对簿销押讫,封印,置柜收掌。至纳毕,于簿末结计正数及合零就整。"(卷四八《赋役门二·预买绸绢》引赋役令)这里的钞指的就是交纳税租的抄件,即原始凭证;历则列上日期,据抄注拟;簿即账簿,是历的统计资料。但是历与帐有时很难分得那么清楚,二者经常相互配合运用,如阿斯塔那223号墓《唐开元年间麴爽纳本利斛斗历》:②

1.　麴爽八年欠 □□□
2.　　右本利共 □□□
3.　九年取八年 三 □□□
4.　　一石五斗六升 □□□
5.　　右计本利 共 □□□
6.　九年纳二石四 □□□
7.　十年本 □□□
8.　　右计本 □□□

这是某人历年欠、纳本利斛斗的情形,还分年做出统计,殆亦从原始财物记录或历年账簿中编制而成。其编年,有历的性质;论计数,具帐的作用,本文书名之为帐历或许还更贴切些。由于帐历的制作需凭借各式数据,故抄件及据以完成的诸种帐历,官方都应善尽保存之责,这不仅是为自己查阅或整理方便,也是将来与勾官勘验时所必备。宋代的簿历文书,中

---

① 帐与历的区别,可参考:王永兴《敦煌经济文书导论》,334页。
② 《吐鲁番出土文书》(筒)八/262,(图)肆/119。

央及路州县有架阁库保存这些档案,①唐代虽未见类似组织,但也应有专司机构与法式,《唐六典》卷一《尚书都省》:"凡文案既成,勾司行朱讫,皆书其上端,记年、月、日,纳诸库。"都省文案有储存、管理的方式,相信各级官府对需要勾检的财务文书,以及备查核用的原始凭证与帐历,也都有收纳的府库与使用、清点的程序。

帐历还可以从编造单位来区分。通常各财政部门自有专帐,如正仓帐、义仓帐、常平仓帐、正库帐等。唐代官本的种类很多,官本的管理者是各司最与财务相关的机构,在州县就是仓曹或司仓,但官本的经营者是其下的属司与各种身分的捉钱者。从出土文书看,放贷官本的各单位似乎也有专帐,官本利则附载在该帐历上,如敦煌文书 P.2626 号背《唐天宝年代燉煌郡会计牒》:②

81.　　宴设厨
82.合同前月日应在及见在,惣壹伯阡文钱,干姜壹斤,伍口铛釜
83.　　壹伯阡文本钱,准　旨差官典回易,随月收利,应在
84.　　壹斤干姜,伍口铛釜,见在
　　　（下略）
91.　　病坊
92.合同前月日见在本利钱,惣壹伯参拾贯柒拾贰文
93.　　壹伯贯文本
94.　　参拾贯柒拾贰文利
95.合同前月日见在杂药,惣玖伯伍拾斤贰拾枚
96.合同前月日见在什物,惣玖拾肆事
　　　　　（下略）
103.合同前月日见在米,惣壹硕陆斗捌合

这是燉煌郡的财务文书,与宴设厨、病坊并列的还有郡草坊、阶亭坊、广明等五戍、长行坊等单位,都只有应在、见在帐部分。P.3841 号背《唐开元廿三年?（735?）沙州会计历》有:"前判官阎信纳,附阶亭坊帐",③可见

　　① 方宝璋,《宋代的会计帐籍》,《北京师范学院学报(社会科学版)》1991:5, 24—25 页。
　　② 唐耕耦编,《敦煌社会经济文献真迹释录》第一辑(北京:全国图书馆文献缩微复制中心,1986),475—477 页。
　　③ 唐耕耦编,《敦煌社会经济文献真迹释录》第一辑,418 页。

郡下各单位自有专帐,而郡之会计帐历是汇整各专帐而形成的总账。宴设厨、病坊之本利钱属官方放贷无疑,但各单位也都还有其他财物,同件长行坊项下有:"合同前月日见在节减利润斛斗",因文字简略,其下又残缺过甚,不明是否与官本相关。宴设厨、病坊的记账方式都是先列出各分项总账,再缕述各分项之明细,这也是一般会计账簿的通常写法。在此值得注意的是帐中应在、见在的分别。P.3559 号《唐天宝十三载(754)燉煌郡会计牒》载天宝六载(747)节度使用和籴绢买马,但始终未填还所支物,会计帐被列为"应在勾征",故所由呈请:"天六已后,频申请使司,不蒙支送,无物填还,帐存应在。其物既缘官用,望准 恩制处分。"①可见应在其实就是帐上虚存,应有而实未纳,②与见在的已付未欠,实有而无隐漏,并不相同。唐人会计帐之所以经常把应在列为一项,陆贽贞元十年(794)《论裴延龄奸蠹书》中有一针见血的观察:"大抵钱谷之司,皆耻财务减少,所以相承积累,不肯涤除,每当计奏之时,常充应在之数。"(《陆宣公集》卷二一)应在既是"但存名额,虚挂簿书"(同前引),则宴设厨的壹伯阡文本钱,与随月收利的利钱,可能俱已耗散,空留簿书而已,不然它应如病坊那样,详列所余本数与所收利钱数。

帐历的写法与算法,触及唐代何时运用四柱式的问题。中国古代已有上计制度,汉简中显示当时已发展出会计核算的账簿体系,所谓入、出、余或余见,指的就是收入、支出与结存三项,以此做成的账簿,采取的是三柱结算法。③ 将上一会计年度的结存,转列入本会计年度的账簿中,以前帐回残的名目,与另三项共同核算,即是四柱结算法。有学者认为,四柱式算法到宋朝才有显著发展。④ 也有学者从敦煌文书吐蕃时期的仓曹会计牒,与五代时期的寺院文书,将四柱式的运用向前推到唐代晚期,甚至中期,并推测其初创时间应该更早。⑤ 然如前引陆贽之言,钱谷之司的应在之数是"相承积累"而来,则当年度会计帐中的应在之数,其实是历年结算的结果,亦即贞元十年以前的账簿,可能已将前帐回残列入四柱结构中的一柱。但

---

① 唐耕耦编,《敦煌社会经济文献真迹释录》第一辑,464—465 页。
② 李伟国认为"应在"是"应该有而暂时不在",与愚意相近。见:《宋朝财计部门对四柱结算法的运用》,《河南师大学报(社会科学版)》1984:1,37 页。
③ 刘云,《中国古代审计史话》,198—199、314—316 页;郭道扬,《中国会计史稿》,212—213 页。
④ 郭道扬,《中国会计史稿》,395—404 页。
⑤ 杨际平,《现存我国四柱结算法的最早案例——吐蕃时期沙州仓曹状上勾覆所牒研究》、韩国磐,《也谈四柱结账法》,二文收入:《敦煌吐鲁番出土经济文书研究》(福建:厦门大学出版社,1986),162—187、188—197 页。

唐前期诸多会计文书中,很难找到当时已用四柱法的直接证据,或许只能从一些蛛丝马迹中略做推测。唐开元十六年(728)末庭州轮台县有一件会计残稿,显示当时似已知道将前帐回残部分纳入:①

> 1. □□傔从,十六年七月一日已后至十二月卅日已前,军府 □
> 2. 料并执衣白直课,及诸色贷便,及马价纸价□使(?) □
> 3. 及六月卅日已前破用回残钱等,惣计当钱肆伯柒拾参

这可能是会计文书的起首部分,残存处记录十六年秋冬两季的支出项目,最引人注目的是其后加上夏季以前的破用回残钱。如果这件文书是秋冬两季的收支帐,则六月三十日以前的破用回残钱就是所谓的前帐回残,而此会计帐便可能用四柱法作成。

唐朝既有勾帐式,勾检法规应该是全国一律通行,不能只当成个案来看,敦煌文书 P.2507 号《开元水部式残卷》:②

> 99. ……余应给鱼处及冬藏,度支
> 100. 每年支钱二百贯送都水监,量依时价给直,仍
> 101. 随季具破除、见在,申比部勾覆。年终具录申所
> 102. 司计会。如有回残,入来年支数。

这个水部式应是开元二十五年式,③式中特别声明"如有回残,入来年支数",似是自此官府正式要求在当年度帐内纳入前帐回残部分。但如果制作勘会文书的典吏遗漏了这个部分,长官会在判文中加以提醒,如天宝十四载(755)的一件郡坊在槽马减料数会计牒,只列出破用、见在与结余三项,交河郡都督的判词里则提示了"前所破数余有见在",即还有前帐回残

---

① 池田温,《中国古代籍帐研究——概观·录文》(东京:东京大学东洋文化研究所报告,1979),355 页。王永兴认为此件不是轮台县的收支帐,也不是轮台县文书,而应是北庭节度使申尚书省的年终勾帐,见:《唐开元十六年北庭节度申尚书省年终勾帐》,收入:《唐代前期西北军事研究》(北京:中国社会科学出版社,1994),321—326 页。

② 刘俊文,《敦煌吐鲁番唐代法制文书考释》(北京:中华书局,1989),332—333 页。

③ 水部式的制作年代,仁井田陞早有考证,见:《敦煌发见唐水部式の研究》,收入:《中国法制史研究——法と惯习·法と道德》(东京:东京大学出版社,1981),336—337 页。

部分可资运用。① 看来开元天宝间的官吏不仅知道将每年结余并入下年度支用，还清楚意识到前帐回残在账面上，具有连结前后期帐的巧妙作用。玄宗时多用计吏，《通典》谓："其实钱谷之司，唯务割剥，回残剩利，名目万端。"②大概也正在此时，钱谷之司唯恐回残剩利被不肖官典侵吞隐没，故改革会计账簿，加入前帐回残，采用四柱结算法，迈出中国会计史上重要的一步。这项改革成果，不因安史之乱而受到影响，并且很快传到边州，并被其后占领敦煌的吐蕃官厅，甚至晚唐五代的寺院所仿效学习。③

帐历由主管官典随时随事记录下每一笔，每个月经整理后，书写于印纸，上报于相关单位。《唐六典》卷二〇《太府寺》之左、右藏库账："若请受、输纳，人名、物数皆著于簿书，每月以大蔂印纸四张为之簿，而丞、众官同署。"其实不仅中央府库如此，地方的会计帐也书于印纸，《唐开元十九年(731)正月西州岸头府到来符帖目》：④

> 3. 录事司符、为仓粮长行坊供客等、上州印纸、每月具申事。
>   ……
>
> 4. ……户曹府、为镇戍阙官职 田 ▢
>
> 5. 车坊仓粮、长行车坊供客等、新附一物以上、起正月一日上印纸、每月卅日具申事。……

书写于印纸的帐历，不仅需官典签署，还要盖上官府之印，⑤以示慎重与正式。帐历在经过这样处理后，已不只是单纯地条列式记录，或汇整的统计结果，而是至少有辞牒、受付、判案等几个项目，以文案的形式呈现出来。《唐六典》卷一《尚书都省》："凡尚书省施行制、敕，案成则给程以钞之。……凡文案既成，勾司行朱讫，皆书其上端，记年、月、日，纳诸库。"制敕省符需案成后，发下施行，诸州县之会计帐历也需做成文案，才能进行联系、

---

① 判词中提到这笔旧帐，说明牒件虽然勘会的是整年减料数，却并未把前帐结余纳入合计，本帐原来只用三柱结算法，而长官要求将前帐回残加入。判词见：《吐鲁番出土文书》(简)十/163，(图)肆/496。

② 《通典》(北京：中华书局，1988)，卷六《食货·赋税下》，111 页。

③ 关于晚唐五代四柱式与非四柱式寺院会计文书的分析，详见：唐耕耦，《敦煌寺院会计文书研究》(台北：新文丰公司，1997)，33—62 页。

④ 池田温，《中国古代籍帐研究——概觀·錄文》，357 页。

⑤ 关于印纸的制作与运用，可参考李志生的讨论，见：《唐开元间西州抄目三件考释》，收入：《敦煌吐鲁番文献研究论集》第 5 辑(北京：北京大学出版社，1990)，486—487 页。

勾稽等工作,①像阿斯塔那506号墓的长行坊帐历,无不转化为牒、状之财务文案。同样的,即使是预算外的官方放贷,在下符捉钱,追征本利时,也是以文案形式下达,如开元年间的一件征麦利残文书,其中有"加减麦利,文案分明","出举案状"等语,②表明官府的出举不是随意的口头指令,必是经有司判案,长官同意的。前引"元和十年新收置公廨本钱",亦特别声明:"各置案历,三官通押,遂委造帐,印讫入案",③无异再次证明官本帐历需经主管官吏签署、判案,④并盖上官印,才正式成案。当商贩富人依托官本,添放私本,借机牟利时,御史台要求各司将私本"收连入案,三官同押,排科印记",如"有论竞,勘案历",⑤显然私本以同样方式成案。而官、私本的分别造帐、成案,应有方便官吏查验、对帐,并避免官、私本利混杂在一起的作用。

帐与"历"原本有各自的形式,但实际运用上又很难判然划分。"帐历"在成案之后,因放贷案要具列所举人姓名、钱数,故亦称"案历"。⑥ 如征纳有欠负、不实等情事,主管官员可能要求负责典吏带文案或案历至官署作说明,开元十九年(731)西州岸头府、天山县之抄目中多见:"并典及案付州事"、"勘典正賷案,将符告赴州对事"、"勒所由典及知田人等,賷案赴州勘会事",⑦想来官本案历如有疑义,主司也会如是作为。正因为官本案历详载举放、征纳的收支状况,不仅本单位可据以了解官本的运作情形,查知、追究欠负的原因与责任,同时该案历也是勾检勘会时的一个重要依据,在许多勾检文书中有"会案同"、"会历同"、"会案历同"等朱书短句,⑧就是计

---

① 文案是官府上、下级以及同级间互相沟通、联系的工具,表现国家机器的运转方式。见:王永兴,《唐勾检制研究》(上海:上海古籍出版社,1991),40—41页。

② 《吐鲁番出土文书》(简)八/267—268,(图)肆/121。

③ 《册府元龟》(台北:台湾"中华书局",1972),卷五〇七《邦计部·俸禄三》,6086页。

④ 判案是公文处理中的一个重要环节,有关判案的过程与方式,及长官、判官在判案时衍生的问题与原因探讨,参见:卢向前,《牒式及其处理程序的探讨——唐公式文研究》,收入:《敦煌吐鲁番文献研究论集》第3辑(北京:北京大学出版社,1986),365—376页;向群,《敦煌吐鲁番文书中所见唐官文书"行判"的几个问题》,《敦煌研究》1995:3,137—146页;李方,《唐前期地方长官与判官在公文运作中的作用及相关问题》,《唐研究》7(2001),343—350页。

⑤ 《册府元龟》卷五〇七《邦计部·俸禄三》,6087页。

⑥ 唐代史料中歷与曆常交替互用,未必有一致的写法,但出土文书中多用歷,如《唐天宝十三载(754)交河郡长行坊具一至九月喏料破用帐请处分牒》:"据歷勘会"、"会在槽实食歷都收斛斗数同"。见:《吐鲁番出土文书》(简)十/143,(图)肆/480。

⑦ 池田温,《中國古代籍帳研究——概觀·錄文》,358、359、361页。

⑧ 王永兴,《唐勾检制研究》,120页。

会核对文案、帐历或案曆的结果。"元和十年新收置公廨本钱"于本利钱未纳足者,"亦勒据数与纳,召主别置案曆,准前通押。如至年终勘会,欠少本利,官典诸节级准法处分。"①易言之,案曆就是勾官勘会的基础,可与原始凭证、分类账、收支账等相互做比对。这些财务文书间环环相扣的关系,就以勾检做为一个联系点。

第二节 前期的勾检方式

财务勾检是一种审计工作,其适用范围应含括所有政府机构在内,唐代专司勾检的职官,中央最高层级就是比部,《新唐书》卷四六《百官志》所言比部的勾检范围,举凡内外赋敛、经费、俸禄、公廨、勋赐、赃赎、徒役课程、逋欠之物,及军资、械器、和籴、屯收等,都由其勾覆。比部勾检的这些项目,应该也是州县等各级勾官检核的范围,盖所有与财物收支有关者,都受各级勾官的监督。亦即政府预算内的财物收支,应无例外地要经勾官的审核,就连政府拨给资源自行生产经营的预算外项目,原则上也要依例勾检,如职田、公廨田造白簿申省外,还要"与诸司文解勘会";②元和十年(815)新收置公廨本钱,置案曆之外,也需"年终勘会"。勘会就是勾检,也就是做财务检查。

官司中的经费如果不是来自政府拨给,而是自行用其他方式取得,则是否还需上级勾检,可能就成问题,《册府元龟》卷九〇《帝王部·赦宥九》长庆四年(824)三月二日御丹凤楼大赦文:

> 天下州府财物有羡余者,委观察使及所管州郡,约旧事费用者条件,勶中书门下便差官类例,详定可留可去者闻奏。……其余羡钱,非两税外征率,并不用勘问。

州府羡余"约旧事费用者条件",在太和四年(830)九月比部奏请中重提:"其应合用羡余钱物,并令明立条件",且曰:"当州所有诸色正额数内回残羡余钱物等,如不依此色,即同赃犯。其所费用者,并须立文案,以凭勘

---

① 《册府元龟》卷五〇七《邦计部·俸禄三》,6086页。
② 《唐会要》卷九二《内外官职田》,1670页。

验。"(《唐会要》卷六八《刺史上》)诸州羡余钱物的使用方式有定准,可能早在长庆四年(824)赦以前已立制,而且必须列成文案,上报比部勘验。但这些明立条件,并备勾检的羡余钱物,只限于来自"诸色正额数内",即国家正税之内。至于正税之外的羡钱,如系非法征敛,应依德宗之宣示议处:"今后除两税外,辄率一钱,以枉法论。"(《旧唐书》卷一二《德宗纪》)但如两税外的羡钱是合法取得的,像官吏合法自筹的官本钱,则按长庆四年赦所言:"并不用勘问"。此处的不用勘问,似乎不仅指不需上报中书门下核可使用条件,也指不必申中央的比部勘验,但地方主管单位或勾官是否也放手不管,听任这类财物被滥用或随意散失,则不在中央的考虑之列。唐后期税外的合法羡余不必送中央勘问,未尝不是延续前期的制度。

预算外项目中经费来源最复杂的是官本钱,总括可分为中央拨赐与各司自理两大类型。以官本中实施最普遍的公廨本与食利本来说,凡行于两京,由中央统筹规划者,中央皆积极了解其运作状况,如京司别借食本,贞元、元和的两度简勘食本,以及元和十年(815)新收置公廨本等,都有相关单位检查其财物。反之,由各司自筹本钱,行于州县者,中央多以"自有矩制"视之,①鲜少过问其有无或多寡,也当然不必越俎代庖地要求简勘,盖一切听任地方自理。至于地方如何从事财务管理,则可能又因地而异了。官本来源中有些出自羡余,羡余的合法性本来就很难查知,但中央对各司自我认定的羡余,多抱持尊重的态度,像太宗命诸司以羡余为食本,②就是如此。然而前期外司置食本似不普遍,这意味着中央不强制各司需有食本,也就表示即使实际有食本,财务账目报与不报,中央并不很在意。同样的,后期在京各司的自敛本钱,可能也被排除在国家检查体系之外,如元和十二年(817)中书省奏:"当省食利本钱共五千贯文,准元和九年十二月九日赦,令勘会疏理,其见在合征钱,准赦合充添修当司廨宇什物。其(直)省院本钱,缘是当院自敛置本,请便充本院添厨等用。"(《册府元龟》卷五〇七《邦计部·俸禄三》)看来直省院的自敛本钱,似不在元和九年(814)的勘会疏理之列,而其用途也不与中书省食本相同。由官本的情形可以想见,预算外的经费原则上仍要接受财务检查,只是官府财物若由各司自筹,中央要求勾检的可能性就大幅降低,至于各司是否自有勾检,或需上报到哪个层级,就要视个别状况而定。

国家财政大抵区分为王室经费与政府经费两大类。政府经费无论在

---

① 《唐会要》卷六九《刺史下》大中五年九月中书门下奏:"至于用州司公廨及杂利润,天下州郡皆自有矩制。"

② 《全唐文》(北京:中华书局,1983),卷五二三崔元翰《判曹食堂壁记》,5321页。

京或在外,除少数特例,都要逐级申报,送比部勾检。但比部的勾检并非没有死角,该系统的最大漏洞,可能就是王室经费,以及唐后期依附王权,由王权衍生而来的宦官经费。《新唐书》卷一四五《杨炎传》:"旧制,天下财富皆入左藏库,而太府四时以数闻,尚书比部覆出纳,举无干欺。及第五琦为度支、盐铁使,京师豪将求取无节,琦不能禁,乃悉租赋进大盈内库,天子以给取为便,故不复出。自是天下公赋为人君私藏,有司不得计赢少。"依旧制,比部得勘覆天下公赋,但公赋转为人君私藏,有司便不得程其多少。财务单位既不能过问人君私藏,当然也包括比部不能对人君私藏进行勾检,故吾人谓天子之财是比部勾检的盲点,是不能触碰的禁地,似无大过。而这种情形应当不是第五琦以来才如此,玄宗时的琼林、大盈库就专供其燕私之用,《资治通鉴》卷二二八宋白注:"大盈库,内库也,以中人主之。"内库由内侍省管理,宫人之衣服、费用宣送中书,如由府藏物所造者,出付比部勾检。(《唐六典》卷一二《内侍省》)中书或比部能审批的,似乎只限于"宫人"部分,那帝后妃主诸王等的需求呢?

举凡供御所需,皆由司农寺、太府寺、太仆寺、少府监、将作监、殿中省等机构提供,这些单位的经费当然要送比部勾检,但比部顶多只能查核官吏是否有不法情事,对于供御费用的多寡、来源,比部或许不能置一词,亦即比部只能做形式审查而已,无法真对财务的运用绩效做实质审查。帝后妃主诸王的需求,国家自会编列预算,由官供给,然其过度的奢华享受,或滥征滥用物资,又怎是一个小小的财务检查单位,胆敢提出批评意见的?其实,帝后妃主诸王的费用,无论出自公赋或私藏,比部或许都无审查资格,这从太子、诸王之用度上可以略窥一二,《新唐书》卷四九上《百官志》东宫家令寺总三署:"每月籍出纳上于寺,岁终上詹事府。"东宫的自勾,三署帐每月上于家令寺,岁终上詹事府,分别由家令寺、詹事府的主簿掌勾检稽失。《唐六典》卷二七《太子仆寺》:"凡马及杂畜之料应供于外司者,每岁季夏,上于詹事。"东宫属司的财务,无论是三署的岁终上詹事府,或太子仆寺供外司畜料之季夏上于詹事府,都与一般本司月勾属司不同。东宫勾检除了时程特殊,更值得注意的是,东宫的终审机构似乎就是詹事府,其财务文书不必再上于比部,此乃王室财务不同于诸司之处,《全唐文补编》卷二二神龙二年(706)冬十月卢粲《论皇太子纳食封物奏》:"诸司应用财器,岁终则会,唯王与太子不会。"不会就是不必送比部勾检,以此知王与太子等之王室财务,大概都不纳入勾检系统中。易言之,司农寺等虽然供给皇室用度,而比部真正审查的只是宫人经费,最多也只在防范官吏的贪赃不法,至于皇室财务的运用,则完全无力节制。

宦官隶属于内侍省,其经费应比照"宫人"之例,由内侍省核销,送比部勾检。然而，唐后期比部的职权弱化，宦官势力却快速膨胀，不但内库财务掌于宦官之手，他如宣徽库、神策库等也都由宦官直接控制，不仅其费用与国库相通，还敛取内外进奉、赏赐等诸多财源，这些由内诸司使、左右神策军收纳的库藏财务，有自设的勾检官进行财务控管，①不让政府单位插足其间，故依附王权，由王权衍生而来的宦权，比部同样不得涉入其所掌费用，贞元十二年(796)韦聿转比部郎中，欲按覆宦官所领禁军之财簿，《权载之文集》卷二三《唐故朝议大夫太子右庶子上柱国赐紫金鱼袋韦君墓志铭》曰："计部稽百事财用之数，曾欲覆视禁军，董正其簿书，虽事适中止，而闻者竦叹。"宦官势力所及之处，财富由其自理，不容外部审计单位干预、查知其出纳情形。韦聿欲申其职权，遭到宦官所掌禁军的抵制，而闻者之竦叹，固然是讶异韦聿的胆识，也道出那是比部冲撞不得的禁区。

京司与州府、边军的财务使用状况，除了要申报勾检系统的比部外，还需申报给中央的金部、仓部、度支等最高财政管理机构，作财务检查。敦煌文书 P.3348 号背《唐天宝四载(745)河西豆卢军和籴会计牒》匹段准估折得斛斗后曰：②

    30. 其斛斗收附，去载冬季军仓载支
    31. 粮帐、经支度勾，并牒上金部比部
    32. 度支讫

豆卢军的和籴帐，经本军的支度使勾检后，同时还要申上金部、比部与度支三机构。比部周知内外经费而总勾之；度支职在编列国家预算，凡所费用皆应申之；金部管领库藏钱帛之事，所以和籴匹段的使用要报知给金部；如果所属单位的财物是仓粮，就要申上仓部。比部是勾官系统，度支与金部、仓部是财务机构，勾官系统与财务机构同时并进，各依其目标执行审计职能与财务管理职能。从各单位的职权来看，审计与财务管理是有分际的，但二者的用语却没什么不同，如《唐六典》卷三《度支郎中员外郎》条注曰："每年终各具破用、见在数申金部、度支、仓部勘会。"勘会就是检勘、勾覆之意，也因此学者常将财务机构的审核，与勾官系统的审核混淆在一起。如王永兴将勾检制分为自勾与逐级勾两种，③李锦绣将逐级勾改称为他

---

① 　李金华编，《中国审计史》，145—146 页。

② 　唐耕耦，《敦煌社会经济文献真迹释录》第一辑，431 页。

③ 　王永兴，《唐勾检制研究》，86 页。

勾。① 然无论逐级勾或他勾,二人都将金部、度支、仓部或其他财务机构的检核包括在勾检系统内。虽然在帐历上,财务机构的审核用语如"计会"、"勘会"或"勾覆"、"勘覆"、"检勘"等词,②都与勾官的用语无甚分别,亦说明金部、仓部、度支被赋予单独查核所管钱物的职能。但财务机构与审计机构毕竟分属两类不同的系统,前者负责本机构财务的收支运用,属于管理的层次,以防杜机构内部的滥征滥支为主;后者纯粹是查账的性质,从财务机构的外部,以监督、检查的角度,核对并评估其财务运用的正当性与合理性。尽管财务机构也需查核自己所管财务,其目的却不同于审计作用的查账,故学者们将财务管理机构的检勘,混入审计系统的勾检制,是不妥当的。

政府的财务检查其实是随时的、多重的在进行,以查核者的所在单位来区分,财务单位内部自做的检查,可称为内部审计;独立于其外的单位所做的检查,是外部审计。内部审计与外部审计是现代审计学上的概念,前者由熟悉财务运作的本单位人员负责,方便进行管理控制,期能降低错误与舞弊;后者是对前项未能及时预防或查出之问题,从事分析评估,以避免国家财务流失,并提高财务的使用效能。③ 广义地来说,二者都可看成是审计,但狭义的审计概念,其实仅指外部审计,不包括财务单位的自我稽核。唐代的勾检制,可参考现代的审计学概念。以唐代情形来说,财务单位如州县的仓曹或司仓,中央的度支、金部、仓部等的自行查核,类似于现代的内部审计;而内外各级勾官,专门检查前述单位的财务运用,则类似于现代的外部审计。

其实,唐政府很重视财务单位的内部审计,像出土文书中有些原始凭证与帐历的勘验,可能就非出自勾官。阿斯塔那 506 号墓有多件领钱练抄,应是开立给领取者的收据,其中有两条很特别,一条是:"董素领大练贰拾匹。正月廿三日董素记",另条是:"董素便张光钱陆阡参伯素"。两条全

① 李锦绣,《唐代财政史稿》(上卷),234—237 页。

② 如《旧唐书》卷一三五《裴延龄传》陆贽上书曰:"凡是太府出纳,皆禀度支文符,太府依符以奉行,度支凭案以勘覆。……其出纳之数,则每旬申闻;见在之数,则每月计奏,皆经度支勾覆。"《唐大诏令集》卷七二《乾符二年南郊赦》:"度支户部盐铁三司应收管在城及诸州府请场监院,所欠咸通十年以前诸色钱物斛斗等,……并令放免。……如闻所司官吏,缘循至今,尚有盘勘。……各委本司差定官一人专勾当,但据现在文帐检勘。"这里从事勾覆、勘覆、检勘的,都是财务管理机构,不是勾检系统,亦即内部审计与外部审计的用语没有什么差别。而且这几个例子属唐后期,也说明审核用语不因安史乱前后而有太大改变。

③ 内部审计与外部审计的区分、意义与运作方式,见:吴琮璠,《审计学》(台北:智胜文化公司,1998),17 页及第 6 章。

文都用墨笔圈掉,旁边并用墨笔写"计会了"。① 计会一般指对财物出入及其簿书的检查,是一种具审计意义的监督活动,《唐西州某县事目》:"□□守难等负公廨钱便计会处分讫申事",②也是对欠负公廨钱的事做了稽核的动作。《唐六典》卷三《度支郎中员外郎》:"凡天下边军皆有支度之使以计军资、粮仗之用,每岁所费,皆申度支而会计之。"会计即计会,原注则曰:"每年终各具破用、见在数申金部、度支、仓部勘会。"勘会是勾检用语,更可证计会确有审计的义涵。上述两条墨书"计会了",可能不是勾官所写,因为勾官通常用朱书,据《庆元条法事类》卷四八《赋役门二·预买绸绢》引赋役令:"每受钞,实时注入,当职官对簿销押讫。"推测墨书"计会了"是主管官司对簿核销钞件的标志。莫高窟北区 47 窟《唐贷钱折粮帐》与《唐军宴设本捉钱帐》,人名旁有的有墨勾,有的没有墨勾,这代表有些人已纳毕,有些人尚未交纳。③ 财务官员做成帐历,用勾销号、勘验符等表示还付状态或查证情形,既为了方便自己对账,也为了结计总账,以备勾官按覆。如果财务官员发现所列账有误,与实际收支不符,要尽快更改补正,以免被勾官勾出,不利自己的考绩,如 P. 3841 号背《唐开元二十三年?(735?)沙州会计历》有一行记为:"先征纳漏不收,请附帐。"④可能就是在勾官未勾前,自行检查出漏附的。大体上,官府中凡需出纳财物或计会年户色役的机构,都要做成簿书,并且在勾官从事外部审计之前,主管官司需先做内部监管动作。阿斯塔那 42 号墓《唐西州高昌县授田簿》在"右给某人充分"之下有朱书"同观"二字,和墨书"亮"及另一难识之署名。⑤ 有的学者认为朱书者是勾官,墨书者身分不明。⑥ 如以财政财务机构内部审计的观点来思考,墨书者该当是曹司的稽核人员,其署名虽然在勾官之下,但也可能是预留勘会的空间。以高昌县而言,亲理庶务,分判众曹的县尉,或其指派的官吏,都是内部审计的可能人选。⑦ 详细完备的会计账簿是勾检工作的基

---

① 《吐鲁番出土文书》(简)十/42、40,(图)肆/416、415。

② 《吐鲁番出土文书》(简)七/337,(图)参/460。

③ 陈国灿,《莫高窟北区 47 窟新出唐贷钱折粮帐的性质》,收入:《敦煌学史事新证》(兰州:甘肃教育出版社,2002),233—234、239—240 页。

④ 唐耕耦,《敦煌社会经济文献真迹释录》第一辑,418 页。

⑤ 《吐鲁番出土文书》(简)六/243—269,(图)参/128—143。有关该文书的解读、分析与统计,可参看:池田温,《初唐西州高昌县授田簿考》,收入:黄约瑟、刘健明编,《隋唐史论集》(香港:香港大学亚洲研究中心,1993),178—197 页。

⑥ 王永兴,《唐勾检制研究》,199 页。

⑦ 会计账簿可能由典史作成,但典史不能判案,典史要以文牒形式呈给判官判案,而且典史通常署名于牒后,不应在每条下,故墨书检核者最可能的就是判官。唯该受田簿之墨书署名不止一人,或许还有临时指派的官吏充任检核。关于典史之牒与判案方式,见:卢向前,《牒式及其处理程序的探讨——唐公式文研究》,373—376 页。

础,而曹司的自行检核则有重要的把关作用。故严格说,唐政府是同等看待财务管理与财务检查的,财管单位的自行稽核,系与独立其外的勾官审计,分进合击,一内一外,共同维护国家财务,以绝奸欺与浪费。

　　财务管理与财务检查的作用不同,也各自拥有不同的系统,但这不是说二者不能并存于同一级的官府中,像县司、州司或京司,勾官与各财务单位就同时存在,各自运作。勾官的审计采逐级进行,层层上报的方式,比部是全国勾检系统中的最高领导部门,比部与各级勾官间形成一个特殊的检查系统。表面上看,内外各司自有勾官,勾官似乎隶属于各司,与比部无直接关连,但事实上,一旦勾检机制发动,各级勾官与比部间的特殊隶属关系就浮现出来,如尚书右丞卢迈曾谓:"伏详比部所勾诸州,不更勾诸县。……伏以县司文案,既已申府,府县并勾,事恐重烦。"(《唐会要》卷五九《比部员外郎》)比部勾府州,府州勾县,这样的逐级勾,完全由勾官来进行,与财务管理人员毫不相干,也与长官无涉。当各财务机构完成内部的帐务稽核后,将整理好的账簿,分别送交该司的勾官系统,由独立于财务机构之外的勾官,进行审计工作。勾官的外部审计分两大环节来执行,各司勾官先自审当司财务,谓之自勾;将勾帐逐级报给上级单位的勾官审勘,谓之他勾。自勾与他勾的密切配合,形成唐代的逐级勾体制。因此就国家财务而言,掌财务政令与财务行政的机构,负责经费的分配与运用;掌检勘的各级勾官,由决算审核查知有无财政财务上的违法失职,尽管二者都从事财务检查,也都用勾会等语词,但前者强调预算的执行与财物收支状况,后者重视健全国家财政与考核施政绩效,二者的目的与方式不同,不宜混为一谈。

　　唐代各级政府皆有勾官,以州、县而言,州的勾官是录事参军与录事,县的勾官是主簿与录事。① 官本的逐级勾,最终要送到比部,比部是中央最高主管勾检的机构,《唐六典》卷六《比部郎中员外郎》条有一段具争议性的文字,就涉及官本的运作:

　　　　比部郎中、员外郎掌勾诸司百寮俸料、公廨、赃赎、调敛、徒役课

---

① 《两唐书》、《通典》与《唐六典》中都只提到州的录事参军的职权是"付事勾稽,省署抄目,纠正非违,监守符印",却都忽略了录事的勾检机能,但可以从县的录事职权补其阙漏,《唐六典》卷三〇《三府都护州县官吏》述县的录事职权是:"掌受事发辰,勾检稽失"。另外,出土文书阿斯塔那509号墓《唐开元二十一年(733)西州都督府案卷为勘给过所事》谓:"正月廿二日录事元宾受",州的录事就特别记下受文时日;而在户曹参军判案后,录事先写下"正月廿二日受,廿九日行判",继而曰:"检无稽失",显示州的录事在勾检文案是否按期处理完毕,是否依制度规定办理。出土文书的实证,可补诸典籍州录事职能的疏漏。见:《吐鲁番出土文书》(简)九/52—56,(图)肆/282—283、285。

程、逋悬数物，以周知内外之经费而总勾之。凡内官料俸以品第高下为差，外官以州、县、府之上、中、下为差。凡税天下户钱以充州、县官月料，皆分公廨本钱之利。……凡京司有别借食本（原注：略），每季一申省，诸州岁终而申省，比部总勾覆之。凡仓库出纳，营造佣市，丁匠功程，赃赎赋敛，勋赏赐与，军资器仗，和籴屯收，亦勾覆之。（原注：在京给用则月一申之；在外，二千里内季一申之，二千里外两季一申之，五千里外终岁一申之。……）

有学者认为，《六典》所言食本的勾检为京司每季一申省，诸州岁终而申省；仓库出纳的勾检为在京月一申之，在外依里程远近申之，与唐代勾检制不符，系错简所致，只要二者的勾检方式互换调整一下，便可恢复比部勾检制的原貌。① 比部这段文字确实有问题，但将错简对换，就真的符合比部勾会公廨本钱或食本的制度？愚意以为，《六典》此段可能不只是错简的问题。

首先，比部全文脱漏严重，典校者已据《太平御览》、《旧唐书·职官志》等书增补，②但复原后的这段文字，似乎仍有许多错谬之处。以该条陈述比部的勾检事项而言，前后文有重复之嫌，既于所掌职司举出勾覆之类别项目，其后又再述一遍，不仅行文冗赘，而且赃赎、调敛（赋敛）、徒役课程（丁匠功程）三项显然重出，颇不合于古人文辞简练的通例。欧阳修于《新唐书》述比部职权时，已发现《六典》的这个问题，故删节重复，文辞改写得更为简洁清楚。③ 看来《六典》这段文字很有错简的疑虑。

其次，《六典》在言及京司别借食本后，直接接申省时间，似觉突兀。因为由上下文语气读来，"每季一申省，诸州岁终而申省"，好像专指食本，但玄宗朝食本不算风行，京司别借食本还是首度见到，而且除了三司有本千贯，十五司有本百贯外，其他诸司尚不足百贯，为数甚少。至于州县，据崔元翰《判曹食堂壁记》云："（太宗）遂命其余官司，洎诸郡邑，咸因材赋，而兴利事，取其奇羡之积，以具庖厨，谓为本钱。"（《全唐文》卷五二三）唐前期州县的食本，全凭自筹之羡余费用，与公廨本钱系由中央拨给，并精心规划等

---

① 李锦绣，《唐前期公廨本钱的管理制度》，《文献》50（1991），98—102页；又，《唐代财政史稿》（上卷），134—139页。

② 《唐六典》（北京：中华书局，1992），卷六《比部郎中员外郎》校勘记，212页。

③ 此处只就勾检项目之重复部分论，但《新唐书》将《六典》的其他文字大幅删掉。

级与数量的情形,①迥然不同。食本才在京司实施,州县还各自取决于其财赋状况,唐中央哪有必要于典志中载诸明文,特别指出其报账方式?虽然该学者认为"每季一申省,诸州岁终而申省"与最后一段注文是错简,应互换。但愚意以为,即使互换,该段注文只需针对京司食本即可,何必专门申述在外食本的上报?难道其重要性与普遍性已超过州县的其他各种公务支出,或公廨本钱的支出?如果"(京司)每季一申省,诸州岁终而申省"是泛指比部勾内外诸司各项账目的方式,则其与"凡京司有别借食本"间,应有脱文。

复次,比部勾检的时间若是京司每季一申,诸州岁终而申,岂不与文末注文的依里程数,定申省次数,有所抵触?依该学者的看法,末段原注的在外里数与申省次数,系指比部勾公廨本钱的方式。但比部全文从无一段以公廨本钱为主题的论述,反倒是户钱充月料,分公廨本钱之利一段,意在减轻公廨本钱在月料中的比例。何况文中提到公廨本钱与食本时,中间还有其他与官本钱不相干的文字隔开,故很难认为末段注文是比部针对公廨本钱与食本所设的勾覆方式。唐代诸州财务以岁终申省为原则,开元末州县公廨本钱的重要性既已下降,比部何需不依常例,要求其依季申之,频繁上报?当在京公廨本钱几乎停废,京司食本又不算多的情况下,京本的勾检比其他财务的勾检更密集,也不合理。因此以错简来看待最后一段注文,解释有些牵强。

欲理解《唐六典》的这段文字,可能需借助比部的其他相关数据。地方的财务收支必须上报中央,《唐六典》卷三〇《三府都护州县官吏》谓府州:"岁终则入奏计。"此与比部条的"诸州岁终而申省,比部总勾覆之",意义相同。府州奏计以岁终为断,边军亦当比照办理。比部对府州与诸军的勾检方式,可于建中元年(780)四月比部状所引勾帐格、式中略窥一二,《唐会要》卷五九《比部员外郎》:

> 天下诸州及军府赴勾帐等格,每日(月)诸色勾征,令所由长官、录事参军、本判官,据案状仔细勾会。其一年勾获数及勾当名品,申比部。一千里以下正月到,二千里以下二月到,余尽三月到尽。省司检勘,续下州知,都至六月内结。……旨下之后,限当年十二月三(十)日内纳足者。诸军支(度)使亦准此。

①　拙著,《唐代官本放贷初探——州县公廨本钱之研究》,收入:《第四届唐代文化学术研讨会论文集》(台南:成功大学出版,1999),643—646 页。

垂拱元年定勾帐式,可惜只存篇目,不详其内容。实行之后,似又以格补正之。建中元年比部所称勾帐等格,盖反映的是安史乱前的勾帐格、式,而唐后期的比部权力已有很大的变动。诸州及军府呈给比部的不是一般的会计帐历,而是勾征出的数量与名品。勾帐的送达方式与时间,《唐六典》卷一《尚书都省》条有说明:

> 凡天下制敕、计奏之数,省符、宣告之节,率以岁终为断。京师诸司,皆以四月一日纳于都省。其天下诸州,则本司推校,以授勾官,勾官审之,连署封印,附计帐使于都省。常以六月一日都事集诸司令使对覆,若有隐漏、不同,皆附于考课焉。

这里的计奏之数当包括勾帐在内,亦以岁终为断而申省,与前述时程相同。都省是全国最高行政管理部门,所有内外官府文书都需经都省勾检,勾帐亦不例外。天下诸州勾帐经本司勾官审勘、连署封印后,附计帐使纳于都省。唐有计帐式,《唐六典》卷三《户部郎中员外郎》:"每一岁一造计帐。"《唐会要》卷八五《籍帐》开元十八年(730)十一月敕:"县司责手实计帐,赴州依式勘造,……三月三十日纳讫,并装潢一通送尚书省,州县各留一通。"计帐每岁一造,具课役以报度支,计帐使于年初赴尚书省,亦同时带勾帐而至。《唐六典》的"常以六月一日都事集诸司令史对覆",可能仅指京师诸司,天下诸州似抄写时脱漏了。日本《令集解》卷三三《公式令》"诸司会式条"仿唐公式令而来,该条与《尚书都省》所载颇为相似,唯曰:"赴朝集使送太政官,分遣少办及史等,惣集诸司主典及朝集使对勘。"想来唐诸州之勾帐,也需在都省对覆。①

附带论者,代表诸州在都省对覆勾帐的,可能是谁? 由于对覆结果都要附于考课,而外官考簿由朝集使送省,员外郎判外官考时对朝集使注定,②则诸州勾帐是否亦由都省与朝集使对覆? 朝集使乃都督、刺史及上佐更为之,或以他官代焉,皆以十月二十五日至京都,十一月以后见尚书省群官,然后集考堂应考绩之事。③ 依开元十八年敕,计帐应于三月三十日

---

① 王永兴,《唐勾检制研究》,46—47 页。

② 《唐六典》卷二《考功郎中员外郎》:"其外官附朝集使送簿至省,……员外郎判外官考,……外官对朝集使注定讫。"

③ 《唐六典》卷三《户部郎中员外郎》:"凡天下朝集使皆令都督、刺史及上佐更为之;若边要州都督、刺史及诸州水旱成分,则他官代焉。皆以十月二十五日至于京都,十一月一日户部引见讫,于尚书省与群官礼见,然后集于考堂,应考绩之事。"

纳讫,则计帐使纳于都省的勾帐,亦不应晚于三月三十日送至都省。有学者认为,包括勾帐在内的诸州官文书,在每年十月二十五日由朝集使纳于都省。① 朝集使地位颇高,元正、释奠之礼等都参与,②还受赏赐或被召见,③是否必须如诸司令史般地与都省官典对覆勾帐,令人生疑。何况朝集使在前一年十月底已至京都,虽然有待到来年四月之例,④但都督、刺史等要职岂能半年以上不在辖区?《唐律疏议》卷一〇《职制律》"公事应行稽留"(总 132 条)疏议曰:"若朝集使及计帐使之类,依令各有期会。"显然二使并非同时至省,朝集使于岁末至,参与礼典,并陈贡物之外,还要应考课之事;计帐使则陆续于年初至,带计帐、勾帐等赴省,同时可能与都省官典对覆勾帐。

京司与诸州勾帐的送达时间,亦依道里远近而定,前引建中元年(780)比部所述安史乱前勾帐格、式曰:"一千里已下正月到,二千里以下二月到,余尽三月到尽。"唐之幅员广阔,山川道路险阻,官僚远赴他处,理应弹性给予程期,如内外官考校之日期,即量远近而定程限,以方便朝集使送簿至省。⑤ 虽然不同事项、不同时期,有各自不同的道里与时限,但唐人行事惯依道里远近来判断,也是不争的事实。

前引《唐六典》比部的末段注文,在外诸州系依里数定申省次数。然据建中元年(780)比部引述唐前期之勾帐格、式,或许比部注文将"月"误抄为"季",将"申到"误抄为"申之",并以臆补改为现行注文,而使原本依道里远近定申到时日,错记为定申报次数。亦即愚意以为,该段注文的原意可能是:在京给用一月申到;在外,二千里内一月申到,二千里外二月申到,五千里外三月申到。如此依里数分配申到时日,既不致与前文"(京司)每季一申省,诸州岁终而申省"有所扞格,又与建中元年比部所引的勾帐等格相

① 王永兴,《唐勾检制研究》,45—48 页。
② 如《旧唐书》卷二二《礼仪志》:"今每岁首元日,于通天官受朝,⋯⋯诸州朝集使等咸列于庭。"又,卷四三《职官志》:"凡元正、冬至大会之明日,百官、朝集使等皆诣东官庆贺。"又,卷二四《礼仪志》:"(开元二十六年正月)祀先圣已下,如释奠之礼,青官五品已下及朝集使,就监观礼。遂为例程,每年行之至今。"
③ 如《旧唐书》卷四《高宗纪》:"(显庆元年)冬十一月乙丑,皇子显生,诏京官、朝集使各加勋级。"又,卷四五《舆服志》:"则天天授二年二月,朝集使刺史赐绣袍,各于背上锈成八字铭。"又,卷一二《德宗纪》:"(建中元年)十一月辛酉朔,朝集使及贡使见于宣政殿。"
④ 如《旧唐书》卷八《玄宗纪》:"(开元十三年夏四月)癸酉,令朝集使各举所部孝悌文武,集于泰山之下。"
⑤ 《唐六典》卷二《考功郎中员外郎》:"内外文武官,量远近,以程限之有差。其外官附朝集使送簿至省。"

近,想来该是《唐六典》比部注文最合于制度原样的解释。此外,据前引开元十八年敕,诸州计帐应于三月三十日纳讫,也就是说,勾帐也应于三月三十日以前申省。这个期限,与比部状称的"余尽三月到尽"若合符节,或许可作为愚意推断《唐六典》比部注文有误的一个旁证。① 至于里数的规定,可能因时而异,建中元年比部所言盖视客观形势做了调整。

京司与诸州的勾帐申省后,比部应立即进行勾检工作,《唐六典》:"常以六月一日都事集诸司令史对覆",彷佛自六月一日起才开始勘会勾帐。然据长庆元年(821)六月比部奏请诸州府:"各具色目,分明造帐,依格限申比部。准常限,每限五月三十日都结奏。"(《唐会要》卷五九《比部员外郎》)既准常限,看来比部的勾检一贯地需在五月底以前全部完成,这也是比较合理的工作时程,而《唐六典》的六月一日对覆,可能又是一个小小的误解。比部勾检结束后,其后续行动于建中元年比部状中有概述:"省司检勘,续下州知,都至六月内结。数关度支,便入其年支用。旨下之后,限当年十二月三(十)日内纳足者。"(同前引)换言之,比部勾后,文案仍须送都省检勘,都省应于六月以内通知诸州的勾检结果,并在上奏后要求各州于当年底前纳足勾获数。其间比部还不时将勾征情况,以关的形式报告度支,由度支编入当年收入,并备来年制作预算用。② 由地方到中央的逐级勾,唐代是在很严密的制度下进行,充分展现这个大帝国对财政管理与财务检查的重视,也让人体认到中央皇权无所不在地下达到地方,不容地方财政自主,自行其是。

唐前期官本的勾检数据极为罕见,但由财务机构与审计机构的运作方式与过程,依稀可看出京、外官本该如何进行财务检查。

---

① D. C. Twitchett 亦采取依里数按月到的观点。见:*Financial Administration under the T'ang Dynasty*,(London:Cambridge University Press),1970, p. 334.

② 关于唐代的财政制度与会计检查,及比部的勾征方式,比部与度支的关系,大津透有精辟的分析,见:《唐律令制国家的预算——仪凤三年度支奏抄、四年金部旨符试释》,收入:《日本中青年学者论中国史》(六朝隋唐卷)(上海:上海古籍出版社,1995),466—470 页。

第三节　后期官本勾检的演变

　　唐后期国家的财务体系有很大的改变,京司与地方官本的管理也出现断裂的情形,中央很难再要求地方依其指令行事,故官本的勾检也显然与前期制度大不相同。

　　比部的财务勾检,原本是配合一元化的财政设计而来,可以全面掌控内外各司财务,是中央最高权威的表征。安史之乱爆发后,不仅既有的财政体系严重破坏,财务勾检制也面临空前的危机,《旧唐书》卷一一八《杨炎传》论至德以后情势曰:"赋敛之司数四,而莫相统摄,于是纲目大坏,朝廷不能覆诸使,诸使不能覆诸州。"突然而至的大乱,搅坏了前期政府以户部四曹掌控国家财政的制度,使职的纷纷出现,与愈来愈多的权宜之计,让国家财赋政出多门,难再维护既有的一元化政策。杨炎不仅对"赋敛之司数四,而莫相统摄"的财政危机深感忧心,更意识到财务管理不易,所引发的审计危机,所谓"朝廷不能覆诸使,诸使不能覆诸州",显示逐级勾检申于比部的旧制遭到极大的挑战,朝廷已难检核诸使诸州的财务。杨炎看出财务勾检的重要,比部也担心其无力节制诸州是否上报,《唐会要》卷五九《比部员外郎》在公布两税法的同年四月,比部即状称:"自去年以来,诸州多有不到,今请其不到州府,委黜陟使同观察使计会勾当,发遣申省。"

　　为了因应方镇的崛起,原本县上州府,州府上比部的逐级勾,现在多增添了一层道对州府的勾检,而负责按覆州府勾帐的,就是道的观察判官。中央政府只授权方镇使府"计会勾当"属州的财务,却似乎无意要求使府亦将其财务向上申报,我们与其认为比部疏忽了使府这个层级,不如说中央此时可能不敢轻易触犯已坐大的方镇。亦即使府这级行政机构,[1]不过扮演了审核、并中转诸州勾帐到比部的角色,而前期的逐级勾至此出现了断裂。

　　面对藩镇势力,宪宗于元和二年(807)采取积极的手段,意图削弱使府对属州的财务支配权,割断二者在财务检查上的关系,《唐大诏令集》卷七

---

　　① 　方镇使府可视为朝廷与州府之间的一级行政机构。见:翁俊雄,《唐后期节度、观察使(方镇)职能初探》,收入:《唐代人口与区域经济》(台北:新文丰公司,1995),634—640页。

○《元和二年南郊赦》曰：“诸道年终勾当宜停。刺史、录事参军并不得擅离州。”《唐会要》卷六八《刺史上》元和二年正月制度支：“如刺史于留州数内，妄有减削，及非理破使，委观察使风闻按举。”宪宗一方面勒令使府停止勾检属州，另方面如属州之留州钱使用不当，也只许观察使风闻举报朝廷，不许其调遣刺史、录事参军等，自行咎诘之。宪宗如此的双管齐下，就拟节制使府的上抗朝廷，下压属州。尽管宪宗成功地创造了元和中兴，但使府禁勾属州的宣示能持续多久，颇令人怀疑，长庆元年（821）六月比部奏：“准制，诸道年终勾帐，宜依承前敕例。如闻近日刺史留州数内，妄有减削，非理破使者，委观察使风闻按举。”（《唐会要》卷五九《比部员外郎》）宪宗驾崩后未久，比部又重申元和二年制，难道使府勾州，不以风闻按举，又普遍行于各方镇？事实上，诸藩即使不是朝廷的对抗力量，在管区内也有相当大的自主权，[①]要其放弃对属州的财务控制，几乎是不可能的事，《全唐文》卷八三懿宗咸通元年（860）十二月《勾并年终赋租委御史郎官论奏制》：“旧以天下赋租，年终勾并，或刺史入府，或县令上州。……且官有理所，安可擅离。”看来宪宗禁止的使府勾州，元和年间诸道可能也只是虚与委蛇地勉强应付着，迨及元和以后，诸道又肆无忌惮地实施使府勾州、州勾县的制度。懿宗制曰：“旧以天下赋租，年终勾并”，已说明方镇早有财务检查的惯例，不是中央的一纸禁令，可以切断使府与州的关系。

唐前期之所以能实施逐级勾，在于中央权威足以震慑地方，地方官的人事任命受制于中央，地方的户口税役簿籍上缴于中央，比部便在中央威势的护翼之下，发挥其勾检权。然安史乱后，中央与地方关系有了极大的翻转。方镇武力强大，对中央产生了离心力，对所属州县增加了控制力；而在财政方面，两税三分制尽管有中央向地方争财的目的，[②]却也因上供受制于地方，反使方镇易于蓄积财力，并拥有一定的财政自主权，故即使不是跋扈的方镇，在面对中央的财务检核时，难免产生排拒心理，能隐漏不报者，或能违法科征者，总是按下不表，尽量想办法不让中央的审计机构查

① 关于藩镇的财政收入与支配权，可参考：张国刚，《唐代藩镇研究》（长沙：湖南教育出版社，1987），200—221页。藩镇与中央间的经济关系，见：王寿南，《唐代藩镇与中央关系之研究》（台北：大化书局，1978），第6章。有关使府在管内之财政权，见：翁俊雄，《唐后期节度、观察使（方镇）职能初探》，635—638页。

② 两税法的实施，原本有振朝抑藩的作用，中央可自两税法得到更多的收入。有关论著可参考：李锦绣，《唐代财政史稿》（下卷）（北京：北京大学出版社，2001），651—654页；日野開三郎，《藩鎮時代の州税三分制について》，《藩鎮體制下における唐朝の振興と両税上供》，收入：《日野開三郎東洋史學論集》4《唐代両税法の研究》，（東京：三一書房，1982），285—291，300—320页。

出。中央与使府间的权力竞逐，表现在财务勾检上，自然是比部所获数据失实，勾检之可信度降低，《文苑英华》卷四二三《会昌二年四月二十三日上尊号赦文》："其留使钱物，更令诸道分析破用去处，所立文帐，皆是构虚文。"如果比部所得的勾检数据竟是这样的不堪，那么中央如何能透过比部，确切掌握地方的财务情形，又如何能信任比部的审计结果？比部的不受重视，其职官已差遣化或为寄禄官，当与方镇势力发展及其财政自主权增强的大环境，脱离不了关系。

唐后期比部即使仍在进行财务勾检，但它对地方已丧失指挥、号令的检查权威，成为徒具形式、聊备一格的机构。而在京司，最足以反映比部财务审查能力的，是其与三司的关系。《唐会要》卷五八《户部侍郎》元和十三年(818)十月中书门下奏：

> 户部、度支、盐铁三司钱物，……比来因循，都不剖析，岁终会计，无以准绳，盖缘根本未有纲条，所以名数易为盈缩。伏请自今以后，每年终，……所入钱数及所用数，分为二状，入来年二月内闻奏，并牒中书门下。……条制既定，亦绝隐欺，如可施行，望为常典，从之。

唐后期财政多元化，三司分别掌控国家的主要财赋，比部能否审勘三司财务，正是其权力能否伸张的重要指标。从中书门下所言来看，三司钱物久已不经计会，审勘标准也不再校正，其财务收支自元和十三年(818)才拟定申报制度，直接闻奏之外，并牒申上中书门下。这里全然未提到比部，似乎比部在三司财务的审查过程中是那么得无足轻重。然而，若无比部勾检，三司财务就真的任其散失，无人管理吗？其实不然，如大历六年(771)韩滉为户部侍郎判度支，"清勤检辖，不容奸妄"，"覆治案牍，勾剥深文，人多咨怨"。[1] 代宗时善理财者莫如刘晏，历任转运使、判度支等职，凡"勾检簿书，出纳钱谷，必委之士类；吏惟书符牒，不得轻出一言。"[2]元和初李巽为度支盐运副使，又代为判度支兼诸道盐铁转运使，史书谓其"虽在私家，亦置案牍簿书，勾检如公署焉。"[3]虽然史料有"检辖"、"覆治"、"勾检"等语词，但韩滉、李巽本人并非勾官，刘晏所委士类亦未必是勾官，该种非勾官的检核，其实是本司自行在做财务管理工作，也就是前文所说的内部审计。由于三司系因应安史乱后的财赋状况而陆续成立，并经多次改革、调整才

---

① 《旧唐书》(台北：鼎文书局，1976)，卷一二九《韩滉传》，3600 页。

② 《资治通鉴》(台北：世界书局，1974)，卷二二六，7285 页。

③ 《旧唐书》卷一二三《李巽传》，3522 页。

形成总管国家财政的格局，但其内部组织似未发展完成，其财务文书的检核也未定型化，故不免有因人而治，人去政息之弊。元和以前，三司财务有刘晏等人的精于勘会，尚能明于出纳簿书，而一旦三司职务未能托给长于财计者，则制度未立之缺失便暴露无遗，奏文所说"无以准绳"，"未有纲条"，似指三司内部没有明确的检核制度，所以国用给纳不知悉，名数多寡易隐欺。中书门下请自今以后立三司之会计条制，以年度为准，每年二月以前奏报于上，并牒中书门下。

元和十三年（818）以前，三司会计虽未制度化，却非无人管理，只是全不与比部相干。而在此之后，三司依然自理财务，自行勘会，包括派驻在外的诸场监院的钱物，也由各司自行检勘。但重要的是，自元和十三年（818）中书门下制订岁终会计之条制后，三司使的自勾机制似快速发展起来，至迟于太和六年（832）以前，三司内部已确然出现专门从事勾检的吏职，《唐会要》卷三一《舆服·杂录》三司奏曰：

> 准今年六月敕，令三司官典及诸色场库所由等，其孔目、勾检、勾覆、支对、勾押、权遣、指引进库官、门官等，请许服细葛布折造。

在中书门下定制前，三司官典未见专司勾检之常职，只是临时任命，因人设事而已。然自从定下三司之会计条制后，十四年之内出现各式勾检人员，可见三司已感觉到仅有会计核算还不足以防制弊端，非要建立检查机制，才能让财务的合理运用多一层保障。勾检、勾覆、支对、勾押等职显然为财务检查而设，彼等只服细葛布，看似层级不高，但此时详定其舆服仪制，盖与此类典吏人数日多，散布部门日广，职司日益明确，必须给予适当定位有关。大中二年（848）六月户部侍郎兼御史大夫判度支崔龟从奏："应诸司场院官请却官本钱后，或有欺隐欠负，征理须足，不得苟从恩荡，以求放免。今后凡隐盗欠负，……纵逢恩赦，不在免限。"（《旧唐书》卷一八《宣宗纪》）盖即由诸勾检官典，勘出官本钱遭隐盗欠负，可见三司自勾机制的建立，确已发挥作用。

如将前后期的财务机构与审计机构做对比，前期的户部四曹虽然掌管全国财务，但其地位与比部尚称对等，故各依其功能，共同勘会全国财务；反之，后期的国家政事几乎都集中在财务，三司的重要性远非其他京司可比，从表面上看，当时虽是财政多元化，其实则所有财务大抵皆集中在三司，政府要务也唯财务是问。从前述讨论三司检勘之递变过程可知，初时三司内部似尚无专职的勾官，所进行的检勘，不过是财物收支出纳帐的稽核，亦即是一种内部审计；元和以后由于中央有心杜绝隐欺，于是检勘有常态化的趋势,渐渐在三司内部建立起勾官系统。三司勾官检勘本司财务,即是所谓的自勾,系独立于财务管理单位检勘的一种外部审计。三司由内部审计发展出外部审计的自勾机制,显然已有增强防弊的效果,但这套检核系统仍然在三司内部运作,其财务似欠缺独立于三司之外的他勾机制来审勘,即使元和十三年(818)以后三司财务于闻奏之外,要"并牒中书门下",而那也不过是报知的意味,并非由中书门下来核账。故后期的财政多元化,非但未削弱三司的财政权力,反倒张起一个巨大的财政网络,以无与伦比的威势,逼得比部无力执行其审计职权。在京国用几乎全系于三司,而简勘工作却独缺比部的参与,就维护国家财政,考核施政成效而言,难掩后期体制不健全的事实。

唐代的勾检系统里,比部的他勾扮演最重要、最后的一道把关角色,但比部的功能不振,也不代表整个外部审计体系就此瓦解,因为各司的自勾依然在如常地运作。以京司而论,如崔琡《唐故河南府司录参军赵郡李府君墓志铭并序》谓李璆于元和中得大理寺主簿:"凡其簿书期会,子钱倍称之给,无不详覆羡□,奸怠赴程。"[1]主簿是大理寺的勾官,一方面严查寺中的财物收支,另方面则将负犯者立簿呈报,[2]李璆正在认真处理本钱的自勾事务。又如京司食利本钱,据元和九年(814)八月十五日敕:"诸司食利本钱,出放已久,散失颇多,各委本司勘会。"(《唐会要》卷九三《诸司诸色本钱下》)如果各司的自勾已然停顿,则其要点检历年本钱就不那么容易,而两个多月后负责以除陌钱添本出放的户部,就已得到诸司回报,并将数少不充的三十二司整理出来,可见敕中所谓"各委本司勘会",并非突如其来之举,而是清楚地知道各司的自勾机制依旧在运作着。就外司而言,前述的"诸道年终勾当"代表地方的逐级勾在持续进行着,而"刺史入府"、"县令上州",正是因为州、县自勾有疑,所以使府与州才要刺史、县令来说明。值得注意的是,唐后期地方的勾勘机制,除了增加道这一层级外,也赋予长官较重的责任。不过诸道州县的勾勘,应该不是直接由长官来负责,还是延续着昔时勾官主持的基调。长官、勾官纠勘诸事,绝非只是分配钱物而已,重点应在财务检查,而财务检查的核心人物,道是观察判官,州是录事参军,县是主簿,或许因主簿层级太低,诏书中鲜有提及。不过从中央制令一

---

① 《全唐文补遗》(四)(西安:三秦出版社,1997),164 页。

② 大理寺主簿的权责见《唐六典》卷一八《大理寺》:"主簿掌印,省署抄目,勾检稽失。凡官吏之负犯并雪冤者,则据所由文牒而立簿焉。"主簿将奸怠者立簿呈报,正符合其职司。

再借重录事参军来看，州县原本的自勾体制应未破坏，尤其是州的勾官录事参军，无论是将财务文书上报于使府，或送呈于比部，都明显居于关键地位。

　　大致说来，唐后期的勾检体制，京外各司的自勾系统都无废弛迹象，原无审勘制度的三司也逐步建立起自勾机制，是以就财务检查而言，自勾这道最基层的审查关卡并未动摇。自勾之外，改变较大的是逐级审查的他勾。与前期不同的是，州县之上多了道这一层级，道在中央与州县之间起了关键性的作用，瞒上欺下的结果，尤其严重影响了比部他勾的质量。至于京司的他勾，比部除了受制于三司过大的财政权之外，对其他各司的他勾，也同样使不上力，有被御史台等取代的倾向。比部连无关财赋的在京他司都无法正常勾检，这才是最引人注目的现象。

　　整体而言，后期勾检制变动最大的，其实就是比部的他勾。比部是独立于财政体系之外的勾检系统，是常态性外部审计的最高层级，原本有助于让中央周知内外经费之实用状况。但唐后期比部之所以会失去勘会内外诸司的作用，甚至遭到被闲置的命运，固然起因于国家过分重视三司财务，以及方镇拥有财政自主权，很重要的也是因为唐政府并不真的了解财务检查的意义。唐政府视财务检查为财务控制，以为只要控制诸司或方镇财务，就能稳稳掌握政权，殊不知财务检查不仅是国家掌控财务运用，杜绝官吏不法的消极手段，同时还是观察政府决算执行情况，考核官吏施政绩效的积极方式。可惜的是，唐政府顶多知道防止官吏隐欺，却没有从健全国家财政的角度去认识比部的审计功能，故只要求三司及在京各司自勾，而不知道倚重比部的他勾。至于方镇的坐拥财势，中央当然不乐见，但也不是从财务检查的观点寻求制约之道，而是以集权中央的心态，欲掌控其财务。由于唐中央对审计的认知有偏差，自然没有充分授权比部，或给予它绝对的信任，故不独比部勾诸道州府有困难，其权威也罕能伸向三司以外的在京各司。

　　当比部的他勾无法防杜内外各司预算遭滥用，或官吏违法失职等情事，则国家还能凭什么方式了解内外诸司的财务状况？还能用什么手法稽查官员的贪盗浪费行为？对于这个断裂的环节，中央不思重振比部的权威与功能，采取的方式是一则借重御史台的财经监督权，再则命出使郎官御史巡察地方，三则委观察使等与所在巡院负稽核之任。总之，不外以延伸中央权力，增加中央耳目的手法，直接向下检查，弥补比部无力他勾之缺憾。

　　御史台是唐代的监察机关，其职司风宪，纠弹官邪，言事谏诤，肃整朝仪,推鞫狱讼,巡按州县,并有稽查财赋等权力。① 这里特别要注意的是它的财经监督权。财赋乃国家命脉,亦最易生贪渎、隐漏之事,若无人严管监督,奸吏必上下其手,国费将损失不赀。唐前期比部尚可发挥审计功能时,御史已执行部分监督财经的工作,如任监仓、使职以推勾逃亡,或勾当租庸地税、禁断恶钱等。② 而在安史乱后,国家财赋不归于一元,又面临方镇的截留税赋,于是中央更加倚重御史的监督之责,以缓和国家的财政危机,并加强访察、弹劾财经犯罪,③给国家多增添一分安定的力量。

御史台财经监督权中最特别的一项,是其"专掌"户部钱,《新唐书》卷五五《食货志》贞元四年(788)条:

> 李泌以度支有两税钱,盐铁使有笕榷钱,可以拟经费,中外给用。每贯垫二十,号"户部除陌钱",复有阙官俸料、职田钱,积户部,号"户部别贮钱",御史中丞专掌之,皆以给京官,岁费不及五十五万缗。京兆和籴,度支给诸军冬衣,亦往往取之。

户部别贮钱存于户部,由户部分配支用。文中的御史中丞专掌之,有学者指为户部掌收,御史台掌支。④ 依前文所论,三司自理财务,自行勘会,包括在外诸州府或场监院的钱物,也由各司自行检勘,并未提及要御史台负责。但户部钱由"御史中丞专掌之",也不是全然无据,《唐会要》卷九三《诸司诸色本钱下》元和九年(814)十一月户部以除陌五文钱,量诸司食钱不充者,添本出放,敕曰:

> 宜委御史台仔细简勘,具合征放钱数,及量诸司闲剧人目,加减条疏奏闻。

似乎御史台以类似比部简勘的权力,检查户部所分配之诸司钱数,则

---

① 关于御史台的职权,可参考:任育才,《唐代监察制度之研究》,收入:《唐史研究论集》(台北:鼎文书局,1975),44—58 页;王寿南,《唐代御史制度》,收入:《劳贞一先生八秩荣庆论文集》(台北:"商务印书馆",1986),167—186 页;胡沧泽,《唐代御史制度研究》(台北:文津出版社,1993),41—114 页。

② 胡沧泽,《唐代御史制度研究》,90—102 页。

③ 方宝璋,《试论唐代御史在财经上的监督作用——兼谈唐代御史监察中的几个问题》,《北京师范大学学报(社会科学版)》1990:3,84—90 页;胡沧泽,《唐代御史制度研究》,98—104 页。

④ 李锦绣,《唐代财政史稿》(下卷),870—872 页。

所谓的"御史中丞专掌之",其实是御史台以财经监督权,制约户部钱物的使用。同前书卷长庆元年(821)三月敕:

> 添给诸司本钱,……以户部钱充。仍令御史台据司额大小,公事闲剧,为等第均配。

　　这里户部拨给诸司的本钱,就直接由御史台分配给各司,而且由"仍令"一语可知,这已不是第一次了。此时的御史台,显然不只在执行财经监督权,它还依敕令分配财物。或许因诸司本钱原非户部司的业务,户部司只是奉命提供财源而已,除非得中央指示,没有义务为其作等第给付,而诸司诸色本钱又没有一个全国统筹管理的机构,①在事急从权的情况下,姑且委托御史台暂行分配之。从这两条史料看,户部钱在用于诸司本钱上,确实都涉及御史台,但我们与其说御史台直接支配、管理户部财物,不如说它其实是在监督户部钱物的运用,执行的是财经监督权,这才是"专掌"的实质意义,而分配诸司本钱,应是临时特命为之,非其常务也。
　　御史台与诸司本钱的关系的确非浅,然更可因此印证其扮演的是财经监督的角色,甚至被赋予了如同比部的勾检功能,如贞元十二年(796)御史中丞王颜奏,检勘在京 71 司本钱足数;②元和九年(814)八月缘诸司迁转之间,乾没本钱,诏本判官勾当外,"仍委御史台一人专知勘覆";③同年十一月,户部钱添本出放后,敕令"委御史台仔细简勘";④同年十二月敕,诸司食利钱"充添修司廨宇什物,及令史驱使官厨料等用,仍委御史台勾当,每常至年终,勘会处分"。⑤ 这里的"简勘"、"勘覆"、"勘会"等语辞,与审计机关的勾检意义无别,应该就是御史台以监察之名,行财务检查之实。而所谓"御史台一人专知勘覆",指的可能是侍御史,《新唐书》卷四八《百官志》:"侍御史六人,……久次者一人知杂事,……次一人知公廨,次一人知弹,……次一人知西推、赃赎、三司受事,……次一人知东推、理匦等,……

---

① 虽然有学者认为比部是公廨本钱的行政管理机构,又认为本钱的设置与管理是御史台的常务(李锦绣,《唐代财政史稿》(上卷),139－144 页;(下卷),870 页。)。但愚意以为比部只是勾覆本钱的审计机关,御史台是查核其使用的财务监察机关,都不是直接的管理机构。关于各式官本的专责管理机构,见本书乙篇第一章第一、二节的讨论。
② 《册府元龟》卷五〇六《邦计部·俸禄二》,6081 页。
③ 《册府元龟》卷五〇七《邦计部·俸禄三》,6085 页。
④ 《册府元龟》卷五〇七《邦计部·俸禄三》,6085－6086 页。
⑤ 《册府元龟》卷五〇七《邦计部·俸禄三》,6086 页。

次侍御史一人，分司东都台。"其中知公廨者，当即专知勘覆公廨费用，包括诸色本钱在内。御史台的检核不同于比部要求京司的四时勾覆，每季一申省，从其对诸司食钱"每常至年终，勘会处分"来看，即使是京司，也是岁终一度。勾覆公廨费用原本是比部的职权，唯唐后期似已不再见比部与诸司公廨有任何关联，取而代之的竟都是御史台的检勘，这大概是中央因应勾检系统的变化，所采取的相对措施吧！

御史台的财经监督权，不只是弹劾官吏的经济犯罪，还使用执行勾检的方式来对帐，如元和十年（815）正月御史台奏："秘书省等三十二司除疏（理）外，见在食利本钱应见征纳及续举放所收利钱，准敕并充添修当司廨宇什物，及令史驱使官厨料等用。"①食钱帐历在报与御史台时，已区分应在、见在帐，即欠付、已纳两部分，这与前期出土文书所见之做帐方式是相同的。食钱又因放贷、出举，应该分列本、利钱二项，帐历当仿 P.2626 号背《唐天宝年代燉煌郡会计牒》宴设厨、病坊之本、利钱项而制作。食钱有部分改案额为"元和十年新收置公廨本钱"，准敕亦由御史台"年终勘会"，其置案历的方式是："勒本司据见在户名、钱数，各置案历，三官通押，逐委造帐，印讫入案。"②此与前文所述之帐历要项，判案署押，勾司用印，几乎完全一致，可以说制作帐历，勾检文案的整套程序，全盘复制到御史台的财经监督方面，故至少从京司诸色本钱而言，御史台已取代比部，成为融合财经监督与财务检查于一体的新制度。

唐后期比部依然存在，除了偶然对天下州府的勾检表示意见外，鲜少见其处理在京诸司的财务案件，其权力的陷缩是无庸置疑的。然而较特殊的是文宗开成三年（838）七月敕，因尚书丞郎官入省日每事阙供，故赐尚书省本钱，并曰："每至季终，委都省磨勘，申中书门下。"③都省本钱未交付御史台勾检，而由自身磨勘。都省是全国最高勾检机构，以署覆一般行政文案为主，像本钱这类财务，或许还是交由比部来勾检。此处的季终磨勘，不同于御史台的年终勘会，而与前期比部的惯例"四时勾会于尚书省"若合符节。④ 贞元十二年（796）御史台大规模简勘在京诸司本钱数时，都省及六部诸曹司都包括在内，而元和九年（814）简勘三十二司时，已完全不见尚书省踪影，是否自此尚书省的财务勾检又回归到比部，则开成三年敕命都省（比部）磨勘，就不能说是特例了。当比部权力弱化，在京勾检的范围大幅

---

① 《册府元龟》卷五〇七《邦计部·俸禄三》，6086 页。

② 《册府元龟》卷五〇七《邦计部·俸禄三》，6086 页。

③ 《册府元龟》卷五〇七《邦计部·俸禄三》，6091 页。

④ 《新唐书》（台北：鼎文书局，1976），卷四六《百官志》，1200 页。

缩小时,御史台虽然承担部分本钱勾检的责任,但也还是以财经监督与弹劾经济犯罪为主,并未取代比部的他勾机制。

安史乱后,方镇的财政自主权扩大,中央为了宣示权威,强化对地方的控制,更为了收回财权,整顿不法,不得不更依靠使职差遣与使者巡行。① 柳宗元《馆驿使壁记》述其职为:"于是有出纳奇赢之羡,勾会考校之政。"② 馆驿使于大历十四年(779)起多以御史为之,亦御史台监察职权的延伸,当然也包括财务监察在内,所谓"奇赢之羡"即官本来源之一,而"勾会考校之政"可能就在计会官本利。中央不定期地派遣诸使按察各地,且常付予检查财务的责任,显然不单在遏止地方之经济违法,还有勾征隐漏,增加地方收入,甚至挹注中央财政的用意。唐后期频繁而广泛的遣使巡行,表面上是访闻、觉察某一特定事项,实则也包含财务、赃状等具体的检勘过程,而地方官本的实行情形,想来也是勾检项目之一。

出使郎官御史的财务检查,属于非常态性的临检,时而与其并同访察的所在巡院,则别有专司勾检的常置吏职。巡院是唐后期三司设在地方的办事机构,直属中央而遍及诸道,以负责财务行政为主,但元和以后多带宪衔,渐发展出监督职能,是中央了解地方财务状况,并举闻弊政,具有高效率特点的派驻机关。③ 三司官典及诸场库有专司勾检的职官,如勾检、勾覆、勾押等。而同样隶属于三司的巡院,既处理地方的财政事务,当然也应有检查财务的人员,如巡官、巡覆官、勾检官等即是,④ 三司巡院遍于全国各地,设置次第与等级差别亦有不同,虽然不能确定各巡院皆有相同的财务勾检官,但从朝廷屡次要求其与出使郎官御史同访察闻奏,并指明借重

---

① 唐代使职大量产生的原因与作用,见:陈仲安,《唐代的使职差遣制度》,《武汉大学学报》1963:1,87—103 页;何汝泉,《唐代使职的产生》,《西南师范大学学报》1987:1,56—73 页;宁志新,《隋唐使职制度研究》(农牧工商编)(北京:中华书局,2005),111—119 页。

② 《文苑英华》(台北:华文书局,1965),卷八〇九《馆驿使壁记》,5100 页。

③ 关于巡院的研究,学界亦有许多成果,高桥继男与李锦绣的研究算是最深入而全面的,见:高橋繼男,《唐後期に於ける度支使·鹽鐵轉運使系巡院の設置について》,《集刊東洋學》30(1973),23—41 页;又(译),《唐代后半期的巡院地方行政监察事务》,276—295 页;又,《唐代後半期の度支·鹽鐵轉運巡院制に關ける若干の考察》,收入:《第三节中国唐代文化学术研讨会论文集》(台北:乐学书局,1997),443—463 页;李锦绣,《唐代财政史稿》(下卷),第一编第三章。

④ 吴丽娱,《唐后期五代财务勾检制探微》,《唐研究》6(2000),285—286 页;李锦绣,《唐代财政史稿》(下卷),421—422 页。

其"计会审勘"能力,①及可知的几种勾官职务来看,巡院具勾检职能是确然可信的,它是中央威望不足,与比部权力弱化后,朝廷无力要求地方如实奏报财政状况,只好委托地方派驻机构协同检查当地的税务运用,及贪赃不法事。如果从这个角度来观察,隶属于中央的巡院,其实具有监察藩镇财务的作用,②或许亦包括简勘官本钱。至于巡院能否发挥预期效果,似又因时因地而异,未敢太过高估。③

唐中央对地方财务的检查是多方面进行的,如前文所论,后期州的自勾机制并未破坏,所谓"诸道年终勾当",显示地方仍在逐级勾,则中央最直接的方式,就是将指令下达给专责地方官,并由其承当一切后果。录事参军既是勾官,又有纠正非违的监察职能,④唐后期还扩大它的财政权力,⑤则中央将州府事务责成录事参军来处理,其用意是不难理解的,如长庆四年(824)义仓多被盗用没入,制令诸州录事参军专主勾当;⑥大中元年(847)添给诸道诸军官料钱,敕旨仰观察判官与录事参军同勾当;⑦咸通八年(867)州县病坊赐米及本利钱,委所在刺史录事参军县令纠勘。⑧ 长官、勾官勾当、纠勘诸事,绝非只是分配钱物而已,重点应在财务检查。

自方镇势力兴起后,唐中央对指挥地方深有力不从心之感,诸州府之录事参军既仍须将勾帐报于比部,唐中央何不顺势抓紧这个可以控制地方财务,又可抗衡长官的录事参军? 或许因此唐后期中央在财务方面,多直接指令录事参军负责,而少让刺史专知;也由于录事参军的特别受倚重,所以其位秩与礼敬都较前期加一等,盖尊其任也。⑨

① 《文苑英华》卷四二六陆贽《贞元九年冬至大礼大赦天下制》度支收管的地租斛斗:"其所放斛斗钱物,并委巡院与观察经略等使,计会审勘,定数分明,榜示百姓,仍具申奏。"

② 高桥继男,《唐代后半期的巡院地方行政监察事务》,286—287页;宁欣,《唐朝巡院及其在唐后期监察体系中的作用和地位》,《北京师范学院学报》(社会科学版)1989:6,19—23页;陈丽菲,《唐代财政三司历史作用初探》,收入:《中国唐史学会论文集》(西安:三秦出版社,1989),102—106页。

③ 巡院执行公务的实况与弊端,可参考:胡宝华,《唐代监察制度研究》(北京:商务印书馆,2005),141—144页。

④ 严耕望,《唐代府州上佐与录事参军》,收入:《唐史研究丛稿》(香港:新亚研究所,1969),535—540页;王永兴,《唐勾检制研究》,28—29页。

⑤ 胡宝华,《唐代监察制度研究》,146—148页。

⑥ 《唐会要》卷八八《仓及常平仓》,1616页。

⑦ 《文苑英华》卷四三〇《大中元年正月十七日赦文》,2632页。

⑧ 《唐大诏令集》(台北:鼎文书局,1972),卷一〇《咸通八年痊复救恤百姓僧尼敕》,65页。

⑨ 严耕望,《唐代府州上佐与录事参军》,531—533页。

唐政府为了观风俗、察善恶，自贞观以来已遣巡察、黜陟等使分巡天下，此后使名屡有变动，至开元二十二年(734)设采访处置使，而其任愈重，一方面继承前期诸使之监察性格，他方面则亦关与管内之行政、民生。在至德之后，改采访使为观察处置使，并成为道的基本使职。① 唐后期中央除了加重州府录事参军的权力与责任外，也经常要求带宪衔的诸道观察使，按举不法，严加觉察财政等事务，②如会昌元年(841)置馆驿本钱，量事供给前任官等，每至年终由观察使检查官钱，并科配论罪。③ 事实上，要了解财务运用得当与否，非检查财务文书不可，观察使本身即使不直接从事审勘的工作，也会交代其下的判官来勾检，这在唐前期似已形成惯例。④安史乱后，中央权威虽然削弱，但州府仍应申勾帐于比部，《唐会要》卷五九《比部员外郎》建中元年(780)比部状称："准大历十二年六月十五日敕，诸州府请委当道观察判官一人，每年专按覆讫，准限比部者。自去年以来，诸州多有不到，今请其不到州府，委黜陟使同观察使计会勾当，发遣申省。"在制度上，州府的勾帐应由观察判官按覆后，再申送比部。只有当州府不依制行事时，中央才要求观察等使出面调解，但相信观察等使还是不会自行计会勾当，必仍交由观察判官来按覆。⑤

唐代前、后期官本的财务勾检显然有极大的差别，前期财政一元化，自中央至地方官本的会计账簿先由各司计会，再牒各级勾官进行独立审计。然安史之乱打坏了既有的财政体系，自此中央三司并立，互不隶属，地方藩镇割据，自拥财权，位卑职轻的比部郎官在没有朝廷强而有力的支撑下，不

---

① 采访使名称、职权的变化，及安史乱后道的使职，见：池田温，《采访使考》，收入：《第一届国际唐代学术会议论文集》(台北：唐代学会，1989)，875－895 页；张国刚，《唐代官制》(西安：三秦出版社，1987)，129－131 页。

② 安史乱后诸道使府长官多带宪衔，见：王寿南，《唐代御史制度》，187－191 页。

③ 《唐会要》卷九三《诸司诸色本钱下》，1685 页。《册府元龟》卷四八四《邦计部·经费》同条作："每至季终申观察使。"同书卷一六〇《帝王部·革弊二》作："每至季冬申观察使。"或许非每季申报，而是年终季冬时分申报。

④ 约在开元二十年(732)之《李昊墓志》曰："充朔方推覆判官"，已开始用判官审勘文案。又，P.3841 号背《开元二十三年？(735?)沙州会计历》和籴库之应在小练，前后经历支度使姚判官、于判官勾，上支度使，使司又令勾覆。再次证明使司之下的判官有专司勾检之权。《李昊墓志》见周绍良主编，《全唐文新编》(长春：吉林文史出版社，2000)，第 22 册，15293 页。另据严耕望考证，李昊任官时间在开元二十年以前，见：《唐代方镇使府僚佐考》，收入：《唐史研究丛稿》，189 页。沙州会计历见：池田温，《中国古代籍帐研究——概観·錄文》，372－373 页。

⑤ D.C. Twitchett 认为唐后期接替比部勾会帐历的是观察判官，见：*Financial Administration under the T'ang Dynasty*, p. 104.

但指挥不了三司与在京各司,更别提在外的诸道州府了。但唐政府不愿就此任官本利散失,在京司,它靠着加强御史台的财经监督权,维持中央权威;在地方,它派遣出使郎官、御史分察天下,借重诸巡院的勾检吏职,要求录事参军尽忠职守,也委以诸道观察使与判官督责与检查之任,借此强化中央对地方的控制力。不过从中央多方面的派员或就近监管方镇财务来看,其与地方争夺财政控制权的用意是非常明显的,中央欲借着财务控制,达集权之目的,反倒忽略了财务检查不仅仅是财务控制,更应优先考虑地方财务的执行绩效,及其对人民生计的影响,故随着比部审计权的弱化与方镇自主权的伸张,中央与地方已在财务检查上,悄然展开一场权力竞逐。

第四节　勾征的执行

　　勾官勾获之名品与数量,要由各相关单位执行勾征。但非由勾官检出征敛者,或许不能称为勾征,如开元八年(720)二月诏:“天下遭损州逋租悬调及勾征,特宜放免。”①开元二十三年(735)籍田敕:“京兆河南府秦州百姓,有诸色勾征及逋悬欠负,亦宜放免。”②勾征与逋租悬调诸色欠负等虽然同有财物未纳,遭官府催逼之意,但唐朝的财务机构与勾检系统都检勘财物,而可能只有经勾官勾获,申到比部者,才称为勾征,《唐会要》卷五九《比部员外郎》建中元年(780)四月比部状称:“天下诸州及军府赴勾帐等格,每日诸色勾征,令所由长官、录事参军、本判官,据案状子细勾会。其一年勾获数及勾当名品,申比部。”该条的勾征由勾官检出,勾获数与名品则纳于相关曹司,长官只负责监督,因此大概只有经勾官勾出者才可称为勾征,一般财务机构的征敛赋税既不必经勾官检勘,所追征的欠负自然也不能称为勾征。③ 至于欠负、逋悬等语是否为财务机构征敛不纳的专用语,似也未必,盖勾征不获时,也未尝不能用欠负、逋悬等语表示,而放免诏书之刻意区分,想来意在凸显勾征系经勾官检勘过的。执行勾征的史料最早

① 《册府元龟》卷四九〇《邦计部·蠲复二》,5862页。
② 《唐大诏令集》卷七四,415页。
③ 李锦绣把逋悬视为滞税,勾征为逃税,欠负为债务。(《唐代财政史稿》(上卷),646—648页。)但她所举的例子,逋悬亦称悬欠,则逋悬与欠负似难区分。另外,逋逃之税赋是勾征,还是逋悬,也不清楚。书中所举柳使勾征之例,柳使可能是勾使,未必来自上级财政机构。笔者以为其区别方式,不尽适当。

见于景龙三年(709)八月的尚书比部符:"……及雍州奉天县令高峻等救弊状,并臣等司访知在外有不安稳事,具状如前。其勾征逋悬,色类繁杂。恩敕虽且停纳,于后终拟征收。"①想来勾征在此之前早已实施,百姓诉称不济,官府频征不纳的情形也一再出现,所以才有奉天县令等的救弊状,普遍呈现各地的不安稳,而比部在奏请恩敕后,下符全国各州停纳。勾征问题大概在垂拱年定勾帐式,官府建立明确的勾检制度后发生。

唐代的财务检查复杂而多重,但外部审计的检查用语几乎与内部审计无别,内部审计与自勾有时又同在一财务机构内进行,后期的三司财务以内部审计为主,似乎不必送比部勾检,因此专由勾官检核的勾征与内部审计的一般征敛,在事实上很难划分清楚,唐人也无意去作区分。再者,前期天下州府与军府的财务文案,每年终除牒上比部外,亦同时申送金部、仓部、度支勘会,然尚书六部皆不设勾官,此三司勘会的结果是否亦属勾征,也有模糊空间。尽管从开元天宝到肃宗乾元间的诸道放免诏书,②显然区分勾征与诸欠负征敛,好似二者在观念上已判然有别,不相混同,但从实例上看,却未必如此,《通鉴》卷二一三开元二十一年(733)条谓太府卿杨崇礼:"每岁句驳省便,出钱数百万缗。"太府寺之勾考财物收支,应包含内部审计与自勾,能否就说是勾征,似有斟酌余地。其子杨慎矜为监察御史知太府出纳:"奏诸州所输布帛有渍污穿破者,皆下本州征折估钱,转市轻货,征调始繁矣。"更难认定这就是勾征。类似情形可能也出现在地方财务机构,《唐开元十九年(731)正月西州岸头府到来符帖目》:③

11. ……仓曹帖、为追十二月宴设利钱九百五十五文事。一符,
　　 为宋智才等欠十八年州□
23. ……仓曹帖、为追勾典泛通、仓督一人、前宋芝等、限廿三日
　　 到州事。……

---

① 陈国灿,《斯坦因所获吐鲁番文书研究》(武汉:武汉大学出版社,1995),271—272页。

② 有关放免勾征的诏书,多集中于玄、肃二帝,此不独反映唐前期的勾征在认真运作,亦说明直到安史乱之初,勾征还在执行着,只是百姓颇有不堪负荷之感,故多与一般征敛同时放免之。放免勾征的诏书学者已多引之,见:王永兴,《唐勾检制研究》,79—80页;薄小莹、马小红,《唐开元廿四年岐州郿县县尉判集(敦煌文书伯二九七九号)研究——兼论唐代的勾征制》,收入:《敦煌吐鲁番文献研究论集》(北京:中华书局,1982),627—628页。

③ 池田温,《中國古代籍帳研究——概觀·錄文》,357页。

同样是负责征收的仓曹，前者追收之欠负未必因勾检而得出，后者似与勾征有关。同一财务机构并行运作勾征与一般征敛，因此在论证勾征执行时，要划清此疆彼界是有困难的。

唐前期地方的勾检系统清晰明确，是否为勾征，从行政程序上应该不难判断出。但后期的勾检制度濒临裂解，即使三司与派出机构巡院增置勾官，中央也不时遣使分察地方，或加重观察判官、录事参军等的专当之责，也仍然无法重建比部勾检的权威，及中央对地方的财政控制力。大体而言，京司财务由各本司与三司自行勘会后奏上，或中央另派御史台等检勘，亦即中央宁可让各司自理财务，也不信任比部的勾检功能，则所谓的勾征，顶多是本司自勾的结果。更明显地摆脱掉比部他勾的，是诸司的官本钱，元和九年（814）十一月户部奏："准八月十五日敕，诸司食利本钱出放已久，散失颇多，各委本司勘会。"其数少者以除陌五文钱充。敕："宜委御史台仔细简勘。"①官本钱由在京各司自勾，中央以御史台的财经监察，取代比部的他勾，则御史台的简勘结果能否视为勾征，颇值得商榷。

唐朝自德宗以后史书上罕见"勾征"一词，固然可说唐人此时并不在意财务需经勾官检核，也无意区分勾征与一般征敛，只要各司钱物不流失，中央还能指挥得动，就不必斤斤计较了。但若从制度面的变化来看，也未尝不能探得其间的蛛丝马迹。后期勾检制改变最大的，一是多了"道"这一层级，另一是比部功能弱化。由于方镇拥有财政自主权，不是财务不上报，就是勾检结果所报不实，中央的比部自是难以勾征，或许因此唐后期史料中少见勾征一词。再者，唐后期除了财务机构的自行勘会与各司自勾之外，勾检重点放在中央派使者按察地方，或命观察使、巡院等就近勾检，既是中央直接派员下察，比部的勾征就更难以运作，此亦为勾征罕见于后期史料吧！至于天下州府，元和二年（807）诸道年终勾的禁令似未能有效执行，使府对州的财务管辖相信还是很严，但它如何勾征地方，史料无征，大抵亦沿承前期州勾县的方式。而中央派遣的诸多使职，终究是临检性质；巡院在监察地方财务的同时，也不时发生奸吏侵渔，危害百姓之事，②故其在地方的勾检作用，及其依法勾征的成效，都令人质疑。

---

① 《唐会要》卷九三《诸司诸色本钱下》，1680－1681 页。

② 如《新唐书》卷一六二《独孤朗传》元和中为右拾遗，建言："宜用观察使领本道盐铁，罢场监管榷吏，除百姓之患。"可见巡院场监官侵扰百姓已很严重。《册府元龟》卷四六七《台省部·举职》开成初刑部尚书殷侑上言："度支、盐铁转运、户部等使下职事及监察场栅官，悉得以公私罪人于州县狱寄禁，或自致房收系。"这是巡院在司法上干扰地方行政。

勾检确实与否,因时、因地、因机构、因方式而异,然一旦勾出隐漏或欠负,便将启动勾征机制,透过所由官典,向百姓催逼。敦煌文书 P. 2979 号《唐开元二十四年(736)九月岐州郿县尉勋牒判集》"不伏输勾征地税及草前申第廿五":①

    13. 今见存之人,合征者犹羁岁月;将死之鬼,取办者何有

    14. 得期。若专征所由,弊邑甚惧,今尽以里正等录状上州司户,

    15. 请裁垂下。

"不伏输勾征地税及草后申第廿六":②

    16. 廿三年地税及草等被柳使剥由,已具前解,不蒙听察,但责名

    17. 品。若此税合征,官吏岂能逃责。……

    19. ……况准虑条,自徒以下减免。又承　恩敕,遗欠之物合原。里正虽是贱流,县尉

    20. 亦诚卑品,确书其罪,能不有辞。……

柳使所勾,当据分判众曹的县尉提供的帐历或簿书来核对,而这些资料又来自里正的汇集整理,故柳使勾检的结果如与县尉、里正所报不符,当然首先要怪罪所由官吏,故文曰:"若此税合征,官吏岂能逃责",而这也正是里正、县尉急急辩称:"确书其罪,能不有辞"的原因。二人的责任岂止如此,《唐六典》谓县尉之职包括"割断追催,收率课调",③《唐律·户婚律》指里正"部内输课税之物违期不充",要论罪。④ 意即他们都有催收赋税的义务,判集第廿五的"专征所由,弊邑甚惧",说的正是税收经办人县尉与里正。大谷文书 5822 号:⑤

    1. 周祝子纳天宝参载勾征麸

---

    ① 唐耕耦,《敦煌社会经济文献真迹释录》第二辑(北京:全国图书馆文献缩微复制中心,1990),616 页。

    ② 唐耕耦,《敦煌社会经济文献真迹释录》第二辑,616 页。

    ③ 《唐六典》卷三〇《三府督护州县官吏》,753 页。

    ④ 《唐律疏议》卷一三《户婚律》"输课税物违期"(总 174 条)。违期不充包含违误期限与数量不充两层意思,见:刘俊文,《唐律疏议笺解》(北京:中华书局,1996),1008 页。

    ⑤ 小田義久,《大谷文书集成》第 3 卷,203 页。

唐代官方放贷之研究

364

2．价钱壹伯文。四载十一月三日里正张钦。

又，大谷 4906 号：①

1. ⬚天宝肆载勾征税钱捌拾伍
2. ⬚月廿八日，典张大抄。
3. 　　　　　尉道　环

勾征来的税物由里正与典收取，并由其开立收据，②有时县尉还署名其上，亦证明其有收课税赋之责。

所由官吏如此地恐慌陈辞，除了担心所报不实，征收不力，要负行政或刑事责任外，可能更忧惧的是无法征到柳使所要求的足额地税及草。由于县方与柳使课征的依据不同，致使"见逃见死"亦要征收，如按唐人摊征亲邻的习惯，③难保不连累逃死者之亲邻。然如里正所言："今见存之人，合征者犹羁岁月"，似乎里中之人已有迁延不纳，积欠税赋的问题，而今若不能恩免逋欠，又要为逃死者代纳，岂不是重重加于"见存之人"，使其如"将死之鬼"，却仍取办无期？百姓无力交纳，最紧张的其实是所由官吏，在许多史料里都看到里正穷凶极恶的威逼情状，如白居易《重赋》诗："里胥迫我纳，不许暂逡巡"，④唐彦谦《采桑女》："愁听门外催里胥，官家二月收新丝。"⑤P.2979 号《郿县尉判集》"署税钱不纳户第卅三"："今长官恩惠已足，此辈顽嚚亦多，仰并限此月十六日纳毕，不毕，里正摄来，当与死棒。"⑥县尉可能不直接向民征收，所有责任便落在里正身上，为了迫使百姓纳出税赋，里正不惜使用强暴恐吓手段。无论这是为一般征敛，或专指勾征，其逼取之方式恐无二致。

---

①　小田義久，《大谷文書集成》第 3 卷，61 页。

②　里正催驱赋役及其开给纳税者收据，孔祥星有详细论证，见：《唐代里正》，《中国历史博物馆馆刊》1(1979)，55—57 页。

③　《唐会要》卷八五《逃亡》天宝八载正月敕："籍帐之间，虚存户口；调赋之际，旁及亲邻。……其承前所有虚挂丁户应赋租庸课税，令近亲邻保代输者，宜一切并停。"又，宝应元年四月敕："今色役殷繁，不减旧数，既无正身可送，又遣邻保祗承，转加流亡，日益艰弊。"

④　《白居易集》(北京：中华书局，1988)，卷二《讽谕》，31 页。

⑤　《全唐诗》(北京：中华书局，1999)，卷六七一，7742 页。

⑥　唐耕耦，《敦煌社会经济文献真迹释录》第二辑，619 页。

县尉逼里正，里正逼百姓，如此层层相逼，无非要纳足应勾征数。因为税物违期不充，所由官吏除了要节级连坐外，可能还担忧上级官府要求代纳百姓之不足额，如王梵志《贫穷田舍汉》诗："租调无处出，还须里正倍。"[1]"倍"通"赔"，就是里正需为缴不起租税的贫穷汉代纳。如果欠者人多，所由官吏甚至被迫集体代纳，敦煌文书 P.3899 号《唐开元十四年(726)沙州敦煌县勾征悬泉府马社钱案卷》的马社，[2]学者判断是为了解决马匹不足，要全体府兵都参加出钱市马，让"一府共足之"的一种结社。[3] 然文书中被勾征的悬泉府前校尉判兵曹张袁成与前府史翟崇明，似被要求代卫士纳马社钱。沙州下符勾征曰："卫士贫弊，征索不得，……所有欠物并□□□□君护等诸人上。袁成为年满六十，倚团已后，府司□所由将作物在袁成腹内，为当时估独征袁成钱，□欠数合出诸人。"(13—18 行)另外在县史宋庆仁牒中述及翟崇明总共应纳马社钱 213.280 贯，而这笔钱又分三种状况，其中 131.355 贯是"州符下府至秋均出千人"，73.245 贯"合征典泛(贞)礼"，8600 文折马一匹填还。(153—162 行)看来张袁成、翟崇明，甚至典泛贞礼，前后分别为有千人之多的马社府兵成员，分摊代纳其所欠钱。马社有官方色彩，[4]其钱为市官马而应纳给悬泉府，张袁成等三人似均为马社负责人，社员贫弊不能纳社钱，官府却专征所由，以此情况推想，百姓若无力交付勾征，当县所由官典是否亦会被上级官府要求代纳？如其不然，各级官吏就得承受考课的压力，或背负行政、刑事责任，或许因此，所由官典为了自身利益，也不得不如凶神恶煞般地催逼百姓依限填纳。从前引郿县尉与里正对柳使勾征之深以为惧来推敲，与其认为彼等以民为念，忧其无以聊生，不如认为官典意在利己，力求免于致祸。

　　勾征的对象最终当然是百姓，百姓为课取所苦，已是众所周知的事实，刘充章《谏诤书》谓天下苍生有八苦，其中官吏苛刻、赋税繁多、所由乞敛、替逃人差科，大概都与征敛有关。[5] 尽管百姓在勾征中处于弱势地位，但有时他们仍会为自己的权益与官府讨价还价，如《唐开元二十四年(736)九月岐州郿县尉勋牒判集》"新剥勾征使责迟晚第卅二"，先述郿为破邑，雕户

① 王梵志著，项楚校注，《王梵志诗校注》(上海：上海古籍出版社，1991)，卷五《贫穷田舍汉》，651 页。

② 唐耕耦，《敦煌社会经济文献真迹释录》第四辑(北京：全国图书馆文献缩微复制中心，1990)，432—445 页。

③ 卢向前，《马社研究——伯三八九九号背面马社文书介绍》，收入：《敦煌吐鲁番文献研究论集》第二辑(北京：北京大学出版社，1983)，404—414，421—422 页。

④ 卢向前，《马社研究——伯三八九九号背面马社文书介绍》，403 页。

⑤ 《文苑英华》卷六七六，4183 页。

不能自存,其后曰:"应征之数,敢不用甘;取纳之期,实则多惧。具状牒上采访使并录申。"①采访使原为监察使职,其后亦多处理与民生、财政相关的事项,②郿县尉为应征之数、取纳之期求助于采访使,而不直接上陈岐州刺史,或许勾征使以道为单位遣出,与观风俗之诸道采访使地位相当,故认为向采访使陈诉,效果可能较佳。但通常最先领衔申诉的未必是官典,而是百姓,且是地方上有德望、有分量的人士,P. 2942 号《唐永泰年代(765—766)河西巡抚使判集》"甘州地税勾征,耆寿诉称纳不济"条,判文前半曰:"尚频申诉,何以而然",显然民户已多次向上级反映其艰难之状,但皆未获官府睬理。判文后半曰:"请使君审与耆寿商量,稳便处置,合放任放,须征任征。此间无物可支,彼处固须自给。终须设法,以叶权宜。"③在多次沟通后,官府终究得卖地方耆老的面子,得到征、放稳便处置的结果,也算是小有收获了。然而何人须征,何者得放,其间可能又大有文章,总之,居于弱势的百姓是最难受到关爱的,柳宗元《田家诗》:"公门少推恕,鞭扑恣狼籍",④就是最真实的写照。

执行勾征的命令,自上下达,⑤在出土文书的公文事目中,可以看到不少催促基层单位交纳的条目,如《唐开元十九年(731)正月西州岸头府到来符帖目》:⑥

19. ……录事司符、为杜成礼欠宴设柒器等物、限 ☐

20. 征具斛䗍、当日申、如不足、将令仓督等赴州事。……

28. ……仓曹符、为当界回残马料粟壹伯参拾陆硕壹斛、限五日
内征纳 ☐

29. 春夏勾征钱物、限符到十日内、征纳讫申事。……

录事司是专司勾检的机构,录事司下符征所欠物与斛斗,当是勾征。仓曹除了下符征回残马料外,亦下符征春夏季勾出钱物,并要求纳后回报。又,《唐开元十九年(731)正月~三月天山县到来符帖目》:⑦

---

① 唐耕耦,《敦煌社会经济文献真迹释录》第二辑,619 页。
② 池田温,《采访使考》,881—884、891—893 页。
③ 唐耕耦,《敦煌社会经济文献真迹释录》第二辑,623 页。
④ 《柳宗元集》(台北:汉京文化公司,1982),卷四三《古今诗》,1238—1239 页。
⑤ 薄小莹、马小红,《唐开元廿四年岐州郿县县尉判集(敦煌文书伯二九七九号)研究——兼论唐代勾征制》,637 页。
⑥ 池田温,《中國古代籍帳研究——概觀·錄文》,358 页。
⑦ 池田温,《中國古代籍帳研究——概觀·錄文》,360—361 页。

67. （支）度使勾征麦粟、限符到五日内征送事。……

93. ……州勾所牒、为当县长行马七十匹 ☐

94. 赍案赴州事。……

104. 仓曹符、为支度使勾征王如璋钱七百八十文等事。……

106. 仓曹符、为支度使勾征斛斗事。

　　第一条的下符单位不确知，但在转达支度使勾征事，其情形应与后两条仓曹下符为支度使勾征事相类似。《唐六典》卷三《度支郎中员外郎》条："凡天下边军皆有支度之使，以计军资粮仗之用，每岁所费，皆申度支而会计之。"支度使负责边军资用，开元以后多由节度使兼充。开元初置北庭节度使，辖伊、西、庭三州，[1]所以这里的支度使勾征，大概就为供给天山军用度而下符给西州仓曹。至于州勾所行牒给天山县，或许是为勾征长行马料等事。另外，S.2703号《唐天宝年代燉煌郡公文事目》有一条为："支度勾覆所牒为同前事。"[2]看来是军中负责财务的勾检机构，下牒给燉煌郡或某单位的公文事目。上述诸条目，不是由军或州的勾所直接下达勾征指令，就是由诸曹司转达勾征符牒，并要求限期内交纳给该曹司，这说明勾官只负责勾检与下达勾征指令，而相关的财务机构，才负责征收勾出填纳的财物。而且从军、州下达勾征指令给折冲府、县来看，勾征的执行是由上而下地推动，所经各级官典的课取方式，当然关系勾征的成效，但官典的执行能力愈强，却反而可能带给基层人员与百姓莫大的苦难。

　　勾征的申报，自下而上，逐级送呈；勾征的执行，自上而下，层层追索。勾检系统搭配着勾使的派遣，使得检核工作能更绵密地展开；而随着一道道勾征符牒的下达、催逼，并透过诸曹司的协助，让勾征的力道更强，欠负者更难逃于这铺天盖地的网罗。吾人可从前述的P.3899号勾征悬泉府马社钱的情形，领略一二。州下符给县征张、翟二人马社钱是在开元十四年（726）二月十日，刺史判的是"此月廿日内纳了"（28行），也就是限十日内纳足。在一般公文事目内，无分勾征与否，凡有所欠，大约限期都不超过十日。但州符到县已是二月十五日，县尉弘俊判案是十六日，离廿日只四天，所以他判"限三日内纳"（39—40行）。然翟、张二人所欠数额甚巨，限期内根本还不了，至二月二十七日县史索忠不得不上牒曰："右被符令征前件

　　① 北庭节度使的设置与辖区，王永兴有考证，见：《论唐代前期北庭节度》，收入：《唐代前期西北军事研究》（北京：中国社会科学出版社，1994），55—60页。

　　② 唐耕耦，《敦煌社会经济文献真迹释录》第四辑，472页。

钱,频征,各自立限,并违不纳。事恐阻违,请处分。"(45—46行)但县尉也只简单判了一个字"催"(49行)。县方如火如荼地展开催征行动其实起于三月四日,或许因拖欠时间已久,县方必须对州司有个交代,①也可能看到"州枷项推问"另一欠马社钱之所由典泛(贞)礼(63行),所以自己也只好上紧发条,加快勾征脚步,三月四日县令的判词是"频追不得,决十下,限取状。当日不了,史决,付本典。"(67—68行)亦即县也开始动用刑杖催征,并再要求立期限状。至三月六日,另有一失署名,大概也是县令的判词曰:"付司。既催纳,限十日内纳讫。如违,注追,帖长☐"(103—105行)。官府的催逼,一波波地接踵而至,再加上违限不纳,刑罚伺候,相信任何人都不堪忍受这样的身心折磨。好在张、翟二人分别纳足或交代了马社钱的填还方式,总算结束了县的追征。至于一月余后悬泉府又牒敦煌县征二人所欠部分马社钱,其详情如何,因案卷已佚而不明其后续状况。

马社钱的勾征,不过是唐代勾征或一般征敛的一个小小的缩影,如果欠负者真的交纳不出钱物,所由官典使用的逼迫手段,可能就不仅止于枷项推问或轻决十下,《白居易集》卷五九《奏阌乡县禁囚状》:

> 伏闻前件县狱中,有囚十数人,并积年禁系,其妻儿皆乞于道路,以供狱粮。其中有身禁多年,妻已改嫁者;身死狱中,取其男收禁者。云是度支转运下,囚禁在县狱,欠负官物,无可填陪,一禁其身,虽死不放。前后两遇恩赦,今春又降德音,皆云:节文不该。至今依旧囚禁。……臣兼恐度支盐铁使下,诸州县囚禁,更有如此者。

狱囚之所以积年禁系,虽死不赦,不过因欠负官物,无可填陪而已。度支盐铁等院也有自勾,想来所谓欠负官物,当包括勾征不纳在内。积年禁系的结果,轻者妻儿乞食于道路,重者家破人亡,父死子囚,诚可哀也!史书上最著名的例子就是邓州内乡县两场仓督邓琬,因不能还纳所贮米,自贞元二十年(804)起父子兄弟至玄孙,相承禁系二十八年,资产全已卖尽,前后禁死九人,见在者亦枷禁中。大和五年(831)虽然承敕特放,但如敕中所言:"如闻盐铁度支两使,此类极多。"②可见这是一个普遍的现象,是一个久已存在的老问题,像马社钱的欠者之一典泛贞礼,既已被州枷项推问,

---

① 卢向前认为县官理解为二十天内纳了,从二月十六日到三月六日刚好整二十天,所以三月四日起开始频繁勾征。见《马社研究——伯三八九九号背面马社文书介绍》,392—393页。

② 《旧唐书》卷一九〇下《文苑·唐扶传》,5062页。

想必已遭囚系；至于尚未被囚系的张、翟二人都已受到杖责，则禁系推问中的囚者，岂能免于刑讯或重杖之痛？勾检由勾官负责，勾征亦由其发动，欠负不纳者该如何处置，是追征或放免，是禁或释出，身为纠曹的勾官其实有绝大的权力，《大唐新语》卷二《刚正》篇述侍御史李祥解褐监亭尉，因校考为录事参军排挤，祥入见刺史，援笔论录事状曰："怯断大案，好勾小稽。隐自不清，疑他总浊。阶前两竞，斗困方休；狱里囚徒，非赦不出。"看似嬉笑怒骂，却将一般勾官怯于负责，畏于任事的情状，刻画入微地描写出来。若如此，勾官大概只敢在勾检时对典吏狐假虎威，勾征时对百姓威逼强索，而对禁系狱中的欠负者，曾无半点怜悯之意，只听凭其遇赦方出。此番嘲讽式的评论，岂不反证执行勾征的勾官，实应站在百姓立场，考虑欠负者处境，权断囚系之必要性。

白居易奏状中还提到一个令人瞩目的问题，就是恩赦或德音的放免效力能否及于欠负官债者？马社钱案卷中也提及恩免，州的属吏史范（思）鲁牒中曰：①

18. ……今蒙开元十三年十一月十日

19. 制，诸色逋县欠负官物，合当免限。仅以咨陈，请乞

20. 处分者。刺史判，付府勘会虚实申者。……

开元十三年（725）制似是一个放免包括勾征欠负在内的恩赦，但经刺史勘问欠负之状后，仍决定继续勾征，还定下十四年二月廿日内纳了的期限。唐律"负债违契不偿"（总398条）与停征恩赦，均无终止公私债务的意图，所谓"各令备偿"、"恩后之日科罪如初"，或"容待蚕麦熟后征理"，都与全然的放免不征，意义不同。② 如果开元十三年制确然是放免，则刺史勘会后的继续勾征就有违制之嫌。而白居易奏状中提及的两遇恩赦，又降德音，官府皆以"节文不该"，轻轻闪过，其间是否亦有该放免而故违的情事，值得注意。从史料上看，唐政府对官物逋欠是不经常放免的，③如《全唐文》卷七一二李渤《奏请停征久远逋悬疏》："若更勒循度支使所为，必惧史官书陛下于大旱中征三十六年前逋悬。"度支使所征的是贞元二年（786）以来所欠钱，到三十六年后的长庆元年（821），至少应逢元和六年（811）十月

① 唐耕耦，《敦煌社会经济文献真迹释录》第四辑，433页。

② 拙著，《唐代民间借贷之研究》（台北："商务印书馆"，2005），325—328页。

③ 放免诏书大致在中晚唐较多见，但百姓受惠的其实不多，见：陈俊强，《皇恩浩荡—皇帝统治的另一面》（台北：五南出版公司，2005），195—196页。

的一次放免:"元和五年已前诸色逋租放免。"①放免恩惠难及于民,不单因为官吏故违恩赦,更在于唐政府欠缺放免欠负的诚意,如《唐大诏令集》卷一○文宗大和八年(834)二月《疾愈德音》:

> 应度支户部盐铁积欠钱物,或囚系多年,资产已尽;或本身沦殁,展转难征;簿书之中,虚有名数;图圄之下,常积滞冤。……其度支户部盐铁应有悬欠,委本司具可征放数条闻奏,不得容有奸滥。

唐政府愿意放免的,其实只是远年逋欠、空挂簿书、无可征理者,并非真的站在恤民爱民,藏富于民的角度看待官府对百姓的课征,故其于三司之悬欠,只令其就可征可放者闻奏,而不一体放免。正因为中央不愿轻易失去税收,对放免的态度模棱暧昧,而官吏既看准这点,又担心免收影响考课,故可征可放之间,鲜少优先考虑百姓利益,才会造成如白居易所言之多遇恩赦德音,而"节文不该"的现象。类似情形亦见于官本钱的征放,如《唐会要》卷九三《诸司诸色本钱下》元和九年(814)十二月敕:"所勘责秘书省等三十二司食利本钱数内,有重摊转保,称甚困穷者,据所欠本利并放。……元和十年正月已后,准前计利征收。其余人户等,计其倍数,纳利非多,不可一例矜放。"同样也是征放之间以财政利益为首要考虑,捉钱者如非纳到一定数量,根本不予放免。官本钱是唐政府的财务项目之一,其于勾征、放免之方式,应与一般财税钱物的征放没什么差别,故官本的相关数据虽少,似仍可由彼以见此,了然其征放之大致状况。

如果所谓的放免,只是将处断权下放给官吏,让其权宜疏理,则百姓的命运,便可能系于一、二官吏之手,前引《唐永泰年代(765—766)河西巡抚使判集》"甘州地税勾征,耆寿诉称纳不济"条曰:"地子勾征,俱非杂税,妄求蠲免,在法无文",然因耆寿之请求,使君才同意:"合放任放,须征任征"。② 这样简单的一个结论,其实可议的是官府在征、放之际所持的心态,同前判集"瓜州申欠勾征,诉不济"条:③

80. 凡是勾征,理合填纳。州申辛苦,须为商量。作孽匪他,不可
81. 总放。量情疏决,必在州司。更牒所由,子细详审,灼然困苦,

① 《旧唐书》卷一四《宪宗纪上》,438 页。
② 唐耕耦,《敦煌社会经济文献真迹释录》第二辑,623 页。
③ 唐耕耦,《敦煌社会经济文献真迹释录》第二辑,624 页。

82. 须为具申。如或可征，自须切纳。

除非是中央下达一体均免的恩赦，才有嘉惠全国或特定欠负者的效果，否则只要是让官吏权宜处断，哪怕是征、放命令只来自上级官府，都有可能让人感受到如前条判文那种强征缓放，甚至尽可不放的心态。盖勾征或一切赋取，在官府心中似已定调为"作孽匪他，不可总放"，故即使百姓已诉不济，也仍以切纳、追征的手段遇之，这就容易造成官府长有远年债负，而百姓早已家业荡尽。

判文中提及"量情疏决，必在州司"，显示征、放租税的关键并不真在中央的恩赦，地方官府反而有更直接、更切于民情的裁量权，如马社钱在开元十三年制"合当免限"后，刺史仍判追征；甘州地税勾征，耆寿称不济之后，河西巡抚使令其与刺史商量。除了长官之外，由中央派往地方巡视的官员，对地方也有一定程度的了解，由其做出切合地方需要的处断，也是情理中事，《河西巡抚使判集》"沙州诉远年什物，征收不济"条的放免，就由河西巡抚使亲自定案。① 另外，在地方负责勾检的勾使，可能也有不小的决断力，像 P. 2979 号《唐开元二十四年(736)岐州郿县尉判集》"不伏输勾征地税及草"的柳使，P. 3841 号背《开元二十三年？(735?)沙州会计历》两位勾和籴库的支度使司勾官，P. 3559 号《唐天宝十三载(754)燉煌郡会计牒》勾出市马欠负、马料欠负的窦侍御，都与当地勾官勾出的结果不同，无论这是由于勾检依据或方式不一所致，还是由于所代表的立场——中央或地方，征课者或交付者——相异的关系，甚至已演变为公正无欺与隐漏包庇两股力量的对决，却都显示勾检系统在征、放之间有相当大的裁决权。前节述及唐后期中央在财务方面，多委录事参军专勾当，对其倚重甚且超过刺史，亦说明地方勾官在"量情疏决"上的影响力不容小觑。不过勾官的裁决总会考虑自己与地方的利益，难免"怯断大案，好勾小稽"，可能反而不如勾使的公正无私，前自变量例都由勾使勾出，不是没有原因的，这就难怪唐政府总喜欢遣使稽查，而且愈是藩镇势力兴起的唐后期，勾使的巡行就愈频繁。

勾征或赋敛一旦确定后，要想被放免似是相当困难，P. 3559 号《唐天宝十三载(754)燉煌郡会计牒》所由诉节度使自天宝六载以和籴物市马，其价一直未还曰："天六已后，频申请使司，不蒙支送，无物填还，帐存应在。

---

① 唐耕耦，《敦煌社会经济文献真迹释录》第二辑，623—624 页。关于河西巡抚使的派遣与人选，见：安家瑶，《唐永泰元年(765)—大历元年(766)河西巡抚使判集(伯二九四二)研究》，收入：《敦煌吐鲁番文献研究论集》(北京：中华书局，1982)，253—254,261—262 页。

其物既缘官用,望准 恩制处分。"①只要钱物未还,帐历便始终虚存,除非请求恩制放免,否则可能总以应在帐而被催征。七年之间帐犹未销,所由之陈诉也不知能得到什么响应,可见冀望皇帝主动放免甚难,而地方官的恳切请求或许还较有实效,李骘《徐襄州碑》论商公成功获致放免曰:②

> 军人百姓,穷困者多,投诉陈论,苦于从前债利,……至于补累摊征,有加无减,遂使家传积欠,户率催足,延及子孙,例无放免。……官中曾无所收,私室常被搅扰,公乃缕悉上奏,放免获依。

如果按官中既定的征敛之法,这些债户是"例无放免"的,商公之所以能成就德政,与其说是诚意感动皇上,不如说"官中曾无所收,私室常被搅扰",才是最主要的原因,而这其实与一般恩赦放免的背景无甚差别。

附带申论的是,放免时必须削掉帐历,才能免于被追征,《河西巡抚使判集》"沙州诉远年什物,征收不济"条曰:③

> 所由恳诉,须为商量。人既云亡,物无征处,徒行文牒,恐损孤贫,并放。仍与洗削文案,杜绝萌牙(芽),俾其后昆,免有牵挽。

远年积欠不能还,就只能一直列在欠负帐或应在帐上,成为继续追征的对象,所以方其放免后,必须"洗削文案",勾掉帐历,才能使自己及亲邻免受牵累。穆宗时江西观察使王仲舒因小吏失官息钱三十万,悉产不能偿,为之"焚簿书,脱械不问",④也是以勾销簿书为终止追征的前提要件。王仲舒是以地方最高长官的身分焚毁簿书,这不是一般仅具同情心的下级官吏所能为、所敢做的,而且即使做了,留在上级官府的帐历,也仍然会向下追征。总之,这虽然是中央无力控制藩镇财务,才予地方最高长官这个机会,但已证明放免勾征或一切赋敛,都需削掉案历。

勾征源自勾检,本是检查体制下的查账方式,但因为与财务机构的计会很难分得清楚,所以无论是催征方式、官典责任或放免范围等,都与一般征敛极为相似,甚至勾征在执行时,也需透过财务机构的协助追讨,才能顺利完成,故勾征与一般征敛除了原始发动者不同外,几乎可以并论。唐后

---

① 唐耕耦,《敦煌社会经济文献真迹释录》第一辑,464—465 页。
② 《文苑英华》卷八六九,5471 页。
③ 唐耕耦,《敦煌社会经济文献真迹释录》第二辑,624 页。
④ 《新唐书》卷一六一《王仲舒传》,4985 页。

期的勾检机制已徒具形式,比部既无力进行勾征,中央只好直接派员下察,而临时的、特派的、权宜性的简勘方式,唐人似乎鲜以勾征视之;财务机构的自行按覆,更让勾征难有独立运作的空间,故自代、德以后,史料上已少看到勾征一词,只是由各财务机构或监察机构的征敛、摊征等行为,依然在如火如荼地进行。一般财税的征收是如此,官本的征取亦不遑多让。

财务勾检是国家掌控财务运用,发觉官吏贪赃枉法的一种积极手段,同时也是中央权力下达地方,地方接受中央指导的表征。唐代的勾检制,自外部审计转向内部审计与财务监察,从地方往上呈报变为中央遣使下察或派驻机构按核,这整个形势的转换,可说是前后期国家权力由盛而衰的一个写照。官本的勾检虽然受限于数据,不足以完全呈现此一情势,但后期京司本钱的简勘与征放,多少反映了财务查核体系对它的制约。

第三章 官方放贷的检讨与罪责论处

官本的设置,固然有财政上的迫切需求,但相关的争议,也始终不曾间断过,不仅自唐初已几度欲废弃之,或拟以其他方案替代之,甚至到晚唐依然有朝臣批评为"自贞观以后,留此弊法",①欲去之而后快。唐政府对官方放贷既爱且憎,欲拒还迎,其排除万难必欲行之的原因,已于甲篇第四章做了分析,而其衍生的诸多后遗症,则将于本章讨论。

第一节　流弊的产生及其影响

中国历史上,唐朝是第一个大规模、全面性地实施官方放贷的政权,尤以前期州县的公廨本钱,与后期京司的食利本钱最引人注目。然官本既收取高利,又抑配百姓,还提供许多诱因,这会给国家财政、社会公平、人民生计带来什么批评或影响,值得注意,以下试逐项说明之。

---

① 《册府元龟》(台北:台湾"中华书局",1972),卷五〇七《邦计部·俸禄三》,6091 页。

1. 本利耗散,需要财政挹注

唐政府施行官方放贷的方式,系以本钱法往复取利,自筹财源,供给官府的各项用度,其目的主要为节省税收,是一种以最小财政负担,创造最大财政效益的做法,理论上,没什么不对,也没什么不好。只是要达成该种构想的前提是,利率不能太高,必须收取足额利息,而且不能让本钱赊耗掉。以唐政府抑配诸多穷百姓与贫典吏来说,这几乎是项不可能的任务,亦即官本的运作很难依循其设定的轨迹前行,而终究得让唐政府在财政上背负着不可承受之重。

造成本利耗散最重要的两个原因,一是贫人捉钱,无力偿付;另一是典吏侵占,中饱私囊,而前者尤为积成深弊的主因。开元六年(718)崔沔于贫人捉钱已提出警告:"且五千之本,七分生利,一年所输,四千二百,兼算劳费,不啻五千,在于平民,已为重赋",故"收利数多,破产者众"。①即使捉钱者原非贫民,也因取利过高,为重赋逼迫,难有翻身余地。宝应元年(762)敕于贫人捉钱的后果说得最透彻:"贫人将捉,非惟积利不纳,亦且兼本破除",故拣择殷富干了者翻转回易,"庶符永存官物,又冀免破家。"②贫人捉钱最显然影响的就是自家生活,由于《杂令》规定:"家资尽者,役身折酬",③则所欠本利,当然先就家资抵偿,再以户内男口的役力折债,但这极易导致"破家"之不幸下场。贫人捉钱的另个严重问题是,因利率太高,而"积利不纳","兼本破除",使循环生利、自给自足的官贷措施,面临不堪亏损、难以为继的窘境。德宗贞元年间起,已数度与大臣为此商议对策,或想办法填充本数,借钱添填。④宪宗元和以来,更因出举岁深,本利散失过

---

① 《唐会要》(台北:世界书局,1974),卷九一《内外官料钱上》,1653页。

② 《唐会要》卷九三《诸司诸色本钱上》,1677页。

③ 《宋刑统》(北京:中华书局,1984),卷二六《杂律》"受寄财物辄费用"条,412页。

④ 如《文苑英华》卷四二一《兴元二年改为贞元元年正月一日大赦天下制》;《册府元龟》卷五〇六《邦计部·俸禄二》贞元元年九月条;又,卷八九《帝王部·赦宥八》贞元四年正月条、二十一年正月条;又,卷五〇七《邦计部·俸禄三》贞元二十一年七月条。

多,不得不一方面放免高倍数之欠负者,另方面则量其所欠,添本出放。①穆宗以后,晚唐政府对官本的赐与更趋积极,由每十年一万贯,到每年三万贯,②其间还不时别赐各机构,③当然主要导因于贫人逋欠,无处征收,所以才添给新财源,免得官物有阙,公务废弛。

捉钱者的还付能力,固然是官本财务的一大考验,但经手放贷的各级官典,也未尝不想于其中牟取利益,这使得原本已危机重重的官贷问题,更形雪上加霜。早在初唐行公廨本钱时,政府已意识到其严重性,仪凤三年(678)八月诏:"公廨出举回易,典吏因此侵渔",④就清楚点出官本利被不肖官典转为赃私的事实。随着捉钱数量的细分化与捉钱人数的增加,每位捉钱人的应纳本利并不算多,何况当时采取利不过本的原则,还有家产抵偿欠负,故于官本的耗损,犹如涓涓细流之于河海,个别性的影响应该不大。但官典的侵渔情况可能就绝然不同,一人所取赃私,或许就相当于数十百位,甚至更多捉钱人之所纳,则让官本散失危机恶化的罪魁祸首,不就是不肖官典!

唐后期官典侵渔的现象未必较前期好转,京司的频繁赐本与一再令当司或御史台勘会,即透露出不寻常的讯息,如元和九年(814)八月诏,令户部支给别收贮钱,并委本司勘会后曰:"缘诸司人吏,转迁不常,新旧之间,因缘乾没,诸称走失,职此之繇。向后须令本判官勾当,勒令一一交割者。递相公付,仍委御史台一人专知勘覆。"(《册府元龟》卷五○七《邦计部·俸禄三》)新旧人员迁转间才发现乾没官本利,而实际上政府所赐本或捉钱人所纳利,可能早已被侵吞隐占,此时不是只留下一本虚假滥账,就是将所乾没钱物转嫁给捉钱人再纳。唐中央察觉事体有异不仅为时太晚,更糟糕的是,竟将查核之责委于当司判官,而非勾官。判官是管理捉钱事务的人,难保不与典吏等沆瀣一气,串通起来掏空官钱,故任当司判官勾当,其效果令人质疑。就算判官勾当结果仍委御史台勘覆,但负责监察的御史台,真有能力查出内外百司的官钱问题?若果如此,本利散失之弊就不致那么严重

---

① 如《册府元龟》卷五○七《邦计部·俸禄三》元和九年八月条、十一月条、十二月条,十一年九月条,十四年十月条,十五年正月(二月)条、十月条;《文苑英华》卷四二二《元和十四年七月二十三日上尊号赦》)。

② 《册府元龟》卷五○七《邦计部·俸禄三》元和十五年二月诏:"仍每经十年,即内外百司各赐钱一万贯充本。"同前书卷五○八《邦计部·俸禄四》会昌元年六月户部奏:"准正月九日敕文,放免诸司食利钱,每年别赐钱三万贯,充诸司公用。"

③ 《册府元龟》卷五○七《邦计部·俸禄三》穆宗长庆元年赐内外百司一万贯文,三年赐诸使诸军本钱;文宗太和元年赐尚食局本钱,开成三年赐尚书省本钱。

④ 《册府元龟》卷五○五《邦计部·俸禄一》,6068页。

吧！唐中央在下了前诏之后，似觉意有未尽，同年十二月敕除了重申由御史台勘会外，并曰："如有欠失，即便勒主长官典所繇等，据数填备。"（《册府元龟》卷五〇七《邦计部·俸禄三》）如果判官、御史台的两道把关能得其实，那么遭中饱私囊的部分，应可原数偿还，而官本散失的情况便可稍微缓和。然而从穆宗以后赐本的数量更多，频率更高来看，欠失由官典填备的执行成效，显然不彰，故武宗会昌元年（841）六月户部奏报赐诸司钱数后曰："人吏得以欺隐，实数不可交寻"；①宣宗大中二年（848）六月户侍判度支崔从奏："应诸司场院官请却官本钱后，或有欺隐欠负，征理须足。"②无异为官典继续侵吞本利，官钱大量流失，一再作了见证。

后期捉钱人中不乏精于算计的商贩富人，他们或"依托官本，广求私利。可征索者，自充家产，或逋欠者，证是官钱"，③则官本利汇入私家，逋欠记入官帐，岂不益增官钱之流失？再者，中书门下本钱常与江淮富豪大户经纪，原本冀望其多纳利钱，以添公用，谁料其"纳利殊少，影庇至多"，④同样也损失不少利钱收入。

唐政府之所以看中官本放贷，是因为它有不必编列预算，节省税收的特色，然实际运作中，许多难以克服的困难，或意想不到的状况，打坏了原先的构想，偏离了既定的布局，其中最失算的，就属因本利耗散，导致财政的不断挹注。贫人欠负固然是耗散的最主要原因，而官典的侵吞只会让情势更恶化，本利耗散的结果，不是政务无法推动，就是官人利益被剥削，唐政府怎能坐视不理？故除非能找到其他财源，完全取代官本，如唐初以户钱充京官俸，摆脱息利法那样，否则势必要适时适当地补贴本钱，维持制度的继续运作。官本钱的来源以中央拨款为主，一旦财务匮乏，也多仰赖中央调度财源。开元年间税天下户钱，分州县公廨本钱之利，⑤就动用国税，以补利钱之不足。至于唐后期政府挹注财源的情况就更普遍了，如户部除陌钱、吏部告身钱、诸道赃罚钱、当司阙官钱、当州送使钱、以及课钱、考钱、杂钱、羡钱、抽贯钱等，⑥名目之杂多与琐细，令人瞠目结舌。虽然后期官本的添赐，从未动用到两税、盐利等国家主要财源，也不像前期公廨本钱那

---

① 《册府元龟》卷五〇八《邦计部·俸禄四》，6094 页。

② 《旧唐书》（台北：鼎文书局，新校标点本，1976），卷一八《宣宗纪》，621 页。

③ 《册府元龟》卷五〇七《邦计部·俸禄三》，6087 页。

④ 《册府元龟》卷五〇七《邦计部·俸禄三》，6090 页。

⑤ 《唐六典》（北京：中华书局，1992），卷六《比部郎中员外郎》，194 页。

⑥ 此处名目甚多，各名目也未必只出现一次，其情况可参看附表各条，如编号39、45、54、55、60、61、63、65、68、76、77、79、87、98、104、109、110、112、116。

样,因要用做官俸,而特别开辟税源,但总归是不能任其空缺,让公务废弛。官本添赐既属偶然的、临时性的、需求数量也不算大,而且又多用于细琐事务,非国政要项,当然就只能从诸备用或杂项中寻找财源。唐政府实施官本放贷的目的,就在它自给自足的特性,而今竟因捉钱者无力偿付,官典借机侵占等因素,致使本利耗散,政府不得不筹措财源,别给本钱。即使政府每次所给的数量,相对于其他财政要务来说,未必很大,但已与政府设立此制之初衷,有一段不小的差距,而财政的不断挹注,东挪西用,也必定给唐政府带来不小的困扰。

2. 用度不足,形成公务废弛

官本在国家财政中的地位,沈既济一语道破:"夫置钱息利,是有司权宜,非陛下经理之法。……天下财富耗斁之大者,唯二事焉,最多者兵资,次多者官俸,其余杂费,十不当二事之一。"[1]官本的名目虽多,终不外支给行政、修造、食料等杂项,谈不上是什么重要国务,唯前期的公廨本钱因供给官人俸料,算是特殊例外。生息法是权宜之计,自唐初以来即倍受批评,至此仍无法得到大臣的积极认可。无论从政务或财务的角度来看诸色官本,它似乎都是很不起眼,微不足道的,然而官本真的是可有可无的吗?如果本钱有缺,政府的态度如何?对政务的影响若何?以下试就几项重要官本论之。

为官俸而设的公廨本钱,就因其属息利之法,是权宜之计,所以政府几度欲废弃,拟以课钱、租脚、户钱等取代之。[2] 筹集官俸是何等重要的大事,俸之不给,如何期待官吏养廉?又如何冀望其能专心政务?唐政府可想出各种替代方案置换掉公廨本钱,但却不能不顾其所代表的用途,盖俸料不足则公务废弛。当公廨本钱的功能逐渐萎缩到一般行政杂务时,用度不足的问题依旧随本利耗散而浮现出来,要想公务不废弛,可是难上加难。以元和十年(815)新收置公廨本钱来说,它是在诸司食利本钱疏理外,别征收,改案额而来。[3] 易言之,诸司之公廨本钱几乎耗尽,而在新本未收置之前,廨宇什物之修造或令史府史等厨料,不是付诸阙如,全然停顿,就是由其他项财源暂支以应急。这些细务琐事虽然不致影响到国计民生,但若因事属微小而不加理会,也会造成公事废弛或官典利益受损等弊害。唐政府

---

① 《唐会要》卷二六《待制官》,508—509 页。

② 详见本书甲篇第一章第一、二节。

③ 《册府元龟》卷五〇七《邦计部·俸禄三》,6086 页。

新置公廨本钱的用心值得肯定,只不清楚新置之后能否避开用度不足,公务有缺之覆辙!

食利本钱供公厨之用,官吏之厨食不专在饮食,亦可叙主客之威仪,筹政令之得失,是政教之大端。食本身负此庄严任务,唐政府怎能等闲视之?何况唐后期食本的功能更多元化,亦扩及公廨杂用等方面,故其重要性益增,食本更不能欠少。食本与公务间的关系可于贞元二十一年(805)七月中书门下的一分奏疏里看得格外真切:"伏以百司本钱,久无疏理,年岁深远,亡失颇多,食料既亏,公务则废,事须添借,令可支持。"①食本是汇聚官员的动力,官员汇聚才能集思广益,商讨政事,推动执行各项公务,这样看来,食本对公务的影响不可谓不大,而政府急于添借的用心是不难理解的。唐后期京司或个人因厨食乏绝,自请或请为食本的例子不在少数,贞元十二年(796)礼部尚书李齐运请取户部阙官钱,充本助公厨;②元和二年(807)尚书左丞郑元请用河中羡余充本,助都省厨食;③同年集贤殿大学士武元衡也以厨料欠少,更请本钱一千贯充用;④元和九年(814)因诸司食本散失甚多,遂大规模地令户部用除陌钱添本出放;⑤而自元和十五年(820)起,开始了每经十年赐各司食本的惯常性做法;⑥大和元年(827)殿中省为尚食贫虚,乞赐本钱,庶得不失公事;⑦开成三年(838)尚书省因丞郎官入省日,每事阙供,故敕赐每月一百贯,添助其本;⑧会昌元年(841)起,改以每年别赐三万贯食本,充诸司公用。⑨ 从大臣的积极请求置本,以及中央密集化、定期化的赐本,可以想见"食料既亏,公务则废",唐人是如何严肃地看待此一问题。虽然食本与公务间并非必然相关,像王潜任将作监之前,息钱皆私有,监无公食;⑩不少州县的食堂在取得财源新建之前,公厨制度可能根本不存在,⑪但食本毕竟是那只有助公务执行的推手,尤其是

---

① 《唐会要》卷九三《诸司诸色本钱上》,1679 页。

② 《册府元龟》卷五〇六《邦计部·俸禄二》,6081 页。

③ 《册府元龟》卷五〇七《邦计部·俸禄三》,6083 页。

④ 《唐会要》卷六四《集贤院》,1121 页。

⑤ 《册府元龟》卷五〇七《邦计部·俸禄三》,6085 页。

⑥ 《册府元龟》卷五〇七《邦计部·俸禄三》,6088 页。

⑦ 《册府元龟》卷五〇七《邦计部·俸禄三》,6089 页。

⑧ 《册府元龟》卷五〇七《邦计部·俸禄三》,6091 页。

⑨ 《册府元龟》卷五〇八《邦计部·俸禄四》,6093 页。

⑩ 《新唐书》(台北:鼎文书局,新校标点本,1976),卷一九一《忠义上·王同皎附潜传》,5508 页。

⑪ 有关说明详本书甲篇第二章第二节。

重要政务机构如果少了它，难免办事不力，造成行政效率低落，①此所以尚书都省急于取得河中羡余充本，也不愿等待公膳给费之成制；②尚书丞郎官入省曰"每事阙供"，即以数种财源添本出给；③食利钱供宰相者不过香油蜡烛而已，但本钱欲追收而不能，还不断赐与，④可见本钱之数量虽不多，用途亦不大，唯若缺供，仍足以影响公务之运作。

唐朝十余种官本中，馆驿本钱与军国政务的关系较密切。馆驿费用的主要来源，前期是户税，后期是两税，⑤置本生利只有补贴作用，但同样对驿务有不可或缺的价值，如开元时"两京间驿家，缘使命极繁，其中多有妄索供给"，⑥则二十六年各与长安、万年两县本钱，"收利供驿，仍付杂驿"，⑦就可舒解驿费不足的压力。使命往来亦极频繁的西北边州，不时看到催缴或征收馆驿利钱或麦粟，⑧该当也是用此补贴，维持馆驿的营运。唐后期中央政府很在意各式本钱的功能，但赐与、关注的范围大抵不出两京，唯馆驿本钱较例外。代宗广德间李国桢案，京兆府昭应县令请将赃钱"充当县邮馆本"，⑨此种主动请赐，并用及赃钱，必是该县邮馆费用严重不足，相关业务面临极大危机所致。州县馆驿贫虚的问题，中央知之甚详，会昌元年（841）正月敕也只任地方自筹，⑩无意拨款添助。目前所知，唯一一次中央直接赐钱给地方充本，是在咸通五年（864），大概是附随在助军钱中，并用做馆驿本钱。⑪然无论本钱缺乏与否，馆驿要务终究不能停顿，所谓"夫畜皆配人户，酒食科率所繇"，"陈设之物遍扰闾里"，⑫无异从反面证明为了执行公务，用度不能不足，否则只好殃及所由与人户。

唐政府以有限的税收，无法供给官府的各种支出，其微末细琐事项，有

①　陈明光认为唐代官府借贷有较强的时效要求，亦注重行政效率。见：《略论唐代官私借贷的不同特点》，收入：《汉唐财政史论》（长沙：岳麓书社，2003），111 页。

②　《册府元龟》卷五〇七《邦计部·俸禄三》，6083 页。

③　《册府元龟》卷五〇七《邦计部·俸禄三》，6091 页。

④　《册府元龟》卷五〇七《邦计部·俸禄三》，6091 页。

⑤　馆驿之各式经费来源及支出情形，详见：李锦绣，《唐代财政史稿》（上卷）（北京：北京大学出版社，1995），984—1007 页；陈明光，《唐代财政史新编》（北京：中国财政经济出版社，1991），216—217 页。

⑥　《册府元龟》卷六三《帝王部·发号令二》，708 页。

⑦　《册府元龟》卷四八四《邦计部·经费》，5785 页。

⑧　详本书甲篇第三章第一节。

⑨　《册府元龟》卷五四六《谏诤部·直谏十三》，6549—6550 页。

⑩　《册府元龟》卷四八四《邦计部·经费》，5791 页。

⑪　《旧唐书》卷一九《懿宗纪》，656 页。

⑫　《册府元龟》卷四八四《邦计部·经费》，5791 页。

时就委诸本钱法来充用。虽然官本的规模与数量,相对于其他支出或许微不足道,但无论中央或地方政府,都于艰难中想尽办法筹集本钱,其目的在一分户部奏中说得一针见血:"所费不广,所利至多",①从正面解读,是官府欲以少量财赋,创造最大之政治效能,而其实反映的,是其内心忧虑如果用度不足,则公务将废弛,这不免让人担心在频繁的添赐本钱背后,可能隐藏着更多的本利无以为继,以及公务难免遭延宕。

3. 捉钱授官,导致吏治败坏

唐朝普遍实施官本制度,京司与州县、军府等都有专司总理官本,其中,判官负责监督本钱的经营,而实际从事本钱操作的捉钱人,则是其属吏或征调来的百姓,据乙篇第一章第三节的分析,从捉钱人的身分、职役来说,有诸色典吏与品子、纳课户、百姓等;从其财富状态区分,有高户与贫户。官本捉钱虽没能提供什么重要的财政收益,却也是公务执行或官人福利不可或缺的财源,为了保证利钱收入,使用度不虞匮乏,唐政府不惜用入流授官之法,以增加捉钱人投入的诱因。

入流授官可能不是针对所有捉钱人,褚遂良论捉钱令史曰:"送利不违,年满授职","录牒吏部,使即依补","输钱于官,以获品秩"。② 显然"送利不违"是"年满授职"、"以获品秩"的前提要件,易言之,捉钱人即使已取得入流的门户官资格,③但如送利不足,仍然无法获得流内品秩。这一道重要关卡,不知卡住多少捉钱人的升迁美梦,高宗时"公廨出举,典吏有彻垣墉、鬻田宅以免责者",④这些典吏就算有入流资格,似乎也因欠利之故,难以考绩入流;开元初崔沔状曰:"顷以州县典吏,并捉官钱,收利数多,破产者众。"⑤可见典吏中不乏因利率太高而纳不出钱者,他们获品秩的机会自然不大。宝应元年(762)因本利积欠情形严重,故"请一切不得与官人及穷百姓并贫典吏",而拣择殷富干了者翻转回易。⑥ 这里的官人可能是指

---

① 《唐会要》卷九三《诸司诸色本钱上》,1686 页。
② 《通典》(北京:中华书局,1988),卷三五《职官·禄秩》,963—964 页。
③ 任士英,《唐代流外官制研究》(下)收入:《唐史论丛》第 6 辑(西安:陕西人民出版社,1995),188—190 页。
④ 《新唐书》卷五五《食货志》,1397 页。
⑤ 《唐会要》卷九一《内外官料钱上》,1653 页。
⑥ 《唐会要》卷九三《诸司诸色本钱上》,1677 页。

已有散品者,如武元衡请以集贤院直官捉钱之类;①至于一般百姓,顶多只能得免役免刑等优惠,是不能量资入流的。在诸多捉钱人中,可因劳考甄叙而补拟授官的,主要是典吏,可惜如前述诸例所见,纳利不足,因而破产的的贫典吏或许反而居多数,真正能够送利不违,岁满授官的,大概只是其中的高户、富户。唐政府取择捉钱人常并言高户与典吏,平民高户能纳利钱,自有免役免刑等奖励;典吏高户按时送利,才有可能入流、授官,这该当是因捉钱劳绩,得以跨入流内门槛的一类型。其他如捉钱品子,同样需"无违负满二百日",亦即不得欠利,并十岁而试,才可能量授散官。② 唐政府一直期望高户捉钱,从其入流授官设定"送利不违"的标准来看,也似乎只有高户才能通过这样的考验,但这未必是国家之福。

唐朝的官方利率相对于宋代以后算是很高,一般的捉钱者通常负担不起,可是对高户而言根本不算一回事。盖每人的实捉本数少有超过数十贯者,年输利亦不过数十贯,视高户之财富仅九牛一毛而已,然重要的是,"送利不违"竟成为流外铨迁转的考评内容。吏部择流外职有三法:"一曰书,二曰计,三曰时务",③与之相近的"计"是指善于理财,④而非送利不违,如今高户只以能纳利,便是所谓"量其才能而进之",⑤岂不是有钱人、愿花钱者,都可经此途径而升迁? 武德、贞观间的"岁满授官"、"年满授职",犹可说国家府库尚虚,情况特殊,不需加试。⑥ 高宗以后入流需试判,刘祥道却批评为"不简善恶,雷同注官";至代宗时赵匡仍言其弊曰:"其事苟且,与不试同。"⑦想来造成入流冗滥的最主要原因,就是请托与贿赂,而其中"送利不违",是与钱为伍的捉钱高户最擅长者,故唐朝一旦设了"送利不违",入流授官的管道,无异让门户卑微,不易取得出身的富人,可以走一条畅通无阻的入仕坦途。

高户买官,政府卖官,儒家官僚对此深不以为然,褚遂良即看得很透

---

① 《唐会要》卷六四《集贤院》,1121 页。

② 《新唐书》卷四五《选举志》,1174 页。

③ 《唐六典》卷二《吏部郎中员外郎》,36 页。

④ 如牛仙客出身河湟使典,目不识字,但能任事,"所积仓库盈满,器械精劲",可知其善于理财。见:《旧唐书》卷一〇三《牛仙客传》,3196 页;又,卷一〇六《李林甫传》,3237 页。

⑤ 《唐六典》卷二《吏部郎中员外郎》,36 页。

⑥ 任士英认为这是唐初流外官入流的一种特殊类型,见:《唐代流外官制研究》(下),197-198 页。

⑦ 《通典》卷一七《选举典·杂议论中》,403,423-424 页。赵匡任洋州刺史时发此议,据郁贤皓考证约在大历中。见《唐刺史考全编》(合肥:安徽大学出版社,2000),2835 页。

彻,他说这些人"不简性识,宁论书艺",是无才无德之人,复以"志意分毫之末,耳目廛肆之间",批评他们只知斤斤于求私利,而不以生民疾苦为念,岂宜为治民之官? 此所以他说"大唐制令,宪章古昔,商贾之人,亦不居官位",就在防禁市井子孙入仕。然唐政府却因贪图一时利钱,开了一个"输钱于官,以获品秩"的门径,让"送利不违"者可源源不绝地入流受职,他甚至认为这些人必不甘心只获得散品,故质疑曰:"荏苒年岁,陛下能不使用之乎?"而一旦叙任为职事官,其后遗症可能更多,盖"此人习以性成,惯于求利,苟得无耻,莫蹈廉隅,使其居职,从何而可?"①则一切贪赃不法,罔顾民生的手段都会竞相出笼,将导致吏治败坏,国政腐化,难道这不应是主政者深自警惕,戒慎恐惧的吗?

褚遂良的恺切陈辞,唐太宗当时是听进去了,还一度废掉捉钱,只是后来迫于更急切的财政考虑,不得不恢复捉钱制。虽然此后史料中极少再见"送利不违"、"年满受职"等语,不过从唐政府依然喜用高户、典吏捉钱,从沈既济论息利法仍提到"且得入流",②因此推测捉钱纳利依旧是量能授官的依据,该种流外入流的办法直持续到唐后期。即使能入流者可能只是捉钱人中的极少数,入流之后也只能如一般叙职惯例,任低品职事官,③但它动摇了儒家任官以德行为上,选人需才行兼美的理念,而一旦财富成为入仕的敲门砖,甚至是升迁的利器,则势将引诱更多高户投入此途,唐后期两省的捉钱人不乏于江淮诸道经纪者,④京百司诸军诸使及诸道亦不乏商贩富人投身要司捉官钱,⑤这或许就是捉钱入流所呈现的群趋效应。⑥

唐代的捉钱利率通常较商业获利为高,商贩富人宁愿忍受官府的重利剥削,就是看准将来的政治前景,以及入仕后因势求利,可以取得更多的经济利益。唐后期商人入仕大量增加,⑦士商阶层互相渗透,⑧政府对商人

① 《唐会要》卷九一《内外官料钱上》,1651 页。

② 《新唐书》卷一三二《沈既济传》,4540 页。

③ 流外出身者之叙职,多是七品以下官,偶有例外者。入流后虽有转迁至高品或宰相,但通常其任官限制较多,且不得任清资官。见:任士英,《唐代流外官制研究》(下),200-210 页;赖瑞和,《唐代基层文官》(台北:联经公司,2004),151-152 页。

④ 《唐会要》卷九三《诸司诸色本钱上》,1684 页。

⑤ 《唐会要》卷九三《诸司诸色本钱上》,1682 页。

⑥ 王善林认为捉钱制为商人入仕大开方便门,亦即本文所谓让高户捉钱者群趋于仕途。王氏说法见:《论唐代后期的"官商合流"》,《晋阳学刊》1989:3,77 页。

⑦ 高橋繼男,《唐後期における商人層の入仕について》,《東北大學日文文化研究所報告》17(1981),153-168 页。

⑧ 王善林,《论唐代后期的"官商合流"》77-78 页。

或市籍的管制已渐松弛，①这一连串官商势力的变动与成长，未尝不是由捉钱入流开的端绪，或至少产生推动、促进的作用。捉钱入流既结合政治与经济利益，入流者岂会不把握良机，一方面让自己仕途顺利，更上层楼，另方面当然也希望加倍捞回已付与官方的本利，但这必然会造成贿赂与贪残之弊害，并严重打击吏治，如长庆二年(822)三月壬辰诏后条曰："复有工贾胥吏窥升朝籍者，厚持缯货，纳于方镇，方镇嗜利者，即以大将文符给之，伪其职秩，年月未几，则求荐闻。……欲望兵复于农，官清其品，难矣!"②当官僚体系中愈来愈多人因纳赀而入仕，或捉钱而授官时，不唯官僚的素质低落，也相对压缩了门第任官的空间，故该种入流之法，除了加速士族政治的质变，尤其易造成贪赃枉法，欺压百姓，货贿风行的吏治问题，③无怪乎有人会发出"官清其品，难矣"的感叹。

4. 免没免刑，危及公平正义

捉钱入流需以"送利不违"为前提，而且需晋身为典吏才可，这对大多数的捉钱百姓来说，似乎是遥不可及的梦想。唐政府为了鼓励人捉钱，另外许以免役免刑的奖赏，这在唐后期颇为普遍。由于捉钱本身就是一种色役，承担色役者免诸杂徭，是前期早有的定例，④故不需再放免捉钱人其他徭役，捉钱人已然免役。

免役的扩大化，应是从唐后期使职捉钱的增多而开其端，乾元元年(758)敕："诸使捉钱者，给牒免徭役。"⑤为诸使捉钱而特别声明免徭役，其间实有蹊跷，元和二年(807)六月中书门下奏："疏理五坊户色役，令府县却收，万民欣喜，恩出望外，……其两省纳课陪厨户及捉钱人总一百二十四人，望令归府县色役。"⑥捉钱人不归府县收管，而影庇到五坊使之下，所引发的严重后果是，即使他不再捉钱，也无需承担府县色役，这其实表示府县

---

① 姜伯勤，《从判文看唐代市籍制的终结》，《历史研究》1990:3,17—28页。

② 《册府元龟》卷六三一《铨选部·条制三》,7565页。

③ 商人入仕对政治、经济、身分等级、士族门阀之影响，可参考:张邻，《门阀制度瓦解原因新探—以唐代的商贾入仕为中心》，收入:《唐史学会论文集》(西安:陕西人民出版社,1986),93—96页。

④ 王永兴，《唐天宝敦煌差科簿研究——兼论唐代色役制和其他问题》，收入:《陈门问学丛稿》(南昌:江西人民出版社,1993),95—96页;张泽咸，《唐五代赋役史草》(北京:中华书局,1986),336页。

⑤ 《唐会要》卷九三《诸司诸色本钱上》,1677页。

⑥ 《唐会要》卷九三《诸司诸色本钱上》,1679页。

自此失去对此人的控制，凡他应被点召的差役，都转嫁给别人，也就无异于加重了府县其他丁夫的徭役负担。中书门下疏理五坊户色役，就是将捉钱人改归府县收管，因寓有平均徭役的意义，所以万民才会喜出望外。

元和二年(807)的疏理只是一个特例，其成效令人质疑，因为四年后御史中丞柳公绰奏捉钱户事曰：

> 请诸司诸使应有捉利钱户，其本司本使给户人牒身，称准放免杂差遣夫役等，如有过犯，请牒送本司本使科责，府县不得擅有决罚。……今据闲厩使利钱案，一使之下已有利钱户八百余人，访闻诸使，并同此例，户免夫役者，通计数千家。况犯罪之人，又常侥幸，所称捉利钱户，先亦不得本钱，百姓利其牒身，情愿虚立保契，文牒一定，子孙相承。……今请诸司诸使所管官钱户，……诸司诸使不得妄有准敕给牒身免差遣夫役，及有过犯，许作府县处分。……其先给牒者，并仰本司本使收毁，……庶得州府不失丁夫，奸人免有侥幸。(《唐会要》卷九三《诸司诸色本钱下》)

已服捉钱色役，当然不再派遣一般徭役，何需另有放免文牒？此处之诸司诸使捉钱户皆有放免文牒，似乎显示从此他们不再被府县差科杂差遣夫役，成为捉钱之外的免役者。这种放免文牒未必在唐前期就已出现，P.3559(2)号天宝敦煌县悬泉乡差科簿，与P.3559(3)号从化乡差科簿，都有品子捉钱，①都还由府县管领。但曾几何时，这些捉钱者不唯影庇到诸使之下，连诸司的捉钱者也脱离府县的掌控，亦即捉钱色役不再由府县配置，一切由诸司诸使自理。更特别的是，放免文牒还可由子孙相承，若百姓虚立保契，不真捉钱，则他拿到的其实是一张免役世袭证明书。柳公绰意识到放免文牒的不公平，希望回归到府县配役丁夫，人人均其役力的状态，故请收毁已给牒身。柳公绰的奏疏清楚点出捉钱成为某些人避役的手段，这已与唐前期服捉钱色役者，不同时征其他徭役的初衷，大相径庭，可以说诸司诸使取得放免文牒的捉钱户愈多，社会均役的公平性便愈被破坏。

柳公绰收毁文牒的建议，虽然得到宪宗支持，但能落实到什么程度，大可怀疑。从往后诸帝不断赐与诸司诸使诸军本钱，以及两省驱使官文牒说是追收，而仍"挟名尚执"来看，②要扫除借捉钱而避役，让府县全权支配丁

---

① 唐耕耦，《敦煌社会经济文献真迹释录》第一辑(北京：全国图书馆文献缩微复制中心，1986)，208、235页。

② 《唐会要》卷九三《诸司诸色本钱上》，1684页。

夫,或许是项不可能的任务。元和十三年(818)京兆府奏诸司诸使诸军所由官徒等共九十四人挟名,"遂使影占文牒,散在村坊,凡欲差役,皆无凭据",①正可见有影占文牒,便能放免差役,其效果与捉钱之放免文牒很类似。这里的影占人数表面上说只九十四人,并不算多,实则户内之人皆得其益,②宝历元年(825)受尊号赦文曰:"或户内一人在军,其父兄子弟不受府县差役。顷者频有制敕处分,如闻尚未遵行。"③这不正是柳公绰所言之"户免夫役"! 然因捉钱而有放免文牒者当不只这九十四户,柳公绰谓"通计数千家"。放免文牒是一项特权,投身诸司诸军诸使下的捉利钱户,可能不少是商贩富人,开成四年(839)谏议大夫韦力仁奏:"臣伏见军家捉钱,事侵府县。……今富商大贾,隶军司,着一紫衫,府县莫制。"④所侵府县的主要就是役事,而这些役事最后都要转由府县管领的百姓来承担,因此发给捉钱人的放免文牒愈多,也就意味着贫人的徭役负担愈重,差科的公平性愈难维持。前述制敕频欲处分有影占文牒者,也只落得个"尚未遵行"的下场,想来对这些捉钱有放免文牒者,大概也无力撼动其既得利益。

捉钱人所获文牒中,与放免徭役并行的,还有府县不得擅罚过犯一项,柳公绰奏状声称:"如有过犯,请牒送本司本使科责,府县不得擅有决罚。"他认为此举将使犯罪之人侥幸得免,也无异剥夺了府县的决罚权,破坏了司法的公正性。唐代实行专司受诉制,地方的受诉官司为府州县司,中央为三司,其余官司无权受诉,目的在防止非司法部门,尤其是军事部门干预司法。⑤ 然专司受诉制似乎在唐后期受到很大的挑战,德宗贞元七年(791)诏:"神威、神策六军将士自相讼,军司推勘;与百姓相讼,委府县推勘。"⑥看来军司、府县各自受诉,互不相侵,实则军司已侵犯府县的受诉权,《唐律疏议》卷二四《斗讼律》"告人罪须明注年月"(总 355 条):"其军府

① 《唐会要》卷七二《神策军》,1296 页。

② 捉钱免徭役,又可世袭,以致妄冒、伪滥者多。唐后期的这些影庇者多是纳课户。有关讨论见:李春润,《唐代的捉钱制》,《中南民族学院学报》1982:4,51 页;唐长孺,《唐代色役管见》,收入:《山居存稿》(北京:中华书局,1989),191 页。

③ 《文苑英华》(台北:华文书局,1965),卷四二三敬宗《宝历元年四月二十日册尊号赦文》,2591 页。

④ 《册府元龟》卷四一《帝王部·宽恕》,468 页。

⑤ 刘俊文,《唐代狱讼制度考析》,收入:《纪念陈寅恪先生诞辰百年学术论文集》(北京:北京大学出版社,1989),242—243 页;又,《唐代法制研究》(台北:文津出版社,1999),164—166 页。

⑥ 《旧唐书》卷一三《德宗纪》,371 页。

之官,不得辄受告事辞牒。"军府之官系指一切领兵曹司,[1]当然亦包括禁军兵将等在内,故唐后期受诉权的变化,已代表府县的司法权遭侵夺。

安史乱后,宦官权势大增,不唯禁军受其控制,内诸司使已成为与南衙对立的系统。柳公绰谓有牒身者,"如有过犯,请牒送本司本使科责",亦即诸使同样侵夺府县的司法权。柳公绰引闲厩使下捉利钱户刘嘉和案,缘其与人斗殴,"便于闲厩使情愿纳利钱,得牒身免府县科决,实亦不得本钱",而当勘责其所执牒身时,又发现"检救不获","远年文案失落"等问题。[2]刘嘉和案除了虚立保契,还可能妄准救书,官文书的保管似乎也出了纰漏,另外就是得免府县科决,造成司法不公。司法是正义的最后一道防线,如果因斗殴打人头破,或割耳伤人,只要能纳钱投入诸使之下,便可逃过府县刑责,那岂不是花钱买罪,让司法防线出了一个大漏洞。柳公绰奏状美其名为"牒送本司本使科责",实际上是受贿包庇,免予追咎,这是何等的不公不义!

从另个角度来观察,诸使于捉钱欠负其利者,则丝毫不宽贷,如元和十三年(818)杖杀五坊使杨朝汶,因"贾人张陟负五坊息利钱,征理经时不获,杨朝汶遂取张陟私家簿记","悉囚捕,重令偿之","列拷捶之具于庭","系囚至数十百人"。[3]五坊使私下行使搜索权、逮捕权、审讯权,并置狱系囚,完全不把府县的司法权放在眼里。杨朝汶之所以被杀,不是因其干扰司法,侵夺府县权力,而是因其"横暴,恐乱辇毂",致皇帝"羞见宰臣",[4]如此不溯源制度之弊,不论究司法权分割之后果,只杀一人,又有何益?其他诸使照样可以科责欠利者,而府县照样无法决罚过犯,换言之,司法既不能保障欠利者,也不能惩处过犯者,司法两失之,社会正义又何在?

捉钱者的放免文牒大概出现在唐后期,免役免刑兼而有之,前者造成徭役不均,后者导致科决不平,这两项对百姓生活与国家威信都有重大影响。柳公绰谓诸使下捉利钱户通计数千家,再加上诸军诸司之所隶,光是京畿有捉钱放免文牒的人,为数就相当可观,则其对社会公平与司法正义的冲击,绝不能小觑。至于该种放免文牒是否亦行于京畿以外的各州县,则因史料欠缺,无以为证,然这个可能性应是存在的,会昌二年(842)上尊号赦文曰:"天下州县豪宿之家,皆名属仓场盐院,以避徭役,或有违犯条

---

① 《唐律疏议》卷二四《斗讼律》"犯罪皆经所在官司首"(总353条)疏议曰:"军府之官,谓诸卫以下、折冲府以上,并是领兵曹司,不许辄受首事。"则禁军亦应算是领兵曹司。

② 《唐会要》卷九三《诸司诸色本钱下》,1679—1680页。

③ 《唐会要》卷五二《忠谏》,910页。

④ 《唐会要》卷五二《忠谏》,910页。

法,州县不敢追呼,以此富室皆趋幸门,贫者偏当使役,其中亦有影庇,其伪难分。"①服属于各地场院的豪强富户,同样有免役免刑,不归州县管领的特权,其中影庇者或如不真捉钱者那样,只是虚挂其名。场院不仅贩售茶盐等物,也照样有官本钱,大中二年(848)崔龟从奏:"诸司场院请却官本钱后,或有隐欺欠负,征理须足。"②都在场院服事,茶盐商人可以免役免刑,捉利钱户岂能独无?遍布天下的场院,③既能让所属免役免刑,则各州县的豪强富户自然也会群起仿效,利用捉钱良机,寻求免役免刑。在此虽难以判断唐后期州县官本实施的普遍程度,但相信只要令高户捉钱,上述的放免文牒便极可能附随产生,而徭役不均,刑罚不公的问题,势必如影随形地出现,这对社会的公平正义,乃至国家的威信,都会是严重的伤害。

5. 逼债贫户,加深社会不安

捉钱者的最大负担,莫过于被厚利逼迫,这是连富室商贾都难以承受之重。前述五坊使杨朝汶逼取贾人张陟欠利,其私家簿记不仅载录诸多平民欠负陟钱,连郑滑节度使卢群亦列名其中,显示贾人张陟可以算是高户,然其仍"负五坊息利钱",而且"征理经时不获",才牵连及于欠陟钱者,遭到拷捶囚系之待遇。④诸使下捉钱户多有放免文牒,贾人张陟应可免役免刑,唯免刑者似只限于过犯府县不得擅决罚,而不包括欠利可以不偿付,故捉钱者即使得到放免文牒,也不能保证其因欠利而不受责罚,何况是未能得到放免文牒的一般百姓。

用官本生息法筹措财源,不过占唐政府财政收入中极小的部分,但如前文的推估,前期的捉钱人数全国达百万人之谱,后期京司的捉钱户亦有四万家之多,为少数财源而动员这么多群众,本来就不太妥当,要是其中的许多人再因欠利而遭官府催逼、囚系,就不能不说是一件惊扰民心,震动社会的大事。不幸的是,这种情形的发生率似乎不低,尤其当捉钱数细分化,

---

① 《文苑英华》卷四二三《会昌二年四月二十三日上尊号赦文》,2593 页。

② 《旧唐书》卷一八《宣宗纪》,621 页。

③ 高桥继男对三司置于各地巡院的名称与地点,有很详细的考证,见:《劉晏の巡院設置について》,《集刊東洋學》28(1972),1—27 页;又,《唐後半期に於ける度支使・鹽鐵轉運使系巡院の設置について》,《集刊東洋學》30(1973),23—41 页;又,《唐後半期、度支使・鹽鐵轉運使系巡院名增補考》,《東洋大學文學部紀要》(史學科)39(1986),31—58 页。另外,李锦绣对高桥继男的考证也做了整理,见:《唐代财政史稿》(下卷)(北京:北京大学出版社,2001),407—412 页。

④ 《唐会要》卷五二《忠谏》,910 页。

捉钱人数大增后，贫民为官债所苦的现象，便不断出现在史料中。

前期政府一再强调高户及典正等捉钱，就希望以其雄厚财力与理财经验，完纳足额利钱，但事情显然不那么乐观，开元六年（718）崔沔状曰："顷以州县典吏，并捉官钱，收利数多，破产者众"，又曰："在于平民，已为重赋。富户既免其徭，贫户则受其弊，伤民刻下，俱在其中。"①可见典吏捉钱，照样为重利所苦；平民高户，也有重赋之患，他们即使未必尽皆破产，但贫民捉钱者或许难免于此。另个更糟糕的情况是，捉钱者可以免杂徭，所免杂徭将转嫁到其他平民身上，俗有所谓八苦，"替逃人差科"即其一，②捉钱者虽非逃人，其差科却由他人受之，则官本捉钱的影响层面，复及于未捉钱者身上，这可能是唐政府始料未及的。开元十八年（730）李朝隐奏请依旧置本收利时曰："并取情愿自捉，不得令州县牵捉。"③百姓之所以避之唯恐不及，正因无法承担重利盘剥，而州县之任意牵捉，岂不有摊派科配之嫌？故捉钱之事一旦启动，必然导致社会不安，人心惶惶，其受波及的范围，可能比所预期的还要大。

后期官本捉钱的牵连层面，似乎较前期更广，捉钱者身受的逼迫与折磨，有时竟至令人难以想象的地步。这里已不只是耗散本利，政府不断添赐的问题，对捉钱者而言，他要忍受不合法令，不断累计的息利，就算偶获放免，纳利已数倍以上，其所欠利，还要以家产抵偿，因此除非是极有手段的高户商贩，或许还可以赚取利差，而绝大多数的捉钱者，只能任凭被宰割，沈既济曾曰："当今关辅大病，皆为百司息钱，伤人破产，积于府县。"④其实不只是关辅捉钱人饱受逼债、破家之苦，各地诸司之生息者亦深受其扰，如王仲舒为江南西道观察使，"军息之无已，掌吏坏产犹不释，囚之。公至，脱械不问。"⑤若非特别被矜恕，欠负者大概是一人捉钱，全家受累，破产之外，还遭囚系，这岂是免役免刑之优惠所能抵偿的？白居易奏状曾曰："云是度支转运下，囚禁在县狱，欠负官物，无可填陪，一禁其身，虽死不放。"似乎欠负官钱物者的共同宿命是以家产填赔，并禁身囚系。然白居易继之曰："前后两遇恩赦，今春又降德音，皆云：节文不该。至今依旧囚禁。""然以贫穷孤独，唯各一身，债无纳期，禁无休日。至使夫见在而妻嫁，父已

① 《唐会要》卷九一《内外官料钱上》，1653 页。
② 《全唐文》（北京：中华书局，1983），卷八○四刘充章《直谏书》，8450 页。
③ 《唐会要》卷九三《诸司诸色本钱上》，1676 页。
④ 《旧唐书》卷一四九《沈既济传》，4037 页。
⑤ 《韩昌黎集》（台北：河洛出版社，1975），文集卷七《太原王公神道碑铭》，289 页。

死而子囚，自古罪人，未闻此苦，行路见者，皆为伤痛。"①白氏所言之"节文不该"，或许亦用在欠官本利的捉钱者身上，盖即使有恩赦，官债仍需备偿，②只有在特殊情况下才免其数倍息利。至于未能放免的部分，若无家产可抵，恐怕还是难逃被囚系。白居易所形容的夫在妻嫁，夫死子囚，不啻为莫大的人伦悲剧，故逼债捉钱者所衍生的后果，只会加深社会的震动不安。

欠负本利，受累者非止捉钱人一身一家而已，其亲邻保人等都受其牵连，如贞元元年（785）敕："除主保逃亡，转征邻近者放免，余并准旧征收"；③贞元二十一年（805）中书门下则请厘革"应征近亲及重摊保，并远年逃亡等"，④看来征诸亲邻保人已成为一项不合宜的惯例，所以中书门下才要厘革。唐代采留住保证的制度，除非捉钱者及其家人都逃亡，不致摊征到保人身上，⑤然实际竟是官府为求不失本利，不惜随意扩大征收对象，而范围之广，滥形纳入无干系者，已到了不可思议的境地，最典型的例子是东都御史台所奏："纳息利年课，正身既没，子孙又尽，移征亲族旁支，无支族，散征诸保人，保人逃死，或所由代纳，纵倪㥄孤独，仰无所依，……民户不堪。"⑥征诸支族、所由，鲜少在京畿看到，难道因东都不在辇下，所以才如此得不循常规，胆大妄为？东都诸司胆敢如此，其他诸道州县亦不愿受中央节制，则滥征亲邻保人或无干系者的情况，未必只是上述一例。若果如此，因捉钱欠负而被连累的受害者，可能远超过被牵捉来的捉钱人户；而当社会上出现许多家庭是"倪㥄孤独，仰无所依"时，欠利逼债带给人们的震撼必然是巨大的！

6. 融资不易，无助百姓生计

唐代官方的融资管道狭窄，百姓无论是为生活消费或生产投资，鲜有

---

① 《白居易集》(台北：汉京文化公司，1984)，卷五九《奏阌乡县禁囚状》，1246页。

② 《唐律疏议》卷二六《杂律》"负债违契不偿"（总398条）疏议曰："若更延日，及经恩不偿者，皆依判断及恩后之日，科罪如初。"亦即恩赦对债务的法律效力是，刑责在赦期内可原免，但债务仍需备偿。相关讨论见：拙著，《唐代民间借贷之研究》(台北："商务印书馆"，2005)，325—327页。

③ 《唐会要》卷九三《诸司诸色本钱上》，1677页。

④ 《唐会要》卷九三《诸司诸色本钱上》，1679页。

⑤ 留住保证强调的是"负债者逃，保人待偿"，再加上家族共产制的实施，故不致立即摊征到保人，但亦有时会有例外。其论证详：拙著，《唐代民间借贷之研究》，311—317页；又，《唐代的债务保人》，《汉学研究》16:1(1998)，62—63页。

⑥ 《唐会要》卷九三《诸司诸色本钱下》，1683页。

专责机构可以为之纾困,或助其取得资本。大致上说,官仓是百姓获得政府支持的最主要途径,但仓粮赈贷以救灾备荒为目的,非一般常态性的出贷;为劝课而政府给贷或百姓请贷,其规模似乎不大,普遍性亦不足,①其融资的效果相当令人存疑。何况百姓的需求种类繁多,绝不仅是粮谷一项,而政府的给贷数量亦不过数石,②其帮助力量有限。故民众真有需要时,多求助于民间的融资管道,如有钱有势的财主或土豪,具慈善性的寺观或僧道,专营质借的质库、肆铺,采互助性做法的社邑,以及乡里村坊的亲友邻人。③ 民间借贷的途径虽多,但风险也大,回利作本,法外生利的情形随处可见,④然而,人民之所以必须忍受这样的剥削,无非是政府未想到提供足够、适当的融资管道。

在官府仅有的钱物出贷方式中,除了官仓与百姓的生活关系较密切,正面意义较大之外,捉钱是另种颇富争议性,影响亦不小的出贷形态。唐朝实施官本生息的主要作用在筹措国家财源,原不与民生经济相关,虽然某些富户商贾曾借之以为商业资本或高利贷资本,但对大多数的捉钱者而言,分配到的官本并不足以转化为有益其生活的经济资源,因为在本数细分化的趋势下,每位捉钱者还未必配得到相当于米 10 石的本数(详乙篇第一章第四节),以月利率 5% 计,每月需纳息 5 斗,约占丁男月食量的八成以上,⑤是很可观的负担。因此捉钱者若是贫户或农民,光为筹集每月利息就已心力交瘁,哪有可能视其为农业之经营资本,并充分运用,以改善生活,增加盈收?

捉钱者即使是高户富贾,其情况也未见得乐观。一般商利较好的,也不过在二、三成间,⑥而官本月利率从未低过 4%,除非商业资本周转极为快速,否则可能也难逃欠负官钱的下场,如前述"贾人张陟,负五坊息利钱,征理经时不获",⑦就是一个例子。张陟似乎不是普通小商人,其私家簿记列名之负债者,前后少说也有数十人,其中还包括赫赫有名的郑滑节度使

---

① 拙著,《唐朝官仓的出贷与籴粜——以义仓、常平仓为主》,《台大历史学报》39 (2007),164-165 页。

② 拙著,《唐朝官仓的出贷与籴粜——以义仓、常平仓为主》,《台大历史学报》39 (2007),163-164 页。

③ 拙著,《唐代民间借贷之研究》,第三章。

④ 拙著,《唐代民间借贷之研究》,254-256、260-261 页。

⑤ 丁男日食以米二升计,相关讨论见:拙著,《唐代民间借贷之研究》,154-156 页。

⑥ 《唐代民间借贷之研究》,365 页。

⑦ 《唐会要》卷五二《忠谏》,910 页。

卢群。张陟自五坊使贷得官本后，其运作方式除了商贩求利，作为再生产之商业资本外，极可能改变为高利贷资本，再转贷给其他人。[1] 民间月利通常在10％以上，[2]比官府利率还要高，按张陟的如意算盘，他正可借此大赚利差。岂知天不从人愿，张陟的商利与息利都收不足，也都交不出给官府，才引发了五坊使追捕平人，横暴以对的事件。贾人张陟无力纳足官本利，大概不是特殊个案，商贩富人中不乏也有此困扰者，只是有些人更长于取巧罢了，如御史中丞崔从论之曰："依托官本，广求私利，可征索者，自充家产，或逋欠者，证是官钱。"[3]商贩富人添私本，想在息利上鱼目混珠，假公济私，这种做法当然引起非议，但突显的问题是，连商贩富人有时也无法纳足官钱，则政府出放的官本，在如此高利率下，如何能成为有益经济发展的商业资本？至于以官本从事高利贷者，率多倚权仗势之辈，元稹《估客乐》形容这些游遍天下的富商巨贾同时也经营高利贷曰："所费百钱本，已得十倍赢"，"子本频蕃息，货赂日兼并"，[4]他们可以坐享收盈，寻常百姓岂敢与之争辩或抗衡，故当官本转化为高利贷资本时，只会加重剥削贫苦大众，更无助于产业的再发展。[5]

官方放贷如果妥善规划与运用，未尝不能成为人们生活消费与生产投资的管道，可惜的是，唐政府的目光全放在国家财政上，丝毫未考虑到这么庞大的资金，其实也可为民所用。只因官方的利率过高，捉钱者又多是不谙商业经营，或无放贷经验的穷百姓与贫典吏，故官本钱不易转化为可让百姓融通的资金，而百姓的生活竟在欠负本利的搅扰下，受到极大的影响与破坏。

---

① 商业资本可做多种用途，如可购买土地，发展手工业，也可转向高利贷。见：郑学檬，《关于唐代商人和商业资本的若干问题》，《厦门大学学报》1980：3，140 页。

② 货币类的利率资料，出土文书远较传统文献多而确实，如借贷契约所见，月利率大致皆在10％以上。见：拙著，《唐代民间借贷之研究》，269－272 页。

③ 《唐会要》卷九三《诸司诸色本钱下》，1682 页。

④ 《全唐诗》(北京：中华书局，1996)，卷二一，273 页。

⑤ 唐代高利贷兴盛的原因甚多，也多少反映了经济繁荣与借贷商业资本的情景，但高利剥削毕竟加速农民破产，使其长期陷于债务。见：徐燉棠，《唐朝社会的举贷及高利贷》，《贵州文史丛刊》1996：5，22 页。

第二节　执行不当的法律责任

官方放贷不仅衍生许多流弊，相关当事人还可能因执行不当，要负法律责任，首先就从实际捉钱者论起。捉钱者的身分虽然多变，有些还可免役、免刑或入流，但捉钱者唯一的共同责任就是要按期纳利，如若不然，应比照唐律的"负债违契不偿"（总398条）受到民、刑事处分，该条曰：①

> 诸负债违契不偿，一匹以上，违二十日笞二十，二十日加一等，罪止杖六十；三十匹，加二等；百匹，又加三等。各令备偿。

依疏议的说法，"负债"包含"欠负公私财物"在内，换言之，为官府捉钱欠利应受本条之约束。唐律论罪以匹计，定赃估时原本依"平赃"条，据犯处当时物价及上绢估。② 但开元十六年（728）李林甫因天下赃估高下不平，请以"绢每匹计五百五十价为限"，此后依式、准格例，以绢匹五百五十价定赃估持续了一段时间。直到上元二年（761）才又据《名例律》，约当时绢估评赃。③ 亦即捉钱欠利者若要论刑责，唐代大部分的时期就据"平赃"条或开元十六年（728）之绢估来折算。④ 然大中六年（852）中书门下以外府州绢价无过于宋亳州者，请一例取宋亳州上绢估每匹九百文结计；其不

---

① 本条的目的在保护债权人，但此处的债权人是官府。关于唐代法典中的债权保障规定，与本条的立法意旨，详：乔伟，《唐律研究》（济南：山东人民出版社，1985），389—390页；郑显文，《唐代律令制研究》（北京：北京大学出版社，2005），205—206页。本条的英译与解释，见：Wallace Johnson, *The T'ang Code*, Vol. 2 Specific Articles, (Princeton：Princeton University Press, 1997)，p. 464.

② 《唐律疏议》（北京：中华书局，1993），卷四《名例律》"平赃"（总34条），91页。

③ 《唐会要》卷四〇《定赃估》，727页。估法是官方平赃定罪的依据，但估法时而会有变动。李林甫之例，估价不因时因地而异，好处是量刑一律，坏处则是忽略绢价的变动。有关讨论见：卢向前，《唐代前期市估法功能》，收入：《敦煌吐鲁番学研究论文集》（上海：汉语大辞典出版社，1991），704—707页。

④ 平赃定罪一般是赃物用中估，比定之绢用上估，使犯赃者入罪较轻。但张鷟《龙筋凤髓判》卷四《导官》："导官署令姚泰盗用进米二十石，上米倍四十五价，次绢估三十价，断绢不伏。"此例赃物用上估，绢用中估，系滥用估法，是变例。详见：卢向前，《唐代前期市估法功能》，706页。

出绢处,则以当处中估绢价平之。① 此乃晚唐定赃估的方式稍有变动。

因捉钱欠利而遭枷禁、囚系,史料中时有所见,但准律遭刑事处分,似乎鲜少看到,这未必表示欠利者能逃过刑责,而是因为就算动用刑责,也无助于欠利者还债,故刑责并非政府逼债的重点。于今所见与捉钱相关而被决罚者仅二、三例,元和五年(810)敕:"私举公私钱,无尊长同署文契者,其举钱主并保人,各决二十,仍均摊货纳。"②该条其实不因捉钱欠利而决罚主保,统治者真正要保障的是尊长的权威,以免其因子弟不肖而损及其财产权。元和十三年(818)五坊使杨朝汶因贾人张陟欠利逃亡,遂妄捕系拷捶其私家簿记中有姓名者,③然这些人乃无辜被牵连,其与捉钱欠利实无关联。勉强说为欠利受责者,可能只有裴郁案中的令史,令史等因裴郁征厨利钱苛细寡恕,并曹而逃,故"罪令史之首恶者,笞四十"。④ 既只罪首恶者,显然不是因其欠利而笞之,而系别立罪名。"负债违契不偿"条的刑责最重也不过徒一年,以官本细分化,每人所捉多为小额本数来看,积利若干倍,大概只是笞、杖之刑,并不算重,远不如政府的逼债手段那样令人胆战心惊!

"负债违契不偿"条的重点,其实在"各令备偿"。疏议提及"经恩不偿者,皆依判断及恩后之日,科罪如初",可见并无终止债务之意图,只是给予一个免刑期限。⑤ 如前文所述,唐政府有时会放免官本欠利,但比放免私债的年数或倍数要严苛许多。⑥ 官府配给本钱时,即以捉钱人的家产为债务担保,长庆二年(822)敕曾指责不肖子弟"妄举官钱",将已分家产"指为旧业",但亦曰:"若是本分合得庄园,即任填还官债,亦须府县推勘取实"。⑦ 家产既为债务担保,捉钱人欠负不偿时,官府自然先从查封家产做起。贞元至大和间名案,邓琬因无力偿还仓粮,子孙相承禁死,敕曰:"其邓琬等四人,资产全已卖纳,禁系三代,瘐死狱中。"⑧可见官府要的是家产,是填还官债,囚系只是逼债手段而已。文宗《曲赦京畿德音》曾曰:"如欠官钱,情非巨蠹,责保填纳,不要禁系。"⑨懿宗《夏令推恩德音》亦曰:"举便欠

---

① 卢向前,《唐代前期市估法功能》,728 页。
② 《唐会要》卷八八《杂录》,1618 页。
③ 《唐会要》卷五二《忠谏》,910 页。
④ 《册府元龟》卷四八一《台省部·谴责》,5742 页。
⑤ 有关该条之恩赦意义,详拙著,《唐代民间借贷之研究》,326—327 页。
⑥ 详本书乙篇第一章第四节。
⑦ 《宋刑统》卷二六《杂律》"受寄财物辄费用"条引长庆二年八月十五日敕节文。
⑧ 《旧唐书》卷一九〇下《文苑下·唐扶传》,5062 页。
⑨ 《全唐文》卷七五,785 页。

负,未涉重条,……所在州县及诸军司,须宽与期限,切不得禁锢校料,令其失业。"①此处所言或指京畿,或为私债,然皆显示追征欠负最常用的方式就是禁系,即使被系者无计营生,还可逼使其家人为之奔走偿债,甚至要求保人填纳。官府对积欠官利者似无怜悯之心,连虚系钱数者也不轻易放过,而皇帝的几次德音能有多大实效,令人怀疑,或许反映的只是逼欠官利的严重程度。

欠利者被囚系之前,据《杂令》,还可用"役身折酬"的方式来偿债,所谓:"家资尽者,役身折酬,役通取户内男口",②就是用子孙之役力,折庸价,为父祖之积欠抵官债。役力折债法自天宝六年(747)起还有另一种,敕曰:"若负欠官物,应征正赃,及赎物无财,以备官役折庸。其物虽多,止限三年,一人一日,折绢四尺,若会恩旨,其物合免者停役。"③这同样是家资尽者,役身折酬的做法,其异者在一般平赃计功庸为一人一日折绢三尺,而且无年限,也无恩免停役的规定。天宝敕对欠官利者而言当然是个福音,但可惜的是实施时间甚短,因为上元二年(761)又恢复使用唐律的"平赃"条,④故整个唐后期,官钱欠利者及其子孙又要无尽无休地饱受役身折酬所折磨,若是力有未逮或另有他故,则难免如引文所见:"子孙又尽"、"子孙相承禁死",此时所欠之官钱物,便要从捉钱人户本身,向外移征及亲族邻保等人。

为官捉钱者应受"负债违契不偿"条的制约,刑事处分虽然不算很苛重,但备偿之责常令其有破家之患,即使捉钱者是高户、典吏,仍不免于"彻垣墉、鬻田宅",⑤"收利数多,破产者众",⑥"或遘欠者,证是官钱",⑦总有各种各样的欠利压力,加诸其身,令其疲于应付。至于那些被抑配来的穷百姓,身受刻削、连引之惨况,就更不堪闻问了。捉钱者最大的负担就是息利,初唐政府曾许下"送利不违,年满授职"的承诺,⑧故在民、刑责任之外,息利能否如期交纳,亦攸关捉钱令史、品子等人的入流资格,当然,能有这种行政资历或机会的人,应是其中的极少数。

---

① 《全唐文》卷八五,1106 页。
② 仁井田陞著,栗劲等编译,《唐令拾遗》(长春:长春出版社,1989),卷三三《杂令》十七引开元二十五年令,789 页。
③ 《唐会要》卷四〇《定赃估》,727 页。
④ 《唐会要》卷四〇《定赃估》,727 页。
⑤ 《新唐书》卷五五《食货志》1397 页。
⑥ 《唐会要》卷九一《内外官料钱上》,1653 页。
⑦ 《唐会要》卷九三《诸司诸色本钱下》,1682 页。
⑧ 《通典》卷三五《职官·禄秩》,963 页。

唐后期的捉钱人户，不乏影庇在诸司诸军诸使之下，所衍生的两个问题，一是不受府县差役，一是过犯不听府县处置。前者除了导致百姓间的劳役不均，捉钱人户也可能因诸司诸军诸使的滥加役使，而承受息利之外的沉重负担。后者则使犯罪之人心存侥幸，只要向诸司诸军诸使等纳利求牒身，就可免府县科决，如刘嘉和案即是；①但另方面，欠负者又饱受影庇者的压迫，在不经府县推勘下，为诸司诸军诸使私自拷捶囚系之，贾人张陟案就是如此。② 总之，捉钱人户最重要的责任就是纳足息利，否则民、刑处分将随之而来，对于不同身分、不同时代的捉钱人户，纳利情形不独影响其铨选结果，也关系到能否保障自身权益，但绝大多数的捉钱人户可能没有什么选择能力，他不过是官贷政策与权力政治下被摆布的一个棋子。

官典的法律责任要比捉钱人户复杂得多，因为凡与捉钱事物有关的每个环节，官典都有可能因不依法从事而受责。首先是官典的选取捉钱者，早在开元十八年(730)御史大夫李朝隐奏请时已言明："并取情愿自捉，不得令州县牵捉。"③开元二十四年(736)置供顿本时又重申："仍令所由长官专勾当，不得抑配百姓。"④正因为官典任便科配无能力，又不情愿的人来捉钱，好似没受到什么惩罚，才会普遍造成"举之者无非贫户，征之者率是远年"的问题，⑤既使政府财源常有不足之患，也让社会大众深受困扰。大概直到晚唐，才见到处分诸府州滥为科配的刑责，《旧唐书》卷一八下《宣宗纪》大中五年(851)九月敕：

> 准会昌元年敕，刺史只禁科率官吏，抑配人户。……若辄有率配，以入己赃论。

同一件事中书门下则奏曰："准乾元元年及至德二载，并会昌元年制敕，只禁科率所由，抑配人户。"⑥可见禁止科配是唐朝一贯的立场，但是否都以入己赃论，或是否认真执行此一罚则，姑且存疑。因为捉钱是一种色役，按"差科赋役违法"(总173条)应依贫富、强弱、先后、闲要点召，⑦并无

① 《唐会要》卷九三《诸司诸色本钱下》，1679—1680页。
② 《唐会要》卷五二《忠谏》，910页。
③ 《唐会要》卷九三《诸司诸色本钱上》，1676页。
④ 《唐会要》卷二七《行幸》，521页。
⑤ 《白居易集》卷六四《议百司食利钱》，1339页。
⑥ 《唐会要》卷六九下《刺史下》，1211页。
⑦ 《唐律疏议》卷一三《户婚律》"差科赋役违法"(总173条)，251页。

情愿自捉一款，故官府很难以科配不情愿者，论罪所由。至于大中五年（851）的"辄有率配，以入己赃论"，除了意在吓阻州县的滥为牵捉外，其主要用意可能在防止官吏擅将本利纳入私囊，据"差科赋役违法"条："若非法而擅赋敛，……入私者，以枉法论，至死者加役流。"则率配以入己赃论，是很重的罪。

官典将本钱配给捉钱人户后，必需依法定利率，收取利息，但实际情形可能有出入，阿斯塔那 223 号墓有一份开元年间的征麦利残文书，其中有："吕都督异笔直取开七例"、"妄剥一分"、"非主典隐欺在腹"、"若吕都督处分，曹司合从"等语。① 这份出举案状显示，吕都督妄自增加法定利率一分，所以遭举钱人提出告诉，只因举钱人从曹司主典处取得本钱，以为是主典妄剥一分，有意隐欺，故以主典为诉讼对象。唐《杂令》定出法定利率，并禁止违法积利，只是未见妄剥利率的罪责，盖犯者以"违令"（总 449 条）来处理。② 这个诉讼最终如何判决，不得而知，但若要处分到吕都督，恐怕不是容易的事，据"长官及使人有犯"（总 130 条）之规定，长官即使有罪，所部次官以下也不得辄及推鞫，须先申上听裁。③ 像公私债负、息利交关等小事，即使可向台司论诉，也需先经本司披论，④而所部百姓是否敢于不怕打压，陈告长官，可能是项极大的考验。何况西北地区驻军众多，驿使往来频繁，所需公廨费用可能较中原内地为多，长官视需要而自定义利率，中央也未尝不默许之，故只要所收息利皆用于公务，百姓就可能只有接受的分儿，而无从据理力争。

官典最重要的责任是征收本利，唐政府多次添赐本钱，主要因为捉钱人非惟积利不纳，亦且兼本破除，是以催收本利，追讨欠负，成了官典极艰巨的任务。捉钱人之所以不纳，有心赖债的成分甚少，绝大多数系因负担太重，无力交纳，也因此官典常需使用非常手段威逼之。为官捉钱虽非税赋之类，但官典未必亲自登门催讨，或许会动用里胥等来征收，如麟德元年（664）西州高昌县里正史玄政所纳"官贷小子"，⑤很可能就是征自里民，为

---

① 《吐鲁番出土文书》(简)八/267－268,(图)肆/121。

② 《唐律疏议》卷二七《杂律》"违令"(总 449 条)："诸违令者,笞五十。(谓令有禁制而律无罪名者。)"

③ 《唐律疏议》卷一〇《职制律》"长官及使人有犯"(总 130 条),212 页。

④ 《唐会要》卷六〇《御史台》,1046 页。

⑤ 《吐鲁番出土文书》(简)七/388,(图)参/485。

之交纳。里正在基层负责收取课税之物，违期将处以部内不充之罪。① 官本既供公廨之用，州县官典命里正兼收利钱，也是合情合理的，然捉钱人户恐怕自此常受里正等的催逼或骚扰，元稹有诗形容曰："村胥与里吏，无乃求取繁。"②这大概是逼取官债的手段之一。

官本息利法攸关政府公用与官人福利，因此捉钱官典对欠负者丝毫不手软，史料中描述得最动人而凄惨的一段经典之作，即东都御史台奏征诸欠利者，先以捉钱人户的家产来填纳，就本人及子孙之役力来折债，其不足者则囚系之，虽死不放；再不足者，则移征亲族邻保，甚至所由。③ 然而，这一连串的逼债手法是正当的？是法律许可的吗？先以息利倍数言之，唐《杂令》规定的是："积日虽多，不得过一倍。……余本生利如初，不得更过一倍。"④但事实上后期政府多次放免已纳利五倍、十倍以上者，这说明政府公然许可捉钱典吏超收息利钱，而根本不认为其行为已逾越法度，也就当然不会以"违令"罪（总 449 条）惩处之。对于欠负者的债务，《杂令》又曰："家资尽者，役身折酬"，⑤亦即典吏是可要求其以家产抵债，并用官役折庸。然较具争议性的是，如家资与役力仍无法抵债，官府的囚系之举于法有据？如前引文宗《曲赦京畿德音》曰："如欠官钱，情非巨蠹，责保填纳，不要禁系。"尽管囚系欠负者已成为官府惯常使用的手段，而直到晚唐，其合法性似仍被质疑，文宗的"不要禁系"一语，其实就是对该惯例的直接否定。只是囚系既已成为对付官债者的惯例，其不适法性便被慢慢冲淡，也就不曾见久系官债者之典吏遭责罚。相对的，文宗的"不要禁系"，看来只是一项道德劝说，未必能发挥遏止作用，从懿宗《夏令推恩德音》重申"切不得禁锢校料"，即知囚系依然在被使用着。

文宗德音另个值得注意的是"责保填纳"。依《杂令》："负债者逃，保人代偿。"⑥保人只负留住保证之责，而非有欠即代偿。但元和五年（810）敕于卑幼不告家长私举公私钱曰："其举钱主在与不在，其保人等并请先决贰

---

① 《唐律疏议》卷一三《户婚律》"输课税物违期"（总 174 条），253 页。里正之责任详孔祥星的分析：《唐代里正——吐鲁番、敦煌出土文书研究》，《中国历史博物馆馆刊》1（1979），48—58 页。

② 《全唐诗》（北京：中华书局，1996），卷三九九元稹《旱灾自咎贻七县宰》，4470 页。

③ 《唐会要》卷九三《诸司诸色本钱下》，1683 页。

④ 《唐令拾遗》卷三三《杂令》十七引开元二十五年令，789 页。

⑤ 《唐令拾遗》卷三三《杂令》十七引开元二十五年令，789 页。

⑥ 《唐令拾遗》卷三三《杂令》十七引开元二十五年令，790 页。

拾，其本利仍令均摊填纳。"①元和敕既不以举钱主不在为前提要件，也就冲击着传统的留住保证观念，而文宗德音径曰"责保填纳"，无异更驱使保人制度走向支付保证之途。② 但捉钱官典的手段不止于此，在捉钱人与保人之外，还牵连到其他不相干的亲邻，史料中一再出现"主保逃亡，转征邻近"、"应征近亲及重摊保"、"重摊转保"、"展转摊保"等语，③实意味着大量的捉钱人户几已沦没，其连引范围像涟漪般地直向外扩散。官典的逼债最令人寒心的其实是"债无纳期，禁无休日"，白居易曾曰："杀人者罪止于死，坐赃者身死不征"，唯独欠负官物者，包括欠负官本利者，虽死犹不放免，④还牵连家人。故对捉钱人户来说，官典的逼债手法远比高利率来得更可怕。在此满眼所见，尽是捉钱之相关人等为此受累，但诸官典无论使用什么于法无据的手段，也不会受到惩处，这似乎更鼓舞逼债者可以肆无忌惮，为所欲为了。然而，正因为官钱欠利虽死不放，是以捉钱人户如因过犯而遭流放，其债负可能也随之征诸异地，日本《令义解》卷一〇《杂令》"公私以财物条"曰："如负债者逃避，保人代偿。"注云："既是非六赃，若犯罪配流者，犹征负人。"⑤这里的负债者泛指公私以财物出举者，而无论负债者或保人，其债务之征偿都及于犯罪配流之后。日本令仿唐令而来，或许唐朝之欠负官债者与保人，也不因其他过犯而免除债务，包含不得放免所欠之官本利。

官典不仅逼债贫民，连富户商贾或官人之家有时也难幸免，五坊使杨朝汶因贾人张陟负官息钱而潜匿，遂动用私刑，征理其家，拷捶平民，甚至还无故捕系故西川节度使卢坦大夫之家人，并拒绝归还不该征敛之私钱。⑥ 五坊使的横暴，宪宗初以"此小事我自处置"包庇之，而大臣等的群

① 《宋刑统》卷二六《杂律》"受寄财物辄费用"条引元和五年十一月六日敕，413页。

② 留住保证的前提是负债者逃，如其不逃，保人无须代偿。支付保证的特色是欠负即偿，与债务人负同一义务。关于二概念之解释与区别，参见：中田薰，《我古法に於ける保證及び連帯債務》，收入：《法制史論集》卷一（東京：岩波書店，1943），122—130页；仁井田陞，《唐宋時代の保證と質制度》，收入：《中国法制史研究——土地法·取引法》（東京：東京大學出版會，1981），500—506页。

③ 《唐会要》卷九三《诸司诸色本钱》贞元元年九月八日敕、贞元二十一年七月中书门下奏、元和九年十二月敕、元和十四年十月御史中丞萧俛奏。

④ 《白居易集》卷五九《奏阌乡县禁囚状》，1246页。该状主要指的是对欠负官物者之处分，但应该亦包括欠负官本利者。

⑤ 《令義解》，收入：《新訂增補國史大系》（東京：吉川弘文館，1989），卷一〇《杂令》"公私以财物条"，337页。

⑥ 《旧唐书》卷一七〇《裴度传》，4420页。

起攻之,固然有感于五坊使的追捕平人,恐乱辇毂,但又何尝不是为宦官逼迫卢氏官家之后,产生兔死狐悲的心理? 只是辇毂之下不知已有多少人,为欠负高额官息钱,被非法手段,弄得倾家荡产,却罕见大臣因其危机意识,为他们疏理求免。正因为官府抱持着"欠负官物,诚合填纳"的态度,①所以财政利益优先于百姓生计,只要能获取财物用度,大臣们其实并不很在意百姓会受到什么处置,故长久以来大臣们至少对辇毂之下各种逼取官息钱的手段,视而不见,充耳不闻,纵容捉钱典史等持续使用之,而不曾有任何制止之举,更未随时惩罚行之过当者,故光是一个杖杀五坊使的案例,实不足以收警惕之效。

唐后期商人入仕渐多,商人层势力发展,连捉钱人亦颇多商贩富人,他们甚至挟资行天下,倚以自高,②给人特权阶级的印象,但这可能只反映部分情况,因为商贩富人捉钱的风险其实也不低,元和十一年(816)右御史中丞崔从奏:"前件捉钱人等,比缘皆以私钱添杂官本,所防耗所(或作折),裨补官利。近日访闻商贩富人,投身要司,依托官本,广求私利,可征索者,自充家产,或逋欠者,证是官钱,非理逼迫,为弊非一。"③文句可能系节录,有些语焉不详,但可知连获利能力较强的商贩富人,都可能因无法纳足官利,需添私本补其不足。由于商贩富人擅于取巧,总将逋欠部分推说是官钱,因而与捉钱单位间发生冲突,崔从所谓"非理逼迫,为弊非一",应该是指捉钱官典不甘利钱无故受损失,遂威逼商贩富人,造成许多纠纷。为避免日后因官私钱混杂不清,再起争执,于是令各司将其分别立案,庶使"官利不失,私家获安"。④私家指的就是商贩富人,看来他们也常因捉钱而受官典的"非理逼迫",既然商贩富人先以私钱添杂官本,理亏在前,则官典因之求官利,逼迫于后,也就更情有可原,至于其所用手段是否合理或合法,谁也不认真推敲,仅以"为弊非一"一语,轻轻带过。

追讨欠负,官典的态度也至关重要,如过分严苛,不能稍事宽与限期或与其营生机会,只会逼得捉钱人干脆逃亡了事,如德宗时兵部员外郎裴郁,性褊狭,征本曹厨利钱,"苛细寡恕",致使捉钱的令史等四十人并曹而逃。⑤发生这样震惊朝廷的集体逃亡事件,主事者裴郁只左授太子洗马,逃亡之捉钱者因"信宿招绥",立即归案,故只薄惩首恶四十下。据《名例

① 《白居易集》卷五九《奏阌乡县禁囚状》,1246 页。
② 《新唐书》卷一八〇《李德裕传》,5333 页。
③ 《册府元龟》卷五〇七《邦计部・俸禄三》,6087 页。
④ 《册府元龟》卷五〇七《邦计部・俸禄三》,6087 页。
⑤ 《册府元龟》卷四八一《台省部・谴责》,5742 页。

律》"犯罪未发自首"（总37条）："亡叛而自首者，减罪二等坐之；即亡叛者虽不自首，能还归本所者，亦同。"令史等捉钱人在役而逃，比于丁夫杂匠之在役逃亡，据《捕亡律》"丁夫杂匠亡"（总461条）：一日笞三十，十日加一等；主司不觉亡者，计人数论刑。令史等"信宿招绥"，应以逃亡能归本所，比于自首减二等坐罪，但官府似未按律裁决，其非首恶者皆原免。主司裴郁不觉亡者四十人，应处杖九十之罪，即使据《名例律》"犯罪共亡捕首"（总38条）："若罪人自首及遇恩原减者，亦准罪人原减法。"也不应只是左授闲官而已。可见唐政府在处理此案时，自有考量，并非按律行事，盖捉钱引发的事端，尤其牵涉到官人，能大事化小，小事化无最好，刑事处分不是追讨欠负的重点，纳足本利才是官府最在意的。此事因裴郁征厨利钱"苛细寡恕"而起，难免让人联想到那些主保逃亡，转征邻近的捉钱人，也是"苛细寡恕"下的受害者，刘充章《直谏书》谓天下苍生有八苦，"官吏苛刻"便列名于首位，①想来就是看到太多相关案例，遂有感而发吧！

官典如此积极地追讨欠负，与其说一心为国库或公廨守住财物，不如说担心自己被惩处或被要求代纳，而采取的先发制人之举。因为捉钱人如欠利不纳，法律有可能会征诸贷钱的官典，《厩库律》"监主私自贷官物"（总212条）疏议曰："监临主守以官物贷人，所贷之人不能备偿者，谓无物可征者，征判署之官。判案者为判官，署案者为主典及监事之类。"用官本捉钱虽非监主私自贷，然所贷之人不能备偿要征诸判署之官，难免让官典心惊胆战，尤其是当时的法治观念薄弱，长官或上司要求官典填补所欠也不是不可能的，故官典宁可让自己居于追讨者的角色，也不愿代人备偿，因此苦的当然便是欠利的捉钱人。如前文所论，元和九年（814）以后中央命主掌官典等填备欠失，不就终于发生了其所最害怕的事！

积欠息利的人数或倍数太多，唐政府有时也会放免之，以示仁德之心，并缓解负债者的压力，但这个政策在执行上，未必能全然落实，《旧唐书》卷一七上《敬宗纪》宝历元年（825）四月：

> 御史萧彻弹京兆尹、兼御史大夫崔元略违诏征畿内所放钱万七千贯，付三司勘鞫不虚。辛丑，敕削元略兼御史大夫。

畿内所放钱，语义不大清楚，可能指敬宗放免的各式官债，或许也包含官息钱在内。崔元略违诏征所放钱，既触犯"被制书施行有违"（总112

---

① 《全唐文》卷八〇四，8450页。

条),应处徒二年之罪;又因"非法而擅赋敛",有违"差科赋役违法"(总173条),其罚责是:"赃重入官者,计所擅坐赃论;入私者,以枉法论,至死者加役流。"据三司推勘,崔元略赃数达万七千贯,如以绢匹550文粗估,其赃数达三万匹以上;如以绢匹900文结计,也有一万八千多匹。即使崔元略所征钱都入官家或公廨,按"坐赃致罪"(总389条),仍应以最重刑徒三年论处。[①] 唐朝采二罪从重原则,非法擅赋敛罪重于违制罪,故崔元略应处徒三年。然不可思议的是,敬宗仅止于削其兼职,余无任何流贬或处刑,而且也未提及违法所征钱是否还诸百姓,这样的宽贷非法擅赋敛者,无异鼓励滥征者只要不是入己赃私,都是可以原谅的,甚至还可能因赋敛绩效良好,获课最而升迁。因此,放免诏书如无官吏确实执行,就只是虚张声势可望而不可及的具文。由崔元略的案例,不免让人担忧唐政府的几次放免官息钱,能落实到什么程度。

非法擅赋敛如是为官征钱,尚可说是为公家与财政,不惜牺牲百姓与民财,但若是为个人私利而乾没官钱,则于国于民,悉无可恕,《新唐书》卷一三四《宇文融传》:

> 司农发融在汴州给隐官息钱巨万,给事中冯绍烈深文推证,诏流于岩州。

宇文融检校汴州刺史时,建请垦九河故地为稻田,"权陆运本钱,收其子入官",或许于此时给隐官息钱,事后为司农寺告发。宇文融在朝中作威作福,树敌甚多,故三司详决时给事中深文推证,[②]其中可能有私人恩怨或政治因素。宇文融侵吞官息钱是事实,但他所用的方式与手法不明,难以知其触犯什么法条,仅知被处以流罪。建中元年(780)度支曾奏曰:"今后望指挥诸州,若不承度支文牒,辄有借使及擅租赁回换,本州府录事参军、

---

① "非法而擅赋敛",唐律置于《户婚律》"差科赋敛违法"(总173条),但明清律已将其自《户律·户役》"赋役不均"条析出,改置于《刑律·受赃》"坐赃致罪"条。见:明神宗敕撰,《大明律集解附例》(台北:学生书局,1970),1757—1762页;沈之奇撰,怀效锋等点校,《大清律辑注》(北京:法律出版社,2000),859—860页。《大清律辑注》律后注曰:"无入己之赃,亦坐赃致罪者,以其剥民多取,虚费伤财",可有助于了解擅赋敛,不入己,仍坐赃论的立法原因。

② 唐代的三司,各家说法不一,然愚意以为刘俊文指中书省中书舍人、门下省给事中、御史台侍御史为常设司法机构的三司为当。见:刘俊文,《唐代法制研究》(台北:文津出版社,1999),244—247页。

本县令专知官,并请同入己枉法赃科罪,庶物无乾隐,事有条流。"①这里提及乾隐官钱的几种情况,如借使、回换等,据《职制律》"役使所监临"(总143条)借使所部财物以受所监临财物论,强者加二等。按"受所监临财物"(总140条)罪止流二千里,唯乞取者加一等,强乞取者准枉法论。回换即买卖之类,据"贷所监临财物"(总142条),买卖有剩利,以乞取监临财物论,强市有剩利者,准枉法论。建中元年(780)度支请一律从入己枉法赃科罪,其实并未完全按律行事,而且有苛重之嫌,因为官人枉法十五~三十匹即处绞刑。② 总之,宇文融给隐官息钱被处流刑,大概就用的是诸法条中的某些条,甚至是以入己枉法赃科处。

官本放贷积弊甚深,不仅捉钱人欠利问题严重,官典侵吞也该是本利散失的重要原因,不幸的是,这可能经常发生,《册府元龟》卷五〇七《邦计部·俸禄三》元和九年(814)八月因户部出放食料钱散失颇多,又须添给,故诏曰:

> 缘诸司人吏,转迁不常,新旧之间,因缘乾没,诸称走失,职此之縣。向后须令本判官勾当,勒令一一交割者,递相公付。仍委御史台一人专知勘覆。

官典乾没本利,源于官府平日即疏于勾检财务,甚至可能根本未立文案。孔崇弼《请禁乾没公廨什物奏》:"天下州县长吏,每到任造得公廨什物,罢任之时,多事已有,不系案牍。此后请公廨什物,明立文案,不许乾没。"③此奏虽然发于五代时,说的是公廨什物未立文案,但与元和诏指称官本利的"因缘乾没,诸称走失",同样都有文案不明或不系案牍的情形。元和诏令当司判官于人吏迁转时,一一交割清楚,除了再次证明各司管理官本钱的就是判官外,也点出人吏乾没官本利似乎是个普遍现象,正因为各司平素帐历不实,查核不谨,只有在新旧交割时方能发现问题,所以诏书才有如此之特别训令,并委御史台勘覆。元和诏有多大实效,颇可存疑,会昌元年(841)六月户部奏里又提到:"人吏得以欺隐,实数不可交寻",④看

① 《唐会要》卷五九《度支使》,1015 页。
② 《唐会要》卷四〇《君上慎恤》玄宗天宝元年二月二十一日敕:"官吏准律应枉法赃十五匹合绞者,自今以后特宜加至二十匹。"《册府元龟》卷六一三《刑法部·定律令五》会昌元年正月诏:"内外文武官犯入己赃,绢三十匹,尽处极法。"看来入己枉法罪的赃数仍随时代而变异,视需要而调整律的规定。
③ 《全唐文》卷八五二,8948 页。
④ 《册府元龟》卷五〇八《邦计部·俸禄四》,6094 页。

来欺隐之事未获改善,而侵用之本利钱数量反而更为可观。官典乾没国家财物,非但造成公用不足与不断添赐本钱的后遗症,更糟糕的是,为了隐瞒乾没事实,这笔悬欠假账会记在谁的身上?会让捉钱人户又再次剥层皮吗?这也是很有可能的吧!再者,如元和诏所示,乾没官钱者不乏诸司典吏,这些人犯赃之论刑,据"监主受财枉法"(总138条)以有禄、无禄区分:"无禄者,各减一等"。又据"受所监临财物"(总140条)疏议:"以威若力强乞取者,准枉法论,有禄、无禄各依本法。"既曰"各依本法",显示"监主受财枉法"(总138条)论刑时的有禄、无禄之分,具有一部律内余条准此之义涵,是捉钱官典犯赃时不同身分者的裁判依据。

唐政府对官吏的赃罪,防范甚严,负责监督捉钱的典吏,有些不乏就任流外行署或州县府史,他们很可能有俸料,[1]是所谓的有禄者。但在常律之外,永徽五年(654)已加重惩处:"州胥吏犯赃一匹以上,先决一百,并后准法。"[2]中宗朝于《神龙散颁刑部格》中又特别加重流外行署、州县杂任为监主的赃罪处罚,即犯者一匹以上加杖配军,未满一匹亦解职,虽会赦不免;其赃多者,依律论刑。[3]唐政府专条规范典吏赃罪的用心,很值得注意。此外,建中元年(780)于官人擅借使、回换官物,以入己枉法赃论,也重于唐律的规定,可见政府为遏止官典犯赃歪风,倾向采取重刑政策。会昌元年(841)赦中,委诸道观察使量情设州县馆驿本钱,并曰:"虚立名目,妄破官钱,依前科配,并同入己枉法赃处分。"[4]亦用的是官典赃罪中最重的枉法赃。[5]为了让犯赃者不得心存侥幸,有时还特别声明将其排除在恩赦范围之外,《旧唐书》卷一八《宣宗纪》大中二年(848)户部侍郎判度支崔龟从奏:

> 应诸司场院官请却官本钱后,或有欺隐欠负,征理须足,不得苟从恩荡,以求放免。今后凡隐盗欠负,请如官典犯赃例处分。纵逢恩赦,不在免限。

① 李锦绣,《唐代财政史稿》(上卷),907—919页。
② 《唐会要》卷四一《杂记》,746页。
③ 刘俊文,《敦煌吐鲁番唐代法制文书考释》(北京:中华书局,1989),247、259页;郑显文,《唐代律令制研究》,45页。
④ 《册府元龟》卷四八四《邦计部·经费》,5791页。
⑤ 六赃之中,除了强盗罪外,官典所犯最重的就是枉法罪。有关枉法罪及官吏犯赃的讨论,见:築山治三郎,《唐代官僚の犯贓と刑罰》,《社會文化史學》14(1977),1—14页。

乾没官本钱的问题,自京司及于诸道州县与委外单位,其普遍性不亚于其他诸种官典的赃罪。崔龟从曰:"请如官典犯赃例处分",可见唐后期官典犯赃的处分方式,已有未必同于唐律的新例、惯例,而乾没或妄破官本,可能就用较重的入己枉法赃论处。"官典犯赃"一词自玄宗朝以后常用之,①其惩治范围自最受重视的监守自盗、受财枉法等罪刑,扩大及于隐盗欠负与其他赃罪。② 唐代恩赦有六十七次提到官吏赃罪,绝大多数是明令不赦,其中约半数又密集在穆宗以后,③这反映贪污之风炽盛之余,也表示皇权对之深恶痛绝,欲全力压抑扫荡之。中国传统法律的一个重要特征在"明主治吏不治民",唐律中有 228 条都与官吏渎职罪有关,其中又有 24 条直接涉及贪污贿赂罪。④ 唐政府除了于律中对官典犯赃采重惩原则外,还不时定下特殊规则,加重其论罪,或限制其特权,⑤都可意识到政府一直在努力迎战这个棘手的问题。

乾没官本钱,很重要的是将不法利益追回,也就是征赃,崔龟从奏请"征理须足",并不得因恩赦放免。然据《名例律》"以赃入罪"(总 33 条):"诸以赃入罪,正赃见在者,还官、主;已费用者,死及配流勿征,余皆征之。……会赦及降者,盗、诈、枉法犹征正赃。"赃钱原该全数纳还,并征倍赃,⑥但因矜恕流、死者得罪既重,多破家业,赃已费用,故不征赃。又,陆宣公《请不簿录窦参庄宅状》曰:"叛逆则尽没其家,奸赃则止征所犯,……今若簿录其家,窃恐以财伤义。"⑦既然止征所犯,又不征流、死已费用者,还免征赦、降之倍赃,则唐政府的征赃,实为犯赃者留下许多可以逃避免除,或隐没家产的空间。然无论如何,征赃是政府惩罚贪贿官吏的手段,其所得

① 陈俊强,《皇恩浩荡——皇帝统治的另一面》(台北:五南出版社,2005),268—270 页。

② 有关唐律对官吏赃罪的防制与惩处,详见:钱大群,《强化对有职权者的法律监督——唐律廉政机制述论之一》,收入:《唐律与唐代法律体系研究》(南京:南京大学出版社,1996),1—32 页;钱大群、郭成伟,《唐律与唐代吏治》(北京:中国政法大学出版社,1994),175—186 页。

③ 陈俊强,《皇恩浩荡》,272 页。

④ 胡世凯,《明主治吏不治民——中国传统法律中的官吏渎职罪研究》(北京:中国政法大学出版社,2000),81—87 页。

⑤ 彭炳金,《唐代官吏赃罪述论》,《史学月刊》2002:10,32—34 页。

⑥ 《唐律疏议》卷四《名例律》"以赃入罪"(总 33 条)疏议曰:"谓会赦及降,唯盗、诈、枉法三色,正赃犹征,各还官、主,盗者免倍赃。故云'犹征正赃'。"此处虽唯云"盗者免倍赃",但三罪既并列,赦降犹各征正赃,可以推知若无赦降,三罪必并征正、倍赃。

⑦ 《陆宣公集》(杭州:浙江古籍出版社,1988),卷一九,210 页。

可以还用于公务支出。① 赃钱的掌理与支配者是御史台，②其用处之一即充作官本，会昌元年(841)六月户部奏："放免诸司食利钱，每年别赐钱三万贯文，充诸司公用。……其御史台频得报牒称，本钱数多，支用处广，虽有诸道赃罚，公用常不充足。"③这里的赃罚钱与诸赐钱一样，都做本钱充公用，则乾没官本者有部分赃钱又回归为官本。

唐政府对官典犯赃的刑事处分不可谓不严，不法利益的追讨也以"征理须足"为原则，但诚如皮日休《橡媪叹》所言："狡吏不畏刑，贪官不避赃"，④官典犯赃一直是国家难以禁绝的劣行，也带给人民永无止息的痛楚，何以严刑重罚不足以止奸，或无法对犯赃者产生吓阻作用，除了人性的贪得无厌外，大概官官相护，惩处不公，也是重要原因，如盐铁度支户部等三司官吏破使官钱，"只遣填纳，盗使之罪，一切不论"，⑤就曲意避开刑责，让法律无用武之地，使犯赃者无所畏忌，而破使之官钱当包括官本钱在内。穆宗时盐铁使柳公绰奏请，推问官吏犯赃，不应只罪本犯所由，亦当据名例律科处监临主守。⑥ 大中刑法统类更对"官吏犯赃，皆递相蒙蔽，不肯发明，纵有申闻，百无一二"，提出严厉批判，并一再训令官长知情不举者应负连坐之罪。⑦ 正由于敕令与章奏不断对官典犯赃提出讨论，足以显示官官相护，隐匿不报，沆瀣一气的问题十分严重，既然犯赃者被纠举出的百无一二，官长与典吏又无不上下交征利，则人人冀其侥幸得免，不被发觉，故纵有严刑重法，也难以澄清吏治，而表现在官本钱上，则是其屡遭乾没。

官本欠失如确实可知系何人所为，自当以赃罪论处，如若不然，也要由主掌官典等填赔，元和九年(814)十二月敕御史台年终勘会诸司食利钱，并曰："如有欠失，即便勒主掌官典所由等据数填赔。"⑧次年正月改案额为元和十年新收置公廨本钱后，御史台重申："仍不得侵用本钱，至年终勘会，欠少本利，官典诸节级准法处分。如主掌官典改移，亦勒造帐交付，承后官典

---

① 赃钱用于充修甲仗费用、监狱设备费用等，参见：李锦绣，《唐代财政史稿》(上卷)，668—669页。

② 《唐会要》卷四〇《定赃估》，727页。

③ 《唐会要》卷九三《诸司诸色本钱下》，1686页。

④ 《皮子文薮》(上海：上海古籍出版社，1981)，文集卷一〇，108页。

⑤ 《册府元龟》卷六一三《刑法部·定律令五》，7355—7356页。

⑥ 《册府元龟》卷六一三《刑法部·定律令五》，7352页。

⑦ 晋天福五年六月二十日详定院奏，先引刑法统类大中二年正月三日敕，再引大中二年二月十七日刑部起请，都一再重申州县官吏犯赃事发，官长不举的连坐之罪。见：《五代会要》(台北：九思出版社，1978)，卷二〇《县令下》，319页。

⑧ 《唐会要》卷九三《诸司诸色本钱下》，1681页。

具单帐报台,交割分明。……即冀官钱免至散失,年额既定,勾当有凭。"①
唐前期勾检官本的是比部,安史乱后比部功能失坠,御史台的财经监督权
深受倚重,其于年终勘会时若发现欠少本利,诸官典要据数填赔外,也要节
级准法处分。财务检查重视的是账目清楚,账目清楚才能使责任分明,责
任分明方便于究责所由官典。这里的"官典诸节级准法处分",与前述的递
相蒙蔽犯赃者情况不同,盖大中刑统所论为道州长官、勾官检辖不明的政
治责任,而御史台追究的是连署之官行政上的连带责任。据《名例律》"同
职犯公坐"(总 40 条),所由有失,联署之四等官亦从坐;若所由有私,连坐
之官不知情者,以失论;若其心挟隐欺,屈法申情者,同私罪论处。御史台
的节级准法处分,首先要判断欠少本利的责任归属,次则分清是公罪或私
罪,再则对本犯所由及同职连署者分别论刑。整体来说,御史台的勘会,不
单要查出欠少本利的原因,更要让监督不周、查核不谨的官长,知所警惕,
以免触法。而一旦御史台断出主掌官典所由等各自的责任后,除了准法坐
罪外,还要其据数填赔隐没或散失的官本利。

　　唐政府对官本钱的运作,自核给配额,审定捉钱官典,依法定利率纳
息,到用于诸色公务,已依一套熟悉的模式来处理,不能不说是自有矩制,
又责任分明。只可惜利率太高,非一般捉钱人户负担得起;而官典的追讨
欠负手段与乾没官钱的不法行径,更让此制大为失色,尽管唐代有诸多法
条以备制裁犯赃者,君臣们对隐欺欠负官本也高度注意,但似乎仍无力阻
止官本的流失,也无法扭转捉钱人户的悲惨命运,更罕见官典因侵占官本
利而遭惩处,这或许就是官方放贷最为人诟病之处。

　　① 《册府元龟》卷五○七《邦计部·俸禄三》,6086 页。

结论

　　唐政府为了减轻人民的课税负担，填补国家财务缺口，于是大规模实施官方放贷法，以利钱收入供给官府或官人开支。目前可知有确切名目的官本有十五种，另有无特定名目或用特殊操作法者二种，共计十七种。但这些官本不是自唐初便全面展开运作，而是在质疑声中，与反复试行、不断调整的历程里，让唐政府逐渐发现它的功能与作用，摸索出执行的方法与方向，并配合财经需求与政治社会状态，才陆续推展开来的。所以各种官本的实行，或久或暂，或局部或全面，随政府的认知与当时的处境而不同，其所具有的机宜权变，与因时因地而制宜的特色，则使这个财政体系中的小角色，依然能为自己绘出绚丽多姿的图像。

　　唐代官本中最主要的两项是公廨本与食利本。公廨本是实施最早，也最久的官本，它因提供前期官员的俸料，显得格外重要，但也因运用利钱法引起了很大的争议，在这段期间，唐政府认真思考官本的存废，也明确感受到循环取利的妙用，虽然京外官俸先后退出公廨本，转由常税支给，但唐政府已深深为这种预算外的本钱制度所吸引，不顾外界的批评及所衍生的弊端，继续推动本钱生利法。当公廨本因用途转向与分化渐趋萎缩时，诸色官本却如雨后春笋般地次第兴起，或强化运作，然最终脱颖而出，倍受唐政府重视者，莫过于京司的食利本。唐后期地方财政自主权大增，中央既无力节制，也只有任其自为。地方官本实施的状况虽然所知不多，但由京司食利本的情形可以依稀推测，各级政府对官本这种财源还是有信心的。食利本源起于贞观年间,为供官吏午食一顿,只因本钱需各司自筹,用途又不如俸料重要,所以前期无论中央或地方,施行的程度远不如公廨本。唯食利本在唐后期财源改以中央拨赐为主,且其功能于给食之外,还向行政公务方面扩展,遂演变为最重要的一种本钱制度。官府设食有议政联事之目的,为政教之大端;用于杂项开支或其他公务,可助政事之推动,并补财政之不足,故食利本的数量虽不多,其在政府心目中的份量却不轻。

开元天宝年间是诸色官本最密集出现的时期,一来是国家税入稳定,有丰盛财源增置新本,二来是因唐政府试用公廨本后,体悟到官方放贷的好处,而不再宥于其负面性评价。安史之乱期间,中央与边区也各自因应主客观形势,并袭取昔时的经验,又出现几种官本名目与操作样式。在诸司官本中,除了公廨本与食利本外,其他诸本依其性质可分为交通运输本、宴设食料本、病坊本、仓粮出举及其他五类。唐朝负担交通运输重任的有馆驿、车坊、长行坊等,政府编列的固定预算不能满足其所需,乃提拨本钱,生息以补贴之。有时,地方长官也会想到自置本钱,改善陆运交通,但成效似乎未尽理想。官场上的社交活动免不了设宴款待佳宾,而宴设费用从何而来,预算项目中看不出来,至少宴设本可提供部分经费。国家的养士教育给予学生廪食的特殊待遇,其食料费用中有些应出自学生食本。官本一般用于公务行政支出,少数也有社会济助功能,像病坊本廪给悲田坊或养病坊,就是一种社会福利措施;官仓因消费性或生产性出举于百姓,也有助于建立融资管道,帮助民生经济。其他临时设置的杂项官本,规模或许更小,执行期限可能更短,但却表现官方放贷因时因事,随时置本的权宜性质。

诸色官本的出现时间有早有晚,其兴衰变化也各不相同,尤其值得注意的是,有些官本仅止见于边州,两京或其他地区未必实行;有时边州官本的初见年代还早于两京,其放贷经验亦有中央可取法者。即使这样的认知是因传统史料缺载所致,但我们也不认为所有官本必皆由中央发动,依中央指令行事,因为只要地方感受到本钱生利法的效益,当有某种公务需求,并找到一笔财源时,便可依其经验,创置新本。故官本放贷一经触发,可能会自动产生连锁效应,不独当地官本项目因此持续增加,对其他地区也会产生示范作用,亦即只要条件许可,时机恰当,其他地区未尝不随之跟进。总之,唐代的官本只有前期的公廨本,晚唐的病坊本、馆驿本,尚可看出在依全国性规范执行,其他绝大多数的官本,因乏统一财源补助,或少政府支持与干预,多只表现区域色彩而已,就连后期的食利本,除了京司特别重视外,也很难说全国各地都在实施。官本的这个时空特色,在唐代财政体系中是很少见的。

官本出贷以货币为主,特殊情况下才会用实物。以钱计本、利有其方便处,因为官本以按月收息为常态,钱币利于零星分割而不失其价值,不像粮谷受制于春耕秋收的季节性因素,匹段需要完整运用才有意义。但本粮、本匹在未脱离自然经济的唐前期,也有不少实例,有些还可能是承袭自高昌国的经验。本钱的来源,唐初以杂税或户税为主;两税法因实行钱额制,政府的货币收入增加,本钱的赐与或取得,更不成问题。官本是一次给付,定期循环取利,但如何配置这笔资金,前、后期情况不尽相同。前期中央的调度权较强,故官本以中央拨赐型为主,各司自理型为辅,前者又依中央是否具主动性,分为统筹型官本与认可型官本两个亚型;后者则以是否得中央许可,亦分为自筹型与私用型两个亚型。后期中央的号令范围主要在京畿一带,地方的财政自主权大增,表现在官本配置上,两京大致属于中央统筹拨赐型,偶也有各司自理型;诸道州县则几乎全为各司自理型,其中由留州留使钱拨充者,为拨充亚型,由其他方式筹得者,为自筹亚型。然也因为地方官本视当地财务状况,及官人之态度与意向,而异其设置与运作,故各地官本放贷的情形,可能差别颇大。

唐政府如此大规模地实施官方放贷,总该有一套制度化的营运管理方式,方能保证其绩效。官本的管理与经营分属两个不同的层级,在管理上,无论中央或地方,官本皆由当司最与财务相关的判司负责,并采事权集中、专司办理、统筹运用的原则;而在经营上,为了配合士族官僚不染俗务的习性,以及不加重百姓负担的美意,唐政府原本委以典吏、高户捉钱,但嗣后由于本数增多,每人分配数额缩小,唐政府只好一再扩增捉钱者的类别,并不断调整其身分与财富状况,而大量下及于平民。据本书的推估,玄宗时期全国可能有高达百万人的捉钱队伍,而中唐时期长安的捉钱户就约占总户数的两成,想来官本的经营势必会波及城居贫民或乡村农户,这与政府不用课税方式筹措财源,不想劳苦社会大众的本意,是有抵触的。其实,唐朝一直有不少高户在捉钱,他们之中固然有些人因此而破家,但尤其是后期精于算计的富商大贾,不仅用种种手段巧取巨大利益,更与诸军诸使结合,削弱废除捉钱的力道,这项具有争议性的措施能延续到唐末,多少也与这些富商大贾有关。此外随着捉钱人数的增多,为了管理上的方便,元和以后在曹司判官与捉钱者之间,增置典吏之流的捉钱官、驱使官,以尽督责之任。

唐代官本的经营方式主要有出举收利与回易兴生两种。愈是早期,兴易法似乎愈普遍,高宗以后出举法渐有后来居上之势,但直到中晚唐仍并用兴易法。唐政府如此倚重放贷出举,一方面因息利通常高于商利,更易达成官府设定的目标,再方面因捉钱不如商贩劳苦,典吏、高户在兼司他务之余,还可坐享收盈。然而,官方放贷的问题之源在法定利率太高,即使月息自8％波段式调降至4％,不唯高户依然感到吃力,贫户的欠利问题更为严重,而后期政府犹在财务考虑下,征取高倍数利钱而不肯轻易放免,故对贫户的冲击甚大,破家以外,更累及亲邻,出现了许多唐政府不曾预期,也不愿见到的后果。

官本取息虽然是一种预算外经费,原则上仍要经各级勾官检核财务,以防止其被滥用或随意散失。官本利应作成详细的会计账簿,以为勾检的重要依据。官府的财务检查是多重的,一方面由各司的财务单位做内部审计,并将结果上报中央;再方面由各级勾官分别做外部审计,并申比部做总检查。安史之乱后,唐朝的财务制度有了很大的改变,不仅中央的财政权逐步流失,比部的审计权也遭弱化,在京只好借重御史台的财经监督权,协助简勘诸司官本利;在外因藩镇自主权大增,诸道州县自有勾检惯例,中央很难插得上手,就算派员出使巡察,大概也只能应付了事。由于欠利耗本的情况在唐后期相当普遍,政府面对官典的勾征不力,竟在元和以后要求主掌官典据数填赔,显然是要其分担本利散失的责任。

用官方放贷法筹集财源,本来就不是财政体系的常态,何况官本设置之初即倍受批评,并衍生诸多弊端,唐政府若非因其有极富诱惑性的理由,很可能就动摇了继续行之的意念,这些让其坚持下去的因素,殆以财务为主,政务为辅,包括本钱一次支出,节省库藏费用;按月收取利息,灵活运用财务;不受预算制约,实行计划支出;增加官府用度,有助政务推动。盖赋税收入多用于国家要务,公用杂支或无迫切性者,有时就由预算外项目供给,而置本生息法的特色是,一次筹足本钱,便可用之不尽,是最节省政府库藏,可以扩大预算效果,在财务运用上深具弹性,并富政治效益的办法。此外像病坊本、仓粮出举,可有益于社会福利,帮助贫民脱困,亦未尝不展现唐政府扶弱济贫的心意。至于有限的官本能否成为促进经济发展的生产资本,唐政府或许没想那么多,其实际影响力似乎也有限,但亦不能排除该种可能性。

利之所在,弊亦从之。唐政府期望的财务、政务效能,未必都能如愿实现,甚至还带来许多后遗症;它所提供的入流、免役、免刑等诱因,竟反而招致不少问题。总归来说,官方放贷的流弊有:本利耗散,需要财政挹注;用度不足,形成公务废弛;捉钱授官,导致吏治败坏;免役免刑,危及公平正义;逼债贫户,加深社会不安;融资不易,无助百姓生计。唐政府对官方放贷的利弊得失,了然于心,它明知弊之危害多在百姓、在社会、在吏治,但仅因其贪恋少许的财政利益,遂不惜牺牲人民福祉,赔上国家形象,创下历史上第一个以官府公用为主,全面性、大规模实施官方放贷的记录。

唐代官府与民间同样盛行放贷事业,二者虽然在资本形态、放贷目的、经营方式、借者待遇等方面各具特色,不过更应注意的是二者的影响层面与程度,在某些方面显然有别。首先,唐政府视官方放贷为敛财工具,不是一个专为民众提供融资服务的金融体系,因此不比民间放贷更易产生商业资本,做生产性投资,或帮助民众维持生计,故其对经济发展的贡献,可能还不如民间放贷大。其次,官府捉钱者有不少是高户、富商,易助长商人势力,促进官商勾结,进而冲击士族政治;而民间借者多属基层民众,无论是被剥削或得纾困,反映的是社会底层的生活面,鲜少触及官僚阶层。此外,官方放贷有强势的公权力介入,对欠利者的逼迫或放免,自有一套处理机制,而民间债权人虽然也扮演压迫者的角色,但他不时要为违法积利等行为与法禁周旋,并担心遭受国法的制裁,应感受到不轻的司法压力。正因为唐代的官方放贷欠缺照顾民生的心意,同时带给百姓不少的不便与困扰,故就算它确能供给政府部分财源,但在民间,或在历史上,大概都不会有什么好评价。

早在周礼与王莽时期,就已有官方放贷的构想,但考虑的是民生经济与社会福祉。唐代的官方放贷主要承袭自北朝与隋,即使有集大成之势,却以筹措政府财源为目的,鲜少以民为念。然而,该种放贷理念的大逆转,似乎没能让唐政府真正节省库藏,也没能让公用不虞匮乏,反倒造就了一批为欠利所苦,或受亲邻牵连的贫民。唐后期地方官本所知有限,这固然可用"自有矩制"①或史料不传来解释,但也未尝不因其看透了官贷法弊多于利,并为自己找到新财源,而不愿走回旧路向。当时诸道多设回易务、回图务等机构,为藩镇经商赢利,筹措财源,②或许就已为官贷法的趋于没落,敲响警钟。代之而起在宋代出现的官营赊买、赊卖、市易法等,无论其资本是做生息或生产之用,都转而与民生经济相结合,扬弃了为官所用的财政目的,而且在经营方式上,商品交易取代出举法成为主流,也是一个明显的改变。但是,唐代形式的官贷法并未就此在中国历史上绝迹,最典型的就是清代皇室与各级官府的发典、发商生息,大致也为满足各类官用而来,唐、清官贷似隐然有目的上的某种联系。

---

① 《唐会要》(台北:世界书局,1974),卷六九《刺史下》,1211页。

② 李锦绣认为唐后期地方官本渐减少,官营高利贷渐萎缩,使府州县另有商业赢利收入为财政来源。见:《唐代财政史稿》(下卷)(北京:北京大学出版社,2001),1096—1102页。

编号	年代	项目	内容 摘要	出处	备注
1	高祖武德元年(618)十二月	公廨本钱	置公廨本钱,以诸州令史主之,号捉钱令史。每司九人,补于吏部,所主纔五万钱以下,市肆贩易,月纳息钱四千文,岁满授官。	会93/1675	据《册府元龟》卷五〇五及《唐会要》卷九一,"诸州令史"应是"当司令史"。
2	高祖武德	公廨本	武德已后,国家仓库犹虚,应京官料钱,并给公廨本,令当司令史番官回易给利,计官员多少分给。	会91/1651	
3	太宗贞观元年(627)以后	公廨本	诸司置公廨本钱,以番官贸易取息,计员多少为月料。	会93/1675 新55/1394	
4	太宗贞观二年(628)	公廨本	其俸钱之制,京司诸官初置公廨,令行署及番官兴易,以充其俸。	通35/962 册505/6066	《册府元龟》列在武德元年十二月条后。

编号	年代	项目	内容 摘要	出处	备注
5	太宗贞观十二年(638)	公廨本	罢公廨,置胥士七千人,取诸州上户为之。准防合例而收其课,三岁一更,计员少多而分给焉。	通 35/ 963 会 93/ 1675 会 91/ 1652 新 55/1395	《唐会要》卷九三在十一年;卷九一为"二年一替"。
6	太宗贞观十五年(641)	公廨本	以府库尚虚,敕在京诸司依旧置公廨,给钱充本,置令史、府史、胥士等,令回易纳利,以充官人俸。谏议大夫褚遂良上疏曰:"……陛下近许诸司令史捉公廨本钱,诸司取此色人,号为捉钱令史。……大率人捉五十贯以下,四十贯以上,任居市肆,恣其贩易。每月纳利四千,一年凡输五万,送利不违,年满授职。……在京七十余司,相率司别九 人,更一二载后,年别即有六百余人输利受职。……"太宗纳之,停诸司捉钱,依旧本府给月俸。	通 35/ 963—4 会 91/ 1651—2 会 93/ 1675 新 55/1395 册 505/6067 文 149/ 1504	《唐会要》、《册府元龟》在十二年。
7	太宗贞观二十一年(647)二月	公廨本	复依故制置公廨,给钱为之本,置令史、府史、胥士等职,贾易收息,以充官俸。	通 35/ 964 新 55/ 1395 会 91/ 1652 会 93/ 1676 册 505/ 6067	《新唐书》在二十二年。
8	太宗贞观	食利本	有唐太宗文皇帝克定天下,方勤于治,命庶官日出而视事,日中而退朝,既而晏归,则宜朝食,于是朝者食之廊庑下,遂命其余官司,洎诸郡邑,咸因材赋,而兴利事,取其奇羡之积,以具庖厨,谓为本钱。	文 523/ 5321	

编号	年代	项目	内容 摘要	出处	备注
9	高宗永徽元年(650)及其后	公廨本	永徽元年,悉废胥士等,更以诸州租庸脚直充之。其后又令薄赋百姓一年税钱,依旧令高户及典正等掌之,每月收息,以充官俸。其后又以税钱为之,而罢其息利。	通35/964 会93/1676 新55/1395-6	
10	高宗永徽元年(650)四月	公廨本	废京官诸司捉钱庶仆胥士,其官人俸料,以诸州租脚价充。	会91/1652 册505/6068	
11	高宗永徽六年(655)七月	公廨本	乙酉,均天下州县公廨。	旧4/74	
12	高宗乾封元年(666)八月	公廨本	外官则以公廨田收及息钱等,常食公用之外,分充月料。	通35/964 册505/6068 文/拾遗1/10379	
13	高宗仪凤三年(678)八月	公廨本	如闻文武内外官,应给禄俸料课钱,及公廨料度,封户租调等,远近不均,贵贱有异,输纳简选,事甚艰难。运送脚钱,损费实广。公廨出举回易,典吏因此侵渔。抚字之方,岂合如此,宜令王公已下,百姓已上,率口出钱,以充防合,庶仆、邑士、白直、折冲府仗身,并封户内官人俸食等料。	册505/6068 会91/1652 新55/1397 文/拾遗1/10379	
14	高宗	公廨本	天下置公廨本钱,以典史主之,收赢十之七,以供佐史以下不赋粟者常食,余为百官俸料。京兆、河南府钱三百八十万,太原及四大都督府二百七十五万,中都督府、上州二百四十二万,下都督、中州一百五十四万,下州八十八万;京兆、河南府京县一百四十三万,太原府京县九十一万三	新55/1397	

编号	年代	项目	内容 摘要	出处	备注
			千,京兆、河南府畿县八十二万五千,太原府畿县、诸州上县七十七万,中县五十五万,中下县、下县三十八万五千;折冲上府二十万,中府减四之一,下府十万。……公廨出举,典史有彻垣墉、鬻田宅以免责者。		
15	中宗景龙二年(708)十月	公廨本	侍中苏瓌上封事曰:"……公廨利钱,更令分给员外。"	会 67/ 1176 文/拾遗 16/10536	
16	玄宗开元五年(717)	病坊本	宋璟奏:"悲田养病,从长安以来,置使专知。……今骤聚无名之人,着收利之便,实恐通逃为薮,隐没成奸。"	会 49/863 文 704/7224	
17	玄宗开元六年(718)七月	公廨本	秘书少监崔沔议州县官月料钱状曰:"……顷以州县典吏,并捉官钱,收利数多,破产者众。……且五千之本,七分生利,一年所输,四千二百,兼算劳费,不啻五千。在于平民,已为重赋,富户既免其徭,贫户则受其弊,伤民刻下,俱在其中。"	会 91/ 1653 册 506/ 6070 新 55/1398 会 93/ 1676 鉴 212 / 6734 文 304/3088 — 9	《唐会要》卷九三在武后光宅元年。
18	玄宗开元十年(722)正月	公廨本	又令有司收天下公廨钱,其官人料,以万户税钱充,每月准旧分利数给。	册 506/ 6070 会 91/ 1653 旧 8/ 183 鉴 212 / 6749	
19	玄宗开元十年(722)	公廨本	中书舍人张嘉贞又陈其不便,遂罢天下公廨本钱,复税户以给百官。	会 93/ 1676 新 55/1398	

编号	年代	项目	内容 摘要	出处	备注
20	玄宗开元十三年(725)	监牧本	公名毛,仲姓,王氏……使监官料,旧给库物,新秦(奏)置本牧(收)分其利,不丧正钱二万五千贯,以实府宜官。	英 869/5463—4 文 226/2282—3	
21	玄宗开元十六年(728)正月	陆运本	(宇文融)上表请用禹贡九河旧道,开稻田以利人,并回易陆运本钱,官收其利。虽兴役不息,而事多不就。	旧 105/ 3221 新 134/ 4559 鉴 213/ 6782	
22	玄宗开元十六年(728)二月	官本	比来公私举放,取利颇深,有损贫下,事须厘革。自今已后,天下负举,只宜四分收利,官本五分取利。	会 88/ 1618 文 30/334	
23	玄宗开元十七年(729)十月	官本	司农发(宇文)融在汴州给隐官息钱巨万,给事中冯绍烈深文推证,诏流于岩州。	鉴 213/6787—8 新 134/ 4559	
24	玄宗开元十八年(730)九月	公廨本	先是高户捉官本钱;乙卯,御史大夫李朝隐奏请薄税百姓一年租钱充,依旧高户及典正等捉,随月收利,供官人税钱。	旧 8/ 196 会 91/ 1653-4 会 93/ 1676 册 506/6071 通 11/ 250 文/拾遗 16/10542	
25	玄宗开元十八年(730)	公廨本	州县籍一岁税钱为本,以高户捉之,月收赢以给外官。复置天下公廨本钱,收赢十之六。	新 55/1398 —9 会 93/ 1676	
26	玄宗开元二十二年(734)	病坊本	断京城乞儿,悉令病坊收管,官以本钱收利给之。	会 49/863 文 704 / 7224	
27	玄宗开元二十四年(736)十月	供顿本	两京行幸,缘顿所须,应出百姓者,宜令每顿取官钱一百千,又作本取利充。	会 27/ 521 文/拾遗 4/ 10403	
28	玄宗开元二十六年(738)正月	馆驿本	长安、万年两县各与本钱一千贯,收利供驲,仍付杂驲。	旧 9/ 209 册 484/5785	

编号	年代	项目	内容 摘要	出处	备注
29	玄宗开元二十六年(738)三月	课役本	河南、洛阳两县亦借本钱一千贯,收利充人吏课役。	旧 9/209 册 484/5785	
30	玄宗开元	公廨本	凡税天下户钱,以充州县官月料,皆分公廨本钱之利。	旧 43/1839	
31	玄宗开元	食利本	凡京司有别借食本(中书、门下、集贤殿书院各借本一千贯,尚书省都司、吏部、户部、礼部、兵部、刑部、工部、御史台、左·右春坊、鸿胪寺、秘书省、国子监、四方馆、弘文馆各百贯,皆五分收利,以为食本。诸司亦有之,其数则少。)每季一申省,诸州岁终而申省,比部总勾覆之。	典 6/195 旧 43/1839	
32	玄宗天宝四载(745)九月	祭祀本、公廨本	所祭各请用羊一、笾豆各十、簠簋俎一、酒三斗,应缘祭须一物已上,并以当处群(郡)公廨社利充。如无,即以当处官物充。	会 22/426	
33	玄宗天宝五载(746)	公廨本	天下郡县先有欠公廨本处,今既分税钱,并准式,依本足例支给。使厚其禄,以竭其心。	英 433/2646 文 25/285	
34	肃宗乾元元年(758)四月	和雇本	其长安万年两县,各借一万贯,每月收利,以充和雇。	诏 69/383 文 45/496 会 93/1676	
35	肃宗乾元元年(758)	祭祀本、宴设本	时祠祭及蕃夷赐宴别设,皆长安万年人吏主办,二县置本钱,配纳质债户收息,以供费。	会 93/1676—7 新 55/1402	
36	肃宗乾元元年(758)	官本	诸使捉钱者,给牒免徭役,有罪府县不敢劾治。民间有不取本钱,立虚契,子孙相承为之。	会 93/1677 新 55/1402	

编号	年代	项目	内容 摘要	出处	备注
37	肃宗乾元二年(759)三月	官本	其至德二载十二月三十日已前,和籴和市,并负欠官物,及诸色官钱欠利,尝平义仓欠负五色一切放免。	册 87/1039 册 490/5865 文 42/470	《册府元龟》卷四九〇在二月。
38	代宗宝应元年(762)	官本	诸色本钱,比来将放与人,或府县自取,及贫人将捉,非惟积利不纳,亦且兼本破除。今请一切不得与官人及穷百姓并贫典史,拣择当处殷富干了者三五人,均使翻转回易,仍放其诸色差遣。	会 93/1677 文/拾遗 7/10441	《唐文拾遗》列于文宗皇帝卷。
39	代宗广德二年(764)八月	馆驿本	梁镇为昭应令,代宗广德二年,道士李国祯以道术见,……镇上奏曰:"……其国祯等见具状推勘,如获赃状,伏望许臣征收,便充当县邮馆本。"	册 546/6549—6550 文 444/4524 旧 130/3618、3620	
40	代宗永泰元年(765)三月	食利本	上以勋臣罢节制者,京师无职事,乃合于禁门书院,间以文儒公卿,宠之也。仍特给飧本钱三千贯。	旧 11/278	
41	代宗永泰二年(766)八月	学生食本	(鱼朝恩)任知学生粮料。……宰相军将已下子弟三百余人,皆衣紫衣,充学生房,设食于廊下。贷钱一万贯,五分收钱,以供(国子)监官学生之费。	旧 24/924	
42	代宗永泰中	学生食本	(鱼朝恩)赴国子监视事,……大臣群官二百余人,皆以本官备章服充附学生,列于监之廊下,待诏给钱万贯充食本,以为附学生厨料。	旧 184/4764 新 207/5864	

编号	年代	项目	内容 摘要	出处	备注
43	代宗永泰大历间	食利本	(嗣吴王)祇既宗室老,以太子宾客为集贤院待制。是时,勋望大臣无职事者,皆得待诏于院,给飧钱署舍以厚其礼,自左仆射裴冕等十三人为之。	新80/3569	
44	代宗大历五年(770)五月	公廨本	如岁月深久,桥木烂坏,要修理者,左右街使与京兆府计会其事,申报中书门下,计料处置。其坊市桥,令当界修理。诸桥街,京兆府以当府利钱充修造。	会86/1578	
45	代宗大历六年(771)三月	公廨本	军器公廨本钱三千贯文,放在人上,取利充使以下食料纸笔。宜于数内收一千贯文,别纳店铺课钱,添公廨收利杂用。	册506/6074 会93/1677 文/拾遗5/10418	
46	代宗大历十二年(777)八月	食利本	癸卯,宰臣让赐食。先是元载、王缙辅政,每日赐食,因为故事。至是,常衮等上表云:"飧钱已多,更颁御膳,胡颜自安,乞停赐食。"从之。	旧11/312 鉴225/7246	
47	代宗大历	食利本	臣(常)衮言:"……至于列曹分署,各置餐钱,匪颂王饔,食有公膳。"	文418/4277	
48	代宗大历	食利本	(归崇敬)授国子司业,兼集贤学士。……会国学胥吏以餐钱差舛,御史台按问,坐贬饶州司马。	旧149/4016、4019	
49	德宗建中二年(781)五月	食利本	宜令中书门下两省,分置待制官三十员,……量给俸钱,并置本收利供厨料,所须干力什器厅宇等,并计料处分。左拾遗史馆修撰沈既济,上疏论之曰:"……且夫置钱息利,是有司	会26/508—9 旧149/4036—4037 新132/4539—4540	

编号	年代	项目	内容 摘要	出处	备注
			权宜,非陛下经理之法。今官三十员,皆给俸钱,干力、厨料、什器、建造庭宇,约计一月,不减百万。以他司息利准之,当以钱二千万为之本,方获百万之利,若均本配人,当复除二百户。……当今关辅大病,皆为百司息钱,伤人破产,积于府县,实思改革,以正其源。"	册 474 /5657 文 476/ 4865 文/拾遗 5/ 10422	
50	德宗建中三年(782)正月	食利本	以两河用兵,诏省薄御膳及皇太子食物,(张)镒因奏减堂餐钱及百官禀奉三分一,以助用度。	新 152/4830 会 53/ 921	
51	德宗建中三年(782)四月	食利本	门下省奏:"应管食利本钱,总三千四百九十八贯三百二十一文。(宰相已下至主录等食利三百七十八贯三百四十余文,直省院本钱,准建中三年四月十五日敕,以留院入钱置本。)"中书省奏:"当省食利本钱,共五千贯文。(宰相以下官至主录等食利钱一千贯,直省院食利本钱,准建中三年四月敕,当院自敛置本。)	册 507/ 6087 会 93/ 1683	《唐会要》中书省条误作建中二年四月。 本条另参宪宗元和十二年正月条。
52	德宗兴元元年(784)七月	官本	百司诸军诸使举放利钱,今年六月以前,百姓欠负未纳者,亦并停征。	诏 123/ 662 英 431/ 2640 文 460/ 4703	
53	德宗贞元元年(785)正月	官本	其京官外官职田及利息官钱等,或黠吏诋欺,移易壃畔,或贫人从徙,捕系亲邻,日月滋深,耗弊弥甚,亦令百寮议其折衷,择善而行。	英 421/ 2582 文 461/4705	《全唐文》作"息利官钱"。

编号	年代	项目	内 容 摘 要	出处	备注
54	德宗贞元元年(785)九月	官本	自今后,应征息利本钱,除主保逃亡转征邻近者放免,余并准旧征收。其所欠钱,仍任各取当司阙官职田,量事粜货,充填本数,并已后所举,不得过二十贯。	会 93/ 1677 册 506/ 6077 文/拾遗 5/10421	
55	德宗贞元元年(785)十二月	官本	六品以下,本州申中上考者,纳银钱一千文,市笔墨朱胶等者,元置本五分生利。吏部奏:"见有余。自今以后,其外官京官考钱,并请敕停。"	会 81/ 1504 册 636/7626	《册府元龟》只言外官考钱,无京官。
56	德宗贞元二年(786)三月	食利本	尚书郎除休暇,宜每日视事。自至德以来,诸司或以事简,或以餐钱不充,有间日视事者,尚书省皆以间日。	会 57/987	
57	德宗贞元二年(786)	公廨本	(李)泌又白罢拾遗、补阙,帝虽不从,然因是不除谏官,唯用韩皋、归登。泌因收其公廨钱,令二人寓食中书舍人署。	新 139/ 4636	本条与下条之用语不同。
58	德宗贞元二年(786)	食利本	(李)泌又奏请罢拾遗、补阙,上虽不从,亦不授人,故谏司惟韩皋、归登而已。泌仍命收其署湌钱,令登等寓食于中书舍人。	旧 130/3622	本条与上条之用语不同。
59	德宗贞元四年(788)正月	食利本	百官食钱,所欲别置本,宜令中书门下与百僚议可否奏。	册 89/1062 文 55/ 588	
60	德宗贞元中	官本	乃取军中杂钱,举息与畿内百姓,每至田收之际,多令军人车牛散入村乡,收敛百姓所得菽粟将还军。	旧 146/ 3964 新 172/5208 册 511/ 6125	

编号	年代	项目	内容 摘要	出处	备注
61	德宗贞元十二年(796)四月	食利本	礼部尚书李齐运奏:"当司本钱至少,厨食阙绝,请准秘书省大理寺例,取户部阙职官钱二千贯文,充本收利,以助公厨。"	册 506/6081 册 506/6077 会 93/ 1677 文/拾遗24/10642	李齐运于贞元十二年任礼部尚书,只第一条数据年代正确,余均误为贞元元年。
62	德宗贞元十二年(796)	食利本	御史中丞王颜奏,简勘(本)足数(下略)。	会 93/1677 册 506/6081	详本书甲篇第二章的说明。
63	德宗贞元十八年(802)五月	食利本	贞元十八年五月某日,新作食堂于县内之右,始会食也。……堂既成,得羡财可以为食本,月权其赢,羞膳以充。	英 806/ 5085 文 580/ 5857	
64	德宗贞元二十一年(805)正月	官本	百官及在城诸使息利本钱,征放多年,积成深弊。……宜委中书门下与所司商量其利害,条件以闻。	册 507/ 6083 册 89/1066 会 93/ 1679 诏 2/ 10 文 55/604 文/拾遗5/ 10419	《册府元龟》卷八九为二月。
65	德宗贞元二十一年(805)七月	食利本	中书门下奏:"敕厘革京百司息利本钱,应征近亲,及重摊保,并远年逃亡等,今年四月十七日敕,本利并放讫。其本事须借钱添填,都计二万五千九百四十三贯六百九十九文。伏以百司本钱,久无疏理,年岁深远,亡失颇多,食料既亏,公务则废。事须添借,令可支持。伏望圣恩,许令准数支给,仍请以左藏库度支除陌钱充。"	会 93/ 1679 册 507 /6083 文 964/ 10017	《册府元龟》、《全唐文》作在藏库,应误。
66	德宗贞元	食利本	裴郁为兵部员外郎,郁褊狭,但独见自是,因征本曹厨利钱,苛细寡恕,令史凡四十人,并曹而逃。	册 481/ 5742	

编号	年代	项目	内容 摘要	出处	备注
67	顺宗永贞元年(805)八月	食利本	在集贤,奏秘书官六员隶殿内,而刊校益理。……求遗书,凡增缮者,乃作艺文新志,制为之名曰贞元御府群书新录。始御府有食本钱,月权其赢以为膳,有余,则学士与校理官颁分之,学士常受三倍,由公而杀其二。	文 591/ 5981	
68	宪宗元和二年(807)正月	食利本	尚书左丞郑元,请取河中羡余三千贯,充助都省厨本钱,从之。	册 507/ 6083 会 57/ 988	《唐会要》作"郑元璹",误。
69	宪宗元和二年(807)六月	食利本	中书门下上言:"……其两省纳课陪厨户及捉钱人,摠一百二十四人,臣当司并不收管,望各归府县。"从之。	册 507/ 6083 会 93/ 1679 旧 14/ 421 文 964/ 10017	
70	宪宗元和二年(807)闰十月	食利本	集贤殿大学士中书侍郎平章事武元衡奏:以厨料欠少,更请本钱一千贯文,收利充用。置捉钱四人,其所置,请用直官,及写御书各两员,每员捉钱二百五十贯文,为定额,即免额外置人。	会 64/ 1121 文/拾遗 25/10647	
71	宪宗元和四年(809)	食利本	臣伏见百司食利,利出于人,日给而经费有常,月征而倍息无已。然则举之者,无非贫户,征之者,率是远年。故私财竭于倍利,官课积于逋债,至使公食有阙,人力不堪。	文 671/ 6837	
72	宪宗元和六年(811)四月	官本	御史台奏:"诸使虑有捉利钱户,请同台省例,如有过犯差遣,并任府县处置。"从之。	会 93/ 1679 册 507/ 6083 册 64/720	《册府元龟》卷六四为五月。

编号	年代	项目	内容 摘要	出处	备注
73	宪宗元和六年(811)五月	官本	御史中丞柳公绰奏:"请诸司诸使应有捉利钱户,其本司本使给户人牒身,称准放免杂差遣夫役等,如有过犯,请牒送本司本使科责,府县不得擅有决罚,仍永为常式者。臣昨因奉进止,追勘闲厩使下利钱户割耳进状。……今请诸司诸使所管官钱户,并依台省举本纳利人例,……许作府县处分。……其捉钱户原不得本钱者,亦任使不纳利。	会 93/ 1679 — 80 新 55/1402 册 507/ 6084 文 544/ 5517	
74	宪宗元和六年(811)十月	官本、食利本	河南水陆运陕府陕运……等使额,并宜停所收使以下俸料,……如闻河南陕府两处,比来所给,皆是置本利息,不破正钱,勒便添充两浇钱杂给,不要更征。	册 507/ 6084 诏 101/515 文 60/ 645	《唐大诏令集》为元和五年。
75	宪宗元和中	食利本	(王潜)元和中擢累将作监。……监无公食,而息钱旧皆私有,至潜,取以具食,遂为故事。	新 191/ 5508	
76	宪宗元和九年(814)八月	食利本	诸司食料钱,缘初令户部出放已久,散失颇多。……其中书门下两省及尚书省御史台,或务总枢机,或职司弹纠,而倍称息利,于体尤乖。……其本利钱先出放者,宜各委本司勘会闻奏。……其诸司食利亦准此勘会。其合征钱,便充饭钱,若数少不充,以其前件除陌五文钱,量所欠添本出放。	册 507/6085 文 60/647 新 55/1402	

编号	年代	项目	内容 摘要	出处	备注
77	宪宗元和九年(814)十一月	食利本	户部奏:"准八月十五日敕,诸司食利本钱,出放已久,散失颇多,各委本司勘会。其合征钱数,便充食钱,若数少不充,以除陌五文钱,量其所欠,添本出放者。令准敕,各牒诸司勘会,得报,据秘书省等三十二司牒,应管食利本钱物五万三千九百五十二贯九百五十五文。(各随司被逃亡散失,见在征数额,与元置不同,今但据元置数额而已。)……宜委御史台仔细简勘,具合征放钱数,及量诸司闲剧人目,加减条流奏闻。	会 93/ 1680-1 册 507/6085	
78	宪宗元和九年(814)十二月	食利本	比缘诸司食利钱,出举岁深,为弊颇甚,已有厘革,别给凔钱。其御史台奏,所勘责秘书省等三十二司,食利本钱数内有重摊转保,称甚困穷者,据所欠本利并放。其本户中纳利,如有十倍以上者,既缘输利岁久,理亦可矜,量准前本利并放。其纳经五倍以上,从今年十二月以前应有欠利并放。起元和十年正月以后,准前计利征收。其余人户等,计其倍数,纳利非多,不可一例矜放,宜并委本司,准前征纳。其诸司所征到钱,自今已后,仍于五分之中,常抽一分,留添官本,各勒本司,以后相承收管。其诸司应见征纳,及续举放所收利钱,并准今年八月十五日敕,充添修当司廨宇什	册 507/ 6086 会 93/1681-2 文 61/656	

编号	年代	项目	内容 摘要	出处	备注
			物,及令史驱使官厨料等用,仍委御史台勾当,每常至年终,勘会处分。其诸司除疏理外,见在本钱,据额更不得破用。如有欠失,即便勒主掌官典所繇等,据数填备。其中书门下两省及尚书省御史台,应有食利钱外,亦便令准此条流处分。其诸司除此食利钱,更别有诸色本钱,不得妄援此例。		
79	宪宗元和九年(814)	食利本、公廨本	户部除陌钱每缗增垫五钱,四时给诸司诸使之餐,置驱使官督之,御史一人核其侵渔,起明年正月,收息五之一,号"元和十年新置公廨本钱"。	新 55/1402	
80	宪宗元和十年(815)正月	食利本、公廨本	御史台奏:"秘书省等三十二司,除疏外,见在食利本钱,应见征纳及续举放,所收利钱,准敕并充添修当司廨宇什物,及令史驱使官厨料等用。准元和九年十二月二十九日敕,仍委御史台勾当,每至年终勘会处分。其诸司疏理外,见在本钱据额不得破用,如有欠失,即便勒主掌官典所繇等填陪者。其诸司食利本钱疏理外,合征收者,请改案额为元和十年新收置公廨本钱。……如人户辨纳本利钱,纵都数未足,亦勒据数与纳。"	册 507/ 6086 会 93/ 1682 文 965/ 10020 -1	《全唐文》为元和十年三月京兆府奏。

编号	年代	项目	内容 摘要	出处	备注
81	宪宗元和十一年(816)八月	官本	京城百司诸军诸使及诸道,应差所由,并召人捉本钱。右御史中丞崔从奏:"前件捉钱人等,比缘皆以私钱添杂官本,所防耗所,裨补官利。近日访闻商贩富人,投身要司,依托官本,广求私利。可征索者,自充家产,或迁欠者,证是官钱,非理逼迫,为弊非一。今请许捉钱户添放私本,不得过官本钱,勘责有剩,并请没官。"	册 507/6087 会 93/1682 新 55/1402 文 514/5219	
82	宪宗元和十一年(816)九月	食利本	东都御史台奏:"当台食利本钱,从贞元十一年至元和十一年,息利十倍以上者二十五户;从贞元十六年至元和十一年,息利七倍以上者一百五十六户;从贞元二十年至元和十一年,息利四倍以上者一百六十八户。伏见去年京畿诸司本钱,并条流甄免,其东都未蒙该及者,……及纳息利年深,……伏乞天恩同京诸司例,特甄减裁下。"	会 93/1682-3 文 965/10022 册 507/6087	
83	宪宗元和十二年(817)正月	食利本	门下省奏:"应管食利本钱,总三千四百九十八贯三百二十一文。(宰相已下至主录等食利三百七十八贯三百四十余文,直省院本钱,准建中三年四月十五日敕,以留院入钱置本。)"中书省奏:"当省食利本钱,共五千贯文。(宰相以下官至主录等食利钱一千贯,直省院食利本钱,准建中三年四月敕,当院自敛置本。)准元和	册 507/6087 会 93/1683	参德宗建中三年四月条。

编号	年代	项目	内容 摘要	出处	备注
			九年十二月九日敕,令勘会疏理,其见在合征钱,准敕合充添修当司廨宇什物,其省院本钱,缘是当院自敛置本,请便充本添厨等用。		
84	宪宗元和十三年(818)十月	官本	五坊使杨朝汶妄捕系人,迫以拷捶,责其息钱,遂转相诬引,所系近千人。中丞萧俛劾奏其状,裴度、崔群亦以为言。……冬,十月,赐朝汶死,尽释系者。	鉴240/7753-4 会52/910 旧170/4420 新173/5213	
85	宪宗元和十四年(819)七月	公廨本、官本	御史台及秘书省等三十二司公廨及诸色本利钱,其主保逃亡者,并正举纳利十倍已上,摊征保人纳利五倍已上,及展转摊保者,本利并宜放免。其正举未至十倍,亦委御史条疏闻奏。	英422/2588 文63/677	
86	宪宗元和十四年(819)十月	公廨本、官本	御史中丞萧俛奏:"应诸司诸军诸使公廨诸色本利钱等,伏缘臣当司及秘书省等三十二司利钱,伏准今年七月十三日赦文,至十倍者本利并放,展转摊保至五倍者,本利并放。缘前件诸司诸使诸军利钱,节文并不该及,其中有纳利百姓,见臣称诉,纳利已至十倍者,未蒙一例处分。……伏乞特降敕旨,并进今年七月十三日赦文处分,仍永为定制。"	册507/6088 会93/1683 文545/5522	
87	宪宗元和十四年(819)十二月	官本	(郑)余庆又奏:"请京见任文官一品以下,九品以上,及外使兼京正员官者,每月所请料钱,请率计每贯抽一十文,以充国子监修造先师庙,及诸室宇缮壁。经公廨杂用之余,益充本钱,诸色随便宜处置。"	册604/7254 会66/1160 文478/4886	

编号	年代	项目	内容 摘要	出处	备注
88	宪宗元和十五年(820)正月	食利本	内外官食料钱一倍至五倍以上,节级放免。仍每经十年,即内外百司各赐钱一万贯充本,各据司额大小,公事闲剧,及当司贫富,作等第给付。	诏2/11 文66/699—700	参元和十五年二月、十月条。
89	宪宗元和十五年(820)二月	食利本	内外官食利钱十倍至五倍已上,节级放免。仍每经十年,即内外官百司各赐钱一万贯充本,各据司大小,公事闲剧,及当司贫富作等第给付。	册507/6088 册90/1074 册491/5874 会93/1683-4	参元和十五年正月、十月条。 《册府元龟》卷九〇与卷四九一作"一倍至五倍已上"。
90	宪宗元和十五年(820)八月	官本	赐教坊钱五千贯,充本以收息利。	会93/1684 册507/6089 会34/630 旧16/480	
91	宪宗元和十五年(820)十月	官本	京百司共赐钱一万贯,仰御史台据司额大小,公事闲剧均之。	旧16/481	参元和十五年正月、二月条。
92	宪宗元和十五年(820)	学生食本	独处州刺史邺侯李繁至官,能以为先,既新作孔子庙。……又为置讲堂,教之行礼,肄习其中,置本钱廪米,令可继处以守。	文561/5678	
93	穆宗长庆元年(821)三月	官本	添给诸司本钱,准元和十五年五月十一日敕,内外百司,准二月五日赦文,宜共赐钱一万贯文,以户部钱充,仍令御史台据司额大小,公事闲剧,为等第均配。	会93/1684 册507/6089 册502/6014 文/拾遗6/10436	
94	穆宗长庆三年(823)十月	公廨本	赐内园使公廨本钱一万贯,军器使三千贯。	旧16/503	参长庆三年十一月条。

编号	年代	项目	内容 摘要	出处	备注
95	穆宗长庆三年(823)十一月	官本	赐内园本钱一万贯,军器使三千贯。	册 507/ 6089 会 93/ 1684	参长庆三年十月条。
96	穆宗长庆三年(823)十二月	食利本	赐五坊使钱五千贯,赐威远镇军钱一千贯,以为食利。	册 507/ 6089 会 93/ 1684	
97	穆宗长庆四年(824)	官本	(王仲舒)除江西观察使。……吏坐失官息钱三十万,悉产不能偿,仲舒焚簿书,脱械不问。	新 161/ 4985 文 562/ 5693	
98	文宗大和元年(827)十二月	官本	殿中省奏:"尚食局新旧本钱,总九百八十贯文。伏以尚食贫虚,更无羡余添给,伏乞圣慈,更赐添本钱二千贯文,许臣别条流方圆,诸色改换,收利支用,庶得不失公事。"敕旨:赐本钱一千贯文,以户部五文抽贯钱充。	会 93/ 1684 册 507/ 6089 文 965/ 10028	
99	文宗大和七年(833)八月	官本	中书门下省所将本钱,与诸色人,给驱使官文牒,于江淮诸道经纪,每年纳利,并无元额许置,如闻皆是江淮富豪大户,纳利殊少,影庇至多。	册 507/ 6090 会 93/ 1684 文 74/ 777	
100	文宗大和七年(833)八月	食利本	始,二省符江淮大贾,使主堂厨食利,因是挟赀行天下,所至州镇为右客,富人倚以自高。(李)德裕一切罢之。	新 180/ 5333	
101	文宗大和八年(834)二月	食利本	在京诸司诸使食利钱,其元举人已纳利计数五倍已上者,本利并放。其有人户逃死,摊征保人,其保人纳利计两倍已上者,其本利亦并放免。其纳利未满此数者,待纳利数足,征本停利。	英 441/ 2693 册 491/ 5876 册 91/1086 诏 10/ 64 文 75/ 784—5	

编号	年代	项目	内容 摘要	出处	备注
102	文宗大和九年(835)正月	官本	中书门下两省奏请,依元和元年八月六日敕,各置捉钱官。敕中书省宜置三十人,门下省置二十五人。	册 507/6090	
103	文宗大和	食利本	及月终,厨吏率其余而分之,文学参军得司录居三之一。君晓之曰:"俸钱职田手力数既别官品矣,此餐钱之余,不当计位高下。"从此后自司录至参军平分之。旧事,掾曹之下,各请家僮一人食钱,助本司府吏厨附食,司录家僮或三人或四人,就公堂余食,侵挠厨吏,弊日益长。君使家僮二人食钱于司录府吏厨附食,家僮终不入官厨。	英 957/5981-2 文 639/6456	
104	文宗开成三年(838)七月	官本	尚书省自长庆三年赐本钱后,岁月滋久,散失颇多,或息利数重,经恩放免,或人户逋欠,无处征收。如闻尚书丞郎官入省日,每事阙供,须议添助,除旧赐本钱征利收及吏部告身钱外,宜每月共赐一百贯文,委户部逐月支付。其本钱任准前收利添充给用,仍委都省纳勒旧本及新添钱,量多少均配。	册 507/6091 会 93/1684-5 文 74/778-9	
105	文宗开成四年(839)五月	官本	谏议大夫韦力仁仗内奏曰:"臣伏见军家捉钱,事侵府县,军司与府县,各有区别。"	册 41/468 册 547/6566	《册府元龟》卷五四七为开成三年。
106	文宗开成四年(839)六月	食利本	宰臣李珏奏:"堂厨食利钱一千五百贯文,供宰相香油蜡烛,捉钱官三十人,颇扰百姓。……"……杨嗣复曰:"百司食利,实为烦碎,自贞观以后,	册 507/6091 册 160/1932 会 93/1685 新 55/1402	

编号	年代	项目	内容 摘要	出处	备注
			留此弊法。臣等即条流闻奏,乃奏宰臣置厨捉钱官并勒停,其钱并本钱追收,勒堂后驱使官置库收掌破用,量入计费,十年用尽后,即据所须,奏听进止。"		
107	武宗会昌元年(841)正月	馆驿本	每有过客衣冠,皆求应接行李,苟不供给,必致怨尤。刺史县令,务取虚名,不惜百姓。……宜委本道观察使条流,量县大小,及道路要僻,各置本钱,逐月收利。	册 484/5791 会 93/1685 册 160/1932	
108	武宗会昌元年(841)四月	食利本	河南府奏:"当府食利本钱,出举与人。"敕旨:"河南府所置本钱,用有名额,既无别赐,所阙则多,宜令改正名额,依旧收利充用。"	册 508/6093 会 93/1685	
109	武宗会昌元年(841)六月	食利本	户部奏:"准正月九日敕文,放免诸司食利钱,每年别赐钱三万贯文,充诸司公用。今准赦文,酌量闲剧,率配如后。准长庆三年十二月九日敕,赐诸司食利本钱共八万四千五百贯文,四分收利,一年祇当四万九百九十二贯文。……虽有四分收利之名,而无三分得利之实。……其御史台频得报牒称:'本钱数多,支用处广,虽有诸道赃罚,公用常不充足,今请每月合得利钱数外,每月更添至三百贯文。'内侍省据自司报牒称:'省内公用稍广,利钱比于诸司最多,今请于合得钱外,亦添至三百贯文。'兵部吏部尚书等铨一十一司,缘有旧本钱准敕放免,又有公事,今请每月共与	册 508/6093-4 文 974/10101-2 会 93/1686	《唐会要》赐钱二万贯。

编号	年代	项目	内容 摘要	出处	备注
			一百五十贯文。并中书门下御史台及兵吏部诸铨,每年共当六千八百二十九贯六百文。……今请依长庆三年十二月九日均赐钱敕额,分配新赐钱三万贯,事有根柢,亦得均平。		
110	武宗会昌元年(841)六月	馆驿本	河中晋绛慈隰等州观察使孙简奏:"准赦书节文,量县大小,各置本钱,逐月四分收利,供给不乘驿前观察使刺史、前任台省官等。晋慈隰三州各置本钱讫,得绛州申称无钱置本,令使司量贷钱二百贯充置本,以当州合送使钱充。"	册508 /6093 会93/ 1686 文761/ 7907	
111	武宗会昌二年(842)正月	食利本	去年赦书所放食利,祇是外百司食钱,令户部共赐钱讫。若先假以食利为先,将充公用者,并不在放免。如闻内诸司息利钱,皆以食利为名,百姓因此亦求蠲免,宜各委所司,不在放免限。	册508/ 6094 会93/ 1686 文76/ 803	
112	武宗会昌五年(845)十一月	病坊本	李德裕奏云:"……今缘诸道僧尼,尽已还俗,悲田坊无人主领,……如州镇有羡余官钱,量予置本收利,最为稳便。"	会49/863 文704/7224－5	
113	武宗会昌六年(846)十二月	官本	中书门下奏:"应诸州刺史,既欲责其絜己,须令俸禄稍充。……并任于军事杂钱中,方圆置本,收利充给。"	册508/ 6094－5 文967/ 10047	参宣宗大中六年十二月条。
114	宣宗大中二年(848)六月	官本	户部侍郎兼御史大夫判度支崔龟从奏:"应诸司场院官请却官本钱后,或有欺隐欠负,征理须足,不得苟从恩荡,以求放免。今后凡隐盗欠负,……纵逢恩赦,不在免限。"从之。	旧18/ 621	

编号	年代	项目	内容 摘要	出处	备注
115	宣宗大中五年(851)九月	公廨本	至于使州公廨及杂利润,天下州府皆有规制,不敢违越。缘未有明敕处分,多被无良人吏致使恐吓,或致言讼。起今后应刺史下担什物,及除替后资送钱物,但不率敛官吏,不科配百姓,一任各守州县旧例色目支给。如无公廨,不在资送之限。若辄有率配,以入己赃论。	旧 18/629 会 69/1211 文 81/847	
116	宣宗大中六年(852)十二月	官本	中书门下奏:"……今请观察使刺史到任一年,即悉具厘革制置诸色公事。……既欲责其洁己,须令俸禄少充。……并于军事杂钱中,方圆置本收利充给。"	会 69/1211-2 文/拾遗57/11017	参武宗会昌六年十二月条。
117	宣宗	食利本	初,度支度六宫餧钱移司农,司农季一出付吏,大吏尽举所给于人,权其子钱以给之,既不以时,黄门来督责慢骂。(杜)中立取钱纳帑舍,率五日一出,吏不得为奸,后遂以为法。	新 172/5206	
118	懿宗咸通五年(864)五月	馆驿本	潭、桂两道各赐钱三万贯文,以助军钱,亦以充馆驿息利本钱。其江陵、江西、鄂州三道,比于潭、桂,徭配稍简,宜令本道观察使详其闲剧,准此例与置本钱。	旧 19/656 册 484/5791 文 83/872 诏 107/557	《唐大诏令集》为三年五月。
119	懿宗咸通八年(867)十一月	病坊本	其病坊据元敕各有本利钱,……如遇风雪之时,病者不能求丐,即取本坊利钱市米为粥,均给饥乏。	诏 10/65 文 84/883	

编号	年代	项目	内容 摘要	出处	备注
120	僖宗乾符二年(875)正月	官本	访闻五岭诸郡,修补廨舍城池,材石人工,并配百姓,至于粮用,皆自赍持。……自此委节度观察使接借本钱,并刺史百计收拾运转,别立修造,案名额,遣干济官主持。	诏 72/ 403 文 89/932－3	

说明：

1. 出处代号：新＝《新唐书》,旧＝《旧唐书》,鉴＝《资治通鉴》,通＝《通典》,典＝《唐六典》,册＝《册府元龟》,会＝《唐会要》,诏＝《唐大诏令集》,英＝《文苑英华》,文＝《全唐文》(附《唐文拾遗》、《唐文续拾遗》)(卷/页)

2. 本表只列出可判断与官本放贷有关者,凡事由相同而无明确用语者,或无官本放贷之相关用语者,或不确定用于置本息利者,或私钱出贷供官用者,皆不录。

3. 各数据之官本项目相同,或内容近似者,列为一条,并详注出处,唯该引文出自首见于出处栏者。如官本项目不同,则各条并列。

4. 可知官本项目者,列出项目名称;不知项目名称或杂钱出举者,泛言官本;如该条涉及两个项目者,并列之。

5. 如各条资料之重要内容有不同者,于备注栏做说明;如为错字,径改之,不再注出。

6. 凡与该官本项目之兴替相关者亦列出,以了解其演变情形。

7. 文长者为省篇幅,节录之。如原文为小注,以括号表示之。

8. 凡与官本利率相关者,详本书表二十,此处不再详录。

壹、基本史料

一、经部

郑玄注,孔颖达疏,《礼记正义》,收入:李学勤主编,《十三经注疏》,北京:北京大学出版社,1999。

郑玄注,贾公彦疏,《周礼注疏》,收入:李学勤主编,《十三经注疏》。

郑玄注,贾公彦疏,《礼记注疏》,收入:李学勤主编,《十三经注疏》。

二、史部

(一)正史

司马迁,《史记》,台北:鼎文书局,新校标点本,1986。

班固,《汉书》,台北:鼎文书局,新校标点本,1986。

范晔,《后汉书》,台北:鼎文书局,新校标点本,1975。

陈寿,《三国志》,台北:鼎文书局,新校标点本,1974。

房玄龄,《晋书》,台北:鼎文书局,新校标点本,1979。

沈约,《宋书》,台北:鼎文书局,新校标点本,1979。

萧子显,《南齐书》,台北:鼎文书局,新校标点本,1975。

姚思廉,《梁书》,台北:鼎文书局,新校标点本,1986。

姚思廉,《陈书》,台北,鼎文书局,新校标点本,1975。

魏收,《魏书》,台北:鼎文书局,新校标点本,1975。

李百药,《北齐书》,台北:鼎文书局,新校标点本,1975。

令狐德棻,《周书》,台北:鼎文书局,新校标点本,1987。

李延寿,《南史》,台北:鼎文书局,新校标点本,1981。

李延寿,《北史》,台北:鼎文书局,新校标点本,1981。

魏徵,《隋书》,台北:鼎文书局,新校标点本,1979。

刘昫,《旧唐书》,台北:鼎文书局,新校标点本,1976。

欧阳修、宋祁,《新唐书》,台北:鼎文书局,新校标点本,1976。

薛居正,《旧五代史》,台北:鼎文书局,新校标点本,1978。

欧阳修,《新五代史》,台北:鼎文书局,新校标点本,1976。

(二)其他(以下依作者笔画排列)

中国社会科学院历史研究所宋辽金元史研究室点校,《名公书判清明集》,北京:中华书局,1987。

仁井田陞著,池田温编集,《唐令拾遗補》,東京:東京大學出版會,1997。

仁井田陞著,栗劲等编译,《唐令拾遗》,长春:长春出版社,1989。

天一阁博物馆,中国社会科学院历史研究所天圣令整理课题组校证,《天一阁藏明钞本天圣令校证(附唐令复原研究)》,北京:中华书局,2006。

王溥,《五代会要》,台北:九思出版社,1978。

王溥著,《唐会要》,台北:世界书局,1974。

王鸣盛著,黄曙辉点校,《十七史商榷》,上海:上海书店出版社,2005。

司马光,《资治通鉴》,台北:世界书局,1974。

宋敏求,《长安志》,收入:平冈武夫编,《唐代的长安和洛阳·资料》(中译本),上海:上海古籍出版社,1989。

李吉甫撰,贺次君点校,《元和郡县图志》,北京:中华书局,1995。

李林甫等撰,陈仲夫点校,《唐六典》,北京:中华书局,1992。

杜佑撰,王文锦等点校,《通典》,北京:中华书局,1988。

沈之奇著,怀效锋、李俊点校,《大清律辑注》,北京:法律出版社,2000。

明神宗敕撰,《大明律集解附例》,台北:学生书局,1970。

长孙无忌等撰,刘俊文点校,《唐律疏议》,北京:中华书局,1993。

徐元瑞著,杨讷点校,《吏学指南》,杭州:浙江古籍出版社,1988。

徐本等纂,张荣铮、刘勇强、金懋初点校,《大清律例》,天津:天津古籍出版社,1993。

徐松,《河南志》,台北:世界书局,1963。

徐松著,张穆校补,《唐两京城坊考》,北京:中华书局,1985。

马端临,《文献通考》,文渊阁四库全书史部政书类。

张鷟著,田涛、郭成伟校注,《龙筋凤髓判校注》,北京:中国政法大学,1996。

惟宗直本编,《令集解》,收入:黑板勝美編,《新訂增補國史大系》,東京:吉川弘文館,1989。

清原夏野等撰,《令義解》,收入:黑板勝美編,《新訂增補國史大系》。

赵翼著,栾保群、吕宗力校点,《陔余丛考》,石家庄:河北人民出版社,2003。

谢深甫等撰,《庆元条法事类》,收入:杨一凡、田涛主编,戴建国点校,《中国珍稀法律典籍续编》,哈尔滨:黑龙江人民出版社,2002。

萧嵩著,池田温解题,《大唐開元禮》,東京:古典研究會,1972。

窦仪等撰,吴翊如点校,《宋刑统》,北京:中华书局,1984。

三、子部(宗教典籍列于本项最后)

王文诰编,《唐代丛书》,台北:新兴书局,1971。

王定保著,姜汉椿校注,《唐摭言校注》,上海:上海社会科学院出版社,2003。

王钦若等编,《册府元龟》,台北:台湾"中华书局",1972。

王应麟,《玉海》,台北:华文书局,1964。

王辟之著,吕友仁点校,《渑水燕谈录》,收入:《唐宋史料笔记丛刊》,北京:中华书局,1997。

王谠撰,周勋初校证,《唐语林校证》,收入:《唐宋史料笔记丛刊》。

朱礼,《汉唐事笺》,江苏:广陵古籍刻印社,1990。

佚名撰,恒鹤校点,《大唐传载》,收入:丁如明等校点,《唐五代笔记小说大观》,上海:上海古籍出版社,2000。

吴曾,《能改斋漫录》,台北:木铎出版社,1982。

李昉等编,《太平广记》,台北:文史哲出版社,1981。

李昉等编,夏剑钦等校点,《太平御览》,石家庄:河北教育出版社,1994 。

李筌,《神机制敌太白阴经》,上海:商务印书馆,丛书集成初编本。

李肇撰,曹中孚校点,《唐国史补》,收入:《唐五代笔记小说大观》。

沈括著,胡道静校证,《梦溪笔谈校证》,上海:上海古籍出版社,1987。

姚汝能,《安禄山事迹》,北京:中华书局,1991。

封演撰,赵贞信校注,《封氏闻见记校注》,北京:中华书局,2005。

段成式撰,《酉阳杂俎》,台北:源流文化公司,1982。

洪迈著,上海师范大学古籍整理组点校,《容斋随笔》,上海:上海古籍出版社,1996。

范摅撰,阳羡生校点,《云溪友议》,收入:《唐五代笔记小说大观》。

韦绚撰,阳羡生校点,《刘宾客嘉话录》,收入:《唐五代笔记小说大观》。

孙逢吉,《职官分纪》,文渊阁四库全书本子部类书类。

张鷟著,赵守俨点校,《朝野佥载》,收入:《唐宋史料笔记丛刊》。

郭书春、刘钝校点,《算经十书》,沈阳:辽宁教育出版社,1998。

贾思勰著,缪启愉校释,《齐民要术校释》,台北:明文书局,1986。

赵璘撰,曹中孚校点,《因话录》,收入:《唐五代笔记小说大观》。

刘肃撰,许德楠、李鼎霞点校,《大唐新语》,收入:《唐宋史料笔记丛刊》。

刘敬叔撰,范宁校点,《异苑》,北京:中华书局,1996。

钱易,《南部新书》,上海:商务印书馆,丛书集成初编本。

钱宝琮校点,《算经十书》,北京:中华书局,1963。

顾炎武,《日知录集释》,台北:世界书局,1968。

不著撰人,《示所犯者瑜伽法镜经》,大正藏 2896 号,85 册。

不著撰人,《神僧传》,大正藏 2064 号,50 册。

不著撰人,《像法决疑经》,大正藏 2870 号,85 册。

释义净译,《根本说一切有部毗奈耶药事》,大正藏 1448 号,24 册。

释法藏述,《华严经探玄记》,大正藏 1733 号,35 册。

释知礼述,《金光明经文句记》,大正藏 1786 号,39 册。

释道宣撰,《续高僧传》,大正藏 2060 号,50 册。

释僧佑撰,《出三藏记集》,大正藏 2145 号,55 册。

释赞宁撰,范祥雍点校,《宋高僧传》,台北:文津书局,1991。

四、集部

元结,《元次山集》,台北:河洛出版社,1975。

元稹,《元稹集》,台北:汉京文化公司,1983。

王梵志著,项楚校注,《王梵志诗校注》,上海:上海古籍出版社,1991。

王梵志著,张锡厚校辑,《王梵志诗校辑》,北京:中华书局,1983。

白居易著,顾学颉校点,《白居易集》,北京:中华书局,1988。

皮日休,《皮子文薮》,收入:《皮日休文集》,上海:上海古籍出版社,1981。

宋敏求,《唐大诏令集》,台北:鼎文书局,1972。

李希泌主编,毛华轩等编,《唐大诏令集补编》,上海:上海古籍出版社,2003。

吴钢主编,陕西省古籍整理办公室编,《全唐文补遗》,西安:三秦出版社,1994—2000。

杜牧,《樊川文集》,台北:九思出版社,1979。

李昉等编,《文苑英华》,台北:华文书局,1965。

李德裕著,傅璇琮、周建国校笺,《李德裕文集校笺》,石家庄:河北教育出版社,2000。

李翱,《李文公集》,台北:商务印书馆,四部丛刊正编本。

皇甫湜,《皇甫持正文集》,台北:商务印书馆,四部丛刊正编本。

周绍良主编,《全唐文新编》,长春:吉林文史出版社,2000。

柳宗元,《柳宗元集》,台北:汉京文化公司,1982。

张九龄,《曲江文集》,台北:商务印书馆,四部丛刊正编本。

张说，《张说之文集》，台北：商务印书馆，四部丛刊正编本。

清圣祖御制，王全点校，《全唐诗》，北京：中华书局，1996。

陈尚君辑校，《全唐文补编》，北京：中华书局，2005。

陆心源编，《唐文拾遗》，收入：董诰等编，《全唐文》，北京：中华书局，1983。

陆心源辑，《唐文续拾遗》，收入：董诰等编，《全唐文》。

陆贽，《陆宣公集》，杭州：浙江古籍出版社，1988。

董诰等编，《全唐文》，北京：中华书局，1983。

刘禹锡，《刘禹锡集》，北京：中华书局，1990。

欧阳詹，《欧阳行周文集》，台北：商务印书馆，四部丛刊正编本。

独孤及，《毗陵集》，台北：商务印书馆，四部丛刊正编本。

韩愈，《韩昌黎集》，台北：河洛出版社，1975。

权德舆，《权载之文集》，台北：商务印书馆，四部丛刊正编本。

五、出土文献

小田義久，《大谷文書集成》，京都：法藏館，1984－2003。

中国国家图书馆编，《中国国家图书馆藏敦煌遗书》，南京：江苏古籍出版社，1999— 。

中国敦煌吐鲁番学会敦煌古文献编辑委员会等编，《英藏敦煌文献》，成都：四川人民出版社，1990－1995。

甘肃藏敦煌文献编委会、甘肃人民出版社、甘肃省文物局等编，《甘肃藏敦煌文献》，兰州：甘肃人民出版社，1999。

池田溫，《中國古代籍帳研究——概觀·錄文一》，東京：東京大學東洋文化研究所報告，1979。

周绍良、白化文等编，《敦煌变文集补编》，北京：北京大学出版社，1989。

周绍良编，《唐代墓志汇编》，上海：上海古籍出版社，1992。

周绍良编，《唐代墓志汇编续集》，上海：上海古籍出版社，2001。

武汉大学历史系、中国文物研究所、新疆维吾尔自治区博物馆等编，《吐鲁番出土文书》（图录本），北京：文物出版社，1992－1996。

武汉大学历史系、国家文物局古文献研究室、新疆维吾尔自治区博物馆等编，《吐鲁番出土文书》（简编本），北京：文物出版社，1981－1991。

法国国家图书馆、上海古籍出版社编，《法国国家图书馆藏敦煌西域文献》，上海：上海古籍出版社，1995－2005。

侯灿、吴美琳著，《吐鲁番出土砖志集注》，成都：巴蜀书社，2003。

俄罗斯科学院东方研究所圣彼得堡分所等编，《俄藏敦煌文献》，上海：上海古籍出版社，1992－2001。

柳洪亮，《新出吐鲁番文书及其研究》，乌鲁木齐：新疆人民出版社，1997。

唐耕耦、陆宏基编，《敦煌社会经济文献真迹释录》，北京：全国图书馆文献缩微复制中心，1986－1990。

张家山二四七号汉墓竹简整理小组编，《张家山汉墓竹简［二四七号墓］》（释文修订本），北京：文物出版社，2006。

陈国灿，《斯坦因所获吐鲁番文书研究》，武汉：武汉大学出版社，1995。

彭金章，王建军编，《敦煌莫高窟北区石窟》，北京：文物出版社，2000－2004。

黄文弼，《吐鲁番考古记》，收入：《中国西北文献丛书》，兰州：兰州古籍书局，1990。

睡虎地秦墓竹简整理小组，《睡虎地秦墓竹简》，北京：文物出版社，1990。

潘重规，《敦煌变文集新书》，台北：文津出版社，1994。

罗振玉，《贞松堂藏西陲秘籍丛残》，收入：《中国西北文献丛书续编》第一辑《敦煌学文献卷》，兰州：甘肃文化出版社，1999。

Yamamoto, Tatsuro, et al eds, *Tun—huang and Turfan Documents concerning Social and Economic History*，Ⅰ *Legal Texts*，Ⅱ *Census Registers*，Ⅲ *Contracts*，Ⅳ *She Associations and Related Documents*，Ⅴ *Supplement*，Tokyo, The Toyo Bunko，1978－1980，1984－1985，1986－1987，1988－1989，2001.

贰、近人论著

一、中文部分

（一）专书

中国财政部编，《中国农民负担史》（第一卷），北京：中国财政经济出版社，1991。

方宝璋，《中国审计史》，台北：洪叶出版公司，1995。

王永兴，《唐勾检制研究》，上海：上海古籍出版社，1991。

王永兴，《唐代前期西北军事研究》，北京：中国社会科学出版社，1994。

王永兴，《陈门问学丛稿》，南昌：江西人民出版社，1993。

王永兴，《敦煌经济文书导论》，台北：新文丰公司，1994。

王立民，《唐律新探》，上海：上海社会科学院出版社，1993。

王仲荦，《隋唐五代史》，上海：上海人民出版社，1984。

王勋成，《唐代铨选与文学》，北京：中华书局，2001。

王寿南，《唐代宦官权势之研究》，台北：正中书局，1971。

王寿南，《唐代藩镇与中央关系之研究》，台北：大化书局，1978。

王寿南，《隋唐史》，台北：三民书局，2000。

古怡青，《唐代府兵制度兴衰研究：从卫士负担谈起》，台北：新文丰公司，2002。

石云涛，《唐代幕府制度研究》，北京：中国社会科学出版社，2003。

全汉昇，《中国经济史研究》，台北：稻乡出版社，2003。

全汉昇，《中国经济史论丛》，台北：稻禾出版社，1996。

向达，《唐代长安与西域文明》，台北：明文书局，1988。

吴琮璠，《审计学》，台北：智胜文化公司，1998。

吕思勉，《隋唐五代史》，台北：九思出版社，1977。

吕思勉，《读史札记》，台北：木铎出版社，1983。

宋家钰，《唐朝户籍法与均田制研究》，郑州：中州古籍出版社，1988。

李正宇，《敦煌历史地理导论》，台北：新文丰公司，1997。

李金华编，《中国审计史》（第一卷），北京：中国时代经济出版社，2004。

李斌城等著，《隋唐五代社会生活史》，北京：中国社会科学出版社，1998。

李剑农，《魏晋南北朝隋唐经济史稿》，台北：华世出版社，1981。

李锦绣，《唐代制度史略论稿》，北京：中国政法大学出版社，1998。

李锦绣，《唐代财政史稿》（上、下卷），北京：北京大学出版社，1995、2001。

杜斗城，《敦煌五台山文献校录研究》，太原：山西人民出版社，1991。

汪世荣，《中国古代判词研究》，北京：中国政法大学出版社，1997。

谷霁光，《府兵制度考释》，上海：上海人民出版社，1978。

辛德勇，《隋唐两京丛考》，陕西：三秦出版社，1991。

林富士，《汉代的巫者》，台北：稻乡出版社，2003。

姜锡东，《宋代商业信用研究》，石家庄：河北教育出版社，1993。

胡世凯，《明主治吏不治民——中国传统法律中的官吏渎职罪研究》，北京：中国政法大学出版社，2000。

胡如雷，《中国封建社会形态研究》，北京：三联书店，1979。

胡留元、冯卓慧，《西周法制史》，西安：陕西人民出版社，1988。

胡戟、李孝聪、荣新江，《吐鲁番》，西安：三秦出版社，1987。

胡戟等编，《二十世纪唐研究》，北京：中国社会科学出版社，2002。

胡沧泽，《唐代御史制度研究》，台北：文津出版社，1993。

胡宝华，《唐代监察制度研究》，北京：商务印书馆，2005。

郁贤皓，《唐九卿考》，北京：中国社会科学出版社，2003。

郁贤皓，《唐刺史考全编》，合肥：安徽大学出版社，2000。

唐长孺，《山居存稿》，北京：中华书局，1989。

唐耕耦，《敦煌寺院会计文书研究》，台北：新文丰公司，1997。

孙国栋，《唐代中央重要文官迁转途径研究》，香港：龙门书局，1978。

孙翊刚，《中国财政史》，北京：中国社会科学出版社，2003。

孙继民，《唐代瀚海军文书研究》，兰州：甘肃文化出版社，2002。

孙继民，《敦煌吐鲁番所出唐代军事文书初探》，北京：中国社会科学出版社，2000。

翁俊雄，《唐代人口与区域经济》，台北：新文丰公司，1995。

翁俊雄，《唐初政区与人口》，北京：北京师范学院出版社，1990。

翁俊雄，《唐后期政区与人口》，北京：首都师范大学出版社，1999。

翁俊雄，《唐朝鼎盛时期政区与人口》，北京：首都师范大学出版社，1995。

袁刚，《隋唐中枢体制的发展演变》，台北：文津出版社，1994。

高明士，《中国中古的教育与学礼》，台北：台大出版中心，2005。

高明士，《中国传统政治与教育》，台北：文津出版社，2003。

高明士，《东亚教育圈形成史论》，上海：上海古籍出版社，2003。

高明士，《唐代东亚教育圈的形成》，台北："国立"编译馆，1984。

张弓，《唐朝仓廪制度初探》，北京：中华书局，1986。

张国刚，《唐代官制》，西安：三秦出版社，1987。

张国刚，《唐代政治制度研究论集》，台北：文津出版社，1994。

张国刚，《唐代藩镇研究》，长沙：湖南教育出版社，1987。

张泽咸，《唐五代赋役史草》，北京：中华书局，1986。

梁其姿，《施善与教化》，台北：联经公司，1997。

郭净，《傩：驱鬼·逐疫·酬神》，香港：珠海出版公司，1993。

郭道扬，《中国会计史稿》（上册），北京：中国财政经济出版社，1982。

陈仲安、王素，《汉唐职官制度研究》，北京：中华书局，1993。

陈明光，《六朝财政史》，北京：中国财政经济出版社，1997。

陈明光，《唐代财政史新编》，北京：中国财政经济出版社，1991。

陈明光，《汉唐财政史论》，长沙：岳麓书社，2003。

陈俊强，《皇恩浩荡——皇帝统治的另一面》，台北：五南出版公司，2005。

陈国栋、罗彤华主编，《经济脉动》，北京：中国大百科全书出版社，2005。

陈国灿，《唐代的经济社会》，台北：文津出版社，1999。

陈国灿，《敦煌学史事新证》，兰州：甘肃教育出版社，2002。

陈国灿，《斯坦因所获吐鲁番文书研究》，武汉：武汉大学出版社，1995。

陶希圣、鞠清远，《唐代经济史》，台北：商务印书馆，1979。

乔伟，《唐律研究》，济南：山东人民出版社，1985。

彭信威，《中国货币史》，上海：上海人民出版社，1988。

曾良，《敦煌文献字义通释》，厦门：厦门大学出版社，2001。

程志、韩滨娜，《唐代的州和道》，西安：三秦出版社，1987。

黄惠贤等编，《中国俸禄制度史》，武汉：武汉大学出版社，1996。

杨际平，《北朝隋唐均田制新探》，长沙：岳麓书社，2003。

杨鸿年，《隋唐两京坊里谱》，上海：上海古籍出版社，1999。

叶孝信，《中国民法史》，上海：上海人民出版社，1993。

葛承雍，《唐代国库制度》，西安：三秦出版社，1990。

宁志新，《隋唐使职制度研究》（农牧工商编），北京：中华书局，2005。

荣新江，《归义军史研究——唐宋时代敦煌历史考索》，上海：上海古籍出版社，1996。

赵雨乐，《唐宋变革期之军政制度——官僚机构与等级之编成》，台北：文史哲出版社,1994。

刘云,《中国古代审计史话》,北京:中国时代经济出版社,2005。

刘玉峰,《唐代工商业形态论稿》,济南:齐鲁书社,2002。

刘俊文,《唐代法制研究》,台北:文律出版社,1999。

刘俊文,《唐律疏议笺解》,北京:中华书局,1996。

刘俊文,《敦煌吐鲁番唐代法制文书考释》,北京:中华书局,1989。

刘秋根,《中国典当制度史》,上海:上海古籍出版社,1995。

刘秋根,《明清高利贷资本》,北京:社会科学文献出版社,2000。

刘统,《唐代羁縻府州研究》,西安:西北大学出版社,1998。

蒋礼鸿,《敦煌变文字义通释》,上海:上海古籍出版社,1997。

蔡次薛,《隋唐五代财政史》,北京:中国财政经济出版社,1990。

郑炳林,《敦煌吐鲁番文献研究》,兰州:兰州大学出版社,1995。

郑炳林,《敦煌地理文书汇辑校注》,兰州:甘肃教育出版社,1989。

郑显文,《唐代律令制研究》,北京:北京大学出版社,2005。

卢向前,《敦煌吐鲁番文书论稿》,南昌:江西人民出版社,1992。

赖瑞和,《唐代基层文官》,台北:联经公司,2004。

钱大群、郭成伟,《唐律与唐代吏治》,北京:中国政法大学出版社,1994。

钱大群、钱元凯,《唐律论析》,南京:南京大学出版社,1989。

谢元鲁,《唐代中央政权决策研究》,台北:文津出版社,1992。

鞠清远,《唐代财政史》,台北:食货出版社,1978。

韩国磐,《南北朝经济史略》,厦门:厦门大学出版社,1990。

罗彤华,《唐代民间借贷之研究》,台北:商务印书馆,2005。

谭蝉雪,《敦煌岁时文化导论》,台北:新文丰公司,1998。

严耕望,《唐史研究丛稿》,香港:新亚研究所,1969。

严耕望,《唐仆尚丞郎表》,台北:"中研院"史语所专刊,1956。

严耕望,《严耕望史学论文选集》,台北:联经公司,1991。

(二)论文

孔祥星,《唐代里正——吐鲁番、敦煌出土文书研究》,《中国历史博物馆馆刊》1(1979)。

孔祥星,《唐代新疆地区的交通组织长行坊——新疆出土唐代文书研究》,《中国历史博物馆馆刊》3(1981)。

方宝璋,《宋代的会计帐籍》,《北京师范学院学报(社会科学版)》1991:5。

方宝璋,《试论唐代御史在财经上的监督作用——兼谈唐代御史监察中的几个问题》,《北京师范大学学报(社会科学版)》1990:3。

王永兴,《吐鲁番出土唐西州某县事目文书研究》,收入:《唐前期西北军事研究》,北京:中国社会科学出版社,1994。

王永兴,《唐天宝敦煌差科簿研究——兼论唐代色役制和其他问题》,收入:

《陈门问学丛稿》,南昌:江西人民出版社,1993。

王永兴,《唐开元十六年北庭节度申尚书省年终勾帐》,收入:《唐代前期西北军事研究》。

王永兴,《通典载唐开元二十五年官品令流外官制校释》,收入:《陈门问学丛稿》。

王永兴,《敦煌唐代差科簿考释》,收入:《陈门问学丛稿》。

王永兴,《论唐代前期北庭节度》,收入:《唐代前期西北军事研究》。

王永兴,《关于唐代流外官的两点意见——唐流外官制研究之二》,收入:《陈门问学丛稿》。

王仲荦,《唐天宝初年地志残卷考释》,收入:王仲荦著,郑宜秀整理,《敦煌石室地志残卷考释》,上海:上海古籍出版社,1993。

王仲荦,《唐西陲物价考》,收入:北京大学中国中古史研究中心编,《敦煌吐鲁番文献研究论集》第5辑,北京:北京大学出版社,1990。

王宏治,《关于唐初馆驿制度的几个问题》,收入:北京大学中国中古史研究中心编,《敦煌吐鲁番文献研究论集》第3辑,北京:北京大学出版社,1986。

王炳华,《吐鲁番出土唐代庸调布研究》,收入:中国唐史研究会编,《唐史研究会论文集》,西安:陕西人民出版社,1983。

王振芳,《唐安史兵兴后到大历制俸时官俸探析》,《山西大学学报》1990:3。

王珠文,《关于唐代官吏俸料钱的几点意见》,《晋阳学刊》1985:4。

王曾瑜,《从市易法看中国中古的官府商业和借贷资本》,《大陆杂志》85:1(1992)。

王善林,《论唐代后期的"官商合流"》,《晋阳学刊》1989:3。

王寿南,《唐代文官任用制度之研究》,收入:王寿南,《唐代政治史论集》,台北:台湾"商务印书馆",1977。

王寿南,《唐代御史制度》,收入:劳贞一先生八秩荣庆论文集编辑委员会主编,《劳贞一先生八秩荣庆论文集》,台北:台湾"商务印书馆",1986。

王寿南,《论唐末桂林戍卒之乱》,《政大历史学报》2(1984)。

王寿南,《论晚唐裘甫之乱》,《政治大学学报》19(1969)。

王德毅,《宋代的养老与慈幼》,收入:"国立中央图书馆"庆祝蒋慰堂先生七十荣庆论文集编辑委员会编,《庆祝蒋慰堂先生七十荣庆论文集》,台北:台湾学生书局,1968。

王卫平,《唐宋时期慈善事业概说》,《史学月刊》2000:3。

王冀青,《唐前期西北地区用于交通的驿马、传马和长行马——敦煌、吐鲁番发现的馆驿文书考察之二》,收入:郑炳林主编,《敦煌吐鲁番文献研究》,兰州:兰州大学出版社,1995。

任士英,《唐代流外官制研究》(上、下),收入:史念海主编,《唐史论丛》第5、6辑,西安:三秦出版社,1990、1995。

任育才，《唐代监察制度之研究》，收入：任育才，《唐史研究论集》，台北：鼎文书局，1975。

全汉昇，《唐代物价的变动》，收入：全汉昇，《中国经济史研究》，台北：稻乡出版社，2003。

全汉昇，《唐宋帝国与运河》，收入：《中国经济史研究》。

全汉昇，《唐宋时代扬州经济景况的繁荣与衰弱》，收入：全汉昇，《中国经济史论丛》，台北：稻禾出版社，1996。

向群，《敦煌吐鲁番文书中所见唐官文书"行判"的几个问题》，《敦煌研究》1995：3。

向达，《西征小记》，收入：向达，《唐代长安与西域文明》，石家庄：河北教育出版社，2001。

安家瑶，《唐永泰元年(765)——大历元年(766)河西巡抚使判集(伯二九四二)研究》，收入：北京大学中国中古史研究中心编，《敦煌吐鲁番文献研究论集》，北京：中华书局，1982。

何汝泉，《唐代户部别贮钱的来源》，《魏晋南北朝隋唐史资料》21(2004)。

何汝泉，《唐代度支、盐铁二使关系试析》，收入：中国唐史学会编，《中国唐史学会论文集》，西安：三秦出版社，1993。

余欣，《唐代民间借贷之利率问题——敦煌吐鲁番出土借贷契券研究》，《敦煌研究》1997：4。

吴震，《敦煌石室写本唐天宝初年＜郡县公廨本钱簿＞校注并跋》，《文史》13(1982)、《文史》14(1983)。

吴丽娱，《唐后期五代财务勾检制探微》，《唐研究》6(2000)。

吴丽娱，《唐后期的户部司与户部钱》，收入：中国唐史学会编，《中国唐史学会论文集》，西安：三秦出版社，1989。

吴丽娱、张小舟，《唐代车坊的研究》，收入：《敦煌吐鲁番文献研究论集》第3辑。

李方，《唐前期地方长官与判官在公文运作中的作用及相关问题》，《唐研究》7(2001)。

李均明，《汉简"会计"考》(上)、(下)，《出土文献研究》3、4(1998)。

李孝林，《世界会计史上的珍贵资料》，《江汉考古》1983：2。

李志生，《唐开元间西州抄目三件考释》，收入：《敦煌吐鲁番文献研究论集》第5辑。

李春润，《唐代的捉钱制》，《中南民族学院学报》1982：4。

李伟国，《宋朝财计部门对四柱结算法的运用》，《河南师大学报(社会科学版)》1984：1。

李燕捷，《唐代后期内外官主要经济收入对比》，《晋阳学刊》1990：1。

李燕捷，《唐代后期内外官轻重辨》，《社会科学战线》1992：4。

李锦绣,《唐前期公廨本钱的管理制度》,《文献》50(1991)。

李锦绣,《唐开元二十二年秋季沙州会计历考释》,收入:中国敦煌吐鲁番学会编,《敦煌吐鲁番学研究论文集》,上海:汉语大辞典出版社,1991。

李锦绣,《唐代直官制》,收入:《唐代制度史略论稿》,北京:中国政法大学出版社,1998。

李锦绣,《唐前期传制》,收入:《唐代制度史略论稿》。

杜文玉,《唐代内诸司使考略》,《陕西师范大学学报(哲学社会科学版)》1993:3。

杜梭,《唐代户部使司开支京官俸料时限考》,《晋阳学刊》1989:3。

杜梭,《唐后期"户部"添置京司食钱考述》,《河北师院学报》1988:1。

何汝泉,《唐代使职的产生》,《西南师范大学学报》1987:1。

孟彦弘,《唐代的驿、传送与转运——以交通与运输之关系为中心》,《唐研究》12(2006)

侯家驹,《羡余小考》,《大陆杂志》73:5(1986)。

姜伯勤,《从判文看唐代市籍制的终结》,《历史研究》1990:3。

恍然,《唐代官民借贷考略》,《清华周刊》43:7、8(1935)。

拜根兴,《试论唐代的廊下食与公厨》,收入:朱雷主编,《唐代的历史与社会》,武汉:武汉大学出版社,1997。

胡戟,《唐代度量衡与亩里制度》,《西北大学学报》1980:4。

唐长孺,《吐鲁番文书中所见的西州府兵》,收入:唐长孺主编,《敦煌吐鲁番文书初探二编》,武汉:武汉大学出版社,1990。

唐长孺,《南朝的屯、邸、别墅及山泽占领》,收入:唐长孺,《山居存稿》,北京:中华书局,1989。

唐长孺,《唐代色役管见》,收入:《山居存稿》。

唐长孺,《唐代的内诸司使及其演变》,收入:《山居存稿》。

唐长孺,《新出吐鲁番文书简介》,收入:《山居存稿》。

唐耕耦,《8 至 10 世纪敦煌的物价》,收入:唐耕耦,《敦煌寺院会计文书研究》,台北:新文丰公司,1997。

孙晓林,《试探唐代前期西州长行坊制度》,收入:《敦煌吐鲁番文书初探二编》。

孙晓林,《关于唐前期西州设"馆"的考察》,《魏晋南北朝隋唐史资料》11(1991)。

徐嫩棠,《唐朝社会的举贷及高利贷》,《贵州文史丛刊》1996:5。

柴剑虹,《读敦煌写卷＜黄仕强传＞札记》,收入:柴剑虹,《敦煌吐鲁番学论稿》,杭州:浙江教育出版社,2000。

翁俊雄,《唐代的州县等级制度》,《北京师范学院学报》1991:1。

翁俊雄,《唐后期节度、观察使(方镇)职能初探》,收入:翁俊雄,《唐代人口与区域经济》，台北：新文丰公司，1995。

袁慧，《天一阁藏明抄本官品令及其保护经过》，收入：天一阁博物馆，中国社会科学院历史研究所天圣令整理课题组校证，《天一阁藏明钞本天圣令校证（附唐令复原研究）》，北京：中华书局，2006。

马世长，《地志中的"本"和唐代公廨本钱》，收入：《敦煌吐鲁番文献研究论集》。

马世长，《敦煌县博物馆藏地志残卷》，收入：《敦煌吐鲁番文献研究论集》。

张国刚，《唐代北衙六军述略》，收入：张国刚，《唐代政治制度研究论集》，台北：文津出版社，1994。

张达聪，《中国审计起源考》，《江汉论坛》1992：7。

张广达，《论唐代的吏》，《北京大学学报》（哲社版）1989：2。

张邻，《门阀制度瓦解原因新探——以唐代的商贾入仕为中心》，收入：《唐史学会论文集》，西安：陕西人民出版社，1986。

许福谦，《吐鲁番出土的两份唐代法制文书略释》，收入：北京大学中国中古史研究中心编，《敦煌吐鲁番文献研究论集》第2辑，北京：北京大学出版社，1983。

郭锋，《唐代吏制——流外官试探》，收入：郭锋，《唐史与敦煌文献论稿》，北京：中国社会科学出版社，2002。

陈仲安，《唐代的使职差遣制度》，《武汉大学学报》1963：1。

陈沅远，《唐代驿制考》，《史学年报》1：5（1933）。

陈明光，《再论唐代的"除陌"》，《中国史研究》1992：2。

陈明光，《唐朝的两税三分制与常平义仓制度》，《中国农史》1988：4。

陈明光，《唐代"除陌"释论》，收入：陈明光，《唐代财政史新编》，北京：中国财政经济出版社，1991。

陈明光，《唐朝的食堂与"食本"》，收入：陈明光，《汉唐财政史论》，长沙：岳麓书社，2003。

陈明光，《略论唐代官私借贷的不同特点》，收入：《汉唐财政史论》。

陈明光，《传本〈夏侯阳算经〉成书年代补证》，收入：《汉唐财政史论》。

陈明光，《试论唐前期官员俸料钱与国家财政的关系》，《史林》1992：1。

陈国灿，《唐五代敦煌县乡里制的演变》，收入：陈国灿，《敦煌学史事新证》，兰州：甘肃教育出版社，2002。

陈国灿，《唐天宝二年（743）氾忠敏侵占仓物案》，收入：陈国灿，《斯坦因所获吐鲁番文书研究》，武汉：武汉大学出版社，1995。

陈国灿，《唐代的"地子"》，收入：陈国灿，《唐代的经济社会》，台北：文津出版社，1999。

陈国灿，《高昌国负麦、粟帐的年代与性质问题》，收入：《斯坦因所获吐鲁番文书研究》。

陈国灿，《莫高窟北区47窟新出唐贷钱折粮帐的性质》，收入：《敦煌学史事新证》。

陈国灿,《莫高窟北区 47 窟新出唐开元廿四年(736 年)后丁租牒的复原与研究》,收入:《敦煌学史事新证》。

陈丽菲,《唐代财政三司历史作用初探》,收入:中国唐史学会编,《中国唐史学会论文集》,西安:三秦出版社,1989。

陶希圣,《唐代官私贷借与利息限制法》,《食货月刊》复刊 7:11(1978)。

彭炳金,《唐代官吏赃罪述论》,《史学月刊》2002:10。

程喜霖,《试释唐苏海愿等家口给粮帐》,《敦煌学辑刊》1985:2。

黄正建,《唐代官员宴会的类型及其社会职能》,《中国史研究》1992:2。

黄正建,《唐代的"传"与"递"》,《中国史研究》1994:4。

黄向阳,《关于唐宋借贷利率的计算问题》,《中国社会经济史研究》1994:4。

黄清连,《唐代散官试论》,《史语所集刊》58:1(1987)。

杨际平,《唐代西州青苗簿与租佃制下的地税》,《新疆社会科学》1989:1。

杨际平,《现存我国四柱结算法的最早案例——吐蕃时期沙州仓曹状上勾覆所牒研究》,收入:韩国磐主编,《敦煌吐鲁番出土经济文书研究》,福建:厦门大学出版社,1986。

杨际平,《关于唐天宝敦煌差科簿的几个问题》,收入:《敦煌吐鲁番出土经济文书研究》。

杨联陞,《原商贾》,收入:余英时著,《中国近世宗教伦理与商人精神》,台北:联经公司,1987。

叶炜,《试论隋与唐前期中央文官机构文书胥吏的组织系统》,《唐研究》5(1999)。

葛承雍,《唐代乞丐与病坊探讨》,《人文杂志》1992:6。

宁欣,《唐朝巡院及其在唐后期监察体系中的作用和地位》,《北京师范学院学报》(社会科学版)1989:6。

齐陈骏,《敦煌沿革与人口》,《敦煌学辑刊》1980:1、2。

刘后滨,《唐前期中书省地位的变化与中书门下体制的建立》,收入:吴宗国等编,《盛唐政治制度研究》,上海:上海辞书出版社,2003。

刘俊文,《唐代狱讼制度考析》,收入:纪念陈寅恪教授国际学术讨论会秘书组编,《纪念陈寅恪先生诞辰百年学术论文集》,北京:北京大学出版社,1989。

刘俊文、牛来颖,《敦煌吐鲁番文书所见宴设司》,收入:礪波護编,《中國中世の文物》,京都:京都大學人文科學研究所,1993。

刘秋根,《唐宋高利贷资本的发展》,《史学月刊》1992:4。

刘海峰,《再析唐代官员俸料钱的财政来源》,《中国经济史研究》1987:4。

刘海峰,《唐代俸料钱与内外官轻重的变化》,《厦门大学学报(哲社版)》1985:2。

刘海峰,《论唐代官员俸料钱的变动》,《中国社会经济史研究》1985:2。

刘笃才，《关于唐代官吏俸料钱一条史料的辨证》，《晋阳学刊》1983:3。

郑学檬，《关于唐代商人和商业资本的若干问题》，《厦门大学学报》1980:3。

鲁才全，《唐代的"驿家"与"馆家"试释》，《魏晋南北朝隋唐史资料》6(1984)。

卢向前，《马社研究——伯三八九九号背面马社文书介绍》，收入：《敦煌吐鲁番文献研究论集》第2辑。

卢向前，《高昌西州四百年货币关系演变述略》，收入：卢向前，《敦煌吐鲁番文书论稿》，南昌：江西人民出版社，1992。

卢向前，《牒式及其处理程序的探讨——唐公式文研究》，收入：《敦煌吐鲁番文献研究论集》第3辑。

卢开万，《唐代户税若干具体问题探讨》，《魏晋南北朝隋唐史资料》11(1991)。

钱大群，《强化对有职权者的法律监督——唐律廉政机制述论之一》，收入：《唐律与唐代法律体系研究》，南京：南京大学出版社，1996。

阎守诚，《唐代官吏的俸料钱》，《晋阳学刊》1982:2。

戴密微著，耿昇译，《唐代入冥故事——黄仕强传》，收入：敦煌文物研究所编，《敦煌译丛》，兰州：甘肃人民出版社，1985。

薄小莹、马小红，《唐开元廿四年岐州郿县县尉判集（敦煌文书伯二九七九号）研究——兼论唐代勾征制》，收入：《敦煌吐鲁番文献研究论集》。

薛英群，《略谈敦煌地志文书中的公廨本钱》，《敦煌学辑刊》1980:1。

薛英群、徐乐尧，《唐写本地志残卷浅考》，《敦煌学辑刊》1982:2。

韩国磐，《也谈四柱结帐法》，收入：《敦煌吐鲁番出土经济文书研究》。

罗彤华，《唐代州县公廨本钱数之分析——兼论前期外官俸钱之分配》，《新史学》10:1(1999)。

罗彤华，《唐代和籴问题试论》，《新史学》15:1(2004)；又收入：陈国栋、罗彤华编，《经济脉动》，北京：中国大百科全书出版社，2005。

罗彤华，《唐代官本放贷初探——州县公廨本钱之研究》，收入："国立"成功大学中国文学系主编，《第四届唐代文化学术研讨会论文集》，台南：成功大学出版社，1999。

罗彤华，《唐代的债务保人》，《汉学研究》16:1(1998)。

罗彤华，《唐代食利本钱初探》，收入：中国唐代学会、"国立"中正大学中国文学系、"国立"中正大学历史系主编，《第五届唐代文化学术研讨会论文集》，高雄：丽文文化公司，2001。

罗彤华，《唐代病坊隶属与经营问题小考——中国社会救济事业的进展》，《魏晋南北朝隋唐史资料》22(2005)。

罗彤华，《唐朝官仓的出贷与籴粜——以义仓、常平仓为主》，《台大历史学报》39(2007)。

罗彤华，《唐代官本的经营方式与欠利问题》，《政大历史学报》28(2007)。

罗彤华，《唐朝官方放贷机构试论》，《师大历史学报》38(2008)。

严耕望,《唐代方镇使府僚佐考》,收入:严耕望,《唐史研究丛稿》,香港:新亚研究所,1969。

严耕望,《唐代府州僚佐考》,收入:《唐史研究丛稿》。

严耕望,《唐代方镇使府僚佐考》,收入:《唐史研究丛稿》。

严耕望,《唐代长安人口数量之估测》,收入:《第二届唐代文化研讨会论文集》,台北:中国唐代学会出版,1995。

严耕望,《唐代府州上佐与录事参军》,收入:严耕望,《严耕望史学论文选集》,台北:联经公司,1991。

严耕望,《论唐代尚书省之职权与地位》,收入:《严耕望史学论文选集》。

二、外文部分(含中译在内)

(一)专书

大津透,《日唐律令制の財政構造》,東京:岩波書店,2006。

丸橋充拓,《唐代北辺財政の研究》,東京:岩波書店,2006。

中村裕一,《唐令逸文の研究》,東京:汲古書院,2005。

日野開三郎,《唐代租調庸の研究》II 課輸篇,福岡:久留米大學,1975。

日野開三郎,《日野開三郎東洋史学論集》3《唐代両税法の研究・前篇》,東京:三一書房,1981。

日野開三郎,《日野開三郎東洋史学論集》4《唐代両税法の研究・本篇》,東京:三一書房,1982。

日野開三郎,《日野開三郎東洋史学論集》11《戸口問題と糴買法》,東京:三一書房,1988。

日野開三郎,《日野開三郎東洋史学論集》17《唐代邸店の研究》,東京:三一書房,1992。

日野開三郎,《日野開三郎東洋史学論集》18《續唐代邸店の研究》,東京:三一書房,1992。

加藤繁著,中國聯合準備銀行編譯,《唐宋時代金銀之研究》,臺北:新文豐公司,1974。

吉田虎雄,《唐代租税の研究》,東京:汲古書院,1973。

吉田虎雄,《魏晋南北朝租税の研究》,東京:大阪屋號書店,1966。

池田温编,《唐代诏敕目录》,西安:三秦出版社,1991。

西村元佑,《中國経済史研究——均田制度篇》,京都:京都大學東洋史研究會,1968。

西嶋定生,《中國経済史研究》,東京:東京大學出版會,1966。

青山定雄,《唐宋時代の交通と地誌地圖の研究》,東京:吉川弘文館,1963。

周藤吉之,《唐宋社會經濟史研究》,東京:東京大學出版會,1965。

律令研究會編,《譯註日本律令》5〜8《唐律疏議譯註》,東京:東京堂,1979〜1996。

清木場東,《帝賜の構造——唐代財政史研究（支出編）》,福岡:中國書店,1997。

船越泰次,《唐代兩税法研究》,東京:汲古書院,1996。

堀敏一,韩昇等译,《均田制研究》,台北:弘文館出版社,1986。

道端良秀,《中國佛教と社會福祉事業》,京都:法藏館,1976。

礪波護編,《中國中世の文物》,京都:京都大學人文科學研究所,1993。

Benn, Charles D. *Daily Life in Traditional China*: *Tang Dynasty*. London: Greenwood Press, 2002.

Hansen, Valerie. *Negotiating Daily Life in Traditional China*: *How Ordinary People Used Contracts*, 600－1400. *New Haven*: *Yale University Press*, 1995.

Johnson, Wallace. *The Tang Code*. Vol. 1,2, Princeton: Princeton University Press, 1979,1997.

Perry, John Curtis, andBardwell L. Smith eds. *Essays on Tang Society*: *The Interplay of Social*, *Political and Economic Forces*. Leiden: E. J. Brill, 1976.

Twitchett, Denis C. ed. *The Cambridge History of China*, *Vol. 3*, *Sui and Tang China* 589－906, *Part* Ⅰ. New York: Cambridge University Press, 1979.

Twitchett, Denis C. *Financial Administration under the T'ang Dynasty*. New York: Cambridge University Press, 1963.

Yang Lien－sheng. *Money and Credit in China*. Cambridge: Harvard University Press, 1952.

（二）论文

大津透,《唐律令制国家的预算——仪凤三年度支奏抄、四年金部旨符试释》,收入:刘俊文主编,《日本中青年学者论中国史》（六朝隋唐卷）,上海:上海古籍出版社,1995。

大津透,《唐日律令地方財政管見——館驛・驛傳制を手がかりに—》,收入:《日唐律令制の財政構造》,東京:岩波書店,2006。

大津透,《唐西州高昌縣粟出舉帳斷簡について——スタイン將来吐魯番文書管見—》,收入:《日唐律令制の財政構造》。

大庭修,《吐鲁番出土的北馆文书——中国驿传制度史上的一份资料》,收入:周藤吉之等著,姜镇庆、那向芹译,《敦煌学译文集——敦煌吐鲁番出土社会经济文书研究》,兰州:甘肃人民出版社,1985。

小田義久,《吐魯番出土唐代官廳文書の一考察——物價文書と北館文書をめぐって—》,《龍谷大學論集》427(1985)。

小西高弘,《唐代前半期の胥吏層について——主に番官を中心に—》,《福岡大学研究所報》（人文科學編 3)37(1978)。

中田薫,《我古法に於ける保証及び連帶債務》,收入:中田薫,《法制史論集》卷 1,東京:岩波書店,1943。

仁井田陞,《吐魯番發見唐代の庸調布と租布》,收入:仁井田陞,《中國法制史研究——土地法·取引法》,東京:東京大學出版社,1981。

仁井田陞,《唐宋時代の保証と質制度》,收入:《中國法制史研究——土地法·取引法》。

仁井田陞,《敦煌發見唐水部式の研究》,收入:仁井田陞,《中國法制史研究——法と慣習·法と道德》,東京:東京大學出版社,1981。

日比野丈夫,《地理書》,收入:池田溫責任編集,《講座敦煌》5《敦煌漢文文獻》,東京:大東出版社,1992。

日野開三郎,《両税法以前における青苗錢·地頭錢についての試見》,收入:《日野開三郎東洋史学論集》3《唐代両税法の研究·前篇》,東京:三一書房,1981。

日野開三郎,《両税法と物價》,收入:《日野開三郎東洋史学論集》4《唐代両税法の研究·本篇》,東京:三一書房,1982。

日野開三郎,《両税法の諸原則》,收入:《日野開三郎東洋史学論集》4《唐代両税法の研究·本篇》。

日野開三郎,《唐代両税の分收制》,收入:《日野開三郎東洋史学論集》4《唐代両税法の研究·本篇》。

日野開三郎,《楊炎の両税法における税額の問題》,收入:《日野開三郎東洋史学論集》4《唐代両税法の研究·本篇》。

日野開三郎,《藩鎮時代の州税三分制について》,收入:《日野開三郎東洋史学論集》4《唐代両税法の研究·本篇》。

日野開三郎,《藩鎮體制下における唐朝の振興と両税上供》,收入:《日野開三郎東洋史学論集》4《唐代両税法の研究·本篇》。

日野開三郎,《租粟と軍糧——"天寶末以前における唐の軍糧政策"の第一》,收入:《日野開三郎東洋史学論集》11《戶口問題と糴買法》,東京:三一書房,1988。

日野開三郎,《天寶末以前における唐の軍糧田——"天寶末以前における唐の軍糧政策"の第二》,收入:《日野開三郎東洋史学論集》11《戶口問題と糴買法》。

田名網宏,《日唐雑令の出舉條文について》,《日本歴史》303號(1973)。

古賀登,《新唐書食貨志内外官禄·月俸記事弁正》,收入:早稻田大學文學部東洋史研究室編,《中國正史の基礎的研究》,東京:早稻田大學出版部,1984。

石見清裕,《唐代外国使節の宴会儀礼について》,收入:小田義久先生還暦記念事業會編集,《小田義久博士還暦記念東洋史論集》,京都:龍谷大學東洋史學研究會,1995。

吉田虎雄,《唐の兩税法に就いて》,收入:吉田虎雄,《唐代租税の研究》,東京:汲古書院,1973。

池田温著,韓昇译,《中国古代物价初探——关于天宝二年交河郡市估案断片》,收入:《日本学者研究中国史论著选译》4《六朝隋唐》,北京:中华书局,1992。

池田温，《初唐西州高昌县授田簿考》，收入：黄约瑟、刘健明编，《隋唐史论集》，香港：香港大学亚洲研究中心，1993。

池田温，《采访使考》，收入：第一届国际唐代学术会议论文集编辑委员会编，《第一届国际唐代学术会议论文集》，台北：唐代学会，1989。

池田温，《敦煌の流通經濟》，收入：池田溫編，《講座敦煌》3《敦煌の社會》，東京：大東出版社，1980。

池田温著，孙晓林等译，《盛唐之集贤院》，收入：池田温著，《唐研究论文选辑》，北京：中国社会科学出版社，1999。

西村元佑，《唐代均田制度における班田の實態》，收入：西村元佑，《中國經濟史研究——均田制度篇》，京都：京都大學東洋史研究會，1968。

西村元佑，《唐代敦煌差科簿を通じてみた均田制時代の徭役制度——大谷探檢隊將來、敦煌．吐魯番古文書を參考史料として》，收入：《中國經濟史研究——均田制度篇》。

西村元佑、小笠原宣秀著，那向芹译，《唐代徭役制度考》，收入：《敦煌学译文集》。

西嶋定生，《吐魯番出土文書より見たる均田制の施行狀態——給田文書・退田文書を中心として－》，收入：西嶋定生著，《中国經濟史研究》，東京：東京大學出版會，1966。

那波利貞，《唐朝政府の醫療機構と民庶の疾病に對する救濟方法に就きての小攷》，《史窗》17、18(1960)。

周藤吉之，《唐代中期における戶稅の研究——吐魯番出土文書を中心として》，收入：周藤吉之，《唐宋社會經濟史研究》，東京：東京大學出版會，1965。

長谷川誠夫，《唐宋時代の胥吏をあらわす典について——典吏・典史と關連して》，《史学》49：2、3(1979)。

青山定雄，《唐代の郵と驛及び進奏院》，收入：青山定雄，《唐宋時代の交通と地誌地圖の研究》，東京：吉川弘文館，1963。

荒川正晴，《北庭都護府の輪台縣と長行坊－アスターナ五〇六號墓出土、長行坊關係文書の檢討を中心として—》，收入：《小田義久博士還暦記念東洋史論集》。

荒川正晴，《唐の對西域布帛輸送と客商の活動について》，《東洋學報》73：3、4(1992)。

荒川正晴，《唐代敦煌に於ける糴買について》，《早稻田大学大学院文学研究科紀要》別冊8(1982)。

荒川正晴，《唐河西以西の傳馬坊と長行坊》，《東洋學報》70：3、4(1989)。

高桥继男著，张韶岩、马雷译，《唐代后半期的巡院地方行政监察事务》，收入：《日本中青年学者论中国史》（六朝隋唐卷）。

高橋繼男，《唐代後半期の度支・鹽鐵轉運巡院制に關ける若干の考察》，收

入:"國立政治大學"中國文學系編,《第三屆中國唐代文化學術研討會論文集》,臺北:樂學書局,1997。

高橋繼男,《唐後半期、度支使.鹽鐵轉運使系巡院名增補考》,《東洋大学文学部紀要》(史學科)39(1986)。

高橋繼男,《唐後半期に於ける度支使・鹽鐵轉運使系巡院の設置について》,《集刊東洋学》30(1973)。

高橋繼男,《唐後期における商人層の入仕について》,《東北大學日本文化研究所研究報告》17(1981)。

高橋繼男,《劉晏の巡院設置について》,《集刊東洋學》28(1972)。

清木場東,《唐代俸料制の諸原則》,《東方学》72(1986)。

清木場東,《唐律令制時代の常食料制について——官僚の官給食—》,收入:唐代史研究會編,《律令制——中國朝鮮の法と國家》,東京:汲古書院,1986。

清木場東,《隋唐禄俸制の研究・V——俸料編2—》,《産業經濟研究》27卷1號(1986)。

船越泰次,《五代節度使體制下における末端支配の考察——所由・節級考—》,收入:船越泰次,《唐代兩稅法研究》,東京:汲古書院,1996。

船越泰次,《兩稅法課稅體系に關連して》,收入:《唐代兩稅法研究》。

船越泰次,《唐代均田制における佐史.里正》,收入:《唐代兩稅法研究》。

船越泰次,《唐代後期の常平義倉》,收入:《唐代兩稅法研究》。

曾我部靜雄,《孟子の稱貸と日唐の出舉》,《日本歷史》87號(1955)。

曾我部靜雄,《唐の府兵制度及び均田法廢止後の課戶と納課戶》,收入:曾我部靜雄,《中國律令史の研究》,東京:吉川弘文館,1971。

曾我部靜雄,《唐の戶稅と地頭錢と青苗錢の本質》,收入:《中國律令史の研究》。

善峰憲雄,《唐朝時代の悲田養病坊》,《龍谷大学論集》389、390(1969)。

奧村郁三,《唐代公廨の法と制度》,《大阪市立大學法學雜誌》9:3、4(1963)。

鈴木俊,《唐の均田、租庸調制の矛盾、崩壊過程の一考察》,收入:鈴木俊,《均田、租庸調制度の研究》,東京:刀水書房,1980。

橫山裕男,《唐の官僚制と宦官——中世的側近政治の終焉序說》收入:中國中世史研究會編,《中國中世史研究》,東京:東海大學出版會,1970。

橫山裕男,《唐代の捉錢戶について》,《東洋史研究》17:2(1958)。

橫山裕男,《唐代月俸制の成立について——唐官僚俸禄攷の一—》,《東洋史研究》27:3(1968)。

築山治三郎,《唐代の胥吏》,收入:築山治三郎,《唐代政治制度の研究》,大阪:創元社,1967。

築山治三郎,《官僚の俸禄と生活》,收入:《唐代政治制度の研究》。

築山治三郎,《唐代官僚の犯贓と刑罰》,《社会文化史學》14(1977)。

藤枝晃,《長行馬》,《墨美》60(1956)。

Johnson, Wallace, and DenisTwitchett. "Criminal Procedure in T'ang China." *Asia Major*, *Third Series*, *Vol.* 6, *Part* 2, 1993.

Twitchett, Denis. "The T'ang Market System." *Asia Major*, *New Series*, *Vol.* 12, Part 2, 1966.

Twitchett, Denis. "Merchant, Trade and Government in Late Tang." *Asia Major*, *New Series*, *Vol.* 14, *Part* 1, 1968.

Twitchett, Denis. "A Confucian's View of the Taxation of Commerce: Ts'ui Jung's Memorial of 703." *Bulletin of the School of Oriental and African Studies*, Vol. 36, No. 2, 1973.

后记

　　台湾出版的学术著作，常因行销与价格问题，无法流通于大陆地区，以致学者们的心血难以为彼岸的同好知晓，也因此失去互相交流，切磋琢磨的机会，不能不说是件憾事，甚至是彼此的损失。

　　在偶然的机缘下，广西师范大学出版社表示愿意为本书出简体字版，该种嘉惠学界之举，让我深为感动。在历经与原出版者稻乡出版社的多次磋商后，终于达成协议，同意在合同未到期前，先出简体字版，在此也要特别感谢稻乡出版社的宽容与体谅。

　　本人自 2007 年 5 月完成本书，2008 年 3 月正式出版后，已转变研究方向到家庭史与社会史，故此次出简体字版，并未再做修正或补充资料。非常感谢广西师范大学出版社承担了繁简体转换的排版与校对工作，并以相当高的效率，让本书尽快出刊。相信简体字版的发行，对两岸的学术交流会有帮助。

罗彤华

2012 年 6 月 21 日